Friedhelm Krummacher
Geschichte des Streichquartetts

Friedhelm Krummacher

Geschichte des Streichquartetts

Band 2: Romantik und Moderne

Mit 101 Notenbeispielen

Laaber

Bibliographische Information der Deutschen Bibliothek

Die Deutsche Bibliothek verzeichnet diese Publikation
in der Deutschen Nationalbibliographie;
detaillierte bibliographische Daten sind im Internet über
<http://dnb.ddb.de/> abrufbar.

© 2005 by Laaber-Verlag GmbH, Laaber
Alle Rechte vorbehalten
Printed in Germany / Imprimé en Allemagne
ISBN 3–89007–587–8
Layout: Emmerig DTP, Lappersdorf
Druck und buchbinderische Verarbeitung: druckhaus köthen GmbH
Umschlagbild: Das Streichquartett, anonyme Darstellung des 18. Jahrhunderts

Inhaltsverzeichnis

Teil III
Krisis im Kontinuum – Polarisierung der Möglichkeiten (II)   1

3. Der Virtuose im Quartett: Louis Spohr   1
4. Kanon des Repertoires: Ideenkunst und Handwerkslehre 20
5. Vollendung im Widerspruch: Schuberts Weg im Streichquartett 42

Teil IV
Erbe und Last – Traditionen im deutschen Sprachbereich 76

1. Rückblick als Erneuerung: Mendelssohns Streichquartette ... 76
2. Schumann: Episoden in Prozessen 106
3. Epigonen oder Konservative? Traditionen zur Jahrhundertmitte 124
    Eine Leipziger Schule? 124
    Von Opern- und Kapellmeistern 134
    Konträre Reaktionen: Hirschbach, Bruch und Eduard
    Franck 138
    Leipziger Prägung: Volkmann und Reinecke 145
    ›Akademiker‹ in Berlin und München? 154
4. Entwicklung aus Reflexion: Die Quartette von Brahms 161
5. Am Ende des Jahrhunderts: Gruppen und Einzelgänger 179
    Zwischen den Parteien: Rheinberger und Raff 180
    Im Bann von Brahms: Herzogenberg und Fuchs 189
    Ferne Weggefährten: Draeseke und Gernsheim 197
    Frühe Entwürfe und später Nachklang 207

Teil V
Normen der Gattung jenseits der Grenzen –
Nationale Impulse im Streichquartett 217

1. Ein ›nordischer Ton‹: Gattungstraditionen in
   skandinavischen Ländern 217
    Anschluß an den Kanon: Kuhlau, Arnold und Lindblad   218
    Berwald – der Außenseiter 225
    Ablösung von Leipzig: Gade und Norman 231
    Emanzipation durch Folklore: Svendsen, Grieg und Sinding 246
    Vor der Moderne: Nielsen, Stenhammar und Sibelius 253

2. Nationalität versus Tradition: Grundlagen
   des russischen Repertoires 264
      Berliner Lehren: Glinka und Rubinstein 265
      Gründung der Tradition: Borodin 272
      Symphoniker im Quartett: Tschaikowsky 278
      Die ›Russischen Fünf‹ und ein Mäzen 284
      Wege zur Moderne: Tanejew und Glasunow 289
3. Nationale Profile: Komponisten in Ostmitteleuropa 298
      Aufgehobene Biographie: Smetana 298
      Kette der Meisterwerke: Dvořák 307
      Emanzipierte Schüler: Foerster, Novák und Suk 324
      Spätwerk als Neue Musik: Janáček 329
      Aus Ungarn und Polen: Dohnányi und Szymanowski 338
4. Ars gallica oder Forme cyclique: Das Repertoire in Frankreich ... 343
      Echo des Quatuor concertant: Dancla und andere 344
      Später Anschluß: Gounod und Saint-Saëns 349
      Singuläre Lösungen: Fauré und Franck 356
      d'Indy oder: les Franckistes 365
      Prämissen der Moderne: Debussy und Ravel 374
5. Individuelle Positionen: Einzelwerke in ihrem Umfeld 384
      Hugo Wolf in Wien 385
      Pfitzners späte Isolierung 389
      Verdi und das italienische Quartett 393
      Verhulst in Holland 400
      England, Elgar und Delius 403

Teil III: Krisis im Kontinuum – Polarisierung der Möglichkeiten (II)

3. Der Virtuose im Quartett: Louis Spohr

Daß ein Geiger sich selbst die Kammermusik für den eigenen Bedarf schrieb, war bis zum späten 18. Jahrhundert fast die Regel, und anders als Haydn war noch Mozart auch Interpret seiner Violinkonzerte. Seit Beethoven jedoch wurde es eher zur Ausnahme, daß namhafte Komponisten noch selbst ein Streichinstrument beherrschten, wie es später allenfalls für Mendelssohn und Dvořák oder dann wieder für Hindemith galt. Eine besondere Konstellation scheint es daher zu sein, wenn Louis Spohr als einer der berühmtesten Geiger seiner Zeit eine Reihe von nicht weniger als 36 Streichquartetten hinterließ, die im Zeitraum von mehr als einem halben Jahrhundert entstanden sind. Geboren 1784 in Braunschweig, erhielt Spohr dort erste Unterweisung durch zwei Hofmusiker und einen Organisten, er trat noch in die Hofkapelle ein, bevor er dann 1802–03 seinen Lehrer Franz Eck auf einer Konzertreise nach Petersburg begleitete. Nach Mitteldeutschland und Berlin führte ihn sodann eine eigene Tournee, die im Dezember 1804 mit dem vielbeachteten Debüt im Leipziger Gewandhaus Spohrs weiteren Ruf begründete. Daß er schon 1805 mit der Leitung der Hofmusik in Gotha eine feste Stellung übernahm, deutet auf den mehrfachen Wechsel zwischen Amt und Karriere voraus, der Spohrs Weg kennzeichnete. Seit dem ersten Musikfest in Frankenhausen (1810) nahm er als Dirigent, Geiger und Komponist maßgeblich an diesen Veranstaltungen teil, durch die das bürgerliche Musikleben geprägt wurde. So schrieb er für das Musikfest 1812 sein erstes Oratorium (*Das jüngste Gericht*), doch schon drei Jahre später mußte er – wiederum in Frankenhausen – die Erfahrung machen, »daß der Virtuos beim großen Publiko sich eines weit rauschenderen Beifalls zu erfreuen hat wie der Komponist«.[1] Andererseits weilte er zwischen 1812 und 1815 mehrfach in Wien, wo er Konzertmeister im Theater an der Wien war und die Bekanntschaft Beethovens machte. Weitere Reisen führten ihn nach Italien, England und Paris, dazwischen übernahm er die Leitung der Oper in Frankfurt, bis er sich schließlich 1822 für das Amt des Hofkapellmeisters in Kassel entschied, das er bis zu seinem Tode 1859 bekleidete.

Der zunftmäßigen Ausbildung des Geigers steht also eine weithin autodidaktische Aneignung des kompositorischen Metiers gegenüber, die Laufbahn des Solisten wechselte mit den Aufgaben des Dirigenten, noch von Kassel aus wurden weitere Konzertreisen unternommen, doch

1 *Louis Spohr: Lebenserinnerungen*, Bd. I–II, hg. v. F. Göthel, Tutzing 1968 (im folgenden zitiert: *LE* I bzw. II), bes. I, S. 199, zum Debut in Leipzig I, S. 78f. Weitere Angaben zu Werken und Daten nach F. Göthel, *Thematisch-bibliographisches Verzeichnis der Werke von Louis Spohr*, Tutzing 1981 (im folgenden zitiert: *WV*), ferner Cl. Brown, *Louis Spohr. A critical biography*, Cambridge 1984.

entschied sich Spohr dann doch für das feste Amt als Basis seiner kompositorischen Arbeit. Die 1847 begonnenen Lebenserinnerungen, die später durch seine Witwe ergänzt wurden, geben im Rückblick ein farbiges, wiewohl nicht unbedingt repräsentatives Bild der Zeit.¹ Ungewöhnlich war es, daß ein Musiker – wie zuvor Dittersdorf – über sein Leben berichtete, und auch wo Töne der Apologetik oder Überschätzung anklingen, teilt sich doch die Vorstellung vom ernsthaft bemühten Künstler mit, der sich im abgeschiedenen Kassel für seine Ziele einsetzte und liberal genug dachte, um sich unabhängig vom Hof den »Freisinnigen« anzuschließen.² So bekannte er auch, sein »Künstlerstolz« habe ihm die Widmung von Werken an Fürsten »des Gewinnes wegen« verboten, nachdem er seine beiden ersten Quartette dem Gothaer Herzog dedizierte, »weil dieser es selbst verlangte«.³

Der Zwiespalt zwischen solistischer Karriere und kompositorischen Aufgaben zog sich also durch den Lebensweg Spohrs. Früh schon setzte er sich für Beethovens Quartette op. 18 ein, obwohl sie ihm in Leipzig und Berlin wenig Erfolg einbrachten, solange die Werke wenig bekannt waren; sie galten Spohr als »Lieblingsquartetten«, während sie für Bernhard Romberg in Berlin noch »barockes Zeug« waren.⁴ Dennoch gestand Spohr freimütig sein Unverständnis für »die letzten Arbeiten Beethovens« ein, dessen »stetes Streben, originell zu sein« ihn »immer barocker, unzusammenhängender und unverständlicher« mache.⁵ Der geschulte Geiger, dessen Violinschule zum Standardwerk wurde, sah sich selbst immer mehr als Komponisten, sein vielseitiges Œuvre umfaßte zwar alle Gattungen, und besonderes Gewicht hatten neben den Opern *Faust* und *Jessonda* nicht nur die Oratorien, sondern vorab die zehn Symphonien aus der langen Zeit von 1811 bis 1857. Im umfänglichen Bestand der Kammermusik, in der auch Potpourris und Virtuosenstücke nicht fehlen, ist jedoch keine andere Gattung so reich bestellt wie das Streichquartett, in dem bereits terminologisch zwischen dem Quatuor brillant und dem ›gearbeiteten Quartett‹ unterschieden wird.⁶

Die Kennmarke ›brillant‹ tragen sechs einzeln veröffentlichte Quartette, die das Œuvre gleichmäßig durchziehen (op. 11, 1806; op. 43, 1817; op. 61, 1819; op. 68, 1823; op. 83, 1829; op. 93, 1835). Nur mit op. 61 und 68 folgen zwei von ihnen aufeinander, dazwischen stehen sonst die weiteren Werke, von denen sechsmal je drei gebündelt wurden (op. 29, 1813–15; op. 45, 1818; op. 58, 1821–22; op. 74, 1826; op. 82, 1828–29; op. 84, 1831–32). Nur zweimal erschienen anfangs Werkpaare (op. 4, 1804–05 und op. 15, 1806–08), während weitere sechs Werke so wie die brillanten Gegenstücke einzeln herauskamen (op. 27, 1812 und op. 30, 1814 sowie erst später op. 132, 1846; op. 141, 1849; op. 146, 1851 und op. 152, 1855). Zwei letzte Einzelstücke (1856–57) wurden vom Autor zurückgehalten und später als op. 155 und 157 oder als Werke o. O. 41–42 gezählt.⁷ Den Regelfall bildete aber die Bündelung zu

1 Louis Spohr: *Selbstbiographie*, Kassel 1860–61 (Reprint, hg. v. Eug. Schmitz, ebenda 1954–55), zitiert hier nach *LE* I–II (siehe Anmerkung 1, S. 1).
2 *LE* II, S. 153f. und S. 184ff.
3 *LE* I, S. 119.
4 *LE* I, S. 78f. und S. 83.
5 *LE* I, S. 180; zum Kontakt mit Beethoven vgl. ebenda, S. 176ff.
6 Ein Quartett von Friedrich Ernst Fesca erschien Spohr als »sehr gut gearbeitet«, vgl. *LE* I, S. 74; zur Bezeichnung der ›brillanten‹ Werke im Titel der Drucke vgl. die Angaben im *WV* (wie Anmerkung 1, S. 1).
7 *LE* II, S. 207, *WV*, S. 30ff., ferner H. Glenewinkel, *Spohrs Kammermusik für Streichinstrumente. Ein Beitrag zur Geschichte des Streichquartetts im XIX. Jahrhundert*, Diss. München 1912, S. 79ff. und S. 84ff.

anfangs zwei und dann drei Werken, denen als Einzelveröffentlichungen ebenso viele virtuose wie gearbeitete Quartette gegenüberstehen, und daß sich die gesonderte Werkpublikation in späteren Jahren mehrte, kann wohl als Reaktion auf den Wandel des Quartetts zum singulären Werk verstanden werden. Die terminologische Scheidung wird allerdings relativiert, sofern Spohr selbst von op. 30 und op. 132 als ›brillanten‹ Werken sprach.[1]

Es charakterisiert mithin diese Werkreihe, daß in ihr gearbeitete und brillante Quartette eines namhaften Autors zusammenkommen. Die Gattung also, die durch Pariser Virtuosen wie Rode und Kreutzer repräsentiert wurde, hatte für den Geiger Spohr eine Bedeutung, der er sich nicht entziehen konnte. So stellt sich die Frage, wie seine Quartette auf die doppelte Herausforderung der virtuosen Technik und der kompositorischen Arbeit reagieren. Wollte Spohr »als Geiger glänzen«, dann war ihm ein Quatuor brillant wie op. 30 das »Paradepferd«, und obwohl er in op. 45 um »leichte Quartetten« bemüht war, erschien das brillante op. 61 dem Verleger Peters als »erbärmlich schwer«.[2] Erkennbar wird daran, daß mit Werken, die dem Spieler Erfolg brachten, der Verleger kein Geschäft machen konnte. Denn das Publikum goutierte den Virtuosen, ohne seine Werke selbst spielen zu können, deren Publikation kaum Gewinn einbrachte. Der Spalt zwischen Solist und Publikum, der das Musikleben durchzog, wurde seit den sensationellen Auftritten von Paganini und auch Ole Bull sichtbar, zu deren Kunst sich Spohr bemerkenswert reserviert verhielt.[3] Je weiter sich dann Komponisten von Rang die virtuosen Errungenschaften zunutze machten, desto mehr stiegen auch in der Kammermusik die technischen Ansprüche derart, daß sich solche Werke zunehmend der Hausmusik entzogen: Kammermusik wurde zur Musik für das Konzert. Als Virtuose war auch Spohr auf den Beifall eines Publikums angewiesen, dessen Geschmack er doch zugleich mißtraute. Als Komponist rechnete er mit dem gebildeten Hörer, während er sich vom »großen Haufen« distanzierte, um »dem gänzlichen Verderb des Geschmacks entgegen zu arbeiten«.[4] Wo aber auch Streichquartette der virtuosen Fähigkeit des Autors ihren Tribut zahlten, da mußten sie dem Wechsel des Geschmacks desto eher ausgesetzt sein.

Seine Quartette komponierte Spohr in einer langen Phase, die den Zeitraum vom Frühwerk Beethovens bis zu dem von Brahms umgreift. Mozart galt ihm lebenslang als »Idol und Vorbild«, Cherubini gab ihm »den ersten Impuls zum Komponieren«, »Faßlichkeit« und »Natürlichkeit« blieben für ihn Maßstäbe, die sich mit dem Vertrauen auf die ungeschmälerte Geltung der Gefühlsästhetik verbanden.[5] Nur 14 Jahre jünger als Beethoven, wurde er vielfach den Frühromantikern zugezählt, soweit er nicht als biedermeierlicher Klassizist etikettiert wurde. Und er schuf bis hin in die Zeit der Spätromantik, die nicht mehr die seine war, wie die wachsende Distanz zum anfangs geachteten Wagner und erst

---

[1] WV, S. 225; zum ›Soloquartett‹ op. 27 vgl. LE I, S. 164, zu op. 43 und op. 93 LE I, S. 309, LE II, S. 45 und S. 171.

[2] LE I, S. 81, sowie WV, S. 83 und S. 109.

[3] LE II, S. 148 und S. 206f.

[4] G. Kilian, *Studien zu Louis Spohr*, Karlsruhe 1986 (Wissenschaftliche Beiträge Karlsruhe 16), S. 29f.; zur Wendung an ›gebildete‹ Hörer vgl. auch LE II, S. 136.

[5] LE I, S. 10 und LE II, S. 97; zum ästhetischen Horizont von Spohr vgl. G. Kilian, *Studien zu Spohr*, S. 20ff., 24ff. und 36ff.

recht zu Liszt oder Berlioz zeigt.¹ Das Werkverzeichnis läßt an der Zahl der Auflagen und Übertragungen erkennen, daß Spohrs Quartette zunächst auch in Paris und Wien nachgedruckt wurden, kaum aber in England, wo seine Oratorien beträchtlichen Anklang fanden. Hans Glenewinkel zufolge, der über dreißig Zeitschriften auswertete, wurden die Werke am ehesten »in den dreißiger Jahren gespielt«, ohne jemals »eigentliche Popularität« zu erlangen.² Eine Reihe von ihnen findet sich zwar in Partituren zeitgenössischer Kopisten, doch war der Bedarf für nähere Bekanntschaft offenbar nicht groß genug, um den Druck von Partituren zu veranlassen, die erst in neuerer Zeit erscheinen konnten.³

Vertraut mit den Quartetten Haydns und Mozarts, setzte Spohr sich früh für Beethovens op. 18 ein, wogegen dessen spätere Werke in den Lebenserinnerungen nicht mehr begegnen.⁴ An einem Typus, der schon in op. 4 angebahnt und dann in op. 15 und 29 ausgebildet wurde, hielt Spohr indes lebenslang mit wenig signifikanten Modifikationen fest. Die Dimensionen weiten sich zwar in einem Maß, das die Kenntnis Beethovens voraussetzt, während aber die Finali häufig einem leicht antiquierten Rondotyp mit geringen Ansätzen zu sonatenhafter Arbeit folgen, verfügen die Kopfsätze über klare Themenkontraste und ausgedehnte Durchführungen. Eigene Züge zeigen sie jedoch nicht nur in einer Harmonik, die erstaunlich rasch modulierend umschalten kann, sondern auch in der Dominanz der Oberstimme, mit deren Figurenwerk überleitende und selbst verarbeitende Abschnitte überzogen werden. Die Distanz zur motivischen Arbeit, wie sie seit Beethoven zum Maßstab wurde, ist zu offenkundig, um bei einem so erfahrenen Musiker als Lapsus gelten zu können. Ein Kalkül läßt sich darunter verstehen, wenn man an die kritischen Vorbehalte gegen Beethoven erinnert, der in Spohrs Sicht stets »neue Bahnen zu brechen« suchte. Zwar wäre es spekulativ, sich eine Musikgeschichte ›an Beethoven vorbei‹ auszudenken, doch ist der Gedanke schwer abzuweisen, im Werk von Spohr – und anders auch Weber – biete sich die Alternative einer entspannten, womöglich sogar unterhaltsamen Kunst an, die ihrer Zeit Genüge tun wollte, ohne auf stete Innovationen angewiesen zu sein. Indem eine solche Haltung überkommene Normen zu tradieren suchte, übersah sie allerdings jenen Gang der Geschichte, dem sie zugleich entgehen wollte. Denn die Anforderungen an die Substanz von Passagen, die auf motivische Arbeit verzichten, waren desto schwieriger zu erfüllen, wenn die Werke auf Dauer interessieren und ihre Zeit überleben sollten. Gleichwohl ist Spohr nicht nur ein interessanter Grenzfall, sondern durchaus repräsentativ für die verwickelte Situation des Musiklebens in den ersten Dekaden des Jahrhunderts, in denen die Werke Haydns zurücktraten, während sich neben Mozart allmählich Beethoven durchzusetzen vermochte. Daß es dennoch nicht leicht fällt, gegenüber den abgründigen Funden der Romantik Spohr als Repräsentanten biedermeierlicher Konventio-

---

1 G. Kilian, *Studien zu Spohr*, S. 18f., ferner *LE* II, S. 192f. und S. 197.

2 Zu Auflagen und Übertragungen der Werke vgl. die Angaben im *WV*, ferner H. Glenewinkel, *Spohrs Kammermusik für Streichinstrumente*, S. 139ff. und S. 142ff.

3 Taschenpartituren von op. 15 Nr. 1–2 und op. 29 Nr. 1, hg. v. Fr. O. Leinert, Kassel und Basel 1954–55; ferner *Louis Spohr: Neue Auswahl der Werke*, Bd. II: Streichquartette op. 58 Nr. 1 und op. 74 Nr. 2–3, hg. v. M. Thöner, Tutzing 1983. Eine zweibändige Auswahlausgabe, eingeleitet von Clive Brown, enthält neun Streichquartette: *Louis Spohr: Chamber Music for Strings* (Selected works of Louis Spohr, Bd. 9, I–II) – in Bd. I: op. 4 Nr. 2, op. 45 Nr. 1–2, op. 58 Nr. 2; in Bd. II: op. 29 Nr. 1–2, op. 30, op. 82 Nr. 2, op. 141. Die Staatsbibliothek zu Berlin Preußischer Kulturbesitz überließ mir dankenswerterweise Filme zeitgenössischer Partiturkopien von op. 45 Nr. 1–3, op. 58 Nr. 1, op. 74 Nr. 1 sowie vom Autograph des Quartetts op. 141. Größten Dank schulde ich Herrn Herfried Homburg und dem Spohr-Archiv Kassel für großzügigen Zugang zu Kopien der Spartierungen aller Quartette, die Hans Glenewinkel angefertigt hat.

4 Vgl. *LE* I, S. 10 zur Kenntnis der Werke Haydns wie Mozarts.

nen abzuheben, machen jedenfalls seine Streichquartette mit all ihren Brechungen sichtbar.[1]

Für das Jahr 1808 nannte Spohr »zwei Quartetten«, die er »nie veröffentlicht haben« würde (obwohl er sich in dieser »schwierigsten aller Kompositionsgattungen [...] schon ein Jahr früher versucht« habe), doch habe sie der Leipziger Verleger Kühnel »fast mit Gewalt zurückbehalten« und als op. 4 veröffentlicht.[2] Indes erschien op. 4 schon 1806 und muß der Korrespondenz mit dem Verlag zufolge bis 1805 vollendet gewesen sein, die beiden Werke in C-Dur und g-Moll entstanden also recht bald nach Beethovens op. 18. Die Hauptthemen beider Kopfsätze zeigen energisch punktierte Kopfmotive, denen dann ausgedehnte Flächen mit triolischer Achtelfiguration gegenübertreten. Wenn aber im C-Dur-Satz der aufsteigende Dreiklang des ersten Viertakters kadenzierend zur Parallele führt, um dann durch analoge Sequenzgruppen erweitert zu werden, so bricht das Pendant in g-Moll nach vier Takten auf der Subdominante ab und wird durch kantablen Nachsatz mit Halbschluß ergänzt. Zwar wird in Nr. 1 die Überleitung in zwei analogen Viertaktern vom Themenkopf in Baßlage eröffnet, wonach seine punktierte Gestik auch in der Oberstimme übernommen wird, während das Kopfmotiv in Nr. 2 zunächst im Unisono modifiziert und dann figurativ verlängert wird. Wie schon im Themenkern selbst beschränken sich aber in den anschließenden Figurationsphasen die Mittelstimmen auf modifiziert akkordische Begleitung. Mit einem letzten Themenzitat schaltet der C-Dur-Satz unvermutet nach Es-Dur um, so daß der knappe Seitensatz auf der Mediante anschließt, bis er sich analog zur Dominante G-Dur wendet, in der die weitere Exposition verharrt, womit sich drei Felder im Terzabstand entsprechen. Dagegen erreicht der g-Moll-Satz

---

[1] Zum schillernden Begriff des Biedermeier vgl. H. Heussner, *Das Biedermeier in der Musik*, in: Die Musikforschung 12 (1959), S. 422–431; C. Dahlhaus, *Romantik und Biedermeier. Zur musikalischen Charakteristik der Restaurationszeit*, in: Archiv für Musikwissenschaft 31 (1974), S. 22–41; W. Dürr, *Zwischen Romantik und Biedermeier: Franz Schubert*, in: *Kunst des Biedermeier 1815–1835*, hg. v. G. Himmelheber, München 1988, S. 53–58.

[2] *LE* I, S. 119, sowie *WV*, S. 14. Zu den frühen Werken vgl. M. Wulfhorst, *Spohr's Early Chamber Music (1796–1812). A Contribution to the History of Nineteenth-Century Genres*, Diss. City University of New York 1995.

L. Spohr, op. 4, Nr. 1, erster Satz, T. 1–8 und 25–30.

schon mit der Themenausspinnung die Durparallele, in der nach der figurativen Überleitung der Seitensatz wie die übrige Exposition verbleibt. Gemeinsam sind beiden Sätzen vor allem die ausladenden Figurationen nach dem Seitensatz, unverkennbar ist beidemal auch der Versuch einer Legitimierung durch knappe Einsätze, die auf die punktierte Gestik der Themen zurückweisen, ohne doch den Stand motivischer Arbeit zu erreichen. Punktierte Rhythmik stützt ähnlich den kantablen Seitensatz in Nr. 1, dagegen übernimmt der Seitensatz aus Nr. 2 in auftaktiger Position jene Triolen, die in den Figurationsphasen dominieren. Ein modifiziertes Themenzitat vertritt in Nr. 1 die Schlußgruppe, an deren Stelle in Nr. 2 triolische und punktierte Wendungen verbunden werden. Die Durchführungen sind durchaus nicht rudimentär zu nennen, trotz modulatorischer Aktivität weisen sie jedoch nur ansatzweise thematische Arbeit auf. In Nr. 1 geht der Verlauf von transponierten Themenzitaten aus, zweimal wird auch das Kopfmotiv abgespalten, aber gleich akkordisch weitergeführt, und seine weiteren Zitate werden schon von triolischer Figuration überdeckt. Ausgenommen bleibt davon nur ein harmonischer Exkurs, der rasch von As-Dur bis a-Moll und dann in Quintfällen zur Dominante und zum Ort der Reprise führt. Allerdings wird diese Phase allein mit dem punktierten Dreiklang des Themenkopfs bei einfacher Begleitung bestritten, und weiter noch blendet die Durchführung in Nr. 2 die Thematik zugunsten der Figuration aus. Regulär verlaufen auch die Reprisen mit der üblichen tonartlichen Modifikation, wobei der g-Moll-Satz vom Seitenthema an in der Durvariante bleibt, während die Coda jeweils ein kadenzierender Ausklang vertritt.

So konventionell sich beide Sonatensätze geben, so offenkundig ist die Umprägung des Gehäuses, die mit dem Verzicht auf motivische Arbeit zusammenhängt. Als Konsequenz ergeben sich nämlich weite Phasen, deren Zusammenhalt primär durch die rhythmische und tonale Organisation bewirkt wird. Was Mozart oder gar Beethoven gegenüber als Simplifikation erscheint, läßt sich zugleich als Distanz vom diskontinuierlichen Satz auffassen, der eine Voraussetzung der motivischen Arbeit war. Und die weiträumigen Figurationen, die zunächst nur dem Virtuosen zu dienen scheinen, führen zu einer rhythmischen Kohärenz, die monoton wirken mag, aber doch einen anderen Zeitverlauf als im klassischen Satz zur Folge hat. Solche Verfahren dürften es begründen, daß Spohrs Musik als romantisch empfunden wurde, obwohl die Werke nur ausnahmsweise vom romantischen Liedsatz ausgehen. Demgemäß kennen auch die Tanzsätze bloß Relikte jenes metrischen Spiels, das den klassischen Tanz prägte. Ein c-Moll-Menuett in Nr. 1 beginnt in beiden Teilen mit markantem Sextsprung, dessen Impuls jedoch auf fallende Stimmzüge im Legato trifft, wonach das Trio in C-Dur kapriziöse Trillerfiguren der Oberstimmen mit schlichter Begleitung paart. Den dritten Satz in Nr. 2 bildet ein Scherzo g-Moll, das scherzhaft nur durch eintaktig verschobene Einsätze des Kopfmotivs anmutet und damit auch das Trio in der Durparallele bestimmt. Das Adagio C-Dur in Nr. 1 eröffnet unter Dehnung auf Halbe ein Terzfall, wie er auch die fallende Linie im Menuett prägt, doch wird der akkordische Satz schrittweise durch Auftakte und dann durch zunehmende Ornamentierung erweitert, die sich als leitendes Prinzip des knappen Verlaufs erweist. Ähnlich zeigt das Poco Adagio aus Nr. 2 eine Ornamentierung, die alle Stimmen erfaßt; prägnanter ist hier ein zweiter Gedanke mit Quintfall, der in der Mitte des dreiteiligen Satzes eine bemerkenswerte Modulationskette auslöst. Heikel sind dagegen in beiden Werken die rondohaften Schlußsätze, in denen figurative Passagen noch mehr dominieren. In Nr. 1 wird immerhin eine Rückbindung versucht, sofern mit Terzfall wie in den Binnensätzen das Couplet beginnt, das in der Satzmitte mediantisch transponiert erscheint, im Schlußteil jedoch ausfällt. Apart nimmt sich dagegen in Nr. 2 in gleicher Funktion ein Fugato aus, das freilich ein kaum vermittelter Kontrast bleibt, weil virtuoses Figurenwerk den Satz sonst weiter noch überwuchert.

Unbestimmt bleibt also nicht nur das Verhältnis der mitunter prägnanten Thematik zum oft freien Verlauf, offen ist zugleich auch, wie sich so neue oder doch abweichende Züge mit den Normen der Gattung vertragen. Klarer kommen Wege der Lösung im Werkpaar op. 15 zur Geltung, in dem mit der Erweiterung der Formen zugleich die Verfahren differenziert werden. Entstanden zwischen 1806 und 1808, erschienen die Quartette in Es- und D-Dur 1809 bei Kühnel in Leipzig. Der Kopfsatz in Nr. 1 entfaltet nach auftaktigem Ansprung fallende Linien in gebundenen Vierteln, deren Strom im 3/4-Takt einmal synkopisch gebremst wird, chromatische Einschübe indes, die imitativ potenziert werden, füllen wie so oft nur diatonische Schritte ohne modulierende Funktion aus. Über Orgelpunkt wechselt die Überleitung zu Achtelketten mit punktiertem Kadenzglied, ihr Auftakt wird sodann mit dem Themenkopf im Einklangkanon verkettet, bis seine Kombination mit punktierten Achteln zum dominantischen Seitensatz führt, der mit dem Auftakt auch die Punktierungen übernimmt. Treten dazu noch chromatisch gefärbte Viertel, so lassen sie sich als freie Umkehrung des Hauptsatzes auffassen, und erst die Schlußgruppe greift wieder zu triolischen Figuren, die desto mehr vom Kontext abstechen. Just mit solcher Figuration wird aber die Durchführung eröffnet, die weithin auf ähnlicher Ausspinnung basiert; zweimal wird indes der imitierte Themenkopf mit auftaktigen Achteln oder ihrer triolischen Variante verbunden. Auch bei einem höheren Grad der Thematisierung werden also vorab rhythmische Muster wirksam, sofern die Thematik nur begrenzt motivische Arbeit zuläßt. Das Andante c-Moll verschärft die gängige Dreiteilung bis zur abschließenden Repetition des ersten Teils, der zudem mit zwei wiederholten Achttaktern wie das Thema eines Variationensatzes anmutet, wogegen die Satzmitte fast beziehungslos durch ein Maggiore ausgefüllt wird. Näher jedoch verbinden im starren Formgerüst punktierte Auftakte beide Teile, und die Coda paart endlich – nun wirklich variativ – melodische Relikte der Rahmenteile mit den umspielten Liegestimmen aus der Satzmitte. Auftaktig wie alle Sätze beginnt das Menuett, dessen Kopfmotiv mit auftrumpfender Tonwiederholung sequenziert und in Achteln fortgesponnen wird, die auch das Trio in der Mediante durchziehen. Als Rondo ist das Finale im 6/8-Takt bezeichnet, obwohl es mit wiederholter Exposition einem Sonatensatz gleicht; wie ein dreiteiliger Refrain ist dennoch das Hauptthema gebaut, von ihm aber geht die unablässige Achtelbewegung aus, die nur dreimal durch das knappe Couplet in akkordischen Vierteln unterbrochen wird, so daß der Satz mit dem Primat der Oberstimme die für Spohr bezeichnende Kontinuität der Bewegung gewinnt.

Daß das Werk in D-Dur wie ein Quatuor brillant nur dreisätzig ist, liegt am Fehlen eines langsamen Satzes; er wurde offenbar nach einer Kritik Reichardts eliminiert, der zufolge hier eine Figur »zu Tode gehetzt« werde, die Spohr nur »nach Mozartscher Weise« durchzuführen meinte.[1] Bei nicht grundsätzlich anderer Themenbildung hat der Kopfsatz eine Klangdichte und Konsistenz, die ihn vor anderen Frühwerken auszeichnet. Der punktierte Auftakt im Hauptthema erfährt energisch ausgreifende Sequenzierung, die in graziöser Umspielung der Dominante mündet. Der zweite Viertakter wird motivisch differenziert und endet im Trugschluß, der die Ergänzung durch zwei weitere, motivisch neu variierte Viertakter veranlaßt. Im Wechsel der Außenstimmen kombiniert die Überleitung dann Kopf- und Kadenzglied des Hauptthemas in weiträumiger Sequenzierung bis zur Dominante, wonach das volltaktig ansetzende Seitenthema in den gepaarten Violinen auf die allgegenwärtige Punktierung rekurriert. So begrenzt sich der figurative Anteil auf die Phase vor der Schlußgruppe, die ihrerseits wieder auf den Themenkopf zurückweist. Die Durchführung ordnet das Material in lebendigem Wechsel an, sie nutzt es zwar kaum zu streng thematischer Arbeit, erreicht jedoch – bei Wechsel der Vorzeichnung – modulierend c-Moll, um dann in Quintschritten zur Reprise zu lenken. Erst die Coda reiht längere Figurenketten der Primgeige, nicht ohne aber von rhythmischen Reminiszenzen der Mittelstimmen gestützt zu werden. Das Scherzo in G-Dur läßt mit analog punktierter Motivik im zweiten Teil den Themenkopf bei plötzlichem Wechsel der Tonart mehrfach abbrechen, wogegen das e-Moll-Trio in wiegenden Achteln ständig die dritte Zählzeit akzentuiert und dann mit modulierendem Anhang zur Scherzoreprise zurückfindet. Gewichtiger als sonst ist das fugierte Finale, dem vier langsame Takte präludieren. Das Fugenthema verbindet zwar Terz- und Oktavsprünge in markanten Halben, die zunächst nur durch skalare Viertel kontrapunktiert werden, doch erweist sich der Satz als So-

1 *LE* I, S. 123 und S. 347; H. Glenewinkel, *Spohrs Kammermusik für Streichinstrumente*, S. 30; vgl. ferner zu op. 15 Nr. 1–2 die in Anmerkung 3, S. 4 genannte Edition.

natenform mit wiederholter Exposition, und nach einmaliger Durchführung introduziert schon die Überleitung die beharrlichen Achtelketten, die fortan den ganzen Satz durchziehen. Als ihr Widerpart fungieren anfangs sequenzierte Sextfolgen, die dem Thema selbst nur rhythmisch entsprechen. Ähnlich wie in den fugierten Finali Mozarts wird also die Fuge vom Sonatensatz gekreuzt, statt thematischer Arbeit oder kontrastierender Gruppen treten jedoch rhythmische Modelle und ihre Varianten hervor. Denn eine analoge Kombination wie in der Überleitung nimmt auch den Platz des Seitensatzes ein, und statt des Themas greift die Durchführung zu einer Variante in fallenden Quarten, die immer noch die Patina des ›alten Stils‹ andeuten. Maßgeblich sind also rhythmische Modelle, die intervallisch variabel bleiben, charmant ist aber die Umbildung der Fuge zum Perpetuum mobile, das beide Ebenen in der Coda zur Deckung bringt.

Zwischen den beiden frühen Werkpaaren entstand 1806 mit dem d-Moll-Quartett op. 11 das erste ›brillante‹ Werk, das hier stellvertretend hervorzuheben ist. Die dreisätzige Anlage – ohne Menuett oder Scherzo – folgt wohl nicht allein der Konvention solcher Werke, sondern dazu der Einsicht in die konstitutive Funktion gleichberechtigter Stimmen für den Tanzsatz. Daß ein langsamer Satz auch einer figurativen Prinzipalstimme entgegenkommt, läßt sich aus dem Prinzip der fortschreitenden Ornamentierung verstehen, das sich schon im Frühwerk Haydns ausbildete. Und wie ein Rondo von der figurativen Primgeige überzogen werden kann, zeigt bereits das Finale des ersten Quartetts aus op. 15. Riskanter nimmt sich das Verfahren aber in einem Kopfsatz aus, zumal wenn er über recht profilierte Thematik verfügt wie in op. 11. Allerdings muß ein solches Thema nicht mehr mit motivischen Impulsen zur gearbeiteten Entwicklung taugen, es kann sich auch mit wirksamer Sang-

L. Spohr, Quatuor brillant d-Moll op. 11, erster Satz, T. 1–7 und 14–18.

lichkeit oder kapriziöser Rhythmik begnügen, um die virtuosen Kaskaden auszulösen, die sich wie ein Gespinst über den akkordischen Gerüstsatz legen. Derart verfährt denn auch der Hauptsatz in op. 11, wenn zwischen gehaltenen Ecktönen punktierte Bögen auf- und abwärts schwingen und schon im zweiten Viertakter auf Triolen stoßen, die dann in der oktavierten Themenwiederholung den Start der weiträumigen Figuration signalisieren. Eine gestauchte Variante dieses Themenkerns markiert in der Durparallele ein kurzes Seitenthema, in dem sich die Figuration schon nach vier Takten zurückmeldet, und prinzipiell ebenso ist dann auch die ganze Durchführung angelegt. Die Unterstimmen schrumpfen jedoch im ganzen Satz zu einzelnen oder repetierten Begleitakkorden, und wenn sie vor der Reprise für zwei Takte eine Kadenzfigur der Primgeige übernehmen, ist dies schon das Äußerste, was ihnen abverlangt wird. An Spohrs Konzerte erinnert hier wie im langsamen Satz ein Solopart, der mit raschen Skalen, Akkordbrechungen und Trillerketten einen höchst versierten Spieler fordert. Auch das Rondofinale mutet der Begleitung nur ausnahmsweise triolische und punktierte Wendungen zu, wie sie unentwegt den Solisten beschäftigen, der sogar gewagte Terzparallelen nicht scheuen darf. Gut vorstellbar ist es, wie sich dem berühmten Virtuosen allerorts – und der Ehre halber wohl gratis – die Liebhaber zur Verfügung stellten, um ihn zu ›akkompagnieren‹, und wenn Spohr nach seinen Erinnerungen selbst in Werken von Beethoven derart »akkompagniert« wurde, so mag man die befremdliche Redeweise der Gewohnheit des Virtuosen zuschreiben.[1]

Ähnlich verhält es sich mit dem D-Dur-Quartett op. 43 (1817), auch wenn sich die Mittelstimmen hier mehr artikulieren und sogar rhythmische Wendungen des Themas aufgreifen. Vergleicht man damit das A-Dur-Quartett op. 30 (1814), so wird begreiflich, daß Spohr es sein »Paradepferd« nannte, obwohl es nicht im Druck, sondern im Autograph den Zusatz ›brillant‹ trägt. Wie in op. 43 beteiligen sich die Unterstimmen nicht ausschließlich als akkordische Begleitung, die Durchführung kontrastiert sogar im ersten Teil durch Wendung zur Mollvariante, doch schon die Thematik legt mit ihrer Mischung kantabler und kapriziöser Züge die Affinität zum Modell in op. 11 frei. Ausnahmsweise findet sich hier einmal in einem solchen Werk ein Menuett, an dem auch die Gegenstimmen partizipieren, wogegen das Trio dem Solisten wiederum Terzparallelen zuweist. Harmonisch sind diese Werke nicht unbedingt ärmer als andere, sie können ebenso überraschende Modulationen aufweisen, wie etwa im Kopfsatz aus op. 11 schon die Überleitung in nur vier Takten von d-Moll nach Des-Dur führt. Die Differenzen werden aber deutlicher, wenn man von den solistischen Girlanden abstrahiert, die den schlicht akkordischen Gerüstsatz kaschieren. Zu Recht bemerkte Hagen Zimmermann: »Nie wieder ist die Divergenz so groß« wie in op. 11 als Extrem, doch bleibe auch weiterhin »Virtuosität die Visitenkarte des

1 *LE* I, S. 236 sowie *LE* I, S. 74 und S. 78.

Komponisten«.[1] Unverkennbar ist hinter der glitzernden Fassade eine changierende Mischung von chevaleresken und melancholischen Untertönen, doch indizieren derart effektsichere Stücke nicht nur die Grenzen der Gattung, sondern sie lenken auch den Blick auf ähnlich virtuose Partien, die eine Achillesferse der anderen Werke bleiben. Sie machen es verständlich, daß das brillante Genre abstarb, je mehr sich Beethovens Werke durchsetzten, doch deuten sie damit Gründe dafür an, daß selbst die anderen Quartette Spohrs in dem Maß in Vergessenheit gerieten, in dem sie dem Virtuosen im Komponisten huldigen.

Bezeichnet als ›Grand Quatuor‹, erweist sich das dem Grafen Rasumowsky gewidmete g-Moll-Quartett op. 27 doch als verkapptes Quatuor brillant, denn der Solopart dominiert durchweg – bis auf das Menuett – in einem Maß, das den Unterstimmen nur akkompagnierende Funktion zuweist, selbst wenn rhythmische Einwürfe motivisches Material bescheiden aufnehmen. So gehören im Grunde alle Werke, die bis 1838 separat erschienen, zum virtuosen Genre, zu dessen Gunsten sich damit die Gewichte bedenklich verschieben. Ihnen stehen aber die sechs Serien mit je drei Werken gegenüber, die durch die Trias op. 29 aus den Jahren 1813–15 eröffnet werden. Sie wurde Andreas Romberg als kleine Revanche für seine Bemerkung gewidmet, nach der »es noch nichts« sei mit Spohrs Quartetten. Zudem verdankt sich das Kopfmotiv des ersten Satzes aus dem Es-Dur-Quartett Nr. 1 dem Wettbewerb mit Friedrich Ernst Fesca, der seinen Namen mühelos musikalisch ausbeuten konnte, worauf Spohr mit vermindertem Quartfall reagierte (es – h), der zwei Buchstaben seines Namens umschreibt, während die übrigen durch

[1] H. Zimmermann, *Untersuchungen zu frühen Streichquartetten von Louis Spohr*, mschr. Magisterarbeit Kiel 1996, S. 25.

L. Spohr, op. 29 Nr. 1, erster Satz, Hauptthema T. 1–6 (Edition Fr. O. Leinert, Bärenreiter 1955).

Durchführung T. 92–94.

die Angabe ›po‹ (für Piano) und eine entsprechend geschriebene Viertelpause ersetzt wurden.¹ Im Unisono wird dieses Intervall, das motivisch für sich schon fruchtbar sein könnte, nach Pause durch einen aufsteigenden As-Dur-Klang mit Punktierung ergänzt, beide Gebilde werden nach neuerlicher Pause eine Stufe höher sequenziert, und ein dritter Ansatz auf der Dominante wird im vollstimmigen Satz endlich zur Kadenz auf der Tonika erweitert. Indem der achte Takt als Ziel zugleich Beginn der Anschlußgruppe ist, werden die Taktgruppen enger verzahnt, als dies die streng ›quadratische‹ Periodik Spohrs sonst zuläßt. Während die thematische Konfiguration in Baßlage wandert, wird sie bei repetierender Begleitung von einer Linie der Oberstimme beantwortet, die ihrerseits mit punktierter Rhythmik die Pausen überbrückt, wonach wiederum triolische Figuration einsetzt, die hier aber durchweg auf thematischen Zitaten der Gegenstimmen gründet. So wird mit motivischer Verdichtung und chromatischer Schärfung zugleich im weiten Exkurs bis A-Dur durch mediantische Rückung die Doppeldominante gewonnen, der dominantische Seitensatz kombiniert erneut punktierte und triolische Glieder mit betonten Vorhalten und wird ähnlich chromatisch erweitert. Auch die folgende Phase greift noch bei gesteigerter Figuration motivische Gesten des Hauptsatzes in knapper Sequenzierung auf, bis nach rhythmischer Stauung der Epilog entsprechende Wendungen zum kantablen Ausklang bildet. Unverkennbar ist also die Absicht, das thematische Material zu profilieren, mit seiner Motivik die Themengruppen wie die vermittelnden Phasen aufeinander zu beziehen und ebenso die Figuration einzubinden. Doch nicht der Themenkopf selbst, sondern seine intervallisch freien Varianten bestreiten die Durchführung, die dennoch eine seltene Dichte erreicht. Von c-Moll aus scheint sie sich nach g- und dann f-Moll zu wenden, rückt aber gleichsam ›neapolitanisch‹ nach Fes- bzw. E-Dur, bis über cis-Moll endlich H-Dur in scheinbar dominantischer Funktion erreicht wird. Genau damit setzt aber harmonisch maskiert die Reprise an, deren ersten vier Takten zwei mediantische Terzfälle in sequenzierter Quintfolge zugrunde liegen (H/Ces⁷ – As⁷, Des⁷ – B⁷ – Es). Ausnahmsweise paart sich also mit der harmonischen Extension eine thematische Konzentration, an der alle Stimmen teilhaben, von durchbrochenem Satz oder obligatem Akkompagnement im strengen Sinn zu sprechen, besteht dennoch kaum Anlaß, zumal der Themenkopf mit der Namenchiffre durch freie Varianten vertreten wird. Nicht ohne Grund sprach aber Glenewinkel von der »Größe« dieses Satzes, womit das ganze Werk als »Höhepunkt« der Wiener Quartette und als das »hervorragendste« von Spohr überhaupt erscheine, das später nur »erreicht«, aber nicht übertroffen worden sei.² Die Reprise folgt wie stets ohne weitere Eingriffe der Exposition, wird jedoch durch eine Coda ergänzt, die statt eines thematischen Resümees auf gesteigerte Figuration setzt.

1 *LE* I, S. 184; zu Rombergs Urteil ebenda, S. 132, ferner H. Glenewinkel, *Spohrs Kammermusik für Streichinstrumente*, S. 39. Zur Edition von op. 29 Nr. 1 s. o. Anmerkung 5, S. 4; zum gemeinten Werk von Fesca vgl. M. Frei-Hauenschild, *Friedrich Ernst Fesca (1789–1826). Studien zu Biographie und Streichquartettschaffen*, Göttingen 1998 (Abhandlungen zur Musikgeschichte 3), S. 566.

2 H. Glenewinkel, *Spohrs Kammermusik für Streichinstrumente*, S. 35.

Das Andante con variazioni c-Moll als zweiter Satz präsentiert ein Thema, das ähnlich wie das in op. 15:1 gebaut ist. Es zeigt indes einen fünftaktigen Anhang in der Variante, der so wie die harmonische Struktur in den Variationen wiederkehrt, ausgenommen allein die dritte, die ohnehin ein Maggiore ist, wogegen die fünfte und letzte Variation zur Coda in C-Dur erweitert wird. Allerdings sind die Variationen immer noch vorab figurativ angelegt, eigenen Charakter hat am ehesten die vierte, in der die punktierten Wendungen des Themas marschartig gefaßt sind, während die thematische Melodie in der Schlußgruppe zwischen den Außenstimmen wechselt und durch raschestes Figurenwerk umrahmt wird. Unüberhörbar ist aber auch die latente Chromatik, die im Thema mit der Folge von Sub- und Doppeldominante angelegt ist und damit die weitere Einführung von Nebenstufen veranlaßt. Geradezu raffiniert fällt vor allem das c-Moll-Scherzo aus, das schon im A-Teil ein strenges Fugato mit prägnanter Thematik darstellt. Indem dieses Material im Abstand von ein oder zwei Vierteln die Stimmen durchläuft, verschieben sich im B-Teil die Taktakzente derart, daß die metrische Orientierung in einem bei Spohr höchst ungewöhnlichen Ausmaß schwankt, zumal dann dazu noch synkopische Viertel beitragen. Nicht so sehr durch die triolische Figurierung als durch den Wechsel nach H-Dur läßt das Trio aufhorchen, dessen Sphäre zum Elan des Tanzsatzes quersteht, wonach die Rückleitung zum Scherzo unter Rückung von H- nach B-Dur und dann zum dominantischen G-Dur überraschend genug bleibt. Trotz wiederholter Exposition trägt das Finale die Kennmarken des Rondos, so wirksam aber der federnde Impuls im dreigliedrigen Refrain bleibt, so karg fällt der Seitensatz als Couplet mit knappen Einwürfen der Oberstimme über Orgelpunkt und Liegestimmen aus. Zu den figurativen Passagen der Durchführung werden zwar thematische Relikte zitiert, hinter dem dichten Kopfsatz bleibt das Finale aber mit einer Redundanz zurück, die in gesteigerter Figuration der Coda gipfelt, so daß der Satz entgegen Glenewinkel kaum als »Krone« des Werkes gelten kann.

Dem Vergleich mit Nr. 1 halten die beiden anderen Werke aus op. 29 schwerlich stand, auch wenn im Kopfsatz des C-Dur-Quartetts Nr. 2 eine motivische Achtelwendung gleichsam ubiquitär ist. Etwas schwerer wohl wiegt das letzte Werk in f-Moll, befremdlich wie schon im zweiten nehmen sich aber die figurativen Kaskaden aus, denen die Sätze bis auf das Scherzo erneut frönen. Die langsamen Sätze bringen ihr Kopfmotiv auch im Mittelteil zur Geltung, der nach dominantisch endendem A-Teil jeweils mediantisch ansetzt, desto mehr dann aber dem Virtuosen den Tribut entrichtet. Dagegen gibt das Menuett in Nr. 2 den gewohnt binären Bau auf, deutet indes mit drei analogen Gruppen, deren erste mit 11 Takten irregulär ausfällt, wie sonst eine dreistufige Binnengliederung an. Das Scherzo in Nr. 3 ist wieder fugiert, dabei jedoch keineswegs so intrikat wie das in Nr. 1, im Gehäuse eines Sonatensatzes mit wiederholter Exposition teilen die beiden Finali erneut die Kennmarken des Rondos mit dreigliedrigen Refrains und knappen Couplets; auch wenn die Durchführungen harmonische Exkurse oder kontrapunktische Ansätze suchen, dominiert die stetige Figuration der Oberstimme fast durchweg. So erreicht keines der weiteren Werke das bemerkenswerte Niveau des ersten, das innerhalb der Grenzen Spohrs wohl in der Tat einen ›Höhepunkt‹ bedeutet.

Wie die weiteren brillanten Stücke (op. 61, 68, 83 und 93) lassen sich die späteren Einzelwerke übergehen (op. 132, 141, 146 und 152), die zwar eher gearbeitet sind und virtuose Züge zu meiden suchen, jedoch ebenso wie die restlichen Quartette zu spät kamen, um noch geschichtlich wirksam zu werden. Daß Spohr offenbar erkannte, wie vereinsamt er inzwischen geworden war, dürfte ein Motiv für den sonst schwerverständlichen Entschluß gewesen sein, die Publikation der beiden letzten Quartette zu unterbinden, obwohl sie entschiedener als sonst vom virtuosen Passagenwerk Abschied nehmen, ohne sich doch an den Werken von Mendelssohn, Schumann und nun auch Schubert messen zu können. So verbleiben die übrigen Serien mit je drei Werken, die bis 1832 entstanden. Zu nennen sind freilich bei den generell geltenden Prämissen nur noch besondere Leistungen, da der Radius von Spohrs Möglichkeiten im Grunde schon zuvor ausgeschritten war.

In Paris weckten 1821 die drei Jahre zuvor entstandenen Quartette op. 45 das Interesse Cherubinis, der »den reichen Harmoniewechsel und besonders das Fugato im letzten Satze« aus Nr. 1 hervorhob.[1] Gelehrter Kontrapunkt in bizarrer Kreuzung mit figurativer Brillanz kennzeichnet tatsächlich diese Werke, deren Kopfsätze der Oberstimme meist weiten Raum zugestehen, auch wenn sich damit thematische Zitate verbinden. Sobald der Virtuose zurücktritt, wie etwa im e-Moll-Quartett Nr. 2, müssen sich umgekehrt die übrigen Stimmen mit akkordischer Begleitung begnügen. Auch die Schlußsätze folgen dem Sonatenschema, rondohaft bleibt aber neben dem ausgeprägten Kontrast der Themen die noch weiter reduzierte Verarbeitung, die zumal im Finale aus Nr. 3 von der Figuration überwuchert wird. Dagegen nimmt das Fugato im Schlußsatz des C-Dur-Quartetts Nr. 1 den Platz des Seitensatzes ein, sein Thema wird zwar im Unisono präsentiert und später gar enggeführt, doch löst es sich nicht nur in unverbindliche Fortspinnung auf, sondern bleibt auch fremd in einem Kontext, der vom Hauptsatz mit seiner fließenden, chromatisch gefärbten Bewegung dominiert wird. Aus den sonst recht konventionellen Tanzsätzen hebt sich das Scherzo in Nr. 3 hervor, das als Fugato mit Umkehrung beginnt und über kanonische Stimmpaare bis zur Engführung des Kopfmotivs und seiner Umkehrung reicht. Daß Cherubini das Larghetto aus Nr. 2 als »der schönste« Satz erschien, wird weniger durch die kurzatmige Thematik als durch die fast rezitativische Diktion des Mittelteils verständlich, die dem Satz eine eigene Note gibt.

---

1 *LE* II, S. 117f., wonach Cherubini das Adagio aus op. 45 Nr. 2 als »das schönste von allen« erschien; eine Übertreibung Spohrs dürfte seine Vermutung sein, Cherubini habe »höchstens einmal ein Haydnsches Quartett in den Soireen gehört«, aber »die deutschen Meisterwerke dieser Gattung von Mozart und Beethoven noch gar nicht« gekannt. Zum Interesse Jean Pauls an op. 45 vgl. *LE* II, S. 60.

Wie die kompositorische Position Spohrs änderte sich auch der sozialgeschichtliche Rahmen seiner weiteren Quartette nicht mehr. Für den eigenen ›Quartettzirkel‹ wurde 1821 in Dresden op. 58 begonnen und dann in Kassel ergänzt, gleichwohl sind öffentliche Aufführungen andernorts auch für die weiteren Werke kaum nachweisbar, die ebenso in den Erinnerungen kaum noch gestreift werden.[1] Einiges Gewicht hat das in Neuausgabe zugängliche Es-Dur-Quartett Nr. 1, obwohl es nicht die Höhe des Gegenstücks aus op. 29 erreicht. Der Kopfsatz exemplifiziert im Hauptthema das Verfahren, ausschwingende Gesten im Dreiklangsraum durch punktierte Rhythmik zu profilieren und dann auszuspinnen, die mediantisch versetzte Wiederholung wird kanonisch bereichert, doch kennt die figurative Überleitung keine motivische Untermauerung, und ähnlich löst sich der wenig prägnante Seitensatz auf. Die Durchführung rückt zwar gleich von B- nach H-Dur, wo sie jedoch thematische Ansätze zeigt, werden sie von Triolenketten überlagert. Das Adagio in As-Dur zeichnet sich durch sein hymnisches Thema aus, dessen Ornamentierung zunächst sparsam bleibt, sie tritt dafür im B-Teil hervor, der in E-Dur dann aber den Themenkopf aufnimmt, und umgekehrt greift auf diesen Kontrastteil die Reprise zurück, so daß sich ornamentale und variative Züge kreuzen. Das Scherzo c-Moll erweist seine Eigenart am ehesten, wenn sich mit motivischen Einsätzen in eintaktigem Abstand zugleich die metrische Ordnung verschiebt, wogegen das Trio von seiner triolischen Oberstimme zehrt. Fast belanglos bliebe das Thema im Rondofinale, erhielten nicht die vorangestellten Takte der Bratsche motivisch eigenen Rang. Denn ihrer triolischen Wendung mit angehängter Quintsequenz ist zunächst nicht anzusehen, daß sie nach dem Refrain – am Platz einer Überleitung also – ein Fugato bestreitet, das sich nicht mit einmaliger Durchführung begnügt und sogar in Engführung mündet. Dagegen greift das Couplet auf den Refrainkopf zurück, ein zweites Fugato beginnt in es-Moll, und ein Paradigma der Spohrschen Harmonik ist die gewandte Rückmodulation über H- nach B-Dur. Da Triolierung im Refrain angelegt und dann kontrapunktisch entfaltet wird, bleibt auch die Figuration so bündig wie selten in den Zusammenhang integriert. – Die Kopfsätze der beiden anderen Werke in a-Moll und G-Dur kehren zum geläufigen Typus zurück, sofern die thematische Fortspinnung den figurativen Passagen gegenübersteht. An ihnen partizipieren in Nr. 2 immerhin die Gegenstimmen, während in Nr. 3 die Kantilene des Seitensatzes mit kapriziösen Einwürfen eine Zäsur bedeutet. Von triolischer Figuration lebt in beiden Tanzsätzen auch das Trio, das in Nr. 3 zwischen ungeradem und geradem Takt wechselt. Doch geht dem Scherzo in Nr. 2 ein langsamer Variationensatz voran, dessen Thema nur zweimal ornamental verbrämt wird und nach knapper Coda in das Scherzo übergeht, das sich trotz Wechsel von F- nach A-Dur nun als letzte Variante des vormaligen Themas entpuppt. Eine

---

[1] Zu op. 58 vgl. *LE* II, S. 123 und S. 133, zur Edition von op. 58 Nr. 1 s. o. Anmerkung 3, S. 4.

solche Verklammerung, wie sie bei Spohr sonst selten begegnet, verbindet auch in Nr. 3 ein Adagio molto g-Moll mit dem Finale in G-Dur. Denn mit nur 17 Takten erweist es sich als langsame Einleitung, auf seine thematische Kontur spielt nicht nur der Hauptsatz an, er liegt auch in Baßlage dem Seitensatz zugrunde und erscheint nochmals als Einschub in der Coda. Belanglos bleibt daneben das Rondo all'Espagnola in Nr. 2, das seiner Bezeichnung allenfalls durch pikante Rhythmik Rechnung trägt.

Im Rahmen der eingeschliffenen Verfahren sind die Quartette op. 74, die 1826 entstanden und im folgenden Jahr bei Peters in Leipzig erschienen, unübersehbar um ein geschärftes Profil des Materials und eine straffere Thematisierung des Verlaufs bemüht. Bemerkenswert erschien einem Rezensenten »das vortreffliche D-moll-Quartett« Nr. 3 als »Spohrs capo d'opera der Quartettmusik«.[1] Das aparte Hauptthema des Kopfsatzes spinnt im 3/2-Takt seine fallenden Linien mit chromatischen Gegenstimmen zur hemiolischen Stauung aus, es verliert freilich seine Energie, sobald die Überleitung zu triolischen Achtelketten wechselt, deren rhythmische Augmentation im Seitensatz wiederkehrt, während die Schlußgruppe erneut hemiolische Wirkungen versammelt, die dann auch in Durchführung und Coda einziehen. Das D-Dur-Finale greift im

1 H. Glenewinkel, *Spohrs Kammermusik für Streichinstrumente*, S. 163; zur Neuausgabe von op. 74 Nr. 2–3 s. o. Anmerkung 3, S. 4.

L. Spohr, op. 74 Nr. 3, erster Satz, T. 1–4 (Edition M. Thöner, Tutzing 1983, Schneider).

2/2-Takt mit seinem Incipit einen Topos auf, wenn ein Oktavsprung in Ganzen mit abschnappendem Kadenzglied derart gekoppelt wird, daß sich der Effekt bei kontrapunktischer Verdichtung schon in der Überleitung potenziert. Im Seitensatz sind freilich die Mittelstimmen dazu verurteilt, mit nachschlagenden Achteln die gleichförmige Begleitung zu liefern, und für die Reihung solcher Segmente entschädigt auch die Durchführung kaum in dem mit fast 500 Takten überlangen Satz. Mit kadenzierenden Zweitakten eignet dem Adagio A-Dur eine überdeutliche Gliederung, die auch durch ornamentale Ausfaltung nicht kompensiert wird, effektvoll dagegen treibt das Scherzo zu kaum bewegten Akkordflächen je eine Stimme in huschenden Legatoketten voran. – Leichter gibt sich das B-Dur-Quartett Nr. 2, dessen Kopfsatz durch wechselnd verlängerte und verkürzte Auftakte die Themengruppen aufeinander bezieht. Treten zur punktierten Kadenzwendung samt figurativem Auslauf im Hauptsatz triolierte Figuren, so werden mit diesem Material die Satzgruppen zwar durchweg geprägt, ohne daran doch mehr als jeweils eine Stimme oder höchstens ein Stimmpaar zu beteiligen. Eine seltsame Umkehrung von rondohaften Relationen zeigt das Finale, das in der Mollvariante beginnt und zum Refrain in der Tonika so umschlägt, daß der stete Dur-Moll-Wechsel den Satz fast nach Art einer Doppelvariation bestimmt. Den Tanzsatz ersetzt ein dreiteiliges Larghetto g-Moll, dessen Taktgruppen durch punktierte Auftakte variativ verzahnt werden. Doch auch dem folgenden Thema mit sechs Variationen verleihen solche Auftakte eine fast gefährliche Kohärenz, die durch bloße Ornamentierung kaum kaschiert und durch imitatorische Potenzierung noch weiter betont wird, wogegen die Coda immerhin eine charakteristische Sequenzierung in Halbtonstufen aufweist. – Um rhythmisches und zugleich harmonisches Profil ist es dem Kopfsatz im a-Moll-Quartett Nr. 1 zu tun, dessen Hauptsatz im 6/4-Takt breite Akkorde mit kurzen Vorschlägen schärft und dann mit fallenden Skalenketten voll ornamentaler Triller verschränkt. Das verkürzte Kopfmotiv erlaubt eine motivisch dichtere Überleitung, und der Seitensatz besticht durch eine Orientierung am Liedsatz, wie sie bei Spohr nur ausnahmsweise begegnet; indem er aber in gleicher Figuration wie der Hauptsatz ausläuft, tendiert der Satz trotz weiträumiger Modulation zu beträchtlicher Monotonie. Weiter noch reicht diese Manier im abschließenden A-Dur-Rondo, dessen Refrain auf punktierte Rhythmik setzt, wie sie in ›lombardischer‹ Umkehrung ebenso das Couplet zeigt. Auch früheren Rezipienten konnte nicht entgehen, daß das Larghetto F-Dur kaum verhüllt die ersten Zeilen des Variationsthemas aus Haydns ›Kaiser-Quartett‹ mitsamt seiner Schlußzeile zitiert, um sie dann freilich primär nur ornamental auszuspinnen. Während die skalaren Figuren im Scherzo jeweils mit Hochton auf unbetonter Zählzeit abbrechen, wird der akkordische Satz im Trio – simpel und raffiniert in einem – durch Pizzicato in Baßlage grundiert.

Auch die jeweils drei Werke in op. 82 und 84, die Spohr 1828–29 sowie 1831–32 schrieb, fallen gerade in jene Zeit, in der das Spätwerk Beethovens wie Schuberts abgeschlossen war, während zugleich schon die frühen Quartette Mendelssohns erschienen. Selbst bei unbefangener Sicht ist die historische Situation nicht auszublenden, in der Spohrs letzte Werke an die Peripherie rücken, sofern sie trotz aller Differenzierung an bewährten Mustern festhalten. In op. 82 weiß der Kopfsatz des E-Dur-Quartetts Nr. 1 die Tonika über mehr als 20 Takte hin raffiniert zu verschleiern, desto mehr sticht davon aber die kettenweise Figuration ab, die den Verlauf weithin bestreitet. Auch im Finale verbindet sich der straffe Hauptsatz in Moll mit dem leichten Seitensatz in Dur, und obwohl die tonale Spannung bis in die Coda reicht, wird der Satz durch stete Figuration ausgefüllt. Einem Siciliano gleicht zwar thematisch das

Andantino, das freilich im ornamentalen Mittelteil zerfasert, wie dann das Scherzando nur fließende Viertel mit synkopischen Vorhalten zu binden vermag. – Fast pastoral wirkt im 6/8-Takt der Kopfsatz des G-Dur-Werkes Nr. 2, der seine Figurationsphasen motivisch zu begründen sucht, sie dabei aber bis hin zu bloßer Akkordbrechung beansprucht. Im Finale beteiligen sich zwar auch die Unterstimmen an solcher Figuration, die damit jedoch nur weiteres Gewicht erhält, und einem Adagio im 12/8-Takt entspricht ein Tanzsatz ›alla polacca‹, der allein durch seine rhythmische Pointierung auffällt. – Gewichtiger ist das a-Moll-Quartett Nr. 3, dessen Kopfsatz ausnahmsweise im Unisono ansetzt, dabei rhythmisch höchst einprägsam ausfällt und unter Verzicht auf Figuration zu höherer Konzentration findet, wogegen die eindrucksvolle Durchführung mit 30 Takten überaus knapp gerät. Die langsame Einleitung zum Finale schlägt im Allegro zur Durvariante um, wird aber transponiert dort zitiert, wo eine Durchführung zu erwarten wäre, während die weitere Verarbeitung erst recht durch figurative Passagen ersetzt wird. Spohrs Neigung zu Experimenten verrät das Andante F-Dur mit stetem Wechsel zwischen 3/8- und 4/8-Takt, wiewohl beide Taktmaße zu regulären Phrasen zusammentreten, um erst im Schlußteil reizvoll kombiniert zu werden. Dicht gearbeitet ist auch das Scherzo, das freilich durch ein recht schwaches Trio ergänzt wird.

Als letzte veröffentlichte Gruppe geben die Quartette op. 84 (d – As – h) Anlaß zum Resümee, weil sie trotz individueller Thematik Spohrs Eigenart mit ihrer Begrenzung zusammenfassen. Die eröffnenden Sonatensätze rechnen mit der Affinität ihrer Themen, die in Nr. 1 und 3 durch akzentuierte Leittöne im Quintrahmen und zudem durch synkopische Stauung profiliert werden. Da dieses Material nicht nur in Haupt- wie Seitensatz und Schlußgruppe beansprucht wird, sondern auch die figurativen Überleitungen zu stützen hat, erträgt es kaum weitere Belastung durch motivische Arbeit, und so begnügen sich Durchführung wie Coda weithin mit Figurationen, die indes nicht mehr so virtuos wie einst hervortreten und daher auch den Gegenstimmen zugewiesen werden. Mit solchen Figuren und Themenzitaten sind aber nur je zwei Stimmen beschäftigt, während die übrigen für akkordische Füllung sorgen müssen, so daß nur ausnahmsweise stimmige Parität entsteht. Im As-Dur-Satz Nr. 2 greift die Durchführung – und zwar in fis-Moll! – zu zweifacher Imitation, jedoch mit einer fallenden Floskel, die allenfalls als Umkehrung eines fortspinnenden Scharniers auf den Hauptsatz zu beziehen ist. Praktisch notengetreu verlaufen nach wie vor die Reprisen, die nur modulierende Eingriffe zwischen den Themengruppen kennen, und die Coda begnügt sich in der Regel mit einem Ausklang, dessen oft subdominantische Wendung schon frühen Rezensenten den Seufzer entlockte: »Und schon wieder ein Kirchenschluß!«[1] Auch wo die Finali nicht wie in Nr. 2 als Rondo bezeichnet sind, behalten sie rondomäßige

1 H. Glenewinkel, *Spohrs Kammermusik für Streichinstrumente*, S. 67; zu op. 84 fanden sich offenbar keine Rezensionen, vgl. ebenda, S. 71. Schumanns herbes Urteil (*Robert Schumann. Gesammelte Schriften über Musik und Musiker*, hg. v. M. Kreisig, Leipzig ⁵1914, Bd. 1, S. 234f.) galt mit op. 93 einem Quatuor brillant, höchst kritisch fielen die Reaktionen auf op. 132 und 147 aus, unbeachtet blieben dagegen op. 146 und 152, vgl. Glenewinkel, S. 72, 74, 76f. und 79.

Züge, die sich im Sonatenschema durch dreigliedrigen Refrain und kontrastierendes Couplet abzeichnen. Dabei kann ein Thema durchaus bestrickend geraten wie in Nr. 3, wo zur relativen Dominante von G-Dur in weiträumiger Brechung die Ecktöne des Nonenakkords durch Flageolett pointiert werden, um unvermutet über die reguläre Dominante zur Tonika h-Moll umzulenken. Doch wiederholt sich das Spiel beständig, und so fehlt auch ein neues Couplet in der Satzmitte, die nicht als Durchführung, sondern als Modulationsstrecke mit schwacher thematischer Bindung angelegt ist, wonach die Reprise regulär wie immer verläuft. An dritter Stelle begegnen in Nr. 1 und 2 wieder Scherzi, während als zweiter Satz in Nr. 3 noch ein Minuetto figuriert. Klopfende Viertel treffen meist auf melodische Formeln, die synkopierend die Taktgrenzen überbinden, wogegen solistische Figuration den Trioteilen vorbehalten ist. Für die langsamen Sätze macht es keinen Unterschied, ob sie einem zwei- oder dreiteiligen Schema folgen, denn selbst wenn ein Zusatzthema eintritt, erhält spätestens in der Satzmitte die Figuration eine Dominanz, die bis in die Schlußteile fortwirkt. Aber auch ein glücklich erfundenes Thema wie in Nr. 3, das durch subtile harmonische Valeurs besticht, wird bald von engräumigen Figuren mit gleitender Chromatik förmlich erstickt.

Festzuhalten bleibt allerdings, daß figurative Passagen auch dann, wenn sie übermäßig hervortreten, nicht nur virtuose Zwecke erfüllen. Ihnen fällt es gleichzeitig zu, weite Phasen rhythmisch derart zusammenzuhalten, wie es dem klassischen Satz ebenso fremd ist wie den maßgeblichen Verfahren der Romantik. Erstaunlich bleibt durchweg eine harmonische Versatilität, die mühelos selbst weite Distanzen durch chromatische Sequenzen überbrücken kann, und wo die hergebrachten Quintsequenzen den Fortgang tragen müssen, stoßen sie doch auf überraschende Rückungen oder Trugschlüsse. Solche Harmonik kann an Wagner oder Liszt aber nur den erinnern, der ihre Funktion verkennt. Denn in Überleitungen wie Durchführungen dient sie – pointiert gesagt – meist nur als Ersatz einer substantiellen Verarbeitung, wie denn auch oft genug chromatische Modulationen dort eintreten, wo zum Seitensatz eigentlich nur die Dominante zu erreichen wäre. Wenn aber thematisch kaum legitimierte Figuration weite Strecken zu füllen hat, bleiben chromatische Exkurse oft die einzige Färbung. Voreilig wäre es dennoch, Spohr seine ›weiche‹ oder ›elegante‹ Attitüde vorzuwerfen, wie es schon in der zeitgenössischen Kritik gebräuchlich wurde. Es entbehrt nicht einer tragischen Note, wenn Sätze so eindrucksvoll beginnen wie in op. 84 Nr. 1 oder 3, um dann schon im Auslauf des Hauptthemas figurativ überwuchert zu werden, was unvermeidliche Folgen für den Verlauf hat. Das wird zwar in den letzten Werken reduziert, die sich gleichwohl übergehen lassen, weil sie das Gesamtbild kaum noch ändern. Oft enden die Sätze im ›morendo‹, was stereotyp genug wirken kann, unübersehbar ist aber auch die Abneigung gegen effektheischende Affirmation, womit sich der empfindsame Musiker dem Beifall entzieht, auf den der Virtuose zugleich angewiesen ist. Brillanz ist also nur die Außenseite einer sanften Elegik, die sich in der Chromatik mit ihren steten Vorhalten ausspricht. Indem die Quartette des vormals gefeierten Virtuosen mehr und mehr zur Hausmusik im engeren Kreis gerieten, bilden sie das genaue Spiegelbild eines Musikers, der vom unbarmherzigen Wandel desto mehr verdrängt wurde, je älter er zugleich wurde (was für einen Komponisten seiner Generation fatal genug war). Mitten im scheinbar gesicherten Biedermeier tun sich abgründige Konflikte auf, die im immer rascheren Verbrauch der Mittel dem Umbruch zur Moderne zutrieben. Auch Musiker von anderer Statur blieben davon kaum verschont, was aber bei Spohr als entschiedener Schritt gegenüber der Klassik begann, führte ihn zunehmend auf einen Seitenweg, der sich im unabsehbaren Abseits der Geschichte verloren hat.

4. Kanon des Repertoires: Ideenkunst und Handwerkslehre

»Haydns, Mozarts, Beethovens Quartette, wer kennt sie nicht?« Daß sie »noch nach einem halben Jahrhundert aller Herzen erfreuen«, ist zwar »das sprechendste Zeugnis der unzerstörbaren Lebensfrische«, aber »gewiß kein gutes für die spätere Künstlergeneration«, die »in so langem Zeitraume nichts jenen Vergleichbares zu schaffen vermochte«.[1] Robert Schumanns Diagnose faßte 1842 die Symptome eines grundlegenden Wandels zusammen, den das Streichquartett seit Beginn des Jahrhunderts erfahren hatte. Er vollzog sich also gerade in jener Zeit, die Schumann nun als unproduktiv erschien. Der geschärften Aufmerksamkeit der Musikkritik entsprachen sozialgeschichtliche Änderungen, die das Quartett aus der Hausmusik in das öffentliche Konzert überführten. Der Formel, die einst ›Kenner und Liebhaber‹ gemeinsam umschloß, stand die Trennung zwischen ›Künstlern‹ und ›Dilettanten‹ gegenüber, in der sich Grade der Anerkennung oder Geringschätzung ausdrückten. Die zunehmende Professionalisierung jedoch, die das Musikleben kennzeichnete, wirkte sich für das Streichquartett in der Formierung stehender Ensembles und der Einrichtung spezieller Konzertformen aus. Und die Diskussionen der Kritik konnten sich auf eine Theorie stützen, in der die veränderten Normen der Kompositionslehre zugleich durch die ästhetische Definition einer besonderen Würde autonomer Instrumentalmusik überlagert wurde. Wenn aber der emphatische Begriff einer Ideenkunst zur Aussonderung all der Werke führen mußte, die einem solchen Anspruch nicht zu genügen vermochten, dann wurde die Kehrseite dieser Selektion die Ausbildung eines Kanons der Meisterwerke. Er

1 *Robert Schumann. Gesammelte Schriften über Musik und Musiker*, hg. v. M. Kreisig, Leipzig ⁵1914, Bd. 2, S. 71f.

wurde in der Reduktion des Repertoires zur maßgeblichen Instanz, vor der sich fortan alle neuen Werke zu legitimieren hatten.

Es waren demnach sehr verschiedene Faktoren, die sich zu einem höchst komplexen Geflecht verbanden. Obwohl sie vielfach ineinander wirkten, lassen sie sich nur dann umreißen, wenn sie zunächst in gesonderten Ansätzen skizziert werden. Schumanns Worte entstammen – um es vorab zu sagen – bereits einer Situation, mit der in der Darstellung weiter vorgegriffen wird, als es mit den späteren Quartetten Spohrs und Onslows der Fall war (die sich eher als Überhänge einer früheren Phase erwiesen). Gerade aus einer veränderten Sicht wurde Schumann jedoch ein Rückblick möglich, der den Abschluß einer Epoche der Gattungsgeschichte indiziert. Und so ist eingangs der Kontext jener Debatte zu rekapitulieren, in die Schumanns Äußerungen gehörten. Ihr Anlaß war ein Quartett, mit dem Julius Schapler 1839 ein Preisausschreiben des Mannheimer Musik-Vereins gewonnen hatte. Der Klage, nach Haydns, Mozarts und Beethovens Werken sei nichts »Vergleichbares« entstanden, fügte Schumann an: »Onslow allein fand Anklang und später Mendelssohn, dessen aristokratisch-poetischem Charakter diese Gattung auch besonders zusagen muß.«[1] Die Abstufung zwischen »unzerstörbaren« Mustern und bloßem »Anklang« ist unüberhörbar, »aristokratisch« jedoch und »poetisch«: welcher Musiker hätte zu Haydns Zeit solche Worte den Quartetten beigelegt, die man zur Geselligkeit in Haus oder Palais gebrauchte, um sie auch rasch wieder abzulegen? Ein Rest dieses Usus lebte zwar noch um 1840 in der Bezeichnung ›Quartett-Unterhaltung‹ fort, mit der die Kammerkonzerte benannt wurden. Wer aber wäre angesichts einer überreichen Produktion vor 1800 auf den Gedanken verfallen, der den Mannheimer Musik-Verein 1838 zu einem Preisausschreiben für ein Streichquartett trieb? Zu den fünf ›Preisrichtern‹, die über wenigstens 44 Einsendungen zu befinden hatten, zählte immerhin auch ein Spezialist wie Spohr.[2]

Die Stellungnahme Schumanns beschloß eine längere Diskussion, deren Bedeutung man nicht gering schätzen sollte, selbst wenn Schapler so gründlich vergessen ist wie seine Konkurrenten (deren Anonymität übrigens beharrlich gewahrt blieb). Gerade 1838 veranstaltete Schumann die Reihe jener sechs ›Quartettmorgen‹, durch die er sich die Kenntnis neuer Werke aneignete und damit auf die Aufgaben vorbereitete, deren Lösung er im ›Kammermusikjahr‹ 1842 übernahm. Und 1842 entstanden auch seine drei Quartette op. 41 mit der Widmung an Mendelssohn, der wiederum 1839 seine Quartette op. 44 vorgelegt hatte. Ihnen widmete Gottfried Wilhelm Fink 1840 eine ausführliche Rezension, die eine grundsätzliche Stellungnahme zur Gattung mit skeptischer Reserve gegen Beethovens Spätwerk verband. Auf diesen Aufsatz bezog sich Fink, als er sich im Dezember 1841 kritisch mit Schaplers Preisquartett befaßte, in dem er die »Stimmführung und Verwebung« vermißte, die

---

1 Ebenda, S. 71; Schaplers Quartett könnte wohl einer gelegentlichen Fallstudie wert sein.
2 Vgl. die Anzeige in Allgemeine musikalische Zeitung 41 (Dezember 1839), Sp. 1058.

»dem Quartett eigenthümlich« sei.[1] Daß auf Schapler aber »der romantische Humor« des späten Beethoven »gewirkt« habe, hob umgekehrt Schumann hervor, als er das Werk mit verhaltener, wiewohl nicht kritikloser Zustimmung bedachte. In dasselbe Jahr fiel indes auch seine Besprechung der Quartette von Hermann Hirschbach, die ihrerseits betontermaßen auf Beethovens späte Werke rekurrierten und damit Schumanns Sympathie ebenso weckten, wie sie durch handwerkliche Defekte seine Kritik herausforderten. Und so mahnte er nun, die »schwerbeladenen Bäume« in den »Fruchtgärten Haydns und Mozarts« nicht zu vergessen.[2]

Man sieht: die Situation hatte sich seit Beginn des Jahrhunderts grundlegend verändert. Den unterschiedlichen Positionen von Fink und Schumann ist jedoch die Überzeugung von einem Kanon der Meisterwerke gemeinsam, die einen Maßstab des Urteils über neue Werke abgeben. Und Schumanns ›Quartettmorgen‹ zeigen an, welch schwieriges oder gar bedenkliches Unterfangen mittlerweile die Komposition von Quartetten geworden war. Dabei lagen für ihn aber »in den späteren Beethovenschen Quartetten Schätze, die die Welt kaum kennt, an denen sie noch jahrelang zu heben hat«.[3] Deutlich geht daraus hervor, wie wenig sich diese Werke noch 15 Jahre nach dem Tod des Komponisten durchgesetzt hatten. Erst recht ist noch nicht von Schubert die Rede, und wenn selbst ein engagierter Beobachter wie Schumann nur das 1831 erschienene d-Moll-Quartett, nicht aber das schon 1824 vorangegangene Werk in a-Moll kannte, so kann es kaum erstaunen, daß das G-Dur-Quartett erst 1851 und der c-Moll-Quartettsatz gar 1870 veröffentlicht wurden. Die Kanonbildung vollzog sich also im Zeichen von Haydn, Mozart und dem frühen Beethoven, zeitweise wurde die Aufnahme von Andreas Romberg, Fesca und – bei Schumann – sogar Onslow, nicht jedoch von Spohr erwogen, zögernd wurden auch Beethovens späte Quartette einbezogen, dann aber erst rückten Mendelssohn und verspätet noch Schubert, Schumann und endlich Brahms mit ihren Quartetten ein.

Die verdeckte, für den Kenner aber erkennbare Kontroverse zwischen Fink und Schumann legt gleichzeitig frei, welche Bedeutung inzwischen die öffentliche Kritik gewonnen hatte. Sie war erst seit 1798 mit der Gründung der *Leipziger Allgemeinen musikalischen Zeitung* zu einer so festen Instanz geworden, wie sie die kurzlebigen Zeitschriften zuvor kaum schon gebildet hatten. In welchem Maß die *Allgemeine musikalische Zeitung* für mehr als vier Jahrzehnte zum Spiegel der Veränderungen innerhalb des Streichquartetts wurde, läßt die lange Reihe der Rezensionen von Werken Rombergs, Fescas, Spohrs, Onslows und vieler weiterer Autoren klar erkennen. An Beethovens op. 18 war man freilich zunächst vorbeigegangen, und keineswegs ungeteilte Zustimmung fanden auch seine folgenden Quartette. So verlagerte sich die Auseinandersetzung mit dem Spätwerk in andere Zeitschriften wie

[1] G. W. Fink, in: Allgemeine musikalische Zeitung 43 (Dezember 1841), Sp. 1081ff.; zu Mendelssohns op. 44 ders., in: Allgemeine musikalische Zeitung 42 (1840), Sp. 121–126 und Sp. 145–157 (die wohl ausführlichste Rezension eines Quartettdrucks unterscheidet Sp. 123f. »eigentliche« und »konzertirende« Quartette und nimmt Sp. 145ff. zu Beethovens Werken Stellung).

[2] *Robert Schumann. Gesammelte Schriften über Musik und Musiker*, Bd. 2, S. 73–76 und bes. S. 75.

[3] Ebenda, S. 71; zu Schumanns Kenntnis des d-Moll-Quartetts von Schubert vgl. ebenda, Bd. 1, S. 380.

die *Cäcilia*, die *Iris im Reiche der Tonkunst*, die Berliner und auch die Wiener Publikationen, die aber entweder andere Schwerpunkte hatten oder doch keine so lange Zeitspanne umfaßten, um insgesamt gleiches Gewicht zu erhalten. Erst mit Schumanns Begründung einer *Neuen Zeitschrift für Musik*, die schon im Titel das Engagement für Neues als Ziel verkündete, entstand 1834 eine ernstliche Konkurrenz, in der das Streichquartett mit der Folge der ›Quartettmorgen‹ einen zentralen Platz erhielt. Rund zehn Jahre zuvor hatten Beethovens späte Quartette die konträren Positionen der Rezensenten veranlaßt, nun aber erreichten die Differenzen zwischen den Vertretern der Tradition, die auf dem Standard des klassischen Quartetts beharrten, und der Gruppe der ›Neuromantiker‹, die sich auf den späten Beethoven beriefen, die Gattung insgesamt, die eine genuine Frucht der Arbeit Haydns gewesen und zunächst als Inbegriff geistvoller Unterhaltung verstanden worden war.

Man machte es sich zu einfach, wenn man sich leichthin über konservative Redakteure wie Rochlitz oder Fink mokieren wollte, die einst Romberg oder Fesca mehr Raum zubilligten als Beethoven. An ihrem Verhalten läßt sich vielmehr erkennen, wie Beethovens rätselvolle Größe zu scheuer Zurückhaltung nötigte. Daß aber neben ihm auch weitere Musiker nicht untätig waren, ergibt erst die bunte und nicht widerspruchsfreie Vielfalt der Gattungsgeschichte. Welche sozialhistorischen Wandlungen damit verknüpft waren, ist keiner scheinbar noch so genauen Statistik zu entnehmen. Mit Konzertberichten aus vielen Orten geben die Zeitschriften bezeichnende Hinweise, die in den Registern der *Allgemeinen musikalischen Zeitung* gebündelt erscheinen. Im dritten dieser Verzeichnisse (für die Phase von 1829 bis 1848) machen etwa die Einträge über Aufführungen Onslowscher Quartette – um diese Stichprobe zu wählen – seit 1837 mit mehr als 40 Angaben aus über einem Dutzend Städte numerisch ein Vielfaches der Rezensionen aus, die diesen Werken gewidmet wurden.[1] Dennoch dürften solche Notizen zu zufällig sein, um als Basis einer Statistik zu taugen, die fraglich genug bleiben müßte. Denn wo und in welchem Ausmaß noch immer Hausmusik gepflegt wurde, die einst die Grundlage der Gattung war, entzieht sich jeder Statistik, weil private Musikübung in Zeitschriften keinen Niederschlag fand.

Als Indikator erweist sich wieder das ›Preisquartett‹, das solange nicht rezensiert werden konnte, wie es nur in gedruckten Stimmen vorlag. Daß erst das Erscheinen einer Partitur auch eine angemessene Besprechung erlaubte, deutet auf die Verlagerung von der häuslichen Praxis auf das Werkstudium hin. Der Bedarf an Partituren ging nicht gleich mit Pleyels frühen Studienpartituren von Haydns Quartetten einher, sondern wurde wohl erst durch Beethovens späte Quartette ausgelöst. Ihnen folgten dann die Partiturausgaben der Werke Onslows, bis Mendels-

---

[1] Allgemeine musikalische Zeitung, Register III für die Jahre 1829–1848, S. 174.

sohn für op. 44 den gleichzeitigen Partiturdruck durchsetzen konnte, der dann auch nachträglich seinen frühen Quartetten wie denen Schumanns zuteil wurde. Wie Schumann konnte ebenso Fink sich Schaplers Werk nicht vorspielen lassen, und so ist es aufschlußreich genug, daß er 1841 bedauernd konstatieren mußte: »Die Musiker selbst sind ungemein beschäftigt, und unsere Dilettanten, die vordem sich oft und gern mit häuslichen Quartettübungen erfreuten, halten sich an das öffentliche Konzert.«[1] Als vielseitig orientierter Kenner ratifizierte Fink – wie wenig später auch Riehl – damit die Tatsache, daß das Quartett vom Haus in den Konzertsaal übergewandert war.

Ein weiteres Indiz liegt in der Entstehung fester Ensembles, die sich nun auf professionelles und zugleich öffentliches Quartettspiel spezialisierten. Mit öffentlichen Konzerten – versteht sich: gegen Eintrittspreise – wurden vermehrt kommerzielle Aspekte für eine Gattung wirksam, die ökonomische Faktoren zuvor primär mit dem Absatz der Publikationen gekannt hatte. Von ihm hing das Honorar ab, das ein Autor erwarten konnte, wenn nun aber die Chancen der bezahlten Aufführungen zu kalkulieren waren, so wuchs auch der Aufwand für Verleger, der sich zugleich durch den größeren Umfang der Werke und den Bedarf an zusätzlichen Partiturausgaben mehrte. Damit nahm ebenso wie mit der öffentlichen Kritik der Zeitschriften auch der Druck auf Komponisten zu, die mit Verlegern und Kritikern, Absatz und Publikum rechnen mußten. Vor 1800 war offenbar – wie am Beispiel der Wiener und Pariser Produktion zu erkennen ist – der Bedarf an spielbaren Werken für die Hausmusik wahrhaft ungeheuer, so daß die Möglichkeiten der Publikation wenigstens keine unüberwindbaren Hindernisse kannten. Unverständlich wäre sonst die unüberschaubare Menge der in Stimmen gedruckten Quellen, hinter denen die Zahl der erhaltenen Autographe verschwindend klein bleibt, wogegen noch immer – und bis hinein in das 19. Jahrhundert – auch handschriftliche Kopien von Stimmen in außerordentlichem Umfang angefertigt wurden. Ein relativ spätes Phänomen blieb dagegen die Anlage handschriftlicher Partituren, für die erst mit dem wachsenden Anspruch der Werke ein Bedürfnis bestand, solange nicht Partituren gedruckt wurden.

Soweit die häusliche Musik die selbstverständliche Heimstätte des Quartetts war, liegen naturgemäß nur punktuelle und eher zufällige Nachrichten über die Praxis vor. Mit einer besonderen Konstellation verband sich auch Haydns erstes Quartettdivertimento, das er nach seiner Erinnerung auf die Aufforderung des Barons Fürnberg hin für »vier Kunstfreunde« schrieb. Wäre hier der Bedarf einmal dem Werk vorausgegangen, so waren es sonst in der Regel die Werke, um die sich die Spieler und Hörer sammelten.[2] Reichardt berichtete über österreichische Gefangene, die Haydns »erste Quartetten« spielten, Dittersdorf

1 G. W. Fink, in: Allgemeine musikalische Zeitung 43 (1841), Sp. 1081; zur Anzeige des Stimmendrucks vgl. Allgemeine musikalische Zeitung 42 (1840), Sp. 691f.

2 G. Aug. Griesinger, *Biographische Notizen über Joseph Haydn*, Leipzig 1810 (Reprint, hg. v. P. Krause, Leipzig 1979), S. 15f.; zum Folgenden vgl. H. M. Schletterer, *Johann Friedrich Reichardt. Sein Leben und seine musikalische Thätigkeit*, Augsburg 1865, S. 61; *Karl Ditters von Dittersdorf: Lebensbeschreibung* (1801), hg. v. N. Miller, München 1967, S. 96 (»Mittendurch tranken wir einen köstlichen Kaffee und rauchten den feinsten Kanaster dazu«); *Mozart. Briefe und Aufzeichnungen*, Bd. 3: 1780–86, Kassel u. a. ²1987, S. 373; G. M. Cambini, in: Allgemeine musikalische Zeitung 6 (1803–04), Sp. 781.

musizierte wohl 1759 in Hildburghausen »sechs neue Richtersche Quartette«, Haydn wurden am 15. Januar und 12. Februar 1785 in Wien die ihm gewidmeten Quartette Mozarts vorgespielt, und Cambini erinnerte sich 1804 – nicht ganz zweifelsfrei – der Quartette, die er einst in Mailand zusammen mit Boccherini, Manfredi und Nardini gespielt hatte. Wo immer kompetente Musiker zusammentrafen, die entsprechende Instrumente beherrschten, konnte das Spiel von Quartetten kaum ausbleiben. Vorauszusetzen ist das nicht nur für London, wo sich Johann Peter Salomon für Haydns Quartette einsetzte, sondern ebenso für Paris, wo Virtuosen vom Rang Cambinis oder Kreutzers wirkten. Natürlich gilt das aber auch für die Kreise beispielsweise um von Beecke und Rosetti in Wallerstein, um den cellospielenden Friedrich Wilhelm II. in Berlin und vor allem in Wien genauso wie in Esterháza mit Haydn und einem Konzertmeister wie Tomasini. In Wien finanzierte ab 1794–95 der Fürst Karl von Lichnowsky jenes Quartett unter der Führung von Ignaz Schuppanzigh, das in der Saison 1804–05 – also gerade zehn Jahre später – erstmals öffentliche Subskriptionskonzerte veranstaltete. Bekannt durch sein Verhältnis zu Beethoven, wurde es 1808–14 vom Grafen (nachmaligen Fürsten) Andrej K. Rasumowsky engagiert und erwarb sich später noch weitere Verdienste im Einsatz für Beethovens späte Quartette.[1] Doch auch in Stockholm entstand aus den Kammermusiken des Fabrikanten Johan Mazer, deren Programme seit 1823 belegt sind, 1849 eine Quartettgesellschaft, die mit ihrem reichen Notenarchiv bis heute existiert.[2]

Zugleich bildeten sich seit etwa 1805 weitere Ensembles, die nicht nur an ihrem Standort, sondern teilweise auch auf Reisen wirkten. Zu erwähnen wären etwa – um nur die wichtigsten zu nennen – die Hamburger Vereinigung um Andreas Romberg seit 1805, das Leipziger Gewandhaus-Quartett, das 1809 von Heinrich August Matthäi gegründet wurde, das Berliner Möser-Quartett ab 1813 (über dessen Konzerte Goethe durch Zelter unterrichtet wurde) oder auch die Quartette, die Spohr nach seinen Reisejahren seit 1817 in Frankfurt und dann seit 1822 in Kassel um sich scharte. Bedeutsam wurden ab 1814 Pierre Baillots Konzerte in Paris, die besonders Beethovens Werken Raum gaben und später von den Quartetten Jean-Delphin Alards und Charles Danclas (ab 1838) gefolgt wurden, während zu gleicher Zeit in Leipzig Ferdinand David die Führung übernahm. Das Muster eines ›Reisequartetts‹ wurden aber zunächst seit 1831 die Brüder Müller aus Braunschweig, deren Konzerte weithin Maßstäbe setzten. In ihrer Nachfolge firmierten vier Söhne noch 1855–73 als ›jüngeres‹ Müller-Quartett, gleichzeitig ging das Schuppanzigh-Quartett in Wien zunächst an Leopold Jansa und dann an Joseph Hellmesberger über, und so lassen sich lokale Ensembletraditionen verfolgen, die über Generationen in die zweite Jahrhunderthälfte und mit dem Leipziger Gewandhaus-Quartett sogar bis

---

1 D. W. MacArdle, *Beethoven and Schuppanzigh*, in: The Music Review 26 (1965), S. 3–14; M. S. Morrow, *Concert Life in Haydn's Vienna: Aspects of a Developing Musical and Social Institution*, Stuyvesant/N.Y. 1996, ²1999; E. Hanslick, *Geschichte des Concertwesens in Wien*, Bd. 1–2, Wien 1869–70; I. Mahaim, *Beethoven. Naissance et Renaissance des Dernier Quatuors*, Bd. 1, Paris 1964, S. 40–71; Kl. Kropfinger, *Klassik-Rezeption in Berlin (1800–1830)*, in: *Studien zur Musikgeschichte Berlins im frühen 19. Jahrhundert*, hg. v. C. Dahlhaus, Regensburg 1980 (Studien zur Musikgeschichte des 19. Jahrhunderts 56), S. 301–379; dass. in: *Über Musik im Bilde. Schriften zur Analyse, Ästhetik und Rezeption in Musik und Bildender Kunst*, hg. v. B. Bischoff u. a., Köln-Rheinkassel 1995, Bd. 1, S. 53–142.

2 Ein. Hedin, *Mazerska kvartettsällskapet 1849–1949. Minnesskrift*, Stockholm 1949, S. 9–12 und zum Repertoire bes. S. 10f.

heute fortgesetzt wurden.¹ Wurden solche Quartette von Komponisten wie Spohr oder Romberg angeführt, so spielten sie gewiß auch die Werke ihres Primarius. All diese Ensembles boten aber nicht nur Novitäten, sondern sie griffen zugleich auf bereits bekannte Kompositionen zurück. Von Schuppanzigh wie Baillot ist es bezeugt, daß den Quartetten der klassischen Trias als Musterwerken ein bevorzugter Platz eingeräumt wurde. Und so trug die Bildung von stehenden Quartettensembles zur allmählichen Etablierung eines Werkkanons bei.²

Auf einen Vorrat von Mustern war gleichfalls die Musiktheorie angewiesen, wenn sie es nun unternahm, die Lehre von der Komposition an Beispielen systematisch auszubauen. Zwar hatten bereits Koch und Momigny übereinstimmend – bei wechselnden Nuancen – Quartette von Haydn und Mozart zu Mustern der Gattung erhoben. Nicht unabhängig von den kompositorischen Änderungen, die sich mit den maßgeblichen Werken vollzogen, mußte aber auch die Kompositionslehre ihre Kategorien in mehrfacher Hinsicht erweitern. Am deutlichsten wird der Vorgang in der Formtheorie, die erst nach 1810 – und derart im Grunde erstmals – zum zentralen Thema der Lehre wurde, indem sie in mehreren Ansätzen den Sonatensatz und auch die weiteren Instrumentalformen in lange gültiger Weise definierte. Damit verband sich die primäre Aufgabe, statt der Lehre von Taktgruppen und Perioden, die zuvor im Zentrum der Erörterungen stand, nun die Begriffe des Themas und der thematischen Arbeit zur Geltung zu bringen. Wenn dafür nicht so wie früher in der Kontrapunktlehre auf feste Regeln zurückgegriffen werden konnte, so ließen sich Maximen oder Leitsätze nur aus den Werken selbst deduzieren. Je weiter man dabei das Einzelwerk verfolgte, desto mehr rückte mit dem individuellen Opus schon eine jener ästhetischen Kategorien in den Blick, von denen später zu reden ist. Um ihre Lehre jedoch zu demonstrieren, war die Theorie auf Beispiele angewiesen, die bekannt oder doch zugänglich sein mußten, wenn die Verständigung mit dem Leser erreicht und zugleich der Aufwand an Notenbeispielen begrenzt werden sollte. Damit reagierte die Theorie also auf einen Fundus an Werken, zu dessen Kanonisierung sie gleichzeitig beitrug. Die theoretischen Bestimmungen betrafen freilich die instrumentalen Gattungen insgesamt und zunächst nicht speziell das Streichquartett. Sie können daher nur knapp resümiert werden, um am Beispiel von vier Autoren die Konsequenz verständlich zu machen, daß sich mit dem Rekurs auf einen Werkkanon am Ende auch die Theorie des Streichquartetts weiter befestigte.

Nachdem Anton Reicha von Wien nach Paris übergesiedelt war, entfaltete er dort seit 1808 als Theorielehrer eine weithin wirkende Tätigkeit, deren Erträge 1824–26 sein *Traité de haute composition musicale* zusammenfaßte. Das sechste Buch des zweiten Bandes handelt »de l'art de tirer parti de ses idées, ou de les développer« und zielt nach einer

1 L. Finscher, Art. *Streichquartett-Ensemble*, in: *MGG²*, Sachteil Bd. 8, Kassel u. a. 1998, Sp. 1977–1989; L. Köhler, *Die Gebrüder Müller und das Streich-Quartett*, Leipzig 1858; A. Ehrlich [= A. Payne], *Das Streich-Quartett in Wort und Bild*, Leipzig 1898; W. Gruhle, *Streichquartett-Lexikon. Komponisten – Werke – Interpreten*, Gelnhausen 1996; H. W. Schwab, *Kammer – Salon – Konzertsaal. Zu den Aufführungsorten der Kammermusik, insbesondere im 19. Jahrhundert*, in: *Aspekte der Kammermusik vom 18. Jahrhundert bis zur Gegenwart*, hg. v. Chr.-H. Mahling, Kr. Pfarr und K. Böhmer, Mainz 1998, S. 9–23; Chr.-H. Mahling, *Zur Entwicklung des Streichquartetts zum professionellen Ensemble, insbesondere in der Zeit Felix Mendelssohns*, ebenda, S. 31–48.

2 Zum Wiener und Pariser Repertoire vgl. D. W. MacArdle, *Beethoven and Schuppanzigh*, S. 3ff., sowie S. Reiser, *Franz Schuberts frühe Streichquartette. Eine klassische Gattung am Beginn einer nachklassischen Zeit*, Kassel u. a. 1999, S. 206–211; ferner J.-M. Fauquet, *Les sociétés de musique de chambre à Paris de la Restauration à 1870*, Paris 1986, S. 42–79 und die Repertoireliste S. 293–331; ders., *Le quatuor à cordes en France avant 1870: de la partition à la pratique*, in: *Le quatuor à cordes en France de 1750 à nos jours*, hg. v. der Association Française pour le Patrimoine Musical, Paris 1995, S. 97–117, bes. S. 105ff.

Bestimmung der »idées musicales«, ihrer »création« und des »développement« auf ein Kapitel »sur les coupes ou cadres des morceaux de musique« mit dem ausdrücklichen Zusatz: »qui sont le plus avantageux au développement des idées«.¹ Von vornherein werden also – um geläufigere Worte zu wählen – Formen und Themen mit ihrer Entwicklung verbunden. An erster Stelle dieser Lehre steht »la grande coupe binaire, qui se divise en deux parties principales«. Dabei ist die »première partie« der »exposition des idées inventées« gewidmet, wonach sich »la seconde partie« wiederum in zwei »sections« gliedert: eine erste dient »au développement des idées« und eine zweite »leur transposition«.² In dem zweiteiligen Schema, das schon Koch beschrieb, zeichnet sich also gegenüber der »exposition« mit der Trennung zwischen »développement« und »transposition« eine dreigliedrige Teilung ab, die ihrerseits auf Exposition, Durchführung und (transponierte) Reprise im Sonatensatz hindeutet. In der Umschreibung eines Hauptthemas paaren sich die Begriffe »motif« und »idée« zur Formel: »Le motif, ou la première idée mère«, und mit der Festlegung einer Grundtonart verbindet sich ein Umfang von »8 jusqu'a 24 mesures«. Zu unterschiedlichen Arten, die »idée première« fortzuspinnen (»prolonger«), gehören auch harmonische Ausweichungen, und Beispiele von Baßgängen mit Bezifferung dienen dazu, den modulierenden Weg zur »dominante« zu erläutern, der als »une espèce de pont« erscheint und damit zur »seconde idée mère« hinführt. Anders als bei Koch wird also der Ort der Dominante explizit mit dem zweiten Thema verbunden, während die weitere Fortführung als Durchgang durch unterschiedliche Stufen bis zum anschließenden Orgelpunkt auf der Dominante beschrieben wird.

Fällt dagegen die Erörterung der »seconde partie« knapper aus, so wird doch für ihren Beginn neben der Dominante oder ihrer Variante bei Sätzen in einer Durtonart nicht nur die Mollparallele oder die Doppeldominante zugelassen, sondern auch ein mediantischer Wechsel.³ In einem D-Dur-Satz, dessen Exposition in A-Dur schlösse, könnte demnach die Durchführung auch in F-Dur beginnen – ganz gemäß der kompositorischen Praxis schon um oder nach 1800. Im »développement« ist zwar noch die Einführung neuen Materials (»une nouvelle idée«) zulässig, falls das exponierte nicht genügen sollte. Wichtiger ist es, daß die »première section« in der »seconde partie« – also die Durchführung als erste Phase des zweiten Teils – »uniquement« der Verarbeitung bei gleichzeitiger Modulation »sans cesse« zu dienen habe, weshalb sie als »l'intrigue, ou le nœud« umschrieben wird. Als Reprise bildet die »seconde section« dagegen »le dénoûment«, doch kennt sie nicht nur Varianten in der Dynamik oder Begleitung, sondern ebenso in der Anordnung der Themen, wobei sogar »la seconde idée mère« unterdrückt werden kann. Andererseits kann sie erneut »en développement encore un peu les idées« bieten und durch eine »Coda intéressante« be-

---

1 A. Reicha, *Traité de haute composition musicale*, 2me Partie, Paris 1824, S. 234ff. und 240ff.
2 Ebenda, S. 296ff.
3 Ebenda, S. 298ff. (dort auch die folgenden Zitate); zur Formtheorie insgesamt vgl. die instruktive Arbeit von Fr. Ritzel, *Die Entwicklung der ›Sonatenform‹ im musiktheoretischen Schrifttum des 18. und 19. Jahrhunderts*, Wiesbaden 1968 (Neue musikgeschichtliche Forschungen 1).

schlossen werden. Ausnahmsweise findet sich aber »le développement« erst in der zweiten Sektion, und wenn damit die erste Sektion hinfällig wird (»n'est pas nécessaire«), so sind offenbar Fälle wie die Finalsätze Mozarts gemeint, die Reprise und integrierte Durchführung verschränken.

Von gleichem Interesse sind die Definitionen des »grande coupe ternaire« und des »coupe de Rondeau«, denn zum einen wird jene Dreiteiligkeit erfaßt, die später mit der verfänglichen deutschen Bezeichnung der ›dreiteiligen Liedform‹ bedacht wurde, während zum anderen dem Rondo mit vier Refrains ein Schema mit vier »sections« entspricht.[1] Daß eine Definition des Menuetts gesondert nachfolgt, deutet noch auf den dreisätzigen Zyklus hin, der sich in französischer Tradition durch Verzicht auf den Tanzsatz lange vom Wiener viersätzigen Zyklus unterschied. Einen gesonderten Platz nehmen ebenso die »coupes des variations« ein, bei denen Variationen »avec un seul motif« von Doppelvariationen »avec deux motifs différens« abgehoben werden. Vorzüglich für die Kopfsätze ist es aber bedeutsam, daß die zweiteilige Anlage zugleich den dreiteiligen Sonatensatz impliziert und an die Kategorien der beiden »idées« und ihres »développement« gebunden wird. Mehrfach wird auf Mozarts *Figaro*-Ouvertüre als Ausnahme verwiesen, generell gelten die Bestimmungen aber für Sätze »de symphonie, de quatuor, de quintetti etc.«, wie es im Blick auf das Rondo heißt.

Aus dem Wiener Umkreis Beethovens kommend, war Reicha in Paris zum Mittler zwischen den Traditionen prädestiniert. Seine reichen Kenntnisse, von denen Schüler wie Berlioz und Onslow profitieren konnten, kamen gewiß seinem *Traité* zugute, offen bleibt vorerst aber, wieweit sich dieses Werk außerhalb Frankreichs verbreitete. Unabhängig von Reicha war offenbar der Berliner Musikdirektor Heinrich Birnbach (1793–1879), als er 1827–28 in der durch Adolf Bernhard Marx geprägten *Berliner Allgemeinen musikalischen Zeitung* eine umfangreiche Aufsatzreihe vorlegte, deren Gegenstand er in wechselnden Überschriften so umständlich wie aufschlußreich formulierte: »Über die verschiedene Form größerer Instrumentaltonstücke aller Art und deren Bearbeitung«.[2] Daß der Begriff der »Form« derart thematisiert wird, läßt sogleich die veränderte Blickrichtung erkennen. Denn Birnbach ging zwar – wie vordem Koch – davon aus, daß »durch die im Verlauf eines Tonstücks vorhandenen Modulationen« auch »die Form desselben festgesetzt« werde. Er fügte aber hinzu, »durch die Bearbeitung der dabei zum Grunde gelegten Themata« werde zugleich »der Werth eines Stückes nach gewissen Graden bestimmt«.[3] Das besagt nicht weniger, als daß die thematische Arbeit nicht nur mit dem harmonischen Ablauf verbunden, sondern auch zum Maßstab des Werturteils gemacht wird, wiewohl ergänzend angemerkt wird, vom »Karakter« oder »Gepräge der Leidenschaften« könne »nicht die Rede sein, denn dies gehört mehr noch in die Aesthetik«. Formenlehre und Ästhetik sollen also getrennt werden, selbst

1 A. Reicha, *Traité de haute composition musicale*, 2me Partie, S. 301f. und 303ff., zum Menuett S. 311f.
2 H. Birnbach, *Über die verschiedene Form grösserer Instrumentaltonstücke aller Art und deren Bearbeitung*, in: Berliner Allgemeine musikalische Zeitung 4 (1827), S. 269–272, 277–281, 285–287, 293–295, 361–363 und 369–373.
3 Ebenda, S. 269f.

wenn sie aufeinander verweisen. Methodisch maßgeblich ist jedoch, daß nicht im voraus feststehende Regeln gelehrt werden, sondern daß empirisch die Verfahren der »besten Meister« in ihren Werken zu suchen sind. Eine mehrfach variierte Wendung lautet anfangs so: »Aus den vielen Tonstücken, welche ich von den besten Meistern durchstudirt habe, ist es mir gelungen, zu erforschen [...]«.[1] In der Suche nach Regeln, bei deren Anwendung ein danach komponiertes Stück ›richtig‹ werde, liegt mithin eine kasuistische Lehre vor, die ohne fixiertes System eine Formtheorie in statu nascendi entwirft.

Für die »Hauptform« eines »ersten Tonstücks« – also den Kopfsatz im Zyklus – kommt Birnbach noch ohne Termini wie Exposition, Durchführung und Reprise aus, werden aber erster, zweiter und dritter Teil unterschieden, so stellt der Zusatz »nach meiner Theorie« klar, daß sich diese Gliederung noch nicht von selbst verstand.[2] Den Anfang im »ersten Theil« macht ein »Hauptgedanke oder Thema« mit einer führenden Stimme, das als »Satz« bezeichnet wird, wenn es zwei Stimmen in doppeltem Kontrapunkt beansprucht. Dagegen soll ein »zweites Thema« weniger kontrastieren als mit dem ersten »in karakteristischer Hinsicht übereinstimmen«. Die Unterscheidung mehrerer Arten des »ersten Tonstücks« wie auch die seiner Varianten im »Mitteltheil« – also der Durchführung – orientiert sich immer noch primär an harmonischen Verhältnissen. Bemerkenswert ist aber nicht nur die Vielzahl der Alternativen, die Birnbach geduldig deduziert. Selbstredend wird vielmehr für den »zweiten Theil« vorausgesetzt, daß »die Gedanken des ersten Theils durch Modulationen und Bearbeitung der im Tonstücke vorhandenen Figuren oder Sätze ausgedehnt werden müssen.«[3] Weitere Modifikationen richten sich nach historischen Stadien, die durch Werke der »ältesten« und der »neuern« Komponisten vertreten werden. Ungleich kürzer werden die übrigen Sätze im zyklischen Werk behandelt, einen Gewinn bedeutet aber für das »letzte Tonstück«, den Schlußsatz also, die Trennung der als »Finale« bezeichneten Formen, die wie ein »erstes Stück« dem Sonatensatz entsprechen, von den Sätzen »in Form eines Rundgesangs«.[4] Von »ältern« Rondi heben sich solche »der neuern Form« durch ihre Annäherung an den Sonatensatz ab, aus dem ihre Anlage »hergenommen« sei. Ihm gleiche sie »im ersten Theil«, will sagen: der Exposition, doch werde dann »statt des zweiten Theils« – der Durchführung – »das Thema von vorn angefangen«, wonach ein Minore bzw. Maggiore und wiederum »das Thema von vorn« folge. Mit der Kreuzung von Rondo und Sonatensatz wird damit das Sonatenrondo definiert, dessen »eigenthümliche Form« aber oft so verändert werde, daß man versucht sei, »ein Rondo für ein Finale« und umgekehrt zu halten.

Indem die späteren Fortsetzungen dieser Aufsatzreihe über Sätze »einer Sonate, Symphonie, eines Quartetts, Quintetts u. s. w.« handeln, tragen sie ebenso zur Generalisierung der Formen wie zur Kanonisierung

---

1 Ebenda, S. 272 (und ähnlich S. 269, 277, 279); S. 278 heißt es: »Neuere Tonsetzer, unter welchen ich besonders die unsterblichen Männer Haydn, Mozart und Beethoven nenne [...]«.
2 Ebenda, S. 286 und weiter zum »zweiten Thema« S. 277f.
3 Ebenda, S. 369; zum »Mitteltheil« als »Auseinandersetzung« ebenda, S. 279; ferner ders., *Ueber die Form des ersten Tonstücks einer Sonate, Symphonie, eines Quartetts, Quintetts u. s. w. in der weichen Tonart*, in: Berliner Allgemeine musikalische Zeitung 5 (1828), S. 105–108, 113–117 und 293–297.
4 Zum »Adagio, Andante (wie man es sonst nennen will)« ders., *Ueber die Form des zweiten Tonstücks*, in: Berliner Allgemeine musikalische Zeitung 5 (1828), S. 293–297; zum »Finale« ders., *Zu der Formenlehre einer Sonate u. s. w., 1. Menuett und Scherzo, 2. Variation, 3. Finale*, ebenda, S. 423–426, bes. S. 426.

der Musterwerke bei. Denn wenn Birnbach ohne Notenbeispiele auszukommen hatte, war er auf bekannte Werke angewiesen, die er überwiegend der Kammermusik, daneben freilich auch Klaviersonaten und Symphonien entnahm. Während aber für Klaviertrios und Streichquintette einige Werke von Hummel, Ries und Birnbach selbst herangezogen werden, konzentrieren sich die Verweise auf Quartette ganz auf Werke von Haydn (op. 77), Mozart (die ›Preußischen‹ und die Haydn gewidmeten Quartette) sowie auch Beethoven – hier aber ausschließlich op. 18. Birnbachs fünfbändiges Hauptwerk *Der vollkommene Componist*[1] verfolgte allerdings nicht jene Formtheorie, deren weiterer Ausbau Adolf Bernhard Marx (1795–1866) vorbehalten blieb. Seine *Lehre von der musikalischen Komposition* in vier Bänden (1837–47) verbreitete sich in mehreren Auflagen wie kein anderes Lehrwerk und wirkte noch bis zu einer Bearbeitung durch Hugo Riemann. Die elementare Unterweisung in Melodie- und Harmonielehre, homophonem und polyphonem Satz findet ihr Ziel in der »angewandten Kompositionslehre«, die als Formtheorie verstanden und durch die Instrumentationslehre vervollständigt wird.[2] In der Formenlehre werden die zuvor geübten Fertigkeiten zur Analyse und Ausführung größerer Sätze verbunden, in ihrem Zentrum steht der Sonatensatz, der durch Liedformen, Variationen und Rondotypen vorbereitet und durch »Mischformen« wie »das sonatenartige Rondo« ergänzt wird. An dieser Reihenfolge wird bereits einsichtig, daß die didaktische Absicht – anders als bei Birnbach – den Vorrang vor der Erörterung der Sätze in zyklischer Abfolge hat. Wenn zudem die »Sonatinenform« in einem Exkurs als einfache Vorform des Sonatensatzes erscheint, dann gerät eine historisch frühere Stufe zur bloßen Schwundform (als die sie fortan galt). Geschwunden ist auch die Erinnerung an eine frühere Phase der Theorie, die von der metrischen Anordnung statt vom thematisch definierten Formbegriff ausging. Im Unterschied zu seiner Monographie über Beethoven enthielt sich Marx im Lehrwerk solcher Deutungen, die Birnbach als zu ›ästhetisch‹ erschienen wären. Die Orientierung an Hegels Dialektik jedoch, die schon das Vorwort kenntlich macht, wirkt in der polaren Charakteristik »männlicher« und »weiblicher« Themen nach. Nächst der Formanlage wird am Sonatensatz vorab die Themenaufstellung mit den Arten des Hauptsatzes dargelegt, die vom »Satz« und von der »Periode« zur »Satzkette« und weiter zum »Fortgang zum Seitensatze« führen.[3] Ausführlich wird noch auf die »Anknüpfungen« der Durchführungen eingegangen, die auf das Kopfmotiv oder die Schlußgruppe rekurrieren oder auch »neue Motive« einführen können. Größer als bei Birnbach ist indessen die Tendenz zur Normierung, obgleich gerade für die Durchführung Regeln erst aus den Werken extrahiert werden müssen. Daran wird wieder ein didaktisches Konzept sichtbar, das für die vielfachen Möglichkeiten der Verarbeitung an Grenzen stößt. Die Lehre von »Gesetzen« schlägt also in eine Analyse von

1 H. Birnbach, *Der vollkommene Componist*, Bd. 1–5, Berlin 1832–46.

2 A. B. Marx, *Die Lehre von der musikalischen Komposition praktisch theoretisch. Zweiter Theil*, Leipzig 1838, ⁴1856, »Die zwei- und dreitheilige Liedform«, S. 69–78, »Die Menuett«, S. 94ff.; zu »Formal-« und »Karaktervariation« sowie »Rondoformen« dass., *Dritter Theil*, Leipzig 1845, ²1848, S. 53–93, 94–200, zur »Sonatenform« S. 220–300 und zuvor zur »Sonatinenform« S. 202–220 (wo S. 215f. Sätze Mozarts herangezogen werden).

3 Vgl. ebenda, *Dritter Theil*, die Anmerkung zu S. 221 zur historischen Genese des Sonatensatzes; zur dialektischen Themencharakteristik vgl. S. 282, zur »Sonatenform in langsamer Bewegung« S. 251–255, zum »sonatenartigen Rondo« S. 307–313.

Fallbeispielen um, die gleichwohl keine verbindlichen Auskünfte gibt. Indem es sich aber ganz überwiegend auf Beethovens Klaviersonaten stützt, trägt das Lehrbuch von Marx wiederum zur Kanonbildung bei – wenn auch in einer anderen Gattung als just dem Streichquartett.

Die ausgezeichnete Bedeutung dagegen, die den Lehrwerken von Johann Christian Lobe (1797–1881) für die Geschichte des Quartetts zukommt, gründet gerade darin, daß sie diese Gattung wie keine andere zum Paradigma der Lehre erheben. Daß dem Werk von Marx weitere Verbreitung beschieden war, liegt auch im Rekurs auf allbekannte Klaviersonaten als Vorzugsbeispiele, wogegen die Exklusivität, die sich bald mit dem Streichquartett verband, der Popularität einer auf dieser Gattung basierenden Lehre kaum förderlich war. Zudem geht Lobes vierbändiges *Lehrbuch der musikalischen Komposition* (1850–67), das nach dem von Marx als Gegenentwurf erschien, von anderen Prämissen aus, indem es traditionsgemäß den vierstimmigen Satz und darum gerade das Quartett zur Norm erhebt.[1] Das Vorwort zum ersten Band benennt das Ziel, den Schüler soweit zu fördern, daß er »das Streichquartett, sowie alle Arten von Klavierkompositionen technisch sicher komponiren« könne. So führt die Elementarlehre schon im ersten Band zu den Formen des Quartetts hin, deren Exempla dem Repertoire von Haydn bis nun auch hin zu Schumann entstammen, nicht ohne auf Beethovens op. 18 betontes Gewicht zu legen. Dasselbe Modell liegt noch 1863 dem *Katechismus der Kompositionslehre* zugrunde, und wenn auch die Formenlehre nicht eigentlich neu zu nennen ist, so zeichnet sie sich doch durch die Bedeutung aus, die sie der ›Lehre von der thematischen Arbeit‹ zumißt.[2] Gerade diesen Aspekt rückt aber schon 1844 in einem ersten Entwurf die *Compositions-Lehre oder umfassende Theorie von der thematischen Arbeit und den modernen Instrumentalformen* in ihr Zentrum. Dem Untertitel nach ist sie »aus den Werken der besten Meister entwickelt und durch die mannichfaltigsten Beispiel erklärt« sowie »für Dilettanten und praktische Musiker« bestimmt, »welche ein helleres Verständniss der Tonwerke gewinnen wollen«. Zwar will sie sich ebenfalls »für Kunstjünger als vorzügliches Befähigungsmittel« und »für Lehrer als Leitfaden« empfehlen, ihr Vorzug aber besteht im Verzicht auf eine normative Lehre zugunsten einer Analyse, die sogleich bei dem Thema, den »Erscheinungsweisen des Motivs« und den »Umbildungen der Motive und Motivglieder« ansetzt, um dann die thematische Arbeit wie in keinem derartigen Lehrbuch zum Herzstück der Darstellung zu machen.[3] Daß sich dieses mit rund 180 Seiten recht schmale Werk bevorzugt auf Quartette beruft, ist ebenso aufschlußreich wie die Wahl der Beispiele, die zwar Werke von Haydn, Mozart und Beethoven, daneben aber auch solche von Spohr, Onslow und Mendelssohn (op. 12) berücksichtigen. Gerade zu der Zeit also, in der sich mit Mendelssohns op. 44 und Schumanns op. 41 eine neue Phase der Gattungsgeschichte ankün-

---

1 J. Chr. Lobe, *Lehrbuch der musikalischen Komposition*, Bd. 1: *Von den ersten Elementen der Harmonielehre an bis zur vollständigen Komposition des Streichquartetts und aller Arten von Klavierwerken*, Leipzig 1850, ²1858.

2 Ders., *Katechismus der Kompositionslehre*, Leipzig 1863; zur »thematischen Arbeit« S. 110–114, zu »den Formen der Instrumentalwerke« S. 145–167.

3 Ders., *Compositions-Lehre*, Weimar 1844, S. 62f. »Von der thematischen Arbeit im weitern Sinne«.

digte, ratifizierte Lobes Werk den Kanon weit nachdrücklicher, als das jede bloße Statistik von Aufführungen zu leisten vermöchte.

Kritiker und Theoretiker, Spieler wie Ästhetiker – sie alle und erst recht natürlich die Hörer waren auf die Werke angewiesen, die von den Komponisten vorgelegt wurden. Was scheinbar trivial anmutet, ist aber keineswegs so selbstverständlich, wie es heute wirken mag. Denn noch im 18. Jahrhundert wurden Quartette in aller Regel geschrieben, ohne auf einen Markt der Rezipienten angewiesen zu sein. Wenn sie den Zweck der geistvollen Unterhaltung erfüllten, mußten sie deshalb noch lange nicht zum Gegenstand ästhetischer oder theoretischer Diskurse werden, die in der öffentlichen Kritik ausgetragen wurden. Waren die Werke also in einen sozialen Kontext eingebunden, in dem sie ihre Funktion ausfüllten, so wurden Quartette seit Beethoven von vornherein in der Absicht komponiert, als Kunstwerke ohne eine andere als nur ästhetische Aufgabe verstanden zu werden. Man mag einwenden, es bleibe nur eine marginale Differenz, wenn die Funktion solcher Werke nun in ästhetischer statt geselliger Rezeption liege. Doch ist es ein erheblicher Unterschied, ob ein Quartett im engsten Kreis der Liebhaber – womöglich wie bei Dittersdorf »sehr vergnügt« bei Kaffee und Tabak – gespielt wird oder aber als Werk der Kunst im Konzertsaal vor der Versammlung erwartungsvoller (und zahlender) Hörer von Berufsmusikern aufgeführt wird und dazu dem strengen Gericht der Kritiker ausgesetzt ist. Um aber verständlich zu machen, was es mit einem so emphatischen Begriff der Kunst auf sich hat, muß wenigstens in Umrissen skizziert werden, wie das Streichquartett im Diskurs der Ästhetik zum Paradigma einer reinen, autonomen und gar ›absoluten‹ Musik wurde.

Mit der Begründung der *Leipziger Allgemeinen musikalischen Zeitung* wurde seit 1798 die Beurteilung neuer (und dann auch älterer) Werke zur beständigen Aufgabe einer Musikkritik, die solche Kontinuität zuvor nicht gekannt hatte. Zuvor hatte es Kants *Kritik der Urteilskraft* 1790 unternommen, der Kunst ihren eigenen Rang als Gegenstand einer kritischen Philosophie zu sichern. Von seiner Skepsis gegen den Wert der Musik als schöner und nicht nur ›angenehmer‹ Kunst führte ein weiter Weg über mehr als ein halbes Jahrhundert hin zu einer Musikästhetik, der das Streichquartett als Inbegriff reiner Kunst galt. Kants Zweifel waren durch den ›transitorischen‹ Charakter der Musik veranlaßt, doch schon wenig später suchte Christian Friedrich Michaelis 1795 – unter ausdrücklichem Rekurs auf Kant – gerade umgekehrt den ungeschmälerten Kunstrang der Musik zu begründen. Ihr Vermögen zum Ausdruck »aesthetischer Ideen« liege in der »Kunst, durch mannichfaltige Verbindung der Töne [...] das Gemüt zu Ideen des Schönen und Erhabenen zu stimmen«.[1] Daß Musik »voll innern tiefern Gehaltes« und »gründlicher Durchführung« sich nicht im »ersten Anhören« erschließt, ist ein Grund für »die Verschiedenheit zwischen Urtheilen bloßer Liebhaber

1 Chr. Fr. Michaelis, *Ueber den Geist der Tonkunst mit Rücksicht auf Kants Kritik der ästhetischen Urtheilskraft*, Leipzig 1795 (Reprint Bruxelles 1970), S. 54f.; zu den weiteren Zitaten S. 30f. und S. 34f.; vgl. auch die Neuausgabe, hg. v. L. Schmidt, Chemnitz 1997 (Musikästhetische Schriften nach Kant 2); ferner L. Schmidt, *Organische Form in der Musik. Stationen eines Begriffs 1795–1850*, Kassel u. a. 1990 (Marburger Beiträge zur Musikwissenschaft 6), bes. S. 58–66.

und wirklicher Kenner«, doch erreicht »freie unbedingte Schönheit« eigentlich nur »alle Musik ohne Text«. Und so erscheint gegenüber der »bedingten Schönheit« in »Singkompositionen« und »Opernmusik« notwendig die Instrumentalmusik »ohne Text« als »freie, für sich bestehende Kunst«, die »im Gang der Modulation« und »in einer Entwicklung des Hauptsatzes« zur »objektivgegründeten Gattung« der »regelmäßigeren Tonstücke« wie der »Fugen, Sonaten, Sinfonien, Rondo's etc.« hinführt. Daß das Quartett unter »Sonaten« inbegriffen und nicht gesondert genannt wird, entspricht dem Stand der Musiktheorie von Koch, die das Quartett unter dem Oberbegriff der Sonate behandelte. Ohne Kants Denken vollauf Genüge zu tun, vermittelte Michaelis doch eine Vorstellung vom Vermögen der Instrumentalmusik, die auch später noch prägend blieb, als die philosophischen Implikationen kaum noch adäquat reflektiert wurden.

In sehr anderem Kontext hatte Hegel zuerst 1807 in der *Phänomenologie des Geistes* jenen Moment benannt, in dem der Geist im Kultus zu sich komme und aus der Form der Substanz in die des Subjekts eintrete. Historisch gesehen war damit die Phase der Antike gemeint, die durch Epos und Plastik repräsentiert wird.[1] Daran schloß Hegels Ästhetik an, die zwar erst postum veröffentlicht wurde, zuvor aber schon durch die vielbesuchten Berliner Vorlesungen – zu deren Hörern auch Marx und Mendelssohn zählten – wirksam werden konnte. Wenn Kunst sich nun in einer Umkehr der Kantschen Kritik als »das sinnliche Scheinen der Idee« bestimmt, so bezieht sich ihre Würde aus einer »Freiheit und Unendlichkeit«, durch die sie »der Relativität endlicher Verhältnisse entrissen und in das absolute Reich der Idee und ihrer Wahrheit emporgetragen« wird.[2] Erst diese Dignität der Kunst macht verständlich, was es bedeutet, wenn Musik als Kunst der »subjektiven Innerlichkeit« erscheint und damit die »Freiheit zur letzten Spitze« führt.[3] Leichter erschließt sich zunächst »die begleitende Musik« in Verbindung mit dem Wort, »die Herrschaft der sich auf ihren eigensten Kreis beschränkenden Musik« liegt jedoch in der »selbständigen Musik«: »in Quartetten, Quintetten, Sextetten, Symphonien und dergleichen mehr«. Das »rein musikalische Hin und Her« in der Instrumentalmusik mit der »Durchführung eines Hauptgedankens« entzweit zwar »Dilettant und Kenner«, soll Musik aber »rein musikalisch sein«, so muß sie sich »in ihrer nun erst vollständigen Freiheit von der Bestimmtheit des Wortes durchgängig lossagen«.[4] Durch »die Art und Weise, wie ein Thema sich weiterleitet, ein anderes hinzukommt und beide nun in ihrem Wechsel sich forttreiben«, kann sich aber in autonomer Instrumentalmusik »ein Inhalt in seinen bestimmteren Beziehungen, Gegensätzen, Konflikten, Übergängen, Verwicklungen und Lösungen explizieren«, doch bleibt er dann ein rein musikalischer. Daher hat der Kenner »das Gehörte mit den Regeln und Gesetzen, die ihm geläufig sind, zu vergleichen«, und so hat die

---

1 G. W. Fr. Hegel, *Phänomenologie des Geistes* (1807), in: *Sämtliche Werke*, hg. v. J. Hoffmeister, Bd. 5, Hamburg ⁶1952 (Philosophische Bibliothek 114), S. 491–520: 506f.
2 G. W. Fr. Hegel, *Ästhetik*, hg. v. Fr. Bassenge, Berlin und Weimar ²1965, Bd. 1, S. 117 und S. 121.
3 Ebenda, Bd. 2, S. 260 und S. 262.
4 Ebenda, Bd. 2, S. 320–323 (dort auch die weiteren Zitate). Vgl. ferner C. Dahlhaus, *Die Idee der absoluten Musik*, Kassel u. a. 1978, S. 20ff. und S. 99ff.; A. Nowak, *Hegels Musikästhetik*, Regensburg 1971 (Studien zur Musikgeschichte des 19. Jahrhunderts 25), S. 179ff.

Instrumentalmusik »ihre bestimmten Regeln und Formen«, während ihr sonst »ein unendlicher Kreis offen« ist.

Der skeptischen Frage, was derart abstrakte Bestimmungen mit ›wirklicher‹ Musik zu tun hätten, wäre entschieden mit dem Hinweis zu begegnen, daß die Bemühungen der Theorie und Kritik, die vom Kunstrang der Musik überzeugt waren, im systematischen Denken der philosophischen Ästhetik ihre Begründung fanden. Sie verbürgte den Wahrheitsanspruch der Kunst, nachdem religiöse Gewißheiten durch die Aufklärung erschüttert worden waren. Eine ästhetische Debatte jedoch, die von Kants kritischer Erörterung der Musik ausging, schritt über die Anerkennung ihres Kunstranges bis zur Einsicht voran, erst instrumentale Musik erreiche jene Autonomie, zu der Musik als Kunst gelangen müsse. Die Diskussionen der Musiktheorie und Musikkritik treffen sich mit den Diskursen der Ästhetik im Schnittpunkt einer Instrumentalmusik, die als Emanation ›reiner‹ Musik verstanden wurde. Und ihre Kehrseite war jene thematisch geprägte Instrumentalmusik, die sich von Haydn über Mozart bis hin zu Beethoven emanzipierte. Nur scheinbar gingen Theorie und Kritik ihre Wege getrennt von der Ästhetik auf der einen und der Kompositionsgeschichte auf der anderen Seite. In einem komplizierten Geflecht verwiesen sie jedoch aufeinander, wenn die Ästhetik der Kompositionen bedurfte, um ihre Thesen zu demonstrieren, während Theorie und Kritik auf den Rückhalt in der Systemphilosophie angewiesen waren. Ihre verbindende Perspektive fanden sie in einer Instrumentalmusik, in der sich ein solcher Kunstcharakter verwirklichte. Und wenn darüber zu entscheiden war, in welcher Weise die Werke diesen Anspruch einlösten, so wurde ein Maßstab des Kunstrangs erforderlich, wie ihn nur die Kompositionen jener Musiker erfüllten, die zum Status eines auctor classicus aufrückten. Wie freilich kein Zeitgenosse allein all diese Aspekte in den Blick zu nehmen vermochte, so lassen sie sich auch im historischen Rückblick hier nur summarisch bündeln.

Kants kritische Begrenzung bestimmte die ästhetische Idee als »diejenige Vorstellung der Einbildungskraft, die viel zu denken veranlaßt, ohne daß ihr doch irgendein bestimmter Gedanke d. i. Begriff adäquat sein kann, die folglich keine Sprache völlig erreicht und verständlich machen kann«.[1] Solange die Ästhetik diesen Impuls aufnahm, suchte sie den Kern dessen zu ergründen, was Musik als Kunst ausmache und von anderen Künsten unterscheide. Die Definitionen mußten dann von allem absehen, was Musik an sinnlicher Fülle und klanglicher Farbe oder gar in Verbindung mit Text und Szene leisten mochte, und vermeintliche Inhalte der Musik konnten als Ablenkung von ihrem Wesen erscheinen. Mit definitorischer Notwendigkeit zielte eine Argumentation, die den Begriff reiner Musik zu bestimmen suchte, auf den musikalischen Satz, der mit dem erforderlichen Mindestmaß an Klang und Stimmen aus-

---

[1] I. Kant, *Kritik der Urteilskraft*, Berlin und Libau 1790, zitiert Ausgabe B, S. 190 (§ 49).

kam. Ihm aber entsprach das Streichquartett wie kaum eine andere Gattung.

Daß aus den Schwierigkeiten eines spekulativen Denkens der Bedarf einer Konkretisierung erwuchs, ist historisch gesehen nicht unverständlich. Selbst wenn die Entwürfe anderer Ästhetiker nicht so weit an die Musik heranführten, wie es Hegel vermochte, mußten sie durchweg bemüht bleiben, den Kern dessen zu bestimmen, was Musik sei und vermöge, ohne zur Unterscheidung ihrer Arten und Gattungen zu gelangen. Diese Aufgabe blieb der speziellen Musikästhetik überlassen, die ein weiteres Repertoire in den Blick nahm, ohne immer über gleiche philosophische Fundierung zu verfügen. Falls ihr aber nicht eine so abstrakte Bestimmung ästhetischer Ideen genügte, wie sie Kant oder Hegel formuliert hatten, lag die Versuchung desto näher, in die Mechanismen einer älteren Wirkungsästhetik zurückzufallen, selbst wenn statt von ›Affekten‹ nun von ›Gefühlen‹ gesprochen wurde. In dieser Aporie gründete übrigens auch die Polarität zwischen einer ›Ästhetik der Tonkunst‹, wie sie später Eduard Hanslick scharfsinnig vertrat, und dem Projekt einer ›Programmusik‹, als deren Exponent dann Liszt galt. Allerdings wurde davon das Streichquartett nicht oder höchstens nur am Rande berührt, doch blieb Hegels hellsichtige Diagnose weder isoliert noch unbestritten. Chancen und Risiken einer ›selbständigen‹ Musik wurden jedoch durch Schelling, Solger oder Schleiermacher kaum ebenso genau erwogen, während die nähere Musikästhetik namentlich von Ferdinand Hand und Friedrich Theodor Vischer erweitert wurde, wie wenige Hinweise andeuten mögen.

Wenn Schellings Philosophie der Kunst in der »Succession« die »nothwendige Form der Musik« sah, so erhielt ihr Zeitcharakter, der Kant als Makel des Flüchtigen erschienen war, nun eine auszeichnende Bedeutung. Indem der »Rhythmus« die »Verwandlung der Succession in Nothwendigkeit« bewirkt, ist Musik »nicht mehr der Zeit unterworfen«, die sie vielmehr »in sich selbst hat«.[1] Ohne ihre konkreten »Kunstformen« zu thematisieren, wird zur »Form der Musik« die »Einbildung des Unendlichen in das Endliche«, sofern sich das Werk durch musikalisch geformte Zeit bestimmt. Auch für Solger stand Musik »unter dem Gesetze des Zeitmaßes und der Bewegung«, und so vermag sie »uns selbst durch den Moment der Erscheinung in die Gegenwart zu versetzen«, indem ihre Zeitlichkeit »unser eigenes Bewußtsein in die Wahrnehmung des Ewigen« auflöst.[2] Der ihr »wesentliche Gebrauch« wäre demnach »der religiöse«, nachdem sich aber die »bei den Alten« von der Poesie verbürgte Einheit aufgelöst hat, müssen »Vocal- und Instrumental-Musik« nun »bei den Neueren« gesonderte Wege gehen. Die »Nothwendigkeit der Instrumentalmusik als selbständiger Kunst« war dagegen für Christian Hermann Weisse so unbestritten, daß umgekehrt der Kunstrang vokaler Musik durch ihre Kreatürlichkeit gefährdet sein kann.[3] Ein

---

[1] Fr. W. J. Schelling, *Philosophie der Kunst* (1819), Reprint Darmstadt 1966, S. 135, 137 sowie weiter S. 145.

[2] K. W. F. Solger, *Vorlesungen über Ästhetik*, hg. v. K. W. L. Heyse (1829), Reprint Darmstadt 1973, S. 340 sowie S. 343.

[3] Chr. H. Weisse, *System der Aesthetik als Wissenschaft von der Idee der Schönheit*, Bd. 2, Leipzig 1830 (Reprint Hildesheim 1966), S. 55 und S. 60.

»Inhalt der Instrumentalmusik« kann nur darin konkret werden, »daß hier der ideale Geist der Kunst mit sich selbst [...] beschäftigt ist«. Das »gediegen Vollendete« repräsentieren freilich »Werke für das volle Orchester« und vorzüglich die »Form der Symphonie«, an die sich Kammermusik mit Mitteln »von beschränktem Umfang« anschließt. Für den Breslauer Philosophen August Kahlert, der zu Schumanns Freundeskreis zählte, galt die »Sprache der Töne« als »unübersetzbar«, sofern Musik rein »geistigen Inhalt« habe. Ihr Ziel ist die »selbständige Instrumentalmusik« mit Gattungen wie »Duett, Quartett, Concert, Symphonie«, die als »freieste Außerungen der Subjectivität« aber »logische Gedanken« mit »sinnlichem Wohlklange« auszugleichen haben.[1] Im Gegensatz zur Vokalmusik bestimmt sich auch nach Schleiermacher »freie« Instrumentalmusik durch die »Annäherung« von »thematischer« Bindung und »progressiver« Entfaltung in der Zeit.[2] In ihrer »Vollkommenheit« kann sie »das Verworrene« durch das Regulativ der Gattungen verhindern, die »weder als Konvention noch als Zufall« erscheinen.

Der kleine Exkurs läßt die Breite einer philosophischen Diskussion erkennen, die aber spürbare Scheu vor kompositorischen Details bewahrte. Sie blieb gleichwohl ein Rückhalt, wenn ein Musikästhetiker wie Ferdinand Hand einen Brückenschlag versuchte. Er wirkte in Jena freilich als Philologe und war bei allem Kenntnisreichtum philosophisch nicht originell genug, um Mißverständnissen und Widersprüchen zu entgehen. Indem er vielen Erscheinungen der Musik gerecht zu werden suchte, ergab sich das Problem, ein transhistorisches Ideal des Schönen gegen die Gefahr der historischen Relativierung zu sichern. Wiewohl sich idealistisches Gedankengut mit Rekursen auf die Gefühlsästhetik mischte, faßte sein Werk wie kein anderes um 1840 einen ästhetischen consensus omnium zusammen. Innerhalb der instrumentalen Gattungen jedoch, die für die Werke »ein Regulativ zu entwerfen« haben, wird nun das Streichquartett als »das reinste Resultat der Harmonie« zur »Blüthe der neueren Musik« mit dem »größten Reichthum von Ideen«.[3] Ein »dreifaches Gesetz« bestimmt »das Eigenthümliche« des Quartetts: der selbständige »Antheil« der Stimmen, die »Proportionen« ihrer Beteiligung und das Verhältnis der »Erfindung« zu ihrer »Ausführung«. Gilt damit das Quartett »als eine der spätesten Aufgaben« eines Komponisten, so wird der Abstand zu der Zeit sichtbar, in der man noch wie Romberg oder Fesca mit Quartetten op. 1 debütierte. Für Fr. Th. Vischers enzyklopädische Ästhetik, die in kritischem Anschluß an Hegel die Künste gleich eingehend erfassen wollte, lieferte der in Tübingen lehrende Karl Reinhold von Köstlin eine Übersicht über die »Zweige der Musik«. Dem symphonischen Satz steht hier die Homogenität des Quartetts gegenüber, der Mangel an Klangfülle wird jedoch durch Tonschärfe und Beweglichkeit der Stimmen ausgeglichen.[4] So erscheint das Quartett als »das Schattenreich des Idealen«, das sich vom »lauten Lärm

---

[1] Aug. Kahlert, *System der Aesthetik*, Leipzig 1846, S. 186, 388 und 391.

[2] *Friedrich Schleiermachers Ästhetik*, hg. v. R. Odebrecht, Leipzig 1931, S. 195f. und S. 197ff.

[3] F. Hand, *Aesthetik der Tonkunst. Zweiter Theil*, Jena 1841, die Zitate ebenda, S. 386ff. und S. 388f.

[4] Fr. Th. Vischer, *Aesthetik oder Wissenschafft des Schönen. Dritter Theil. Die Kunstlehre, Zweiter Abschnitt. Die Künste, Viertes Heft. Die Musik* (§§ 767–832 von Karl Reinhold von Köstlin), Stuttgart 1857, S. 1054f. (§ 809).

des Lebens« distanziert. Wird es damit gar »ein Zwiegespräch des Geistes [...] mit sich selbst«, so ist recht unverhüllt der »absolute« Geist gemeint. Der Abstand einer solchen metaphysischen Überhöhung vom vormaligen Verständnis des Quartetts als geistreicher Unterhaltung kann kaum größer sein. Die Muster der Gattung liegen gleichwohl noch immer bei Haydn und Mozart, zuvor aber hatte Hand, der daneben auch Romberg, Spohr und Onslow nannte, eindringlich auf Beethoven hingewiesen (obgleich nach wie vor »Unklarheit und Uebermaaß« der Quartette op. 59 das Verständnis erschwerte).[1]

1 F. Hand, *Aesthetik der Tonkunst. Zweiter Theil*, S. 391f. und S. 393f.

Damit schließt sich ein Bogen, der mit der Skepsis Kants begann und weitreichende Folgen umschloß. Die kompositorische Entwicklung seit Haydn hatte eine öffentliche Wirkung erhalten, der sich offenkundig – vermittelt über Kritik und Theorie – auch eine philosophische Ästhetik nicht entziehen konnte, die vergleichend die Künste in den Blick nahm. Ihre Argumentation bildete jedoch umgekehrt den Rückhalt einer Musikästhetik, die einerseits die Konkretisierung genereller Normen suchte und andererseits die Argumente der Tageskritik bündelte, die auf die Werke selbst zu reagieren hatte. Ihr ästhetischer Anspruch läßt zugleich jene sozialgeschichtlichen Erklärungsmuster hinter sich, die für die Frühphase und noch für das Quatuor brillant hilfreich sein können, sich aber für die Musterwerke als untauglich erweisen. Mit den Erörterungen Köstlins wird zwar zeitlich vorgegriffen, doch bringen sie eine Ästhetik der Gattung zum Abschluß, die mit geringen Modifikationen bis zur Zäsur der Moderne in Geltung bleiben sollte. Erst mit ihrer Definition vervollständigte sich eine Theorie des Streichquartetts, die sich nicht allein auf formale oder satztechnische Kriterien stützen konnte, sondern ihre Begründung in der systematischen Ästhetik fand.

Einigkeit bestand zugleich in der Übereinkunft über einen Kanon von ›klassischen‹ Werken, deren normativer Status die Folie für die Bewertung weiterer Kompositionen lieferte. Wenn sie aber dem Niveau der Musterwerke zu entsprechen hatten, so durften sie doch keine bloßen Nachahmungen bleiben. Denn zu den ästhetischen Kriterien zählte – wie nun nicht mehr eigens belegt werden muß – neben der Stilhöhe auch die Eigenständigkeit oder Neuheit von Werken. Daß man im Fall von Onslow oder Spohr empfindlich reagierte, wenn ein Werk gleichsam schon bekannt zu sein schien, beweist Gespür für ein ausgeprägtes Idiom, aber auch für seine Verfestigung zu einer ›Manier‹, die dem Kunstrang abträglich sein mußte. In der Tat kann es auffallen, daß selbst befähigte Autoren wie Romberg oder Fesca und dann Spohr wie Onslow ihre besten Quartette, die auch von der Kritik entsprechend gewürdigt wurden, zu Beginn ihrer Laufbahn lieferten, wogegen spätere Werke fast durchweg deutlich schwächer ausfielen. Dabei war offenkundig aber nicht die Anpassung an den Markt oder eine Kritik im Spiele, die gerade umgekehrt frische Originalität erwartete. Eher lähmend dürfte der zunehmend unumgängliche Blick auf Beethoven gewirkt haben, dessen rücksichtslose Radikalität sich immer schwerer erschließen oder gar nachvollziehen ließ. Daß sie mit wachsender Isolierung erkauft war, wie es ähnlich für Schubert und später etwa für Schumann oder Brahms galt, war nur die Kehrseite einer Kunst, deren ästhetisches Gewicht sich vom ›Lärm des Lebens‹ ablöste. Doch selbst der scheinbar so verbindliche Mendelssohn, dessen Weg sich gegen Ende hin verdunkelte, konnte mit den gewichtigen Quartetten op. 13 und 80, die seine reife Kammermusik umrahmen, über mehr als hundert Jahre hin nur wenig Gehör finden. Offenbar vermehrten sich die Schwierigkeiten, vor denen bereits die Zeitgenossen standen, erst recht für spätere Komponisten, die sich dem abgeschlossenen Kanon der Meisterwerke gegenüber sahen. Wurde er als ›klassisch‹ verstanden, so ließe sich die Situation der Nachgeborenen als die Problematik des ›Klassizismus‹ auffassen, sofern man dazu bereit wäre, diesen Begriff so zu verwenden, wie ihn die Kunstgeschichte für einen Klassizismus kennt, der sich durch sein Verhältnis zur Antike als ›Klassik‹ definiert. Danach auch wären die Unterschiede zwischen Schubert und Mendelssohn zu begreifen, die partiell gleichzeitig und doch unabhängig voneinander ihre Lösungen suchten. Während Schubert – neben Beethoven in Wien – zunächst noch nicht den Abschluß des Kanons durch Beethoven zu reflektieren hatte, wurden kurz darauf Beethovens späte Quartette zum Schlüsselerlebnis für den jungen Mendelssohn, für den so wie für alle Musiker fortan die kritische Reaktion auf den Kanon unausweichlich wurde. Und die Formel Alfred Einsteins, der den »klassischen Romantiker« vom »romantischen Klassizisten« unterschied, könnte einen Kern treffen, selbst wenn man nicht alle Vorannahmen teilen mag.[1]

Eine Voraussetzung für ein solches Verständnis des Klassizismus wäre allerdings die Einigung über den Begriff einer musikalischen Klassik, die ihre volle Geltung erst in ihrer klassizistischen Rezeption zu bewähren hatte. Von ›Klassik‹ war bislang nur soweit die Rede, wie von Quartetten jener Wiener Autoren gesprochen wurde, die man schon früh als musterhaft empfand. Denn wenn zugleich der Abschluß eines Kanons erörtert wurde, der zunehmend restriktive Funktion gewann, so reichte der Beginn seiner Eingrenzung doch lange zurück. Nach den Beobachtungen Reichardts, die um 1809 immer wieder die »schönen Quatuore von Haydn, Mozart und Beethoven« in gleichem Atem nennen, hatte sich »die Quartettmusik, die eigentlich von Wien ausgeht«, dort auch »noch am besten erhalten«.[2] Und in der Rezension dieser Schrift sprach 1810 die *Leipziger Allgemeine musikalische Zeitung* lapidar von der »Ausbildung dieser Musikgattung durch Haydn, Mozart und Beethoven«. Im gleichen Jahrgang erschien die Abhandlung »Ueber Quartettmusik«, die nicht nur die weite Verbreitung der Gattung konstatierte: »Vom Tajo bis an die Newa spielt man unsere Quartetten« – »nicht blos

1 A. Einstein, *Geschichte der Musik von den Anfängen bis zur Gegenwart*, Zürich und Stuttgart 1953, S. 120.
2 J. Fr. Reichardt, *Vertraute Briefe geschrieben auf einer Reise nach Wien und den Österreichischen Staaten zu Ende des Jahres 1808 und zu Anfang 1809*, hg. v. G. Gugitz, München 1915, Bd. 1, S. 208 und S. 294; ebenda, S. 184f. eine nähere Kennzeichnung der Quartette von Haydn, Mozart und Beethoven.

in grössern Städten überall«, sondern sogar »in kleinern, ja auf manchen Dörfern«.[1] Rückblickend wird noch Boccherini genannt, Haydn aber war es, der durch seine »Meisterwerke« erst »das ganze Genre umgeschaffen hat«. Vom »Violinsolo« mit dem »seit kurzem gewählten Titel Quatuor brillant« sind die »so genannten (blos) concertirenden Quartetten« zu trennen, in denen die »simpel begleitete Soloparthie auf zwey oder drey Stimmen, die mit einander wechseln, vertheilt ist«. Zum »eigentlichen Quartett« aber gehört es, »dass alle vier Stimmen durch gleiche Theilnahme« sich »zu einem untrennbaren Ganzen vereinigen«. So nämlich verfuhren Haydn, Mozart und Beethoven (und daneben »in ihren gelungensten Arbeiten« noch »beyde Romberg, G. A. Schneider, Hänsel«).[2]

Eine Gattungsgeschichte kann nicht der Ort für eine nochmalige Erörterung des Klassikbegriffs sein, der sich auf höchst unterschiedliche Genera bezieht. Seine Geltung ist neuerdings wieder in Zweifel gezogen worden, nachdem Ludwig Finscher schon 1966 die historische Herkunft des Terminus dargelegt hatte.[3] Hält man sich nicht allein an das Wort, sondern an die gemeinten Sachverhalte, so zeichnen sich für das Streichquartett immerhin einige Kennzeichen ab. Der Bremer Schulmann Wilhelm Christian Müller, der 1830 Mozarts Musik als »classisch-schön« charakterisierte, entwarf im Vergleich der Künste eine Periodisierung der Musikgeschichte. Daß ein »neunter Zeitraum« (1775–1800) die »höchste Blüthe der deutschen Musik« umfaßt, bedeutet keine nationale Einengung, wie seine Kennzeichnung als »Universalperiode« anzeigt.[4] Wurden Haydns Quartette »immer kunst- und geistreicher«, so wurde »durch Mozart das Höchste« erreicht, dem im »zehnten Zeitraum« (1800–1830) mit dem »phantastischen« Genie Beethovens der »Scheitelpunkt der Tonkunst« folgte. Ähnlich unterschied Raphael Georg Kiesewetter 1834 von einer »Epoche XVI« mit »Haydn und Mozart« (1780–1800) die »Epoche XVII« mit »Beethoven und Rossini« (1800–1832).[5] Jenseits der »Fortschritte«, die durch Haydns und Mozarts »bewundernswürdige Compositionen« die »eigentliche Instrumental-Musik« machte, habe »Beethoven darin früher kaum Geahntes geleistet«. Fragt sich aber, ob nicht wie zu anderen Zeiten dem »höchsten Gipfel der Kunst« ein »Verfall« folge, so klingt auch das Fazit skeptisch: »die Producte unserer Zeit aber nennen wir wohl gar ›classisch‹«. Über sie muß daher »nach hundert Jahren die Geschichte Auskunft geben«. Der Göttinger Philosoph Amadeus Wendt endlich sah 1831 »die drei größten Sterne unserer Periode im Süden Deutschlands«.[6] Von Haydns Kunst der »Ausarbeitung seiner grössern Instrumentalstücke«, deren »Reichthum mehr in der Entwickelung« als »in der Menge und Mannichfaltigkeit der Gedanken liegt«, unterscheide sich Mozart in »seinen Sonaten wie in seinen Quartetten« durch »eine grössere Mannichfaltigkeit neuer melodischer Gedanken«, die bei »reicherer Harmonie« gleichwohl »nothwendig verkettet« erscheinen, doch wurde erst »durch Beethoven's Vorgang auch die Quartett-

---

1 Allgemeine musikalische Zeitung 12 (1809–10), Sp. 289.
2 Ebenda, Sp. 513–523: 513f. und 515f.; vgl. A. Meyer-Hanno, *Georg Abraham Schneider (1770–1839) und seine Stellung im Musikleben Berlins*, Berlin 1965, S. 226f. Aufschlußreich sind auch die Rezensionen der Quartette von W. F. Riem sowie von Spohrs Quatuor brillant op. 11, in: Allgemeine musikalische Zeitung 11 (1808–09), Sp. 177–181 und Sp. 184f.
3 L. Finscher, *Zum Begriff der Klassik in der Musik*, in: Deutsches Jahrbuch der Musikwissenschaft 11 (1966), S. 9–34 sowie in: *Bericht über den Internationalen Musikwissenschaftlichen Kongreß Leipzig 1966*, hg. v. C. Dahlhaus u. a., Kassel und Leipzig 1970, S. 103–127; ders., Art. *Klassik*, in: *MGG²*, Sachteil Bd. 5, Kassel u. a. 1996, Sp. 224–240, bes. Sp. 231f.; J. Webster, *Haydn's ›Farewell‹-Symphony and the Idea of Classical Style. Through-Composition and Cyclic Integration in His Instrumental Music*, Cambridge u. a. 1991.
4 W. Chr. Müller, *Aesthetisch-historische Einleitungen in die Wissenschaft der Tonkunst. Erster und Zweiter Theil*, Leipzig 1830, Bd. I, S. 250f. und Bd. II, S. 136f. sowie S. 232f.
5 R. G. Kiesewetter, *Geschichte der europäisch-abendländischen oder unsrer heutigen Musik. Darstellung ihres Ursprunges, ihres Wachsthumes und ihrer stufenweisen Entwickelung [...] Für jeden Freund der Tonkunst*, Leipzig 1834, S. 95f., 97 und 99.
6 A. Wendt, *Ueber die Hauptperioden der schönen Kunst, oder die Kunst im Laufe der Weltgeschichte dargestellt*, Leipzig 1831, S. 295, 298f. und 309.

musik« auf »eine höhere Stufe gehoben«. Mit diesem »Kleeblatt« verband sich für Wendt 1836 »die sogenannte classische Periode«[1], in der sich von Haydn an die »„Entwickelung der Quartettmusik" gemäß dem »eigenthümlichen Charakter« der »ersten Meister« vollzog, neben die als »würdige Meister zweiten Ranges« die »Romberge«, Spohr und Onslow traten.

All diese Äußerungen stammen von gebildeten Liebhabern und wenden sich an die ›Freunde der Tonkunst‹, sie belegen daher zusammen mit den zitierten Rezensionen wie mit den Definitionen der Ästhetik und der Theorie, in welchem Maß sich bis etwa 1830 die Vorstellung von einer ›klassischen‹ Musik durchgesetzt hatte, die mit den drei Wiener Komponisten verknüpft war. Manche zusätzlichen Bestimmungen, zu denen auch das Attribut ›deutsch‹ zählt, mögen heute gar zu emphatisch und daher befremdlich anmuten. Die Redeweise einer Zeit jedoch, die mit solchen Gedanken noch unbefangener umgehen konnte, sollte wenigstens einen Historiker, der Worte in ihrem Kontext zu verstehen hat, nicht von der Einsicht abhalten, daß der zeitgenössische Begriff der Wiener Klassik durchaus pragmatisch auf kompositorische Sachverhalte gerichtet war. Er entsprach damit recht genau den Vorgängen innerhalb der Kompositionsgeschichte, in der seit Vachon und H. Jadin bis hin zu Donizetti und Onslow – um nicht deutsche Autoren zu nennen – die Modelle aus Wien immer weiter zur Geltung kamen. Ein Skeptiker mag einwenden, diese Sicht gleiche einem Zirkelschluß, da bereits die Auswahl solcher Musiker und die Bewertung ihrer Werke vom Vorrang der Wiener Musik geleitet sei. In der Tat läßt es sich bedauern, daß die Alternativen einer entspannteren Musik, die sich nicht primär auf die Arbeit am Material konzentrierte, vom Paradigma der Klassik überlagert wurden. Wollte man aber seine europäische Geltung leugnen, so müßte man sich anheischig machen, den Prozeß der weiteren Kompositionsgeschichte umzukehren. Denn es waren Kategorien wie Individualität, Konzentration und Originalität, die im Grunde schon seit Haydn die Musikgeschichte derart bestimmten, daß sie nach nur reichlich hundert Jahren in die Aporien der Moderne geriet.

So läßt sich für das Streichquartett ein dreifacher Tatbestand konstatieren. Zum einen wurden schon früh die Werke der drei Komponisten zusammengefaßt, die man als mustergültig empfand. Zum anderen wurde mit ihnen – ungeachtet ihrer Herkunft – der Name der Stadt Wien verbunden. Ungenau war zwar Reichardts Meinung, die Gattung sei von Wien ausgegangen, wo sie sich auch am besten erhalten habe. Denn wenn in ihrer Entstehung Paris ein gewichtiges Wort mitsprach, so vollzog sich gerade um 1810 die Ausbreitung »vom Tajo zur Newa«. Was Reichardts Äußerung aber sachlich motivierte, das war die Konzentration der Muster auf Wiener Musiker, die damit zu klassischen Autoren im Sinne des auctor classicus wurden, wie er seit dem Humanismus in literarischer Geltung war. Wenn daraus – zum dritten – etwas später

---

1 Ders., *Ueber den gegenwärtigen Zustand der Musik besonders in Deutschland und wie er geworden ist. Eine beurtheilende Schilderung*, Göttingen 1836, S. 3, 8f. und 10.

die Verbindung ›Wiener Klassik‹ wurde, so sollte sie kein Anlaß sein, in ihr argwöhnisch eine nationalistische Konstruktion zu sehen, die einem chauvinistischen Gefühl der Überlegenheit Ausdruck gebe.[1] Selbst wenn der Begriff unleugbar mißbraucht wurde und oft genug zum Schlagwort geworden ist, müßte das nicht von der Besinnung auf seinen sachlichen Kern abhalten. Dann aber ist in ihm nicht eine Bescheidung zu überhören, die zugleich eine Relativierung bedeutet. Denn der Zusatz ›Wiener‹ meint mit der Beschränkung auf einen Ort zugleich die Eingrenzung auf eine Zeitspanne. Wieweit man daraus ableiten darf, es handele sich um eine unvergleichbare Vollkommenheit, ist eine sehr andere Frage.[2] Solange man den Begriff der ›Wiener Klassik‹ nüchtern in seiner historisch gewordenen Bedeutung nimmt, muß er auch nicht andere Phasen der ›Klassik‹ an anderem Ort ausschließen. Gerinnt er aber zur pauschalen Epochenbezeichnung, so gerät er nicht nur in Konkurrenz zu jener ›Romantik‹, die sich zu gleicher Zeit ankündigte. Mit anderen Epochenbegriffen teilt er ebenso den Nachteil, auf einer erst nachträglich getroffenen Vereinbarung zu beruhen. Weniger verdächtig dürfte daher der Rekurs auf die zeitgenössischen Quellen und vor allem auf die Sachverhalte sein, die schon früh wahrgenommen wurden. Vollends aussichtslos wäre dagegen der Versuch, den komplementären Begriff der Romantik »einheitlich zu fassen«, sofern sich »unter dem gleichen Fähnlein« – mit Einstein zu reden[3] – all die Musiker von Weber bis Bruckner versammelten, die jeweils eigene Probleme zu höchst individuellen Lösungen brachten. Was sie jedoch verband, war einzig und allein die Tatsache, daß sie vom unumgänglichen Bestand der Wiener Klassik auszugehen hatten.

Wie der Begriff der Klassik wäre auch der des Kanons mißverstanden, wenn er als gleichsam fest geronnene Substanz aufgefaßt würde. Wird ein Kanon exemplarischer Werke unbesehen zum Kanon fixierter Werte, so gerät er leicht zum Instrument der Heroisierung und vorschnellen Selektion. Tauglich wird er erst in dem Maß, wie er jenseits einer pragmatischen Verständigung über den begrenzten Ausschnitt aus einem schier unübersehbaren Repertoire als heuristisches Regulativ dient und zum Anlaß einer kritischen Diskussion genommen wird. Die Geschichte des Streichquartetts kannte nicht noch einmal ein so dichtes Netzwerk von Autoren und Werken wie in der Zeit zwischen Haydn und Schubert. Von einer Phase, in der Quartette von Vanhal oder Kozeluch nicht ohne Mühe auseinander zu halten sind, reicht es kaum zwei Generationen später in eine Zeit, in der nebeneinander am gleichen Ort eine so konträre Individualität wie die von Beethoven und Schubert möglich war. Bei einer solchen Vielfalt diente die Kanonbildung zunächst der Orientierung, doch gründete sie auch in Eigenschaften, die den gemeinten Werken gemeinsam waren.

Klassik und Kanon greifen ineinander, sofern sich kompositionsgeschichtlich bestimmen läßt, was maßgebliche Werke einer Gattung

---

[1] A. Gerhard, ›Kanon‹ in der Musikgeschichtsschreibung. Nationalistische Gewohnheiten am Ende einer nationalistischen Epoche, in: Archiv für Musikwissenschaft 57 (2000), S. 18–35.

[2] L. Finscher, Art. Klassik, in: MGG², Sachteil Bd. 5, Kassel u. a. 1996, Sp. 233 und Sp. 236f.

[3] A. Einstein, Geschichte der Musik von den Anfängen bis zur Gegenwart, S. 114; vgl. dazu A. Forchert, ›Klassisch‹ und ›romantisch‹ in der Musikliteratur des frühen 19. Jahrhunderts, in: Die Musikforschung 31 (1978), S. 405–425.

verbindet und von anderen trennt. In jener Struktur des musikalischen Satzes, in der für Haydn zuerst Taktgruppen den Rahmen des metrischen Wechselspiels abgaben, hatten harmonische Relationen ihre regulierende Funktion. Die ›Diskontinuität‹ im ›kadenzmetrischen Satz‹ war eine Vorgabe, die dann mit thematischen Gestalten erfüllt werden konnte. Und diese Thematisierung, die für Mozart zur Instanz einer Integration der Kontraste wurde, gewann mit Beethoven eine Pointierung, die ihre letzte Konsequenz in der Balance des Spätwerks fand. So oft aber der Tonfall Haydns, das Melos Mozarts oder das Pathos Beethovens in der Musik der Zeitgenossen anklingen mögen – einen ähnlich lebendigen Wechsel der Impulse bei vergleichbar dichter Thematisierung wird man schwerlich finden. Davon hebt sich die sehr andere Erfahrung eines kontinuierlichen Zeitstroms ab, die sich im Werk von Schubert durchsetzte. Und es wird sich zeigen, daß sich auch die Beethovenrezeption Mendelssohns unter derart veränderten Prämissen vollzog.

Bei allen individuellen Unterschieden verkettet also ein verdecktes Band der Kompositionsgeschichte die Quartette der Wiener Klassik. Offenbar waren solche Sachverhalte gemeint, wenn die Zeitgenossen die Werke früh zusammenfaßten. Weder der ›Kanon‹ noch die ›Klassik‹ waren nachträgliche Konstruktionen einer deutschnationalen Forschung. Vielmehr waren Musiker und Theoretiker anderer Länder an der Anerkennung eines Werkbestandes beteiligt, der damit erst transnationale Gültigkeit erhielt. Man kann durchaus die Kritik an einem Mißbrauch der Begriffe teilen, der nur die Weigerung bemänteln soll, auch andere Musik zur Kenntnis zu nehmen. In der Tat sollte man nicht achtlos das reiche Repertoire ignorieren, das den Humus einer dichten Tradition bildete. Davon erst lassen sich exemplarische Werke abheben, um für weitere Musik den Maßstab eines Urteils zu liefern, das sich nicht mit pauschaler Wertung begnügt, sondern um eine analytische Begründung bemüht. Ebenso unverdächtig wie unverzichtbar bleibt indes ein Kanon des klassischen Quartetts, wenn er als Anlaß zur kritischen Auseinandersetzung mit dem Fundus der Gattungsgeschichte verstanden wird.

5. Vollendung im Widerspruch:
Schuberts Weg im Streichquartett

Schuberts späte Kammermusik ist heute dermaßen vertraut geworden, daß ihre zwiespältige Stellung in der Gattungsgeschichte kaum noch bewußt wird. Zurückzutreten hat dabei nicht nur die lange Reihe der früheren Quartette, verdeckt wird zugleich auch die eigenartige Wirkungsgeschichte der Werke insgesamt. Denn zu Schuberts Lebzeiten erschien nur das Anfang 1824 entstandene a-Moll-Quartett D 804, dessen Ausgabe bei Sauer & Leidesdorf in Wien als erstes von drei Quartetten »Œuvre 29« am 7. 9. 1824 angekündigt wurde.[1] Erst 1831 folgte dagegen das d-Moll-Quartett D 810 vom März 1824 bei Josef Czerny in Wien, und derselbe Verlag veröffentlichte 1851 das 1826 komponierte Quartett in G-Dur D 887. Die früheren Werke jedoch wurden zumeist erst durch die Gesamtausgabe 1890 zugänglich, und unbekannt blieb lange auch der bedeutsame Quartettsatz c-Moll D 703 aus dem Dezember 1820, der in Schuberts ›Zeit der Krise‹ die Grenzlinie zwischen Früh- und Spätwerken markierte, gleichwohl aber erst 1867 vom Wiener Hellmesberger-Quartett aufgeführt und 1870 durch Brahms ediert wurde. Ausnahmen bilden lediglich die Quartette in Es- und E-Dur (D 87 und 353), die zwar schon 1813 und 1816 entstanden waren, bei Czerny jedoch 1830 als op. 125 erschienen und dann eher bekannt wurden (wobei sie die Gesamtausgabe irrig auf 1817 datierte). Dazu trat endlich das 1814 entstandene Quartett B-Dur D 112, das 1863 »aus dem Nachlasse« bei C. A. Spina herauskam, während D 94 und 173 (D-Dur und g-Moll) 1871 bei Peters folgten.

Der verzögerte Zugang zu Schuberts Werken ist freilich nicht folgenlos geblieben. Seit die Quartette von Spohr, Mendelssohn und auch Schumann nach 1900 aus dem Kanon der Gattung fast entschwunden waren, galten gemeinhin die Werke Schuberts als die Mittler zwischen Beethoven und Brahms. Erst rückblickend wird heute sichtbar, daß Schuberts Quartette kaum unmittelbar wirksam werden konnten. Die frühen Drucke erschienen wie üblich nur in Stimmen, abgesehen von ihrer begrenzten Auflage konnten sich die Werke nicht rasch und weit verbreiten, ihre Rezeption war also auf eher sporadische Aufführungen angewiesen. Kaum zugänglich waren die Werke demnach für Zeitgenossen wie Spohr oder Mendelssohn, und noch Schumann würdigte zwar eindringlich die Klaviertrios von Schubert, ohne aber auf seine Quartette näher einzugehen. Der Sachverhalt ist paradox genug: Die Umprägung der Gattung durch die ›Neuromantiker‹ – wie es um 1840 hieß – vollzog sich faktisch in Unkenntnis der Werke Schuberts und damit unabhängig von dem Komponisten, der heute als der eigentliche Repräsentant der Romantik gilt. Das Repertoire beherrschten bis über die Jahrhundertmitte hinaus nächst den Klassikern die Werke von Onslow, Cherubini, Spohr, Mendelssohn und dann Schumann, wie es die Zeitschriften erkennen lassen. Als sich aber die Quartette Schuberts durchgesetzt hatten, hatte sich bereits der musikgeschichtliche Kontext grundlegend verändert.

Der Tatsache jedoch, daß Schuberts Quartette derart verspätet bekannt wurden, entsprechen die Schwierigkeiten ihrer Rezeption, die bis in das späte 19. Jahrhundert anhielten. Die von Christian Ahrens gesammelten Zeugnisse machen deutlich, welche Hindernisse dem Verständnis der Kunst Schuberts begegneten.[2] Selbst ein so kundiger Musiker wie

---

1 Zur Datierung der Werke und zu den Erstdrucken vgl. O. E. Deutsch, *Franz Schubert. Thematisches Verzeichnis seiner Werke in chronologischer Folge. Neuausgabe in deutscher Sprache*, Kassel u. a. 1978 (*Neue Ausgabe sämtlicher Werke*, Serie VIII, Bd. 4) sowie die Vorworte zur *Neuen Ausgabe sämtlicher Werke* (abgekürzt: *NGA*), Serie VI Kammermusik, Bd. 3 Streichquartette I, hg. v. M. Chusid, ebenda 1979, S. Xf.; Bd. 4 Streichquartette II, hg. v. W. Aderhold, ebenda 1994, S. Xff. und S. XIII–XVI; Bd. 5 Streichquartette III, hg. v. W. Aderhold, ebenda 1989, S. XIIff. und S. XVff. – So wenig wie die Ouvertüre für Quartett (D 8 A) können im weiteren die aufschlußreichen Fragmente berücksichtigt werden, die in der *NGA* vorgelegt wurden.

2 Chr. Ahrens, *Franz Schuberts Kammermusik in der Musikkritik des 19. Jahrhunderts*, in: *Festschrift Rudolf Elvers zum 60. Geburtstag*, hg. v. E. Herttrich und H. Schneider, Tutzing 1985, S. 9–27.

Joseph Joachim, der sich für Schubert einsetzte, konnte noch 1860 befinden, das Streichquintett D 956 sei zwar im einzelnen »ganz wunderschön« und höchst »eigenartig im Klang«, mache jedoch im ganzen »keinen befriedigenden Eindruck«, da es »maaßlos und ohne Gefühl für Schönheit in den Gegensätzen« sei. So nannte denn ein Kritiker 1873 Schuberts »Vermögen« der thematischen Arbeit »ein schwächeres«, da der Komponist in der Fülle seiner »Gedanken« deren »Zusammenhang gering achten« mußte. Und 1871 bezeichnete ein Berliner Rezensent das G-Dur-Quartett als »sehr lang«, dabei aber »wild, bunt, formlos« und doch »sehr arm an wirklich musikalischen Gedanken«, während die »äusserlich wirkenden Manieren« desto störender seien.[1] Statt solchen Kritikern ihre Befangenheit vorzuwerfen, kann man ihre Einwände als Hinweise auf Schwierigkeiten auffassen, die in Schuberts Musik angelegt und kaum schon ganz ausgeräumt sind. Denn die Hemmnisse gründen nicht nur in der verspäteten Zugänglichkeit der Werke, sondern die Bedenken verstummten auch nicht, als die Ausgaben vorlagen und es zu weiteren Aufführungen kam. Schuberts Kritiker von einst können noch heute zu kritischer Reflexion nötigen, sofern ihre Argumente auf die Anforderungen hinweisen, die sich den Hörern stellten. Die grundlegend neuen Ansätze in Schuberts Musik werden also kenntlich im Widerspruch zu den ästhetischen Normen, die für das Streichquartett durch die Gattungstheorie von Ferdinand Hand und Friedrich Theodor Vischer um die Jahrhundertmitte systematisiert wurden. Entgegen dem Ideal eines polyphonen Satzes, in dem sich die obligate Führung der Einzelstimme durch Teilhabe am thematischen Material zu legitimieren hatte, begegneten in Schuberts »sehr langen« Sätzen kompakte Klangflächen in rhythmischem Gleichmaß, und statt kontrapunktischer Arbeit traf man auf stete Varianten identischer »Gedanken« in geschlossenen Abschnitten. Der Widerspruch zwischen der Struktur dieser Werke und der Norm der Gattung war derart groß, daß er noch nachträglich die Verwirrung erklärt, die Schuberts Musik selbst bei kundigen Rezipienten auslösen mußte. Von solchen Irritationen ist aber auszugehen, wenn man die Eigenart der Verfahren Schuberts im Verhältnis zur Gattungstradition ermessen will.

Die weitere Rezeption der Quartette wurde begleitet – und auch überschattet – von einer oft zitierten Formulierung Schuberts, auf die man sich fast wie auf eine Formel berufen konnte. Nach Abschluß der Quartette in a- und d-Moll schrieb Schubert am 31. 3. 1824 an Josef Kupelwieser: »denn ich componirte 2 Quartetten für Violinen, Viola u. Violoncellen u. ein Octett u. will noch ein Quartetto schreiben, überhaupt will ich mir auf diese Art den Weg zur großen Sinfonie bahnen«.[2] Der Hinweis auf ein drittes Werk läßt sich auf das zwei Jahre später folgende G-Dur-Quartett beziehen, doch nimmt sich das Wort vom »Weg zur großen Sinfonie« durchaus ambivalent aus. Einerseits können

---

1 *Briefe von und an Joseph Joachim*, hg. v. Joh. Joachim und A. Moder, Bd. II, Berlin 1912, S. 108f.; vgl. ferner Chr. Ahrens, *Franz Schuberts Kammermusik in der Musikkritik*, S. 19f. und S. 16.

2 O. E. Deutsch (Hg.), *Schubert. Die Dokumente seines Lebens*, Kassel u. a. 1964 (NGA Serie VIII, Bd. 5), S. 235; die Werke dieses Jahres machen Schuberts rückblickende Äußerung über die früheren Quartette verständlich: »denn es ist nichts daran« (ebenda, S. 250, Juli 1824). Ebenda, S. 229 zur Uraufführung des a-Moll-Quartetts durch Schuppanzigh am 14. 3. 1824 und S. 230 zu den Reaktionen der Kritik (die *Allgemeine musikalische Zeitung* formulierte lakonisch: »als Erstgeburt nicht zu verachten«). Die Erstausgabe durch Sauer & Leidesdorf wurde am 7. 9. 1824 angezeigt mit dem Titel *Trois Quatuors [...] Œuvre 29*, doch folgte dann nicht als zweites Werk das d-Moll-Quartett, und ein drittes war zu dieser Zeit noch nicht abgeschlossen, vgl. ebenda, S. 257.

die Quartette dann fast als bloße Stationen auf dem Weg zum höheren Ziel erscheinen, andererseits wird damit der Argwohn gegen ihren orchestralen und nicht genuin kammermusikalischen Satz genährt. Ein Zeugnis des Autors, auf dessen Instanz man sich berufen konnte, stützte offenbar erst recht die Einwände der Kritik. Desto wichtiger ist es, nicht nur die Kontinuität wahrzunehmen, die die beiden Werke aus dem Jahr 1824 mit dem späteren Gegenstück und auch dem Quintett verbindet. Vielmehr läßt sich dann die strukturelle Affinität erfassen, die zwischen den großen Spätwerken und den ihnen vorangehenden Experimenten besteht. Unleugbar entstanden zwar die frühen Quartette aus dem Usus häuslicher Musikpflege heraus, während die späten Werke rückhaltlos mit der Öffentlichkeit und dann wohl auch mit der Zukunft rechneten.[1] Doch erwecken die Spätwerke zunächst den Eindruck, sie seien dem geschichtlichen Zusammenhang durch eine Faktur enthoben, die ohne Beethoven auszukommen scheint, indem der Primat motivischer Arbeit hinter den Strukturen der Klangflächen zurücktritt. Die eigene Art freilich, mit der Schubert auf die Herausforderungen Beethovens reagierte, wird kaum noch verständlich, wenn die Werke als Folge ihrer verspäteten Wirksamkeit vom Kontext ihrer Zeit und ihrem ästhetischen Horizont gelöst werden. So isoliert Schubert in Wien komponierte, so reflektiert nahm er auf seine Weise das Geschehen der Zeit wahr. Die eigensinnige Konsequenz seiner Verfahren wird bereits am Frühwerk ablesbar, wenn man entgegen dem Schein konventioneller Themen und Satztypen die Besonderheit ihrer Strukturen erfaßt. Ihre Vollendung erreicht sie im Spätwerk, dessen Widerspruch zu den Normen der Gattung an jenen Rezeptionszeugnissen erkennbar wird, die den historischen Kontext artikulieren. Daran läßt sich ermessen, wie selbständig Schubert auf die Tradition reagierte, um gerade in der Umkehrung herkömmlicher Normen noch immer die Postulate der Innovation und Individualität einzulösen.

Schuberts frühe Quartette enttäuschen wohl eher, wenn man nach einem Geniestreich sucht oder eine zielstrebige Entwicklung erwartet. Sie sind denn auch lange genug – und im Grunde bis zu der verdienstvollen Arbeit von Salome Reiser – in der Forschung und in der Praxis wenig beachtet worden. Zudem erfüllt sich kaum die Hoffnung, es lasse sich an technischen Exerzitien die Zunahme des handwerklichen Geschicks verfolgen. Zwar begegnen mitunter sogar regelrechte Fugati wie schon im Kopfsatz des g-Moll-Quartetts D 18 (1810/11), das übrigens wegen seines irregulären Beginns als Quartett in c-Moll figuriert. Doch bleiben solche Partien Ausnahmen und erweisen sich nicht als sonderlich kunstvoll. Die Durchführung beginnt in D 18 zwar mit der Umkehrung des Hauptthemas in Imitation der Außenstimmen (ab T. 76), und sie führt dann zum regulär vierstimmigen Fugato, dessen Thema aus dem Hauptsatz gewonnen wird. Bezeichnend ist aber nicht nur, daß die-

[1] S. Reiser, *Franz Schuberts frühe Streichquartette. Eine klassische Gattung am Beginn einer nachklassischen Zeit*, Kassel u. a. 1999, S. 211ff.: »Schuberts Hinwendung zum Konzertquartett«; zum Kontext der frühen Werke in ›Hausmusiken‹ und zu den Voraussetzungen der Wiener Quartettmusik vgl. ebenda, S. 29–42 und S. 71ff.

ses Fugato in D-Dur steht, vielmehr nimmt es sich zunächst fast schulmäßig aus, sofern die Stimmen rhythmisch angeglichen werden, damit keine polyphone Selbständigkeit erlauben und rasch zu homophonem Satz drängen. Selbst diese einfache Satzphase läßt indes eine andere Sicht zu: So schlicht sie als Fugato anmutet, so auffällig ist ihre tonale Position und ihre rhythmische Homogenität. Löst man sich von den Erwartungen, die durch die Normen des klassischen Quartettsatzes geprägt sind, so wird man auf ungewohnte Gegebenheiten statt nur auf technische Defekte stoßen. Wenn statt vermittelnder Überleitungen und gearbeiteter Durchführungen von früh an kantable Themen mit ihren Varianten zu geschlossenen Klangflächen von hoher rhythmischer Kontinuität zusammentreten, so mag das zunächst auf mangelnde Einsicht in die Forderungen der Gattung hindeuten. Der Sachverhalt ist aber zu signifikant, um als bloßes Mißgeschick gelten zu können. Carl Dahlhaus hat an Kopfsätzen, also an modifizierten Sonatensätzen, »Formprobleme in Schuberts frühen Streichquartetten« skizziert und dabei gezeigt, daß all die »Verstöße gegen eine Norm, die durchaus im Hintergrund von Schuberts Formdenken stand«, zugleich »immer wieder andere Wege« ergaben, um »dem Schema auszuweichen«.[1] Das »gemeinsame Zentrum« dieser Werke sah Dahlhaus »in einem negativen Zug: Im Vermeiden des Zusammentreffens von thematischer und tonaler Regelmäßigkeit«. Als »wechselnde Teilmomente«, die Schubert »festhält oder die er fallen läßt«, hob er die thematischen und tonalen Positionen hervor, und gewiß ist mit solchen Kriterien ein wichtiger Teil von Schuberts Problemen und ihren Lösungen zu bestimmen. Doch war es »unter der Voraussetzung der Monothematik« kaum nur »die Furcht vor Monotonie«, die Schubert zu seinen Maßnahmen trieb. Zwar läßt es sich formgeschichtlich rechtfertigen, die Monothematik als Ausnahme zu dieser Zeit anzusehen und dabei auf ihre Abkunft vom Suitensatz hinzuweisen. Es wäre aber wohl einseitig, Schuberts Verfahren primär durch formale Kriterien zu definieren. Der Gedanke des ›zweiten Themas‹ im Sonatensatz, den Anton Reicha als »seconde idée mère« in seinem *Traité* einführte, wurde in Deutschland zuerst durch Heinrich Birnbachs Aufsatzreihe in der *Berliner Allgemeinen musikalischen Zeitung* 1827–28 ausführlich dargelegt, um sich erst in der Kompositionslehre von Marx zum Postulat des Themendualismus zu verfestigen. Hypothetisch ist die Frage, ob Schubert von den theoretischen Definitionen Notiz nahm, denn die Theorie summierte nur Beobachtungen an Werken, die auch Schubert zugänglich waren. Wer dennoch an einer monothematischen Disposition festhielt, konnte sich auf all die Sätze von Haydn berufen, die sich von der thematischen Vielfalt zumal früherer Werke Mozarts durch die konzentrierte Ausarbeitung eines Themas mit seiner Motivik unterscheiden.[2] Jenseits formaler Kriterien gründen jedoch Schuberts Maßnahmen in der Entscheidung für Strukturen, die von Anfang an den tradierten

---

1 C. Dahlhaus, *Formprobleme in Schuberts frühen Streichquartetten*, in: *Schubert-Kongreß Wien 1978. Bericht*, hg. v. O. Brusatti, Graz 1979, S. 191–197: 194; H.-M. Sachse, *Franz Schuberts Streichquartette*, Diss. Münster 1958, S. 43–99 und S. 148–172.

2 Vgl. dazu S. Reiser, *Franz Schuberts frühe Streichquartette*, S. 137–154 zum B-Dur-Quartett D 36 im Verhältnis zu Haydns d-Moll-Quartett op. 76 Nr. 2 sowie S. 96–116 zum Finale aus D 32 (veröffentlicht in NGA VIII, Bd. 3, S. 71–83) gegenüber dem Kopfsatz aus Haydns Sinfonie Hob. I Nr. 78.

Normen widersprachen. Denn bereits die Struktur der Themen erlaubte weniger ihre motivische Ausspaltung, sondern sie erzwang statt dessen Verfahren der thematischen Variation.

Schon das D-Dur-Quartett D 94, das wohl 1811 entstand, beginnt mit einem Hauptsatz, dessen Vordersatz auf dem Orgelpunkt D basiert, um im Nachsatz in die Mollparallele über Orgelpunkt H zu wechseln. Der irreguläre Umfang von elf Takten resultiert aus der Dehnung des Anfangs- und des Schlußtons, und den Liegetönen der Unterstimmen ist die parallele Pendelbewegung beider Violinen zugeordnet. So scheint der Satz kreisend in sich zu ruhen, bis er mit einer Pause abbricht. Von diesem geschlossenen Themenverband gehen seine Varianten aus, die nach harmonischer Erweiterung mit Halbschluß (T. 12–17) den Gegenstimmen zwar die rhythmische und harmonische Differenzierung überlassen, in den Hauptstimmen aber an den rhythmischen Duktus des Kernthemas anschließen (T. 18–25, 29–44, 45–52). Dabei wird die

F. Schubert, Quartett D-Dur (D 94), erster Satz, T. 1–20 (*NGA*, Bärenreiter).

volltaktige Themenformulierung durch Auftakt ergänzt (ab T. 29), doch wahrt die Ausspinnung der melodischen Linie den gleichmäßigen Fluß der Halben und Viertel, und erst die akkordische Schlußkadenz ab T. 54 kündigt einen Einschnitt an. Der modulierende Neuansatz, der einen rhythmischen Kontrast verheißt, wird aber sogleich durch eine Überleitung abgelöst, die Dahlhaus aus dem Zwischenglied des Themas ableitete (T. 26–28).[1] Dieses Modell jedoch, das sich dort mit dem zweitaktigen Halteton des Themenkerns als dessen Variante verband, besteht nur aus einer absteigenden Folge von Vierteln, die sich in der Überleitung in repetierte Achtel auflösen. Die Verbindung bleibt also einigermaßen unscharf, die Überleitung ließe sich wohl auch aus einer Umkehrung der Themenfortspinnung herleiten (T. 31–32), und derselbe fließende Gestus erscheint erneut im weiteren Fortgang ab T. 64. Während also die intervallischen Beziehungen zu wenig ausgeprägt sind, um eine klare

---

[1] C. Dahlhaus, *Formprobleme in Schuberts frühen Streichquartetten*, S. 193; vgl. auch S. Reiser, *Franz Schuberts frühe Streichquartette*, S. 154–173, wo dieser Satz auf »romantische Kompositionsprinzipien« bezogen wird.

Ableitung zu erlauben, begegnet dem kantablen Fluß thematischer
Linien die Achtelbewegung in der Überleitung eher als Steigerung denn
als Kontrast. Die Kette der Satzglieder wird ab T. 83 durch eine neue
Gruppe abgelöst, die sich durch absteigende Viertel im Staccato abhebt
und nur hier erscheint. Sie könnte zwar auf die absteigenden Formeln
aus der Überleitung zurückweisen, sie vermittelt aber zugleich rhythmisch wiederum zum Ausgangspunkt, wenn ab T. 106 auf das Hauptthema selbst als ›Schlußgruppe‹ zurückgegriffen wird. So rundet sich die
Exposition nicht im Verhältnis kontrastierender Themen, sondern als
Ablauf von Varianten eines Themenkerns, deren Differenzierung schrittweise zu rhythmischen Alternativen führt und dann wieder zum Modell
des Anfangs zurückfindet. Die Durchführung präsentiert nach Dahlhaus ein »neues Motiv«, das »eine Veränderung des Hauptthemas nach
sich zieht«.[1] Mit zwei Gruppen zu 3 ½ Takten, die durch Pausen und
Fermaten abgeriegelt werden, deutet sie zunächst auf die Abgeschlossenheit des Themenkerns zurück, um dann kreisend den verminderten
Septakkord der Dominante zu umschreiben, bis aus solchen Elementen
die melodischen Umrisse des Themas selbst entstehen (ab T. 139). Das
Verfahren greift also eher auf fundierende Elemente des Themas als auf
seine intervallische Struktur zurück, die kaum motivische Aufspaltung
zuläßt. Nicht erst im transponierten Ansatz der Reprise, die ab T. 168
gleichsam potenziert subdominantisch in C-Dur beginnt, erscheint ein
charakteristischer Zug späterer Sätze Schuberts. Auf sie verweist bereits
die thematische Erfindung, die zu Verfahren der rhythmischen und
harmonischen Variantenbildung nötigt, und ebenso kennzeichnend ist
der Rekurs der Durchführung auf die Elemente des Themas. Demgemäß
greift das variative Verfahren in weiterem Maßstab auf die Reprise als
Formteil über, wenn zwischen Bestandteile des Hauptsatzes variativ erweiterte Gruppen der vormaligen Exposition eingeschaltet werden. Es
entspricht dem Gedanken der fortschreitenden Variation, daß der
scheinbar konträre Ansatz der Überleitung aus T. 54 in der Reprise
dreifach begegnet (T. 198, 240 und 312), um nun seinerseits in das
variative Verfahren einbezogen zu werden.

Zwar trifft die Folgerung von Dahlhaus zu, daß »die konstitutiven
Momente der Sonatenform, der tektonische und der prozessuale« sich
unerwartet verschränken, wodurch die Form als Schema zurücktritt,
aber »als Idee bewahrt« wird.[2] Das Verfahren geht jedoch vom geschlossenen Zustand der Thematik aus, die zu steten Varianten nötigt, bis sie
nach Rückgriff auf bloße Teilmomente in der Durchführung schließlich
das Thema selbst und die scheinbar konträre Überleitung einbezieht.
Klarer noch treten die Varianten eines Kerns im c-Moll-Satz D 18 hervor, in dem die langsame Einleitung von c-, d- und g-Moll aus den gleichen Ansatz unterschiedlich ausspinnt, der dann im ›Presto vivace‹ aus
geradem in ungeraden Takt versetzt wird. Die scheinbar kontrapunkti-

1 C. Dahlhaus, *Formprobleme in Schuberts frühen Streichquartetten*, S. 193; S. Reiser, *Franz Schuberts frühe Streichquartette*, S. 164ff.

2 C. Dahlhaus, *Formprobleme in Schuberts frühen Streichquartetten*, S. 194.

sche Durchführung erweist sich als weitere Station in der Abfolge thematischer Varianten, die rhythmische Kontraste nur in flächenhaften Tutti- und Kadenzgruppen zuläßt, während die Reprise in ihrem Anhang durch Modulationen in entlegene Tonarten weitere Varianten sucht. – Eher regulär wirkt der Kopfsatz im C-Dur-Quartett D 32 (1812) nur insofern, als die Reprise nach relativ langer Durchführung in der Tonika ansetzt. Daß der Hauptsatz noch rund 30 Takte vor Ende der Exposition in der Tonika wiederkehrt (T. 86), kennzeichnet die harmonische Stabilität des Verlaufs. Ihr entspricht das rhythmische Gleichmaß im 6/8-Takt, das auch in der Durchführung durch stete Achtelketten geprägt wird. Und wenn die Satzglieder in der Reprise umgestellt werden, so wird diese Variante durch das rhythmische Gleichmaß möglich, in dem die diastematischen Gestalten weithin zurücktreten. – Der erste Satz des B-Dur-Quartetts D 36 (1812/13) scheint erstmals ein Seitenthema zuzulassen (ab T. 62), doch wird es nicht nur vom Kopf des Hauptthemas eingerahmt (T. 56 und T. 83), sondern von dessen fortgesponnenem Kadenzglied in den Gegenstimmen getragen. Wird dadurch das zweite Thema sekundär, so erreicht das Hauptthema erstmals als diastematische Gestalt hohe Prägnanz. Demgemäß erlaubt es schon in der Überleitung und dann in der Durchführung eine kontrapunktische Engführung; sie wird überlagert von figurativen Gegenstimmen, deren Sechzehntelbewegung sich in der Durchführung derart durchsetzt, daß sie schließlich das Thema verdrängt. Erst am Ende scheint der rhythmische Umriß des Themenkopfes durch, wogegen die Sechzehntel in der Reprise völlig verstummen. Wieder erweist sich der Verlauf als Wechsel von Bewegungsmustern in weiten Klangfeldern. – Das einleitende Adagio im C-Dur-Quartett D 46 (1813) repräsentiert zwar nicht das Hauptthema, wohl aber seine Elemente: den rhythmischen Themenkopf mit einer Halben und zwei Vierteln, dann den chromatischen Abstieg in Vierteln sowie Achteltriolen in der Kadenzgruppe.[1] Aus ihrer Summe formiert sich das Hauptthema im Allegro, das die Triolenketten bis hin zur Schlußgruppe fortführt, die ebenso wie der Beginn der Durchführung auf die chromatischen Viertel der Einleitung zurückgreift. Verzichtet die Durchführung gänzlich auf die Triolenbewegung, so kontrastiert sie damit zum rhythmischen Verlauf von Exposition und Reprise. – Das Allegro im B-Dur-Quartett D 68 (1813) weist scheinbar intervallisch verschiedene Themen auf (T. 1 und T. 30), beide sind aber nicht nur durch die gleiche punktierte Formel gekennzeichnet, sondern von ihnen gehen Ketten punktierter Rhythmen aus, die ganze Satzfelder überziehen. Ausgenommen bleiben nur die Kadenzgruppen, die durch aufschießende Achteltriolen markiert werden. Statt von ›kontrastierender Ableitung‹ in der Relation der Themen wäre umgekehrt von Varianten eines rhythmischen Modus zu reden, dem in den Themengruppen wechselnde diastematische Gestalten unterlegt wer-

---

1 Einen »Wendepunkt« sah S. Reiser, *Franz Schuberts frühe Streichquartette*, S. 190ff., in D 46.

den. – Im ersten Satz des D-Dur-Quartetts D 74 (1813) wird die Ausdehnung auf über 500 Takte durch die Vorzeichnung des Allabreve-Taktes relativiert. Scheinen sich drei thematische Stationen abzuzeichnen (T. 1, 77, 175), so erfüllt das Hauptthema seine Funktion doch nur bedingt. Aus dem zweiten Takt seiner Kantilene (T. 6) wird im Kadenzziel der anapästische Rhythmus zu markanten Tonrepetitionen gewonnen (T.15 und T. 17), er aber durchzieht dann alle folgenden Gruppen, die damit zu Varianten eines rhythmischen Grundmodells werden. Das Variationsprinzip bestimmt den Verlauf derart, daß es in seiner Konsequenz einen gesonderten Durchführungsteil überflüssig macht. Die zweiteilige Form bedeutet also keinen Rückfall in das Modell des Suitensatzes, sondern sie ergibt sich folgerichtig aus Schuberts variativem Verfahren. Demgemäß wirken die beiden Satzphasen, in denen das scheinbare Hauptthema zweifach zu Beginn der ›Durchführung‹ und ›Reprise‹ auf der Tonika und Dominante erscheint, wie Inseln in einem rhythmisch sonst gleichmäßigen Verlauf, der das Prinzip des Sonatensatzes konsequent umkehrt.

In den weiteren Kopfsätzen der frühen Werkserie erweitert sich zwar mit der formalen Dimension auch der technische Anspruch, ohne jedoch die Satzstruktur grundlegend zu ändern. Bei aller Ambition können diese Versuche etwas zwiespältig anmuten, wenn dem rhythmischen Gleichmaß durch vielfältigere Themen und zudem mit motivischen Binnenkontrasten begegnet wird, die aber in Entwicklungs- und Durchführungsphasen kaum recht genutzt werden. Im Es-Dur-Quartett D 87 (1813) folgt dem ersten Thema, dessen Ansatz im jeweils dritten Takt gleich von durch Pausen durchsetzten Achteln abgefangen wird, eine höchst kantable Satzgruppe (T. 27), deren gleichmäßige Zweitakter wiederum die Tonika umkreisen. Und nach dem Neuansatz im Unisono (T. 49) begegnet auf der Dominante ein scheinbar neues Seitenthema (T. 75), das in der Schlußgruppe von einer rhythmisch analogen Formulierung abgelöst wird (T. 91). In der regulären Gliederung wirken alle Themen gleich verbindlich, vom volltaktigen Hauptthema sind die weiteren Gruppen nur durch ihre gemeinsame auftaktige Rhythmik unterschieden, so daß ihre Abgrenzung zu verschwimmen droht. Dieses Verfahren greift auch auf die Durchführung über, die sich der Modelle der weiteren Themen bedient, während das Hauptthema erst wieder in der Reprise erscheint. – So kantabel auch der Hauptsatz des B-Dur-Quartetts D 112 (1814) beginnt, so entschieden brechen seine beiden Ansätze in akkordischer Stauung ab, und der Neuansatz einer Überleitung in der Tonikaparallele (T. 45) wird durch Triolenfiguren charakterisiert, die dann auch in den Seitensatz eindringen (ab T. 101). Desto auffälliger ist es, daß schon der Hauptsatz auf Orgelpunkt basiert, sobald er sich zur Vierstimmigkeit entfaltet (T. 7–13, 24–34). Latente Orgelpunkte auf g und B fundieren aber nicht nur die Überleitung, sondern auch der Seitensatz gründet auf Orgelpunkt F (T. 103–121). Demgemäß werden die

Gruppen der Durchführung – bis auf modulierende Gelenktakte – durch Orgelpunkte bestimmt (auf Des, A und B). Der Vielfalt thematischer Gestalten tritt also nicht nur ihre rhythmische Affinität entgegen, vielmehr setzt sich in der Kette der Orgelpunkte erneut das Konzept geschlossener Klangfelder durch.

Das Hauptthema im g-Moll-Quartett D 173 (1815) präsentiert bereits im ersten Viertakter den rhythmischen Kontrast zwischen breiten Halben und Achteln mit Pausen, die vom energischen Aufstieg im Raum der Duodezime bis zum Halbschluß zusammengefaßt werden. Das

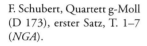
F. Schubert, Quartett g-Moll (D 173), erster Satz, T. 1–7 (*NGA*).

rhythmische Modell übernimmt der folgende Viertakter mit Ganzschluß; während die Fortführung jedoch diese rhythmische Kontur verliert, verharrt der Satz auch während der Themenwiederholung im Tonikabereich, der nur durch knappe Modulation nach d-Moll und B-Dur erweitert wird (T. 22 und T. 43). Fast unvermittelt tritt also das Seitenthema in B-Dur ein (T. 45), dessen Wiederholung sich nach knapper Imitation zu kanonischer Engführung entfaltet (T. 74–80). Die Durchführung jedoch schichtet erneut Melodiezüge, die rhythmisch dem Seitenthema entsprechen, über Orgelpunkten in einer fallenden Quintkette (D – G – C – F). Wo endlich ein Zitat des Hauptthemas in B-Dur einen neuen Ansatz der Arbeit verspricht, erweist er sich bereits als Beginn der Reprise, die nach knapper Modulationsstrecke zur Tonika zurückkehrt. Ungenutzt bleiben also die motivischen Potenzen des Hauptthemas, während im Zentrum des Satzes erneut Klangflächen zu Orgelpunkt mit sekundärem Material hervortreten. – Noch das E-Dur-Quartett D 353 aus dem Jahr 1816 bildet im Hauptthema motivische Kontraste aus, wenn einem Zweitakter mit Punktierung und Oktavsprüngen eine kantable Kadenzgruppe antwortet. In der Themenwiederholung wird aber gerade die Kadenzgruppe fortgesponnen, und ihre unauffällige synkopische Wendung durchzieht latent den weiteren Verlauf, um im Seitensatz, in der Modulationsgruppe und vollends in der Durchführung immer offener hervorzutreten (ab T. 31, 45, 71 und 83). Der Satz greift zwar auch harmonisch weiter aus als zuvor, doch gewinnt das Potential des Hauptsatzes keine thematische Funktion, während wieder analoge rhythmische Formeln die Satzgruppen durchziehen, wiewohl sie nicht mehr zu geschlossenen Feldern zusammentreten.

Die weiteren Sätze der Frühwerke sind für Schuberts Weg wohl weniger repräsentativ, auch wenn sie eigene Züge und mitunter bezaubernde Einfälle bieten. Die Tanz- und Finaltypen kommen mit ihren rhythmischen Impulsen fast verführerisch der Bildung von Klangflächen entgegen, ohne ebenso zur Differenzierung zu nötigen, wogegen die langsamen Sätze keineswegs immer auf liedhafte Themen und variative Verfahren zurückgreifen. In den Menuetten wird die Suche nach einer Ausweitung erst schrittweise erkennbar, ohne den herkömmlichen Formrahmen zu sprengen. Dem dominierenden tänzerischen Typus, der durch akzentuierte, mitunter fast stampfende Rhythmik geprägt wird, begegnet besonders in den wiegenden Trioteilen die Affinität zum Ländler in gemessenem Tempo. In den Quartetten in B- und C-Dur (D 36 und 46) entfernen sich die Menuette in D- und B-Dur weiter als sonst vom tonartlichen Rahmen. Die reguläre Periodik erlaubt kaum überraschende oder gar intrikate Wirkungen, zumal interne Kontraste weithin zurücktreten. Freilich begegnet schon in D 18 ein kantables Menuett ›con sordini‹, dessen melodische Linien jeweils im 17. Takt abbrechen. Andererseits findet sich bereits 1813 in D 87 ausnahmsweise ein ›Prestissimo‹ als ›Scherzo‹, das zwar metrisch regulär bleibt, die Auftakte mit kurzen Vorschlägen jedoch auf eintaktige Haltetöne treffen läßt. Komplexer und zudem länger gerät erst das E-Dur-Menuett in D 353, dessen Mittelteil harmonisch weiter ausgreift, wobei sich kapriziöse Triolen und punktierte Achtel überlagern. Während geschlossene Klangflächen schon in D 36 oder D 46 erscheinen, vertritt den Grundtyp das anmutige Menuett in D 112 mit seinem bestrickend liebenswürdigen Trio.

Die Finali gehen zunächst vom Typus des Suitensatzes aus, der in D 94 durch ein Minore und in D 18 durch ein kleines Fugato bereichert wird.[1] Wird das Modell dann in Rondoformen erweitert, so bleibt sein Grundriß in den Refrains mit zwei wiederholten Teilen noch lange kenntlich. Dabei entsprechen sich nicht nur die Refrains, sondern auch die Couplets, ohne sich jedoch als Seitensätze dem Sonatenschema anzugleichen. Die Ausweitung durch Ansätze modulierender Verarbeitung erfolgt in D 36 nach dem zweiten Refrain und in D 46 nach dem ersten Couplet, wogegen das Finale in D 68 den erweiterten Umfang schon in der gearbeiteten Überleitung nach dem ersten Refrain gewinnt. Dem knapperen Schlußsatz in D 74 entspricht die Orientierung am Sonatensatz, beide Themen kontrastieren freilich wenig (T. 56 und T. 76), während eine Durchführung durch die Erweiterung der Schlußgruppe vertreten wird. Formal fast schematisch ist dagegen das gedrängte Rondo in D 112 mit drei Refrains angelegt, das seinen Charme einem Material verdankt, für das jeder Begriff zu schwer wiegt. Zu taktweisen Haltetönen der Unterstimmen tritt im je vierten Takt die Figuration der Oberstimme, um die Taktgruppen zu verklammern und schrittweise auf die Gegenstimmen überzugreifen, bis sich die Satzgruppen in schwirrende Figu-

1 Zu D 18 vgl. ebenda, S. 83–96; zu den Finali vgl. zusammenfassend H.-M. Sachse, *Franz Schuberts Streichquartette*, S. 112–147 und S. 193–214, zu den Binnensätzen ebenda, S. 90–111 und S. 173–192.

ren auflösen. Dem knappen Sonatensatz mit kurzer Durchführung in D 86 stehen in D 173 und 353 wieder Rondoformen gegenüber. Während in D 173 der zweite Refrain auf der Subdominante steht und das zweite Couplet auf die Molldominante transponiert wird, erscheint in D 353 der Refrain erst wieder am Ende in der Tonika. Begegnet er in der Mitte des E-Dur-Satzes auf der Subdominante, so folgt am Ende beider Couplets eine durch Staccato ausgezeichnete Refrainvariante, die mediantisch nach G- und C-Dur versetzt ist. Damit bereitet sich das Transpositionsprinzip späterer Finali vor, ohne doch ihrer bedrohlich rigorosen Konstruktion vorzugreifen.

Die langsamen Sätze sind vorzugsweise als ›Andante‹ bezeichnet und gehen meist von zwei wiederholten Teilen aus, die von thematischen Rückgriffen umrahmt werden. In D 94 lösen sich beide Teile in themenfreie Felder aus repetierten Achteln auf, die Klangflächen aber greifen beidemal in die mediantische Region aus. Aus umschichtigem Wechsel von zwei Baugliedern entsteht in D 18 eine Addition von fünf Teilen, die jeweils nur rund zehn Takte umfassen. Der B-Dur-Satz aus D 36, der wie die meisten anderen im 6/8-Takt steht, moduliert nach dem dreigliedrigen Thema rasch bis nach Ces-Dur (T. 30) zur kontrastierenden Mitte, um erst nach einer Themenvariante in G-Dur zum Ausgangspunkt zurückzufinden. Innerhalb des 3/4-Taktes, der in D 46 notiert ist, changiert die Melodik ständig zu 6/8-Artikulation, und genau diese Ambivalenz verbindet die Rahmenteile mit dem melodisch sonst konträren Mittelteil. Dem Themenkern in D 74, der am Ende fast unverändert wiederkehrt, folgt eine scheinbar ziellose Modulationsgruppe (T. 20), sie mündet aber unversehens in einer nach Moll versetzten Variante, mit der erstmals ein Themenkern charakteristisch verändert wird. Und im knappen Andante aus D 87 dient ein Klangband, das den Anhang der Rahmenteile durchzieht, der Vermittlung mit dem kurzen Kontrastteil. Im Andante sostenuto aus D 112 lösen sich in beiden Teilen erstmals unterschiedliche Satzkomplexe ab, über den Wechsel im Bewegungsmaß hinweg ist ihnen jedoch die kleingliedrige Struktur der Melodiephrasen gemeinsam. Scheinbar als Variationsthema mit zwei wiederholten Teilen beginnt das Andantino B-Dur aus D 173, die variative Technik jedoch führt in ein Auflösungsfeld über A-Dur; setzt nach knapper Modulation der zweite Teil in Es-Dur an, so mündet er in einem analogen D-Dur-Feld, aus dem der Rückgriff auf das Thema in der Tonika herausführt. Die Thematik im Andante aus D 353 dürfte für sich so wenig fesseln wie ihr figurativer Kontrastteil, der kaum motivische Qualität hat. In der Satzmitte aber führt der Versuch, beide Ebenen zu paaren, zu einer versunkenen Phase fern jeder thematischen Substanz. Und gegenüber der konventionellen Harmonik der thematischen Phasen zeichnen sich modulierende Gelenkstellen durch plötzlich wechselnde Beleuchtung aus (wie im Umschlag von Des- nach A-Dur T. 75–76).

Es wäre wohl müßig, nach dem zyklischen Verhältnis der Sätze zu fragen, solange ihre Stellung durch Typus und Tradition bestimmt wird. Unübersehbar werden von der Zunahme an Komplexität und auch Qualität, die in den letzten Frühwerken zu verfolgen ist, in unterschiedlichem Maß jeweils alle Sätze erfaßt. Unleugbar wird aber das Niveau, das die konzentrierten Kopfsätze in der Regel aufweisen, in den Folgesätzen kaum ganz erreicht, so liebenswürdig oder auch betörend sie oft anmuten. Es mag auch daran liegen, daß Schubert den großen c-Moll-Satz D 703, der vollauf den Rang der Spätwerke erlangt, 1820 nicht durch weitere Sätze ergänzte, für die ihm vergleichbare Lösungen offenbar noch nicht zur Verfügung standen. Dieses kammermusikalische Hauptwerk fällt mitten in jene ›Jahre der Krise‹, die durch die vielen Fragmente in unterschiedlichen Gattungen gekennzeichnet sind.[1] Zwischen der langen Serie früher Quartette und den späten Hauptwerken liegen acht Jahre, in denen D 703 als einziger Quartettsatz abgeschlossen wurde. Der neue Ansatz gründet aber nicht zuletzt in dem expressiven Motto, das als chromatische Tremolofläche den Satz eröffnet, um ihn mit seiner Substanz dann schrittweise zu durchziehen und zu transformieren.

Die weiteren Entscheidungen, die Schubert in den späten Werken vollzog, setzen die individuelle Prägnanz jener Thematik voraus, die als Reservoir oder Ausgangspunkt eines Satzes fungieren soll. Solche Themen sind freilich – entgegen der geläufigen Vorstellung – keineswegs primär melodisch, sondern ebenso rhythmisch wie harmonisch definiert. Sie wären daher mit Dahlhaus als »thematische Konfigurationen« zu bezeichnen, auch wenn sich die herkömmliche Rede von ›Themen‹ nicht immer umgehen läßt. Wenn sich melodische Einheiten, die dem Modell eines Liedsatzes entsprechen, nicht ohne weiteres im Sinn motivischer Arbeit aufspalten lassen, dann wird das Verhältnis der Parameter in solchen thematischen Komplexen desto wichtiger. Ihre rhythmischen und harmonischen Momente erlangen eigene Bedeutung, indem sie getrennt verwendet werden können. Soll von solcher Thematik die Bildung der großen Form getragen werden, die zuvor auf der Diskontinuität des klassischen Satzes basierte, so nötigt die relative Kontinuität der thematischen Segmente zu anderen Maßnahmen. Schuberts Weg zielte seit dem c-Moll-Satz planvoll darauf ab, dem internen Verlauf die Reste jener Diskontinuität auszutreiben, die das Frühwerk dort durchziehen, wo es noch eher ›klassisch‹ anmutet und damit dann an den Tonfall Haydns oder Mozarts erinnern kann. Maßgebend wurde vorzüglich die rhythmische Kontinuität ausgedehnter Satzstrecken, die im Verhältnis der Stimmen ihre eigene Charakteristik bewahren. Solche Kriterien gelten freilich ebenso für die Werke anderer Musiker, die man als ›Romantiker‹ zu bezeichnen pflegt. Doch wurden von Schubert die in sich geschlossenen Satzphasen nicht nur durch markante Kontraste unterschieden, sondern oft genug durch entschiedene Zäsuren voneinander

1 W. Aderhold, *Das Streichquartett-Fragment c-Moll D 703*, in: *Franz Schubert. Jahre der Krise 1818–1823*, Bericht über das Symposion Kassel 1982 (Arnold Feil zum 60. Geburtstag 1985), hg. v. W. Aderhold, W. Dürr und W. Litschauer, Kassel u. a. 1985, S. 57–71; M. Danckwardt, *Funktionen von Harmonik und tonaler Anlage in Franz Schuberts Quartettsatz c-Moll D 703*, in: Archiv für Musikwissenschaft 40 (1983), S. 50–60; H.-M. Sachse, *Franz Schuberts Streichquartette*, S. 215–227; P. Gülke, *Franz Schubert und seine Zeit*, Laaber 1991, S. 187–191; H.-J. Hinrichsen, *Untersuchungen zur Entwicklung der Sonatenform in der Instrumentalmusik Franz Schuberts*, Tutzing 1994 (Veröffentlichungen des Internationalen Franz Schubert Instituts 11), S. 188f.

abgehoben. Aus der Pointierung dieser Verfahren resultierte aber die Frage, wie dann noch Zusammenhänge zwischen den Satzsegmenten zu erreichen seien. Dafür bot sich zunächst jene variative Technik an, die schon in den Frühwerken begegnete, aber erst in den Quartetten a- und d-Moll die langsamen Sätze insgesamt bestimmt. Eine weitere Konsequenz war es, die rhythmischen, harmonischen und dann auch melodischen Elemente mit denen der Dynamik und der Klangfarbe je für sich als Momente einer thematischen Konfiguration zu nutzen, um damit anders als nur durch diastematische Bezüge eine Vermittlung zwischen den Abschnitten zu gewinnen. Solche Prinzipien scheinen – bei gänzlich anderen Prämissen – zunächst denen des späten Beethoven zu entsprechen, der die Diskontinuität des Satzes bis zur Zerschlagung in die fundierenden Elemente vorantrieb, um dann ihre wechselnde Zusammensetzung immer neu zu prüfen. Bei Schubert jedoch wird umgekehrt die Verbindung zwischen relativ homogenen Satzphasen zu einem Problem, das die eigenständigen Lösungen erzwingt.

Das Signum des c-Moll-Satzes bildet seine Eröffnung, die aus der Paarung von Chromatik, Tremolo und Klangsteigerung bis hin zur abgebrochenen Kulmination in T. 9 ihre expressive Macht bezieht. Den beiden ersten Takten liegt – näher besehen – in der Oberstimme der chromatisch umschriebene Abstieg im Quartraum zu Grunde, der dann notengetreu auf der Grundstufe von den drei Oberstimmen wiederholt wird. Doch ergibt sich kein Fugato, sondern der thematische Zweitakter fungiert eher als Ostinato. Während er in der Einsatzfolge bis zur Baßregion absinkt, treibt die Gegenbewegung der Oberstimme bis in die dreigestrichene Oktave. Scheinbar historische Relikte wie Ostinato oder chromatisches Tetrachord paaren sich in einer fast mechanischen Repetition, die aber durch Tremolo, Dynamik und Klanglage eine neue Qualität gewinnt. Die achttaktige Gruppe scheint eine Einleitung zu vertreten, sie kehrt indes erst am Ende des Satzes ab T. 305 zurück und umrahmt damit den Verlauf, ohne doch sein Thema zu bilden. Denkbar weit entfernt sich davon jene bezwingende Melodie, die mangels besserer Termini ›Hauptthema‹ zu nennen wäre (T. 27ff.). Wie aber erklärt sich, daß Einleitung und Schluß des Satzes keine isolierten Gruppen bilden, daß sie sich markant vom Verlauf abheben und der Kontrast der Gruppen dennoch keine beziehungslose Reihung ergibt? Worin also gründet

F. Schubert, Quartettsatz c-Moll (D 703), T. 1–3 (*NGA*).

F. Schubert, Quartettsatz c-Moll
(D 703), T. 27–33 (*NGA*).

– anders gefragt – der Zusammenhalt, wenn er sich kaum aus intervallischen Bezügen ableiten läßt?

Im Gipfel ihrer Entfaltung staut sich die Einleitung im neapolitanischen Sextakkord, der dann von der ersten Violine allein in absteigenden Achteln durchmessen wird, bis alle Stimmen in akkordischem Satz kadenzierend zur Tonika zurückführen. Den anschließenden Taktgruppen liegt wieder – nun reduziert auf Achtel – das chromatische Tetrachord zu Grunde, seine letzte Wiederholung führt erneut in den Neapolitaner, der diesmal aber nach As-Dur lenkt (T. 23–26). Und in As-Dur setzt dann der ›Hauptsatz‹ an, der melodisch gänzlich neu formuliert ist. Seine Begleitung jedoch basiert wieder auf der Achtelbewegung, die zuvor zur Variante der Eröffnung eingeführt wurde. Die rhythmische Variante der Einleitung bewirkt also die Vermittlung zum neuen Thema, und seine Struktur wird in der gesamten Ausspinnung beibehalten, die der thematischen Melodie weiteren Raum als in den vorangegangenen Phasen zusammen zugesteht, bis sie jäh in as-Moll abbricht. Die neuerliche Kontrastgruppe greift jedoch in den Unterstimmen auf die tremolohaften Sechzehntel der Eröffnung zurück, worüber in der Oberstimme die rasenden Skalenfiguren emporschnellen (T. 61–74). Die Beschleunigung genügt zusammen mit der Mollfärbung, um die Erinnerung an den Satzbeginn zu bewirken. An ihn gemahnt noch unter Beruhigung auf Achtel die Kadenzgruppe, sofern sie die Dominante G-Dur mit ihrem Neapolitaner samt dominantischer Auflösung umspielt (T. 77–86). Wird damit G-Dur als relative Tonika stabilisiert, so könnte auf ihr nun ein neuer Seitensatz anschließen. In der Tat erscheint in der Oberstimme ab T. 94 eine neue melodische Linie, auf doppelte Weise ist aber auch sie in den Prozeß integriert. Rhythmisch zunächst hält sie im Wechsel von Vierteln und Achteln die Mitte zwischen den bisherigen Sektionen, zugleich ruht sie nicht nur auf Liegestimme und Orgelpunkt, sondern ihren Kontrapunkt bildet – zuerst in der Viola und dann im Violoncello – erneut das chromatische Tetrachord und damit das Modell der Eröffnung. Es bestreitet noch in einer weiteren Variante die Schlußgruppe, in der es sich zugleich mit einer harmonischen Sequenzkette verbindet (T. 105–120 G – D/F – C/Es – B). Und zum beruhigten Ausklang, der als Ziel G-Dur kadenzierend umkreist, wird in den Achteln des Celloparts der rhythmische Modus der Schlußgruppe bewahrt. Die Exposition markiert also mit c-Moll, As- und G-Dur einen begrenzten Ambitus, in der harmonischen Differenzierung lösen sich indes mit Eröffnung, Haupt- und Seitensatz sowie Schlußgruppe höchst unterschiedliche Phasen und Gestalten ab. Sie alle werden aber durch Rückbezüge der Harmonik und Rhythmik zu einer Kette von Varianten verbunden, die sich nur partiell auf melodische Bezüge stützen, ohne doch eigentlich motivischer Arbeit zu bedürfen.

Demgemäß kann die Durchführung auch keine motivische Verarbeitung diastematischer Modelle bereithalten. Als die Mitte des Satzes bestimmt sie sich vielmehr, indem sie charakteristische Strukturfelder der Exposition zu neuer Qualität umbildet. In ihrer ersten Phase (T. 141–156) übernimmt sie die grundierende Cellobegleitung der Schlußgruppe in umschriebenen Orgelpunkten (chromatisch aufsteigend von as über a nach b und zurückführend nach as). Die Oberstimmen weisen dazu in neuen melodischen Varianten auf das rhythmische Modell des Seitensatzes zurück. Es wird in der folgenden Phase beibehalten und intervallisch erweitert, den Mittelstimmen fällt nun die Aufgabe zu, in engräumigen Formeln die fließende Achtelbewegung fortzuführen (T. 157–173). Mit der Verkürzung analoger Gruppen wird auch die letzte Phase bestritten, in der nun gleichsam nebenher kanonische Bildungen zwischen den Außenstimmen begegnen (T. 175–191). So umgeht die Durchführung den Zwang motivischer Arbeit durch das Prinzip struktureller Varianten. Es entspricht aber nur dem Gewicht, das die Harmonik in diesem Konzept erreicht, wenn die Reprise – ohne erneut die Eröffnung zu bemühen – in B-Dur und damit in neuer Beleuchtung beginnt (T. 195). Hebt dann die wie-derholte Ausspinnung des Hauptsatzes in Es-Dur an (T. 207), so kann wie in früheren Sonatensätzen Schuberts die weitere Reprise ohne auffällige Eingriffe ablaufen. Sie bestätigt damit wiederholt den konstitutiven Rang, den die ganze Kette der Varianten als thematisches Total erlangt. Ihr Ende findet sie im unvermuteten Kontrast, mit dem nach kadenzierendem Auslauf der abschließende Rückgriff auf die vormalige Eröffnung in c-Moll einbricht (T. 305). Wer aber die unterschwelligen Beziehungen im Verlauf erfaßt hat, wird nun auch diesen Kontrast als Substanz des Geflechts der Varianten begreifen. Denn die Coda bildet im Tremolo die Akzeleration der bisherigen Bewegung, ihre chromatische Einrahmung von Kerntönen war in den vorangegangenen Phasen omnipräsent, und ihre abschließende Funktion erweist sie als das Zentrum, von dem der Prozeß der Varianten seinen Ausgang nahm.

Hinter der rückhaltlosen Expressivität, die ihre Macht im Wechsel zwischen klanglicher Eruption und inniger Kontemplation gewinnt, wird also die subtil kalkulierte Planung des Satzes sichtbar. In ihrem Widerspruch zur Gattungstradition verdankt sie sich der Einsicht Schuberts in die eigenen Möglichkeiten mit all ihren Konsequenzen. Damit aber öffnet sich auch der Blick auf die weiteren Schritte in den drei letzten Quartetten. Während im a-Moll-Quartett 1824 primär die variativen Techniken fortgeführt werden, wird im d-Moll-Werk aus demselben Jahr die prägende Kraft der rhythmischen Impulse erprobt. Damit verbindet schließlich das letzte Quartett in G-Dur aus dem Sommer 1826 die satzumgreifenden Konsequenzen von harmonischen Konstruktionen, die bedrohlich an die Grenzen des tonalen Systems heranführen. Ihre innere Stringenz erweisen aber solche Prinzipien nicht zuletzt, wenn sie nicht nur für signifikante Einzelsätze, sondern in wechselnder Differenzierung für alle Sätze eines Zyklus Geltung erlangen.

Klarer als je zuvor bildet das Thema des Kopfsatzes im a-Moll-Quartett das Muster eines ›romantischen‹ Liedsatzes, der im Verhältnis zwischen ausschwingender Melodik und kontinuierlicher Begleitung als Probefall par excellence erscheint.[1] In den beiden Takten vor Eintritt der Oberstimme formiert sich die Begleitung mit wiegenden Achteln in der zweiten Violine, während die Haltetöne der Unterstimmen von repetierten Sechzehnteln quasi tremolierend auf der vierten Zählzeit unterbrochen werden. Darüber senkt sich die Melodiestimme in zwei- und viertaktigen Gruppen von der Quinte zum Grundton, um dann erneut zur Oberquinte aufzusteigen (T. 1–10). Gerade die untergründigen Tremoli

1 Zum a-Moll-Quartett vgl. H.-M. Sachse, *Franz Schuberts Streichquartette*, S. 227–250, zur Uraufführung und Erstausgabe s. O. E. Deutsch, *Schubert. Die Dokumente seines Lebens*, S. 229f., sowie NGA VIII, Bd. 5, Vorwort S. XIIf.; vgl. weiter H.-J. Hinrichsen, *Untersuchungen zur Entwicklung der Sonatenform*, S. 241f.; gerade in der Rezension, in der die *Wiener Allgemeine musikalische Zeitung* am 27. 3. 1824 vermerkte, man müsse Schuberts Werk »öfter hören«, um es »gründlich beurteilen zu können«, wurde die Rede vom Quartett als »der interessantesten Gattung der Musik« mit dem hier »zur höchsten Reinheit gebrachten Reitze der Mannigfaltigkeit« begründet, vgl. S. Reiser, *Franz Schuberts frühe Streichquartette*, S. 208.

F. Schubert, Quartett a-Moll (D 804), erster Satz, T. 1–4 (*NGA*).

lassen aber ahnen, daß der scheinbar so kantable Satz seine dunkle Kehrseite kennt. Die variierte Wiederholung erweitert über die Doppeldominante den harmonischen Ambitus, ehe die Kadenz durch den Neapolitaner und seine Auflösung verlängert wird (T. 11–22). Ohne Umschweife tritt T. 23 mit Auftakt die melodische Transformation ein, die harmonisch zugleich durch die Durvariante charakterisiert wird. Ihre Prägnanz gewinnt sie, indem sie mit der harmonischen Auflichtung den melodischen Aufschwung zur Oktave des Grundtons verbindet (T. 23–31). Im Umschlag nach a-Moll wird sie ab T. 32 abrupt abgebrochen, und während der zweitaktige Themenkopf nun durch Synkopierung und Triller profiliert wird, treten zwischen seine Einsätze Triolenfiguren in je einer Gegenstimme ein. Nach ihrer Versetzung auf die Subdominante wird diese doppelte Taktgruppe wieder durch die Wendung zum Neapolitaner B-Dur abgefangen, dessen Umfeld diesmal bis Es-Dur erweitert wird, um dann in kadenzierenden Akkordschlägen die Auflösung zu erreichen (T. 38–43). Die simultane Verknüpfung des synkopischen Themenkopfes mit der triolischen Figuration wird ab T. 44 sequenziert, bis nach Auslauf der Stimme in T. 59 durchaus neu das Seitenthema in C-Dur ansetzt. Sein Beginn freilich weist mit zwei Halben samt Triller latent noch auf den Hauptsatz zurück, und das Paar der Oberstimmen basiert auf Orgelpunkt und einer Achtelbegleitung der Viola, die ihrerseits dem Hauptsatz entspricht. Der Ausfall einer vermittelnden Überleitung wird also durch die strukturelle Affinität der Themengruppen kompensiert. Deutlicher wird die Verbindung in der Entwicklung des Seitenthemas ab T. 69, denn sein abgespaltener Kopf mit dem charakteristischen Triller wird nun seinerseits in zweitaktigen Gruppen sequenziert, während zum chromatisch aufsteigenden Baßmodell die Achteltriolen der Viola das kontinuierliche Begleitmuster liefern. Wird diese Phase wieder durch Akkordschläge abgeriegelt (T. 79–80), so greift die Schlußgruppe ab T. 81 erneut auf den Kopf des Seitenthemas zurück, indem die Oberstimme ihrerseits mit punktierter Halbe und Viertel die Rhythmik des Hauptthemas aufgreift. Gerade dort aber, wo die Exposition zum Abschluß drängt, hält die Musik für wenige Takte inne in einer As-Dur-Episode, die in sich ruhend die fließende Kantabilität der Thematik versammelt (T. 91–96), bevor die Exposition knapp kadenziert.

Die Durchführung knüpft durchweg an den Hauptsatz an, dessen zweitaktiger Kopf zunächst die Stimmen durchzieht (T. 101–109). Sein absteigender Dreiklang wird in den dichten Einsätzen der Stimmen derart verschränkt, daß eine subdominantisch gerichtete Akkordkette entsteht (von C- über B- nach Es-Dur als Neapolitaner mit Auflösung nach d-Moll). Der geschlossene Hauptsatz jedoch, der mit seiner ursprünglichen Begleitung ab T. 109 in d-Moll beginnt, wird weiter nach f-Moll gewendet, seine Ausspinnung wird mit einem Kanon der Außenstimmen verknüpft (T. 119–128), um dann in c-Moll zu kadenzieren. Gegenüber derart variativen Phasen tritt motivische Arbeit am ehesten im knappen Zentrum der Durchführung hervor (T. 130–140). Der Themenkopf wandert mit diastematischen Varianten in Engführung durch die Oberstimmen, immer noch wahren aber die punktierten Halben sowie die durchlaufenden Achtel einer Begleitstimme den Zusammenhang mit der originären Themenstruktur. Nach Stauung auf dem verminderten Septakkord gewinnt jedoch die Rückleitung den weitesten Raum (T. 141–168). In ihr stellt sich nicht nur der charakteristische Modus der anfänglichen Begleitung her, der Themenkopf vielmehr durchzieht die Ober- und imitierend auch die Unterstimme. Die interne Differenzierung bleibt indes einer harmonischen Extension überlassen, die von E-Dur statt nach a-Moll zum Neapolitaner B-Dur und weiter bis nach es-Moll führt, um unter enharmonischer Verwechslung über H- und E-Dur die Tonika zu erreichen. Nach dieser harmonischen Dehnung setzt die Reprise zwar tonal regulär an, sie erfährt aber ihrerseits in der modulierenden Überleitung eine harmonisch bedingte Ausweitung (T. 187–221 gegenüber T. 23–58), während der Umriß der weiteren Formteile im wesentlichen erhalten bleibt. Erstmals in einem Quartettsatz formt Schubert jedoch die Coda ab T. 264 zu einem eigenen Formteil aus, der vom Themenkopf mit der Triolenfigur eingerahmt wird. Seine Mitte findet er nochmals im Hauptthema, das mitsamt seiner ursprünglichen Begleitung ein letztes Mal ausgesponnen und bis zum Abbruch gesteigert wird (T. 275–290). Es erweist sich als Zentrum eines Satzes, der von der geschlossenen Kantabilität der Themen ausging, um sich über ihre Varianten zu erweitern und schließlich zu sich zurückzufinden. Selbst die Durchführung gerät zur Abfolge geschlossener Segmente, und noch der zweitaktige Themenkopf, dessen Ablösung an motivische Arbeit gemahnen könnte, wird zu rhythmisch geschlossenen Phasen verkettet. Klarer könnte kaum werden, wie systematisch Schubert unter seinen Voraussetzungen den Sonatensatz umzudenken vermochte.

Mit dem Thema aus der Zwischenaktsmusik zu *Rosamunde* (D 797, 1823) hebt das Andante so an, als habe der Hörer einen Variationensatz zu erwarten.[1] Beide Fassungen unterscheiden sich zwar nicht nur durch Versetzung vom 2/4- in den 4/4-Takt und Transposition von B- nach C-Dur, auch die Rhythmik wird im Quartettsatz durch Teilung von Halben in zwei Viertel gleichmäßiger markiert (T. 2 und T. 6). Die Varianten mögen sonst geringfügig sein, in der orchestralen Version steht aber das Thema für sich und wird nach den Alternativsätzen (Minore I und II) geschlossen wiederholt. Im Quartett dagegen geht Schubert das Wagnis ein, einen Satzkern, der kaum der Entwicklung fähig zu sein scheint, in einen variativen Prozeß hineinzuziehen. Indem die beiden achttaktigen Hälften des Themas wie in der Vorlage wiederholt werden (was in langsamen Sätzen keine Regel ist), scheint sich erst recht eine Variationsreihe anzukündigen. Nach seinen 16 Takten, die mit der Wiederholung doppelten Umfang gewinnen, kehrt das Thema jedoch in einer Variation erst ab T. 53 wieder, die Erwartung der Variationsform wird also von einem Zwischensatz durchkreuzt, der ab T. 21 und dann erneut ab T. 93 eintritt. So ließe sich von einer Erweiterung der sog. ›dreiteiligen Liedform‹ sprechen, die nach dem Schema A B A' B' A" modifiziert würde. Der Name ›Liedform‹ wirkt hier freilich besonders mißverständlich, obwohl eine unleugbar liedhafte Melodik vorliegt. Denn einerseits entspricht solcher Liedform kein vokales Lied, andererseits wird damit die strukturelle Affinität verdeckt, die zwischen dem Typus des Klavierlieds und einer kantablen Thematik wie im Kopfsatz dieses Werkes durchaus besteht. Gegenüber den Abschnitten, die deutlich vom

1 Vgl. H.-M. Sachse, *Franz Schuberts Streichquartette*, S. 237ff.; NGA VIII, Bd. 5, S. XVI.

Rosamunden-Thema ausgehen (A), treten die Zwischenteile zurück (B), die nur gut 40 von 125 Takten beanspruchen. Auch wenn die Zwischenteile kaum kontrastieren, heben sie sich vom Themenkern ab, dessen daktylischer Rhythmus in ihnen von fließender Achtelbewegung verdrängt wird. Bei genauerem Zusehen jedoch erweisen sich die inneren Beziehungen zwischen den wechselnden Satzphasen. Aus dem kadenzierenden Auslauf des Themas heraus, der im Cello wiederholt wird (T. 17–20, 21–25), entspinnt sich der B-Teil, seine Achtelketten bilden aber nur die Umformulierung des rhythmischen Modells, das zuvor der Begleitung des Themas zu Grunde lag. Ihre melodische Umformung erweitert sich im B-Teil zu rasch sequenzierenden Ketten, die zuerst in G- und dann B-Dur begegnen (T. 28–36). Vom thematischen Satz entfernt sich zumal das letzte Glied in B (T. 37–46), die Rhythmik jedoch erinnert im Wechsel gebundener Viertel und Achtel noch immer an die vorangegangenen Phasen. So bedient sich auch die Rückleitung bereits der charakteristischen Rhythmik des Themenkopfs, und das Thema selbst kehrt ab T. 35 mit Umspielung durch Sechzehntel wie in einer Figuralvariation wieder. Seine Entwicklung freilich macht einen Rückblick auf den Bau des Themas nötig. Während seine erste Hälfte auf Subdominante und Dominante kadenziert, staut sich die zweite in ihrem vierten Takt mit quasi phrygischem Schluß auf E-Dur (T. 12). Statt der Tonikaparallele folgt jedoch – wie ein momentaner Schatten – der Septakkord über F, von dem aus über G wieder die Tonika gewonnen wird (T. 13–14). Genau an dieser Stelle schließt in der ›Variation‹ die Erweiterung an (ab T. 69 analog T. 9), um von c-Moll aus zur Stauung in Es-Dur zu führen (T. 72). Von hier an vollzieht sich die Entwicklung, in der der kadenzierende Schlußtakt des Themas (T. 16) als Modell einer viertaktigen Verarbeitung zwischen den Außenstimmen abgespalten wird (T. 76–80). Deutlicher noch bildet sodann der daktylische Themenkopf den Gegenstand der Arbeit, die ihn modulierend mit auf- und absteigenden Sextolen kombiniert (T. 80–87). Und auf der Basis dieses Kopfmotivs leitet die folgende Gruppe (T. 87–93) zum Teil B' über, der wie sein Pendant aus dem kadenzierenden Auslauf hervorgeht (T. 93–110). Im Schlußteil des Satzes verschränkt sich der letzte Rückgriff auf sein Incipit mit der Funktion einer Coda, die Spuren des Themenkopfs und seines Kadenzglieds – also der Gebilde, von denen die Schichten des Satzes ausgingen – durchziehen noch die letzten Takte (T. 111–125). So wird der Verlauf, der äußerlich einer fünfteiligen Gliederung gehorcht, von einem variativen Verfahren gekreuzt, das nicht nur die eigentlich thematischen Partien, sondern auch die scheinbar kontrastierenden Satzteile bestimmt. Je weiter sich die Elemente des Themas aber durchsetzen, desto eher erscheint der ganze Satz als Kette von Varianten eines Kerns.

Der dritte Satz ist zwar noch ›Menuetto‹ benannt, doch distanziert er sich weiter als je zuvor vom herkömmlichen Tanzsatz. Es mag offen bleiben, wieweit der Thematik Schuberts Lied *Schöne Welt, wo bist du* zu Grunde zu legen ist (D 677, 1819, nach Schillers *Die Götter Griechenlands*).[1] Die Bezüge beschränken sich auf die Anfangstakte mit nur zwei Tönen zu einer rhythmischen Formel (e – d – e, punktierte Achtel und Sechzehntel samt Halteton). Allerdings genügt diese Kernzelle, um den Satz weithin zu prägen. Verdeckt wird in ihm nämlich – und das besagt mehr als jede Reminiszenz – das akzentuierende Taktmaß, das gewöhnlich ein Menuett kennzeichnet. In der Eröffnung durch das Cello verrinnt der Impuls gleich im Halteton und verweigert damit die metrische Orientierung. Wird die Kernformel in taktweisen Ansätzen dann von den Oberstimmen im Unisono übernommen, so scheint der Satz zu stagnieren, bevor er recht in Gang gekommen ist. Erst nach der Drehfigur in T. 7 setzt sich durch Markierung der ersten Zählzeit das dreizeilige Taktmaß im Wechsel von Oberstimmen und Cellopart durch, und tritt in der Folgegruppe ab T. 13 die gleichmäßige Achtelbegleitung der zweiten Violine ein, so lösen sich über Orgelpunkt doch nur zweitaktige Gruppen zwischen den Gegenstimmen ab. Nach analogem Beginn schert der zweite Teil zugleich nach As-Dur aus, um derart entfernt vom Zentrum seine tänzerische Rhythmik zu gewinnen. Unter enharmonischer Verwechslung des Grundtons zur Quinte (As/Gis) tritt jedoch cis-Moll ein (T. 38), und in dieser Transposition des Themas wird erneut die Metrik verschleiert. Mag sich danach der tänzerische Impuls eher behaupten, so mündet das Menuett nach dem Trio in einem viertaktigen Anhang, in dem nun die Kernformel über Liegeton verklingt. Verschattet bleibt der Tanztyp aber ebenso im Trio, das zwar so wie das Lied nach A-Dur umlenkt, jedoch mit anderer Motivik ansetzt. Bedeutsamer ist auch hier, daß das Gleichmaß des Taktes zunächst durch Synkopen der Begleitung verdeckt wird, die im zweiten Teil dann in die Oberstimme einziehen. Kaum noch einmal verabschiedet sich in Schuberts Kammermusik ein Satz, der noch als Menuett bezeichnet ist, so gründlich von der Tradition eines Typus, dem er nur im formalen Grundriß folgt. Und diese Einsicht besagt wohl mehr als ein Versuch, einen verborgenen Gehalt nach Schillers Dichtung zu entschlüsseln.

Weniger gewichtig mag das Finale anmuten, dessen tänzerischer Rhythmik vielfach ein ungarischer Einschlag nachgesagt wurde. So schwer derlei zu verifizieren ist, so spürbar wird im 2/4-Takt die ambivalente Geltung der Zählzeiten. Scheinbar auftaktige Formeln erhalten volltaktige Position, und bei gleichmäßigen Vierteln wird dann die zweite Zählzeit durch Vorschlag akzentuiert. Damit gewinnt der Satz – wie zuvor das Menuett – einen schwebenden Impuls, der zunächst den Refrain bestimmt. Die formale Anlage indes läßt sich – entgegen Hans-Martin Sachse – kaum in einem zweiteiligen Schema fassen. Unterscheide man nur zwei Großteile, so wäre ihre Disproportion erstaunlich (T. 1–132 gegenüber T. 133–318). In einer charakteristischen Mischung

1 H.-M. Sachse, *Franz Schuberts Streichquartette*, S. 241–244; A. Einstein, *Schubert. Ein musikalisches Porträt*, Zürich 1952, S. 290f.

von Rondo und Sonate prägt sich vielmehr der eigenartige Grundriß aus, dem fortan die Finali in Schuberts später Kammermusik folgen.[1] Im ersten Hauptteil stehen sich Haupt- und Seitensatz wie Refrain und Couplet eines Rondos gegenüber (T. 1–36, 72–112). Einem Rondo entspricht auch der Bau beider Themen mit je zwei wiederholten Teilen, wobei die Wiederholungen im Couplet unter Wechsel der Oktavlagen ausgeschrieben sind. Die Überleitung dazwischen knüpft nicht nur – versetzt nach a-Moll und C-Dur – motivisch an den Refrain an, sondern sie greift auf sein letztes Glied in der abschließenden Modulation zur Dominante zurück (T. 38–71). Dem Couplet andererseits folgt als Schlußgruppe eine Phase, die sich durch virtuose Figuration der Oberstimme abhebt, um gleichwohl in der Begleitung rhythmische Muster beider Themen zu verbinden (T. 113–132). Unter Verschleierung seines Beginns tritt sodann der verkürzte Refrain 2 ein (T. 133–171), doch eröffnet er keine analoge zweite Satzhälfte. Nach knapper Überleitung schließt sich vielmehr ab T. 183 eine Passage an, deren Figurationen denen der vormaligen Schlußgruppe entsprechen. Zu Grunde liegen jedoch in den Gegenstimmen die durch Vorschlag markierten Viertel aus dem Refrainkopf, und die weitere Modulationskette stellt dann klar, daß diese entwickelnde Phase die Funktion einer knappen Durchführung übernimmt. Ihr Ausklang mit Refrainmotivik in fis-Moll mündet in einem Themenzitat, das sich spätestens bei seiner Wendung nach A-Dur als Vertretung eines dritten Refrains zu erkennen gibt. Unter Auslassung seines Anfangs nämlich erscheint nur jene Version (T. 219–253), die zuvor als Überleitung zum Couplet fungierte (analog T. 37–71). Der weitere Verlauf entspricht mit dem transponierten Couplet und der Schlußgruppe dem ersten Hauptteil, während erst die Coda ab T. 297 zur kapriziösen Rhythmik des Refrains zurückfindet. Der Grundriß des Sonatenrondos wird durch die Knappheit der Durchführung ebenso verdeckt wie durch die Kürzung des Refrains 3, wogegen dem Rondomodell der Refrain 2 vor der Satzmitte entspricht. Dazu tritt freilich die Fülle primär rhythmischer Varianten, die alle Formteile vernetzen und ihre interne Kontinuität sichern, auch wenn sie sich melodisch eher unterscheiden als in späteren Finalsätzen. Ihre spielerische Überlagerung darf aber nicht über die Tatsache hinwegtäuschen, daß in diesem Satz ein Modell gefunden wurde, das zur Voraussetzung der überwältigenden Lösungen der letzten Finali wurde. Gerade der Schein des Mühelosen gibt dem Satz seinen Rang als Ausklang des vielfach differenzierten Zyklus.

Nach dieser Leistung frappiert es desto mehr, wie planvoll Schubert wenig später sehr andere Lösungen im d-Moll-Quartett verfolgte. Ein so bekanntes Werk erlaubt nur wenige Hinweise, auch wenn in ihm jeder Takt seine Funktion hat.[2] Statt von kantablen Themen und ihren Varianten geht der Kopfsatz vom Kontrast beider Themenfelder aus, der

---

[1] Vgl. H.-M. Sachse, *Franz Schuberts Streichquartette*, S. 244–250; zur späten Kammermusik vgl. zusammenfassend auch H.-J. Hinrichsen, »*Bergendes Gehäuse*« *und* »*Hang ins Unbegrenzte*«. *Die Kammermusik*, in: *Schubert-Handbuch*, hg. v. W. Dürr und A. Krause, Kassel und Stuttgart 1997, S. 451–511, bes. S. 482ff. und S. 487–495.

[2] Zum d-Moll-Quartett insgesamt s. H.-M. Sachse, *Franz Schuberts Streichquartette*, S. 251–280; H. Truscott, *Schubert's D minor String Quartet*, in: The Music Review 19 (1958), S. 27–36; zum Kopfsatz bes. P. Gülke, *Franz Schubert und seine Zeit*, S. 207ff.; H.-J. Hinrichsen, *Untersuchungen zur Entwicklung der Sonatenform*, S. 168–171; ders., *Die Sonatenform im Spätwerk Franz Schuberts*, in: Archiv für Musikwissenschaft 45 (1988), S. 16–49; Chr. Strehk, *Auf dem Weg zum Quintett. Studien zu Franz Schuberts reifer Streicherkammermusik*, Diss. Kiel 2001, Mikrofiche, S. 214–231.

F. Schubert, Quartett d-Moll (D 810), erster Satz, T. 1–8 (*NGA*).

sich primär ihrer prägnanten Rhythmik verdankt. Im gesamten Komplex des Hauptsatzes bis T. 60 begegnen fast unablässig die markanten Achteltriolen, die sich von hämmerndem Unisono bis zu unauffälligen Begleitfiguren wandeln. Nach Zäsur mit Pausen setzt mit dem Seitensatz die punktierte Rhythmik ein, die unter Einschluß des Epilogs bis zum Ende der Exposition reicht (T. 140). Erstaunlich bleibt bei der Geschlossenheit der Phasen ihre interne Differenzierung. Die Eröffnung (T. 1–14) konfrontiert im Fortissimo den leeren Oktavklang mit auftaktigen Triolen, zu denen die Mittelstimmen den ersten Akkordwechsel zur Subdominante liefern. Bricht der Ansatz schon im zweiten Takt mit Pause ab, so führt analog der folgende Zweitakter zur Tonika zurück. Im Pianissimo schließen sich zwei eintaktige Ansätze an, die letzte auftaktige Triole jedoch wird von einer Akkordkette in gedehnten Notenwerten abgefangen, die pendelnd – gleichsam modal – auf der Subdominante verharrt, um sich erst am Ende im Halbschluß zur Durdominante zu öffnen. Ab T. 15 scheint der eigentliche Hauptsatz einzutreten, dessen Aufstieg in der Oberstimme durch den Weg über die Doppeldominante erstmals chromatisch gefärbt wird, während sich in den Gegenstimmen die Triolen komplementär verdichten. Der oktavierten Variante dieses Viertakters antwortet bei analoger Rhythmik das Zwischenglied (T. 25–40), seine Wendung nach B-Dur veranlaßt zugleich die chromatische Extension, die im Verhältnis der Außenstimmen ihre mächtige Klangsteigerung erfährt. Rhythmische und harmonische Intensivierung tragen also gemeinsam die Entwicklung des Materials. Spätestens ab T. 41 zeigt der Rückgriff auf den Satzbeginn, daß die Eröffnung keine Einleitung war, sondern zum thematischen Fundus gehört. Denn das Modell der ersten Takte wird nun in seinen Pausen ausgefüllt, und seine Rhythmik mit markiertem Halteton und auftaktiger Triole prägt die Fortspinnung, die erneut über die Doppeldominante bei chromatisch absteigender Oberstimme in Quintfällen die Tonika erreicht, um sich dann rasch zur Parallele zu wenden.

Setzt der Seitensatz nach trennenden Pausen in F-Dur neu an, so basiert er auf modifiziertem Orgelpunkt, die punktierte Rhythmik der Oberstimme wird aber fast unmerklich von Triolen der Viola begleitet.

Entgegen dem Schein parataktischer Reihung werden die Satzphasen durch rhythmische Beziehungen verbunden, und die viertaktigen Gruppen im Seitensatz werden durch Zwischentakte überbrückt (T. 61–70). Ihr rhythmisches Modell bewahrt auch die modulierende Erweiterung nach f-Moll, und die Triolen setzen erst aus, wenn ab T. 83 der Kopf des Seitenthemas durch die Unterstimmen wandert, während die Oberstimme mit Sechzehntelfiguration eine weitere rhythmische Variante einbringt. Diese Figuration allein läuft fort, wenn ab T. 93 die punktierten Rhythmen durch Akkordschläge verdrängt werden. Und sie verbindet sich ab T. 103 sowohl mit Punktierung als auch mit Triolen, so daß sich für zehn Takte die drei maßgeblichen rhythmischen Modelle überlagern. – Nach F-Dur-Kadenz samt Pausen wäre ab T. 115 der Epilog anzusetzen, der ab T. 134 erneut in a-Moll erscheint. Ihm aber liegt wiederum nicht der Hauptsatz, sondern der punktierte Seitensatz zu Grunde, der also die Exposition bis zu ihrem Ende bestimmt. Von ihm geht durchgängig auch die Durchführung aus, die den Triolen des Hauptthemas nur unterschwellig Raum läßt (so etwa in Baßlage ab T. 152, 163 und wiederum 173). Melodische Umrisse und rhythmische Impulse aus Haupt- und Seitensatz werden also verknüpft, und so wie diese Kombinationen entsprechen sich weithin analoge Taktgruppen, die durch satztechnische Varianten zugleich ständig modifiziert werden. So findet gleich der Beginn der Durchführung, der in markanter Sechzehntelfigur ausläuft, sein Pendant in der folgenden Gruppe (T. 141–146 und T. 147–151). Einem modulatorischen Gang von F-Dur nach cis-Moll steht dann jedoch eine Kadenz in fis-Moll gegenüber. Ähnlich verhalten sich auch die Gruppen zueinander, die mit markantem Unisono in punktierter Rhythmik abschließen und bei weiträumiger Sequenz in e- und d-Moll kadenzieren (T. 163 und T. 173). Harmonische Differenzierung und rhythmische Kombinatorik erweisen sich als die Verfahren, mit denen der kompakte Satz eine Verarbeitung erfährt, die nur begrenzt motivischer Abspaltung bedarf. Ihr Ziel findet sie in der Rückleitung (T. 187–197), die über dominantischem Orgelpunkt die punktierte Rhythmik des Seitenthemas mit dem Kopf des Hauptsatzes verknüpft. Nach dynamischer Steigerung, die zugleich substantiell legitimiert ist, setzt die Reprise in rigoroser Verkürzung um die ersten 40 Takte mit dem erweiterten Rückgriff auf die Eröffnung an (gemäß T. 41). Und die modulierende Überleitung wendet sich ab T. 209 zur Variante D-Dur, während die Rückkehr nach d-Moll mit dem Eintritt der figurativen Variante des Seitensatzes zusammenfällt (T. 241 analog T. 83). Ungeahntes Gewicht erreicht die Coda, die in der Konzentration auf den Hauptsatz von Schubert vollends zur Schlußdurchführung erweitert wird. Ohne kombinatorische Umschweife werden die ersten Takte des Satzes, die in der Reprise entfielen, ab T. 299 ausgearbeitet, der Oktavrahmen zum Orgelpunkt wird mit dem triolischen Rhythmus verbunden, und die mächtigste Steigerung des ganzen Satzes (T. 311–326) geht ausschließlich vom Hauptsatz aus, bis sie in der dynamischen Reduktion der Kadenzgruppe den Ausklang erreicht.

In der singulären Konzentration auf rhythmische Impulse und ihre harmonische Expansion distanziert sich das d-Moll-Quartett vom Verfahren der weiträumigen Varianten melodischer Phasen, gleichzeitig werden aber im kompakten Verband der Stimmen die Maßnahmen der internen Differenzierung vorangetrieben. Daß ein regulärer Variationensatz nur in diesem Quartett begegnet, kann bei der Bedeutung variativer Techniken verwundern. Schuberts kritische Einsicht erweist sich auch daran, daß zur Variation – zumal eines vokalen Liedes – erst das Werk greift, das weniger als je zuvor auf kantable Thematik angewiesen ist.[1] Dem dialogischen Text von Claudius gemäß hebt sich im Lied die Strophe des Mädchens rhythmisch vom Kontext ab, während Vor- und Nachspiel dem steten Daktylos in der Strophe des Todes entsprechen. Dem vokalen Modell gegenüber bildet das Thema im Quartett schon eine erste Variation, denn unter Auslassung der Strophe des Mädchens erscheint das Vorspiel mit 8 Takten im a-Teil, wogegen die Strophe des Todes mit 16 Takten ohne das Nachspiel den b-Teil bestreitet. Die Differenzen beider Teile nach Position und Umfang wirken ihrerseits in den Variationen nach. Anders als das Vorspiel wird die vokale Strophe nicht übernommen, sondern in ihrem Anfang eingreifend verändert. Andernfalls hätte das rhythmische Gleichmaß, das aus dem Ausfall der Mädchenstrophe resultiert, zusammen mit der statischen Harmonik die Möglichkeiten des Variierens eingeengt. Im Lied verharren die ersten vier Takte der Todesstrophe in d-Moll, um erst im folgenden Viertakter zur Durparallele zu führen. Im Quartettsatz jedoch, der das Modell nach g-Moll transponiert, setzt der b-Teil sogleich auf der Subdominantparallele an (T. 9 Es-Dur), nach Kadenzierung zur Dominante (T. 12 D-Dur) wendet sich der Satz erneut nach Es-Dur, um dann auf der Tonikaparallele zu kadenzieren (T. 16 B-Dur). Erst der letzte Achttakter entspricht wieder dem vokalen Lied, dessen Ausklang in Dur jedoch melodisch akzentuiert wird. Damit gewinnt die mittlere Taktgruppe im hellen Dur eine ungleich intensivere Beleuchtung, die dann den Verlauf der fünf Variationen durchzieht. Denn es entspricht dem kargen Melos im daktylischen Gleichmaß, daß der Satzverlauf weniger melodische als strukturelle Varianten eines harmonischen Gerüstes umschließt. Zwar wird der melodische Umriß des Themas von den Mittelstimmen in der ersten und vom Cellopart in der zweiten Variation aufgenommen, doch wird er im weiteren durch die rhythmische Aufspaltung, die Ausspinnung in der Durvariante und zumal die abschließende Transformation überblendet. Zugleich zeichnet sich ein Prozeß rhythmischer Steigerung ab, die von figurativ umspielender Oberstimme in der ersten Variation zur rhythmischen Komplexität der zweiten führt. Wird der daktylische

1 Vgl. A. Einstein, *Schubert*, S. 291ff.; P. Gülke, *Franz Schubert und seine Zeit*, S. 209f.; Chr. Strehk, *Auf dem Weg zum Quintett*, S. 214–231; ferner Chr. Wolff, *Schubert's ›Der Tod und das Mädchen‹: analytical and explanatory notes on the song D 531 and the quartet D 810*, in: *Schubert Studies*, hg. v. E. Badura-Skoda und P. Branscombe, Cambridge 1982, S. 143–171.

Rhythmus in der dritten Variation diminuiert, so nähert sich die vierte dem Bewegungsmaß der ersten, während die Erweiterung der letzten Variation ihre formalen Konsequenzen hat. In jeder Variation wirkt sich das Verhältnis beider Glieder des Themas derart aus, daß im b-Teil das anfängliche Modell intern modifiziert wird. Die knappen Gesten der figurativen Oberstimme werden an dieser Stelle in den beiden ersten Variationen erweitert, in der dritten paart sich hier die hämmernde Rhythmik mit akkordischen Akzenten der Außenstimmen, und auch im Maggiore ändert sich analog die melodische Figuration. Die interne Differenzierung ergänzt also den übergreifenden Steigerungsprozeß, der in der letzten Variation kulminiert. Die gemessene Bewegung des Themas verbleibt im a-Teil den Mittelstimmen, über Orgelpunkt in Achteltriolen erweitert die Oberstimme den Ambitus in gehetzt repetierten Sechzehnteln. Im b-Teil schlägt jedoch die Struktur um, sofern nun die Tonrepetitionen den Umriß des Themas verdrängen und mit rhythmischen Akzenten in der Baßlage zusammentreffen. Nach knapper Reduktion kehrt die ausgeschriebene Wiederholung des b-Teils zu seiner anfänglichen Faktur zurück, und während die Unterstimmen rhythmisch reduziert werden, verebbt allmählich auch die bewegende Oberstimme, bis der Satz zum Duktus des Themas zurückfindet. Auf die Durwendung im Nachspiel des Liedes reagiert im Quartett erst die Coda, die endlich gedehnt in G-Dur verklingt.

So beweist gerade der Variationensatz Schuberts gewachsene Fähigkeit, die variativen Verfahren, von denen das Frühwerk ausging, in dem Maß zu erweitern, in dem sie sich auf Rhythmik und Harmonik richten. Damit entspricht der langsame Satz aber den Prinzipien, die das Werk wie keines zuvor als Zyklus definieren. Sie nämlich gelten auch für das Scherzo, dessen Beginn zunächst – beinahe – an den mittleren Beethoven gemahnen kann. Das überaus prägnante Thema, das aus dem Kontrast von Synkopierung und Punktierung seine treibende und zugleich stauende Wirkung bezieht, bestimmt den Satz wie ein rhythmischer Ostinato. Der engräumige Kern erweitert seinen Ambitus zum ersten Halbschluß hin, er trifft dann auf abstürzende Skalen mit akzentuierten Vorschlägen, und die regulierte Folge von Viertaktern wird gelegentlich durch Einschübe modifiziert (so T. 17–22). Auch bleiben irreguläre Gruppen mit der Verschränkung von 3 + 4 Takten nicht aus (wie T. 46–52), sie fungieren jedoch nur kurz als Stauung, gegen die sich der jagende Impuls erneut durchsetzt. Kein Raum bleibt dabei für ein subtiles Spiel mit metrischen Komplikationen, denn im begrenzten Rahmen der Formen treten die rhythmischen Muster zum steten Wechsel der Taktgruppen zusammen. Gleichermaßen trennt sich der Satz vom herkömmlichen Tanz wie von der polyphonen Struktur des Quartetts, während sein rhythmischer Impetus den Prozeß struktureller Varianten auf engstem Raum vorantreibt. Noch das Trio in D-Dur wird von Punktierung einerseits und synkopischer Überbindung andererseits durchzogen, wiewohl sich damit die helle Kantilene der Melodiestimme paart. Bei allem Kontrast lassen also die rhythmischen Bezüge das Trio als Gegenbild zum Scherzo erscheinen, selbst wenn keine diastematischen Analogien bestehen. Kaum faßbar wird dies Verhältnis, solange man sich – wie gewohnt – allein an Intervallfolgen orientiert, ohne Rhythmik und Harmonik gleichermaßen einzubeziehen.[1]

Zwei Jahre später fand Schubert im Scherzo des G-Dur-Quartetts abermals eine Alternative, die dem tradierten Tanz ebenso fern bleibt, auch wenn sie seiner formalen Norm folgt. Der schwirrende Satz könnte an die ›Elfenscherzi‹ erinnern, an denen gleichzeitig der junge Mendelssohn arbeitete. Deren intrikates Spiel mit Klang und Form teilt Schuberts Satz zwar nicht, doch wird er eher mit motivischen Splittern als mit prägnanter Melodik bestritten. Im durchbrochenen Wechsel der Takt- und Stimmgruppen durchziehen huschende Tonrepetitionen und Akkordbrechungen den Satz, und die motorischen Achtelketten lassen nur getupfte oder gebundene Viertel als Kontrast zu, bis sich die Satzgruppen im Tutti zusammenschließen. Kaum größer könnte der Gegensatz zum kompakten Klang und peitschenden Antrieb im d-Moll-Scherzo sein. Beide Sätze aber sind ihrerseits dichter als je in ihren zyklischen Kontext integriert. Sorgten dafür im d-Moll-Quartett die rhythmischen Impulse, so zielt das G-Dur-Quartett bei aller Prägnanz seiner Rhythmik vorab auf die harmonischen Konstruktionen, die in den Ecksätzen wie im langsamen Satz entfaltet werden. Sie deuten sich im Scherzo allerdings nur in der Brechung verminderter Septakkorde an, die das chromatische Total nicht ausschöpfen und die bedrohlichen Konsequenzen der übrigen Sätze umgehen. Vom tonalen Rahmen hebt sich das Scherzo in h-Moll ab, doch nur sein Trio – wiederum in G-Dur – bildet im Zyklus ein Residuum, dessen Kantilene sich in subtiler Balance zu den Gegenstimmen ungestört auszusingen vermag.

Auf ähnliche Weise rücken die Finali beider Werke zusammen, und desto auffälliger wird die Differenz zwischen den zeitlich benachbarten Quartetten in a- und d-Moll. Den formalen Grundriß, der im eher kapriziösen a-Moll-Finale bereits erprobt wurde, greifen auch die beiden späteren Schlußsätze auf. Offenkundig ist in ihnen die Analogie der beiden Großteile, deren zweiter sich von der Überleitung an – also nach dem zweiten Refrain – weithin als Wiederholung des ersten erweist.[2] Doch wird im d-Moll-Satz der gesamte Verlauf (ab T. 392) um eine Quinte abwärts transponiert, wie es auch in früheren Sonatensätzen Schuberts der Fall war. Führt der erste Teil von der Tonika zur Dominante, so kehrt der zweite in Quinttransposition von der Subdominante zur Tonika zurück. Eine formale Differenz markiert im zweiten Teil der Abschnitt nach dem Refrain 2, der nun etwa doppelten Umfang erhält (T. 392–445 gegenüber T. 61–87). Dabei ist zwar kaum von einer ei-

[1] Zu den Scherzi beider Quartette vgl. H.-M. Sachse, *Franz Schuberts Streichquartette*, S. 274ff. und S. 305ff.; Chr. Strehk, *Auf dem Weg zum Quintett*, S. 286–322; zum d-Moll-Scherzo und zu dem Modell in Nr. 6 der Zwölf Deutschen Tänze für Klavier D 790 (Mai 1823) vgl. P. Gülke, *Franz Schubert und seine Zeit*, S. 211.

[2] Zu den Finali vgl. H.-M. Sachse, *Franz Schuberts Streichquartette*, S. 274–281 und S. 305–312; ferner Fr. Krummacher, *Schubert als Konstrukteur. Finale und Zyklus im G-Dur-Quartett D 887*, in: Archiv für Musikwissenschaft 51 (1994), S. 26–60, zum d-Moll-Finale ebenda, S. 28–32, sowie Chr. Strehk, *Auf dem Weg zum Quintett*, S. 353–402.

gentlichen Durchführung zu reden, die entsprechenden Abschnitte gleichen sich aber keineswegs, sondern der spätere hat in der Tat eher verarbeitende als bloß überleitende Funktion; er vertritt also die zentrale Phase, die das Sonatenrondo kennzeichnet. Denselben Formtyp verrät dagegen im G-Dur-Finale die Position des zweiten Refrains auf der Tonika vor der Satzmitte, der nun allerdings ein ausgedehnterer Mittelteil folgt (T. 280–374). Zwar bleibt auch dieser Abschnitt relativ kurz, doch führt er zugleich ein scheinbar neues Thema ein (ab T. 323), statt die Erwartung eines durchführenden Zentrums zu erfüllen. Eine weitere Differenz bedeutet es, daß danach der dritte Refrain – und mit ihm die Reprise – in Transposition um eine Quinte aufwärts eintritt (ab T. 374). Das Transpositionsverfahren greift also an unterschiedlichen Schaltpunkten ein, und gegenüber der erweiterten Zweiteiligkeit im d-Moll-Satz zeichnet sich im G-Dur-Finale eine Dreiteilung ab, indem die Satzmitte von Refrainzitaten umrahmt wird. Während sich aber im d-Moll-Finale vom Refrain aus der ungestüme Sog seiner Rhythmik durchsetzt, entfaltet das Pendant in G-Dur die Konsequenzen der im Refrain angelegten harmonischen Konstruktion.

Anders als der Schlußsatz des d-Moll-Werkes zeigt das Gegenstück in G-Dur eine auffällige Vielfalt weiterer Themen, die dem Refrain entgegentreten.[1] Beidemal verweist schon der erste Refrain mit zwei wiederholten Teilen auf seine Abkunft vom älteren Rondo. Im d-Moll-Satz steht ihm aber – von einer kaum selbständigen Schlußgruppe abgesehen – nur ein Gegenthema gegenüber, das sich in jeweils drei charakteristisch variierten Abläufen ausbreitet und damit den größten Raum beansprucht. Wird der umfängliche Refrain von seinem rhythmischen Impetus ohne interne Kontrastierung vorangetrieben, so hebt sich davon der Seitensatz zunächst durch akkordischen Satz in breiten Werten ab. Schon seine erste Wiederholung wird so wie auch die folgenden Varianten durch laufende Achtelbewegung ergänzt, dazu treten in den Gegenstimmen weitere rhythmische Impulse, die dann wiederum die schrittweise Annäherung an den Refrain ermöglichen. Kontrast und Beziehung zwischen den Themen werden also eher durch rhythmische als durch melodische und harmonische Relationen bestimmt. – Anders verhält es sich im G-Dur-Finale, denn neben dem Refrain begegnen nicht weniger als vier weitere Themen. Bereits im Refrain selbst erscheint an seinem Ende eine tänzerische Gruppe (ab T. 60), die erstmals die treibende Rhythmik des Refrains ersetzt. Steigert sich der Refrain zuvor zur modulierenden Kulmination, von der dann die kritische Akkordkette ausgeht, so stößt er gerade hier auf den ersten internen Kontrast einer geradezu graziösen Melodik. Noch weiter wird der Abstand vom Refrain im ersten Seitensatz (ab T. 92), indem die Gegenstimmen über zerlegtem Liegeton der Viola einen gleichsam durchbrochenen Satz entfalten, der fast die Rede von ›rhythmischer Polyphonie‹ nahelegt. Doch verdichten sich die

---

[1] Zum G-Dur-Finale vgl. Fr. Krummacher, *Schubert als Konstrukteur*, S. 38–45, zur harmonischen Konstruktion ebenda, S. 33–38; R. Hilmar-Voit, *Die Episode im Finale des Streichquartetts G-Dur D 887 von 1826*, in: *Franz Schubert – Der Fortschrittliche? Analysen – Perspektiven – Fakten*, hg. v. E. W. Partsch, Tutzing 1989 (Veröffentlichungen des Internationalen Franz Schubert Instituts 6), S. 159–170.

rhythmischen Impulse derart, daß am Ende der Satzgruppe mit harmonischer Expansion erneut eine klangliche Ballung entsteht. Sie wird von einem weiteren Kontrastgedanken in h-Moll abgelöst (T. 148), dessen rhythmische Faktur Elemente der drei bisherigen Themen simultan verknüpft. Wenn dazu ab T. 181 die Refrainrhythmik tritt, dann wird vollauf deutlich, daß ihrem Antrieb alle Gegenthemen ausgesetzt sind. Erst in der Schlußgruppe, deren gedehnte Werte nicht zufällig dem akkordischen Seitenthema im d-Moll-Finale gleichen, beruhigt sich kurz der Verlauf (ab T. 209), doch setzt sich bald wieder motorische Achtelbewegung durch, um den zweiten Refrain anzubahnen. Bei rigoroser Verkürzung entfällt – und zwar nur hier – seine modulierende Kulmination, während der tänzerische Binnenkontrast nach As-Dur herausgerückt wird (T. 267ff.). Die knappe Durchführung sodann bricht nach gedrängter harmonischer Progression in Ges-Dur ab (T. 320), und mit dem letzten Gegenthema in cis-Moll begegnet nun erstmals ein kantabler Melodiezug, der als isolierte ›Episode‹ nur einmal im Satz auftritt. Melodisch freilich weist er als Variante auf den intervallischen Umriß des Refrains zurück (gemäß T. 3), und wechselt er dann in Baßlage über, so tritt zu ihm erneut die treibende Rhythmik des Refrains hinzu (ab T. 323 und T. 339). So endet auch die Episode im Refrain, dessen transponierte Erweiterung die Reprise eröffnet.

Entsprach der Verlauf bisher dem d-Moll-Finale, so tritt die entscheidende Differenz im Refrain 3 des G-Dur-Satzes hervor. Der tänzerische Binnenkontrast trifft nun zweimal auf den Refrain (T. 390 und T. 430), zugleich erweitert sich aber die kritische Akkordkette auf drei Glieder, um dann in der Coda vollen Umfang zu erreichen. Die Coda also erschließt als Ziel jene harmonische Konstruktion, die schon zuvor den Satz überschattete. Denn sie entstammt dem Refrain selbst, in dessen Sog alle anderen Themen geraten. Aus dem letzten Refrainzitat erwächst eine Steigerung von bislang unbekannter Macht (T. 652–679). Die rhythmischen und melodischen Konturen des Themas lösen sich auf, wenn die auftaktigen Achtel nun zu übergebundenen Synkopen gestaut werden. Zugleich gewinnt die Harmonik eine Stringenz, die an der Gegenbewegung der Außenstimmen abzulesen ist. Aufsteigenden Phasen der Oberstimme steht der chromatische Abstieg in Baßlage gegenüber, und ehe das Ziel der Satzglieder kadenzierend bestätigt wird, treibt die Progression erneut weiter. Jedes Kettenglied umfaßt in der Oberstimme eine große Sext, ihm ist in der Unterstimme eine kleine Terz zugeordnet; das erste Glied führt von b- nach g-Moll, die weiteren leiten über e- und cis- nach b-Moll, bis der Ausgangspunkt in g-Moll wieder erreicht wird. Dabei entspricht dem ersten das letzte Glied, das nun über D- zur Tonika G-Dur aus dem Zirkel herausspringt. Die Schaltpunkte der Kette umschreiben einen verminderten Septakkord, in ihrem Verlauf jedoch wird der tonale Bezug zur Tonika gesprengt. Im Rückblick zeigt

Vollendung im Widerspruch: Schuberts Weg im Streichquartett 71

F. Schubert, Quartett G-Dur (D 887), vierter Satz, Coda, T. 652–679.

sich, daß schon der erste Refrain in einem Glied der Kette mündete (T. 54–59), ihre dreigliedrige Erweiterung ist dem dritten Refrain vorbehalten (T. 415–429), und die letzte Steigerung auf fünf Glieder folgt dann in der Coda. Ausgenommen bleibt davon nur der zweite Refrain, dessen Kürzung die kritische Kette meidet. Er aber steht vor der Satzphase, die nach durchführender Arbeit in der ›Episode‹ eine Alternative sucht, gerade sie wird vom Sog des Refrains eingeholt, dessen Wiederkehr im dritten Refrain zum Ausbruch der Akkordkette führt. Jede Alternative wird also vom Refrain aufgezehrt, und konsequent mündet der Prozeß mit der Coda im letzten Durchbruch der Kette als Focus des Satzes. Ungeachtet seines kadenzierenden Ausklangs wird am Ende klar, daß jede Alternative zu gleichem Ergebnis führen müßte.

Gegenüber dem expressiven d-Moll-Finale zeichnet sich der G-Dur-Satz durch eine Konstruktivität aus, die zugleich den Strukturen der vorangehenden Sätze entspricht. An kritischer Stelle begegnet nämlich die Kleinterzkette auch im langsamen Satz, als dessen Kern zunächst ein liedhaftes Thema erscheint (A). Ihm treten zwei konträre Abschnitte gegenüber (B), die nicht grundlos als ›rhapsodisch‹ charakterisiert wurden.[1] Beide Komplexe weisen kaum thematische Beziehungen auf und schließen sich eher gegenseitig aus. Während der regelhaft gegliederte A-Teil dreimal mit Varianten in e-, h- und wieder e-Moll erklingt (T. 1, 81, 140), verkürzt sich der anfangs gleich lange B-Teil auf halben Umfang (T. 40–80, 119–139). Den Gegenpol zum Liedsatz A bilden im Komplex B rasante Skalen der Oberstimme über repetierten Klängen, denen im Tremolo modulierende Akkordketten folgen. Sie aber erweisen sich als Variante der Kleinterzkette, der nur das zurückführende Schlußglied fehlt (T. 53–59). Führen die Glieder von e- nach cis- und weiter nach b- und g-Moll, so lösen sie sich in Durdominanten auf (Gis – F – D), dreimal

---

1 Zum langsamen Satz vgl. H.-M. Sachse, *Franz Schuberts Streichquartette*, S. 295–301; Fr. Krummacher, *Schubert als Konstrukteur*, S. 45f.; Chr. Strehk, *Auf dem Weg zum Quintett*, S. 232–256; zum G-Dur-Quartett zusammenfassend H. Truscott, *Schubert's Quartet in G-Major*, in: The Music Review 20 (1959), S. 119–145, sowie J. Gillet, *The Problem of Schubert's G-Major String Quartet*, in: The Music Review 35 (1974), S. 281–292.

aber schlägt die festgehaltene Kleinterz g – b dazwischen, ohne auf den tonalen Gang zu reagieren. So überlagern sich tonale Achsen, die mehrfach hart zusammenstoßen (etwa Gis-Dur und e-Moll). Die festgehaltene g-Moll-Terz erinnert indes an den tonalen Rahmen des ersten Feldes in g-Moll, dem ein zweites in fis- und ein drittes in d-Moll entspricht (ab T. 40, 61 und 120). Jede Modulationskette umschreibt den verminderten Septakkord, gemeinsam ergeben sie die drei Stellungen dieses Akkords, doch bilden sie keine folgenlosen Einschübe im Satz.

F. Schubert, Quartett G-Dur (D 887), zweiter Satz, Coda, T. 53–59.

Zur melodischen Linie des Themas, das anfangs im Cello liegt, vollziehen sich in den Gegenstimmen fast Takt für Takt Kadenzvorgänge, und mit den wechselnden Funktionen und Einsätzen erhält jede Zählzeit eigenes Gewicht. In seinem gemessenen Gang antwortet das Thema auf den offenen Satzbeginn, der nach Einklang auf Halbschluß abbricht. Im mittleren Themenglied verharrt die Melodik in zweitaktigen Gruppen, und der fixierte C-Dur-Klang wird mit Leitton fis fast lydisch gefärbt, bis die Kadenz quasi phrygisch zum offenen Beginn zurückkehrt (T. 25–30). Das Schlußglied kommt zum Themenkern zurück, der nun die labile Harmonik durch Tiefalteration des kritischen Tons (f) aufnimmt. Diesem Thema also folgt der irritierende Einbruch in g- und dann fis-Moll, dessen Ziel die Kleinterzkette ist. Setzt dann der Liedsatz in h-Moll wieder an, so hat sich seine Struktur verändert: Der Melodielinie der Oberstimme sind die Mittelstimmen zugeordnet, trotz seiner Festigung basiert der Satz aber durchweg auf dominantischem Orgelpunkt. Sein mittleres Glied wird durch Kanon der Außenstimmen ergänzt, die aber in das Klangband der Mittelstimmen eingebunden sind. Der verkürzte Kontrastteil tritt dann nicht unvorbereitet ein, denn in ihm setzt sich die repetierte Achtelbegleitung aus dem Liedsatz fort, die weiter zum Tremolo gesteigert wird. Einerseits wird damit zwischen den Teilen vermittelt, andererseits wirkt sich auch die Kontrastgruppe auf den Liedsatz aus. Denn über tremolierenden Mittelstimmen erklingen ab T. 140 Segmente des Liedthemas in den Außenstimmen. Zum Ausklang des Kontrastes treten also thematische Relikte, und in der Kombination gerät das Lied in die Sphäre seines Gegenpols. Festigt sich der Liedsatz nochmals, so erscheint er zuletzt in der Durvariante (ab T. 175), doch wirkt seine Ambivalenz bis in die Coda nach, die endlich in E-Dur ausklingt. Demnach hinterlassen die konträren Einbrüche ihre Spuren in den Veränderungen, denen der thematische Kern ausgesetzt ist.

1 C. Dahlhaus, *Die Sonatenform bei Schubert. Der erste Satz des G-Dur-Quartetts D 889*, in: Musica 32 (1978), S. 125–130; H.-M. Sachse, *Franz Schuberts Streichquartette*, S. 282–313; H.-J. Hinrichsen, *Untersuchungen zur Entwicklung der Sonatenform*, S. 209–219, und Chr. Strehk, *Auf dem Weg zum Quintett*, S. 282–313.

Vergleichbare Konstruktionen begegnen bereits im Kopfsatz des Werkes. Die beiden Ecksätze haben nicht nur – wie seit je gesehen wurde – den Dur-Moll-Wechsel als Signatur gemeinsam, vielmehr implizieren ihre Hauptthemen harmonische Konsequenzen, die sich in der Mitte und am Ende der Sätze entfalten. Im Kopfsatz basiert das Hauptthema nach einer Beobachtung von Dahlhaus auf der chromatisch fallenden Sekundfolge im Quartraum (g – d), die entsprechende Akkordfolge (G – D, F – C, Es – G) wird weiter zum Modell thematischer Varianten (ab T. 33). In dieser Kette werden jedoch durch die Einsätze der Oberstimme die Stufen G-, F- und Es- im Abstand von Ganztönen hervorgehoben.[1] Der Schritt zur »exterritorialen« Ganztonskala wird in der Coda ab T. 415 vollzogen, wenn in der chromatischen Skala des Celloparts die Töne im Ganztonabstand akzentuiert werden, wozu die Oberstimmen die Dreiklänge Es-, H- und G-Dur ausfüllen. Die »halt-

F. Schubert, Quartett G-Dur (D 887), erster Satz, Coda, T. 415–426.

los« fallende Ganztonskala begegnet schon an der Nahtstelle zwischen Exposition und Durchführung, und sie trägt dann zentrale Partien der Verarbeitung (T. 168–200). Sie hat nicht nur gleiche Funktion wie die Terzkette im Finale und im Andante. Gegenüber dem Kleinterzzirkel dort markieren die Oberstimmen zum Baßmodell in der Coda des Kopfsatzes die Dreiklänge im Großterzzirkel, die Differenz der Terzen bestimmt aber beidemal den Dur-Moll-Wechsel als gemeinsame Signatur. Die harmonischen Modelle verweisen aufeinander, indem sie gleichermaßen den tonalen Rahmen zu sprengen drohen.

Vom eruptiven Komplex des Hauptthemas unterscheidet sich im Kopfsatz das graziös pendelnde Seitenthema, dessen Melodik in der Exposition viermal mit Varianten durch die Stimmen wandert. Die mittleren Glieder werden durch knappe zweistimmige Fugati erweitert, in deren Modulationsgang auch die Stabilität des Seitensatzes aufgegeben wird (T. 90 und T. 122). Zugleich ergänzen die Außenstimmen dann diese Satzgruppen im Tremolo, in dem endlich alle Stimmen einmünden. Schrittweise setzt sich auch im Seitensatz die Gestik des Hauptthemas durch, wie es in der Schlußphase deutlich wird, die unmittelbar im Tremolo der Klangflächen ausläuft (T. 154, Reprise T. 400). Damit zeigt es sich, daß das Seitenthema nur scheinbar als ungestörte Beruhigung eintrat, denn seine Begleitung führt über Triolen zum Tremolo und damit zum Hauptsatz heran. Die Konstruktion des Hauptthemas erweist aber ihre bedrohende Macht im Verhältnis zum Seitensatz, an seinem Ende verbleiben in Exposition und Reprise nur die umschriebenen Ganztonreihen in Baßlage, die ihrerseits dann Durchführung und Coda eröffnen.

Den Sätzen des G-Dur-Quartetts ist also eine harmonische Planung gemeinsam, deren Rigorosität in kritischen Phasen hervortritt, als Ziel aber schon die gesamte Disposition lenkt. Im d-Moll-Quartett heben sich dagegen die rhythmischen Strukturen hervor, die allen Sätzen gleichermaßen ihren unablässigen Antrieb aufprägen. Die variativen Verfahren, die sich im a-Moll-Quartett auf geschlossene, oft kantable Phasen richteten, beziehen im weiteren die rhythmischen und harmonischen Dimensionen ein. All diese Momente wurden gemeinsam schon im c-Moll-Satz erprobt, der nun seine Schlüsselrolle als Zugang zum Spätwerk erweist. Insgesamt läßt sich damit die Konsequenz ermessen, die den Weg zum reifen Werk bestimmte. So irrig wie die geläufige Vorstellung von Schubert als Sänger schöner Melodien ist der gängige Vorwurf, er habe überlieferte Formen nur mühsam auszufüllen vermocht. Gewiß geht das Frühwerk vom Kanon tradierter Formen aus, die es nicht äußerlich zu ändern suchte, aber zunehmend strukturell umzuprägen wußte. Nicht ganz im Unrecht wäre dagegen der Einwand, noch den späten Werken gehe – zumal in durchführenden Partien – die strenge motivische Arbeit und damit die kunstgerechte Polyphonie des Quartettsatzes ab. Übersehen wird dabei nur die bohrende Intensität, mit der sich Schubert ein so individuelles wie neues Konzept geschaffen hat. All die Techniken des Variierens, die schon die frühen Werke durchziehen, werden im Spätwerk systematisch ausgelotet und auf alle Schichten des Satzes projiziert. An die Stelle linearer Stimmführung tritt die Differenzierung des dichten Satzverbandes, in der jede Stimme ihre unauswechselbare Funktion einnimmt. Eine derart rhythmisch oder harmonisch verstandene Polyphonie bedarf kaum noch des herkömmlichen Kontrapunkts, den sie durch die neue Balance aller Parameter kompensiert. Die Faszination der Werke ist daher nicht zuletzt in der Stringenz begründet, mit der sie schrittweise ihren Weg ins Unabsehbare durchmessen. Nicht den handwerklichen Normen der Tradition war Schubert noch länger verpflichtet, wohl aber blieb er dem ästhetischen Anspruch der Gattung in der Singularität treu, mit der die reifen Werke im Widerspruch zur Konvention ihre Vollendung erreichen.

Wurden Schuberts letzte Quartette erst lange nach seinem Tod in den Kanon ›klassischer‹ Werke aufgenommen, so sind sie doch ›klassisch‹ nicht nur deshalb, weil der Komponist noch Zeitgenosse einer letzten Phase der Wiener Klassik war. Aus dieser Tradition gingen zwar seine eigenen Frühwerke hervor, und auch wenn er Beethovens Spätwerk nicht mehr zu rezipieren hatte, bleibt doch die Intention unverkennbar, in den eigenen Quartetten eine Alternative zu Beethovens Verfahren zu entwerfen. Daß Schubert die Struktur der Zeit in seiner Musik von Grund auf anders zu konstituieren wußte, deutet noch immer auf das Erbe einer Tradition hin, die in seinem Werk ihren Widerpart und zugleich ihren Abschluß fand. So erweist sich die Verbindlichkeit, die der Wiener Klassik zugewachsen war, am Ende gerade darin, daß in ihrem Rahmen noch das Quartettwerk Schuberts reifen konnte, das zugleich die Tore zum rätselvollen Reich der Romantik eröffnete. Zu gleicher Zeit jedoch hatte sich in Berlin der junge Mendelssohn mit dem späten Beethoven auseinanderzusetzen. Und es zählt zu den merkwürdigen Konstellationen der Gattungsgeschichte, daß unabhängig und nebeneinander zwei Komponisten einen Weg einschlugen, der die weitere Entwicklung nachhaltig veränderte. Aber damit beginnt schon ein anderes Kapitel in der Geschichte des Streichquartetts.

Teil IV: Erbe und Last – Traditionen im deutschen Sprachbereich

1. Rückblick als Erneuerung: Mendelssohns Streichquartette

»Eine qualitativ und quantitativ zentrale Gattung im Gesamtwerk ist das Streichquartett wie bei Spohr in der ersten Jahrhundert-Hälfte nur noch bei Mendelssohn gewesen«.[1] Durchaus neu bewertete Ludwig Finscher damit 1965 den Rang, der Mendelssohns Quartetten in seinem Œuvre und in der Gattungsgeschichte zukommt. Dagegen wollte Louis Ehlert 1877 feststellen, Mendelssohns Kammermusik verliere wegen der »zu geringen Widerstandsfähigkeit ihrer Eleganz« zunehmend die »Theilnahme des Publicums«, wobei er die »aufgeregt redseligen Außensätze« mit der jüdischen Abstammung des Komponisten verband.[2] In einer Monographie über Beethovens Quartette meinte Theodor Helm 1885, »ganz besonders in seiner Kammermusik« berühre die »Formglätte« Mendelssohns »nicht selten frostig«, denn die einst neue »Passagenbildung« sei »längst Gemeingut Aller geworden«, und jede »echte Leidenschaft« werde »durch äußerlich-leidenschaftliche Unruhe« ersetzt: »welch ein Aufwand von Wissen, von Fleiß und Mühe und wie gering die erzielte Wirkung!«.[3] Geschmacksurteile und antisemitische Töne verbanden sich zu einem Verdikt, das historischer und ästhetischer Differenzierung keinen Raum ließ. Selbst Hugo Riemann, der kein Verächter Mendelssohns war, faßte eine verbreitete Meinung mit den Worten zusammen, »mehr als irgend ein anderer Komponist bleibt Mendelssohn sich selbst gleich«, weshalb man vergeblich nach »tiefgreifenden Unterschieden« zwischen früheren und späten Werken suche.[4] Diese Vorstellungen widerlegte Finscher, als er an Mendelssohns Quartetten zugleich »eine deutliche Entwicklung von frühen Formexperimenten über klassizistische Beruhigung zu späten Ausdrucks-Komplikationen« wahrnahm.[5]

Allerdings durchziehen die Streichquartette Mendelssohns Schaffen nicht so gleichmäßig, wie es für Haydn und Beethoven galt. Im Unterschied zur klassischen Tradition ist die Entstehung der Werke, von denen nur drei nochmals gebündelt werden, nicht mehr an Anlässe und Auftraggeber gebunden. Wie in Schuberts Spätwerk bilden aber Mendelssohns Quartette kritische Markierungen des kompositorischen Weges.[6] Offenbar zählte das Streichquartett nicht zu den bevorzugten Gattungen im Kompositionsunterricht bei Carl Friedrich Zelter. Zwar finden sich unter den zahlreichen Studienwerken neben einer Serie von Fugen zwölf Sinfonien für Streicher samt einem Einzelsatz c-Moll, sie verraten aber in der Satzstruktur bei mehrfacher Stimmteilung ihre

1 L. Finscher, Art. *Streichquartett*, in: *MGG*, Bd. 12, Kassel u. a. 1965, Sp. 1559–1601: 1583; ders., Art. *Streichquartett*, in: *MGG²*, Sachteil Bd. 8, Kassel u. a. 1998, Sp. 1924–1977: 1953 (abgekürzt: L. Finscher, *MGG* bzw. *MGG²*).

2 L. Ehlert, *Felix Mendelssohn-Bartholdy und die Gesammtausgabe seiner Werke*, in: ders., *Aus der Tonwelt*, Mainz 1877, S. 155–187: 182.

3 Th. Helm, *Beethoven's Streichquartette*, Leipzig 1885, S. 313ff.

4 H. Riemann, *Geschichte der Musik seit Beethoven (1800–1900)*, Berlin und Stuttgart 1901, S. 260.

5 L. Finscher, *MGG*, Sp. 1583, bzw. *MGG²*, Sp. 1953.

6 Zu den folgenden Angaben vgl. im einzelnen Fr. Krummacher, *Mendelssohn – der Komponist. Studien zur Kammermusik für Streicher*, München 1978; H. Kohlhase, *Studien zur Form in den Streichquartetten von Felix Mendelssohn Bartholdy*, in: *Zur Musikgeschichte des 19. Jahrhunderts*, Hamburg 1977 (Hamburger Jahrbuch der Musikwissenschaft 2), S. 75–102.

orchestrale Bestimmung, und die Sinfonia Nr. VIII wurde anschließend für volles Orchester instrumentiert. Singulär blieb dagegen ein Streichquartett in Es-Dur, das im März 1823 entstand, jedoch erst 1878 publiziert wurde. Es ging dem bedeutenden Oktett op. 20 voran, das mit der Ouvertüre *Ein Sommernachtstraum* zu den Geniestreichen des frühreifen Musikers gehört. Wie souverän die Aufgabe des obligat achtstimmigen Satzes gelöst ist, lehrt der Vergleich mit Spohrs Doppelquartetten, deren erstes in d-Moll 1822 entstand und 1823 als op. 56 erschien. Während sich hier beide Quartette konzertierend ablösen, eröffnet die kammermusikalische Stimmführung in Mendelssohns Oktett eine Kette entsprechender Werke, zu denen die Oktette von N. W. Gade, W. Bargiel, J. Raff und J. S. Svendsen rechnen. Der erstaunliche Wurf des Sechzehnjährigen bildete den Schlußstein des umfänglichen Frühwerks, das neben Motetten, Kantaten und Singspielen auch Klavier- und Orgelwerke sowie Orchester- und Kammermusik umfaßt und zum Vergleich mit dem Œuvre des jungen Mozart herausfordert. Um 1770 lag freilich noch kein kanonischer Bestand von Werken vor, die zu einer Stellungnahme zwangen. Dagegen war die Ausbildung des jungen Mendelssohn durch Autoritäten überschattet, die Zelter bei förmlicher Freisprechung des »Gesellen« am 3. Februar 1824 »im Namen Mozarts, im Namen Haydns und im Namen des alten Bach« anrief. Die Ahnen des Handwerks, unter denen Beethoven noch fehlte, wurden so beschworen, wie es zu Mozarts Zeit kaum denkbar war, und so arbeiteten sich die frühen Sinfonien an Modellen von C. Ph. E. Bach über Haydn bis hin zu Mozart ab.[1]

Zur maßgeblichen Aufgabe wurde das Quartett erst mit den Werken in a-Moll und Es-Dur, die als op. 13 und 12 – entgegen der Entstehungsfolge – Ende 1830 bei Breitkopf & Härtel und Hofmeister erschienen, aber unter verschiedenen Voraussetzungen komponiert wurden. Denn das a-Moll-Quartett entstand in Berlin seit Sommer 1827 unter dem unmittelbaren Eindruck von Beethovens Spätwerk und wurde am 26./27. 10. 1827 vollendet, während das Es-Dur-Quartett im Sommer 1829 auf der ersten Englandreise begonnen am 14. 9. abgeschlossen wurde. Nach der Auseinandersetzung mit Beethoven, die sich in beiden Werken verschieden auswirkt, stellte sich Mendelssohn während der anschließenden Reisejahre und noch in seiner Amtszeit als Musikdirektor in Düsseldorf zunächst der Herausforderung, die ihm die Kunst Bachs bedeutete. Auch wenn sie ihm von früh an vertraut war, gewann sie eine erweiterte Dimension mit der ersten Wiederaufführung der Matthäuspassion unter seiner Leitung im März 1829. Daß mit Bach und Beethoven zwei Repräsentanten der Geschichte als normative Instanzen nebeneinander rücken, zeichnet eine neue Konstellation aus, wie sie die Musikgeschichte zuvor nicht kannte. In ihr gründen jene Probleme, die sich mit den Begriffen des Klassizismus und Historismus verbanden und

---

[1] Zum »Freispruch« durch Zelter am 3. 2. 1824 vgl. E. Werner, *Mendelssohn. A New Image of the Composer and his Age*, London 1963, deutsch: *Mendelssohn in neuer Sicht*, Zürich und Freiburg i. Br. 1980, S. 52; ebenda S. 128ff. Fanny Mendelssohns fingierter Brief über Beethovens op. 106 und S. 99 Hegels Brief an Felix Mendelssohn über die Fragen einer ›Logik‹ in der Musik. Zu den frühen Sinfonien vgl. W. Konold, *Mendelssohns Jugendsymphonien. Eine analytische Studie*, in: Archiv für Musikwissenschaft 46 (1989), S. 1–41 und S. 155–183.

weitreichende Konsequenzen in unterschiedlichen Gattungen zur Folge hatten. Ein erstes Resultat dieser zwiespältigen Situation war es, daß sich Mendelssohn während der Reisejahre auf eine Reihe von Choralkantaten konzentrierte, die vokale Muster von Bach aufzunehmen suchten, aber zurückgehalten wurden, bis sie erst neuerdings Aufmerksamkeit fanden.[1] Die gegensätzlichen Modelle der Geschichte veranlaßten Schwierigkeiten der kompositorischen Orientierung, in den Reisejahren traten zur Begegnung mit Chopin und Berlioz 1832 Erfahrungen wie der Tod des Freundes Eduard Rietz, des Lehrers Zelter und des Mentors Goethe. Nach der Heimkehr schlug in Berlin die Bewerbung um Zelters Nachfolge in der Leitung der Singakademie fehl, und all das veranlaßte eine wirkliche Krise, von der die Briefe mehrfach zeugen: »Ich bin seit einigen Wochen so unsäglich herunter und so tief verstimmt, dass ich es Dir nicht ausdrücken kann.« Im Rückblick wurden auch weitere Gründe angedeutet: »Du wirst die Spuren des Missmuths, aus dem ich mich erst langsam und schwer herausarbeiten kann, gewiss oft finden [...]. Meine Arbeit, an der ich in der vorigen Zeit manche Zweifel hatte, ist beendigt [...]. Da hatte ich einige Monate, die waren die schlimmsten, die ich je erlebt.«[2] Die Berufung nach Düsseldorf eröffnete 1833 scheinbar eine geradlinige Karriere, glich aber zugleich einer Flucht aus Berlin. In all diesen Jahren wurde kein Instrumentalwerk nach klassischen Formmodellen abgeschlossen, Hauptwerke wie die ›Schottische‹ und die ›Italienische Symphonie‹ oder *Die erste Walpurgisnacht* wurden begonnen, aber erst fast ein Jahrzehnt später in Leipzig vollendet. Dagegen gehörte diese Phase den Praeludien und Fugen für Klavier op. 35 und den Orgelpraeludien op. 37, womit historische Gattungen aktualisiert wurden, während sich die Arbeit am *Paulus* auf die Erneuerung des Oratoriums richtete.

Erst acht Jahre nach op. 12 wandte sich Mendelssohn – nun als Leipziger Gewandhaus-Kapellmeister – mit den drei Quartetten op. 44 erneut der Gattung zu, die durch das Erbe der Wiener Klassik ausgezeichnet und belastet war. Offen ist es, ob das Fragment eines Quartettsatzes F-Dur in diese Zeit fällt oder mit einem begonnenen Variationensatz a-Moll zu den abgebrochenen Entwürfen der vorangegangenen Jahre gehört. Im Frühjahr 1837 entstand jedoch – weithin während der Hochzeitsreise – das später als Nr. 2 der Trias gezählte e-Moll-Quartett, das in Frankfurt am 18. 6. 1837 beendet wurde. Parallel dazu wurde Nr. 3 in Es-Dur begonnen, jedoch erst in Leipzig am 6. 2. 1838 abgeschlossen, während Nr. 1 in D-Dur zwischen Frühjahr und August 1838 nachfolgte. Nicht nur der Kopfsatz dieses Quartetts liegt in verschiedenen Fassungen vor, sondern die Autographe aller Werke zeigen mit ihren Korrekturen die Spuren langwieriger Arbeit, die sich bis in die Drucklegung im Winter 1838/39 hinzog. Die Stimmenausgabe erschien bei Breitkopf & Härtel im Juni 1839, doch folgte schon Ende 1840 der

1 P. Zappala, *Le »Choralkantaten« di Felix Mendelssohn-Bartholdy*, Tesi di Laurea Pavia 1985, Venedig 1991; U. Wüster, *Felix Mendelssohn Bartholdys Choralkantaten. Gestalt und Idee*, Frankfurt a. M. 1996 (Bonner Schriften zur Musikwissenschaft 1).

2 K. Klingemann (Hg.), *Felix Mendelssohn-Bartholdys Briefwechsel mit Legationsrat Karl Klingemann in London*, Essen 1909, S. 100f.; F. Moscheles (Hg.), *Briefe von Felix Mendelssohn-Bartholdy an Ignaz und Charlotte Moscheles*, Leipzig 1888, S. 55; zu weiteren Belegen vgl. Fr. Krummacher, *Mendelssohn – der Komponist*, S. 56f.

Partiturdruck, der sich zuvor für Beethovens Spätwerk eingeführt hatte. Wie befreit konnte Mendelssohn in den folgenden Jahren seine Beiträge zur Kammer- und Orchestermusik liefern und fand in ihnen jenen verbindlichen Ton, der später als klassizistisch glatt galt. Wie schulbildend aber die Quartette op. 44 wurden, indem sie »zu klassischer Form und klassizistisch maßvollem Ausdruck« lenken, sah zuerst Finscher, der die »grüblerische Verhaltenheit, feinste Nunanciertheit, hintergründige und subtile Schlichtheit der nicht mehr unreflektiert strömenden, sondern streng gestalteten Erfindung« hervorhob, ohne »in schwächeren Momenten allerdings auch gesellschaftliche Attitüde« zu leugnen.[1]

Charakteristisch ist jedoch, daß nach op. 44 in der Reihe der Streichquartette eine ähnlich lange Pause folgte, bis sich Mendelssohn durch den plötzlichen Tod seiner Schwester Fanny 1847 – kurz vor seinem eigenen Tod – dazu herausgefordert sah, mit dem f-Moll-Quartett op. 80 sein singuläres Schlußwerk zu konzipieren. Begonnen im Sommer 1847, wurde die Partitur im September abgeschlossen, ohne für den Druck redigiert zu werden. Vorangegangen waren neben dem *Elias* als zweitem Oratorium mit den Orgelsonaten op. 65, dem zweiten Klaviertrio c-Moll op. 66 und dem unvollendeten zweiten Streichquintett op. 87 weitere Instrumentalwerke, deren pointierte Expressivität mit ähnlich eingreifenden Änderungen der Struktur einhergeht. Im Todesjahr 1847 entstanden zudem zwei Sätze für Streichquartett, die postum in op. 81 zusammen mit dem Capriccio e-Moll aus dem Juli 1843 und einer Fuge Es-Dur vom November 1827 veröffentlicht wurden. Wenigstens die drei ersten Sätze dürften auf Briefzeugnisse der Jahre 1843/44 zu beziehen sein, nach denen Mendelssohn »einige Capricen« oder »kleine Stücke« für Quartett schreiben wollte. Neben der Sprengung der Gattungsnormen im exzessiven f-Moll-Quartett op. 80 wurden also zu später Zeit Alternativen zum hergebrachten Zyklus erwogen, wie sie Schumann seit 1842 mit seinen Fantasiestücken erprobte.

Unter insgesamt acht Streichquartetten stehen sich das zurückgehaltene Jugendwerk und die nachgelassene Quartettsuite gegenüber, während die drei Quartette op. 44 im Zentrum von einem frühen Werkpaar und dem letzten Hauptwerk umrahmt werden. Die Konstellation macht die hochgradigen Differenzen deutlich, die in Mendelssohns Quartetten mehr hervortreten als bei anderen Komponisten. Nächst dem anmutigen op. 12 zählte op. 44 im 19. Jahrhundert »zum Streichquartett-Kanon«, und erst bei Eric Werner verkehrte sich die Sicht in ihr Gegenteil.[2] Ihm galt op. 12 nur als »heiteres, gelöstes Stück«, wovon sich die »Originalität der Substanz« in op. 13 abhebe, während op. 44 zwar »reife Werke« umfasse, ohne jedoch »die Höhe und den Schwung ihrer Vorgänger« zu erreichen, die erst wieder ein so »außerordentliches Stück« wie op. 80 repräsentiere. Die konträren Wertungen reagieren auf sachliche Differenzen, die in verschiedenen Voraussetzungen angelegt sind.

[1] Finscher, *MGG*, Sp. 1583, bzw. *MGG²*, Sp. 1953.
[2] E. Werner, *Mendelssohn*, S. 137, 140 und 390.

Doch erst ihr Zusammenhang läßt die Reichweite der Lösungen ermessen, die durch eine Vorliebe für expressive Experimente ebenso verdeckt wird wie durch die Kanonisierung der gebändigten Meisterschaft in op. 44.

Schon das frühe Es-Dur-Quartett, das formal den Normen folgt, ohne die Originalität des Oktetts ahnen zu lassen, verrät in der Satzstruktur eigenständige Züge. Im ersten Satz etwa ruht die kantable Linie des Hauptthemas zunächst auf Orgelpunkt; wo sie sich von ihm löst, übernimmt die Oberstimme die gleichmäßigen Achtel der Begleitung, die bei Beschleunigung zu Triolen für rhythmische Differenzierung sorgen. Daß ähnlich kantable Wendungen im Seitensatz durch luftige Achtel mit graziösen Vorschlägen durchbrochen werden, mag als Anklang an klassische Diskontinuität gelten, doch kehrt schon die Schlußgruppe zur strömenden Kantabilität des Satzbeginns zurück. Einigen Anteil an der straffen Form haben noch unthematische Partien mit maßvoller Figuration der Oberstimme, der die melodische Führung in den Themen zufällt. So beginnt die Durchführung nach mediantischer Rückung mit dem Hauptsatz, an seine Sequenzierung schließt ein Glied des Seitensatzes an, während die lange Rückleitung eine Klangfläche über modifiziertem Orgelpunkt bildet. Weniger Verarbeitung als transponierte Wiederholung erfährt also das Material, das bei motivischer Aufspaltung seinen Charakter einbüßen müßte, doch heben sich flächige Phasen mit gleichmäßiger Struktur und Rhythmik ab, die kaum dynamische Kontraste zulassen. Im Gegensatz zum diskontinuierlichen Satz der Klassik wird eine Kantabilisierung betrieben, die für die Romantik – fern von Beethovens gleichzeitigem Es-Dur-Quartett op. 127 – charakteristisch werden sollte. Nicht so signifikant ist das Adagio non troppo, das bei klarster Periodik den 6/8-Takt betont und zwischen zwei- und dreiteiliger Anlage die Mitte hält. Dennoch ist die Absicht zu thematischer Konzentration unverkennbar, die den Mittelteil zwischen kontrastierender und verarbeitender Funktion schwanken läßt. Das Menuett huldigt mit motivisch kontrastierenden Taktgruppen der Konvention, ohne in quadratischer Periodik den intrikaten Tanzsatz der Klassik zu streifen. Doch ergibt sich im Trio durch Reduktion der Bewegung, umschriebenen Orgelpunkt und füllende Mittelstimmen wieder eine entschiedene Vereinheitlichung des Ablaufs.

Die abschließende ›Fuga‹ ist thematisch wenig originell, satztechnisch aber nicht ganz anspruchslos, sofern das erste Thema sogleich mit obligatem Kontrapunkt auftritt, wogegen ein zweites eher der Ergänzung dient. Indem die Themen weniger auf ihr Profil als ihre Kombination hin berechnet sind, entsprechen sie kaum dem Ideal linearer Polyphonie, ohne schon ein Konzept zur Umbildung der Konvention zu verraten. Als Alternative zu diesem Finale erscheint daher die Es-Dur-Fuge vom Jahre 1827, die später in op. 81 aufgenommen wurde. Die Angabe ›a tempo ordinario‹ verheißt einen Satz im stile antico, und so ähnelt das Thema Modellen Bachs oder dem Finalthema aus Mozarts ›Jupiter‹-Symphonie. Zudem läßt sich eine reguläre Doppelfuge erwarten, wenn ein Zusatzthema eingeführt wird, dessen laufende Achtelbewegung aber kaum zu kontrapunktischer Stimmführung taugt, und so wandelt sich die Polyphonie mit Parallelführung und Haltetönen zu bewegten Akkordflächen. Daß der Satz nicht hält, was sein Beginn verspricht, zeigt bereits die nur einmalige Themenkombination, nach der das würdige erste Thema vom zweiten verdrängt wird, bis sich die Fuge über Orgelpunkt auflöst. Der Verzicht auf regelhafte Polyphonie deutet so wie die hochgradige Kantabilisierung auf die Intention, die Pflichten des strengen Satzes in eine lyrische Alternative zu verkehren. Tendenziell kann der Versuch also an Mozarts Fugen der Wiener Quartette KV 168 und 173 erinnern, die 50 Jahre zuvor entstanden.

Das Feld des Streichquartetts schien reich bestellt zu sein, und so wandte sich Mendelssohn zunächst größeren Streicherbesetzungen zu, für die nicht so verpflichtende Muster vorlagen. Zumal das Oktett op. 20, das ein früheres Gegenstück nur in Spohrs Doppelquartett hat, findet in allen Sätzen gleich eigenständige Lösungen.[1] Der Kopfsatz bildet sein vielfältig profiliertes Material zu ausgedehnten Klangflächen aus, sie werden gleichwohl durch latente, vorab rhythmische Beziehungen vermittelt, die in Überleitung, Durchführung und Coda zur Geltung kommen. Ähnlich verfährt der langsame Satz, der den Ausgleich zwischen kantablem Melos und planvoller Entwicklung bei höchster klanglicher Homogenität erreicht. Erstmals prägt das Scherzo den charakteristischen Ton der sog. ›Elfenscherzi‹ aus, doch ist es ein voll ausgebildeter Sonatensatz, der mit kleinsten Impulsen ein konzises Geflecht in huschender Bewegung bestreitet. Und in gänzlich unschematischer Form verbindet das Finale seinen fugierten Ansatz mit dem zwanglosen Zitat des Hauptsatzes aus dem Scherzo. Die unprätentiöse Vermittlung aller Gestalten, die zu kammermusikalischer Verfeinerung ebenso zusammentreten wie zu orchestralem Glanz, paart sich mit melodischem Charme und harmonischer Nuancierung zu einem frappanten Meisterstück, und das mühelose Scherzozitat im Finale bildet – unabhängig von Beethovens Spätwerk – ein frühes Beispiel satzübergreifende Strategin in der Kammermusik. Nur ein Jahr später erprobte das A-Dur-Quintett op. 18 einen anderen Weg, denn pointierter als im Oktett stellt sich dem diskontinuierlichen Satz die Bildung ausgreifenden Klangfelder entgegen, die in den Ecksätzen fast zu gleichförmig geraten. Als Binnensätze standen sich in der Erstfassung zwei Alternativen des Tanzsatzes gegenüber, der Selbstkritik des Autors hielt aber nur das eigenartige Scherzo stand, das die quirlige Rhythmik des Themas für eine veritable Fuge mit drei Durchführungen nutzt, wogegen das ursprüngliche Menuett, dessen Trio wie in Mozarts Quintett KV 406 einen Canone doppio bildete, 1832 durch ein Intermezzo ersetzt wurde.[2]

---

1 Zu op. 20 vgl. Gr. Vitercik, *The Early Works of Felix Mendelssohn. A Study in the Romantic Sonata Style*, Diss. State University of New York, Philadelphia u. a. 1992 (Musicology. A Book Series, Vol. 1), S. 71–136; Fr. Krummacher, *Mendelssohn – der Komponist*, S. 215ff., 301–307, 373ff. und 449ff.; zum frühen Es-Dur-Quartett ebenda, S. 152ff. und 183ff.

2 Zum Quintett op. 18 vgl. ebenda, S. 157ff., 370ff. und 408ff., sowie Gr. Vitercik, *The Early Works of Felix Mendelssohn*, S. 163–190.

Das erste gültige Quartett stellt demnach op. 13 in a-Moll dar. Die von Finscher 1965 geäußerte Vermutung, Mendelssohn müsse Beethovens späte Quartette und zumal op. 130 schon 1827 gekannt haben, hat sich durch die Briefe an den Jugendfreund Adolf Fredrik Lindblad bestätigt, die zwar schon 1913 publiziert wurden, lange aber unbeachtet blieben.[1]

Sie haben erhöhtes Gewicht, weil sie einen Kommentar zur ersten kompositorischen Reaktion auf Beethovens Spätwerk bilden. Ihr nachgerade enthusiastischer Ton bezieht sich zunächst auf »die Einfachheit in dem Singen und eine ganz musikalische Wendung« im Adagio aus op. 74, im weiteren aber auch auf das Verhältnis der Oberstimmen in der Cavatina aus op. 130, in der nach »viel Gesäufze« dann »das es dur mit solch' einem himmlischen Umwenden wieder« anfange, »dass ich nichts herzlicheres kenne«. Hervorhebung findet ferner das Verhältnis der beiden ersten Sätze aus op. 131: »Auch in dem aus cis ist so ein Übergang, die Einleitung einer Fuge!!« Die Wahrnehmung solcher Übergänge beweist das Verständnis für strukturelle Eigenarten, wenn abschließend gefolgert wird: »Siehst Du das ist eine(r) von meinen Puncten! Die Beziehung aller 4 oder 3 oder 2 oder 1 Stücken einer Sonate auf die andere(n) und die Theile, so dass man durch das blosse Anfangen durch die ganze Existenz so eines Stückes schon das Geheimniss weiss [...] das muss in die Musik«. Damit wird das Rätsel der motivischen Satzbeziehungen angesprochen, die später die Forschung vielfach beschäftigten, unerwähnt bleiben dagegen die Werke Beethovens, die den Gegenstand der Auseinandersetzung in op. 13 abgeben: das a-Moll-Quartett op. 132 und das chromatische Soggetto des langsamen Satzes aus op. 95. Die Briefe an Lindblad verweisen zugleich auf ein dem Quartett beigefügtes Lied als »das Thema desselben«, das aus den Ecksätzen »mit seinen Noten, in allen vier Stücken mit seiner Empfindung« spreche, und der Beginn dieses kurz zuvor entstandenen Liedes (»Ist es wahr« op. 9 Nr. 1) wurde auf dem Titelblatt des Quartetts ›sopra il tema‹ notiert. So ist damit zu rechnen, daß Mendelssohn mit Beethovens Verfahren auch den zerklüfteten Kontext seiner Quartette erfaßte, selbst wenn man wie Stefan Kunze meinen mag, op. 13 setze – anders als die Werke Beethovens – dem Hörer wenig Widerstand entgegen. Nachdenklich macht aber die Mitteilung des Komponisten, in seinem Umkreis habe op. 13 geteiltes Echo gefunden. Lange ignoriert, wurde das Werk seit 1978 so oft behandelt, daß wenige Hinweise ausreichen.[2]

Bereits das den Kopfsatz eröffnende Adagio in A-Dur, das auf das Zitat des Liedanfangs hinläuft, prägt den Gestus der langsamen Einleitungen des späten Beethoven in zweitaktigen Melodiebögen mit sequenzierender Erweiterung zu kontinuierlich strömendem Klang um. Das knappe Liedmotto umgreift mit Ganz- und Halbton den Terzraum (cis"–h'–d') und hält mit auftaktiger Punktierung und dominantischer

1 *Bref till Adolf Fredrik Lindblad från Mendelssohn, Dohrn, Almquist, Atterbom, Geijer, Fredrika Bremer, C. W. Böttiger och andra*, hg. v. L. Dahlgren, Stockholm 1913, S. 19f.

2 Zu op. 13 vgl. Gr. Vitercik, *The Early Works of Felix Mendelssohn*, S. 227–267, sowie Fr. Krummacher, *Mendelssohn – der Komponist*, S. 309–318 und S. 376ff., ferner W. Konold, *Felix Mendelssohn Bartholdy und seine Zeit*, Laaber 1984, S. 114–118, sowie R. Brinkmann, *Wirkungen Beethovens in der Kammermusik*, in: *Beiträge zu Beethovens Kammermusik. Symposium Bonn 1984*, hg. v. S. Brandenburg und H. Loos, München 1987 (Veröffentlichungen des Beethovenhauses in Bonn, N. F., Vierte Reihe: Schriften zur Beethovenforschung 10), S. 79–110, hier S. 101ff.; St. Kunze, *Fragen zu Beethovens Spätwerk*, in: Beethoven-Jahrbuch 9 (1973–77), Bonn 1977, S. 293–317, hier S. 302, Anmerkung 13.

F. Mendelssohn, op. 13, erster Satz, Einleitung, T. 1–7 (G. Henle Verlag).

Hauptsatz, T. 19–26.

Öffnung jene Substanz bereit, die der Hinweis auf das verbindende ›Thema‹ meint. Mit dem Mottozitat paart sich am Ende der Einleitung der Übergang zum Allegro vivace a-Moll durch Steigerung einer Trillerfigur, die wie das heftig punktierte Hauptthema in imitatorischen Staffelung auf den Kopfsatz aus op. 132 deutet. Stießen dort intervallische Zellen in neutralen Halben auf eine stilisierte Kadenzfigur, die zum gespaltenen Hauptsatzkomplex führte, so ergeben sich hier im Vorspann wie im Themenkern periodisch geschlossene Taktgruppen. Dabei weist die auftaktige Punktierung, die imitatorisch potenziert wird, auf das Liedmotto zurück, während sich in ihre überleitende Erweiterung die trillerförmigen Ansätze des Vorspanns einfügen. Weitere Verbindlichkeit gewinnt über Liegestimme der Seitensatz (ab T. 58), der nach verlängertem Auftakt zum Sextsprung ausholt und in kantablem Legato absinkt. Aus kettenweiser Erweiterung seiner auftaktigen Bildungen wird der Epilog abgeleitet (ab T. 77), der in dynamischer Beruhigung ausläuft und den abgestuften Verlauf abrundet. Die Exposition war im Autograph noch mit Wiederholungszeichen versehen, führt aber in der Endfassung unmittelbar in die Durchführung hinein, die das Material aus Vorspann und Hauptsatz mit harmonischer und dynamischer Akzentuierung zu steigern sucht, ohne konventionell motivische Aufspaltung zu leisten oder nachgeordnete Themen zu bemühen. Verschliffen wird ihre Abgrenzung zur formal regulären Reprise, die variabel und gestrafft die Themen resümiert. Ihr Ziel bildet wie in Beethovens Spätwerk die Coda, die nach dynamischer Reduktion überdeutlich ihr Pendant aus op. 132 beschwört: Über pochenden Achteln in Baßlage mit Arpeggien der Viola spinnen beide Violinen das Initium des Hauptsatzes zur erweiterten Periode aus, die mit rezitativischem Quartfall abbricht.

F. Mendelssohn, op. 13, zweiter Satz, Adagio non lento, T. 23–27 (G. Henle Verlag).

Vierter Satz, T. 365–379.

Auf das Zitat des Liedmottos zielt umgekehrt das Finale hin, das konventionelle Modelle noch weiter umdenkt. Die rezitativische Eröffnung entspricht in ihrer Position dem vorletzten Satz in op. 132, wird aber weiter als dort in den Satzverlauf integriert. Bei tremolierender Begleitung erinnert die Ausformung der Oberstimme entschieden an den Kopfsatz aus Beethovens ›Sturm-Sonate‹ d-Moll op. 31 Nr. 2, die natürlich um 1827 schon weithin vertraut war.[1] Diese Assoziation verstärkt sich, wenn die rezitativischen Passagen wie bei Beethoven in ›geschuppte‹ Figuren umlenken, die der ganze Stimmverband aufnimmt. Sie eröffnen zugleich den Hauptsatz, dessen rhythmische Komplexität an das Finale in op. 132 denken läßt, wenn sich punktierte Bewegung der Außen-

[1] Vgl. Fr. Krummacher, *Synthesis des Disparaten. Zu Beethovens späten Quartetten und ihrer frühen Rezeption*, in: Archiv für Musikwissenschaft 37 (1980), S. 99–134.

stimmen mit Triolen und nachschlagenden Einsätzen der Mittelstimmen paart. Die kontinuierlichen Achtelfiguren der Überleitung gehen deutlich von der figurativen Schicht der Einleitung aus, ihre schrittweise Reduktion bildet dann einerseits (ab T. 71) den Hintergrund erster Rückgriffe auf das Hauptthema im Kopfsatz (dort T. 47ff.), das mit dem des Finales die punktierten Gesten teilt. Aus der Stauung der Bewegung resultiert andererseits der im Legato abstürzende Seitensatz (ab T. 79), dessen intervallische Umkehrung zu federndem Staccato zugleich die Schlußgruppe der Exposition ausmacht (ab T. 90). Statt motivischer Arbeit setzt aber die Durchführung sofort zum ersten Fugato an, dessen Thema jedoch nicht auf den Hauptsatz selbst, sondern auf seine rezitativische Eröffnung zurückgeht und damit die dem Material inhärenten Halbtonspannungen zum Gegenstand macht. Je weiter sich der fugierte Satz auflöst, desto greifbarer stellen sich motivische Rückbezüge auf Seitensatz und Schlußgruppe ein (ab T. 142). Doch rekurriert die Durchführung in einem zweiten Fugato auf den thematischen Kern aus der Mitte des langsamen Satzes, und indem sich seine Affinität zum rezitativischen Beginn des Schlußsatzes erweist, wird der zyklische Zusammenhalt des Werks postuliert. Dabei greifen mit eingeblendeten Splittern immer deutlicher die rhythmischen Impulse ein, die am Satzbeginn das Rezitativ ablösten und wie dort zur Exposition nun zur Reprise hinleiten. Die fortschreitende Integration des Materials kulminiert in der Coda, deren rezitativische Diktion sich zur Kette thematischer Zitate öffnet. Sie führen mit dem Thema der Durchführung das des langsamen Satzes ein und erinnern bei schrittweiser Verlangsamung an die Themen beider Ecksätze. Dem Rezitativ ist es also vorbehalten, die zyklische Kohärenz offenzulegen, und rückläufig führt der Prozeß auf die Einleitung des Kopfsatzes zurück, an deren Ende sich das Lied als eigentliches ›Thema‹ entfaltet.

Am Finale wird deutlich, wie sehr das Adagio non lento F-Dur in den zyklischen Plan eingebunden ist. Seine klangdichte Eröffnung, deren melodische Ansätze sequenzierend erweitert werden, spielt deutlich auf die Einleitung zum ersten Satz an. Wie im Pendant aus Beethovens op. 95 folgt jedoch ein fugierter Einschub, dessen chromatisch gefärbte Thematik – die dann das Finale aufgreift – mit Engführung und Umkehrung verarbeitet wird. Der gedehnte Themenkopf, dessen Ausgangston von den benachbarten Halbtönen umrahmt wird, findet seine Fortsetzung in freier Sequenzierung, die latent auftaktigen Wechsel von Achteln und Sechzehnteln einführt. Mit ihrer Abspaltung beschleunigt sich der Satz zum Animato in a-Moll, das anders als bei Beethoven zum Fluchtpunkt wird. Kaum noch einmal bei Mendelssohn verspannen sich unterschiedliche Zeitmaße derart, statt scharfer Kontraste vermitteln dazwischen aber gleitende Übergänge. Denn im beschleunigten Tempo treten bei Rückkehr nach F-Dur Einsätze des umgekehrten Fugatothemas ein, die gemeinsam mit dem abgespaltenen Sequenzglied die dichte Ausarbeitung tragen, wonach die Coda nochmals die Entwicklung resümiert. So viel der Satz Beethovens Modell verdankt, so schlüssig bildet er ein eigenes Konzept aus, das interne Kontinuität noch dort bewahrt, wo selbst motivische Abspaltung nicht umgangen wird. Ausgenommen ist nur der das Scherzo vertretende Satz, der nicht umsonst – und wohl erstmals in der Gattungsgeschichte – als ›Intermezzo‹ bezeichnet ist.[1] Herzstück zwischen kantablen Außengliedern in a-Moll wird – statt eines Trios – ein Allegro di molto A-Dur, das kapriziöse ›Elfenmusik‹ mit fugierter Technik souveräner als in op. 18 verbindet. So prägt gerade dieser Satz, der sich Beethoven entzieht, den eigenen Ton am klarsten aus, in der Coda jedoch überlagern sich seine motivischen Ebenen in einer Kunst der Vermittlung, die auf die Lösungen des reifen Mendelssohn vorausdeutet.

Das Geflecht der Beziehungen zwischen dem Lied und den Sätzen mit ihren Verweisen auf Beethoven wird von einer Fülle dynamischer, klanglicher und harmonischer Akzente überlagert, die sich wie die zyklischen Strategien der Auseinandersetzung mit Beethoven verdanken. Auffälliger als Analogien sind aber die Differenzen, denn eine ähnliche Kette von Zitaten begegnet nicht in Beethovens späten Quartetten, die sich eher auf latente Zellen stützen, sondern im Ausnahmefall der IX. Symphonie. Doch wurde das Verfahren von Mendelssohn nicht einfach auf das Quartett übertragen, sondern selbständig umgeformt, indem die Zitate keine gesonderte Sektion, sondern die Brücke zum Liedmodell bilden. Sie erinnern nicht an konträre Themen, sondern legen den Zusammenhang des Materials frei, dessen substantielle Verbindungen damit sichtbar werden. So wird das Lied – im Unterschied zu Schuberts Quartetten in a- und d-Moll – nicht einzelnen Sätzen zugrunde gelegt, sondern seine Teilmomente dienen dazu, die Thematik in Sätzen verschiedenen Charakters zu formulieren. Das macht den Hinweis verständlich, das Lied »spreche« aus allen Sätzen, doch werden zugleich zwei Seiten eines Sachverhalts erkennbar. Zum einen zielt Mendelssohns Konzept – im Unterschied zu Beethoven – auf die Affinität in sich gerundeter Themen, zum anderen entspricht dem die interne Geschlossenheit langer Satzphasen, die strukturell und rhythmisch charakterisiert sind. Gegenüber der Diffusion in op. 132 wird ein eigener Ansatz gewonnen, der sich in der Auseinandersetzung mit Beethoven zu bewähren hat. Denn im Strom einer kontinuierlichen Bewegung, die op. 13 zunächst als bloße Glättung des Modells erscheinen lassen mag, prägt sich unabhängig von Schubert der neue Tonfall des romantischen Quartettsatzes aus. So blieb das Werk kein singuläres Experiment sondern eröffnete neben Schuberts Spätwerk die Tradition des romantisches Streichquartetts.

Gewandelt hat sich das Bild schon zwei Jahre später im Es-Dur-Quartett op. 12, das nicht nur die Anklänge an Beethoven sublimiert,

[1] Wie genau selbst dieser unscheinbare Satz geformt ist, zeigte Chr. M. Schmidt, *Mendelssohns zwiespältiger Klassizismus. Zum Hauptteil des 3. Satzes im Streichquartett op. 13*, in: *Musik befragt, Musik vermittelt. Peter Rummenhöller zum 60. Geburtstag*, hg. v. Th. Ott und H. von Loesch, Augsburg 1996, S. 421–426.

[1] Zu op. 12 vgl. Gr. Vitercik, *The Early Works of Felix Mendelssohn*, S. 267–291, sowie Fr. Krummacher, *Mendelssohn – der Komponist*, S. 318ff. und S. 380ff.

F. Mendelssohn, op. 12, erster Satz, Einleitung, T. 1–6 (G. Henle Verlag).

Erster Satz, Hauptsatz, T. 18–25.

sondern den rückläufigen Zyklus in der Konsolidierung der Satzphasen weiterführt.[1]

Unverkennbar schließt die langsame Einleitung im ersten Satz an Beethovens ›Harfenquartett‹ op. 74 an, aus knappen auftaktigen Ansätzen schält sich jedoch ein Kernmotiv heraus, das den gesamten Verlauf bestimmt. Es eröffnet am Ende den dominantischen Vorhalt, dem der strömende Hauptsatz im Allegro non tardante als erweiterte Periode folgt. Die durchgängige Kantabilität täuscht leicht darüber hinweg, daß der Kopfsatz aus op. 12 als einziger nicht dem Sonatenschema entspricht. Denn im Epilog der Exposition folgt erneut der Hauptsatz in der Tonika, und wo eine Durchführung zu erwarten wäre, schließt sich ein drittes Thema in Moll an, das in der Coda wiederkehrt. Ein tonikales Themenzitat mit neuem Thema läßt an einen zweiten Refrain mitsamt Couplet im Rondo denken, anders als bei Beethoven liegt aber keine formale Kreuzung vor, sondern die Themen kontrastieren so wenig, daß ein analoger Zusatz als Variante statt als neue Prägung erscheint. Denn Haupt- und Seitensatz teilen mit dem Zusatzthema die auftaktigen Viertel, die aufspringend auf betonte Halbe mit fließenden Vierteln in Gegenrichtung zielen. Da statt der Schlußgruppe der transponierte Hauptsatz erscheint, sind primäre Formstationen durch analoge Thematik besetzt, und werden Reprise und Coda weiter gestrafft, so treffen die Themen aufeinander, um demonstrativ ihre Affinität vorzuweisen. Indem sie weithin entsprechend ausgesponnen werden, nehmen diese Phasen fast vier Fünftel des Verlaufs ein und beweisen eine Intention, die variative Verfahren erforderlich macht, um der Monotonie zu wehren. Dazu trägt im Anschluß an den Hauptsatz die gleichmäßige Achtelbegleitung bei, die den Scharniertakten der Themenglieder entstammt, zunehmend aber eigenes Profil erhält und in die Oberstimme eingreift. Sie wird von stauenden Akkorden vor dem Seitensatz abgelöst, dessen Transposition ohne Auftakt auskommt, und an der Naht von Exposition und Durchführung begegnen sich Versionen des Hauptsatzes. Dabei wird der homogene Klang vom akkordischen Satz gewährleistet, der den Stimmen weit weniger Selbständigkeit läßt als im klassischen Quartettsatz. Mit Achtelbegleitung begnügt sich auch das ›neue‹ Thema der Durchführung, das in steigender Quintkette die Stimmen durchläuft, dann erst wird der Themenkopf Gegenstand eines kleinen Fugatos (ab T. 130), und nur am Schluß der Durchführung erfährt er sequenzierende Erweiterung, die mit Beschleunigung auf Achtel nachträglich die Begleitung legitimiert. Als Brücke zur Reprise fungiert die einzige Phase, die den Themenkopf zur dreitönigen Formel reduziert und beweist, wie wenig sich das Material für motivische Arbeit eignet. Der Drängung der Reprise durch nachträgliche Striche entspricht die Coda, die pointierter als die Durchführung neues Thema und Hauptsatz reiht. Die variativen Verfahren tangieren aber nicht den Zusammenhalt der Melodiebögen und Satzblöcke, denn sie beschränken sich auf figurative Begleitung und akkordische Stauung, postulieren aber desto mehr den lyrischen Ton eines Satzes, der sich klassischer Konvention entzieht.

Formal komplizierter, aber strukturell einfacher liegen die Verhältnisse im Finale, das einem Sonatensatz nur äußerlich ähnelt. Das Verfahren der Zitate wird nämlich zur Übernahme ganzer Abschnitte aus dem Kopfsatz erweitert, die mit etwa 70 von 312 Takten fast ein Viertel des Umfangs ausmachen. Auffälliger noch ist ihre Plazierung, denn sie nehmen faktisch den Platz einer Durchführung und Coda ein. Dagegen verhalten sich die weiteren Satzteile wie Exposition und Reprise, da ihr Bau einen Sonatensatz verspricht, dem freilich die Durchführung fehlt. Der Kontrast verschärft sich, wenn Exposition und Reprise im 12/8-Takt und in c-Moll sich von den zitierten Passagen im 4/4-Takt abheben, die in f-Moll und erst am Ende in Es-Dur stehen (T. 171–184 und 324–378 gemäß Kopfsatz T. 190ff. und 245–292). Die Taktwechsel nehmen sich indes als bloße Modifikation der Bewegung aus, sofern das eine Taktmaß als Triolierung des anderen aufzufassen ist. Die Sonatenform ohne Durchführung erweist sich wie im Kopfsatz als Kalkül, denn zum einen sind die Themen auch im Finale intern geschlossen, zum anderen hängen sie durch auftaktigen Sextsprung und schrittweisen Abstieg zusammen. Solche Varianten eines Grundmodells, das sich weiterer Arbeit entzieht, sind kaum noch Themen im tradierten Sinn, sie werden demgemäß sequenziert und transponiert und zudem steigernd oder reduzierend variiert. Ihre Analogie macht eine Überleitung hinfällig, die zwischen verschiedenen Themen zu vermitteln hätte, und so tritt zwischen Haupt- und Seitensatz ein weiterer Gedanke ein, der im Staccato scherzosen Charakter hat und gleichwohl analogen Intervallrahmen aufweist. In die Kette der Varianten fügen sich die Zitate wie von selbst ein, die das ›neue Thema‹ aus Durchführung und Coda des Kopfsatzes umfassen. Damit bestreitet dieselbe Thematik in beiden Ecksätzen die Phasen der Durchführung und Coda, sie wird also zum Modell eines Verfahrens, das pointiert auf Analogien statt Kontraste setzt. Der Preis liegt im Verzicht auf motivische Arbeit zugunsten variativer Sektionen, die den Charakter des Materials nicht ernstlich ändern. Wie im Finale aus op. 13 erweist in op. 12 eine rezitativische Phase zwischen Reprise und Coda den Zusammenhang in einer Grundgestalt (T. 318–323). Die Affinität der Themen ist also die Quintessenz und begründet den Zusammenhang der Ecksätze. Beide wecken mit Exposition und Reprise die Erwartung eines Sonatensatzes, desto nachhaltiger werden aber Durchführung und Coda durch Zitate substituiert, die das Schema weiter als sonst bei Mendelssohn durchkreuzen. Das Konzept hat die Probleme der Verarbeitung zur Folge, zu deren Lösung die Zitate beitragen sollen, und hängen Themencharaktere, Substanzbezüge und Zitierverfahren voneinander ab, so ist zugleich nicht zu verkennen, daß sich das Werk damit von Beethoven weiter ablöst.

Andere Funktion erhalten demgemäß die Mittelsätze, die episodische Charakterstücke bilden. Das Andante espressivo nimmt sich fast als ausgedehnte Einleitung zum Finale aus (und ist ihm in manchen Editionen mit durchgehender Taktzählung verbunden). Die Kantabilität des Beginns rundet sich bei akkordischer Begleitung als erweiterte Periode zum Rekurs auf das Kopfmotiv, die intervallische Spreizung des zweiten Ansatzes läuft in rezitativischen Kadenzen aus und führt in akkordischer Raffung zum Grundmodell zurück. Zum Fortspinnungskomplex gesellt sich jedoch eine Sechzehntelbewegung, die durch die Stimmen läuft und die Führung der Oberstimme aufbricht, ehe sie zum liedhaften Kern zurücklenkt. Solche Figuration kann man monoton finden, doch weist sie auf spätere Liedsätze voraus und ist ein Ersatz für thematische Arbeit. In der wechselnden Ausspinnung seines Kerns steht der Satz bei asymmetrischer Formung dem ›Lied ohne Worte‹ so fern wie den Modellen Beethovens, von denen ihn seine kontrastarme Kantabilität trennt. Die einst bevorzugte Canzonetta in g-Moll, die als zweiter Satz das Scherzo vertritt, befolgt mit Maggiore als Trio das zweiteilige Schema, beschränkt sich aber auf eine Melodik, die man volkstümlich nennen mag, wiewohl gewiß kein Volkslied vorliegt. Der homophone Satz bringt die federnde Rhythmik zur Geltung, läßt jedoch metrischem Raffinement kaum Raum, und das Maggiore basiert auf quirliger Sechzehntelbewegung, die den Topoi der ›Elfenmusik‹ entspricht, ohne die Komplikationen der reifen Scherzi zu kennen.

Bei dieser Reduktion der Binnensätze erhalten die Ecksätze ein Gewicht, das durch die Affinität des Materials und die zitatweise Ver-

F. Mendelssohn, op. 12, vierter Satz, Coda, T. 269–275 (G. Henle Verlag).

klammerung verstärkt wird. Darin kann man eine strukturelle Vereinfachung sehen, die motivische Arbeit und obligate Stimmführung meidet und damit Prinzipien des klassischen Quartettsatzes unterläuft. Desto klarer tritt die Absicht zutage, der Tradition auch um den Preis interner Subtilität eine Alternative entgegen zu setzen. Konstatiert man in op. 13 und 12 nur Anklänge an Beethoven, so kann man aus wechselnder Sicht formale Experimente rühmen oder strukturelle Schwächen bedauern, wer aber an dieser frühen Reaktion auf Beethovens Spätwerk ein tieferes Verständnis vermißte, verfiele selbst einem naiven Vorurteil. Denn unübersehbar werden neue Lösungen erprobt, die allenfalls mit Schuberts Quartetten zu vergleichen wären. Bescheidener bleibt zwar der harmonische Fundus, während kontrapunktische und formale Ambitionen weiter reichen, unabhängig voneinander suchten aber beide Komponisten nach Möglichkeiten, dem diskontinuierlichen Satz der Klassik in der charakteristischen Kontinuität der Satzphasen zu begegnen. Wo klassische Normen als zeitlos verbindlich erklärt werden, droht klassizistische Normierung weit eher als in den kompositorischen Ansätzen der nachklassischen Situation. Indirekt wird noch in op. 12 auf Beethoven reagiert, entschiedener als im komplexeren op. 13 wird ein Weg eingeschlagen, dessen Ziel vorerst nicht absehbar ist. So läßt sich das Extrem als Ausdruck einer Krise auffassen, die es verständlich macht, daß der Komponist acht Jahre lang Distanz zum klassischen Kanon einhielt. Um den Anspruch des Quartetts einzulösen, waren weitere Maßnahmen erforderlich, die es gestatteten, ähnlich geschlossene Themen zu bewahren, ohne hinter das Niveau der Gattung zurückzufallen. Dieses Ziel wurde aber erst 1837 erreicht.

In den Quartetten op. 44 ist der Ausgleich zwischen den Maßstäben des klassischen Streichquartetts und einer Themenbildung gefunden, deren kontinuierlichen Strom man als romantisch bezeichnen darf.[1] Diese Balance ist als Kunst der Vermittlung zu beschreiben, deren Prinzipien in den einzelnen Sätzen spezifisch differenziert werden. Zu vermitteln ist dabei weniger zwischen verschiedenen Themen als zwischen analogen und in sich geschlossenen Phasen. Wo überleitende Partien nicht nur dem thematischen Fundus entnommen sind, ist weiteres Material einzuführen, das sich in der Ausarbeitung zu legitimieren hat, und der Integration entsprechen variative und kombinatorische Verfah-

---

1 Zu den Kopfsätzen aus op. 44 vgl. Fr. Krummacher, *Mendelssohn – der Komponist*, S. 277–299.

ren, in die latent die thematischen Impulse eingehen. Zu ihnen trägt eine kontrapunktische Verdichtung bei, die nicht mehr ostentativ hervorgekehrt wird, da sie von den Erfahrungen der vorangehenden Präludien und Fugen zehrt und ohne Anlehnung an historischer Modelle auskommt. Indem sie sich auf die Affinität eines kontinuierlichen Bewegungsstroms stützt, kann sie den strengen Satz anders als früher assimilieren. Im Vertrauen auf das Konzept konnte auch auf zyklische Verklammerung durch demonstrative Zitate wie in op. 13 und 12 verzichtet werden, und so kommen die Werke ganz ohne äußere Formexperimente aus, wie sie seit op. 20 erprobt wurden. Dennoch hat jedes Quartett so unverwechselbares Gepräge, daß es höhere zyklische Kohärenz als zuvor erreicht. Der Radius der Strategien wird im Vergleich der Sätze erkennbar, denn entsprechende Typen des Sonatensatzes und Sonatenrondos sind für die Ecksätze verbindlich, während scherzose und langsamen Binnensätze weitere Varianten kennen. So läßt sich vom e-Moll-Quartett Nr. 2 nicht nur ausgehen, weil es zuerst entstand, vielmehr bildet es exemplarisch die Prinzipien aus, die Varianten in den anderen Werken finden und zugleich die zyklischen Relationen bestimmen.

Im Kopfsatz aus Nr. 2 faltet sich der steigende Dreiklang zum kantablen Hauptsatz aus, während über ruhigem Baßfundament synkopische Viertel der Mittelstimmen nervöse Impulse im Allegro assai appassionato bewirken. Der aufschwingende Themenkopf wird kadenzierend durch punktierte Werte zum Viertakter ergänzt, auftaktige Achtel eröffnen die sequenzierten Zweitakter im Anschluß, und in weiteren Varianten wird kaum merklich die Baßbewegung beschleunigt, bis sich die Steigerung in fließenden Achtelketten entlädt. Nach der Kadenz jedoch ziehen sich die Stimmen im Unisono zu Sechzehntelketten zusammen, die zunächst nur als figurative Füllung wirken, zugleich aber Kerntöne des Themas kontrahieren. Sie paaren sich rasch mit Varianten der synkopischen Begleitung, und treten dazu kantable Linien wie im Hauptsatz, so verbinden sich bereits die maßgeblichen Bewegungsmuster des Satze, die in der Überleitung gesteigert und ebenso planvoll reduziert werden. Dabei wird die Figuration zu trillerhafter Umspielung verengt, ihr Ziel ist ein Halteton, über dem auf der Tonikaparallele der Seitensatz eintritt (T. 53). Vom Hauptsatz trennt ihn zwar engschrittig akkordische Faktur in zweitaktigen Gruppen, beide Themen teilen aber die fließende Bewegung der auftaktigen Viertel, die nur rhythmisch modifiziert werden. Während der Nachsatz des Seitenthemas in die Unterstimme übergeht, wird in der Oberstimme eine transponierte Variante des Hauptsatzkopfes angedeutet, und analog zur vorangegangenen Überleitung verbinden sich Derivate des Seitensatzes erneut mit der Sechzehntelfiguration, die ihrerseits den Gang vorantreibt. Sie mündet in einer Schlußgruppe, die mit energisch punktierten Akkordketten neu anzusetzen scheint, sogleich aber von fallenden Achteln im Legato beantwortet wird, über deren Varianten erstmals seit Satzbeginn der Kopf des Hauptsatzes wiederkehrt. So werden thematische Stationen durch intervallische und rhythmische Beziehungen verkettet, während ihre Vermittlung auf analogem Material basiert. Die Durchführung geht vom kontrahierten Modell des Hauptsatzes aus, dessen zweitaktiger Kopf mit einer auftaktigen Kurzzeile verbunden wird, seine Begleitung bilden nur anfangs wieder Synkopen, sie werden aber rasch von Achtelketten ersetzt, die in der Überleitung der Exposition begegneten. Das Themenmodell durchläuft die Stimmen wie ein wandernder Cantus firmus, erst wo es am Ende der ersten Sektion die punktierte Rhythmik seines Kadenzglieds erreicht, stagniert es im verminderten Septakkord, zu dem die Sechzehntelfiguration der Überleitung eintritt. Ihre Ausarbeitung verschränkt sich klarer als zuvor mit dem Kopf des Hauptsatzes, der die Stimmen durchläuft und kontrapunktisch potenziert wird, bis sich in ihm die drei Unterstimmen zusammenschließen (T. 153). Wie in der Exposition wird die Figuration trillerhaft verengt und führt auf das Zitat des verkürzten Seitensatzes hin, an den unmittelbar der Kopf des Hauptsatzes anschließt. Bei dynamischer Reduktion zum Pianissimo findet die Durchführung also ihre Kulmination, indem sie die Analogie beider Themen einsichtig macht. Ähnlich wird zur Reprise mit Diminution des sequenzierten Themenkopfes vermittelt, wozu der Hauptsatz eintritt, so daß sich die begleitenden Achtel der Exposition als Varianten des Themas ausweisen, das von seinen Derivaten begleitet wird. Wie stets in Mendelssohns reifen Werken erfährt die Reprise eingreifende Kürzungen, die besonders die Überleitungen betreffen und darin begründet sind, daß figuratives Zusatzmaterial seine konstitutive Funktion erwiesen hat. Desto mehr Gewicht erhält mit 40 Takten die Coda, die in sequenzierter Steigerung des Themenkopfes seine Paarung

F. Mendelssohn, op. 44 Nr. 2, erster Satz, Coda, T. 261–272 (G. Henle Verlag).

mit der Figuration in durchbrochener Manier gewinnt. Nach schrittweiser Reduktion begegnen sich Seiten- und Hauptsatz wie am Ende der Durchführung, womit die thematischen Modelle zusammenrücken, bis der Satz mit der Kombination von Hauptsatz und Diminution zum Ende drängt.

Hält man wie Greg Vitercik die Konzeption für »remarkable«, um gleichwohl Schwächen des Materials zu bedauern, so verfällt man leicht einem subjektiven Geschmacksurteil.[1] Die Themen sind zwar kaum so originell wie bei Schubert, den Gattungsnormen gemäß haben sie aber ihren Zweck nicht in sich, sondern erfüllen ihre Funktion im geschmeidigen Satzverlauf. Das thematische Material läßt sich also von seiner Entwicklung nicht trennen, maßgeblich ist vielmehr, daß die Themen durch vielfache Entsprechungen aufeinander bezogen sind, während sich zusätzliche Figuration kombinatorisch legitimieren muß. Im kontinuierlichen Prozeß, der keine unvermittelten Kontraste zuläßt, ist die Distanz zum diskontinuierlichen Satz der Wiener Klassik begründet, zugleich stellt sich die Aufgabe, anfängliche Differenzen zwischen Thematik und Figuration integrierend auszugleichen, bis am Schluß der Durchführung und der Coda die Gestalten ihre Affinität beweisen. Die Schritte, die sich in der Exposition auf rhythmische Bezüge beschränken, führen in der Durchführung zur thematischen Kombination, während die Themen in Reprise und Coda enger zusammenrücken. Damit wird der Sonatensatz umgedacht, in der fortschreitend variativen und kombinatorischen Integration bildet er zugleich eine Voraussetzung für die Verfahren von Brahms, die im erneuten Rekurs auf Beethoven bei den rhythmischen und intervallischen Zellen des Materials ansetzten. Doch wurden Mendelssohns Quartette eher als die Gegenstücke Schumanns, die auf die poetische Substanz der Erfindung vertrauten, zur historischen Vermittlung zwischen den Gattungstraditionen und ihrer weiteren Umprägung. Der geschichtlichen Bedeutung der Werke entspricht ihr ästhetischer Rang in der Vermittlung ihrer Bausteine, wie jedoch vergleichbare Techniken bei anderem Material die Kopfsätze der beiden Schwesterwerke bestimmen, ist nur mit wenigen Hinweisen anzudeuten.

Im Es-Dur-Quartett Nr. 3 verschiebt sich das Konzept durch beträchtlich komplexere Thematik, deren Implikationen die Unterschiede der Satzgruppen bedingt. Maßgeblich sind zunächst vier auftaktige Sechzehntel, die vor den Taktgruppen des Hauptsatzes stehen, den frei sequenzierenden Aufstieg der Oberstimme eröffnen und von nachschlagenden Unterstimmen ergänzt werden. Wo alle Stimmen zusammentreten, steigern sie sich in markanter Punktierung aufwärts, um gleich mit Achteln im Unisono abzufallen. Der auf zehn Takte gestreckte Themenkern bestätigt in harmonisch erweiterter Wiederholung seinen motivischen Fundus, die Kadenzgruppe im Unisono wird jedoch durch kreisende Achtelfolgen ersetzt, die ihrerseits eine erneute Erweiterung um

---

[1] Gr. Vitercik, *The Early Works of Felix Mendelssohn*, S. 313, wo es zum Kopfsatz aus op. 44 Nr. 2 heißt: »the fault lies in the thematic material rather than in the conception«.

F. Mendelssohn, op. 44 Nr. 3, erster Satz, T. 1–11 (G. Henle Verlag).

14 Takte zur Folge haben. Schließt dann die eigentliche Überleitung an, so bedient sie sich neben der motivischen Auftaktformel der zuvor übersprungenen Achtelkette des Kadenzglieds, und auftaktige Sechzehntel begleiten noch den Eintritt des Seitensatzes. Zwar setzt er nur als doppelter Halbschluß auf der Dominantparallele an, erweitert sich dann aber zu fließenden Vierteln, die sich als Umkehrung der Begleitstimmen aus dem Hauptsatz selbst erweisen. Das Beziehungsgefüge wird weiter verdichtet, wenn sich die Motivik des Seitensatzes mit Rückgriffen auf Auftakt- und Kadenzglied des Hauptsatzes verbindet. Ungewöhnlich selbständig ist dagegen die Schlußgruppe, die zur einzigen Ruhezone wird. Daß sie aber im Auftakt des Hauptsatzes ausläuft, erlaubt den Anschluß an die wiederholte Exposition wie an die Durchführung, die formal den bisherigen Satzverlauf nachzeichnet und seine motivischen Elemente zu neuen Konstellationen führt. So werden Haupt- und Seitensatz rasch verkettet, indem auf ein Zweitaktmodell des einen gleich das Zitat des anderen Themas folgt. Gegenüber dem e-Moll-Satz kehrt sich die Disposition um, sofern die Durchführung mit dichter Kombination beginnt, die in den Themen angelegt ist, und werden die motivischen Glieder weiter verarbeitet, so bleibt nur die Schlußgruppe ausgenommen, deren kantable Linien auf analoge Glieder beider Themen zurückdeuten. Die stark geraffte Reprise führt rasch in die Coda, die zur Schlußdurchführung wird, denn enger noch als zuvor werden rhythmische Motive verzahnt, und selbst zur Schlußgruppe treten nun die auftaktigen Sechzehntel aus dem Hauptsatz. Kaum ein anderer Satz Mendelssohns entspricht derart den Anforderungen thematischer Arbeit, ohne das Prinzip der fortschreitenden Vermittlung zwischen geschlossenen Phasen aufzugeben.

Das zuletzt entstandene D-Dur-Quartett modifiziert die Prinzipien im Kopfsatz nochmals, indem es die kontinuierlichen Phasen des einen mit dem rhythmischen Elan des anderen Pendants verbindet. Freilich ist das begleitende Tremolo im Hauptsatz weniger profiliert, auch wenn es den schwungvollen Ausgriff der Melodiestimme wirksam hervortreten läßt. Davon setzt sich eine eigenständige Fortspinnung in gleichmäßiger Achtelbewegung ab, so daß sich die Überleitung auf die Ausarbeitung sehr verschiedener Verlaufsmodelle richtet. Schlicht akkordisch beginnt der Seitensatz, der nur in seiner Wiederholung rhythmisch ein wenig modifiziert wird, aus der Reduktion seiner Akkordketten tritt der auftaktige Kopf des Hauptsatzes hervor. Nicht ganz so überlegen ist auch die Durchführung, die sich trotz ihres Umfangs auf die konträren Klangflächen des Hauptsatzes konzentriert, ohne den Seitensatz zu integrieren. Da sie schon in der Mitte zur Scheinreprise in C-Dur führt, benötigt sie eine weitere Strecke, um den Eintritt der eigentlichen Reprise zu motivieren. Komplexer als in der Exposition gerät die Schlußgruppe, die zuvor als zweistimmiger Kanon kaum auffiel und nun vierstimmig erweitert wird, doch kann die Coda dem Material kaum weitere Seiten abgewinnen, so daß der Eindruck eines klanglich brillanten, aber kaum sehr dichten Satzes bleibt.

Vergleichbare Maßnahmen bestimmen die Finali, in denen das Sonatenrondo – weit mehr als in der Klassik – zum verbindlichen Modell wird, was ebenso für spätere Instrumentalwerke Mendelssohns gilt.[1] Ausschlaggebend dürfte die Aufgabe gewesen sein, die Vermittlung so zu verfeinern, wie es die Verbindung des gearbeiteten Sonatensatzes mit dem reihenden Rondo erfordert. Kennzeichen des Rondos bleibt trotz weitgehender Angleichung der zweite Refrain, dessen tonikale Position vor der Durchführung den Verlauf des Sonatensatzes kreuzt. Dabei löst der Refrain in diesen Sätzen unablässige Bewegung aus, während die Formulierung konträrer Couplets, die sich dennoch für wechselweise Bezüge eignen, ein spezielles Problem bildete, wie die unterschiedlichen Versionen der Autographe erkennen lassen. Ein Muster ist wieder das Presto agitato e-Moll aus Nr. 2, dessen Refrain die auftaktige Oberstimme mit abtaktiger Begleitung paart.

1 Zu den Finali aus op. 44 s. Krummacher, *Mendelssohn – der Komponist*, S. 344–364.

F. Mendelssohn, op. 44 Nr. 2, vierter Satz, Refrain 1, T. 1–7 (G. Henle Verlag).

Sein treibender Impuls tritt in der Überleitung nicht ganz zurück, obwohl sie zu kantablerer Diktion umlenkt, und er wirkt desto nachdrücklicher, je weiter die Ausarbeitung voranschreitet. Entsprechend knapp ist das Couplet, dessen volltaktiger Ansatz rasch in knappe Zweitakter zerfällt, und schon die zum Animato gesteigerte Überleitung zum zweiten Refrain stützt sich erneut auf die Rhythmik des Hauptthemas, bis schwirrende Figuren und gebundene Linien sich in der Schlußgruppe überlagern. So zielt die Durchführung auf rhythmische Kombinationen ab, die man als monoton beklagen kann, solange man nicht ihr Prinzip durchschaut. Deutlicher tritt der Seitensatz in der Reprise durch Wechsel zur Tonikavariante hervor, unberührt bleibt davon die rhythmische Intensität, die in der synkopischen Stauung der Coda mitsamt dem heftigen Unisono des Schlusses kulminiert. Werden die Außensätze in Nr. 2 durch den intervallischen Rahmen ihrer Hauptthemen aufeinander bezogen, so ergeben sich in Nr. 3 eher rhythmische Analogien Denn wie im Kopfsatz geht der Refrain im Finale von auftaktigen Sechzehnteln aus, die gleich zu laufender Figuration erweitert werden. Während die Bewegung in den Mittelstimmen als modifiziertes Tremolo fortwirkt, können die Außenstimmen auftaktige Impulse ausbilden, erneut wird das Couplet von rhythmischen Momenten des Refrains begleitet, und sie bestreiten die Rückleitung zur Schlußgruppe, die in den Mittelstimmen an das figurative Material des Refrains anknüpft. So zehrt die Durchführung wieder vom Wechsel der rhythmischen Modelle, während die Harmonik weiter ausgreift; einen Gegenpol bildet dabei das Couplet, während nach gedrängter Reprise die Schlußgruppe die rhythmischen Analogien zum Refrain so ausspielt, daß ohne gesonderte Coda die Schlußsteigerung erreicht wird. Einfacher ist wieder der Schlußsatz aus Nr. 1, denn der energischen Kadenzfolge im Kopf des Refrains fügen sich rollende Achtel mit einer Kadenzfloskel an, und nach sequenzierter Wiederholung bleibt das mittlere Refrainglied eine gesonderte Zone mit dominierender Oberstimme. Wie in den anderen Finali scheint noch die herkömmliche Dreiteiligkeit des Refrains durch, wenn sein Kopf in knappem Fugato zusammen mit der figurativen Fortspinnung die Überleitung eröffnet. Solche kontrapunktischen Eingriffe wehren aber kaum der Tendenz zur Verselbständigung figurativer Passagen, aus der sich wie im Kopfsatz Probleme der Überbrückung ergeben. So neigt die Durchführung zur Reihung, selbst wenn ihr harmonische Akzente nicht abgehen, die Coda führt vom Fugato zu flächigem Satz, dem die eröffnende Kadenzlinie zugrunde liegt, und das Ziel bilden schwirrende Figuren, die dem Satz den effektvollen Abschluß geben.

Mit dem Formgrundriß ist den Finali in op. 44 die Vorstellung gemeinsam, die Differenzen zwischen Rondo und Sonate gleichzeitig zu pointieren und auszugleichen. Wie sich die Qualität der Vermittlung unterscheidet, so wechseln graduell die Beziehungen zwischen den Ecksätzen. Während sich ihre Hauptthemen in Nr. 2 und 3 durch intervallische oder rhythmische Konturen entsprechen, zeichnen sich die Ecksätze in Nr. 1 durch Klangfelder mit Figuration aus. Gleiche Abstufung zeigen die Binnensätze, die in Nr. 2 und 3 intrikate Scherzi und ausgearbeitete Liedsätze bilden, wogegen einem Menuett in Nr. 1 ein verhaltenes Andante folgt.

Das klanglich wie strukturell gleich reizvolle Scherzo E-Dur aus Nr. 2 ist das erste Paradigma eines Typus, der fortan für Mendelssohn verbindlich wurde.[1] Im flüchtigen Hören wird man nur der Klischees einer huschenden ›Elfenmusik‹ gewahr, zu denen bei raschestem Tempo schwirrende Tonrepetitionen und knappe Motivformeln ebenso gehören wie Triller, Vorschläge und stetes Piano mit unvermuteten Akzenten. Nachdem ein entsprechender Satz in op. 13 und 12 umgangen

1 Zu den Scherzi vgl. ebenda, S. 429–449.

F. Mendelssohn, op. 44 Nr. 2, zweiter Satz, T. 1–6 (G. Henle Verlag).

wurde, wird über frühere Ansätze hinaus das komplexe Spiel mit Form und Substanz vorangetrieben. Denn die Vermutung, es liege wie im Oktett ein Sonatensatz vor, scheint sich in der Analogie zweier Hauptteile zu bestätigen, die sich wie Exposition und Reprise ausnehmen (T. 1–52, 151–202). Doch geht der Rekapitulation die übliche Straffung ab, und wenn nach dem ersten Teil das Hauptthema in der Tonika wiederkehrt, ließe sich die konventionelle Teilwiederholung eines Tanzsatzes erwarten. Da sich aber ausgiebige Verarbeitung anschließt, wäre an den zweiten Refrain eines Sonatenrondos zu denken, doch hebt sich zuvor kein Seitensatz ab, während zwischen Verarbeitung und Rekapitulation ein Kontrastglied einrückt, das fast als verspätetes Trio anmutet und in der Coda aufgegriffen wird. Erstmals folgt also das Scherzo keinem gewohnten Grundriß, sondern kombiniert die Kennmarken unterschiedlicher Formen, wichtiger als das Formgerüst sind jedoch die Relationen zwischen Themen, Positionen und Strukturen, die das souveräne Spiel mit Form und Substanz ausmachen. Fast durchweg bilden sich achttaktige Gruppen, die sich aber nicht nur überlappen, sondern intern unterschiedlich gliedern. Abtaktige Tonrepetitionen zu Beginn werden dynamisch betont, doch bleiben in der figurativen Kette danach die Taktakzente in der Schwebe. Dem dreitaktigen Modell entsprechen im Themenkern die letzten Takte mit umgekehrtem Melodiezug, dazwischen wird dreifach ein Kadenzglied repetiert, das stets auftaktig auf Vorhalte zielt, so daß eine Gliederung in 3 + 2$^{1}/_{2}$ + 2$^{1}/_{2}$ Takte naheliegt. Nach

Wiederholung mit modifiziertem Kadenzglied setzt die nächste Gruppe auftaktig an, ungemindert bleibt aber bei melodischer Kontraktion der stete rhythmische Antrieb. Im dichten Gewebe hebt sich kaum eine Sequenzkette ab, die bei reduzierter Stimmenzahl die Akzente auf die zweite Zählzeit verschiebt (ab T. 41). Folgt dem Seitengedanken nach zwei eingeschalteten Takten das Hauptthema, dann läßt sich eine Achtelkette im Violoncello als freie Variante der thematischen Stimmzüge auffassen. Ohne einer modulierenden Durchführung zu gleichen, verharrt der Mittelteil meist in cis-Moll, doch bildet die Verarbeitung thematischer Dreitakter die Konsequenz einer Struktur, die einem Mosaik aus kleinsten Gruppen gleicht. Durch kontrapunktische Kombinationen wird die Ordnung der Taktgruppen aufgebrochen, und in kanonisch verdichteter Engführung verbindet sich der Themenkopf mit einem Gegenthema, das fast wie ein Kontrasubjekt eintritt. Sobald in synkopischer Stauung kurz ein dynamischer Höhepunkt erreicht wird, setzt sich in der reduzierten Rückleitung erneut die reguläre Gruppierung durch, die eine Reprise erwarten läßt. Statt dessen folgt aber – fast wie ein Trio – ein Einschub in gebundenen Vierteln, zwischen die nur kurz die thematische Rhythmik eingeblendet wird. Und der Ausklang mit wiegender Melodik der Viola, die erstmals den 3/4-Takt zur Geltung bringt, läßt als einzige Phase den rhythmischen Impetus verstummen. Desto plötzlicher wird zur eigentlichen Reprise umgeschaltet, die bei partieller Transposition auf Kürzung verzichten kann, weil die Kette der Segmente keine vermittelnde Überleitung kannte, und folgerichtig treten sich in der Coda die thematische Kerngruppe und der Einschub als Pole des Satzes gegenüber.

Eine andere Variante führt das Scherzo c-Moll aus Nr. 3 vor, dessen erste 16 Takte wie im Tanzsatz zu wiederholen sind. Anfangs folgt der Satz dem geläufigen Schema und zeigt zunächst nur rhythmische und melodische Modifikationen seines Materials. Retardierende und treibende Momente treffen sich in Haltetönen zu kreisender Bewegung in Baßlage, die Relationen werden mit Stimmtausch, Pausen und homorhythmisch getupften Achteln differenziert, doch beginnt dann ein Fugato, das im Tanzsatz kaum zu erwarten wäre und sich rasch in motivische Arbeit auflöst. Als dritte Ebene schließt sich eine Phase mit kantabler Melodik an, die zwar durch Motivik des Anfangs begleitet wird und gleichwohl am ehesten als triomäßige Kontrastgruppe erscheinen kann. Die unablässige Begleitung erlaubt jedoch eine motivische Kombinatorik, über die der Weg zur Reprise vermittelt wird, daß sich in ihr aber die Folge der Satzteile umkehrt, ist keine formale Lizenz, sondern die Konsequenz aus der Vernetzung der Phasen.

Der verhaltene Klang dieses Mollsatzes, dem heftige Akzente nicht fehlen, unterscheidet sich vom hellen Gegenstück aus Nr. 2, was beide Sätze dennoch verbindet, ist ihre prinzipielle Distanz zum herkömmlichen Scherzo. Sie weist sich weniger am ›Elfenton‹ aus und impliziert nicht nur formale Manipulationen, denn der Kunstverstand dieser Scherzi liegt nicht allein im artifiziellen Spiel, das sie mit Normen und Erwartungen treiben. Erst das Verhältnisse zwischen Material, Struktur und Form begründet jenen unwirklichen Charakter, der auf eine Ordnung jenseits der Konventionen verweist. Nur indirekt bezieht sich darauf das Menuett aus Nr. 1, das als zweiter Satz in der Grundtonart des Werks steht. Singulär bleibt im reifen Werk Mendelssohns ein zweiteiliger Tanzsatz mit Trio und Coda. Recht eigenartig geht er aber von gehaltenen Klanggruppen aus, die schrittweise verschoben und erweitert werden, so daß sich achttaktige Klangfelder ablösen, die aber intern nicht streng symmetrisch sind, während die fließende Melodik die Begleitung färbt, der alle tanzmäßigen Akzente abgehen. Konventioneller wirkt das h-Moll-Trio mit figurativer Oberstimme, das bei gehaltenen Akkorden und analogen Taktgruppen zum Gegenstück des Menuetts wird. Die Umbildung des Tanzes, auf den der Satz zurückschaut, rückt ihn zugleich in die Nähe der Scherzi, von deren Typus sich erst op. 80 löste.

Erstmals dagegen und entschieden sucht das Andante G-Dur aus Nr. 2 die Struktur eines ›Liedes ohne Worte‹ in die Kammermusik zu überführen. Im Unterschied zum lyrischen Klavierstück, wie es durch Schubert und dann Schumann ausgeprägt wurde, tendierten Mendelssohns *Lieder ohne Worte* dazu, mit motivischen Varianten und Kombinationen Verfahren größerer Formen zu adaptieren.[1]

1 Zu den langsamen Sätzen s. ebenda, S. 392–402 und weiter S. 414–417, vgl. ferner Chr. Jost, *Mendelssohns Lieder ohne Worte*, Diss. Frankfurt a. M. 1981, Tutzing 1988 (Frankfurter Beiträge zur Musikwissenschaft 14).

F. Mendelssohn, op. 44 Nr. 2, dritter Satz, T. 1–3 (G. Henle Verlag).

Daß ein Liedsatz, dessen Melos von gleichmäßiger Begleitung getragen wird, den Bedingungen im Klaviertrio entgegenkommt, liegt auf der Hand. Desto weiter ist aber der Abstand vom Leitbild gleichberechtigter Stimmen im Quartettsatz, dessen Stimmen sich in der Partizipation am Satz legitimieren. Wie prekär der Ausgleich im langsamen Satz ist, deutet in Nr. 2 die Warnung an, der Satz dürfe »nicht schleppend gespielt werden«. Das Grundmuster definiert der Anfang: Über Orgelpunkt ist den Mittelstimmen die Begleitung in Achteln und Sechzehnteln überlassen, während der Oberstimme die zeilenartigen Melodiezüge zufallen. Schon der nächste Achttakter beteiligt das Violoncello durch Imitation des Themenkopfes, und obwohl die Sechzehntelbewegung erst in der Schlußgruppe aussetzt, dringt sie sogar in die Oberstimme ein. Aus rhythmischer Diminution der Tonwiederholungen, mit denen die zweite Melodiezeile anhebt, entsteht ein unscheinbarer Seitengedanke (T. 25), je weiter aber die Kantabilität zurücktritt, desto mehr wird die Taktgruppierung im Verhältnis der Stimmen überspielt. Im Gefüge des Liedsatzes vertritt eine knappe Rückleitung die Durchführung, wonach dem Violoncello die melodische Führung in der Rekapitulation zufällt, deren Raffung den Verlauf weiter differenziert. Trotz genauer Disposition bleibt die Übertragung des Liedsatzes zwiespältig, da sie nicht ganz der Monotonie entgeht, die aus der Erweiterung der Form resultiert. So kommen die anderen Quartette ohne derart extreme Experimente aus, doch bleiben die Erfahrungen des einen Versuchs nicht folgenlos. Eine Variante erprobt das Andante h-Moll aus Nr. 1, das in analoger Relation der Stimmen beginnt, die begleitenden Sechzehntel aber schon in die erste Kadenz der Melodiestimme übernimmt, um gleich den Austausch der Ebenen zu eröffnen. Die fallenden Melodiezüge gliedern sich in Viertakter, die Gegenstimme artikuliert zu sparsamer Begleitung Sechzehntelketten im Staccato, und wo die Stimmen homorhythmisch zusammenkommen, umkreisen sie repetierte Akkordfolgen. Unüberhörbar sind Kennmarken, die eigentlich zum Scherzo gehören und bei weiterer Auflösung hervortreten. Das Andante entspricht formal dem Liedsatz aus Nr. 2, das Schema wird aber durch die Überlagerung der Charaktere überformt, und so resümiert die Coda Relikte der Figuration und der kantablen Melodik. Gewichtiger ist das Adagio non troppo As-Dur aus Nr. 3, das einen langsamen Sonatensatz darstellt. Wohl gliedert sich der Hauptsatz in zweimal vier Takte, da aber die Oberstimme erst im zweiten Takt eintritt, bleibt ihr ein nur dreitaktiger Vordersatz. Ihren Nachdruck bezieht sie aus frei dissonierendem Einsatz, während begleitende Akkordrepetitionen Gewicht gewinnen, wenn die Oberstimme im Nachsatz weiter ausgreift. Sobald sich das Thema in tiefer Lage wiederholt, erweitert es den Ambitus mit aufsteigenden Sechzehnteln, die auftaktig fungieren und die ornamentale Verlängerung der Kadenzgruppe bewirken. Anders als in den Lied-sätzen wird also nicht von vornherein begleitende Figuration eingeführt, vielmehr entsteht die Sechzehntelbewegung, die zum Band zwischen den Satzteilen wird, aus der Erweiterung des Themas. Zugleich gewinnt die ursprüngliche Begleitung durch chromatische Sequenzierung motivischen Rang, womit sich die Schichten des Satzes wechselweise durchdringen. Eine Variante des Akkompagnements grundiert den Seitengedanken (ab T. 35), dessen eintaktiger Kern von den Mittelstimmen wiederholt und von der Oberstimme übernommen wird, während die Schlußgruppe verminderte Akkorde als harmonische Sequenzkette umfaßt. In steten Varianten durchzieht obligate Figuration den durchführenden Mittelteil, in dem das Thema durch einen scheinbar neuen Gedanken in hemiolisch steigender Sequenz vertreten wird (T. 56), doch verweisen die sequenzierten

Sekundschritte auf die steigenden und fallenden Sekunden, mit denen
der Hauptsatz begann und schloß. Damit werden Satzteile über weite
Entfernungen aufeinander bezogen, in der Reprise erweisen die Themen
in unmittelbarer Folge ihre Annäherung, und die Coda kondensiert das
Material, indem der neue Gedanke der Durchführung zum Themenkern zurückkehrt. Strukturelle Momente des Liedsatzes paaren sich zur
Umbildung des Sonatensatzes, die erst in op. 87 und op. 80 gleichran-
gige Gegenstücke findet.

Bei vergleichbaren Satztypen konzentrieren sich die Quartette op. 44
auf Verfahren, die mit Kategorien der Ökonomie und Konzentration,
der Kontinuität und variativen Vermittlung zu umschreiben sind. Der
Rang der Werke liegt nicht nur darin, daß sie in der Umprägung des
Sonatensatzes und Sonatenrondos oder mit Scherzotyp und langsamem
Liedsatz eigene Wege einschlagen. Wirksamer wurde der Anspruch, im
Rahmen klassischer Formen den Normen der Gattung zu genügen,
obwohl sich die Voraussetzungen des Materials grundlegend gewandelt
hatten. Wer die Konflikte erkennt, die in der Situation nach der Klassik gründen, wird die Strategien zu ihrer Lösung nicht als einfache Reduktion abtun. Akzeptiert man den Begriff des Klassizismus für eine
Problematik, der spätere Musiker nicht ausweichen konnten, dann wird
die Reichweite der Lösungen sichtbar, die Mendelssohn unabhängig von
Schubert fand. Die Quartette op. 44 wurden nicht nur für Schumann
belangvoll, der seine Quartette Mendelssohn widmete. Beider Werke
wurden zu Leitbildern einer erneuerten Gattungstradition, die nach dem
Kanon der klassischen Werke als romantisch aufgefaßt werden konnte.

Neben Kammermusik mit Klavier entstand bis 1847 für Streichquartett nur das Capriccio e-Moll (1843), das ein Allegro fugato mit einer
langsamen Einleitung verbindet. Das vorangestellte Andante con moto
im 6/8-Takt vertritt wie kein anderer Quartettsatz den Typus der sog.
›Gondellieder‹, dagegen ist der fugierte Satz – obwohl keine schulgerech-
te Fuge – strenger als die Gegenstücke in der Kammermusik gearbeitet.
Wohl läuft er als ›Assai vivace‹ durchweg in Sechzehntelfiguren ab, doch
fehlen der Thematik maßgebliche Kennzeichen der Scherzi. Die zweitaktigen Themenglieder verhalten sich nicht wie Themenkopf und Fortspinnung, sondern sie heben sich rhythmisch wie diastematisch derart
ab, daß sie getrennt verarbeitet werden können. Einer zweigliedrigen Sequenz im Terzabstand tritt eine stufenweise Sequenzgruppe in Achteln
entgegen, beide Gestalten werden gepaart und mit einer Figur als festem
Kontrapunkt ergänzt. Die Kombination der Themen wird mit ihrer
Umkehrung verbunden, permutierend verfestigt oder in motivischer
Arbeit so aufgelöst, daß die Stimmen fast immer thematisch begründet
sind. Diese Kreuzung scherzoser und kontrapunktischer Zügen motivierte wohl die Bezeichnung ›Capriccio‹, doch wurde der Satz erst in
op. 81 mit der Es-Dur-Fuge von 1827 und zwei Einzelsätzen publiziert,

die im August und September 1847 geschrieben wurden. Ob sie zu einem unvollendeten Quartett gehörten oder einzelne Charakterstücke bilden sollten, ist vorerst unentschieden. Das Scherzo in a-Moll, das im 6/8-Takt letztmals den Ton der ›Elfenmusik‹ aufnimmt, bleibt mit 149 Takten lakonisch knapp und verknüpft unscheinbare Formeln in viertaktigen Gruppen zu variablen Konstellationen. Wie frühere Scherzi entspricht der Satz einem Sonatenrondo, doch tritt dieses Gerüst in der wechselnden Kombination der Bausteine kaum hervor. Singulär bleibt der vorangehende Variationensatz E-Dur, denn Variationen begegnen selbst im Klavierwerk erst 1841. Zur Scheu vor ihnen trug Beethovens Leistung ebenso bei wie die Schwemme brillanter Modestücke in Salon- und Virtuosenmusik, zudem entsprachen Variationen kaum Mendelssohns Verfahren, relativ einfache Bausteine kombinatorisch zu vernetzen. Statt dessen kam es auf eine charakteristische Substanz an, die für Mendelssohn, der dem spontanen Einfall mißtraute, geringere Bedeutung als die Entfaltung des Materials hatte. So laufen im Quartettsatz fünf Themenzeilen mit je vier Takten in gleichförmigen Achteln ab, sparsam bleibt die Harmonik, und das schlichte Thema verzichtet auf melodische Rundung bei figurativer Begleitung. Von nachschlagender Begleitung verläuft die Steigerung über Triolierung und Figuration bis zum Presto der fünften Variation, die dem Thema im Umschlag zur Mollvariante scherzose Momente abgewinnt, und die Coda resümiert den Satz, der wie frühere Binnensätze zwischen liedhaften und scherzosen Zügen changiert.

Neben diesen Quartettsätzen aus dem Todesjahr 1847 bedeutet das f-Moll-Quartett op. 80 einen prinzipiell neuen Ansatz, selbst wenn man es nicht mit Georg Knepler als »Requiem einer Epoche« auffaßt.[1] Die individuelle Entscheidung eines Komponisten ist nicht mit einer Zäsur in der Kompositionsgeschichte gleichzusetzen, auch läßt sich das Werk kaum als ›Requiem für Fanny‹ entschlüsseln, denn so tief der Tod der Schwester den Komponisten traf, so wenig dürften derart private Züge in die Musik eingegangen sein. Wer freilich das neue Konzept in op. 80 für »not entirely clear« hält, verkennt in einseitiger Orientierung an frühen Experimenten das Niveau der reifen Werke Mendelssohns.[2] Doch läßt sich das neue Potential im Spätwerk kaum nur als »greater tightness« fassen, vielmehr treten prinzipielle Differenzen in allen raschen Sätzen zutage, deren Faktur so kompakt geworden ist, daß sie kaum noch melodische Bögen und selbständige Stimmzüge zuläßt. Statt dessen setzen sich rhythmische und dynamische Impulse in weiten Klangwellen derart schroff durch, daß sie allein die Kurven des Verlaufs tragen und zugleich das vormals motivisch verdichtete Beziehungsnetz durchbrechen.

Der Hauptsatz im eröffnenden Allegro assai stellt eine tremolierende Klangfläche dar, an der alle Stimmen teilhaben. Sie mag zwar an Schuberts c-Moll-Satz D 703 erinnern, der aber eine andere Entwick-

1 G. Knepler, *Musikgeschichte des 19. Jahrhunderts*, Bd. II: *Österreich, Deutschland*, Berlin 1961, S. 770; ferner vgl. H. G. Klein, *Korrekturen im Autograph von Mendelssohns Streichquartett op. 80. Überlegungen zur Kompositionstechnik und zum Kompositionsvorgang*, in: Mendelssohn-Studien 5, Berlin 1982, S. 113–122.
2 Gr. Vitercik, *The Early Works of Felix Mendelssohn*, S. 314.

F. Mendelssohn, op. 80, erster Satz, T. 1–17 (*AGA*).

lung erfährt (und erst 1870 gedruckt wurde). Hier jedoch heben sich aufwärts jagende Taktgruppen der Oberstimmen, die weniger als Sequenz denn als Fortspinnung fungieren, vom tremolierten Orgelpunkt in Baßlage ab, so daß sich rasende Bewegung mit beharrlichem Stillstand kreuzt. Allein die punktierten Auftakte im Annex, die keinen ergänzenden Nachsatz bilden, deuten im Rahmen des verminderten Septnonakkords intervallische Konturen an, die in gesteigerter Wiederholung des Tremolofeldes aufgehen. Die Überleitung kann also kaum von thematischen Gestalten zehren, sie transformiert vielmehr den punktierten Auftakt zu Drehfiguren im Quintraum, aus deren Achtelketten sich erneute Klangflächen herausbilden. Über akzentuierende Achtel und komplementäre Triolen führt die rhythmische Steigerung, die nicht mehr thematisch gesichert ist, zu stürzenden und aufschießenden Triolenketten, an ihren Abbruch schließt ein Seitensatz an, der in knappstem Rahmen Reste jener Kantabilität birgt, die früher den innigen Ton solcher Phasen ausmachte. Allerdings basiert er wieder auf synkopisch pulsierenden Tonrepetitionen und löst sich in einem Satzfeld auf, das die punktierte Rhythmik kettenweise verlängert, bei intervallischer Verengung zugleich aber den harmonischen Radius bis zu enharmonischen Verwechslungen erweitert. Ein letztes Residuum einstigen Liedsätze bleibt allein die Schlußgruppe, die nach mehrfacher Wiederholung über Teilglieder wie ein aussichtsloser Versuch abbricht.

Ohne die Exposition zu wiederholen, folgt unmittelbar die Durchführung, die bei solchen Vorgaben ohne motivische oder kontrapunktische Arbeit auskommen muß. Im Gegenzug erweitert sie den tremolierenden Hauptsatz erneut, nur sein punktierter Annex wird motivisch und harmonisch verdichtet und mit ruhelosen Figurenketten gepaart. Beide Schichten laufen auf eine akkordische Progression zu, in der die Oberstimme zu synkopisch versetzten Klangzügen aufwärts treibt, während die Harmonik mittels eingeschalteter Leittöne weiter ausgreift, und wo sich der Satz in tremolierter Klangspreizung auflöst, werden die Umrisse der Reprise von der jäh abstürzenden Oberstimme verdeckt. Den Gang der Exposition zeichnet die Reprise mit harmonischen Varianten nach, und nach Abbruch der Schlußgruppe greift die Coda nur einmal noch auf den Hauptsatz zurück, um jedoch im Unisono zum Presto zu treiben, an dessen Ende nur amorphe Skalen und Akkordschläge verbleiben. Im Gegensatz zu früher verabschiedet sich also gerade die Coda von den Pflichten thematischer Arbeit, doch gilt das ähnlich für das Finale, das nicht mehr den Ausgleich mit dem Rondo sucht. Im kompakten Sonatensatz stoßen mindestens so konträre Kräfte wie im Kopfsatz zusammen, statt der Tremolobewegung verbleiben nur gleichsam gespreizte Triller, die sich vom Sekund- zum Quintabstand erweitern, auch stete Synkopen auf engstem Raum haben kein melodisches Profil, und wo in der Überleitung die Triller abbrechen, begrenzt sich der Seitensatz auf jagende Achtelketten, die wieder in die Impulse des Hauptsatzes münden. Ausschließlich mit diesem Material wird die Durchführung bestritten, alleinige Ausnahme bildet ihr Schluß, der letztmals einen gesanglichen Ton zuläßt, wie ihn die Schlußgruppe im Kopfsatz versuchte. Eindringlich ist es, wie diese Melodik rasch von den Trillern des Hauptsatzes eingeholt wird, und daß der Abbruch gleiche Funktion wie im Kopfsatz hat, macht nochmals die Coda kenntlich, die das Material vorantreibt, ohne eine thematische Bündelung zu versuchen.

Solange man mit der Arbeitsweise des Komponisten nicht vertraut war, ließ sich im kompromißlosen Satzgefüge der Entwurf eines unvollendeten Quartetts erblicken.[1] Doch ist das Autograph – im Unterschied zu Skizzen und Entwürfen – mit allen Angaben zur Dynamik und Artikulation wie eine Druckvorlage ausgeführt, und das Konzept mit seinem Abstand zu allen früheren Werken hätte eine nochmalige Durchsicht gewiß nicht getilgt. Die Komprimierung des Satzes kommt aber nicht durch dichte Verarbeitung, sondern im Verzicht auf sie zustande. Zwei Jahre zuvor hatte Mendelssohn eine solche Charakteristik im c-Moll-Trio op. 66 im Streichquintett op. 87 erprobt, so genau gearbeitet aber das Trio noch ist, so wenig verzichtet das Quintett auf herkömmliche Arbeit.[2] Schon hier wurden indes Überleitungen durch Klangflächen ersetzt, die freilich nicht gleiche Prägnanz wie in op. 80 erreichten, und blieb das Finale unvollendet, so deutet der langsame Satz, dessen Coda die Themen zu mächtiger Klangsteigerung führt, bereits auf das Spätwerk hin. Im Adagio aus op. 80 weist die eröffnende Linie im Violoncello leittönig nach f-Moll, und erst der dreitaktige Bogen der Oberstimme führt zur Tonika As-Dur (was Mendelssohns Bemerkung motiviert, alle Sätze des Werks stünden in Moll).[3] Ein Bindeglied zwischen den Taktgruppen bilden punktierte Auftakte, erst die folgende Phase läßt zu unruhiger Begleitung ein Modell in Viertelbewegung durch die Stimmen wandern. Der engräumigen Fortspinnung jedoch,

1 Ebenda; vgl. ferner R. Cadenbach, *Zum gattungsgeschichtlichen Ort von Mendelssohns letztem Streichquartett*, in: *Felix Mendelssohn Bartholdy. Kongreß-Bericht Berlin 1994*, hg. v. Chr. M. Schmidt, Wiesbaden u. a. 1997, S. 209–231.

2 Fr. Krummacher, *Mendelssohn's Late Chamber Music: Some Autograph Sources Recovered*, in: *Mendelssohn and Schumann. Essays on Their Music and Its Context*, hg. v. J. W. Finson und R. Larry Todd, Durham/N.C. 1984, S. 71–84.

3 F. Moscheles (Hg.), *Briefe von Felix Mendelssohn-Bartholdy an Ignaz und Charlotte Moscheles*, S. 282f.

die kaum noch einem Seitensatz gleicht, steht ein Satzfeld gegenüber, das mit punktierten Tonrepetitionen die Auftakte des Themas fortspinnt. Wo es wiederum abbricht, verbindet sich der Rückgriff auf den Hauptsatz mit einer harmonischen Akzeleration, die enharmonisch bis E-Dur führt, und in der Rückleitung erreicht die Durchführung eine Komplexität, die den Vergleich mit Schuberts harmonischen Funden nicht scheuen muß. Die Reprise jedoch, die sich auf nachgeordnete Satzgruppen begrenzt, führt das Hauptthema, das keinen verbindlichen Verlauf mehr stiftet, zum resignierten Ausklang.

Jede Erinnerung an das leichtfüßige Elfenscherzo ist schließlich im Allegro assai f-Moll ausgelöscht, wiewohl es als zweiter Satz zur Folge von Tanz und Trio zurückkehrt. So werden zwar beide Teile wiederholt, die ersten sechzehn Takte präsentieren aber kein melodisch definiertes Thema, sondern konzentrieren sich über chromatischem Baß auf eine Akkordprogression, die unvermittelt in der Kadenz abbricht. Im Wechsel mit heftigem Unisono wird das Material im zweiten Teil gesteigert, und in der Erweiterung der abrupten Kadenzwendung löst sich das Satzgefüge vollends auf.

F. Mendelssohn, op. 80, zweiter Satz, T. 94–112 (*AGA*).

Statt eines Trios folgt eine freie Ostinatoform mit festem Segment im Unisono der Unterstimmen, das transponiert oder sequenziert wiederkehrt, während die Violinen knappe Linien anstimmen, die nur schattenhaft an frühere Liedweisen gemahnen. Ihr rastloses Pendeln zum unerbittlichen Ostinato gibt dem Satz seine Schärfe, und sobald sich ein wiederholtes Relikt in Terztrillern festläuft, lenken chromatische Skalen der Unterstimmen zur Wiederholung des ersten Satzteils zurück. Statt einer Coda scheint erneut der Ostinatosatz anzusetzen, doch verstummen seine melodischen Gesten desto rascher in Trillern und isolierten Akkorden. In seiner vibrierenden Unruhe bildet der Satz ein Pendant zu den Ausbrüchen der Ecksätze, gemeinsam dokumentieren sie aber wie das Adagio die Distanz von vormals verbindlichen Verfahren.

Müßig bleibt jede Spekulation über den weiteren Weg des Komponisten, der wenig später starb. Denn isoliert wie in seinem Œuvre blieb op. 80 in der Gattungsgeschichte, in der man auf die Quartette von Grieg, Smetana oder Hugo Wolf vorgreifen müßte, um ähnlich radikale Verfahren zu finden. Rückblickend zeichnet sich ab, wie sehr Mendelssohns geschichtliche Leistung mit seinen reifen Werken verknüpft war.

Ihr kompositorisches Niveau ließ sich als Glättung werten, solange ihre Kunst der Vermittlung verkannt wurde, doch ist diese Haltung als Klassizismus nur dann zu bezeichnen, wenn die Konflikte eingeschlossen werden, die aus der zwiespältigen Lage nach Beethoven resultierten. Daß eine Balance, wie sie die Quartette op. 44 repräsentieren, in der Auseinandersetzung mit Bach und Beethoven gefunden wurde, blieb als Leistung noch wirksam, als man sich des Komponisten nicht mehr erinnern wollte. Im raschen Wandel des Komponierens – verschärft durch antisemitische Töne – verblaßte sein Ansehen, seit Schuberts Meisterwerke rezipiert wurden. Sie konnten nur noch mittelbar wirken, doch verdeckten sie bald, wie sehr zuvor Mendelssohn und Schumann Musik als Inbegriff der sog. ›Neuromantik‹ gegolten hatte. Die Geschichte der Gattung ist aber nicht ohne die Konstellation zu verstehen, die Mendelssohns Quartette und ihre Beantwortung durch Schumann umschließt.

2. Schumann: Episoden in Prozessen

Daß eine gattungsgeschichtliche Übersicht den drei Quartetten von Schumann ein eigenes Kapitel einräumt, bedarf offenbar einer Begründung. Denn die Skepsis, die diese Werke nicht selten auf sich zogen, äußerte sich nicht allein in Hinweisen auf ihren »zwitterhaften Ursprung«, den entgegen den Normen der Gattung »die untergeordnete Rolle« der Mittelstimmen verrate: »Der Geist des Klaviers ist überall spürbar«.[1] Damit lag auch der Vergleich mit dem größeren Bestand der Kammermusikwerke nahe, die dem Klavier einen maßgeblichen Anteil zuweisen. Und unter den Kompositionen, die im gleichen Jahr wie die Quartette op. 41 entstanden, wurde seit jeher das Quintett op. 44 noch vor dem Quartett op. 47 bevorzugt. So konnte eine umfängliche Biographie feststellen, Schumann habe sich im Streichquartett »notgedrungen vom Klavier trennen« müssen und sich hier »sogar fast als akademisch« ausgewiesen – wiewohl »im besten und schönsten Sinne«, da man für »Gefühlsausbrüche, Meditationen und Träumereien« durch »meisterliches Handwerk« entschädigt werde.[2] Befand sich Schumann 1928 für Wilhelm Altmann »auch als Quartettkomponist auf eigenartiger, stolzer Höhe«, die man »ihm leider mitunter zu bestreiten sucht«, so wollte Finscher 1965 den Quartetten im Vergleich mit Mendelssohn nur »eine durchaus untergeordnete Stellung« einräumen, da »dem Willen zu anspruchsvollster Ausformung« eine Fülle »dem Sonatensatzprinzip widersprechender Valeurs« entgegenstehe.[3] Unschwer ließe sich zeigen, wie die gespaltenen Urteile schon in der zeitgenössischen Rezeption angelegt sind. Denn einerseits konnten die Streichquartette – mit der übrigen Kammermusik – als Werke der Klärung verstanden werden, mit denen sich Schumann aus den »mystischen Tiefsinnigkeiten« der

1   P. M. Young, *Robert Schumann*, Leipzig 1968, S. 165; vgl. auch F. Davis in *Cobbett's Cyclopedic Survey of Chamber Music*, Bd. 3, London – New York – Toronto ²1963, S. 371.

2   P. und W. Rehberg, *Robert Schumann. Sein Leben und sein Werk*, Zürich und Stuttgart 1954, S. 533f., wo die Quartette als »Musik der Mitte« apostrophiert und damit in die Nähe des Schumann suspekten ›juste milieu‹ gerückt werden.

3   W. Altmann, *Handbuch für Streichquartettspieler*, Bd. I, Berlin 1928, S. 286; L. Finscher, Art. *Streichquartett*, in: *MGG*, Bd. 12, Kassel u. a. 1965, Sp. 1559-1601: 1584.

vorangegangenen Klavierwerke gelöst habe; andererseits konnte aus entgegengesetztem Blickwinkel auch der Vorwurf laut werden, durch seine »Zugeständnisse« neige er sich »mendelssohnscher Art zu«.[1] So will es fast scheinen, als seien auch Schumanns Quartette – wiewohl auf andere Weise als die Mendelssohns – gegenüber dem klassischen Kanon auf apologetische Rechtfertigung angewiesen.

Eine Gattungsgeschichte ist nicht der Ort zur Klärung von so generellen Begriffen wie denen der Klassik, der Romantik und des Klassizismus, auf die sie freilich zugleich angewiesen bleibt. Denn solche Termini bilden nicht allein spätere Konstruktionen, sondern sind bereits durch zeitgenössische Diskussionen geprägt, die einer näheren Diskussion bedürften.[2] Immerhin zeichneten sich in der Quartettgeschichte einige Kriterien ab, die satztechnische Distinktionen statt genereller Definitionen erlauben. Denn das Quartett der Klassik zunächst, das Normen stiftete und damit zu klassischer Geltung kam, setzte den kadenzmetrischen Satz voraus, um das periodische Gehäuse in der Balance der Impulse zu überspielen. Gegenüber einer Diskontinuität, die noch für das Spätwerk Beethovens galt, erwies sich zugleich im Œuvre von Schubert der Vorrang einer expressiven Kontinuität, die einen Gegenpol im Kontinuum geschlossener Satzphasen fand und damit als ›romantisch‹ empfunden werden konnte. Sie nötigte zu einer Balance anderer Art, falls den Ansprüchen der Gattung Genüge getan werden sollte, und so dürfen wohl die Verfahren Mendelssohns als ›klassizistisch‹ gelten, die erneut die Stimmführung thematisch zu legitimieren suchten. Höchst selbständig nimmt sich daher der entgegengesetzte Ansatz Schumanns aus, sofern er rückhaltlos auf die momentane Prägnanz einer gedrängten Charakteristik setzt, die in ein eigenartiges Verhältnis zum Prozeß des Satzes tritt.

Im Werk von Schumann nehmen die Quartette op. 41 bereits durch ihre Entstehung eine ausgezeichnete Stelle ein.[3] Nachdem sich der Komponist über mehr als zehn Jahre hin fast ganz auf Klavierwerke konzentriert hatte, führte ihn das ›Liederjahr‹ 1840 erstmals in einen ganz anderen Bereich hinein. In beispielloser Fülle entstanden nun hintereinander Sammlungen wie die *Myrten* op. 25 oder die Liederkreise nach Eichendorff, Chamisso und Heine op. 39, 42 und 48. Ebenso entschlossen widmete sich Schumann im folgenden Jahr der Orchestermusik, in der nun der I. Symphonie op. 38 auch die ersten Fassungen des Klavierkonzerts op. 54 und der IV. Symphonie op. 120 mitsamt der ›Sinfonietta‹ op. 52 folgten. Das anschließende ›Kammermusikjahr‹ wurde 1842 jedoch durch Streichquartette eröffnet, die in der kurzen Zeit von Anfang Juni bis Mitte Juli komponiert wurden, während im Herbst das Quartett und das Quintett mit Klavier sowie die Fantasiestücke für Klavier hinzukamen (op. 44, 47 und 88). Anders als bei Schubert führte der Weg also nicht über die Kammer- zur Orchestermusik, den ersten

---

[1] Allgemeine Musikalische Zeitung 47 (1845), Sp. 38f. (gezeichnet »R«); H. Hirschbach (Hg.), *Musikalisch-kritisches Repertorium aller neuen Erscheinungen im Gebiete der Tonkunst*, Bd. II, Leipzig 1845, S. 191ff.

[2] Fr. Blume, Art. *Klassik*, in: *MGG*, Bd. 7, Kassel u. a. 1958, bes. Sp. 1027–1030; L. Finscher, *Zum Begriff der Klassik in der Musik*, in: Deutsches Jahrbuch der Musikwissenschaft 11 (1967), S. 9–34, auch in: *Bericht über den Internationalen Musikwissenschaftlichen Kongreß Leipzig 1966*, hg. v. C. Dahlhaus u. a., Kassel u. a. 1970, S. 103–127; A. Forchert, ›*Klassisch*‹ *und* ›*romantisch*‹ *in der Musikliteratur des frühen 19. Jahrhunderts*, in: Die Musikforschung 31 (1978), S. 405–425; L. Finscher, Art. *Klassik*, in: *MGG²*, Sachteil Bd. 5, Kassel u. a. 1996, Sp. 224–240; Fr. Krummacher, Art. *Klassizismus*, ebenda, Sp. 241–247 und Sp. 253ff.

[3] Fr. Krummacher, *Schumann in Opposition. Die Streichquartette op. 41 im gattungsgeschichtlichen Kontext*, in: ›*Neue Bahnen*‹. *Robert Schumann und seine musikalischen Zeitgenossen. Bericht über das 6. Internationale Schumann-Symposion Düsseldorf 1997*, hg. v. B. R. Appel, Mainz u. a. 2002 (Schumann-Forschungen 7), S. 11–28.

Schritt in der Kammermusik bildeten jedoch die Streichquartette. Die beiden Werke in a-Moll und F-Dur (Nr. 1 und 2) wurden in der ersten Junihälfte 1842 skizziert und nach Schumanns Gewohnheit gleich in den folgenden Wochen ausgearbeitet, in die anschließende Zeit fiel die Skizzierung des A-Dur-Quartetts Nr. 3, dessen Ausarbeitung am 22. 7. 1842 abgeschlossen wurde. Ein so erstaunlich rascher Arbeitstakt darf freilich nicht darüber hinwegtäuschen, daß auch Schumann langwieriger Annäherung ›in einer neuen Gattung‹ bedurfte.[1] In seiner ›Klavierperiode‹ teilte er seiner Braut Clara Wieck am 11. 2. 1838 mit: »ich mache drei Violinquartette«. Ihre erstaunte Rückfrage (»Kennst du denn die Instrumente genau?«) verband sie mit der gut gemeinten Mahnung: »nur, bitte recht klar«, worauf er am 19. 3. antwortete: »Sonderbar wie ich fast Alles kanonisch erfinde [...] oft auch in Umkehrungen, verkehrten Rhythmen etc.«.[2] Die Eintragungen im Tagebuch sprechen zu gleicher Zeit von »Quartettbegeisterung«, »ganz beglückt« mache ein Werk, das freilich »nur als Versuch gelten kann«; davon zwar fehlt jede Spur, mehrfach ist aber im Frühsommer 1839 wieder von Quartetten die Rede, worauf sich vielleicht auch zwei Entwürfe in Es- und D-Dur beziehen.[3] Schon 1838 wurde ein weiterer Versuch unternommen, sich die Kammermusik und zumal das Streichquartett zu erschließen, als Schumann Musiker des Gewandhauses unter Führung des Konzertmeisters Ferdinand David zur Reihe seiner ›Quartettmorgen‹ in kleinem Kreis einlud, worüber er dann in seiner Zeitschrift berichtete. Nach Ausweis der Werkauswahl ging es primär um Bekanntschaft mit neuen Kompositionen von J. Verhulst, C. G. Reißiger und H. W. Veit, neben weniger bekannten Autoren wurden Werke von Spohr und Cherubini erprobt, unberücksichtigt wie der klassische Kanon blieben aber auch die Quartette von Mendelssohn und Schubert (von dem auch Schumann offenbar nur das d-Moll-Quartett kannte, das er mit »ganz neuen« Quartetten Mendelssohns im Konzertüberblick 1838/39 erwähnte).[4] Daß erste Gedanken an Quartette in das Jahr 1838 fielen, ist kaum unabhängig von Mendelssohns Arbeit an op. 44 zu verstehen, die Schumann nicht entgangen sein dürfte. Doch erst seit Februar 1842, als Schumann immer mehr »quartettistische Gedanken« hegte, sprechen die Tagebücher von Bemühungen um die Quartette von Haydn, Mozart und Beethoven, für die er sich Partituren vom Verlag erbat. Zugleich verfolgte Schumann als Rezensent mit wachsender Aufmerksamkeit die Kammermusik, die im Gewandhaus durch die Initiative von David aufgeführt wurde.[5]

Zweimal galt der ›Quartettmorgen‹ Werken des »gänzlich unbekannten« Hermann Hirschbach, der in Verehrung zu Schumann nach Leipzig gekommen war und doch später in seiner eigenen Zeitschrift zum scharfen Kritiker Mendelssohns wie Schumanns werden sollte. Drei »große Quartetten und ein Quintett«, die »sämtlich mit Stellen aus Goethes

1 Zur Entstehung der Quartette op. 41 vgl. H. Kohlhase, *Die Kammermusik Robert Schumanns. Stilistische Untersuchungen*, Hamburg 1979 (Hamburger Beiträge zur Musikwissenschaft 19), Bd. 1, S. 14ff.

2 *Clara und Robert Schumann. Briefwechsel. Kritische Gesamtausgabe*, hg. v. E. Weissweiler, Bd. I: 1832–1838, Basel und Frankfurt a. M. 1984, S. 100, 108 und 127.

3 *Robert Schumann. Tagebücher*, hg. v. G. Nauhaus, Bd. II: 1836–1845, Leipzig 1987, S. 51; *Robert Schumann. Briefe*, hg. v. F. Gustav Jansen, Leipzig ²1904, S. 118 (an J. Fischhof, 3. 4. 1838); H. Kohlhase, *Die Kammermusik Robert Schumanns*, Bd. 1, S. 17, sowie Bd. 3, Tafel III.

4 *Robert Schumann. Gesammelte Schriften über Musik und Musiker*, hg. v. M. Kreisig, Leipzig ⁵1914, Bd. I, S. 333–347; zur Erwähnung der Quartette Mendelssohns und Schuberts vgl. ebenda, S. 380.

5 *Schumann. Tagebücher*, Bd. II, S. 220 und S. 229; A. Edler, *Robert Schumann und seine Zeit*, Laaber 1982, S. 163ff.

Faust überschrieben« waren, erschienen Schumann zunächst als »Seelensprache« und »wahrstes Musikleben«, auch wenn handwerkliche Mängel bei wiederholtem Hören »zu quälen« begannen und die »Bitte mancher Änderung« nahelegten.[1] Vier Jahre später äußerte sich Schumann zum Druck von Hirschbachs Quartetten op. 1 weit vorsichtiger, ohne der Musik »etwas großartiges« abzusprechen, soweit sie sich »überall der stereotypen Form entziehen« wolle. Wo aber selbst Beethovens letzte Quartette »erst als Anfänge einer neuen poetischen Ära gelten«, da sei auch an »schwerbeladene Bäume« in den »Fruchtgärten Mozarts und Haydns« zu erinnern. Just »jene Fruchtgärten« seien dagegen dem weniger ambitionierten Johann Verhulst vertraut, der als »Quartettstylist« in seinem op. 6 dem »wahren Charakter« der Gattung gemäß alle Stimmen »selbständig zu halten« suche.[2] All solche Zeugnisse machen einen Wandel in der Orientierung Schumanns kenntlich, der auch in seinen Streichquartetten greifbar wird.

Die Kunst Schumanns war durch die Prägnanz eines Einfalls mitsamt seiner poetischen Charakteristik geprägt, die durch eine harmonische Wendung, eine melodische Linie oder einen prägnanten Rhythmus verbürgt sein konnte. Ein solcher Gedanke, der nur wenige Takte umfassen mußte, war von sich aus kaum der Veränderung oder gar Verarbeitung zugänglich, sondern duldete im Grunde nur Wiederholung, Transposition oder allenfalls Sequenzierung, ohne seine Substanz einzubüßen. Der Ästhetik eines Charakters, in dem sich Jean Paul zufolge »der geheime organische Seelen-Punkt« bündelt, entspricht Schumanns Kunst des gedrängten Augenblicks, die auch scheinbar mechanische Wiederholungen nicht scheut, wenn sie eine singuläre Formulierung zu intensivieren wissen. Das Verfahren widerstrebt damit dem Postulat einer idealistischen Ästhetik, die das eigentliche Vermögen instrumentaler Musik – mit Schelling zu reden – in der »Einbildung des Unendlichen ins Endliche« erblickte.[3] Läge demnach die Würde der Musik in ihrer Fähigkeit, unendliche Zeit in der musikalischen Zeit zu formen, dann würde ein Stück dieses Anspruchs mit Schumanns Ansatz dem Aphorismus geopfert. So beschränken sich die frühen Werke – wie etwa die ›Abegg-Variationen‹ op. 1 oder die *Papillons* op. 2 – auf überaus knappe, aber desto konzisere Gestalten, in denen sich die poetische Welt des jungen Schumann spiegelt. Gleiche Verfahren bestimmen noch weitere Klavierwerke, selbst wenn sich die Dimensionen über die Reihung kürzerer Sätze – wie in den *Davidsbündlertänzen* op. 6 oder dem *Carnaval* op. 9 – bis zu den Klaviersonaten op. 11, 14 und 22 oder zur komplexen C-Dur-Fantasie op. 17 ausdehnen. Immer wieder ist aber zu verfolgen, in welchem Maß der Prozeß eines Satzes von einer knappen Taktgruppe ausgeht, deren Ausweitung eine beträchtliche Anstrengung abfordert. Entscheidend bleibt gleichwohl die Wende über das Lied zur Orchester- und Kammermusik, in der nun die widerstrebenden Ansprü-

---

1 *Schumann. Gesammelte Schriften*, Bd. I, S. 343ff.; vgl. auch R. Pessenlehner, *Hermann Hirschbach. Der Kritiker und Künstler. Ein Beitrag zur Geschichte des Schumannkreises und der musikalischen Kritik in der ersten Hälfte des XIX. Jahrhunderts*, Diss. Frankfurt a. M. 1932, Regensburg 1932; zu Hirschbachs Quartetten s. auch W. Altmann, *Handbuch für Streichquartettspieler*, Bd. I, S. 302f.

2 Zu Schumanns Urteil über Hirschbach und Verhulst vgl. *Schumann. Gesammelte Schriften*, Bd. II, S. 73ff. und S. 75f.

3 Fr. W. J. Schelling, *Philosophie der Kunst*, Reprint der Ausgabe von 1859, Darmstadt 1966, S. 132; J. Paul, *Vorschule der Ästhetik* (1803), hg. v. N. Miller, München ²1974, darin: »X. Programm. Über Charaktere«, bes. S. 208ff.; zu Schumanns Kenntnis der Schrift vgl. *Schumann. Tagebücher*, Bd. I: 1827–1838, hg. v. G. Eismann, Leipzig 1971, S. 124.

che pointierter Charakteristik und entwickelnder Prozessualität austariert werden mußten. Denn daraus resultierten Schumanns eigene Verfahren der variativen Transformation eines Materials, an dem festzuhalten war, auch wenn als Bedingung des Poetischen das Risiko des Mechanischen in Kauf zu nehmen war.

Unter diesen Voraussetzungen wandte sich Schumann also der ›neuen Gattung‹ des Quartetts zu, nachdem ihm der klassische Werkkanon vertraut genug war. So konnte der gebildete Thomaskantor Moritz Hauptmann, der noch 1842 die frühen »Claviersachen« als »aphoristisch und brockenhaft« empfand, es wenig später begrüßen, daß sich Schumann aus dem »unklaren Nebulismus« löse, und ähnlich sah Philipp Spitta im »blühenden Reiz der frühen Klavierwerke« zugleich »formelle Mängel«, die erst die reifen Lieder und Instrumentalwerke mieden.[1] Als 1843 die Quartette op. 41 in Stimmen erschienen, denen erst 1848 der Partiturdruck folgte, wurden sie »in inniger Verehrung« »dem Freunde« Mendelssohn zugeeignet, der sie nach Schumanns Erinnerung – und entgegen manch anekdotischer Verzerrung – durchaus hochschätzte, wobei ihm einem Brief zufolge zumal das erste »ganz außerordentlich wohl gefiel«.[2] Obwohl die vertrauten Formen durch vergleichbare Prinzipien und ohne ostentative Experimente modifiziert werden, trägt jedes Werk dermaßen sein eigenes Gesicht, daß es sich eher im Zusammenhang als im Satzvergleich erschließt.[3]

1 *Briefe von Moritz Hauptmann* [...] *an Ludwig Spohr und Andere*, hg. v. F. Hiller, Leipzig 1876, S. 6; *Briefe von Moritz Hauptmann* [...] *an Franz Hauser*, hg. v. A. Schöne, Leipzig 1871, Bd. 2, S. 15; Ph. Spitta, *Ein Lebensbild Robert Schumann's*, Leipzig 1882 (Sammlung Musikalischer Vorträge, hg. v. P. Graf Waldersee, IV. Reihe, Nr. 37/38), S. 73.

2 *Briefe von Felix Mendelssohn-Bartholdy an Ignaz und Charlotte Moscheles*, hg. v. F. Moscheles, Leipzig 1888, S. 218.

3 Vgl. ferner auch die Analysen von H. Kohlhase, *Die Kammermusik Robert Schumanns. Stilistische Untersuchungen*, Bd. 2, S. 25–74.

R. Schumann, op. 41 Nr. 1, erster Satz, Introduzione Andante espressivo, T. 24–33; Allegro, T. 34–45 (*AGA*).

Die langsame Einleitung zum Kopfsatz des a-Moll-Quartetts Nr. 1 basiert durchweg auf einer gleichmäßigen Sechzehntelfigur, die engräumig Quinte und Terz des Grunddreiklangs umspielt und nach der Einklangsimitation die Stimmen so regelhaft durchzieht, daß sie allein das rhythmische Kontinuum verbürgt. Auch wo sich nach zwölf Takten ein punktiertes Motiv der Violinen zugesellt, bleibt es von der gehenden Bewegung der Unterstimmen getragen, und da der harmonische

Gang die Subdominante und ihre Parallele nicht überschreitet, insistiert die Introduzione auf der Tonika a-Moll, aus der nach kadenzierendem Ausklang erst vier eingeschobene Takte mit energisch rhythmisierten Akkordschlägen nach F-Dur umlenken. Frappant genug bleibt nun F-Dur – und damit die Tonart des zweiten Quartetts – durchweg die Tonika im Allegro, das fast unvermittelt anschließt. Äußerlich gehorcht der Satz zwar dem Sonatenschema mit gegensätzlichen Themen, ausgiebiger Durchführung und getreuer Reprise, doch verhalten sich die Themenkomplexe nicht nur konträr, sondern sie steigern wechselseitig ihre charakteristische Differenz. Denn das Hauptthema nutzt das 6/8-Metrum, um die fließende Bewegung schon nach zwei Takten durch Synkopierung zu überspielen und die melodischen Linien mit Hochtönen auf der zweiten Takthälfte zu akzentuieren. Die rhythmische Charakteristik ist dabei so prägnant und zugleich flexibel, daß die Fortspinnung intervallisch differieren kann, ohne den dichten Zusammenhang zu tangieren. Aus der Kadenzgruppe sodann, die ebenso die zweite Takthälfte akzentuiert, leitet sich das Material für ein knappes Fugato her (T. 76), dem sich erst ein Seitensatz entgegenstellt. Wohl kontrastiert er mit laufenden Achteln im Staccato, die von einer mit Pausen durchbrochenen Gegenstimme kontrapunktiert werden. Dabei weist nicht nur die kontrapunktische Anlage auf das Fugato der vorangehenden Überleitung zurück, sondern die Thematik bildet selbst die Umprägung einer melodischen Linie, die früher in der Ausspinnung des Hauptsatzes begegnete (T. 99ff. gegenüber T. 50ff.). Der rhythmische und klangliche Kontrast der Themen ist dennoch so groß, daß er melodische Affinitäten verdeckt, nachdem zuvor der Hauptsatz umgekehrt auf sein rhythmisches Profil bei melodischer Variabilität setzte. Die Schlußgruppe reduziert zwar endlich die Achtelbewegung der Themen zu akkordischer Dehnung, aus der aber die stete Synkopierung als gemeinsames Moment hervortritt. Daher kann schon die umfängliche prima volta in den Hauptsatz zurückgleiten, während sich nach wiederholter Exposition beide Themenkomplexe phasenweise abwechseln. Kurzfristig greift die rhythmische Charakteristik und imitatorische Struktur des Seitensatzes sogar auf den intervallischen Kopf des Hauptthemas über (T. 141ff. und 169ff.), trotz einer solchen Transformation bleibt jedoch die Prägnanz der Charaktere erhalten. Zugleich erweitert die Durchführung den Radius in doppelter Hinsicht. Vom mediantischen Ansatz des Hauptthemas in As-Dur greift sie harmonisch so weit aus, daß ihre zweite Hälfte von e- bis as-Moll reicht. Zum anderen fügen sich in sie Zitate der Schlußgruppe ein, die mit dem Hauptsatz die synkopische Akzentuierung teilt. In einem so vielfältigen Mosaik fällt daher kaum auf, daß faktisch weithin transponierte Wiederholungen ganzer Taktgruppen vorliegen. Und die changierende Vielfalt der Gestalten gestattet eine Reprise, die der Exposition unter teilweiser Transposition getreu folgt, wonach sich die Coda ohne erneute Verarbeitung mit einem knappen Ausklang begnügt.

Gegenüber dem blühenden Melos des Satzes wird an den harten Zäsuren zwischen Einleitung und Allegro, zwischen Hauptsatz, Überleitung und Seitensatz sowie zwischen den konträren Phasen der Durchführung ein scheinbar mechanisches Verfahren greifbar, das die Kehrseite der poetischen Charakteristik in Schumanns Musik ausmacht. Solchen Prinzipien huldigt das Scherzo als ein Mosaik aus festen Bausteinen, die wiederholt und versetzt, aber kaum verändert werden. Im 6/8-Takt vorbeihuschend, gemahnt es mit auftaktigen Tonrepetitionen und dynamischen Akzenten an die Scherzi Mendelssohns, doch fehlt neben einer vergleichbar komplizierten Form auch das schwirrende Spiel aus kreisenden Klängen. Im Gegensatz dazu wird die Festigkeit der Taktgruppen hervorgehoben, wenn einem zweiteiligen Kernsatz in a-Moll ein klanglich aufgelockerter Teilsatz in C-Dur folgt, der sich mit Wiederholung seiner beider Teile wie ein Trio ausnimmt, zumal dann gleich der erste Satzteil wiederkehrt. Während sich die ausgreifenden Linien der führenden Stimmen vom Begleitsatz ablösen, wird die beinahe penible Symmetrie der Taktgruppen in der additiven Binnenstruktur betont. Wo der Satz aber schließen könnte, schiebt sich ein ›Intermezzo‹ in C-Dur ein, das in geradem Takt einen gänzlich anderen Ton anschlägt. Denn seine beiden wiederholten Teile basieren auf Orgelpunkt, und bei chromatisch gleitenden Mittelstimmen finden die sinkenden Kurven der Oberstimme erst in der Kadenzgruppe ihren Tiefpunkt. Wiederholt sich danach das ganze Scherzo, so hebt sich in der Addition der Teilsätze desto eindringlicher das ›Intermezzo‹ als lyrisch versunkenes Herzstück ab, das auf ähnliche Episoden in den Ecksätzen wie auch auf den Charakter des langsamen Satzes hindeutet. Im F-Dur-Adagio nämlich wird nach drei vorbereitenden Takten von der ersten Violine ein Thema intoniert, das so dezent wie deutlich an den langsamen Satz aus Beethovens IX. Symphonie erinnert. Näher stimmen freilich nur die drei ersten Töne mit Terz, Leit- und Grundton in Halben überein, wie schon die kadenzierende Fortspinnung entfernt sich von dem Modell jedoch der ausgreifende Nachsatz, der zur Dominante führt und bruchlos fortgesponnen wird (T. 4–15). Einerseits bestreitet diese Melodik mit geringen Varianten die Außenstimmen der Rahmenteile, andererseits erhält aber eine Figuration in Sechzehnteln, die als präludierende Akkordbrechung in den eröffnenden Takten auftritt, im weiteren nicht nur begleitende Aufgaben. Denn als charakteristisches Akkompagnement, das immer wieder synkopisch profiliert wird, übernimmt sie geradezu dynamische Funktion, sobald sich die strömende Melodik zu scharf punktierten Haltetönen staut. Zu unvermuteter Steigerung kommt der Satz also gerade durch scheinbar nur begleitende Formeln, und auf sie mitsamt den punktierten Tonrepetitionen stützt sich auch der kurze Mittelteil, der zudem durch markante Akkordschläge betont wird. Innerhalb der dreiteiligen Anlage entfaltet sich damit ein fluktuierendes Geflecht; so wenig es von vornherein Thema und Begleitung scheidet, so wenig ist es auf motivische Arbeit angewiesen. – Ein kaum überbietbares Maß an rhythmischer Einheit zeichnet auch das Finale aus, das fast paradox als monothematischer Sonatensatz zu bezeichnen ist. Denn dieses Presto im Alla breve verfügt über die Teile eines regulären Sonatensatzes und kennt doch nur einen prägenden Impuls, der bloß durch freie Episoden unterbrochen wird.

R. Schumann, op. 41 Nr. 1, vierter Satz, T. 1–9 (*AGA*).

Höchst prägnant greift der Themenkopf nach zwei Akkordschlägen zur Oberquinte aus und fällt dann in sequenzierten Achteln abwärts; dem halbschlüssigen ersten Viertakter entspricht der zweite mit Ganzschluß, und die Fortspinnung bringt mit zweifacher Synkope die einzige rhythmische Variante. Schon die Überleitung kombiniert die Akkordschläge mit Sequenzfiguren, in denen unablässig der Hauptsatz nachwirkt, wo aber tonal ein Seitensatz folgen könnte, tritt eine Umformulierung des Hauptthemas ein, dessen Rhythmik auch die Position der Schlußgruppe bestreitet. Selbst die Durchführung löst sich davon nur in knappen Einschüben, die durch akkordische Dehnung ähnlich kontrastieren wie das ›Intermezzo‹ im Scherzo. Trotz beträchtlichen Umfangs kann sich die Verarbeitung auf das elastische Material verlassen, das seine Stabilität durch transponierte Umstellung so wenig verliert wie durch die mehrfache Verdichtung zu Kanon und Fugato. Sein zündender Impuls auf der Tonika verkündet den Eintritt der Reprise, deren Straffung nicht einmal den tonalen Ort eines Seitensatzes zuläßt und statt dessen durch einen Einschub in neutralen Halben harmonisch erweitert wird. Wo aber die Coda zum Ziel kommen könnte, rückt überraschend ein ›Moderato‹ ein, das sich als erneuter Einschub in der Durvariante abhebt. Denn zu Liegetönen im einen Stimmpaar erklingt im anderen eine wiegende Melodie, die im Bordunklang fast an Hirtenmelodik anklingt und in weit ausschwingender Kadenzierung ausläuft. Unter Dehnung auf akkordische Ganze senkt sich der Satzverband von höchster zu tiefster Klanglage ab, und die steten Quinten der Oberstimme gemahnen von fern her noch an das prägnante Incipit des einen Themas. Diesen Themenkern steigert die Coda – nun ganz diesseitig – zum energisch gerafften Schluß, doch demonstriert selbst ein Einschub, der sich derart vom Kontext ablöst, nochmals ein grundlegendes Verfahren des ganzen Werks.

Im a-Moll-Quartett läßt sich gewiß nicht die angestrengte Arbeit übersehen, die wohl die Energie des ersten Zugriffs auf eine höchst anspruchsvolle Aufgabe spiegelt. Die dezidierte Konfrontation der Charaktere jedoch, in deren Dienst bereits die scharfe Zäsurierung der Taktgruppen und Satzteile steht, tritt desto nachdrücklicher gerade in den intern geschlossenen Episoden der raschen Sätze hervor. Um einiges leichter erscheint daneben das zweite Quartett in F-Dur, obwohl für Züge der Reduktion in den Ecksätzen immerhin ein Variationensatz entschädigt, der beträchtliches Gewicht in der Gattungsgeschichte behaupten darf. Der leichtfüßige Kopfsatz verfügt über ein Hauptthema, das wie kaum ein anderes in Schumanns Kammermusik dem Prototyp des romantischen Liedsatzes entspricht. Denn über Orgelpunkt und wiegender Achtelbegleitung ist es allein die Oberstimme, die nach doppeltem Ansprung ihre fallende Linie im 3/4-Takt ausspinnt. Bemerkenswert bleibt indes Schumanns Fähigkeit, synkopisch die Grenze der Viertakter zu überbrücken und eingefügte Achtelgruppen variabel zu handhaben, so daß ihre sequenzierte Verlängerung während der Fortspinnung den Weg zur Dominante bestreitet. Ebenso flexibel steigert ein weiterer thematischer Ansatz erneut das Bewegungsmaß, doch führt er zur Tonika zurück, auf der dann die Überleitung mit imitatorischer Verschränkung des Kopfmotivs ansetzt. Sehr unauffällig fügt sich in sie ein Seitensatz ein, der wie der Hauptsatz mit Quartsprung anhebt und eigentlich erst in der synkopischen Stauung seines akkordischen Auslaufs kenntlich wird. Eigenständiger ist dagegen die Schlußgruppe mit engräumiger Imitation, doch wird sie rasch vom Themenkopf abgelöst, dessen schwingender Rhythmus auch auf die Bordunquinten in Cellolage übergreift. So besteht auch die Durchführung weithin aus transponierten Zitaten des Hauptthemas, nur der Ansprung seines Kopfmotivs wird abgespalten und zu Oktavsprüngen gespreizt; kontrastierend wird mehrfach das synkopisch gestaute Schlußglied des Seitensatzes eingeschoben, und von ihm geht nach knapper Reprise auch die Coda aus, deren Akkordkette sich vollends der thematischen Arbeit versagt.

R. Schumann, op. 41 Nr. 2, vierter Satz, T. 33–44 (*AGA*).

Ausdrücklicher noch gibt sich das Finale als geradezu rudimentärer Sonatensatz, da zunächst das Hauptthema durch fast etüdenhafte Figuration der ersten Violine bestimmt ist, die beinahe an ein Quatour brillant denken läßt. Zwar kennt die Überleitung auch knappe chromatische Stimmzüge, die aber im raschen Tempo kaum auffallen. Erst gegen Ende der Exposition, gleichsam Seitensatz und Epilog zugleich ersetzend, stellt sich auf der Dominante ein Kontrast her, der melodisch auf das Schlußstück aus Beethovens Liederkreis op. 98 anspielt (»Nimm sie hin denn, diese Lieder«). Belangvoller als eine semantische Deutung ist jedoch die Funktion dieser Taktgruppe, die sofort auf rasche Skalen nach Art des Hauptsatzes stößt. Denn das Hauptthema selbst kehrt eigentlich erst in der Reprise wieder, obwohl es anfangs wie der Refrain in einem Rondo anmutet, der regelmäßige Wiederkehr verheißt. So kann auch die Satzmitte kaum noch als Durchführung gelten, denn auf die Exposition bezieht sie sich nur mit transponierten Zitaten des Kontrastthemas, zwischen sie schieben sich aber harmonisch ausgreifende Phasen aus versetzten Synkopen, die thematisch schwerlich zu legitimieren sind. Faktisch übernimmt damit das Prinzip der Episode den Platz der Durchführung, erst an ihrem Ende wird die Reprise mit dem Hauptsatz durch skalenhafte Figuren vorbereitet, wie sie zum Schluß auch die Coda aufgreift. Nicht ganz grundlos soll Mendelssohn, nachdem Schumann wohl wegen der Arbeit an diesem Satz keine Zeit erübrigte, zu Clara dann geäußert haben: »Wenn doch da Schumann besser spazierengegangen wäre«.[1] Denn ähnlich leicht wirkt das Scherzo in c-Moll, das mit dem vorigen nicht nur den 6/8-Takt und die Reihung fester Bausteine teilt, sondern ganz auf ausgreifende Dreiklangsbrechungen bei schlichter Begleitung setzt. Selbst das C-Dur-Trio begnügt sich im geraden Takt mit einfacher Melodik zu nachschlagenden Achteln, und am witzigsten ist noch die Coda, die Takt- und Satzart des Trios mit den triolisch notierten Figuren aus dem Scherzo verknüpft.

Desto gewichtiger hebt sich in diesem Rahmen der langsame Variationensatz hervor, zumal gerade er auf die frühe Klaviermusik Schumanns hinweist. Denn sein Thema greift auf das kleine Larghetto von 1832 zurück, das erst später als Nr. 13 der *Albumblätter* op. 124 erschien.[2] Mit der gewandelten Funktion verändern sich aber zugleich die formalen Proportionen und die melodischen Vorgaben selbst. Zwar stimmen beide Sätze in der Tonika As-Dur und im 12/8-Takt überein, doch wurden aus dem Klavierstück nur die ersten fünf Töne mit charakteristischem Sprung von der Terz zur Sexte des Grundtons übernommen. Wie aus ursprünglich neun nun fünfzehn Takte wurden, so wandelte sich mit der melodischen Fortspinnung auch die interne Gliederung. Während die zeilenhaften Zweitakter im Klaviersatz melodisch analog gebildet sind, treten im Variationsthema zwischen eintaktige akkordische Gruppen entsprechende Einwürfe der Gegenstimmen, zu denen die Melodiestimme aussetzt. Ferner ergänzen sich die Stimmzüge in freier Gegenbewegung, und weiter wird die Struktur zur Teilkadenz

---

1 W. J. von Wasielewski, *Felix Mendelssohn-Bartholdy und Robert Schumann. Eine künstlerische Parallele mit Einflechtung persönlicher Erinnerungen*, in: Deutsche Revue 19 (1894), S. 328–341, bes. S. 341.
2 Vgl. auch A. Edler, *Robert Schumann und seine Zeit*, S. 168.

hin differenziert, deren Glieder durch interne Sequenz charakterisiert werden (T. 6 und T. 14). Schließlich aber folgt den ersten acht Takten ein Einschub, der die Parallele f-Moll mit nur drei Takten umschreibt, wonach die ursprüngliche Kadenzgruppe mit Modifikation ihrer Binnensequenz wiederkehrt. Höchst eigenartig nimmt sich dagegen die Folge der fünf Variationen aus, die durch das wiederholte Thema samt kleiner Coda vervollständigt wird. Denn die Variationen zeigen zwar in sich einen klaren Zusammenhang, doch entfernt sich gleich die erste so weit vom Modell, daß die Verbindung mit dem Thema kaum kenntlich ist, obwohl Takt- und Tonart gleich bleiben. Maßgeblich sind nicht primär ständige Synkopen, die bei Ausfall einer regulierenden Gegenstimme geringeres Gewicht haben, und ebenso wenig gibt bei gleichmäßig sinkender Melodik der verdeckte Kanon der Außenstimmen den Ausschlag. Doch zeichnet sich eine interne Sequenzordnung ab, die noch klarer in der zweiten Variation hervortritt, sofern hier dieselbe Melodiestimme wie ein cantus firmus der Oberstimme nur von Achteln umspielt wird. Hier wird sichtbar, daß sich zunächst zwei Zeilen zueinander als Sequenz in Sekundabstand verhalten, wonach die folgende Doppelzeile über interne Quintschrittsequenz zur Dominante Es-Dur führt. Desto jäher wirkt dort, wo im Thema die Mollparallele erschien, ein abrupter Wechsel nach H- und E-Dur, der nach zwei Takten ebenso rasch zum ersten Sequenzmodell in As-Dur umlenkt. In dieser Version also übernimmt ein doppeltes Sequenzmodell mit chromatischem Einschub thematische Funktion für die weiteren Variationen. Zwar faßt die erste Zeile auch Ecktöne aus dem Themenbeginn zusammen, dennoch erschließt sich der strukturelle Zusammenhang mit dem Thema erst dann, wenn man dessen fallende Melodiezüge mit der Sequenz aus seinen Kadenzgruppen zusammennimmt. Zwei isolierte Momente also, die vom Thema abstrahiert sind, werden zu einem in sich konsistenten Modell transformiert, das in den Variationen zunächst nur umspielt wird. Seiner akkordischen Komprimierung in der vierten Variation steht jedoch die Verdoppelung des chromatischen Einschubs gegenüber, die ihrerseits in der fünften Variation erneut komprimiert wird. Immer noch bleibt aber der Kontrast der tonalen Achsen wirksam, der im Thema selbst nur durch Wechsel zur Parallele impliziert war. So trägt der Satz den Vermerk »quasi variazioni«, denn aus Beethovens Umgang mit abstrakten Zellen seiner Themen wird hier die Möglichkeit abgeleitet, konstitutive Teilmomente eines Modells zu neuer Gestalt zu transformieren, die ihrerseits wie ein romantisches Liedthema zum Gegenstand der Variationen wird.

So locker sich das zweite Quartett gegenüber der ernsten Arbeit im ersten gibt, so unverkennbar ist die Intention, die konventionellen Mechanismen der Verarbeitung durch variative Verfahren zu ersetzen, die den Sätzen über ihre Teilgrenzen hinweg einen individuellen Stempel aufdrücken. Die ganze Eigenart Schumanns erweist sich jedoch im A-Dur-Quartett Nr. 3, das die Einsichten der früheren Werke mit einer gelassenen Meisterschaft bündelt, die gerade angesichts des kurzen Zeitabstands desto erstaunlicher ist. Öfter hervorgehoben wurde die offenkundige Gemeinsamkeit der Ecksätze, die gleichermaßen vom subdominantischen Quintsextakkord ausgehen. Ein bloßer Akkord freilich, der unterschiedliche Fortführung erlaubt, kann weder die Substanz der Sätze noch ein Garant ihres Zusammenhangs sein. Was sich in ihm wie in einem Brennpunkt konzentriert, ist jedoch ein satztechnisches Prinzip, das jenseits thematischer Arbeit in der konstruktiven Funktion harmonischer Progressionen fruchtbar wird.

R. Schumann, op. 41 Nr. 3, erster Satz, T. 1–20 (*AGA*).

In der langsamen Einleitung des ersten Satzes, die nur sieben Takte mißt, findet der fragliche Akkord nach dominantischer Auflösung erst mittels chromatischer Baßfortschreitung sein Ziel in der Tonikaparallele, zu ihrer Dominante führt über Trugschluß der nächste Zweitakter, wonach endlich der dritte Ansatz die Dominante gewinnt. Doch werden die Zweitakter motivisch durch Quintfall verknüpft, der wechselnd in einer Außenstimme und zuletzt in einem Zusatztakt nochmals allein in der Oberstimme erscheint. Mit dem Quintfall setzt indes auch der Hauptsatz im Allegro ein, dessen figurative Fortspinnung über dem verlängerten Eröffnungsakkord erst im vierten Takt die Tonika ansteuert. Nach Wiederholung des Viertakters scheint aber die weit längere Überleitung jeden thematischen Zusammenhang zu kündigen, wenn sie nur steigende Dreiklänge durch die Stimmen wandern läßt. Genauer jedoch setzt sich die harmonische Progression fort, sofern eine steigende Sequenz von A- über H-Dur bis nach cis-Moll führt, wonach sich erst der Themenkopf mit Kadenz nach H-Dur einschaltet. Nach abrupten

Akkordschlägen in G- und C-Dur folgt er abermals um einen Halbton aufwärts versetzt, und nach dieser Kette von Einsätzen lenkt erst ein akkordischer Einschub zur Dominante zurück, auf der nun der Seitensatz mit sequenzierender Melodik zu nachschlagenden Akkorden denkbar simpel wirkt. Doch setzt er zugleich das Prinzip der Sequenzierung fort, womit er mehr Raum als der Hauptsatz samt Überleitung beansprucht; beiden gemeinsam steht aber die Schlußgruppe gegenüber, die ihrerseits den Radius zum mediantischen Cis-Dur erweitert, bis in ihre freie Kadenz die Achtelketten des Hauptthemas eindringen. Im Wechsel zwischen Themenkopf und analogen Akkordprogressionen entzieht sich die Durchführung den Pflichten thematischer Arbeit, und analog verhält sich – nach der auf den Seitensatz konzentrierten Reprise – die überaus gedrängte Coda. Belange motivischer Absicherung werden also zweitrangig, wo primär wechselnd beleuchtete Klangfelder ineinander gleiten.

R. Schumann, op. 41 Nr. 3, vierter Satz, T. 1–16 (*AGA*).

Das Finale dagegen erweist sich als Rondo mit nicht weniger als sieben Refrains, die eigentlich nur aus transponierten Wiederholungen eines zweitaktigen Kadenzmodells bestehen. Die Folge von subdominantischem Quintsextakkord samt Dominante und Tonika wird freilich derart versetzt, daß sie wechselnd zur Tonika, zur Subdominante oder zur Parallele führt. So kann das Modell transponiert oder verkürzt werden, ohne seine Identität zu verlieren, denn seinen zündenden Elan erhält es durch die synkopische Verbindung seines auftaktigen Einsatzes, der sich in einer punktierten Akkordkette mit geradezu aufstampfendem Zielakkord entlädt. Seine extreme Prägnanz erlaubt eine fast mechanische Repetition, ohne jede substantielle Vermittlung fügen sich die konträren Couplets ein, die dann auch noch transponiert wiederkehren. Simpler bleibt dagegen das dritte Couplet, das »quasi Trio« überschrieben und zweiteilig wie ein Tanzsatz angelegt ist. Nicht noch einmal treibt ein Quartettfinale die Addition der Teile derart weit – legitimiert allein durch die Schlagkraft eines Zweitakters, der erst in der Coda

Ansätze einer Verarbeitung findet. Konsequent wird das Scherzo durch ein Assai agitato vertreten, das sich als Variationensatz ausweist. Eine Kette variativer Transformationen, wie sie im F-Dur-Quartett erprobt wurde, modifiziert den traditionellen Tanzsatz, der in Schumanns Lesart zur Reihung geschlossener Sektionen tendierte. Das unverwechselbare fis-Moll-Thema setzt sich im 3/8-Takt aus eintaktigen Phrasen zusammen, die zudem durch gleich lange Pausen getrennt werden. Ähnlich wie im Rondorefrain wird der auftaktige Einsatz synkopisch übergebunden und von den Unterstimmen zur Dissonanz gemacht, die sich erst auf den nachschlagenden letzten Achteln auflöst, und die Kette der Viertakter verschwebt vollends in der synkopisch verklingenden Kadenzgruppe. Mit motivischer Imitation aktiviert die erste Variation energisch das Potential des Quartsprungs samt Leitton aus dem Themenkopf, und ihr entspricht in der zweiten Variation ein Fugato im geraden Takt, das den auf halbe Noten gedehnten Themenkopf mit sequenzierten Achteln fortspinnt. Bei verlangsamtem Tempo verdichtet sich die kontrapunktische Struktur in der dritten Variation zu zweistimmigen Kanons, wovon sich die konzise Umbildung zum Tempo risoluto der letzten Variation abhebt, während die thematisch freien Klangfelder der Coda den ebenso phantasievollen wie gebändigten Satz abrunden.

Die Krone in diesem Werk und vielleicht unter allen Quartettsätzen Schumanns gebührt dem Adagio molto D-Dur, das so wie die Gegenstücke im Spätwerk Schuberts und Mendelssohns zu den großen langsamen Sätzen der Romantik zählt.[1] Entscheidend ist vor allem, daß die fünfgliedrige Anlage – entgegen dem ersten Anschein – fast ganz ohne motivische Arbeit auskommt und sich dafür auf drei charakteristische Erfindungen stützt, die gleichermaßen durch ihre harmonische Konstruktion charakterisiert sind. Den eigentlichen Kernsatz, der vereinfachend Hauptthema genannt sei, bildet eine straff aufwärts führende Linie, die bei homorhythmischem Satz zugleich eine klangdichte Akkordkette evoziert und durch einen entsprechenden Zweitakter in Gegenbewegung vervollständigt wird. Schon im zweiten Ansatz erfährt sie weitere Modifikation, indem die halbschlüssigen Teilkadenzen nach fis-Moll und dann zur Dominante A-Dur weisen. Wie ein Bruch nimmt sich zunächst der isolierte Einsatz der Viola in T. 8 aus, den nur zögernd die Gegenstimmen ausfüllen, doch wird er zum Modell einer harmoni-

---

1 M. H. Schmid, *Musik als Abbild. Studien zum Werk von Weber, Schumann und Wagner*, Tutzing 1981 (Münchner Veröffentlichungen zur Musikgeschichte 33), S. 63–70.

R. Schumann, op. 41 Nr. 3, dritter Satz, T. 1–8 (*AGA*).

T. 17–30.

schen Progression, die im weiteren wirksam wird. Die an sich vertraute Folge einer Molltonika mit ihrer Doppeldominante (hier: a–H), die das Muster eine phrygischen Kadenz abwandelt, wird zugleich einen Ton höher sequenziert (h–Cis). In der Erweiterung zeichnet sich also das Potential einer Kette von Ganztonschritten ab, sie wird hier freilich mit Trugschluß vom klangdichten Hauptthema auf der Tonika abgefangen, das mit doppelt verschränkter Sequenz der Außenstimmen bis T. 19 ausläuft. Zweimal noch erscheint der Komplex des Hauptthemas (A) in G- und wieder D-Dur, beidemal werden indes die Rückungen im mittleren Glied zu einem subdominantischen Nachklang reduziert. Dazwischen liegen umfängliche Sektionen (B), die vom durchlaufenden Band punktierter Achtel getragen sind und bei reduzierter Stimmenzahl durch ihre harmonischen Progressionen hervortreten. Die Mollterz der Tonika wird zunächst durch neuen Grundton B unterfangen, zu dem noch seine Septime hinzutritt. Statt nach Es-Dur verschiebt sich aber dieser B-Dur-Septakkord mediantisch nach G-Dur, und wiederholt sich der Vorgang von G- nach E-Dur, so scheint nun ein potentieller Kleinterzzirkel durch, der vorerst durch Quintschritt nach a-Moll unterbrochen wird. Das Mittelglied der Kontrastsektion greift seinerseits aber auf die Ganztonrelationen aus dem Mittelglied des Hauptthemas zurück und erweitert mit seiner Schrittfolge (e–Fis, fis–Gis) den Radius bis nach cis-Moll, wobei die Kadenzglieder auch noch die Rhythmik des Themenkopfes (A) aufnehmen. Das Schlußglied dagegen lenkt in Quintfällen von A- bis nach G-Dur und eröffnet damit die Wiederkehr des Hauptthemas. Die harmonischen Konstruktionen in Abständen von Ganztönen und Kleinterzen ermöglichen ein weites Spektrum, das virtuell den gesamten Quintenzirkel zu erfassen vermag.

A	T. 1–19			B T. 19–44				
a	b	a'		c		b		c
1–8	8–12	12–19		19 – 23 – 28	28	–	38	38 – 44
D	a–H, h–Cis	D		B–G, G–E, a	e–Fis, fis–Gis,		cis	A – D – G
A'	T. 45–58			B' T. 58–77			A" T. 78–94	T. 94–105
a	b	a'		c		b	a b a'	Coda
45 – 52 – 54 – 58				58 – 62 – 67	67	– 77	78 – 94	94–105
G	a	G		Es–C, C–A, d	a–H, h–Cis, fis		D e D	D

Daß der Satz dennoch nicht beziehungslose Kontraste reiht, liegt weder allein an der Verschränkung seiner harmonischen Modelle noch nur an der genauen Abtönung der klanglichen Nuancen. Unauffällig bleiben zunächst die punktierten Auftakte, die alle Glieder im Hauptthema (A) und dann auch die jeweils zweite ihrer Teilkadenzen aufweisen. Sie ziehen analog in das modulierende Mittelglied ein, in dem sie zu punktierten Vierteln verlängert werden und damit auf die Rhythmik im Themenkern selbst hinweisen. Und sie tragen schließlich als kontinuierliche Begleitung die kontrastierenden Sektionen (B) und werden in ihrem mittleren Glied – in Entsprechung zu dem des Hauptthemas – auch motivisch wirksam. Ferner werden faktisch alle Satzglieder auftaktig artikuliert, und sie greifen dadurch so ineinander, daß die Teilgrenzen fließend überbrückt werden. Nicht ganz unwichtig ist es endlich, daß schon die Taktgruppen im Hauptthema seufzerartig mit ›weiblichen‹ Halbschlüssen auslaufen, in denen zugleich die entsprechenden Bildungen der Kontrastsektion vorgegeben sind. Verdeckte und doch hörbar wirksame Momente ermöglichen es also, daß der Satz ohne eigentliche motivische Arbeit auf latenten Beziehungen basiert, in deren Zentrum gleichwohl die harmonischen Konstruktionen stehen. Sie klingen in der Coda nach, die bei punktierter Rhythmik auf der Tonika als Liegestimme basiert, während die übrigen Stimmen ohne thematische Rekurse den tonalen Rahmen durch chromatische Färbung abtönen. Wenn noch im viertletzten Takt im Violoncello die Mollterz anklingt, verweist sie ein letztes Mal auf jene Umfärbung, von der die entwickelnden Phasen des Satzes ihren Ausgang nahmen. Wie von selbst scheinen sich im Verlauf gleichsam ständig neue Türen zu öffnen, die den Blick auf wechselnde Klangräume in zauberischer Beleuchtung frei geben. Rückblickend wird aber erst sichtbar, daß hier harmonische Modelle in geradezu thematische Funktion einrücken können, indem sie für den Verlauf des Satzes konstitutiv werden.

Die außerordentliche Selbständigkeit, zu der sich Schumann in op. 41 vorarbeitete, erschließt sich offenbar nur dann, wenn man die Position der Werke in der Gattungsgeschichte erfaßt, in die sie sich bereits durch die Umstände ihrer Entstehung einfügen. Die Sicht kann sich freilich aus entgegengesetzten Blickwinkeln trüben, wenn entweder an Schumanns früher Klaviermusik oder am klassischen Quartettsatz Maß genommen wird. Wer die kondensierte Poesie der frühen Miniaturen oder den oft ungestümen Zugriff späterer Klavierwerke Schumanns erwartet, mag den innig verhaltenen Ton der Quartette mit ihren weit geschwungenen Stimmzügen als den Preis empfinden, der mit der Arbeit an einer dem Komponisten nicht recht gemäßen Aufgabe zu entrichten war. Und wer sich an jenen Normen des Quartetts orientiert, die vom diskontinuierlichen Satz Haydns bis hin zur Vermittlungsstrategie Mendelssohns ihre Geltung behielten, muß wohl Schumanns Beiträge als bemühte Versuche ansehen, die dem Anspruch der Gattung kaum ganz genügen und daher nur ›untergeordnete‹ Bedeutung haben. Was Schumann aber dem ersten Anschein nach aufgab, als er sich vom Klavier löste und die »Fruchtgärten« der Kammermusik erschloß, hat er zugleich mit überreichen Zinsen beglichen. Denn ohne die konzentrierte Charakteristik der »brockenhaften« Klavierwerke wäre der neue Ansatz der Quartette ganz undenkbar, der durch die pointierten Charaktere der Themen zu anderen als den bislang geläufigen Verfahren nötigte. Was daran klavieristisch oder – anders gewendet – weniger quartettgemäß anmutet, ist die Konsequenz einer neuen Handhabung der in der Gattung beschlossenen Möglichkeiten. Die nicht immer sehr selbständige Führung der Stimmen ist die Kehrseite einer engen Verklammerung der Linien zu mitunter fast visionären Klangbildern, die sich als Episoden in die Prozesse einlagern und das Substitut einer konventionellen Verarbeitung bilden, der das Material nur begrenzt unterworfen werden kann. Solange man am klassischen Ideal vom Gespräch der selbständigen Stimmen festhält, wird man also die Selbständigkeit der Quartette Schumanns kaum recht erfassen. Doch ist es in den Prämissen der Gattung begründet, daß sie sich spätestens seit Bartók, aber im Grunde schon im eruptiven Frühwerk Regers ganz andere Dimensionen der klanglichen Verdichtung und massiven Eruptionen eröffnen konnten. Ein entscheidender Schritt zu solchen Alternativen, die gerade die Flexibilität und Variationsbreite der Gattung unter Beweis stellen, sind nicht zuletzt die Quartette Schumanns mit ihren innovativen Schüben. Besonders mag das letzte dieser Werke mit seiner Radikalität zwar nicht im Detail, wohl aber als Perspektive ein Anstoß für Mendelssohns Spätwerk op. 80 gewesen sein, wogegen sich Brahms vor einer so ungeschützten Expressivität scheute, die ohne den Panzer der thematischen Rüstung auszukommen hatte.

Im Vergleich der drei Quartette wird klarer, wieso Mendelssohn das erste »außerordentlich wohl gefiel«[1], das noch am ehesten eine reguläre Durchführung und thematisch gearbeitete Überleitungen aufweist. Seine eigenste Art aber fand Schumann gewiß im letzten der Werke, und kaum ein weiterer Abstand ist vorstellbar als der zwischen der perfekt

---

[1] Vgl. Anmerkung 2, S. 110.

gearbeiteten Balance in Mendelssohns op. 44 und der losen Folge poetischer Episoden in Schumanns op. 41. Die verborgenen Fäden freilich, die noch hart zäsurierte Sektionen zu binden vermögen, teilen sich dem Hörer wohl unmerklich mit, sie können aber auch dem Blick in die Partitur entgehen, da sie analytisch nicht leicht zu bestimmen sind. Es beweist daher menschliche wie künstlerische Größe, daß sich beide Komponisten, wiewohl sie ungewollt zu Protagonisten konträrer Parteien wurden, in freundschaftlichem Respekt ertrugen, und wie der eine den anderen zu fördern suchte, so bewahrte ihm dieser sein pietätvolles Gedenken. Je genauer man aber die kompositorischen Differenzen ermißt, desto schwerer verständlich wird es, daß Schumanns Quartette oft als blasser Nachklang vermeintlicher ›Vorbilder‹ gelten konnten. Wo nicht die Werke beider Komponisten gegeneinander ausgespielt wurden, verschwammen sie umgekehrt desto leichter zum diffusen Bild einer ›Leipziger Schule‹, der dann nur noch akademische oder klassizistische Epigonen zuzurechnen wären. Wohl mag Schumann durch Mendelssohn dazu veranlaßt worden sein, sich dem Kanon der klassischen Werke zuzuwenden. Wo er aber darauf seine Antwort gab, da wurde sie gleichsam aus der Opposition heraus formuliert. Daß in derselben Gattung nebeneinander zwei so verschiedene Alternativen möglich waren, macht den Reichtum des romantischen Repertoires sichtbar. Und die unterschiedlichen Funde rücken erst dann ins rechte Licht, wenn man sich daran erinnert, daß beide Musiker ihren Weg offenbar unabhängig von den Werken Schuberts gingen. Für die Vielzahl jüngerer Komponisten, die von anderen Ländern her in Leipzig eine solide Ausbildung suchten, wurde diese Tradition dann eine Herausforderung, wie es eine Generation zuvor die Werke der klassischen Trias selbst gewesen waren. Die Aufgabe jedoch, die sich in der Folgezeit stellte, bestand nicht zuletzt darin, die Positionen von Mendelssohn wie Schumann zu begreifen, um ihnen weitere Versuche zur Seite zu stellen. Wie dicht und anhaltend dies Vermächtnis nachwirkte, wird an den Quartetten der Zeitgenossen von Brahms noch dort faßbar, wo die Spuren von Mendelssohn und Schumann nicht mehr genau zu trennen sind, so prägende Bedeutung die Satztechnik des einen wie die Charakteristik des anderen Meisters auch bewahrte.

3. Epigonen oder Konservative? Traditionen zur Jahrhundertmitte

Eine Leipziger Schule?

Vergessen sind heute die Streichquartette von Bernhard Molique, dem Ludwig Finscher gleichwohl attestierte, in »der Mendelssohn-Nachfolge [...] wenigstens ein Werk geschaffen« zu haben, »das auf der Höhe des Vorbilds steht.«[1] So täuschend wie Moliques B-Dur-Quartett op. 42 trifft tatsächlich kaum ein anderes Werk den Ton Mendelssohns, der nach einer Begegnung in Stuttgart (1832) die Virtuosität des Geigers ebenso bewunderte wie später noch Schumann.[2] Indessen war Molique sieben Jahre älter, und von Schülerschaft ist so wenig zu reden wie von näheren Beziehungen.

Daß noch ein älterer Komponist Mendelssohns Tonfall aufnahm, könnte eigentlich dafür sprechen, wie sehr damit ein Nerv der Zeit getroffen war. Gemeinhin gilt es als Beweis geschichtlicher Bedeutung, wenn ein Komponist derart wirksam geworden ist. So kann unbefangen von Einflüssen Haydns oder Beethovens die Rede sein, und selbst für Schubert wurden nachhaltige Wirkungen postuliert, obwohl seine Musik erst spät weiter bekannt wurde.[3] Nicht ebenso steht es jedoch offenbar mit Mendelssohn und den ihm zugeschriebenen Einflüssen. Einerseits konnte man sich – mitunter fast hämisch – auf Nietzsches Bonmot berufen, Mendelssohn sei nur »der schöne Zwischenfall der deutschen Musik«, also folgenlos und daher zweitrangig geblieben.[4] Andererseits ließ sich herablassend darauf hinweisen, seine Musik sei »zuviel nachgeahmt und darum billig geworden«.[5] Weite Resonanz und Folgenlosigkeit bilden keine Widersprüche, sondern nur zwei Seiten derselben Geringschätzung. Daß man des Mendelssohnschen Idioms überdrüssig werden konnte, je mehr es sich auszubreiten schien, mag aus zeitgenössischer Sicht verständlich sein. Anders jedoch verhält es sich, wenn historische Wirkungen als Argumente der Historiographie dienen. So unumgänglich Werturteile sind, so leicht verfließen in ihnen ästhetische Aspekte mit historischen Kriterien, unter denen das der Wirkung nicht das geringste ist. Falls Mendelssohn aber nicht folgenlos geblieben sein sollte, ist man genötigt, nach Perspektiven seiner historischen Wirkung zu fragen.

Bedenklich mag es sein, bei solchen Epigonen anzusetzen, durch die Mendelssohns Andenken getrübt wurde. Denn manche Anklänge ließen sich wohl bei Schumann oder Brahms und vereinzelt noch Bruckner und selbst Wagner aufspüren. Doch besagen isolierte Details außerhalb ihres Kontextes wenig über historische Wirkungen, die nicht unabhängig von differierenden Gattungen zu erörtern sind. In der Geschichte des

---

[1] L. Finscher, Art. *Streichquartett*, in: *MGG*, Bd. 12, Kassel u. a. 1965, Sp. 1559–1601: 1584 (wo Moliques Werk als op. 54 genannt wird). Vgl. Fr. Krummacher, *Epigones of an Epigone? Concerning Mendelssohn's String Quartets – and the Consequences*, in: *The Mendelssohns. Their Music in History*, hg. v. J. M. Cooper und J. D. Prandi, Oxford 2002, S. 303–334.

[2] Fr. Schröder, *Bernhard Molique und seine Instrumentalkompositionen*, Stuttgart 1923, S. 23; *Felix Mendelssohn Bartholdy. Briefe aus den Jahren 1830 bis 1847*, Bd. I, hg. v. P. Mendelssohn Bartholdy, Leipzig ⁸1869, S. 338; *Robert Schumann. Gesammelte Schriften über Musik und Musiker*, hg. v. M. Kreisig, Leipzig 1914, Bd. I, S. 315.

[3] Chr. Ahrens, *Schuberts Kammermusik in der Musikkritik des 19. Jahrhunderts*, in: *Festschrift Rudolf Elvers zum 60. Geburtstag*, hg. v. E. Herttrich und H. Schneider, Tutzing 1985, S. 9–27. – Schwierigkeiten im Verständnis von Schuberts C-Dur-Quintett gestand selbst Joseph Joachim noch 1860, vgl. *Briefe von und an Joseph Joachim*, hg. v. Johannes Joachim und A. Moser, Bd. II, Berlin 1912, S. 108f.

[4] Fr. Nietzsche, *Jenseits von Gut und Böse*, Abschnitt 245, in: *Werke*, hg. nach K. Schlechta v. I. Frenzel, München 1967, Bd. II, S. 133; H. J. Moser, *Kleine deutsche Musikgeschichte*, Stuttgart ²1949, S. 244.

[5] A. Einstein, *Geschichte der Musik von den Anfängen bis zur Gegenwart*, Stuttgart 1953, S. 120.

Streichquartetts liegen jedoch zwischen den Werken von Mendelssohn und Reger rund 60 Jahre, aus denen nur die drei Quartette von Brahms hervortreten.[1] Zwar ließe sich auf bedeutende Einzelwerke von Grieg, Verdi oder Wolf verweisen, und weiter zu nennen wären dann auch Dvořák, Smetana oder Tschaikowsky. Wer aber vor raschen Konstruktionen scheut, kann kaum die Mühe umgehen, ausgewählte Werke wenig bekannter Autoren zur Kenntnis zu nehmen, die wechselnd als Epigonen Mendelssohns oder auch Schumanns gelten. An solche historiographischen Leitbilder ist zunächst in Stichworten zu erinnern, bevor sich maßgebliche Prinzipien der Quartette beider Komponisten abgrenzen lassen.

Mit unverhohlener Geringschätzung urteilte Hans Joachim Moser 1949, man habe »vieles, was man später an Mendelssohn ablehnte, viel mehr seinen Epigonen und ihrem orthodoxen Kult vorzuwerfen«, zu denen er neben Julius Rietz und Carl Reinecke auch Max Bruch und Theodor Kirchner rechnete.[2] Doch hieß es schon 1924 in seiner *Geschichte der deutschen Musik*: »Die eigentlichen Mendelssohnianer wurden urgesunde, rotwangige Greise vom Lachner-Spohr-Gade-Typus«, und Rietz, Reinecke, Bruch und Robert Franz, die unglücklicherweise nicht so früh wie ihr Heros starben, folgen dann als »Schumannianer« neben Albert Dietrich, Woldemar Bargiel und Joseph Joachim diesmal nicht nur Kirchner und Adolf Jensen, sondern auch Hermann Goetz und Robert Volkmann.[3] Von Einflüssen oder Reminiszenzen sprachen die Zeitschriften zwar schon nach 1840, zwischen den ›Schulen‹ Mendelssohns und Schumanns unterschied aber pointiert Franz Brendel, dessen Musikgeschichte erstmals 1852 erschien.[4] Ihm stellte sich bereits die Frage, ob Mendelssohns Einfluß stets »vortheilhaft« gewesen sei, doch nannte er als »junge Künstler«, die sich »an Mendelssohn und Schumann, bald an den Einen oder Anderen mehr, bald an Beide zugleich, angeschlossen haben«, zunächst Niels W. Gade, Ferdinand Hiller, William Sterndale Bennett und Johann Verhulst, daneben aber auch schon Reinecke und mit Hermann Hirschbach sogar einen scharfen Kritiker Mendelssohns wie Schumanns. Sobald also die Fronten abgesteckt werden, verwirren sich schon ihre Grenzlinien und Kriterien. Die Schwierigkeiten einer reinlichen Trennung paaren sich mit der Postulierung von Schulen, die dennoch zu einem prägenden Modell der Geschichtsschreibung wurden, wie wenige Hinweise andeuten mögen.

So sprach Karl Storck 1904 davon, gerade mit Mendelssohn verbinde sich »der Begriff des Akademischen«, wiewohl es »ungerecht« sei, ihn »für die Engherzigkeit und Kurzsichtigkeit jener Männer büßen zu lassen, die als seine Schule gelten können«, wonach sich dieselben Namen wie sonst anschließen.[5] Selbst Hugo Riemann – gewiß kein Verächter Mendelssohns – trennte zwar die »Leipziger Schule« mit dem »Haupt des Konservatoriums« von anderen Komponisten im Anschluß an

---

1 Die beiden Quartette op. 54, die 1902 erschienen, komponierte Reger im Herbst 1900 und im Frühjahr 1901.
2 H. J. Moser, *Kleine deutsche Musikgeschichte*, S. 244 (die erste Auflage des Buchs erschien übrigens 1938).
3 H. J. Moser, *Geschichte der deutschen Musik*, Bd. II, 2. Halbband, Stuttgart und Berlin 1924, S. 304.
4 Fr. Brendel, *Geschichte der Musik in Italien, Deutschland und Frankreich*, Leipzig 1852, ⁶1878, S. 493, 519ff. und 528ff.
5 K. Storck, *Geschichte der Musik*, Stuttgart 1904, S. 735.

Schumann, während er sich gesondert den »Epigonen« aus dem »Kreis der Berliner Akademie« und den »Konservativen außerhalb Berlins« unter Einschluß von Reinecke widmete.[1] Spürbar bleibt gleichwohl das Bedürfnis, die Schlachten der Musikgeschichte nach Großmeistern und ihren Sphären zu ordnen. Unausrottbar wurde seitdem die Gewohnheit, nicht nur Mendelssohnianer und Schumannianer, sondern auch Neudeutsche und Wagnerianer mit den Brahminen zu konfrontieren, um durch Personalisierung für großzügige Flurbereinigung zu sorgen. Um Differenzierung war zuletzt wohl Ernst Bücken bemüht, der 1929 unter die »sekundären Meister« neben Bruch, Friedrich Kiel und Heinrich von Herzogenberg auch Joseph Joachim und Friedrich Gernsheim rechnete, während er andererseits wie Dietrich und Bargiel auch Kirchner und Volkmann als »Schumann-Posthumi« kennzeichnete.[2]

In einem musikgeschichtlichen Konzept, wie es Carl Dahlhaus entwarf, war für Kammermusik aus dem Souterrain kein Platz.[3] Entbehrlich ist sie aber wohl nur für eine Heroengeschichte, die sich allein am Maß des Fortschritts orientiert. Die Kunsthistoriker haben mittlerweile neben der Architektur des Historismus auch die Malerei der Akademien mit ihren zahllosen Schülern so nachhaltig rehabilitiert, daß der Interessent die Erfolge am drastischen Preisanstieg schmerzlich verspürt.[4] Selbst ohne vergleichbare Marktwerte könnte die Musik vermeintlicher Akademiker strukturgeschichtlich belangvoll sein, wenn man mit der historischen Kontinuität auch die Dialektik der widerstrebenden Kräfte erfassen will, denn selbst eine Geschichte des kompositorischen Fortschritts ist zur Definition ihrer Maßstäbe auch auf ihren konservativen Widerpart angewiesen. Je weiter aber Mendelssohn für bloße Kleinmeister zuständig war, desto blasser wurde sein Stern, während seine Übermacht fast als Verschulden erschien. So konstatierte auch Finscher, die Gattungstradition habe »mit dem starken Einfluß Mendelssohns« andere »fast zwangsläufig auf dem Weg des Akademismus« geführt.[5]

Von kontinuierlicher Tradition ist nicht zu reden, solange die Exponenten einer Gattung isoliert bleiben. Soll aber ihre Wirkung faßbar werden, so kann es weder um Anklänge noch um Nachahmung gehen. Natürlich drängen sich rasch Erinnerungen an die geläufigen Hauptwerke auf, doch waren ›Reminiszenzen‹ schon früh ein Hauptthema der öffentlichen Diskussion, und so hätte sich kein Musiker von Belang bewußt dem Vorwurf der Imitation ausgesetzt. Daher wird man auch kaum den persönlichsten Satztypen Mendelssohns wie Schumanns begegnen, und so gibt es wohl kein Scherzo, das den ›Elfenton‹ Mendelssohns mit seiner intrikaten Struktur verbindet, wie sich umgekehrt nicht noch einmal so charakteristische Variationensätze wie in Schumanns op. 41 Nr. 2 und 3 finden. Als maßgeblich können aber die Prinzipien gelten, die in den Kriterien der vermittelnden Arbeit Mendelssohns und der charakteristischen Thematik Schumanns zusammen kommen. Kompo-

---

1 H. Riemann, *Geschichte der Musik seit Beethoven (1800–1900)*, Berlin und Stuttgart 1901, S. 264, ferner S. 297ff. und S. 557ff.

2 E. Bücken, *Die Musik des 19. Jahrhunderts bis zur Moderne*, Wildpark–Potsdam 1929 (Handbuch der Musikwissenschaft), S. 235f.

3 C. Dahlhaus, *Die Musik des 19. Jahrhunderts*, Wiesbaden und Laaber 1980 (Neues Handbuch der Musikwissenschaft 6), S. 64f. und S. 210ff. – Indes könnte die Einsicht von Dahlhaus, »das System der Ästhetik« sei »ihre Geschichte«, auch dazu anhalten, Werke nach Kriterien ihrer Zeit statt aus aktueller Perspektive zu beurteilen, vgl. ders., *Musikästhetik*, Köln 1967, S. 10.

4 Einen Markstein bedeutete die Ausstellung »Die Düsseldorfer Malerschule«; Katalog, hg. v. W. von Kalnein, Düsseldorf und Mainz 1979.

5 L. Finscher, *MGG*, Sp. 1584. Dieses Urteil findet sich nicht mehr in der Neubearbeitung des Artikels, in: *MGG²*, Sachteil Bd. 8, Kassel u. a. 1998, Sp. 1924–1977: 1953.

sitionen der Zeitgenossen sind heute freilich schwerer zu ermitteln als Quellen aus früheren Epochen, und der Zugang zu Streichquartetten wird noch dadurch erschwert, daß sie meist nur in Stimmen gedruckt wurden. Selbst Beethoven erreichte erst für seine späten Quartette den fast gleichzeitigen Druck von Partituren, auch Mendelssohn gelang dies erst für op. 44, während Schumann bis 1848 auf den Partiturdruck von op. 41 warten mußte.[1] Man ist also auf eigene Transkriptionen angewiesen, falls sich nicht die Autographe oder aber frühe Partiturkopien finden, die sich dem entsprechenden Bedarf von Zeitgenossen verdanken. Selbst wo sich auf ältere Arbeiten zurückgreifen läßt, sind zudem die biographischen Kontakte der Komponisten nicht immer genügend geklärt. Unabhängig von solchen Nachweisen befestigte sich jedoch im 19. Jahrhundert das Bild der »Leipziger Schule«, und schon das Werk von Molique beweist solche Fernwirkungen auch ohne nähere persönliche Beziehungen. Skizzenhaft muß ohnehin ein erster Versuch bleiben, der nur wenige bezeichnende Beispiele herausgreifen kann.

Seit einer ersten Begegnung 1822 trat Ferdinand Hiller (1811–1885) Mendelssohn so nah wie wenig andere Musiker, und besonders intensiv wurde der Austausch während des Winters 1831/32 in Paris. Wohl erst danach entstand Hillers erstes Streichquartett G-Dur, das als op. 12 um 1833 in Leipzig bei Hofmeister erschien.[2] Die Widmung an Pierre Baillot ließe eine Orientierung am virtuosen Quatuor brillant erwarten, doch hat hier dieser Sondertyp so wenig Spuren hinterlassen wie die Beethoven-Rezeption des frühen Mendelssohn. Bereits der Beginn des ersten Satzes zeigt, daß Hillers Werk von einem älteren Stand der Gattung ausgeht. Die beiden Viertakter des Hauptthemas differieren zwar in ihrer Kadenzbildung, gemeinsam ist ihnen aber nicht nur der punktierte Rhythmus des Beginns, sondern mehr noch der akkordische Satz mit steter Verdoppelung der Stimmen. Nach drei eingeschobenen Takten, die den punktierten Beginn variieren, setzt sich erneut der Wechsel der Stimmpaare durch, verbindlich bleibt dagegen weiterhin das fließende Gleichmaß der Rhythmik, während die Überleitung zum Seitensatz kaum nur ansatzweise motivische Vermittlung oder kontrapunktische Arbeit versucht. Auch formal folgt das Werk noch früheren Konventionen, wenn die Durchführung durch einen Modulationsteil ersetzt wird, der nur wenig thematische Arbeit kennt, und da die stark gekürzte Reprise den Hauptsatz nicht restituiert, verbindet sie sich mit der Modulationsphase zuvor zu einem zweiten Formteil, wie es der älteren Definition des Sonatensatzes entspricht. Ein solcher Satz macht begreiflich, daß Mendelssohn 1837 kritisch anmerkte, er kenne kein Stück des Freundes, das »ordentlich durchgeführt« sei.[3] Und so wenig wie das h-Moll-Quartett op. 13 läßt das weit spätere D-Dur-Quartett op. 105 noch grundlegende Änderungen der satztechnischen Faktur erkennen.

---

[1] Zum Erscheinen von Schumanns Quartetten vgl. K. Hofmann, *Die Erstdrucke der Werke von Robert Schumann*, Tutzing 1979 (Musikbibliographische Arbeiten 6), S. 96f.

[2] F. Hiller, *Felix Mendelssohn-Bartholdy. Briefe und Erinnerungen*, Köln ²1878, S. 1ff. und S. 11–27. Zwei weitere Quartette wurden als op. 13 (um 1835) und op. 105 (um 1865) in Leipzig veröffentlicht, vgl. R. Sietz, *Ferdinand Hiller*, in: *Rheinische Musiker*, 1. Folge, hg. v. K. G. Fellerer, Köln 1960 (Beiträge zur rheinischen Musikgeschichte 43), S. 115–122: 120; ein fragmentarischer Quartettsatz Es-Dur findet sich in der Musikabteilung der Staatsbibliothek zu Berlin (*Mus. Ms. autogr. Hiller 5*).

[3] F. Hiller, *Mendelssohn-Bartholdy*, S. 73, Brief vom 24. 1. 1837, ferner *Mendelssohn. Briefe aus den Jahren 1833 bis 1847*, hg. v. P. und C. Mendelssohn-Bartholdy, S. 111 (wo derselbe Brief ein Jahr früher datiert ist).

Ähnlich früh befreundete sich Julius Rietz (1812–1877) mit Mendelssohn, dem er 1834 nach Düsseldorf folgte, bevor er seit 1847 in Leipzig und seit 1860 in Dresden als Dirigent wirksam wurde. Bekannter als sein kompositorisches Werk blieb seine Tätigkeit als einer der maßgeblichen Editoren der alten Bach-Ausgabe, aber auch als Editor der Mendelssohn-Gesamtausgabe, doch zählten zu seinen Schülern namhafte Musiker wie W. Bargiel, O. Dessoff, F. Draeseke, H. Levi, L. Norman und R. Radecke. In seinem d-Moll-Quartett op. 1, das vor 1834 bei C. Klage in Berlin erschien und »son ami Paul Mendelssohn Bartholdy« gewidmet wurde, zeigt sich die Kenntnis von Mendelssohns Modellen nicht nur im Scherzo h-Moll, das auf das ›Intermezzo‹ aus op. 13 anspielt, oder im ›Intermezzo‹ g-Moll, das in seinem raschen Kontrastteil die ›Canzonetta‹ aus op. 12 anklingen läßt. Auf gleiche Muster deutet die Verbindung zwischen langsamer Einleitung und raschem Kopfsatz, und entsprechend geht dem Finale eine ausgedehnte und recht rhapsodische Einleitung voran. So sehr Rietz aber bloßes Passagenwerk zu meiden sucht, so wenig läßt der massiv akkordische Satz eine motivische Entfaltung der einzelnen Stimmen zu. Die Mahnung Mendelssohns, Rietz solle der »größeren Feile und Schärfe der musikalischen Gedanken« Beachtung schenken, bezog sich zwar auf eine spätere Ouvertüre, könnte aber recht gut schon für das frühe Streichquartett gelten.[1]

Als 1836 Norbert Burgmüller mit 26 Jahren verstarb, beklagte Schumann seinen frühen Tod als einen Verlust, der fast so schwer wiege wie der Schuberts.[2] Aus Düsseldorf kommend, war Burgmüller in Kassel Violinschüler Spohrs und studierte vor allem bei dem nachmaligen Thomaskantor Moritz Hauptmann, der übrigens in zwei durchaus traditionellen Quartetten op. 7 (Es-Dur und C-Dur, Wien um 1834 bei Diabelli) selbst noch keine Eindrücke von Spohr oder Mendelssohn zeigte. Burgmüller näherte sich Mendelssohn in dessen Düsseldorfer Jahren so weit, daß er sich sogar Hoffnungen auf seine Nachfolge machte. Aufmerken läßt bereits ein fragmentarisch gebliebenes erstes Quartett in d-Moll, das der 15jährige 1825 noch vor dem Wechsel nach Kassel schrieb. Das Autograph enthält zwei unvollendete Entwürfe für ein Scherzo, der Kopfsatz indes beginnt mit charakteristischem Quartfall samt Triller und ›neapolitanischem‹ Annex; ihm schließt sich eine kantabel gedehnte Fortspinnung an, die bald durch aufschießende Figuren im Violoncello dynamisiert wird. Konventionell bleiben zwar Seitensatz und Schlußgruppe mit Solofiguren zu einfacher Begleitung, hier wie in der Durchführung begegnen aber chromatische Rückungen, die bis nach As-Dur führen, während die Reprise wie die Coda nach D-Dur zielt. Ähnlich wird im Adagio ein konziser Beginn nicht nur von einer solistischen Kantilene in Baßlage, sondern im Mittelteil von expressiv erregter Figuration abgelöst, die noch in der kleinen Coda anklingt. Und gleiche Verfahren wie der erste Satz zeigt das Finale, das neben blasser Figuration im Seitensatz wieder überraschende Rückungen bietet.

1 *Briefe aus den Jahren 1833 bis 1847*, S. 292 (22. 4. 1841); vgl. R. Sietz, *Julius Rietz*, in: *Rheinische Musiker*, 3. Folge, hg. v. K. G. Fellerer, Köln 1964 (Beiträge zur rheinischen Musikgeschichte 58), S. 73–77, sowie H. Zimmer, *Julius Rietz*, mschr. Diss. Berlin 1943.
2 *Schumann. Gesammelte Schriften*, Bd. I, S. 430–432.

Noch in demselben Jahr schloß sich ein zweites Quartett d-Moll op. 7 an[1], das bereits eine erstaunliche Steigerung der Fähigkeiten erkennen läßt.

N. Burgmüller, Nr. 2 op. 7, erster Satz, T. 1–16 (Verlag Dohr).

[1] H. Eckert, *Norbert Burgmüller. Ein Beitrag zur Stil- und Geistesgeschichte der deutschen Romantik*, Augsburg und Brünn 1932 (Veröffentlichungen des Musikwissenschaftlichen Institutes der deutschen Universität in Prag 3), Reprint Nendeln 1975, S. 27f. und 31. Für Filme der Autographe von op. 4 und op. 9 (*Mus. ms. autogr. Burgmüller 1–2*) habe ich der Staatsbibliothek zu Berlin zu danken. Zur Biographie und zur Quellenlage vgl. Kl. M. Kopitz, *Der Düsseldorfer Komponist Norbert Burgmüller. Ein Leben zwischen Beethoven – Spohr – Mendelssohn*, Kleve 1998; J. Draheim, Art. *Burgmüller*, in: *MGG²*, Personenteil Bd. 3, Kassel u. a. 2000, Sp. 1290–1295. Eine Edition der Quartette Burgmüllers besorgte Kl. M. Kopitz, Köln 2002 (Denkmäler rheinischer Musik 23).

Ungleich höhere Ambitionen zeigt schon der energische Zugriff im Kopfsatz, wenn dem Oktavfall der Oberstimme die aufschnellende Figur zur kleinen Sexte samt punktierter Kadenzwendung folgt. Wo sich das Violoncello in T. 4 vom Orgelpunkt löst, übernimmt es dieselbe thematische Figur, die im nächsten Takt auch in der zweiten Violine erscheint. Gegenüber dem ersten Viertakter wird jedoch der zweite Ansatz auf nur drei Takte verkürzt, und nach effektvollem Pausentakt setzt die Fortführung ›neapolitanisch‹ in Es-Dur an. Entsprechend dicht gearbeitet ist die weitere Überleitung, in der die thematische Figur umgekehrt und metrisch vielfach versetzt wird. Nicht ganz so profiliert nimmt sich das Seitenthema aus, es wird aber zugleich mit der prägnanten Figur aus dem Hauptthema verkettet, zu dem es daher mühelos zurückleiten kann. Thematisch konzentriert wie die Exposition ist die Durchführung gearbeitet, und bemerkenswert ist die Vielfalt der aus dem Material gewonnenen Varianten. Dazu trägt nicht zuletzt die weiträumig disponierte Harmonik bei, die bis nach Gis-Dur ausgreift. Deutlicher als die von Eckert postulierte Nähe zu Spohr, dessen Unterricht Burgmüller erst in Kassel erhielt[1], ist jedoch die Orientierung am mittleren Beethoven und zumal am f-Moll-Quartett op. 95, die besonders in der Konzentration auf eine einzige motivische Geste hervortritt. Ebenso greifbar wird dieser Maßstab in dem Scherzo g-Moll, in dem sich kurze Unisoni im Legato und getupfte Akkorde im Staccato ablösen, um zu Steigerungswellen in treibender Chromatik zu führen. Eine Umformung dieses Materials tritt an die Stelle des herkömmlichen Triosatzes, wäh-rend sich beide Schichten in der kurzen Coda überlagern. Nicht gleiches Niveau wird im anmutigen Andante wie auch im kapriziösen Dur-Finale erreicht, auch wenn beide Sätze sorgfältig gearbeitet sind. Von Wirkungen des späten Beethoven ist insgesamt aber so wenig zu spüren wie von den Konsequenzen der Frühwerke Mendelssohns, die zeitlich vorausgingen. Wie das Werk Hillers beweist das von Burgmüller, daß Musiker dieses Kreises an verschiedene Traditionen anknüpfen konnten, ohne schon dem Vorbild Mendelssohns verpflichtet zu sein.

Bereits im Blick auf die Lehrzeit bei Spohr entstand 1826 das As-Dur-Quartett op. 9, dessen beiden letzten Sätze dem Autograph zufolge im Oktober in Kassel geschrieben wurden. Falls das Werk nicht für den Lehrer bestimmt war, wäre es ein Beleg für Burgmüllers beträchtliche Fähigkeiten als Geiger, denn es entpuppt sich kaum verhüllt als regelrechtes Quatuor brillant. Der empfindsame Beginn des Kopfsatzes wird bald von solistischer Figuration der Oberstimme abgelöst, sie überzieht ebenso die Durchführung, selbst wenn ihr wieder plötzliche Rückungen nicht abgehen, und dieselben Sachverhalte gelten für das Adagio wie das Finale, in dem immerhin die Unterstimmen mehr als zuvor am Figurenwerk teilhaben dürfen. Eine Ausnahme macht nur das ebenso knappe wie konzise Menuett in c-Moll, dessen punktierte Rhythmik das Trio in einer ersten Fassung aufgreifen sollte, während die zweite Version sich mit wiegend akkordischem Satz in C-Dur begnügt, nicht ohne freilich in der Satzmitte wieder durch gleitenden Wechsel von c- nach h-Moll zu überraschen. Insgesamt steht das ganze Werk Spohr derart nahe, daß Burgmüller von ihm jedenfalls im Quartettsatz kaum noch zu lernen hatte.

Erst neun Jahre später folgte als viertes und letztes das a Moll-Quartett op. 14, das als einziges acht Jahre nach dem frühen Tod des Autor 1844 in einem Leipziger Stimmendruck herauskam. Das Hauptthema des ersten Satzes bezieht seine dynamische Kraft aus dem Wechsel von energischen Akkordschlägen und dazwischen eingelassenen Triolenfiguren, an denen alle Stimmen teilhaben. Ihre Reduktion öffnet den Weg für den Seitensatz, der diesmal als periodischer Liedsatz auftritt und dem Hauptsatz durch triolische Begleitung verbunden ist. Noch nach der ersten Präsentation des Materials wird ein erneuter Durchgang

[1] H. Eckert, *Norbert Burgmüller*, S. 18, zu op. 7 ebenda, S. 65–67; abschriftliche Stimmen des Werks finden sich in der Staatsbibliothek zu Berlin (*Mus. ms. 2638*), der ich einen Film verdanke. — Weit einfacher ist ein schulmäßiges G-Dur-Quartett des Spohrschülers Hugo Staehle (1826–1848), das als Manuskript (um 1842) erhalten ist und von H.-R. Bitterhof herausgegeben wurde (Kassel 2002).

beider Themen eingeschaltet, und da auch Durchführung und Coda zwischen die dem Hauptsatz gewidmeten Phasen Zitate des Seitensatzes einblenden, wiederholen sich die Themengruppen ein wenig gar zu oft. Denn sie wechseln zwar mit knapper Modulation ihre tonale Position, bleiben aber in sich harmonisch stabil, und selbst die Durchführung richtet sich eher auf Versetzung als auf Verarbeitung der Themen. Ein dreiteiliges Andante F-Dur konzentriert sich in akkordischem Satz ganz auf sein innig erfundenes Liedthema, dessen zeilenweise Periodik bei mediantischer Versetzung auch im Mittelteil bewahrt und nur ornamental modifiziert wird. Als Tempo di minuetto C-Dur steht der dritte Satz den früheren Gegenstücken am nächsten, auch wenn seine punktierte Rhythmik im A-Dur-Trio als Legatovariante etwas weiter verarbeitet wird. Und das diesmal geradtaktige Finale bildet ein recht konventionelles Sonatenrondo in A-Dur, dessen periodischer Seitensatz mit dem kapriziösen Refrain durch motivische Einwürfe verknüpft ist.

Sichtlich gewachsen ist durchweg die Formbeherrschung, sie ist indes durch deutliche Glättung erkauft, die sich in der Dominanz liedhafter Perioden ebenso äußert wie in der primär diatonischen Harmonik. Während modulierende Gelenke so dicht wie alle Satzphasen integriert sind, wird man die harten Kontraste und unerwarteten Rückungen der früheren Quartette vergeblich suchen. Burgmüller hatte sich inzwischen Mendelssohn genähert, und so ist nicht auszuschließen, daß ihm ein Werk wie dessen Es-Dur-Quartett op. 12 als Muster vorschwebte, auch wenn er weder eine gleiche zyklische Rundung noch entsprechende Satzformen zu erproben suchte. Zur wahrhaft tragischen Existenz des hochbegabten Musikers gehörte offenbar die wechselnde Orientierung an den konträren Modellen Spohrs und Mendelssohns, zwischen denen er nicht mehr seinen eigenen Weg verfolgen konnte.

Durch Neuausgaben und Einspielungen fand neuerdings das Es-Dur-Quartett Beachtung, das Fanny Mendelssohn zwischen August und Oktober 1834 noch vor ihrer Verheiratung mit Wilhelm Hensel schrieb.[1] Mit einem Adagio ma non troppo zu Beginn samt dreiteiligen Binnensätzen und abschließendem Sonatenrondo kommt das Werk ausnahmsweise ohne regulären Sonatensatz aus. Der Kopfsatz zehrt von einem Quartfall samt punktierter Vorhaltbildung und erinnert allein damit an die Eröffnung der Es-Dur-Werke des Bruders Felix und – natürlich – Beethovens (op. 74), ohne freilich mit Septimzusatz wie dort zur Subdominante zu weisen.[2] Steigende Bögen in Vierteln und weiter in Achteln sorgen für ein Accelerando zum Mittelteil, ohne allerdings die Motivik auszuarbeiten. Ein Allegretto c-Moll läßt im 6/8-Takt mit federnden Achteln, kreisenden Klangbändern und effektvollen Pizzicati Mendelssohns ›Elfenscherzi‹ assoziieren, ohne freilich ein vergleichbar souveränes Formenspiel zu wagen. In c-Moll steht auch die kleine Romanze, die dominantisch ansetzt und endet, ihr fast rezitativisches

---

1 Vgl. dazu die Edition von R. Eggebrecht-Kupsa, Kassel ²1997. Der Staatsbibliothek zu Berlin verdanke ich eine Kopie der autographen Partitur (Mendelssohn-Archiv, Ms. 43).

2 Das Werk knüpft in den beiden ersten Sätzen an eine unvollendete Klaviersonate an, die 1829 entstand, nachdem die Komponistin des Bruders op. 12 kennengelernt hatte; vgl. R. Hellwig-Unruh, *Zur Entstehung von Fanny Hensels Streichquartett in Es-Dur (1829/34)*, in: *Fanny Hensel geb. Mendelssohn Bartholdy. Komponieren zwischen Geselligkeitsideal und romantischer Musikästhetik*, hg. v. B. Borchard und M. Schwarz-Danuser, Stuttgart und Weimar 1999, S. 121–140; vgl. weiter R. Cadenbach, ›*Die weichliche Schreibart*‹, ›*Beethovens letzte Zeit*‹ *und* ›*ein gewisses Lebensprinzip*‹. *Perspektiven auf Fanny Hensels spätes Streichquartett (1834)*, ebenda S. 141–164.

Thema aber weniger entwickelt, sondern im Mittelteil zu Klangketten mit Exkursen bis nach fis-Moll umbildet. Am schwächsten ist das 6/8-Finale mit einem Refrain aus flinkem Skalenwerk, das nicht nur im Mittelteil dominiert, sondern noch in die melodisch wechselnd formulierten Couplets ausstrahlt. Auf strukturelle statt nur formale Sachverhalte dürften sich also die Vorbehalte des Bruders richten, der am 30. 1. 1835 zwar manche »neue oder ungewöhnliche Wendung der Form und Melodie« wahrnahm, wodurch das Werk aber »nur unbestimmter« werde, während allein »durch innere Nothwendigkeit« die »Form zerschlagen werden« dürfe. Wenn die Schwester am 17. 2. betonte, auch ihr gehe es um die »nöthige Consistenz«, so fügte sie doch hinzu, sie habe sich nicht so wie er durch Beethoven »durchgelebt u. durchgeschrieben«.[1]

Bernhard Molique (1802–1869) hatte nur als Knabe einige Stunden bei Spohr gehabt und wechselte nach einer ersten Stellung in München 1826 als Musikdirektor und Konzertmeister nach Stuttgart, bis er 1849–66 in London wirkte. Zwischen 1841 und 1854 veröffentlichte er acht Streichquartette (op. 16 G-Dur und op. 17 c-Moll, Wien 1841; op. 18 Nr. 1–3 F-Dur, a-Moll, Es-Dur, Leipzig 1843; op. 28 f-Moll, Leipzig 1847; op. 42 B-Dur, London 1854; op. 44 a-Moll, Leipzig 1853). Vergleicht man jedoch die zwei ersten mit den beiden letzten Werken, so wird die zunehmende Orientierung an Mendelssohns Tonfall evident, wogegen sich kaum Spuren Schumanns finden. In den Ecksätzen der beiden frühen Werke setzen sich die Hauptthemen aus knappen Zweitaktern zusammen, die durch Pausen getrennt und durch analoge Taktgruppen ergänzt werden. Dem entspricht in geradem Takt eine engschrittige Melodik mit lebhafter Rhythmik, die rasch in konzertante Figuration mündet, bis erst die Seitensätze längere Bögen ausbilden. Da Überleitungen wie Durchführungen durchaus motivisch gearbeitet sind, ergibt sich der Eindruck einer munteren und geradezu quirligen Musik, die indes mit einer Anlehnung an Spohr wenig gemein hat.[2] Denn nur gelegentlich treten virtuose Außenstimmen hervor (wie im Kopfsatz aus op. 17), wie aber sonst die Kennmarken des Quatuor brillant fehlen, so dient die Harmonik auch in chromatischen Modulationen nicht als Ersatz thematischer Arbeit. Und treten an zweite Stelle immer noch leicht retrospektive Menuette, so fehlt im graziösen Andante beidemal die elegische Kantilene Spohrs.

Anders steht es dagegen mit Moliques B-Dur-Quartett op. 42, in dessen Kopfsatz nicht allein die kantable Melodik des Hauptthemas an Mendelssohns Sätze in op. 44 Nr. 1 und 2 erinnert. Vielmehr paart sich damit eine synkopische Begleitung, die den für Mendelssohn bezeichnenden Liedtypus konstituiert. Auch muß man Molique zugestehen, daß er über die Themenbildung hinaus die Arbeitsweise Mendelssohns erfaßte, wenn schon die Überleitung triolische Figuration mit dem Themenkopf selbst kombiniert. Zudem begegnet dann eine Akkord-

---

1 Zu Mendelssohns Brief vgl. *Das verborgene Band. Felix Mendelssohn und seine Schwester Fanny Hensel*, hg. v. H.-G. Klein, Wiesbaden 1997 (Ausstellungskataloge / Staatsbibliothek zu Berlin – Preußischer Kulturbesitz, N. F. 22), S. 188; zur Antwort der Schwester s. M. J. Citron (Hg.), *The Letters of Fanny Hensel to Felix Mendelssohn*, Stuyvesant/N.Y. 1987, S. 489f.

2 Fr. Schröder, *Bernhard Molique und seine Instrumentalkompositionen*, Stuttgart 1923, zu den Quartetten S. 53–55. Eine Partiturabschrift von op. 42, angefertigt von Otto Scherzer, besitzt die Württembergische Landesbibliothek Stuttgart (*Cod. mus. II, fol. 38*), der ich für die Überlassung eines Mikrofilms danke. Für entsprechende Filme ist ebenso der Musikabteilung der Staatsbibliothek zu Berlin zu danken, in der sich neben dem von Joseph Joachim geschenkten Autograph von op. 42 (*Mus. Ms. autogr. Molique 2*, datiert »London 27 June 1852«) die 1846 »von Moliques Schüler Hugo Schunke« angefertigten Partiturkopien der Quartette op. 16 und op. 17 (*Mus. ms. 14566*) befinden.

B. Molique, Quartett B-Dur Nr. 7, op. 42, erster Satz, T. 1–12 und 28–39 (Partitur Württembergische Landesbibliothek Stuttgart, *Cod. mus. II*, fol. 38).

folge, in der wie im Kopfsatz aus op. 44 Nr. 3 der Wechsel der relativen Molltonika und ihrer Dominante durch Pausen zäsuriert wird. Die Bezüge sind so handgreiflich, daß die Orientierung des Autors unzweifelhaft wird, doch treten desto deutlicher auch beträchtliche Differenzen hervor. Mendelssohns Vorbild folgt zwar noch die Ausspinnung des Hauptthemas, und die umfängliche Durchführung zeigt beträchtliche harmonische Gewandtheit. So sehr aber Mendelssohn die thematische Vermittlung abgelauscht ist, so ungeschickt bleibt die bemühte Kontrapunktik im Seitensatz, die Durchführung vermag die kombinatorischen Möglichkeiten nicht mehr zu erweitern, und insgesamt fehlt jene planvolle Strategie, mit der Mendelssohn schrittweise die thematischen Beziehungen bis hin zur Coda enthüllt. Ähnlich nähern sich die Folgesätze partiell Modellen Mendelssohns, wenn einem Menuett g-Moll, das kapriziös zwischen 3/4- und 6/8-Takt changiert, als Trio ein Maggiore voll schwirrender Figuration folgt, bis beide Ebenen in der Coda alternieren. Das Andante dagegen verliert sich in ornamentaler Figuration, und wenig Anspruch auf thematische Arbeit macht das Rondofinale, das der schwächste Teil auch dieses Werks bleibt. All diese Beobachtungen bestätigen sich an op. 44 als letztem der Quartette Moliques, sofern der Kopfsatz nun im 6/8-Takt statt hüpfender Kurzglieder geschlossene Melodiebögen aufweist, die gleichermaßen die Überleitungen wie die Durchführung bestimmen. Als zweiter Satz folgt hier ein ›Intermezzo‹ e-Moll, das einen knappen Sonatensatz darstellt und rhythmisch wie melodisch erneut auf Mendelssohn verweist. Weniger gilt das für das knappe Adagio, das mit 41 Takten fast nur als Einleitung zum abschließenden Sonatenrondo wirkt. Wenn sich also Moliques späte Quartette in die Nachfolge Mendelssohns einreihen, so sind es zumal die Kopfsätze, die die ›Höhe des Vorbilds‹ zu erreichen suchen.

Von Opern- und Kapellmeistern

Wie wenig selbstverständlich es für zeitgenössische Musiker war, noch Anregungen Mendelssohns oder gar Schumanns aufzunehmen, zeigen die Quartette einiger Hofkapellmeister, die zumindest in ihrer Zeit als durchaus angesehene Komponisten galten. Karl Gottlieb Reißiger (1798–1859) kam nach einer Ausbildung bei Salieri in Wien 1823 nach Berlin und ging 1826 nach Dresden, wo er zwei Jahre später Kapellmeister wurde und insgesamt acht Streichquartette schrieb. Zwei Serien mit je drei Werken (op. 111, A – h – Es, 1836–38; op. 211, G – F – E, 1856) umrahmen zwei Einzelwerke (f-Moll op. 155, 1840; Es-Dur op. 179, 1845). Unter den drei ersten Quartetten, die von Peters herausgebracht wurden und die gängige Satzfolge aufweisen, bietet das exemplarische Es-Dur-Werk Nr. 3 einen Kopfsatz mit chromatisch getönter langsamer Einleitung samt einem strikt diatonisch und zudem streng periodisch angelegten ›Allegro brillante‹ voller Figurationen im ›spiccato‹, und einem Andantino con moto B-Dur mit drei figurativen Variationen folgt ein ebenso konventionelles Scherzo, während das abschließende ›Rondo grazioso‹ fast Salontöne anschlägt. So wenig wie in der letzten Serie ändert sich das Bild in den beiden von G. Paul in Dresden und M. Schlesinger in Berlin verlegten Einzelwerken, wiewohl das f-Moll-Quartett op. 155 in den Ecksätzen (›Allegro fiero‹ und ›Allegro appassionato‹) expressivere Töne versucht, wogegen das Es-Dur-Quartett op. 179 dem ersten Satz mit kantablem Hauptthema ein einfaches Rondofinale mit nur drei Refrains gegenüberstellt. Doch weiß der Autor das stereotype Figurenwerk kaum einzudämmen, und gleichermaßen konventionell fallen beidemal die Binnensätze aus. Nicht viel anders steht es mit drei 1862 von Trautwein in Berlin publizierten Quartetten op. 41–43 (e – B – G) von Thomas Taeglichsbeck (1799–1867), der seit 1827 Hofkapellmeister in Hechingen und später in Löwenberg (Schlesien) war.[1] Etwas gewichtiger sind dagegen die vier Beiträge des Berliner Kapellmeisters Wilhelm Taubert (1811–1891), die zuerst in Leipzig erschienen (op. 63 e-Moll, 1848 bei Peters; op. 93 B-Dur, 1853 bei Breitkopf & Härtel; op. 130 G-Dur, 1861 bei Kistner), wogegen das letzte als Stimmensatz und vierhändiges Arrangement in Berlin herauskam (op. 183 F-Dur, bei Ries & Erler). Der langsamen Einleitung stehen im ersten Satz aus op. 93 zwei ähnlich spielerische Themen gegenüber, und so konventionell wie das noch zweiteilige Adagio espressivo As-Dur ist nicht nur das Scherzo, sondern ebenso der abschließende Sonatensatz. In op. 130 begegnet immerhin ein Scherzo in G-Dur, das statt eines gesonderten Trios kontrastierende Episoden aufweist, während das Finale diesmal als Sonatenrondo angelegt ist. Dagegen erweist sich der Schlußsatz im letzten Quartett op. 183 als Rondo, dessen Refrain mehrfach abbricht und dann erst zu rascher Figuration wechselt.

1 E. Burmeister, *Thomas Taeglichsbeck (1799–1867) und seine Instrumentalkompositionen. Ein Beitrag zur Geschichte der Instrumentalmusik des 19. Jahrhunderts*, Diss. München 1936, Würzburg 1936, S. 86–94.

Ehrgeiziger ist auch der Kopfsatz, der rhythmisch markanteres Material mit etwas farbigerer Harmonik verbindet, doch fällt das Scherzo trotz verschachtelter Gliederung in gleicher Weise ab wie das konventionelle Andante espressivo mit sechs das Thema umspielenden Variationen.

Das Prestige des Streichquartetts, das auch abschreckend wirken konnte, zog andererseits manche Komponisten an, die keineswegs zu den Spezialisten der Gattung gehörten. Wie Friedrich von Flotow (1812–1883) ein sehr einfaches C-Dur-Quartett schrieb, das in einer undatierten Handschrift der Schweriner Landesbibliothek erhalten ist, so versuchte sich 1834 Otto Nicolai (1810–1849) an einem Quartett in B-Dur, das während seines Aufenthalts in Rom entstand und im ebenso flächigen wie wirkungsvollen Tonsatz den künftigen Opernmeister ahnen läßt.[1] Auch Peter Cornelius (1824–1874) begann 1841–43 mit vier Streichquartetten, von denen freilich nur ein G-Dur-Werk vier Sätze umfaßt, während zu den übrigen nur jeweils zwei Sätze und für weitere bloß Themenskizzen vorliegen. Von einigem Interesse könnten sechs Quartette des Juristen und nachmaligen Wiener Musikkritikers Alfred Julius Becher (1803–1848) sein, die in Wiener Handschriften erhalten blieben.[2] Die drei Quartette op. 8, die Gustav Krug (1803–1873) »seinem Freunde Felix Mendelssohn Bartholdy« zueignete, erschienen bei Trautwein in Berlin, doch zeigt das C-Dur-Werk Nr. 3, wie sehr der Autor in früheren Gattungstraditionen beheimatet war, selbst wenn der Kopfsatz die langsame Einleitung mit dem Hauptthema motivisch verknüpft und das Adagio E-Dur einen modulationsreichen Mittelteil enthält. Um 1834 veröffentlichte der in Turin geborene, aber zumeist in Berlin wirkende Napoléon-Antoine-Eugène-Leon de Saint Lubin (1805–1850) bei Diabelli in Wien ein Streichquartett in d-Moll, das im Kopfsatz mehr noch als im Finale figurenreiche Überleitungen mit ebenso knappen wie konzentrierten Durchführungen kontrastiert, während dem schlichten Andante G-Dur mit fünf figurativen Variationen ein fugiertes Menuett vorangeht, das sich aber mit hüpfender Dreiklangsmotivik zufrieden gibt. Der in Wien und London als Geiger beschäftigte Leopold Jansa (1795–1857) legte zwischen 1835 und 1845 je drei Werke als op. 44 und 65 vor, denen ein weiteres noch 1868 folgte. *Drei leichte Quartette* op. 51 (Wien um 1835, Diabelli) wurden Spielern zugedacht, »die noch keine höhern Lagen nehmen können«, doch bestätigen sie desto klarer Jansas Herkunft vom unterhaltsamen Genre älterer Art. Von drei Quartetten, die Johann Wenzel Kalliwoda (1801–1866) bei Peters zwischen 1835 und 1839 veröffentlichte, macht am ehesten noch op. 61 in e-Moll das Ansehen verständlich, das sich dieser Komponist durch seine Sinfonien erworben hatte.[3] Gleichen Rang wie der erste Satz mit seinem elegischen Hauptthema hat das Adagio E-Dur, dessen einfacher Kernsatz zunehmende Ornamentierung erfährt, nach einem eleganten Scherzo tendiert aber das Finalrondo bereits zu figura-

---

1 Neuausgabe, hg. v. H.-W. Riedel, Mainz 1985; vgl. dazu U. Konrad, *Otto Nicolai (1810–1849). Studien zu Leben und Werk*, Baden-Baden 1986, S. 398; G. Wagner, *Peter Cornelius. Verzeichnis seiner musikalischen und literarischen Werke*, Tutzing 1986, S. 31f. und S. 39ff.

2 H. Ullrich, *Alfred Julius Becher. Der Spielmann der Wiener Revolution*, Regensburg 1974, S. 105ff.

3 A. Dürr, *Johann Wenzel Kalliwodas Streichquartette*, in: »... Liebhaber und Beschützer der Musik«. Die neu erworbene Musikaliensammlung der Fürsten zu Fürstenberg in der Badischen Landesbibliothek, hg. v. M. Miller und M. Rebmann, Karlsruhe 2000 (Patrimonia 188), S. 47–59. Für Hinweise und Zugang zu den Quellen danke ich Laszlo Strauß-Németh, der ein Werkverzeichnis vorbereitet, und der Musikabteilung der Badischen Landesbibliothek. In einer Neuausgabe erschien op. 62, hg. v. B. Päuler, Winterthur 1999. Arrangiert für Orgel, ging das Adagio aus op. 61 in eine englische Sammlung ein: *Short Voluntaries for the Organ*, arr. by John Hiles, Vol. 5, London o. J., S. 714ff. Vgl. auch die Edition der Sinfonien Nr. 1 und 5, hg. v. A. Dürr, Wiesbaden u. a. 1998 (Das Erbe deutscher Musik 109).

tiver Ausfüllung. Im weit schwächeren A-Dur-Quartett op. 62, dessen Scherzo mit einem wenig kunstvollen Kanon der Außenstimmen aufwartet, gerät der Schlußsatz zu einer Etüde, die in der Mitte nur von einem Zitat aus dem vorangehenden langsamen Satz unterbrochen wird. Und vollends erweist sich op. 90 in G-Dur als ein Quatuor brillant, das alle weiteren Ansprüche dem virtuosen Solopart unterordnet.

Zu Moliques Schülern zählte neben Ignaz Lachner August Walter (1821–1896), der später Musikdirektor in Basel wurde; seine drei Quartette op. 1, die um 1843 bei Haslinger in Wien herauskamen, sind zwar recht gedrängt und satztechnisch kaum anspruchsvoll, ohne aber – trotz etüdenhafter Figuration in den Ecksätzen – leerer Brillanz zu verfallen. Der zum Freundeskreis Schuberts gehörende Anselm Hüttenbrenner (1794–1868), der in Graz 1825 ›artistischer Direktor‹ des Steiermärkischen Musikvereins wurde, vollendete sein viertes Quartett in c-Moll erst 1847; schon 1817–18 waren drei Werke vorangegangen, doch wurde 1818 nur das im Vorjahr geschriebene erste in E-Dur (op. 12) bei Steiner in Wien veröffentlicht.[1] Recht schlicht bleibt zwar die Faktur der Ecksätze, und ohne rhythmische Komplikationen kommt ein kleines Scherzo aus, den dritten Satz bildet jedoch ein Andante a-Moll mit einem Thema, das nicht nur durch kargen Klang in akkordischem Satz auffällt. Es wird vielmehr von einer rhythmischen Formel durchzogen, die in der Folge einer Viertel mit zwei Achteln zu den Vorzugsmodellen Schuberts zählt und ebenfalls in der im Februar 1817 komponierten Liedvorlage des Variationensatzes aus dem d-Moll-Quartett D 810 begegnet. In vier figuralen Variationen erweitert Hüttenbrenner die gängigen Verfahren zwar nicht sonderlich, doch beschleunigt die dritte den akkordischen Kernsatz zu pochenden Ketten, die sich ähnlich in der dritten Variation aus Schuberts Quartettsatz finden. Daß die Möglichkeiten der Vorlage damit kaum ausgeschöpft waren, mag neben der rhythmischen Affinität Schubert 1817 dazu veranlaßt haben, dem Werk Hüttenbrenners das Thema der Klaviervariationen D 576 zu entnehmen und sich seiner noch später im eigenen Quartettsatz zu erinnern.[2]

In Prag war der gelernte Jurist Wenzel Heinrich Veit (1806–1864) als Beamter tätig, zu dessen zweitem Quartett E-Dur op. 5 Schumann zwar freundlich, aber keineswegs unkritisch Stellung nahm.[3] Seine Beobachtung, Veits Werk zeichne »sich durch nichts Besonderes aus«, läßt sich ebenso auf die drei übrigen Quartette dieses Autors übertragen, der kompositorisch freilich als Autodidakt gelten muß. Ein erstes Quartett d-Moll, das 1836 bei Hofmeister als op. 3 erschien, läßt in beiden Ecksätzen noch leere, mitunter recht brillante Figuration dominieren, der zudem genaue Fingersätze nicht fehlen. Und einem schlichten Menuett mit figurenreichem Trio D-Dur folgt ein Andantino F-Dur, das eine »Hymne russe« mit vier zunächst figurativen Variationen bedenkt, die nur am Ende zum ›Piú Allegro e risoluto‹ in Moll umschlagen. Als

1 H. Federhofer, Art. *Hüttenbrenner*, in: *MGG*, Bd. 6, Kassel u. a. 1957, Sp. 845–852, nannte lediglich die beiden Werke in E-Dur und c-Moll. Zur Quellenlage insgesamt vgl. M. Kube, »*... lieber in Grätz der Erste, als in Wien der zweyte.*« Zu den Streichquartetten von Anselm Hüttenbrenner, in: *Schubert und das Biedermeier. Beiträge zur Musik des frühen 19. Jahrhunderts. Festschrift für Walther Dürr zum 70. Geburtstag*, hg. v. M. Kube, W. Aderhold und W. Litschauer, Kassel u. a. 2002, S. 147–159, und die dort genannte weitere Literatur.

2 Das gemeinsame Modell dürfte im Allegretto a-Moll aus Beethovens VII. Symphonie zu suchen sein, deren Uraufführung 1813 dem E-Dur-Quartett Hüttenbrenners um wenige Jahre voranging. Das Autograph der Variationen D 576 gelangte in den Besitz Hüttenbrenners. Eine Ausgabe aller vier Quartette Hüttenbrenners, die auch die bislang unbeachteten Werke in B-Dur op. 13 (1817) und C-Dur op. 14 (1818) einschließt, edierte M. Kube, München 2002 (Katzbichlers Kammermusik-Bibliothek 1).

3 *Schumann. Gesammelte Schriften*, Bd. I, S. 340f. (Dritter Quartettmorgen); vgl. weiters M. Poštolka, Art. *Veit*, in: *MGG*, Bd. 13, Kassel u. a. 1966, Sp. 1363f.

op. 16 folgte im gleichen Verlag 1841 das vierte Quartett g-Moll, das die Figuration nun deutlich im Zaume hält. Der großräumige erste Satz enthält eine recht anspruchsvolle Durchführung, und nach liedhaftem Thema wartet das Adagio mit Phrasen ›con duolo‹ oder ›con intimo sentimento‹ und am Ende des A-Teils gar mit einem ›Quasi Recit. innocente‹ auf. Einfach bleibt dagegen das B-Dur-Menuett, und das eigenartig reihende Finale kennt als zweiten Abschnitt ein ›Andante con moto Air de Bohéme‹. Selbst wenn sich Veit bemühte, in seinen Grenzen gemäß der Mahnung Schumanns »neue Bahnen« zu suchen, hinterlassen seine Opera heute einen so zwiespältigen Eindruck wie damals. Nur wenig jünger war Jacob Rosenhain (1813–1894), der nach 1837 in Paris und später in Baden-Baden lebte, aber erst seit 1884 als op. 55, 57 und 65 drei Streichquartette in G-Dur, C-Dur und d-Moll vorlegte. Aber noch das dritte Quartett op. 65, das 1886 bei Breitkopf & Härtel erschien, dürfte zu dieser Zeit seltsam retrospektiv gewirkt haben. Der Kopfsatz bemüht sich zwar, kantable Thematik durch punktierte Vorschlagmotive zu profilieren, das Andante A-Dur enthält ein Agitato fis-Moll als Mittelteil, dem konventionellen Scherzo folgt jedoch ein geradezu simples Rondo. Und konsequent signalisiert ein weiteres Werk schon mit dem Titel *Am Abend. Stimmungsbilder* (op. 99, 1888) die Auflösung der Gattung zum Genrestück. Ähnlich spät erschienen die beiden Quartette von Georg Vierling (1820–1901), der bei A. B. Marx in Berlin ausgebildet worden war (op. 56 G-Dur, 1876; op. 76 A-Dur, 1892). Besonders das zweite muß sich zum Zeitpunkt der Veröffentlichung seltsam antiquiert ausgenommen haben, doch sollte das scheinbar einfache Hauptthema im ersten Satz aus op. 56 nicht darüber hinweg täuschen, daß der Autor weiterer Differenzierung fähig war, wie sich zumal am langsamen Satz, aber auch an der Einleitung zum Finale zeigt. Aus anderem Grund sind die drei Quartette von Friedrich Lux (1820–1895) zu erwähnen, die erst nach 1877 veröffentlicht wurden (op. 58 d-Moll, Leipzig 1877; op. 87 C-Dur, Mainz 1892; op. 95 g-Moll, Mainz 1894). Denn die langsamen Sätze tendieren mehrfach mit charakterisierenden Zusätzen (in op. 58 »Auf dem Felde« usf. und in op. 87 »Klänge der Heimat«) zur Programmusik, wie es für einen Autor dieser Generation nicht üblich war. Carl G. P. Grädener (1812–1883) schließlich, der 1838 Kieler Universitätsmusikdirektor wurde und zehn Jahre später nach Hamburg wechselte, hinterließ nicht »ein originelles Streichquartett«[1], sondern drei entschieden retrospektive Werke (op. 12 B-Dur, op. 17 a-Moll und op. 29 Es-Dur, gedruckt erst um 1860 in Leipzig und Winterthur bei Rieter-Biedermann), die neben didaktischen und geradezu etudenhaften Zügen mehrfach rezitativische Einschübe zeigen (so im Lento aus op. 17 und im Kopfsatz aus op. 29). Dagegen fallen die beiden Werke seines in Wien lebenden Sohnes Hermann (1844–1929) in der späten Nachfolge von Brahms durch einen expressiven Anspruch auf,

---

1 A. Werner-Jensen (Hg.), *Reclams Kammermusikführer* (unter Mitarbeit von L. Finscher, W. Ludewig und Kl. H. Stahmer), Stuttgart [12]1997, S. 700; vgl. ferner K. Stephenson, Art. *Grädener*, in: *MGG*, Bd. 5, Kassel und Basel 1956, Sp. 659–661.

der satztechnisch freilich nicht ganz eingelöst wird (op. 33 d-Moll und op. 39 D-Dur, Wien um 1901, Universal-Edition).

Konträre Reaktionen: Hirschbach, Bruch und Eduard Franck

In einem bunten Umfeld, dessen Vielfalt die Trennung der ›Mendelssohnianer‹ und ›Schumannianer‹ so wenig gerecht wird wie die Scheidung nach ›Klassizisten‹ und ›Romantikern‹, nimmt Hermann Hirschbach (1812–1888) eine eigentümlich isolierte Stellung ein. Aufgewachsen in Berlin, wurde er hier von Heinrich Birnbach unterrichtet und ging dann nach Leipzig, nachdem er schon zuvor Beiträge zu Schumanns *Neuer Zeitschrift* geliefert hatte. Nach einem Probeheft vom Herbst 1843 gab er 1844/45 sein *Musikalisch-kritisches Repertorium aller neuen Erscheinungen im Gebiete der Tonkunst* heraus, mit harschen Rezensionen isolierte er sich aber dermaßen, daß er fortan stellungslos um seine Existenz zu kämpfen hatte.[1] Schon um 1836 begann er mit der Komposition einer Serie von Streichquartetten, die schließlich 13 Einzelwerke umfaßte. Im Bestand der Staatsbibliothek zu Berlin, in dem heute Nr. 7 und 9 fehlen, liegt Nr. 1 e-Moll (op. 1) nur als »Neue durchaus verbesserte Auflage« vor, die mit der Angabe »Verfasst im Jahre 1837« 1854 bei C. F. W. Siegel in Leipzig erschien. Bis 1847 folgten Nr. 2–4 (op. 29–31, B – D – fis) bei G. Brauns in Leipzig, Julius Friedländer in Berlin übernahm Nr. 6–7 (op. 33–34, beide c-Moll) und Siegel alle übrigen (Nr. 5 op. 32, Nr. 8–13 op. 35, 37–38, 42–43 und 49, a – F – f – d – E – Es – h). Nach Robert Pessenlehners Ermittlungen wurden Nr. 1–10 sowie Nr. 12 zwischen 1837 und 1839 komponiert, vor 1850 und um 1855 kamen Nr. 12 und 13 hinzu, eine Ausnahme bildete jedoch Nr. 11 mit dem Zusatz »Erstes Werk des Componisten«, das demnach schon vor 1837 entstanden sein dürfte.[2] Die Ausgaben zogen sich bis etwa 1855 hin, wiewohl bei fehlenden Verlagsnummern genauere Daten kaum zu ermitteln sind. Die Bezeichnung »Lebensbilder in einem Cyclus von Quartetten« meint zwar im engeren Sinn nur Nr. 1–3 mit Mottoangaben aus Goethes Faust I (Verse 376 und 690–692, 783–784 sowie 903–907) und dazu Nr. 4 mit dem Motto »Des Künstlers einsame Stunde«. Doch noch zu Nr. 9 und 13 werden Gedichte von Chamisso und Lenau angegeben,[3] und verbale Zusätze finden sich in den Stimmen weiterhin (so im Finale aus Nr. 6 »Leidenschaft. Ironie. Entsagung. Aufschwung«). Wie Pessenlehner klarstellte, handelt es sich dennoch nicht um ›Programmusik‹, sondern eher um den Versuch der Vermittlung von ›Ideen‹, doch liegt im Mißverhältnis zwischen Ambition und kompositorischem Niveau auch die Problematik dieser Werke.

Hirschbach veröffentlichte 1839 einen Aufsatz *Über Beethoven's letzte Streichquartette*, und wie sehr ihm diese Werke »erst als Anfänge einer

---

1 R. Pessenlehner, *Herrmann Hirschbach. Der Kritiker und Künstler. Ein Beitrag zur Geschichte des Schumannkreises und der musikalischen Kritik in der ersten Hälfte des XIX. Jahrhunderts*, Diss. Frankfurt a. M. 1931, Regensburg 1932, S. 85–112 (in späten Jahren verfaßte Hirschbach sogar Lehrbücher des Börsenhandels und Schachspiels). Die verletzende Schärfe der Rezensionen Hirschbachs zeigt bereits ein Blick in die Besprechungen von Schumanns Klavierquartett op. 47 und Mendelssohns Klaviertrio op. 66, in: *Musikalisch-kritisches Repertorium*, Bd. II, Leipzig 1845, S. 191 ff. bzw. 391 f.

2 Vgl. dazu das Werkverzeichnis bei R. Pessenlehner, *Herrmann Hirschbach*, S. 397–402.

3 Zu Nr. 9 Chamissos *Was soll ich sagen* (»Mein Aug' ist trüb, mein Mund ist stumm«, 1819, vgl. *Adalbert von Chamisso. Ich bin nach Weisheit weit umhergefahren. Gedichte – Dramatisches – Prosa*, hg. v. W. Feudel, Leipzig 1978, S. 14), zu Nr. 13 Lenaus *Zu spät* (»Schon hat der Lenz verblüht und ausgesungen«, um 1832, vgl. *Nikolaus Lenau. Sämtliche Werke*, hg. v. W. Dietze, Bd. 1, Leipzig 1970, S. 28).

neuen poetischen Ära« galten, in der er als Komponist »fortwirken« wolle, hob Schumann 1841 scharfsichtig hervor. Nicht ganz leicht ist indes zu begreifen, was Schumann drei Jahre zuvor an diesen Werken derart faszinierte, daß er sie »im Streben das Ungeheuerste« nannte, »was mir bis jetzt vorgekommen«, wiewohl er handwerkliche Mängel keineswegs übersah.[1] Pessenlehner hat treffend beschrieben, daß sich Hirschbachs Experimente ausschließlich auf das äußere Formgerüst beschränken, das von der viersätzigen Norm aus über die Verschränkung der Binnensätze bis zur Verkettung aller Sätze schreite, wogegen die thematische Substanz wie die gesamte Satzstruktur höchst konventionell und zudem oft geradezu dürftig bleibe.[2] Einschränkend wäre nur zu ergänzen, daß selbst scheinbar avancierte Details bei näherer Prüfung ohne spezifische Funktion bleiben, während bereits die äußerlich viersätzigen Werke durch langsame Einleitungen, internen Tempowechsel und kontrastierende Einschübe aufgebrochen werden. Am einfachsten ist formal und strukturell das zuerst entstandene zwölfte Quartett, das nach Sonatensatz, dreiteiligem Andante und zweiteiligem Scherzo samt Trio nur im Rondofinale ein vorangestelltes Lento und Themenzitate in der Coda zeigt. Weiter geht bereits Nr. 1 mit langsamer Einleitung vor Exposition und Durchführung sowie nach der Reprise des Kopfsatzes, einem knappen Andante mit erheblich längerem raschen Kontrastteil sowie einem ähnlich verschachtelten Finale. Die Aufgliederung in mannigfach kontrastierende Satzglieder setzt sich in Nr. 2–4 fort, und deutlicher als in Nr. 5 werden langsamer Satz und Scherzo in Nr. 6 und 8 verschränkt, bis in den weiteren Werken der zunehmenden Auftrennung der Sätze zugleich ihre Verbindung durch fließende Übergänge oder thematische Analogien und Zitate entspricht. Die formalen Komplikationen werden indes durch keine ebenso komplexe Struktur legitimiert, vielmehr dominiert für lange Phasen konventionelle Figuration mit eingestreuten Themenfragmenten, ohne die Stimmen gleichzeitig oder nur in gleichem Ausmaß zu beteiligen. Hirschbachs Quartette waren – von Schumanns Reaktion abgesehen – historisch so folgenlos, daß sich nähere Erörterungen kaum rechtfertigen. Die Orientierung am späten Beethoven jedoch, die Schumann wahrnahm, beschränkt sich so gut wie ganz auf die Verschiebung formaler und dazu tonaler Positionen. Schon der erste Satz aus Nr. 3 plaziert Haupt- wie Seitensatz der Exposition in der Tonika, beide wechseln in der Reprise jedoch zur Dominante, wogegen das Finale seine Themen während der Exposition tonikal anordnet, um für die Reprise die sonst der Exposition zukommende Relation zu reservieren. Ähnlich tritt der Rondorefrain im B-Dur-Finale aus Nr. 2 zuerst in g-, c- und d-Moll und erst zuletzt in der Tonika ein, und das Finale des fis-Moll-Werks Nr. 4 steht durchweg in cis-Moll und kehrt erst zum Schluß zur Tonika zurück. Hirschbachs Beethoven-Rezeption begrenzt sich also auf die dem 19. Jahrhundert geläufige Vorstellung, der zufolge

1 *Schumann. Gesammelte Schriften*, Bd. I, S. 343ff. (Vierter und fünfter Quartettmorgen) und ebenda, S. 417, Anmerkung 340, sowie Bd. II, S. 73ff. – Hirschbachs Aufsatz erschien in: Neue Zeitschrift für Musik 11 (1839), S. 5f., 9f., 13f. und 25f.

2 Vgl. die Angaben bei R. Pessenlehner, *Herrmann Hirschbach*, S. 410ff., sowie zu Nr. 2 und 9 ebenda, S. 412–420 und S. 421ff.

das Spätwerk des ›Inhalts‹ wegen die Form ›durchbrochen‹ habe. Und wenn das letzte Werk Lenaus Gedicht einleitend einer Gesangstimme anvertraut, die »nöthigenfalls« allein durch die erste Violine zu vertreten sei, so handelt es sich um alles eher als um einen Vorgriff auf das Finale aus Schönbergs op. 10.

H. Hirschbach, Nr. 13 op. 49, erster Satz, Beginn Violine I (C. F. W. Siegel).

Hirschbach mochte sich hier zwar als Erbe Beethovens fühlen, übersah jedoch den prinzipiellen Abstand, der zwischen seinem Komponieren und der pointierten Diskontinuität des späten Beethoven lag. Daß er sein Vorhaben zäh verfolgte, verdient gewiß Respekt, daß aber seinen hochfliegenden Intentionen kein adäquates Vermögen entsprach, gibt seiner Isolation eine tragische Note.

Nicht ebenso vergessen ist der Name von Max Bruch, auch wenn sich mit ihm meist nur das berühmte Violinkonzert Nr. 1 g-Moll verbindet. Zwar gehört der erst 1838 in Köln geborene Komponist, der sich bei seinem Tod 1920 fast selbst überlebt hatte, bereits zu einer jüngeren Generation, doch fand er schon früh weite Anerkennung. Wiewohl er zum konservativen Lager gerechnet wurde, schrieb er auffällig wenig Kammermusik, und in seine frühen Jahre fallen gerade seine zwei Streichquartette op. 9 und 10. Als frühreifes Talent erhielt er ersten Kompositionsunterricht bei Heinrich Breidenstein und lernte seit 1842 bei Hiller weiter, zudem war er Klavierschüler Carl Reineckes. Auf Hillers Rat ging er 1858 nach Leipzig, wo er mit Moscheles, Rietz und Hauptmann den ›Mitstreitern‹ Mendelssohns begegnete, während sich Ferdinand David für die Uraufführung des c-Moll-Quartetts op. 9 am 10. 2. 1859 im Gewandhaus einsetzte.[1] Das Werk war um oder nach 1856 entstanden, ihm folgte sogleich das E-Dur-Quartett op. 10; für

1 Chr. Fifield, *Max Bruch. Biographie eines Komponisten*, Zürich 1990 (zuerst London 1988), S. 18ff. und S. 22ff.; J. Forner, *Mendelssohns Mitstreiter am Leipziger Konservatorium*, in: Beiträge zur Musikwissenschaft 14 (1972), S. 185–204.

1 Chr. Fifield, *Max Bruch*, S. 28; W. Altmann, Art. *Bruch*, in: *Cobbett's Cyclopedic Survey of Chamber Music*, Vol. 1, London – New York – Toronto ²1963, S. 215; W. Lauth, *Max Bruchs Instrumentalmusik*, Köln 1967 (Beiträge zur rheinischen Musikgeschichte 68), S. 25–27.
2 W. Lauth, *Max Bruchs Instrumentalmusik*, S. 25.

beide Kompositionen jedoch, die bei Breitkopf & Härtel 1859/60 erschienen, ist mit Wirkungen nicht nur Mendelssohns, sondern auch Schumanns zu rechnen, der durch seine Düsseldorfer Zeit im Rheinland bekannt geworden war. Christopher Fifield übernahm – offenbar ohne Kenntnis der Werke – das wenig treffende Urteil Wilhelm Altmanns, doch auch die Dissertation von Wilhelm Lauth begnügte sich 1967 mit kursorischen Angaben.[1]

Im Wechsel weitgefächerter Akkorde und gezackter melodischer Linien läßt die langsame Einleitung zu op. 10 wohl eine ähnlich prägnante Charakteristik wie bei Schumann erwarten, der verbindliche Ton im Allegro jedoch weist dann ebenso wie die melodische Fortspinnung in andere Richtung, ohne sich den Thementypen Mendelssohns und ihrer intensiven Verarbeitung zu nähern. Anspruchsvoller gibt sich das c-Moll-Quartett op. 9, das von Anfang an die Behauptung widerlegt, die Unterstimmen würden »zu einfachen Füllstimmen« ohne »jedes thematische und rhythmische Leben« degradiert.[2]

M. Bruch, Nr. 1 op. 9, erster Satz, T. 1–6 (Breitkopf & Härtel).

T. 13–22.

Der langsamen Einleitung gehen drei solistische Takte voran, die mit leittöniger Umrahmung der Quinte auch zwei punktierte Gestalten verbinden, um dann zur Oberquint auszugreifen. Schon hier bilden die Unterstimmen motivische Varianten aus, aus denen mittels dynamischer Steigerung das Hauptthema im Allegro ma non troppo gewonnen wird.

Geschickt ist nicht nur die hemiolische Stauung zum ersten klanglichen Höhepunkt (ab T. 21), bemerkenswert bleibt auch in der Überleitung die rhythmische Flexibilität, die sich der motivischen Arbeit verdankt, wogegen erst die Reduktion vor dem Seitensatz punktierte Gesten der Außen- mit stetem Tremolo der Mittelstimmen paart. Der energische Impetus läßt weniger an Mendelssohn als Schumann denken, dagegen bescheidet sich der Seitensatz bei synkopierenden Mittelstimmen mit kantablen Linien der Außenstimmen, ohne wie Mendelssohns Pendants auf Orgelpunkt zu basieren. Auch die Durchführung geht vom Seitensatz aus, dessen dreitöniger Auftakt durch komplementäre Verarbeitung in den Mittelstimmen zur rhythmischen Intensivierung führt, die zum Hauptsatz zurücklenkt. Im Zentrum steht aber ein Fugato, das in h-Moll ansetzt und auf einer Umformung des Hauptthemas beruht. Ein derart fugierter Satz in der Durchführung kann sich bei thematischer Transformation und tonal weiter Distanz kaum auf Quartettsätze von Beethoven oder Mendelssohn berufen, eher jedoch auf die Durchführung im Kopfsatz aus Schumanns op. 41 Nr. 1, deren kontrapunktische Phasen allerdings auf Varianten des Seitensatzes beruhen und partiell auch das kantable Hauptthema selbst umbilden. Die anspruchsvolle Technik verweist also zusammen mit der weiträumigen Harmonik und den pointierten Themenkontrasten mehr auf Modelle Schumanns, während die fließende Fortspinnung und Vermittlung keineswegs den für Mendelssohn verbindlichen Maßstab leugnet. Dem entsprechen auch die Varianten der Reprise, während die Coda ein gedrängtes Fazit bildet.

Das Adagio As-Dur beschränkt sich zunächst darauf, den im Thema vorgegebenen Wechsel der Grundstufen durch schreitende Achtelbegleitung auszufüllen. Die erhebliche Ausweitung, die schon die Fortspinnung erreicht, wird im E-Dur-Mittelteil planvoll vorangetrieben, und der Rekurs auf den Anfang verbindet im Schluß die Oberstimme mit engräumiger Figuration derart, daß sich erst im Ziel statt zu Beginn des Satzes das Modell des Liedsatzes abzeichnet, von dem Mendelssohns langsame Sätze in op. 44 ausgingen. Der dritte Satz folgt im 3/4-Takt der Norm von Tanz und Trio samt Coda, sein rhythmisches Wechselspiel jedoch, das auf das klassische Scherzo zurückblickt, verdankt dies Allegro molto energico einer thematischen Substanz, deren punktierte Viertel die schwache Zählzeit markieren, während erst die Fortführung zu regulärer Betonung zurückfindet. Aus dem Wechsel von Stauung und Antrieb bezieht der Satz seinen Reiz, der auch bei ausgedehnter Transposition nicht ebenso verblaßt wie dann der Charakter des rhythmisch beruhigten Trioteils. Ebenso stützt sich das C-Dur-Finale primär auf rhythmische Impulse, die den 6/8-Takt erst in Überleitung und Seitensatz so stetig betonen, wie es für Mendelssohns Finali gilt. Dabei besticht nicht nur die Vermittlung der Themen, wenn zum kantablen Seitensatz die rhythmische Formel des Hauptsatzes hinzutritt. Durch zahlreiche

Doppelgriffe erhält der Satz ungewohnte Klangfülle, deren orchestrale Tendenz sich kritisieren läßt, soweit sie obligater Stimmführung wenig Raum läßt. Ähnlich wurde aber auch Schumanns Quartetten ihr vorgeblich klaviermäßiger Satz vorgeworfen, doch werden in solchen Verfahren gerade klangliche Möglichkeiten erprobt, die sich später in der Gattungsgeschichte weiter entfalteten. Bruch folgte also einer geschichtlichen Tendenz, ohne sich an die Autorität Mendelssohns zu binden, während Schumanns Verfahren nur mittelbar wirksam bleiben. Es bedeutet kein definitives Urteil, wenn man dem Werk zubilligen muß, daß es vom Vorwurf des Epigonalen kaum zu treffen ist. Wenn Mendelssohn kein Epigone der Klassik war, dann lohnt sich auch die Kenntnis des Werks eines jüngeren Autors, der weniger als Epigone denn als Vermittler zwischen den Generationen der Hauptmeister gelten kann.

Eduard Franck (1817–1893) war seit 1834 Schüler Mendelssohns in Düsseldorf und Leipzig und wirkte später als Lehrer, Pianist und Dirigent in Köln, Bern, Berlin und seiner Heimatstadt Breslau. Bekannt mit fast allen namhaften Musikern seiner Zeit, war er näher befreundet mit Hiller, Gouvy und Reinecke. Das erste seiner drei Streichquartette entstand wohl noch vor 1855, wurde jedoch erst 1891 bei Schlesinger bzw. Lienau in Berlin als op. 40 veröffentlicht, wiewohl es rechtens als op. 49 zu zählen wäre.[1] Der punktierte Kopf des Hauptthemas im ersten Satz wird bei regelmäßigen Wechsel zwischen Tonika und Dominante rasch wiederholt und von solistischen Figuren abgelöst, und obgleich sich der Seitensatz zu einem mehrgliedrigen Komplex erweitert, läßt das ziemlich beschränkte Material keine weitere Entwicklung erwarten. Desto eher überrascht die Durchführung mit mehrfachem Fugato, das die Folge der Themeneinsätze verdichtet und geschickt die Fortspinnung des Seitenthemas einbringt, während nach der recht getreuen Reprise die Coda das Themenmaterial nochmals zu bündeln versteht. Ähnlich überzeugt der langsame Satz, der bei einfacher Zweiteiligkeit mit jeweils drei Teilgliedern auf fein abgetönte Harmonik bedacht ist. Einem schlichten Menuett, dessen Mitte statt thematischer Arbeit nur hemiolisch gestaffelte Akkordwechsel bietet, entspricht ein ebenso simples Trio. Und der abschließende Sonatensatz leidet zwar wieder unter einer solistischen Kadenzierung der ersten Violine gleich im Anschluß an das Hauptthema, gewinnt aber erneut seinem Material in Durchführung wie Coda unvermutete Konzentration ab. Unverkennbar klingt vielfach der Tonfall Mendelssohns an, und auch wenn von keiner gleichen Kunst der Vernetzung zu reden ist, läßt sich die Bemühung um nahtlose Verbindung der Satzphasen nicht übersehen.

Francks erste Klavierwerke op. 1–3 fanden 1840 eine ungewöhnlich warme Würdigung durch Schumann, und Mendelssohn schrieb dem einstigen Schüler schon 1838: »Sie sind nun Ihres Handwerkszeugs mächtig, aber gebrauchen müssen Sie's nun mehr und mehr«.[2] Dennoch

---

[1] P. und A. Feuchte (Hg.), *Eduard Franck und Richard Franck. Leben und Werk – Dokumente – Quellen*, Stuttgart und Hamburg 1993, S. 98, sowie zu den beiden späteren Quartetten ebenda, S. 102. Dankenswerterweise machte Herr Prof. Paul Feuchte neben Einspielungen der drei Werke durch das Edinger-Quartett auch die Quellen und neu hergestellte Partituren zugänglich.

[2] Vgl. P. und A. Feuchte, *Eduard Franck und Richard Franck*, S. 210ff.

folgte der Talentprobe des ersten Quartetts erst 1874 als op. 54 ein zweites in Es-Dur, das vom Autor jedoch lebenslang zurückgehalten wurde. Der erste Satz verfügt diesmal über eine ausgedehnte, aber etwas ziellose langsame Einleitung, die trotz chromatischer Einfärbung motivisch recht karg bleibt und auch nicht thematisch zum Allegro vermittelt, dessen diatonisches Hauptthema im Wechsel zwischen Themenkopf und Skalenwerk nochmals den Ton Haydns zu beschwören sucht. Zeitgemäß liedhaft gibt sich dagegen der Seitensatz, an dessen Ausspinnung die Durchführung anknüpft, die zunächst pflichtmäßig die Themen abhandelt, dann aber in einer auf 24 Takte anwachsenden Arpeggienphase mündet, die thematisch nur wenig gestützt ist. Gelungener als der überlange Kopfsatz ist das abermals sehr ausgedehnte Adagio mit zwei Themengruppen, von denen die erste in ihrer Fortspinnung Bachs Arie »Es ist vollbracht« aus der Johannes-Passion zu zitieren scheint. Einfacher wieder ist am Ort des Tanzsatzes ein Allegro, und auch wenn die Satzmitte etwas weiter ausgearbeitet wird, fällt das sehr schlichte Trio erneut ab. Als Finale dient ein Variationensatz, der ein marschhaftes Thema elfmal zwar satztechnisch anspruchslos, jedoch recht wechselvoll abwandelt. Daß das Thema im Unisono präsentiert wird, begünstigt die wirksame Veränderung der Charaktere, wobei der periodische Bau ebenso bewahrt wird wie das harmonische Gerüst.

Gewichtiger ist das kaum sehr viel später entstandene dritte Quartett op. 55 in c-Moll, das postum 1899 durch Francks Sohn Richard bei Schlesinger–Lienau in Stimmen herausgebracht wurde. Zwar zeigt der Kopfsatz wieder ein Hauptthema, das bei gleichmäßig stampfenden Achteln der oktavierten Unterstimmen mit einem zweitaktigen Themenkopf und knapper Fortspinnung wenig verspricht. Doch wird aus ihm die Hinleitung zum Seitensatz gewonnen, der weithin dem Violoncello anvertraut ist, und in der Durchführung erhält die vormalig simple Begleitung mehr Gewicht als das Thema selbst, um eine dynamische Entwicklung in Gang zu bringen, in die auch der Seitensatz als Enklave in D-Dur eingeblendet wird. Ein As-Dur-Allegretto im 3/8-Takt vertritt hier den langsamen Satz und verarbeitet in den Satzmitte den Kopf des ersten Themas nicht ohne Geschick. Als Scherzo erreicht ein Allegro vivace diesmal höhere Charakteristik als sonst, und wenn das Triothema so einfach wie ein Kinderlied anmutet, entfaltet es doch nicht unbeträchtlichen Charme. Am gelungensten ist indes das Finale, das als Sonatensatz ein akkordisches Hauptthema mit triolischen Baßfiguren und ein ebenso vorantreibendes Seitenthema auf engstem Raum konfrontiert und daraus eine konzentrierte Durchführung formt, deren Elan auch in der Coda nicht nachläßt.

Obwohl Francks Quartette in ihrer Zeit wenig Gehör fanden, sind sie doch ein Indikator für die gattungsgeschichtliche Situation. Um 1870 bereits retrospektiv wirkend, reflektieren sie den Stand der Gattung um die Jahrhundertmitte. Sie beweisen nicht nur gediegenes Handwerk, sondern machen auch deutlich, daß man Mendelssohns Schüler sein konnte, ohne deshalb zum Epigonen zu werden.

Leipziger Prägung: Volkmann und Reinecke

Mit zeitlichem und auch regionalem Abstand mehren sich in weiteren Quartetten nach der Jahrhundertmitte nicht die Übereinstimmungen, sondern eher die Differenzen gegenüber den für Mendelssohn und Schumann charakteristischen Verfahren. In Leipzig studierte ab 1851 Alexander Ritter (1833–1896), der später in den Umkreis Liszts geriet, seit er 1854 als Konzertmeister in Weimar und später in Würzburg und Meiningen tätig wurde. Sein einziges Streichquartett op. 1 in c-Moll (Leipzig 1872, Fritzsch) gibt davon allerdings wenig zu erkennen, wiewohl der erste Satz das punktierte Hauptthema wirksam steigert, die Überleitung mit Doppelgriff-Triolen aufwartet und der drängende Seitensatz synkopisch geprägt ist. Wenn ein ebenso konzentrierter Sonatensatz den Beschluß macht, so gehorchen die Mittelsätze (Adagio G-Dur und Agitato c-Moll) desto mehr den Gattungsnormen. – Wie kaum ein anderer in dieser Zeit schrieb Robert Volkmann noch eine Reihe von sechs Werken (sowie einen Einzelsatz), von denen fünf sogar um 1892 in die Partiturenreihe der Verlage Payne bzw. Eulenburg aufgenommen wurden. Der 1815 geborene Volkmann stammte aus Lommatzsch in Sachsen, wirkte aber seit 1841 fast durchweg – bis auf vier Wiener Jahre – in Pest, dem späteren Budapest, wo er seit 1875 bis zum Tode 1883 an dem von Liszt geleiteten Konservatorium lehrte. Konnte man ihn demnach nicht zum Kreis Mendelssohns zählen, so reklamierte man ihn kurzum für die Schule Schumanns, doch hatte er zu beiden Meistern nicht so persönliche Beziehungen, wie sie ihn seit 1874 mit Brahms verbanden. Immerhin wurde Volkmann 1836–39 in Leipzig durch C. F. Becker ausgebildet, der dort später am Konservatorium tätig war. Prägende Jahre verbrachte Volkmann also in der Stadt, deren Musikleben der von ihm bewunderte Mendelssohn bestimmte.[1]

Die sechs Quartette umspannen die fünfzehn Jahre zwischen 1846 und 1861, die ersten beiden entstanden – entgegen ihrer Zählung – schon 1846–48 (Nr. 1 op. 9 a-Moll; Nr. 2 op. 14 g-Moll), während die weiteren zwischen 1856 und 1861 liegen (Nr. 3 op. 34 G-Dur; Nr. 4 op. 35 e-Moll; Nr. 5 op. 37 f-Moll; Nr. 6 op. 43 Es-Dur). In Partituren und neuerdings auch Aufnahmen ist damit ein Werkbestand zugänglich, dem Claudia Krischke jüngst eine Dissertation widmete. Verdienstvoll bleibt – trotz mancher Unstimmigkeit – eine Übersicht über die Quartettproduktion und die Quartettensembles aus dem deutschen Raum im 19. Jahrhundert, der Verzicht auf nähere Vergleiche mit den maßgebli-

---

[1] H. Volkmann, *Robert Volkmann. Sein Leben und seine Werke*, Leipzig 1903, S. 21.

chen Werken bedeutet jedoch einen Mangel, den hier auch einzelne Hinweise nicht ausgleichen können.[1] Denn Volkmanns Quartette folgen zwar – mit Ausnahme des dreisätzigen f-Moll-Werks Nr. 5 – durchaus den Normen, die für Charakter, Form und Folge der Sätze verbindlich waren, sie geben sich aber nicht unvermittelt als Reaktionen auf Mendelssohns oder Schumanns Werke zu erkennen. Vielmehr wird man ihnen bescheinigen müssen, daß sie nicht nur um konsequente Stimmführung und kunstgerechte Satztechnik bemüht sind, sondern eine charakteristische Thematik nicht ohne strukturelle Stringenz auszuarbeiten suchen. Dabei fehlt es den Themen nicht an eigenen Zügen, die der Melodik ein einprägsames und manchmal fast schlagendes Profil gibt. Zumal gilt das für die vier letzten Werke, die qualitativ den vorangehenden überlegen sind, und aus den Paaren der ›Wiener‹ und der späteren ›Pester‹ Werke (Nr. 3–4, 5–6) heben sich wiederum die Quartette in e- und f-Moll (Nr. 4–5) auf exemplarische Weise hervor. Denn sie erlauben im Unterschied zum restriktiven Klassizismus der Pendants in G- und Es-Dur (Nr. 3 und 6) auch manchen Vergleich mit Mendelssohns Werken in entsprechenden Tonarten (op. 44 Nr. 2 und op. 80).

Nur in einem der Scherzi klingt von fern der Tonfall Mendelssohns an, und zwar im Presto e-Moll aus Nr. 4, das als Teil eines später verworfenen Quartetts schon 1841 entstand. Nur hier steht der Vertreter des Tanzsatzes an zweiter Stelle, die sonst der langsame Satz einnimmt, er folgt jedoch wie die übrigen Scherzi nicht nur der schlicht binären Form mit Trio samt Coda und der akkordische Satz in huschenden Vierteln erlaubt kaum motivische oder gar kontrapunktische Arbeit. Nur an Nahtstellen lösen sich knappe Achtelfiguren aus dem Stimmverband heraus, doch selbst wenn der Themenkopf durch die Stimmen wandert, läuft der Satz höchst gleichmäßig ab, so anmutig er klingen mag, und daran ändert das Trio in der Durparallele wenig, das zu akkordischer Beruhigung tendiert. Das akkordische Allegro g-Moll in Nr. 3 beginnt zwar profilierter mit Sextansprung und engräumiger Akkordumspielung, die in unisonen Skalen ausläuft, rasch werden aber die Unterstimmen wieder auf begleitende Funktion reduziert, nur im variierten Rekurs auf den Satzbeginn lösen sich kurzfristig Stimmpaare ab, und das Trio in der Durparallele übernimmt die prägnante Rhythmik, vereinfacht zugleich jedoch die Satztechnik noch weiter. Während im dreisätzigen f-Moll-Quartett Nr. 5 das Finale auch scherzose Momente aufnimmt, greift das aparte Es-Dur-Scherzo aus Nr. 6 zum 5/4-Takt, der sich freilich als regelmäßiger Wechsel von drei und zwei Vierteln darstellt, indem die Takte jeweils analog rhythmisiert werden und sich fast durchweg zu regulären Viertaktern zusammenfügen. Seine Prägnanz verdankt der Satz weniger dem Taktmaß allein als der zunehmend komplementären Rhythmik, während das Trio im zweiten Teil dynamische Steigerung mit chromatischer Modulation verbindet. Gerade dieser Satz zeigt Volk-

[1] Cl. Krischke, *Untersuchungen zu den Streichquartetten von Robert Volkmann (1815–1883). Ein Komponist zwischen Schumann und Brahms*, Frankfurt a. M. u. a. 1996 (Europäische Hochschulschriften XXXVI/154); Repertoire- und Ensemblelisten ebenda, S. 175–189 und S. 190–197. Zu den Quartetten vgl. auch H. Volkmann, *Robert Volkmann*, S. 76f. und S. 89f.

manns Fähigkeit, prägnantes Material zu erfinden, das kaum weiterer Verarbeitung zugänglich ist.

Die langsamen Sätze stehen (bis auf den in Nr. 5) in ungeradem Takt, und da sie ihren strikt akkordischen Satz kaum prinzipiell modifizieren, können sie mitunter fast tänzerische Züge annehmen. Denn die melodischen Linien dominieren derart, daß sie den Gegenstimmen nur begleitende Funktion einräumen. Das schließt nicht aus, daß innerhalb der dreiteiligen Anlage der Schlußteil zu figurativer Umspielung übergeht, wenn die Melodik in Nr. 3 in Baßlage übergeht oder in Nr. 6 von geradezu virtuoser Ornamentierung überlagert wird. Im ambitionierten f-Moll-Quartett Nr. 5 wechselt das geradtaktige Adagio Des-Dur im Mittelteil nach cis-Moll, doch sind die Satzteile durch auftaktige Punktierung mit emphatisch fallenden Intervallen verbunden. Die Tendenz zu solistischer Figuration, die hier schon im Auslauf des Themas die intendierte Hymnik kreuzt, nimmt dann im Schlußteil überhand, wenn die thematischen Intervallsprünge durch Skalenfiguren ausgeglichen werden. Vom heiklen Verhältnis zwischen choralhafter Akkordik und ornamentaler Figuration distanziert sich nur das knappe Andantino H-Dur aus Nr. 4, das bei analoger Dreiteiligkeit gerade 76 Takte mißt. Seinen hymnischen Tonfall hält der Satz nicht nur durch, an seiner Differenzierung beteiligt er auch die Unterstimmen durch die genauen Nuancen der Harmonik. Gerade weil der Satz nicht mehr prätendiert, als er zu leisten vermag, besticht er in seinen Grenzen durch abgewogene Relationen.

Unverkennbar zeigen die Finali rondohafte Züge, die in Nr. 3 und 4 sogar einen sonatenmäßigen Grundriß umprägen. Im Allegretto sostenuto aus Nr. 3 werden Exposition und Durchführung nicht getrennt, doch entspricht der Wechsel der Satzphasen eher der Konvention im Rondo. Dem Themenkern im 6/8-Takt gehen akkordische Formationen voran, die den verminderten Septakkord ausfalten, akkordische Faktur statt motivische Arbeit prägt auch den weiteren Verlauf, der durch ausgedehnte Figurationsfelder modifiziert wird. Ambivalent bleibt der Satz trotz beträchtlicher harmonischer Ausweitung, denn die Überleitungen werden häufiger mit dynamischen und rhythmischen Maßnahmen als durch motivische Vermittlung bestritten. Allein dem Finale in Nr. 6 geht eine langsame Einleitung voran, doch bleibt dies Andantino ohne motivische Verbindung zum folgenden Rondo mit seinen drei Refrains. Der zweizeitige Takt wird durch Triolierung der führenden Stimme zum 6/8-Takt umgedeutet, nicht ohne Witz wird das skalare Incipit des Refrains, das durch chromatische Einschübe charakterisiert ist, im kontrastierenden Couplet zu Vierteln verlangsamt. So sehr der huschende Ton an Mendelssohn anklingt, so sehr fehlt die Kontrapunktik, die zumal das Finale aus seinem Oktett auszeichnet, auf das die effektvolle Coda Volkmanns hindeutet. In Nr. 5 verketten sich mit dem Finale auch Rondozüge, sofern das energisch punktierte Kopfmotiv – wie einst in

Haydnschen Schlußsätzen – zugleich von taktweisen Pausen unterbrochen wird. Zumal das erste Couplet nimmt sich mit Wiederholung seiner Teile ganz wie das Trio eines Tanzsatzes aus, während sich das zweite als episodisches Andantino abhebt, wonach der dritte Refrain die abschließende Stretta bildet, die die punktierte Rhythmik zu Tonrepetitionen glättet. An Mendelssohn erinnert ebenso das e-Moll-Finale in Nr. 4, das allerdings einen regulären Sonatensatz mit wiederholter Exposition darstellt. Es basiert aber auf klopfenden Achteln, die begleitend noch den Seitensatz tragen und selbst dann nicht aussetzen, wenn die Oberstimmen Triolen einführen. Doch fallen nicht nur gearbeitete Überleitungen aus, auch die Durchführung bescheidet sich mit transponierten Themenzitaten im akkordischen Satz, und wo sie einmal zu einem Fugato greift, da beschränkt sich der Themenkopf auf kadenzierenden Quartfall samt triolischer Fortspinnung, ohne eine thematische Rückbindung zu suchen. Unübersehbar sind also die strukturellen Differenzen gegenüber Mendelssohns Kunst, an die nur noch die klangliche Außenseite gemahnt.

Die Möglichkeiten und Grenzen Volkmanns werden am deutlichsten in den Kopfsätzen, die besonders in Nr. 3 und 6 den Normen des Sonatensatzes bei eher konventioneller Thematik verpflichtet sind. Daß der Hauptsatz in Nr. 3 an das Volkslied von der Loreley anklingt, war zwar nicht intendiert.[1] Auch in Nr. 6 folgt aber einer fanfarenhaften Dreiklangsbrechung eine kantable Linie, die allein der Oberstimme zufällt. Überleitende wie durchführende Phasen beschränken sich in beiden Sätzen auf die Modulationsprozesse ohne motivische Arbeit, während der homorhythmische Gerüstsatz nur wenig verändert wird. Belangvoller sind die Kopfsätze in Nr. 4 und 5, die unzweideutig auf Mendelssohnsche Pendants in op. 44 Nr. 2 und op. 80 deuten, was nicht nur die analogen Tonarten nahelegen. Denn Volkmanns f-Moll-Satz beginnt wie der Mendelssohns im Tremolo, das im Unisono ansetzt und dann erst akkordisch gefüllt wird, statt einer konsequenten Klangfläche wie in op. 80 wird jedoch mit pathetisch auffahrender Gestik und punktierter Kadenzwendung weit eher motivische Prägnanz gesucht. Dabei verebbt das Tremolo rasch zu bloßer Begleitung von Dreiklangsfiguren der Außenstimmen, sie münden statt motivischer Vermittlung in einer sechstaktigen Solokadenz, und der Seitensatz wird auf eine viertaktige Interpolation reduziert, zu der das begleitende Tremolo fortläuft. Auch die gedrängte Durchführung begnügt sich mit transponierten Zitaten ohne Verarbeitung, und so emphatisch die abschließende Stretta anmutet, so gründlich fehlt der straffen Gesamtform eine stringente Verarbeitung des Materials. Auch der e-Moll-Satz aus Nr. 4 läßt erkennen, welches Risiko im Vertrauen auf ein Material liegt, das nur begrenzt Verarbeitung erlaubt. Der von der Oberstimme intonierte Hauptsatz mag sich zunächst an der Themenbildung Mendelssohns orientieren, die

1 Vgl. Volkmanns brieflichen Kommentar bei H. Volkmann, *Robert Volkmann*, S. 91.

R. Volkmann, Nr. 4 op. 35, erster Satz, T. 1–8.

Begleitung beschränkt sich aber auf sparsame akkordische Auffüllung, und wenn ab T. 20 die Überleitung beginnt, zitiert die Viola letztmals den Themenkopf, der erst wieder in der Rückleitung zur Reprise auftaucht. Klarer kann kaum werden, wie planvolle Vermittlung von der Reihung der Gruppen ersetzt wird. Zwar kennt die Überleitung eine effektvolle Steigerung zu akkordischer Ballung, der kantable Seitensatz schichtet wirksam die Oberstimmen übereinander, und die unvermittelt folgende Schlußgruppe stimmt wieder den von Volkmann bevorzugten ›Elfenton‹ an. Die derart kontrastierenden Themen lösen sich aber wechselseitig ab, und die Durchführung basiert auf sekundärem Material aus Überleitung und Schlußgruppe und kehrt erst in der Reprise zum Hauptthema zurück, das ebenso den Ausklang der Coda trägt.

Zwar könnte man folgern, Volkmann streife die Konventionen der Verarbeitung ab, um ähnlich wie Schumann auf die Prägnanz der Themen zu setzen. Denn die melodisch führenden Stimmen werden schon in den Themen so akzentuiert, daß sich die Gegenstimmen begleitend einordnen, ohne in der Durchführung obligate Funktion zu erhalten. Während das Material kaum transformierende oder kontrapunktische Varianten erfährt, gilt zugleich die Vorstellung von einer Kontinuität, zu der sich die Satzphasen rhythmisch zusammenschließen. Sie erreichen damit expressiven Charakter, doch wird der Thematik zugleich eine qualitative Substanz abverlangt, die sie auf weiten Strecken kaum einlösen kann. So routiniert und mitunter ausdrucksvoll die Musik ist, so zwiespältig bleibt sie im Verhältnis zwischen Substanz und Verarbeitung. Ähnlich wie Bruch scheint Volkmann eine vermittelnde Position zu suchen, doch gerade im Vertrauen auf die Thematik wird der Abstand zur schlagenden Prägnanz von Schumanns Themen desto größer. Indem sich melodische und rhythmische Charaktere an Mendelssohn orientieren, tritt zugleich der Verzicht auf eine entsprechend subtile Arbeit hervor. Was also auf die »Leipziger Schule« verweist, sind neben thematischen Analogien primär die fließenden Übergänge, die eher dynamisch als strukturell vermittelt sind. So besteht wenig Anlaß, gerade Volkmann als einen der »Schumann-Posthumi« hervorzuheben, selbst wenn er auf achtbarem Niveau den Traditionen der Gattung zu folgen suchte.

Anders verhält es sich mit zwei skandinavischen Musikern, auf die Schumann hinwies, als er 1853 den jungen Brahms ankündigte. Unter die »bedeutende(n)Talente« rechnete er den Schweden Ludvig Norman, während er als »rüstig schreitende(n) Vorboten« den Dänen Niels W. Gade erwähnte[1], den er neun Jahre zuvor ähnlich wie nun Brahms introduziert hatte. Zu Gades Kammermusik gehören mehrere Quartette, von denen 1889 nur das letzte in D-Dur op. 63 gedruckt wurde, wogegen frühere Werke trotz überzeugender Qualität unveröffentlicht blieben.[2] Wie Gade seine Erfahrungen in Leipzig, wo er Mendelssohns Nachfolger am Gewandhaus wurde, für das Musikleben in Kopenhagen fruchtbar machte, so wirkte Norman, der 1848–52 am Leipziger Konservatorium studiert hatte, im gleichen Sinn in Stockholm. In seinen Quartetten werden wie bei Gade Eindrücke der Kunst Schumanns spürbar, indem aber beide die Leipziger Schulung nicht leugneten, vermittelten sie der Kammermusik ihrer Länder maßgebliche Impulse. Nur begrenzt gilt das für den Holländer Johannes J. H. Verhulst, der 1838 nach Leipzig kam und seit 1842 breite Wirksamkeit in seiner Heimat entfaltete. Seine beiden Quartette op. 6, die noch Schumann zu würdigen wußte, veröffentlichte er ebenso in Leipzig (1840) wie das spätere op. 21 (1845). Dagegen weilte William Sterndale Bennett, nachdem er 1833 in London Mendelssohn begegnet war, nach 1836 wiederholt in Leipzig, doch blieb sein frühes g-Moll-Quartett (1831) unveröffentlicht.

Die weitreichende Bedeutung der »Leipziger Schule« zeigt sich also nicht zuletzt in ihrer den deutschsprachigen Raum übergreifenden Wirkung, die zur Ausbildung der Traditionen in anderen Ländern selbst dort beigetragen hat, wo sie sich später mit dezidiert nationalen Bestrebungen kreuzte. So besuchte Charles Gounod, der 1840 in Rom mit Fanny Hensel zusammentraf, die Mendelssohns 1843 in Berlin und nahm danach prägende Eindrücke aus Leipzig mit, wie seine eigenen, freilich weit später entstandenen Quartette zeigen. Dagegen wandte sich Michael I. Glinka, obwohl er in Mailand 1831 Mendelssohn kennengelernt hatte, zwei Jahre später zum Studium bei Siegfried Wilhelm Dehn nach Berlin, doch hatte er bereits zuvor seine beiden Streichquartette geschrieben. Ebenfalls nach Berlin ging 1837 der Pole Stanisław Moniuszko (1819–1872), dessen zwei Quartette 1839 in der Zeit seines Unterrichts bei Carl Friedrich Rungenhagen entstanden, und von Dehn wiederum wurde Anton Rubinstein unterrichtet, dessen zehn Streichquartette eine weitere Brücke darstellen. Zeitweise wurde Berlin also zum bevorzugten Studienort für Musiker aus den osteuropäischen Ländern, doch behielt das Leipziger Konservatorium lange seine Anziehungskraft, und so studierten hier Edvard Grieg, Johan Svendsen und Christian Sinding, deren Quartette in Norwegen maßgeblich wurden.

Die Ausbildung solcher Traditionen ist wichtig genug, um eine gesonderte Erörterung zu rechtfertigen. Je weiter die Werke in das letzte Drittel des Jahrhunderts weisen, desto weniger lassen sich von Nachklängen Mendelssohns oder Schumanns die verspäteten Wirkungen Schu-

1 R. Schumann, *Neue Bahnen*, in: *Schumann. Gesammelte Schriften*, Bd. II, S. 301 und S. 470 (Anmerkung 561).
2 Zu den weiterhin genannten Musikern vgl. die näheren Nachweise in Teil V »Normen der Gattung jenseits der Grenzen – Nationale Impulse im Streichquartett«.

berts und die neuen Impulse durch Brahms trennen. Einen Maßstab setzte gleichwohl der Rang ihrer Werke, der graduell wechselnd in der weiteren Produktion hervortrat, wie sich am unterschiedlichen Stand der strukturellen Differenzierung wahrnehmen läßt. Dazu trugen auch in Deutschland zahlreiche Komponisten mit Einzelwerken oder Werkpaaren bei; nur wenige legten noch eine größere Werkserie vor, und so lassen sich nur wenige Werke exemplarisch hervorheben.

Zum unbestrittenen Haupt der »Leipziger Schule« wurde Carl Reinecke (1824–1910), dem nach ersten Stellungen in Kopenhagen, Köln, Barmen und Breslau als Dirigent des Gewandhauses und Kompositionslehrer am Konservatorium die maßgebliche Position zufiel. Seine fünf Streichquartette erschienen durchweg in Drucken Leipziger Verlage, die heute freilich nicht leicht greifbar sind (op. 16 Es-Dur, 1843; op. 30 F-Dur, 1851; op. 132 C-Dur, 1874; op. 211 D-Dur, 1890; op. 287 g-Moll, 1909).[1]

Schon das überaus frische erste Werk zeigt eine bemerkenswerte Fähigkeit, die Stimmen selbständig zu führen und den Sätzen ihren wechselnden Charakter zu geben, auch wenn die hergebrachten Formen ebenso bewahrt werden wie die Normen der Gattung generell. Reinecke war kaum der Autor zündender Einfälle, doch vermochte er thematische Konzentration nach Mendelssohns Art mit einer an Schumann geschulten Rhythmik und dazu mit hoher motivischer Variabilität zu verbinden, wie sich am C-Dur-Quartett op. 132 beobachten läßt.

Das eröffnende Allegro animato setzt im 2/4-Takt tastend – als befinde man sich in einer langsamen Einleitung – mit halbtönig vermittelndem Sekundschritt in Vierteln an, dessen stufenweise Sequenzierung zugleich von Vierteln über Achteltriolen zu Sechzehnteln beschleunigt wird. Die anfangs knappen Phrasen, die dann wechselnd verlängert oder verknappt werden, münden jeweils in markanten Kadenzgliedern, die ihrerseits dem Motivkopf entsprechen, womit sie über die Zäsuren hinweg ineinander greifen. Die Kombination von Erweiterung, freier Sequenzierung und rhythmischer wie melodischer Variantenbildung erlaubt schon der Überleitung eine ebenso dichte wie flexible Verarbeitung, der Seitensatz kommt auf eine Variante der zum Terzausschlag erweiterten Keimzellen zurück, die indes durch punktierte Rhythmik und intervallische Umkehrung eigenen Charakter erhält, und weitere Varianten desselben Materials tragen noch die Schlußgruppe bis zum Ende der Exposition. Ebenso konzis ist die Durchführung angelegt, die das thematische Material zu reduzieren und erneut zu steigern versteht und zudem einen beträchtlichen harmonischen Radius ausschreitet, bis nach einer variantenreichen Reprise die Coda zum Themenkern zurückkehrt. Von einer entsprechenden Keimzelle geht das Lento ma non troppo A-Dur aus, um dann über seine figurative Verlängerung die melodischen Bögen zu erweitern, während der Mittelteil bei gleichzeitiger Beteiligung

---

[1] Franz Reinecke (Hg.), *Verzeichniss der bis jetzt im Druck erschienenen Compositionen von Carl Reinecke*, Leipzig 1889; Ergänzungen dazu bei N. Topusov, *Carl Reinecke. Beiträge zu seinem Leben und seiner Symphonik*, mschr. Diss. Berlin 1943, S. 445–450; zu Reineckes früheren Quartetten vgl. W. J. von Wasielewski, *Carl Reinecke. Sein Leben, Wirken und Schaffen*, Leipzig 1892, S. 43f. und S. 49f. Zu Reineckes weiterer Wirksamkeit vgl. zuletzt K. Seidel, *Carl Reinecke und das Leipziger Gewandhaus*, Hamburg 1998 (Musikstadt Leipzig. Studien und Dokumente, hg. v. Th. Schinköth, Bd. 2). Für Partiturkopien der Quartette von Reinecke danke ich dem Verlag Breitkopf & Härtel und bes. Frau Eva-Maria Hodel.

aller Stimmen für rhythmische und harmonische Erweiterung sorgt. Noch im Molto moderato a-Moll als drittem Satz klingen die Impulse des Kopfsatzes an, sie treten erst in dem gedrängten Trio zurück, das von Des-Dur aus mittels chromatischer Sequenzierung nach h-Moll einen weiten Radius ausschreitet. Das Finale allerdings gibt sich als brillanter Sonatensatz voll rhythmischer Energie bei klanglicher Ballung, ohne zu gleicher Konzentration zu gelangen.

Ein solches Werk macht es nicht verständlicher, daß Reinecke beharrlich als Repräsentant akademischer Konvention etikettiert wurde. Desto eher kann es überraschen, daß die Qualitäten seiner Satztechnik auch in den beiden späten Quartetten nicht zurücktreten, wie das konzise D-Dur-Quartett Nr. 4 op. 211 erweist. Gedrängt ist nicht nur der Kopfsatz mit gut 160 Takten, denen 315 Takte im 2/4-Takt des Finalsatzes entsprechen, sondern auch Adagio und Scherzo samt Trio umfassen nur 104 bzw. 132 Takte. Die langsame Einleitung des ersten Satzes zeigt anfangs nur seufzerartige Vorhalte, deren Plazierung ebenso wechselt wie die vorangestellten Auftaktgesten. Werden damit in komplementärer Rhythmik die Taktgrenzen überspielt, so deuten sich in dynamischen Wellen die punktierten Viertel an, die das Hauptthema im Allegro bestimmen. Wenn sie jedoch auf der zweiten Takthälfte stehen,

C. Reinecke, Nr. 4 op. 211, erster Satz, T. 1–5 (Breitkopf & Härtel).

T. 13–19.

so verschleiert die komplementäre Stimmführung in der dynamischen Steigerung erneut die Taktgruppierung, und wie entsprechende Motivik die Figuration der knappen Überleitung stützt, so wird das punktierte Modell im Seitensatz synkopisch verschoben und zu kreisender Melodik erweitert. Komplex wie die Rhythmik ist die Harmonik voller übermäßiger und verminderter Klänge mit Vorhalten, und gepaart mit thematischer Arbeit, die sich der steten Variation motivischer Zellen bedient, durchmißt die Durchführung von A-Dur aus in kaum zehn Takten eine Folge chromatischer und mediantischer Schritte (h – Es – B – C – h). Gleiche rhythmische und harmonische Relationen zeigt das schöne Adagio, dessen Thema zwar nur den B-Dur-Klang in synkopischer Punktierung umkreist, in der Fortspinnung und im Mittelteil aber erneut motivische und harmonische Konzentration verbindet. Etwas traditioneller sind die getupften Oktavsprünge im Scherzo, die erst in den Kadenzgliedern synkopisch gestaut werden, und minder dicht ist ebenso das gar zu launige Sonatenrondo am Schluß. Bei thematischer Konzentration und motivischer Variabilität zeigt jedoch die rhythmische und harmonische Komplexität des ersten Satzes, daß Reinecke keineswegs stehen geblieben war, sondern die Kunst von Brahms zur Kenntnis genommen hatte.

Von einigem Interesse ist endlich Reineckes letztes Quartett g-Moll op. 287, das erst ein Jahr vor seinem Tode 1909 entstand, zu einer Zeit also, als Schönberg im zweiten Quartett op. 10 den Schritt zur freien Tonalität vollzogen hatte. Nochmals geht Reineckes Kopfsatz von knappen Motivkernen aus, die im fließenden 3/4-Takt einerseits intervallische Sprünge erweitern und andererseits zentrale Töne durch untere und obere kleine Sekunde umrahmen. Nachdem der Hauptsatz auf der Tonika mit Pause abbricht, vermag die Überleitung dem motivischen Material eine schlüssige Entwicklung abzugewinnen, die durch begleitende Triolenketten vorangetrieben wird, wonach die kantable Prägung des Seitensatzes durch scherzose Züge gebrochen wird und zugleich einen mediantischen Wechsel von B- nach Des-Dur gewandt einzubinden weiß. Nicht weniger souverän ist dann die Durchführung, die selbst das triolische Begleitmodell in die motivische Arbeit einbezieht, bis die Reprise zur Augmentation des Hauptsatzes bei gleichzeitiger Synkopierung die Kulmination der Entwicklung herstellt. Einem harmonisch wie melodisch gleich nuancierten Adagio in H-Dur tritt an dritter Stelle ein verschwebendes Allegretto entgegen, das über flirrenden Klangbändern der Begleitung rhythmisch prägnante Gesten entfaltet und durchweg con sordino zu spielen ist, wobei im dreiteiligen Verlauf mit trioartigem Mittelteil die gewohnte Gliederung des Tanzsatzes zurücktritt. Nicht ganz so überzeugend gerät wieder das Finale, das schon in der langsamen Einleitung von der Tonika zur Durvariante wechselt und im Allegro ›un poco maestoso‹ die Einzelstimmen zu mächtigen Klangblöcken ballt, während eine zum ›tranquillo‹ reduzierte Episode das innere Zentrum des Satzes abgibt.

Wer konservative Haltung nicht mit Regression verwechselt, wird in Werken wie denen von Reinecke kaum den Versuch überhören, die Normen und Traditionen der Gattung in einer Zeit zu bewahren, in der sich der Takt der kompositorischen Entwicklung rasant beschleunigte. Vom Schluß eines Weges her, der nach den Wellen der Avantgarde in der kritischen Situation der Postmoderne mündete, läßt sich nun eher die

Reserve begreifen, mit der diese Musiker dem Verschleiß der kompositorischen Grundlagen begegneten, der binnen eines halben Jahrhunderts zum Ende der Tonalität führte. Respekt verdient daher die Bemühung, die hergebrachten Formen und Verfahren nicht epigonal zu übernehmen, sondern ihnen in souveräner Beherrschung des Metiers weitere Facetten abzugewinnen. Und es bleibt abzuwarten, wieweit sich bei zunehmendem Abstand eine sensible Wahrnehmung solcher Nuancen der Tradition ausbildet, die an derartiger Musik nicht nur das Echo der geläufigen Werke größerer Meister, sondern auch subtilere Zwischentöne wahrzunehmen vermag.

›Akademiker‹ in Berlin und München?

Entschiedener als bei Reinecke, der wohl vorschnell als Epigone abgestempelt wurde, treten dezidiert konservative und auch akademische Momente bei Komponisten hervor, die in der zweiten Jahrhunderthälfte eine Berliner Richtung bezeichnen. Sie ging von gediegenen Lehrern wie Zelter und dann Rungenhagen und später Dehn oder Bellermann aus, während ein den ›Neudeutschen‹ aufgeschlossener Theoretiker wie Adolf Bernhard Marx trotz der weiten Verbreitung seiner fundamentalen Kompositionslehre am Ort seines Wirkens als Professor und Musikdirektor der Universität keine vergleichbare Wirkung entfaltete, wie es übrigens auch in Leipzig für Franz Brendel im Verhältnis zu den Lehrern des Konservatoriums galt.

In diese Berliner Linie rückte Friedrich Kiel (1821–1885) ein, als er 1824 – aus Westfalen kommend – für drei Jahre den Unterricht von Dehn suchte; nachdem er 1865 Akademiemitglied wurde, unterrichtete er am Sternschen Konservatorium und dann an der neugegründeten Musikhochschule, bis ihm 1882 eine Klasse an der Akademie übertragen wurde. Zu seinem großen Schülerkreis zählten so namhafte Musiker wie Waldemar von Baußnern, Hugo Kaun, Siegfried Ochs sowie der Schwede Emil Sjögren und der Pole Ignacy Paderewski, die ihrerseits mehrfach Kammermusik schrieben.[1] Im Œuvre des als Lehrer angesehenen Kiel nahm Kammermusik keinen unbeträchtlichen Raum ein, doch publizierte er 1868 nur die beiden Quartette op. 53, denen schon 1849 und 1853 unveröffentlichte Versuche vorangingen, während später nur noch zwei Walzerfolgen hinzu kamen (op. 73, 1872; op. 78, 1881). Daran dürfte sich bei einem konservativ orientierten Autor weniger Geringschätzung als der Respekt vor der Gattung bekunden, den auch die beiden gedruckten Werke ausweisen. Das erste Quartett in a-Moll, dessen Beginn Ernst Bücken mitteilte[2], belegt zwar achtbares Können, das auch der auf das Hauptthema konzentrierten Durchführung im Kopfsatz zugute kommt. Bei aller Bemühung um motivi-

1 H. Zimmermann, *Untersuchungen zum Kompositionsunterricht im Spannungsfeld von Traditionalismus und Neudeutscher Schule, dargestellt am Beispiel der Lehrtätigkeit Friedrich Kiels (1821–1985)*, Hagen 1987 (Forschungen zur westfälischen Musikgeschichte 5); zu den Quartetten vgl. E. Reinecke, *Friedrich Kiel. Sein Leben und sein Werk. Ein Beitrag zur Musikgeschichte des 19. Jahrhunderts*, Diss. Köln 1936, S. 44f. – Die Friedrich-Kiel-Gesellschaft (Bad Laasphe) stellte dankenswerterweise Kopien der Stimmen und einer von Gerhard Hamann geschriebenen Partitur der Quartette op. 53 zur Verfügung; eine Neuausgabe, hg. v. Chr. Dohr, Köln 2003.

2 E. Bücken, *Die Musik des 19. Jahrhunderts bis zur Moderne*, Wildpark–Potsdam 1929 (Handbuch der Musikwissenschaft), S. 236f.

1 H. von Bülow, *Friedrich Kiel*, in: ders., *Ausgewählte Schriften 1850–1892. 2. Abtheilung*, Leipzig ²1911, S. 7–17: 11. Der Beitrag erschien zuerst 1863 in der Neuen Zeitschrift für Musik und bezog sich auf eine vorangegangene Kritik an Kiels *Variationen und Fuge für Klavier* op. 17.

F. Kiel, Nr. 2 op. 53, erster Satz, T. 1–9 (Simrock).

sche Legitimation noch überleitender Gruppen drängen sich in die Ecksätze figurative Passagen ein, und der verhalten expressive Tonfall wird kaum gleichmäßig durchgehalten. So flexibel die Rhythmik im Finale ist, so wenig macht ein solches Werk doch das Urteil Hans von Bülows verständlich, der Kiel gar »in die erste Reihe der bedeutendsten Contrapunktisten« stellen wollte.[1] Solche Überschätzung sollte freilich nicht umgekehrt ein Grund zur Mißachtung des Komponisten sein. Denn weniger angestrengt und fast entspannt gibt sich das zweite Quartett Es-Dur, dem spielerische Momente nicht abgehen, wie man sie kaum bei einem gefürchteten Kontrapunktiker erwarten wird.

Im akkordischen Stimmenverband entfaltet das Hauptthema des Kopfsatzes bei synkopischer Rhythmik sein Incipit, das melodisch kaum absichtslos an die langsame Einleitung aus Mendelssohns op. 12 und weiter an Beethovens op. 74 erinnert. Das energisch ausschreitende Kopfmotiv verliert sich jedoch in kadenzierender Ausspinnung, die in der Themenwiederholung abgewandelt wird, wonach die Überleitung synkopische und punktierte Rhythmen mit figurativen Ketten kombiniert. Der Seitensatz ist dann weniger kantabel als gewohnt, doch wird er auch in der Fortspinnung kaum scharf abgehoben und fungiert im Satz eher episodisch als thematisch, während die Schlußgruppe im Rekurs auf die Rhythmik des Hauptsatzes höhere Selbständigkeit gewinnt. Vom transponierten Hauptsatz geht die Durchführung aus, deren zentrale Modulationsphase gleichwohl wieder in solistischer Figuration bei akkordischer Begleitung ausläuft, womit ohnehin weite Satzstrecken bestritten werden, ohne den Seitensatz in die Verarbeitung einzubeziehen. Die in wirksamer Steigerung erreichte Reprise verläuft regulär, und die Coda entspricht der Durchführung derart, daß das tradierte Schema genau eingehalten bleibt. So folgt auch der langsame Satz in As-Dur der dreiteiligen Norm, in sich dreigliedrig ist wiederum der A-Teil, dessen variiert wiederkehrendes Thema mit Synkopierung an den Kopfsatz anschließt und einen Mittelteil in laufenden Achtelketten umrahmt. Als Minore kontrastiert der B-Teil, statt motivischer Verarbeitung bedient er sich freier Ausspinnung, die zu konventioneller Ornamentierung gesteigert wird, wonach der A'-Teil auf den Themenkern reduziert wird. Der knappe Tanzsatz in c-Moll zehrt von stetiger Punktierung, die bei synkopischer Stauung ein wenig an Gegenstücke bei Brahms erinnern mag, doch fehlt in der rhythmischen Homogenität zugleich motivische Arbeit, wogegen das Trio zu solistischer Figuration in Triolenketten greift. Weniger überzeugend gerät der abschließende Sonatensatz, dessen Thematik zunächst ein Rondo erwarten ließe. Die Eröffnung steuert von C-Dur aus in Quintschritten die Tonika an, die erst in der Kadenz befestigt wird, nach figurativer Überleitung streift aber der Seitensatz bei galoppähnlicher Begleitung einen fast trivialen Tonfall, der nur durch rasche Verschränkung der Stimmen gemildert wird. In der Durchführung wie in der Coda, die diesmal auch auf den Seitensatz anspielt, wird erneut thematische Arbeit durch figurative Ausspinnung überlagert, und die Nahtstellen sind durch weitflächige Unisoni markiert, die sich erst in der Coda zu Stimmpaaren auffächern.

Daß ein gewiefter Theoretiker wie Kiel eine lockere Faktur suchte, statt mit kontrapunktischen Künste zu prunken, bedeutet eine bemerkenswerte Reaktion auf die Tradition, macht aber auch verständlich, daß sich statt weiterer Quartette nur Walzerfolgen anschlossen, die der Tendenz zur Auflösung des Zyklus in lockere Reihung huldigen. Hier wäre nochmals Max Bruchs zu gedenken, der aber erst nach mehrfach wechselnden Stationen 1891 die Leitung einer Meisterklasse an der Berliner Akademie übernahm, wogegen seine beiden in Leipzig gedruckten Quartette noch in seine Kölner Frühzeit gehörten. Ähnlich kam Friedrich Gernsheim erst 1890 nach Berlin, nachdem er zuvor in Paris, Köln und Rotterdam tätig gewesen war, und da auch seine fünf Streichquartette erst in die Jahre nach 1872 gehören, wird auf sie später zurückzukommen sein. Zu den ›Berliner Akademikern‹ rechnete man ebenso Woldemar Bargiel (1828–1897), der allerdings erst 1874 in seine Geburtsstadt Berlin zurückkehrte und dort zwei Jahre später Hochschulprofessor wurde. Als Stiefbruder Clara Wiecks gehörte er jedoch zum weiteren Schumannkreis, studierte seit 1846 in Leipzig, wurde 1865 Theorielehrer in Köln und wirkte seit 1865 als Kapellmeister in Rotterdam.

Bargiels Streichquartett a-Moll entstand zwar schon um 1850, wurde aber erst 1877 als op. 15b bei Breitkopf & Härtel gedruckt, wo 1887 das letzte Quartett d-Moll op. 47 folgte; zwei vorangehende Werke fielen demnach noch in die Leipziger Studienjahre.[1] Auffällig knapp ist das frühere a-Moll-Quartett, dessen Kopfsatz den ersten Viertakter des Hauptthemas fortspinnend ausweitet und damit die Taktgrenzen bis zur akkordischen Reduktion überspielt. Vor dem ähnlich erweiterten Seitensatz ist ein breit gedehntes Akkordfeld eingelagert, das als themenfreie Episode auf Schumann zurückblickt und gleichermaßen die Phasen der straffen Durchführung gliedert. Das Scherzo in C-Dur zeichnet sich wie sein Trio durch konzisen Bau aus und ersetzt die übliche Wiederholung durch eine modulierende Variante. Läßt man sich durch ein paar abgenutzte Spannungsakkorde nicht beirren, so erscheint der langsame E-Dur-Satz als Muster einer melodischen Ausspinnung, deren har-

[1] R. Sietz, *Woldemar Bargiel*, in: *Rheinische Musiker*, Bd. 2, hg. v. K. G. Fellerer, Köln 1962, S. 4–7; S. Stahr, Art. *Bargiel*, in: *MGG²*, Personenteil Bd. 2, Kassel u. a. 1999, Sp. 245–248.

monische Nuancierung selbst im Mittelteil ohne Figuration auskommt und damit auf Modelle Schumanns wie in op. 41 Nr. 3 deutet, ohne freilich so konstruktives Raffinement zu erreichen. Lockerer bleibt indes das Finale, obwohl es einen Sonatensatz darstellt, in dem wieder eine akkordische Phase zwischen Reprise und Coda nicht fehlt. – Nicht ganz so frisch und konzentriert wirkt das späte d-Moll-Quartett, das die äußeren Dimensionen erweitert und trotz reicherer Harmonik im Kopfsatz mehr figurative Phasen aufweist. Im Andante B-Dur alternieren zwei Themenphasen, die nach der modulierenden Mittelpartie von konventioneller Figuration überzogen werden. Das Scherzo in d-Moll setzt den Taktakzenten eine konstante Figur aus vier Achteln entgegen, die Auf- und Volltakt verketten, und größeres Gewicht als zuvor erhält hier das Trio As-Dur. Ein fugiertes Finale verspricht der Beginn mit Viola und dann zweiter Violine im Schlußsatz, er entpuppt sich jedoch als freies Rondo, das die Durchführung durch ein drittes Themenfeld mit figurativer Substanz ersetzt.

Es war also eine dichte Traditionskette, die jenseits der Hauptwerke die verbreitete Auffassung vom Rang der Gattung bestimmte, wie die ausgewählten Beispiele andeuten. Voreilig wäre gleichwohl die Annahme, daran habe mit Leipzig und Berlin nur ein begrenzter Bereich teil gehabt. Denn beteiligt war nicht nur der Westen, seit Hiller in Köln wirkte, sondern ebenso der süddeutsche Raum, der sich allerdings auf andere Überlieferungen bezog. Am produktivsten waren hier die drei Brüder Lachner aus Bayern, und obwohl sie noch einer älteren Generation angehörten, reichten ihre Quartette bis Mitte des Jahrhunderts.

Während Vinzenz Lachner als jüngster (1811–1893) in Mannheim und Karlsruhe wirkte und neben 17 *Variationen über die C-Dur-Tonleiter* (op. 42, 1875) nur zwei 1856 und 1864 publizierte Quartette schrieb (op. 27 Es-Dur; op. 36 d-Moll), war Ignaz (1807–1895) Kapellmeister in Stuttgart, München, Stockholm und zuletzt Frankfurt. In Wien hatte er schon 1824 die Organistenstelle an der evangelischen Kirche von seinem Bruder Franz (1803–1890) übernommen, der seinerseits ein Jahr zuvor aus München gekommen war, nun Schüler Sechters wurde und noch zum Freundeskreis Schuberts zählte. Seit 1836 stieg er in München zur maßgeblichen Position auf, bis er sich Spannungen mit der Partei Wagners durch die Pensionierung entzog. Liegen von Ignaz Lachner immerhin sieben Quartette vor (F-Dur op. 43; G-Dur op. 51; C-Dur op. 54; A-Dur op. 74; G-Dur op. 104; a-Moll op. 105; B-Dur op. post.), die zwischen 1856 und 1895 in Stimmen bei Schott, Hofmeister und Augener in London erschienen, so bedachte Franz Lachner nach einem nicht publizierten Frühwerk (Es-Dur, Wien 1829) die Gattung mit weiteren sechs Beiträgen (h-Moll op. 75; A-Dur op. 76; Es-Dur op. 77, 1843; d-Moll op. 120 und G-Dur op. 169, 1849; e-Moll op. 173, 1850). Entstanden bis zur Jahrhundertmitte, folgen sie älteren Modellen, ohne von den Veränderungen erfaßt zu werden, die sich im Gefolge Mendelssohns und Schumanns von Leipzig aus vollzogen. Zwar wurden diese Quartette von Schott in Stimmen und Partituren publiziert und erreichten wohl einige Verbreitung, kaum aber erhielten sie weiterreichende Bedeutung. Trotz konventioneller und mitunter starrer Formung, der brillante Töne nicht ganz fehlen, wurden sie noch nicht in die Konflikte konträrer ›Parteien‹ hineingezogen, die von der Weimarer ›Zukunftsmusik‹ Liszts ausgelöst wurden. Relativ einfach geben sich die drei früheren Werke des Jahres 1843, die in durchweg regelhaften Formen bei ausgedehnten Sequenzketten noch weithin dominierender Figuration der Außenstimmen huldigen. Das A-Dur-Quartett op. 76 zeichnet sich immerhin durch ein glücklich erfundenes Adagio aus, dessen Mittelteil auf melodische Fortspinnung setzt und die themenfreie Kontrastfiguration auf einen Achttakter samt Kadenzauslauf begrenzt. Nach dem konventionellen Scherzo, dessen Trio der Viola einmal den Vortritt läßt, zeigt das Finale rondohafte Züge, wogegen das Hauptthema im Kopfsatz seine Dreiklangsmotivik mit Trillern versieht, die in motivischer Funktion für den Zusammenhalt weiter Satzphasen sorgen müssen. Spürbar ist der Zuwachs in den drei späteren Werken, deren Ecksätze am Sonatenschema festhalten, das nur zu Beginn von op. 120 durch eine langsame Einleitung modifiziert wird. Nachgeordnet bleiben die Seitenthemen, denn sie werden auch in den Durchführungen kaum genutzt, die weithin von Quintschrittsequenzen getragen sind.

F. Lachner, Nr. 6 op. 173, erster Satz, T. 1–8 (B. Schott's Söhne).

Sichtbar wird das zumal im e-Moll-Kopfsatz aus op. 173, dessen Hauptthema vom Quintfall samt Gegenbewegung mit Doppelschlagfigur geprägt ist; die Durchführung jedoch durchmißt von E-Dur aus eine bis zur Tonika e-Moll zurückführende Quintfallkette, die freilich mehrmals durch enharmonische Umdeutung verminderter Septakkorde kaschiert wird. Wie hier nach dem Seitensatz fällt auch in den Ecksätzen des G-Dur-Quartetts op. 169 eine Vorliebe für Figurationsketten aller Stimmen in auf- und abwogenden Akkordfeldern auf. Zumal die Finali leiden an der motivischen Belastung ihrer figurativen Hauptthemen, zu denen die Seitenthemen keinen wirksamen Widerpart liefern. Nur in op. 173 begnügt sich der langsame Satz mit schlichter Zweiteiligkeit, und wo sonst Kontrastpartien eingeschaltet werden, wollen sie sich wie in op. 169 nicht recht in das Satzgefüge integrieren. Hier allerdings entschädigt der A-Teil in seiner zweiten Hälfte durch einen harmonischen Gang in fallenden und steigenden Großterzen. Wo sonst aber harmonische Rückungen begegnen, haben sie kaum konstruktive Funktion wie bei Schubert, sondern werden als kurzfristige Färbung bald wieder zurückgenommen. Hervorhebenswert bleibt im Scherzo aus op. 173 das Trio im 5/4-Takt, der mit einem eintaktigen Grundmodell strikt durchgehalten wird. Und das Trio des Menuetts aus op. 169 erinnert mit synkopisch verschobenen Akkordfolgen der Oberstimme über metrisch regulierendem Pizzicatobaß am ehesten noch an Wiener Walzer. Wenn irgendwo, dann wäre hier einmal von ›mittlerer Musik‹ zu reden, um eine Nähe zur Gebrauchsmusik zu bezeichnen; da sich im übrigen aber auch dieses Werk dem Anspruch der Gattung zu stellen sucht, bleibt selbst in einem solchen Grenzfall fraglich, wie hilfreich eine Gruppierung der Werke nach Ranghöhen ist, falls man sich nicht nur der Mühe einer genaueren Differenzierung entheben will. Durchweg solide gearbeitet, verschließen sie sich keineswegs dem kantablen Melos romantischer Provenienz, bei pflichtgemäßer Verarbeitung des Materials scheuen sie in den Durchführungen auch nicht harmonische Exkurse, und die raschen Binnensätze sind nicht ohne Geschick auf einen wechselnden Ausgleich zwischen der Konvention des Tanzes und des durch Beethoven geprägten Scherzo bedacht. Lachner selbst notierte später, in seiner Wohnung sei im Februar 1826 Schuberts d-Moll-Quartett erklungen, doch wird man von Nachklängen Schuberts oder gar seiner Satztechnik kaum so greifbare Spuren entdecken, daß den Werken eine vermittelnde Funktion einzuräumen wäre.[1]

Dagegen interessieren die Quartette des jüngeren Bruders Ignaz primär als Versuche, einen weit früheren Stand der Gattung festzuhalten. Wenn noch im mittleren 19. Jahrhundert von einer Nachfolge Haydns zu reden ist, dann in diesen Werken, die von den Formen und Themen bis hin zu den Kadenzformeln den Konversationston einer Musik um 1800 beschwören, ohne von Beethoven oder gar Schubert und Mendelssohn viel zu wissen. Im F-Dur-Quartett op. 43 wie im Gegenstück A-Dur op. 74 bestehen die Hauptthemen der umrahmenden Sonatensätze aus periodisch abgezirkelten Taktgruppen, die sequenziert und von motivisch wenig gestütztem Figurenwerk abgelöst werden; die stets dominantischen Seitensätze zeigen etwas längere Perioden, deren akkordische

---

1 *Franz Schubert. Die Erinnerungen seiner Freunde*, hg. v. O. E. Deutsch, Leipzig 1957, S. 249; zu Lachners Werken vgl. F. Stetter, *Verzeichnis der Werke von Franz Lachner*, in: *Zeitgenössische Tondichter*, N. F., hg. v. M. Chop, Leipzig 1890, sowie L. K. Mayer, *Franz Lachner als Instrumentalkomponist*, Diss. München 1927. Für Kopien der um 1875 erschienenen Partituren von op. 169 und op. 173 sei dem Verlag Schott und bes. Herrn Dr. Rainer Mohrs gedankt.

Begleitung sich bevorzugt in Tonrepetitionen fächert, und die Schlußgruppen beider Finali vertrauen noch dem bewährten Borduneffekt. Bei
betont diatonischer Harmonik, die vielfache Sequenzen in fallenden
Quint- und steigenden Sekundrelationen nicht verschmäht, wechseln
die Durchführungen zwischen Themenzitaten und freien Passagen, und
nach der regelhaften Reprise hat die sehr knappe Coda bloß abschließende Funktion. Den langsamen Sätzen – beidemal auf der Subdominante – ist demgemäß der Typus des Liedsatzes sehr fremd, und obwohl sie
bithematische Sonatensätze mit kleinen Durchführungsteilen darstellen,
beschränkt sich ihr anmutiges Material wieder auf knappe, periodisch
geordnete Taktgruppen. Störungsfrei bleiben auch die Scherzi, die sich
nur durch Tempo und Figuration vom älteren Tanzsatz entfernen, dessen Charakter im ländlerhaften Trio desto unverhohlener durchschlägt.
Erstaunlicherweise bestätigen sich jedoch diese Beobachtungen noch
zuletzt an den späten Quartetten op. 105–106, die sich von früheren
Werken fast nur in der gedrängten Anlage aller Sätze unterscheiden. Die
geradezu lakonische Kürze des a-Moll-Quartetts op. 105 ergibt sich
nicht allein aus der Straffung der Themen und Überleitungen, sondern
mehr noch aus der gerafften Durchführung beider Ecksätze, und einem
tändelnd graziösen Andante F-Dur entspricht hier ein äußerst verkürztes
Scherzo C-Dur mit einfachstem Trio. Nur geringe Varianten zeigt das
nachgelassene B-Dur-Werk, in dem die Ecksätze ein wenig dichter gearbeitet sind, während einem veritablen Es-Dur-Menuett hier eine kleine Romanze g-Moll folgt, die ausnahmsweise einmal an die Canzonetta
aus Mendelssohns op. 12 erinnern mag.

So wäre bei Ignaz Lachner – mehr noch als bei seinem bekannteren
Bruder – statt von romantisch getöntem von einem entschieden retro-
spektiven Klassizismus zu sprechen, der gleichwohl eher aus einer
bewußten Entscheidung statt bloßem Unvermögen resultieren dürfte.
Die nur in Stimmen gedruckten Werke mögen nicht sehr verbreitet
gewesen sein, und so täuschend sie mitunter an Musik der Generation
Rombergs gemahnen, so deutlich unterscheidet sie von der Kunst
Haydns und Mozarts nicht nur geringere Konzentration, sondern das
Ausbleiben all der Überraschungen und Unregelmäßigkeiten, die zu den
Kennzeichen der Wiener Klassik zählen. Damit vertreten die Quartette der beiden Lachner zwar eine Randlage, ohne deren Kenntnis jedoch
das Bild einer vielstimmigen Phase der Gattungsgeschichte unvollständig bliebe.

Daß zu den noch vor 1830 geborenen Musikern auch Anton
Bruckner gehörte, läßt die späte Entfaltung seiner Symphonik leicht
vergessen. Das vom Sommer 1862 datierende Studienquartett c-Moll
wäre nicht sonderlich bemerkenswert, stammte es nicht von einem
wahrhaft großen Komponisten. Ob es allerdings »auf der untersten Stufe
der akademisch lehrbaren Mendelssohn-Nachahmung steht«[1], läßt sich

[Anmerkung 6 zu S. 162:] A.
Schönberg, *Stil und Ge-
danke*, S. 63; zur ›entwik-
kelnden Variation‹ vgl. R.
Brinkmann, *Anhand von
Reprisen*, in: *Brahms-Ana-
lysen. Referate der Kieler
Tagung 1983*, hg. v. Fr.
Krummacher und W.
Steinbeck, Kassel u. a. 1984
(Kieler Schriften zur Mu-
sikwissenschaft 28), S. 107–
120, bes. S. 116ff.; ferner
Fr. Krummacher, *Reception
and Analysis: On the Brahms
Quartets, op. 51, Nos. 1 and
2*, in: 19th Century Music
18 (1994), S. 24–45; ders.,
*Musterstücke ihrer Gat-
tung? Zu den Quartetten
op. 51 von Brahms*, in: *Die
Kammermusik von Johan-
nes Brahms. Tradition und
Innovation*, hg. v. G. Gruber, Laaber 2001 (Schrif-
ten zur musikalischen Hermeneutik 7), S. 213–232.

1 So L. Finscher, *MGG²*,
Sp. 1954; vgl. *Anton Bruckner. Sämtliche Werke. Kritische Gesamtausgabe*, Bd.
13/1, hg. v. L. Nowak,
Wien 1955.

[Anmerkung 1 zu S. 163:]
M. Musgrave, *Schoenberg and Brahms. A Study of Schönberg's Response to Brahms's Music as revealed in his didactic Writings and selected early Compositions*, mschr. Diss. London 1979; ders., *Schoenberg's Brahms*, in: *Brahms Studies. Analytical and Historical Perspectives*, hg. v. G. S. Bozarth, Oxford 1990, S. 123–137; W. Frisch, *Brahms and the Principle of Developing Variation*, Berkeley – Los Angeles – London 1984, zu op. 51 Nr. 2 ebenda, S. 6ff.; ders., *Brahms, developing variation, and the Schoenberg critical tradition*, in: 19th Century Music 5 (1981/82), S. 215–232; A. Forte, *Motivic design and structural levels in the first movement of Brahms's String Quartet in C minor*, in: *Brahms 2. Biographical, documentary and analytical studies*, hg. v. M. Musgrave, Cambridge u. a. 1987, S. 165–196; A. Whittall, *Two of a kind? Brahms' Op. 51 finales*, ebenda, S. 145–164.

1 C. Dahlhaus, *Die Musik des 19. Jahrhunderts*, Wiesbaden 1980 (Neues Handbuch der Musikwissenschaft 6), S. 65; ders., *Brahms und die Idee der Kammermusik*, in: *Brahms-Studien*, Bd. 1, hg. v. C. Floros, Hamburg 1974, S. 45–57.

immerhin bezweifeln. Mit Sonatensatz und Sonatenrondo sowie dreiteiligem Andante und Scherzo mit Trio hat es den gängigen Zuschnitt, ohne jedoch einen Satztyp oder das Idiom Mendelssohns aufzunehmen. Und die eckige Formulierung der Themen widerspricht ebenso wie die harten Schnitte zwischen den Satzphasen dem Ideal eines fließenden Tonsatzes. Demgemäß fällt im Andante der unvermittelte Kontrast zwischen Rahmenteilen und Satzmitte auf, das Scherzo ist allein auf rhythmische Pointierung bedacht, und am konventionellsten ist wie so oft das Finale, das auf vermittelnde Arbeit fast ganz verzichtet. Ohne das in der Tat wenig bedeutende Quartett zur Vorstufe späterer Meisterwerke zu stilisieren, deuten aber gerade im Kopfsatz die rhythmisch geschlossenen Verläufe der Überleitungen, die so wie die Durchführungsphasen praktisch ohne motivische Verarbeitung auskommen, auf eine Strategie, die sich kaum in akademische Traditionen fügen mag. Und so wenig Bruckner zur Gattungsgeschichte des Quartetts beigetragen hat, so lehrreich bleibt noch eine solche Studienarbeit für die Ausbildung seiner späteren Verfahren.

4. Entwicklung aus Reflexion: Die Quartette von Brahms

Daß Johannes Brahms nur drei Streichquartette veröffentlichte, während er die Kammermusik mit mehr als 20 Werken verschiedener Besetzung bedachte, kann als ein Zeugnis des Respekts vor der Gattung gelten. Der Rang der Werke motiviert es jedoch, wenn ihnen trotz geringer Zahl ein zentraler Ort in der Gattungsgeschichte zukommt. Nachdem 1873 die Quartette in a- und c-Moll op. 51 abgeschlossen waren, folgte drei Jahre später das B-Dur-Quartett op. 67. Die Werke entstanden also in der Mitte des Schaffens von Brahms, zugleich aber mitten in der langen Phase zwischen Mendelssohns Ära und Regers Quartetten. Aus der deutschen Produktion dieser Zeit gelangten nur Brahms' Quartette in den Gattungskanon, und so konnte Carl Dahlhaus meinen, »von einer lückenlosen Kontinuität der Gattungsgeschichte« sei kaum zu reden.[1] Zwar ist die Sicht zu ergänzen, wenn man Quartette der Zeitgenossen konsultiert, gleichwohl bleibt nach Kriterien zu fragen, die der Position der Werke von Brahms Rechnung tragen. Denn seine Quartette bezeichnen einen Scheitelpunkt, der verschiedene Perspektiven erlaubt.

Die ersten Rezensenten benannten Schwierigkeiten des Verständnisses, die zugleich auf die Modernität der Werke verweisen, doch setzte sich dann die Auffassung durch, Brahms habe hier unmittelbar die klassische Tradition fortgeführt. So würdigte Max Kalbeck 1909 die Quartette als »vollkommene Musterstücke ihrer Gattung, welche dem Musiker für den edelsten Zweig seiner rein auf sich selbst gestellten absoluten Kunst gilt«.¹ Brahms könne sich nicht nur »mit den von ihm selbst als Vorbilder genannten Mozartschen Königsquartetten messen«, sondern reiche »auch an die drei Rasumowsky-Quartette Beethovens hinan«, in denen er »die höchsten und reinsten Typen der Kammermusik« sah. Wiewohl die Werke als »Seelengemälde« beschrieben werden, wird an ihnen wahrgenommen, daß »jede Partikel [...] ihre höhere Relation zu den Ideen« des Ganzen habe: Konstruktivität und Expressivität bedingen sich also wechselweise. Ähnlich erblickte Florence May den Ausdruck »entgegengesetzter Seiten von Brahms' Persönlichkeit«, während sich die Hand »des bauenden Künstlers« zugleich »in den Gedanken an sich und deren Entwicklung« beweise, und noch Karl Geiringer hob neben dem »Stimmungscharakter« der Musik »das Streben nach Vereinheitlichung« hervor.² Nach Beethoven und Schubert erfüllte aber Finscher zufolge »den tiefsten Anspruch der Gattung« erst wieder Brahms, der sich »als bewußten Erben einer großen Tradition« verstand; dem »dunklen und gebrochenen Ton« entspreche die »extreme konstruktive Dichte«, mit der das Prinzip der fortschreitenden, entwickelnden und ›analytischen‹ Variation« konsequent realisiert werde.³ Heißt es aber zugleich, hier habe »Schönberg in seinem Quartett in d angeknüpft«, so deutet sich eine neue Blickrichtung an, die sich erst nach 1950 durchsetzte.⁴

Wenn Brahms der legitime Erbe Beethovens war, dann wurde er damit dem Umfeld der Zeitgenossen entrückt, deren Produktion nun vollends obsolet wurde. Das historische Geflecht konzentrierte sich auf eine verlängerte Linie, in der Brahms als Mittler zwischen Beethoven und Schönberg fungierte. Das frühere Bild vom ›klassizistischen‹ Brahms erfuhr also eine aktualisierende Erweiterung, die ihn zum Wegbereiter Schönbergs machte, aus dem unzeitgemäßen Konservativen wurde – pointiert ausgedrückt – ein Prophet, dessen Verfahren erst Schönberg erkannte und aufnahm. Entgegen dem Ruch des Akademikers rückte ›Brahms, der Fortschrittliche‹ 1933 in das Zentrum von Schönbergs Beitrag, der 1947 revidiert wurde.⁵ Dabei konnten Aspekte der Harmonik, Metrik oder Motivik getrennt werden, deren Zusammenhang eine Analyse nicht übergehen kann, wie sie kaum in Schönbergs Absicht lag. Immerhin bemühte er sich um Rückverweise, indem er wechselnde Beispiele für unterschiedliche Sachverhalte heranzog, um auf gegenseitige Beziehungen hinzuweisen. Seine Analyse des Andante-Themas aus op. 51 Nr. 2 konzentrierte sich auf intervallische Verhältnisse, den Einwand jedoch, »Sekundschritte und selbst Skalenausschnitte seien in jedem Thema vorhanden«, beantwortet ein Hinweis auf die »ungeheure Menge Konstruktionsmethoden«.⁶ Demnach galt dieser Ansatz Schönberg nur als eine Möglichkeit neben anderen, ohne ein Werk insgesamt zu determinieren, und man unterschätzte seinen Sinn für kompositorische Integration, wollte man ihm ein Plädoyer für ana-

1 M. Kalbeck, *Johannes Brahms*, Bd. II, 2. Halbbd., Berlin 1909, S. 440f. und S. 445ff.

2 Fl. May, *Johannes Brahms*, Leipzig 1911, Zweiter Teil, S. 138; K. Geiringer, *Johannes Brahms. Sein Leben und Schaffen*, erw. Zürich und Stuttgart ²1955, S. 246f.

3 L. Finscher, Art. *Streichquartett*, in: *MGG*, Bd. 12, Kassel u. a. 1965, Sp. 1559–1601: 1584f.

4 Unberührt von der veränderten Sicht blieben noch die Arbeiten von W. Czesla, *Studien zum Finale in der Kammermusik von Johannes Brahms*, Diss. Bonn 1966, und A. Mitschka, *Der Sonatensatz in den Werken von Johannes Brahms*, Diss. Mainz 1959, Gütersloh 1961.

5 A. Schönberg, *Brahms, der Fortschrittliche*, in: *Stil und Gedanke. Aufsätze zur Musik*, hg. v. I. Vojtěch, o. O. 1976, S. 35–51, zu op. 51 besonders S. 38f., 61f. und 66; vgl. auch L. Finscher, *Arnold Schönbergs Brahms-Vortrag*, in: *Neue Musik und Tradition. Festschrift Rudolf Stephan zum 65. Geburtstag*, hg. v. J. Kuckertz u. a., Laaber 1990, S. 484–500; C. Dahlhaus, *Was heißt ›entwickelnde Variation‹?*, in: *Bericht über den 2. Kongreß der Internationalen Schönberg-Gesellschaft ›Die Wiener Schule in der Musikgeschichte des 20. Jahrhunderts‹*, hg. v. R. Stephan und S. Wiesmann, Wien 1986, S. 280–285.

6 Siehe Anmerkung S. 160.

1 Siehe Anmerkung S. 161.
2 *Johannes Brahms. Briefe an J. V. Widmann, E. und F. Vetter, A. Schubring*, hg. v. M. Kalbeck, Berlin 1915, S. 216 (Brief vom 16./17. 2. 1869).
3 G. Jenner, *Johannes Brahms als Mensch, Lehrer und Künstler*, Marburg 1905, S. 74 und S. 77; vgl. auch R. Brinkmann, *Anhand von Reprisen*, S. 116.
4 A. Orel, *Ein eigenhändiges Werkverzeichnis von Johannes Brahms*, in: Die Musik 29 (1937), Heft 8, S. 529–541: 539f. Zur Entstehungsgeschichte vgl. M. Musgrave / R. Pascall, *The String Quartets op. 51 No. 1 in C minor and No. 2 in A minor: a preface*, in: *Brahms 2*, S. 137–143.
5 M. Kalbeck, *Johannes Brahms*, Bd. II, 2. Halbbd., S. 439; vielsagend ist der als Zitat wiedergegebene Zusatz: »Es ist nicht schwer, zu komponieren, aber es ist fabelhaft schwer, die überflüssigen Noten unter den Tisch fallen zu lassen«. Zum 1885 genannten »Zettel« vgl. Kalbeck, Bd. I, 1. Halbbd., Berlin 1908, S. 132.
6 *Johannes Brahms im Briefwechsel mit Breitkopf & Härtel [...]*, hg. v. W. Altmann, Berlin 1920, S. 1f., Anmerkung 1; *Johannes Brahms im Briefwechsel mit Joseph Joachim*, Bd. I, hg. v. A. Moser, Berlin 1908, S. 11f.
7 *Johannes Brahms im Briefwechsel mit Joseph Joachim*, Bd. II, hg. v. A. Moser, Berlin 1908, S. 38 und S. 41.
8 B. Litzmann, *Clara Schumann. Ein Künstlerleben*, Bd. III, Leipzig 1910, S. 194 und S. 229 (mit dem Zusatz: »Am ersten wünschte ich Einiges anders nach meinem Gefühl«).

lytische Verengung unterstellen. Seine Vorsicht hielt indes spätere Analytiker nicht davon ab, gerade die Quartette als Muster eines Verfahrens aufzufassen, das sich primär auf diastematische Relationen richtete.[1] Ob eine so einseitige Sicht dem Denken von Brahms gemäß ist, bleibt immerhin fraglich, denn 1869 äußerte er sich skeptisch, als Adolf Schubring im *Deutschen Requiem* intervallische Beziehungen zu erkennen meinte. Sie wurden von Brahms nicht nur bestritten, sondern mit dem Kommentar versehen, er wolle »kein Lob dafür, sondern bekennen, daß meine Gedanken beim Arbeiten nicht weit genug fliegen, also unabsichtlich öfter mit denselben zurückkommen«; wolle er jedoch »dieselbe Idee beibehalten, so soll man sie schon in jeder Verwandlung, Vergrößerung, Umkehrung deutlich erkennen. Das andere wäre schlimme Spielerei und immer ein Zeichen armseligster Erfindung«.[2] Wenn Verknüpfungen nicht geleugnet werden, haben sie doch so kenntlich zu sein, daß damit einer Analyse, die sich auf diastematische Substrate beschränkt, die Grenzen gesetzt werden.

Was die Formel »dauerhafte Musik« meint, von der Brahms nach den Erinnerungen seines Schülers Gustav Jenner sprach, zeigt eindringlich die Vorgeschichte von op. 51.[3] Im Werkverzeichnis vermerkte Brahms: »(Herbst 73 erschienen / angefangen früher / zum 2. Mal / geschr. Tutzing / Sommer 1873)«.[4] Die Werke wurden also früher begonnen und mußten neu geschrieben werden, auf die damit angedeutete Vorgeschichte fallen jedoch nur wenige Schlaglichter. Nach Kalbeck vertraute Brahms dem Jugendfreund Alwin Cranz an, er habe zuvor »bereits über zwanzig Streichquartette« komponiert; die Zahl mag übertrieben sein, unter den Werken aber, die Cranz drucken wollte, nannte Brahms noch 1885 »Quartette«, und für seinen »Respekt vor der Drucklegung« verwies er auf einen »Zettel« mit den von Schumann und Joachim für den Druck vorgeschlagenen Jugendwerken, die inzwischen in Hamburg verbrannt seien.[5] In der Tat nannte Schumanns briefliche Empfehlung bei Breitkopf & Härtel am 3. 11. 1853 auch »ein Quartett für Streichinstrumente (op. 1)«, traditionsgemäß sollte also das Œuvre durch ein »Quartett in h« eröffnet werden, das Brahms auch Joachim gegenüber am 17. 10. 1853 erwähnte.[6]

Zwanzig Jahre liegen zwischen diesen Zeugnissen und dem Abschluß von op. 51, schon am 26. 12. 1865 fragte aber Joachim nach dem »Streichquartett in c moll«, und im August 1867 beklagte er, Brahms habe seine »Quartette nicht geschickt«.[7] Auch Clara Schumann notierte 1866, Brahms habe ihr »ein Streichquartett in C-moll« vorgespielt, und am 10. 6. 1869 erwähnte sie »zwei wunderschöne Quartettsätze«, die »höchst geist- und schwungvoll« seien.[8] Wenig später mußte Brahms am 24. 6. 1869 seinen Verleger Simrock »immer noch um Geduld bitten«, da ihm das »Virtuosenleben« nicht die nötige Ruhe lasse, nachdem aber »Mozart sich gar besonders bemüht« habe, »sechs schöne Quartette zu schreiben, so wollen wir uns recht anstrengen, um ein und das andre passabel zu machen«.¹ Schon 1865 hatte ihm Joachim »die Taschenpartiturausgabe der Haydnschen Quartette« zugedacht, und 1870 erwähnte Brahms brieflich das »Quartett von Schubert« (womit wohl der Quartettsatz c-Moll gemeint war), daß aber ein Hinweis auf Beethoven ausbleibt, deutet wiederum auf ein Höchstmaß an Respekt hin.²

So ist zwar zu folgern, daß die Arbeit am c-Moll-Quartett von einem früheren Entwurf ausging, doch bleiben die Dokumente zu karg für weitere Vermutungen. Sie lassen eine Orientierung am Gattungskanon erkennen, die in der Ökonomie und Konzentration der Werke fruchtbar wurde, doch machen sie kaum die Maßstäbe kenntlich, die Brahms bei der Arbeit leiteten. Immerhin können die frühen Rezensionen, soweit sie Probleme des Verstehens nennen, über Erwartungen oder Gewohnheiten informieren, die ein Komponist in Rechnung stellen mußte. So erkannte ein Wiener Korrespondent im c-Moll-Quartett »eine tiefernste Composition, die erst nach wiederholter Vorführung« zu würdigen sei, in Hamburg fand man das Werk »bedeutend in seinen drei ersten Sätzen, schwächer im letzten«, und in Berlin gar hörte man »viel Pikantes, manches Interessante, aber sehr wenig wirklich Genußreiches«; zwar fanden die Binnensätze im a-Moll-Quartett »um so wärmere Aufnahme«, doch bedürfe das ganze Werk »noch mancher Aufführung«.³ Eduard Hanslick würdigte 1874 das B-Dur-Quartett op. 67 als »Werk reifster Meisterschaft«, das »heiterer, klarer, menschenfreundlicher« als op. 51 anmute, denn das c-Moll-Quartett sei »ein geistvolles und doch nicht überspanntes Werk«, dessen Finale aber »an Originalität der Erfindung« zurückstehe, wogegen das Pendant in a-Moll mit »der tiefen, ruhigen Schwermuth seines Adagios und dem rhythmischen Zug des Finales seinen Vorgänger verdunkelt«.⁴ Die eindringlichste Besprechung lieferte 1878 Hermann Deiters in einer Aufsatzreihe, deren Einsichten lange nicht übertroffen wurden.⁵ Wenn das Quartett mehr noch als die Symphonie die »Blüthe reiner Instrumentalmusik« bildet, weil »in kunstvoller Verflechtung« statt »Steigerung der Tonfülle« die Motive »ihren inneren Reichthum« erweisen, dann beruhen die »Fortschritte der Kunst« auf einer Tradition, »die in dem wirklichen und nicht dem missverstandenen Beethoven ihre Wurzel« hat. Das erfordert »klar koncipierte und fest geformte« Gedanken, die »entwicklungsfähig« sein müssen, um sich »zu grösseren organischen Gebilden zu entwickeln«. Zwar bedient sich Deiters der üblichen Paraphrasierung, die aber durch strukturelle Beobachtungen ergänzt wird. So verbindet die Durchführung im c-Moll-Kopfsatz »kunstvolles Spiel« mit »strengem Parallelismus der Glieder« und zu den »charakteristischen« Übergängen gehören die »stellenweise herben Modulationen«, wobei das Material »mit den übrigen Elementen sich verbindet«. Bei »ganz anderem Charakter« lasse Brahms auch das a-Moll-Quartett erst »allmählig durch die Modulation sich

1 *Johannes Brahms. Briefe an P. J. Simrock und Fritz Simrock*, Bd. I, hg. v. M. Kalbeck, Berlin 1917 (Briefe, Bd. IX), S. 75.

2 *Brahms im Briefwechsel mit Joseph Joachim*, Bd. II (Briefe, Bd. VI), S. 28; *Brahms im Briefwechsel mit [...] Bartholf Senff* (Briefe, Bd. XIV), S. 193. Zur Drucklegung und Widmung von op. 51 vgl. *Brahms. Briefe an Simrock* (Briefe, Bd. IX), S. 148f. und S. 151ff.; *Billroth und Brahms im Briefwechsel*, hg. v. O. G. Billroth, Berlin und Wien 1935, S. 119f.; *Johannes Brahms und Fritz Simrock. Wege einer Freundschaft*, hg. v. K. Stephenson, Hamburg 1961, S. 64f.

3 Signale für die musikalische Welt 32 (1874), S. 243 (aus Wien) und S. 851 (aus Berlin); vgl. A. Horstmann, *Untersuchungen zur Brahms-Rezeption der Jahre 1860–1880*, Hamburg 1986 (Schriftenreihe zur Musik 24), S. 98–111, 122–125, sowie die Nachweise S. 394f.

4 E. Hanslick, *Concerte, Componisten und Virtuosen der letzten fünfzehn Jahre*, Berlin 1896, S. 115ff.

5 H. Deiters, *Streichquartette von Johannes Brahms*, in: Allgemeine musikalische Zeitung, NF 13 (1878), Sp. 433–439 und Sp. 565–472; Auszüge bei A. Horstmann, *Untersuchungen zur Brahms-Rezeption*, S. 98ff. und S. 103ff.

entwickeln«, das »helle C-dur« des Seitensatzes führe verarbeitend in »scheinbar zerfliessende Bewegung«, die am Ende der Exposition »in einer kurzen Figur wieder zusammengefasst« werde. Und am langsamen Satz, der Schönberg als Muster der Analyse diente, wurde neben der »tief empfundenen Cantilene« besonders »die berauschend schöne Modulation« hervorgehoben.

Metaphernreich appellieren die Rezensionen also an Hörer und Leser, die analytischen Verweise beschränken sich aber weder auf formale Schemata noch auf motivische Abstraktionen. Falls Rezensenten Zeitzeugen sind, läßt sich aus ihren Äußerungen folgern, daß sich in historischer Sicht die wechselnden Charaktere und Formverläufe nur erschließen, wenn neben motivischer Arbeit auch rhythmische, harmonische und dynamische Aspekte zur Geltung kommen. Erst ihre Integration macht Werke verständlich, in denen sich Struktur und Ausdruck gegenseitig bedingen. Allerdings wurden gerade die Quartette op. 51 so oft analysiert, daß sich eine nochmalige Übersicht erübrigt. Geht man indes von Beispielen aus, die für Schönberg exemplarisch waren, dann lassen sich die Kriterien erweitern, während ergänzend auf andere Sätze hinzuweisen ist.

Am langsamen Satz des a-Moll-Quartetts hob Schönberg eine diastematische Themenstruktur hervor, die sich fast durchweg aus Sekundschritten bilde. Zugleich nahm er das changierende Verhältnis zwischen Melodiephrasen und Taktschwerpunkten wahr, weshalb er einen Wechsel der Taktvorzeichnung in Erwägung zog. Seine Beobachtungen, die nicht resümiert werden müssen, lassen aber einige Zweifel zu.[1] Dem Einwand, eine Themenanalyse erfasse nicht einen Satz, wäre entgegenzuhalten, das Thema nehme hier ungewöhnlich breiten Raum ein. Denn mit Varianten wird es schon im ersten Teil wiederholt (ab T. 18), und seine Dominanz wächst, wenn es dem dritten Teil zugrunde liegt (ab T. 77) und nur im kontrastierenden Mittelteil zurücktritt (ab T. 43). Daß die Melodik auffallend engschrittig ist, hätte kein Zeitgenosse bestritten, und wer durch metrische Spekulationen Riemanns geleitet war, mochte wohl zu wechselnder Setzung der Taktstriche neigen. Für Schönberg freilich waren solche Sachverhalte weniger belangvoll als ihre argumentative Funktion, doch stellt sich eher die Frage, wie bei so kargem Material ein derart reicher Satz möglich sei. Statt der Entschlüsselung eines Substrats ist umgekehrt eine erstaunliche Vielfalt wahrzunehmen, sobald man motivische und metrische Momente mit harmonischen Aspekten verbindet. Ein Muster variabler Formung bildet das Thema schon in den ersten fünf Takten, die äußerste Beschränkung beweisen. Während zur führenden Oberstimme die zweite Violine pausiert, werden die Unterstimmen in Oktaven geführt, im zweistimmigen Satz beschränkt sich die Begleitung auf stete Achtel, der traditionelle Liedsatz jedoch, auf den zurückgegriffen wird, erfährt dabei weitere Differenzierung. Im

1 A. Schönberg, *Brahms, der Fortschrittliche*, S. 62 und S. 66.

J. Brahms, op. 51 Nr. 2, zweiter Satz, T. 1–6 (*AGA*).

Gerüstsatz wird die Tonika A-Dur in der Begleitung ergänzt und durch Alteration gefärbt (T. 1, 4. Achtel). Erreicht die zweite Takthälfte die dominantische Position, so wird sie nun in den Unterstimmen durch die tiefalterierte None modifiziert (6. Achtel). Sobald die Unterstimmen im zweiten Takt die letzten vier Achtel wiederholen, verändert sich ihre Stellung im Taktgefüge, worauf die Oberstimme mit der Wiederholung zweier Töne reagiert, die als Binnenauftakt die melodische Sequenzierung um einen halben Takt verschieben. Gerade die Nahtstelle der Sequenz wird durch den Quartsprung eröffnet (T. 3), den Schönberg als Abstraktion aus dem vorangehenden Sekundabstieg im Quartrahmen erklärte.[1] Ähnlich werden die folgenden Melodieglieder durch die Unterstimme gefärbt und in der Sequenzierung metrisch differenziert (T. 4–5), doch wäre das changierende Verhältnis unkenntlich, wollte man die Taktstriche nach wechselnden Schwerpunkten versetzen. Denn erst in der gleichmäßigen Taktordnung, die von der Begleitung artikuliert wird, wird das flexible Verhältnis der Phrasen faßlich. Wo die kadenzierende Melodiestimme in tiefer Lage die Doppeldominante einführt (T. 5), treten die Unterstimmen auseinander und intensivieren die Umfärbung zum verminderten Septakkord. Hier aber begegnen in der Melodiestimme umspielende Achteltriolen, die im weiteren die Rhythmik nuancieren. Der auftaktige Quartsprung der Oberstimme gewinnt melodische Qualität, wenn sich die Kadenz im vollstimmigen Satz wiederholt (T. 6). Und im Ausklang der letzten Takte wird durch komplementäre Achtel eine Homogenität erreicht, die auch die anfängliche Differenz zwischen Melos und Begleitung aufhebt (T. 7–8). Aus den auftaktigen Gesten jedoch, die zuerst der Melodiestimme vorbehalten waren, resultiert als Variante die Folge von drei auftaktigen Achteln, die erstmals als Terzkette im Violoncello eintritt (T. 9).

Rückblickend bilden also die ersten acht Takte einen Prozeß, in dem Periodik und Taktmaß die Folie ihrer Differenzierung abgeben. So stellt die ›entwickelnde Variation‹ einen vielschichtigen Vorgang dar, der sich nicht auf die Intervalle begrenzt. Gleichen Anteil haben harmonische Nuancen und Relationen der Stimmen sowie die klangliche und rhythmische Differenzierung, womit erst die reiche Entfaltung des kargen Kerns begreiflich wird. Schon die anschließenden Takte setzen die In-

1 Ebenda, S. 63; immerhin sah schon Max Kalbeck in den auftaktigen Achteln ab T. 9 eine Umkehrung der ersten Intervalle des Themas, vgl. Kalbeck, *Johannes Brahms*, Bd. II, 2. Halbbd., S. 446.

teraktion der Parameter so konsequent wie variabel fort (T. 9–17). Zu kadenzierendem Quintschritt in Baßlage führen die Oberstimmen auftaktige Folgen von drei Achteln fort, die nur in den Violinen Sekunden aufweisen; zur Kadenz in fis-Moll erscheint wieder die punktierte Viertel mit Achtel aus dem Themenkopf, und analog wird der folgende Zweitakter gebildet, der nach E-Dur zurückführt (T. 9–12). Das begleitende Geflecht der Mittelstimmen besteht aus komplementären Achteln in weiträumiger Akkordbrechung (T. 13–16), die das anfängliche Begleitmodell erweitert. Zugleich wandert das abgespaltene Kopfmotiv zwischen den Außenstimmen, doch wechselt die Formulierung im dritten Ton zwischen Sekund- und Terzschritt. Wo sich nach harmonischer Differenzierung in T. 17 die Rückkehr zur Tonika anbahnt, setzen die Unterstimmen erstmals aus. Die Oberstimme verengt sich zu kleinen Sekunden, und zu synkopischer Dehnung markiert die Begleitung die Dominante. Gerade in der Reduktion bereitet sie die Rückkehr zum Thema vor, das durch Oktavierung intensiviert wird, die begleitenden Achtel der Unterstimmen erscheinen aber als jeweils drei Achtel und verweisen damit auf die auftaktige Form der ersten Phase (T. 8). Mit der anfänglichen Melodik verbindet sich also eine Entwicklung, die ihre expressive Steigerung legitimiert. Nur kurzfristig verblassen thematische Konturen in der Kadenzgruppe, doch wird die Kontinuität der steten Achtel mit nochmaliger Abspaltung des Kopfmotivs in der Oberstimme konfrontiert.

Der Entfaltung des Mittelteils in fis-Moll muß nicht gleichermaßen nachgegangen werden, denn unübersehbar sind die rhythmischen und melodischen Differenzen, die gleichwohl latente Verbindungen implizieren. Zu tremolierenden Mittelstimmen ergänzen sich die Außenstimmen in auftaktigen Gesten, deren Intervallsprünge faktisch als rhythmische Punktierung wirken (ab T. 43). Der Schlußteil beginnt mediantisch in F-Dur und kehrt zur Tonika erst zurück, bevor die Melodielinie in das Violoncello übergeht, doch ist der Coda die Kulmination vorbehalten, während verdeckte Verbindungen bis in die letzten Takte nachwirken. Wie sich der Satz vom kargen Beginn zu immer vollerem Klang öffnet, so beruht seine Disposition auf planvoller Steuerung selbst unscheinbarer Elemente.

Reduziert man die Sicht nicht auf die Intervallik, dann rückt die Vielfalt der flexiblen Entwicklung in den Blick. Gerade weil dieses Andante von der charakteristischen Schichtung eines romantischen Liedsatzes ausgeht, macht es das Verfahren von Brahms so deutlich. Noch im Abstand zu klassischer Diskontinuität hält die Thematik für den weiteren Verlauf motivische Elemente bereit, die rhythmisch und intervallisch konturiert sind. Damit hebt sich der grundsätzliche Widerstand auf, den zuvor der romantische Liedsatz seiner Entfaltung entgegensetzte, die komplexe Arbeit tritt aber nicht ostentativ hervor, sondern wird durch die Kohärenz der Satzphasen überdeckt. In dieser Balance zog Brahms seine Konsequenzen aus den Traditionen, denen er sich verbunden fühlte. Der Abstand zur Stufe Schuberts und Schumanns wird ebenso einsichtig wie die Distanz von Musikern der eigenen Zeit, die sich noch weithin an Mendelssohn orientierten. Die Formel der Synthese von Klassik und Romantik verdeckt allerdings, wie reflektiert sich Brahms sehr unterschiedliche Lösungen zu erschließen wußte.

Zugänglicher ist der erste Satz des a-Moll-Quartetts, der seine formale und thematische Organisation klar zu erkennen gibt.[1]

J. Brahms, op. 51 Nr. 2, erster Satz, T. 1–6 (*AGA*).

Eine intervallische Analyse müßte einräumen, daß bereits die erste Überleitung auf einer Formel aus drei auftaktigen Achteln basiert (ab T. 20), die ihr Modell im Hauptthema finden (T. 4 und T. 6). Ähnlich wird der Seitensatz weniger durch diastematische als rhythmische Bezüge vermittelt (ab T. 46), sofern punktierte Werte der Oberstimme mitsamt Triolen der Viola auf den Hauptsatz zurückgehen (T. 3 und T. 5). In ihrer rhythmischen Kontinuität erinnern diese Phasen an frühere Traditionen, die von Brahms aber variativ umgebildet werden. Daß solche Indizien kaum eine frühere Datierung des Werks begründen, zeigt sich im Vergleich mit dem Gegenstück in c-Moll, das wohl auf frühere Entwürfe zurückgeht. Bezeichnend ist allerdings, daß Brahms in op. 51 traditionsgemäß zwei Quartette bündelte, sie aber so unterschiedlich anlegte, daß sich chronologische Mutmaßungen erübrigen. Gerade der c-Moll-Kopfsatz, dessen Beginn Schönbergs Aufmerksamkeit weckte, ist so oft beschrieben worden, daß nur einige Hinweise nachzutragen sind.[2] Daß schon die Bildung des Hauptthemas durch motivische Vernetzung ausgezeichnet ist, muß nicht eigens hervorgehoben werden. Dazu trägt steigende Bewegung (a) im Wechsel mit fallenden Sprüngen (b) bei, ebenso aber auch die punktierte Rhythmik, deren letzte Formation abgespalten und von der zweiten Violine oktaviert wird. Diese motivische Kette, deren Steigerung sich in Akkordschlägen entlädt (T. 5–7), prägt den Vorgang in Verbindung mit der Harmonik. Greifbar wird das gegenüber den Unterstimmen, die auf Tonrepetitionen in Achteln beharren (c). Ein stabiler Orgelpunkt kennzeichnete sonst eher einen Seitensatz, aus der Spannung zu ihm bezieht hier jedoch die ganze Entwicklung ihre Dynamik, denn die melodische Kurve schraubt sich über dem statischen

1 R. Wilke, *Brahms, Reger, Schönberg. Streichquartette. Motivisch-thematische Prozesse und formale Gestalt*, Hamburg 1980 (Schriftenreihe zur Musik 18), S. 33–50. Für das Hauptthema im Kopfsatz aus op. 51 Nr. 2 nahm Allan Forte erneut Joachims ›Motto‹ (»Frei, aber einsam«) in Anspruch, vgl. A. Forte, *Motivic design*, S. 196; doch wurde ein solcher Bezug weder von Joachim noch von Brahms erwähnt, ausführlich dafür erst von M. Kalbeck, *Johannes Brahms*, Bd. II, 1. Halbbd., S. 44 (wonach man übrigens den Namen von Brahms heranzuziehen hätte).

2 A. Schönberg, *Stil und Gedanke*, S. 38f.

J. Brahms, op. 51 Nr. 1, erster Satz, T. 1–14 (*AGA*).

Gerüst aufwärts; desto nachdrücklicher hebt sich davon die rhythmische Differenzierung ab, die durch Dissonanzen zu den Liegetönen verschärft wird. Die ambivalente Struktur ergibt sich also aus der Kreuzung von Themenpräsentation und vorgreifender Verarbeitung, und der 3/2-Takt erlaubt eine changierende Akzentuierung, von der nur die Unterstimmen unberührt bleiben. Aus kulminierenden Akkordschlägen bildet sich über ihre dynamisch zurückgenommene Variante ein kantabler Neuansatz aus, denn die abgrenzenden Pausen werden nicht nur durch Liegetöne der Viola überbrückt, sondern über sie hinweg wird ein Zusammenhang hergestellt, wenn fallende Intervalle in Halben auf die Akkordschläge zurückdeuten (ab T. 11). Die Vermittlung ist so eindringlich, weil sie Höhepunkt und Neuansatz verbindet, während sich im Rückgriff die punktierten Gesten der Mittelstimmen um eine Zählzeit verschieben. Nach modifizierter Wiederholung mit Stimmtausch löst sich der Verband auf, der Rekurs auf das Thema in den Unterstimmen wird durch Skalenfiguren der Oberstimmen überdeckt, und nachträglich wird klar, daß sich das Verhältnis der Stimmpaare umkehrt, wenn nun in hoher Lage ursprüngliche Liegestimmen in den harmonischen Prozeß eingreifen.

Die motivische Kohärenz bliebe abstrakt, verbände sie sich nicht mit einer rhythmischen und harmonischen Entfaltung, die der Musik ihre expressive Kraft verleiht. Daß ab T. 32 ein Seitensatz ansetzt, verrät sich erst im weiteren Kontext. Denn ein kantabler Kontrast begegnete schon zuvor, während der Orgelpunkt bereits zum Hauptsatz gehörte. Satzart und Position eines Gegenthemas verteilen sich also auf unterschiedliche Stationen, und so folgt der Seitensatz mit repetierten Achteln der Viola dem Muster des Hauptsatzes (c). Der Einsatz der Violinen weist zudem unmißverständlich auf den Neuansatz in T. 11 (gemäß b), an die Stelle gebundener Halber treten nachschlagende Viertel, während die Intervallfolge zur Terzkette erweitert wird. Die Vorgänge sind also weniger intervallisch als rhythmisch vermittelt, womit dem Prozeß weitere Elemente zugeführt werden. Mit ihnen wird die Phase nach dem Seitensatz bestritten, in der die Achtelfiguren weiträumig verlängert werden, bis die Oberstimme auf die punktierte Rhythmik zurückgreift (ab T. 54). Mit trugschlüssig verschleierter Kadenz beginnt die letzte Phase der Exposition, die einer Schlußgruppe entspricht (ab T. 61). Die punktierten Werte werden in zwei Stimmen um eine Viertel verschoben und deuten dennoch auf den Hauptsatz zurück, während nachschlagende Viertel der Viola an den Seitensatz gemahnen. Nach der angestrengten Exposition scheint der Durchführung wenig Spielraum zu bleiben, und mit 56 Takten bleibt sie zwischen Exposition und Reprise recht knapp. Ihre Analyse hätte sich aber nicht auf motivische Beziehungen zu beschränken, sondern müßte zeigen, welche neuen Seiten dem Material abgewonnen werden. Dann würde die Komplexität eines Satzes sichtbar, der den Zeitgenossen schwer zugänglich war und noch immer eine Herausforderung bleibt.

Als langsamer Satz scheint die Romanze in As-Dur ihrer Bezeichnung in ungewöhnlich homophoner Faktur zu entsprechen. Freilich bleibt es nicht bei diesem Schein, denn die erste Phrase, die sich mit Vorschalttakt auf fünf Takte erweitert, wird mit dominantischer Öffnung mit ihrer Wiederholung verbunden, und geht die melodische Führung in Baßlage über, so erweist sich im Stimmtausch die melodische Qualität vermeintlicher Begleitstimmen. Zudem richten sich punktierte Rhythmen wie Binnenauftakte auf die letzte Zählzeit, womit die Taktteile gleiches Gewicht erhalten. Prägend bleibt in weiteren Taktgruppen der Tausch zwischen den Außenstimmen, an das Kadenzglied des ersten Teils schließt zunächst der Mittelteil an (T. 24 und T. 26), doch schmiegt sich diese Wendung an die klangdichten Achteltriolen an, die stockend von Pausen durchbrochen werden. Und die Coda begnügt sich nicht mit resümierendem Rückgriff, sondern zielt in der Restitution des Themenkopfs auf die Nachklänge der triolischen Gruppen hin. Äußerlich nicht streng motivisch gearbeitet, zehrt der Satz doch vom harmonischen und rhythmischen Fundus seines Materials.

Den Tanzsatz vertritt ein Allegretto molto moderato, das erst am Ende die Tonika f-Moll zu erkennen gibt. Denn die ›geschuppte‹ Figurenkette, die fallend den Quintraum durchmißt, richtet sich dominantisch nach c-Moll, und erst ihre Transposition führt zuletzt zur Tonika, die nach Dur aufgehellt wird. Mit diesem einprägsamen Modell verbinden sich im 4/8-Takt punktierte Werte als rhythmischer Kontrapunkt, und synkopische Achtel erweitern die Skala im Mittelteil erneut. Hier führt das wachsende Bewegungsmaß in ein Feld, das mit komplementären Triolen zweier Stimmen transponierte Wiederholung erfährt (›lusingando‹ ab T. 38), zugleich aber als strenger Kanon angelegt ist. Das Trio basiert als helles Maggiore auf modifizierten Liegetönen der Mittelstimmen, und der Stabilität der Taktgruppen entspricht die kadenzierende Ordnung, die neben raschen Sequenzfolgen einen dezenten Verweis auf die ›geschuppten‹ Achtel des ersten Teils einschließt (T. 131). Im verhangenen Ton entspricht diesem Satz an gleicher Stelle im a-Moll-Quartett ein ›quasi Minuetto‹, dessen Bezeichnung wie in Mendelssohns op. 44 Nr. 1 auf die Reflexion des tradierten Typus deutet. Zwar folgt der Satz der gewohnt binären Form mit wiederholtem ersten Teil, und das Allegretto vivace, das wieder als Maggiore nach A-Dur wechselt, nimmt in seine Mitte ein Zitat aus dem Minuetto auf, das am Ende mit modifiziertem Abschluß wiederkehrt. Seltsam schwebend bleibt jedoch die Akzentuierung, wenn über Bordunquinte in Baßlage die Oberstimmen im Unisono eher zweizeitig anzusetzen scheinen, um mit triolischem Auftakt verspätet das dreizeilige Taktmaß zu klären. In dem Maß, wie dieses Modell den Satz bestimmt, entzieht er sich der tänzerischen Akzentuierung, die einst zum Menuett gehörte. Die fallende Linie jedoch, die der Themenkopf von der Oberterz aus umschreibt, kehrt als rasche Figuration im triomäßigen Allegretto wieder, dessen huschende Figuren fast einstige Elfentöne beschwören. Gleich reflektiert begegnen sich also zwei traditionelle Modelle, die zudem thematisch verkettet sind. Das Herzstück im Trio bildet ein sechstaktige Einschub in E-Dur, der in C-Dur vor der Wiederholung des Menuetts wiederkehrt. Zurückgenommen zum ›Tempo di Minuetto‹, tritt die Affinität der melodischen Linie beider Teilsätze hervor, über Orgelpunkt bildet sich aber ein Doppelkanon der Stimmpaare aus, der hier kaum zu erwarten wäre und gerade daher das konstruktive Kalkül hervorkehrt.

J. Brahms, op. 51 Nr. 1, vierter Satz, T. 1–7 (*AGA*).

Im c-Moll-Quartett steigert das Finale im 2/2-Takt nicht nur den drängenden Impetus, der den Kopfsatz bestimmte, es übernimmt auch seine treibende punktierte Rhythmik, während die Baßlinie ab T. 3 auf den vorangehenden Satz zurückgeht. Im Unisono bricht das punktierte Initium der ersten Takte mit vermindertem Septfall ab und wirkt zunächst als bloßer Vorspann, thematischen Rang erweist dieses Motto aber in der Überleitung (T. 21), bevor es sich zu gleichmäßigen Vierteln glättet (T. 33). Doch eröffnet die Punktierung mit denselben Tönen den Seitensatz, der auf dominantischem Orgelpunkt ruht, und verengt sich der Sept- zum Terzfall, so bereitet sich die Beruhigung zum ›poco tranquillo‹ vor. Seine rhythmische Energie dankt der Satz gleichwohl den Achtelketten, die im Hauptsatz nicht nur begleitend fungieren, sondern in die führende Oberstimme eingreifen, deren melodische Kontur die Töne des Mottos enthält. Die direkte Verbindung der Themen erlaubt es, daß sie sich steigernd und beruhigend wechselweise nähern, befremdlich mutet jedoch die formale Disposition an, sofern recht früh der Hauptsatz in der Tonika eintritt (T. 93). Man meint zunächst einen zweiten Refrain im Sonatenrondo erreicht zu haben, doch kehrt das Thema erst vor der Coda wieder, und so handelt es sich – wie nicht selten in Brahmsschen Finali – um eine kontrahierte Variante des Sonatensatzes, die im Spätwerk Schuberts und zuvor bei Mozart begegnete. Durchführung und Reprise werden derart zusammengedacht, daß das Thema in tonikaler Position eine Verarbeitung eröffnet, deren Intensität die thematische Restitution entbehrlich macht. Die sachliche Begründung liegt hier in der Affinität der Themen, die sich wechselnd kreuzen oder nähern. In diesem stringenten Prozeß ist neben der harmonischen Extension nicht das kontrapunktische Raffinement zu übersehen, das fugierte Partien in Überleitung und Durchführung einführt und die Nahtstelle zur Durchführung mit einem Kanon überspielt (T. 95–101). Dagegen ist das a-Moll-Finale ein Rondo, das mit vier Refrains an den Schlußsatz aus Schumanns op. 41 Nr. 3 denken läßt. Dessen zündende Rhythmik wird hier durch Punktierung mit Synkopen vertreten, die sich hemiolisch den Taktakzenten der Unterstimmen widersetzen und fast ›zigeunerische‹ Töne anschlagen. Nicht weniger scharf als bei Schumann kontrastieren die Couplets, die sich tonal in C-, F- und A-Dur abheben. Das Raffinement des Satzes liegt in der graduellen Beruhigung der Refrains, die auf die Couplets hinführen, während deren stabile Taktgruppen umgekehrt die Refrains vorbereiten. Der letzte Refrain wendet sich zur Durvariante, kehrt jedoch in einer Stretta nach a-Moll zurück.

Kaum verwunderlich also, daß das a-Moll-Quartett mit diesem elektrisierenden Finale bei den Zeitgenossen erfolgreicher war als das sprödere Schwesterwerk in c-Moll. Das B-Dur-Quartett op. 67 entstand in zweijährigem Abstand im Sommer 1875, tritt aber mit op. 51 zu einer Trias zusammen, in der sich der Ton vom grüblerischen c-Moll über das freundlichere a-Moll zum scheinbar gelösten Spiel aufhellt. Denn unverkennbar klingt in op. 67 der Typus der ›Chasse‹ aus Haydns Quartetten an, und so fand das Werk, das kein Paradigma Schönbergs war, nicht zufällig geringeres Interesse. Gewidmet wurde es dem Utrechter Physiologen Theodor Wilhelm Engelmann, nachdem die ›Zangengeburt‹ von op. 51 dem befreundeten Mediziner Theodor Billroth zugedacht war.[1] Indes scheint op. 67 in einem Zuge entstanden zu sein, wie-

1 *Johannes Brahms im Briefwechsel mit Th. Wilhelm Engelmann*, hg. v. J. Röntgen, Berlin 1918 (Briefe, Bd. XIII), S. 50 (9. 8. 1876). Zur Entstehung im Sommer 1875 vgl. M. Kalbeck, *Johannes Brahms*, Bd. III, 1. Halbbd., Berlin 1910, S. 54, sowie A. Orel, *Ein eigenhändiges Werkverzeichnis*, S. 540.

wohl es Brahms gegenüber Simrock erst im September 1876 erwähnte und die Stichvorlage noch einen Monat später übersandte. Als er am 22. April den Verleger zur Neuausgabe von Mendelssohns Quartetten beglückwünschte, erbat er sich ein Exemplar mit der Bemerkung: »Sie kriegen sie in gehöriger Verdünnung wieder – als Br. op. 70«. Gemeint waren weniger die erst 1877 abgeschlossenen *Vier Gesänge* op. 70 als das B-Dur-Quartett, das »mit der nächsten Zahl« erscheinen sollte, wie es noch im Herbst des Jahres hieß.[1] Ein Parergon war es für Brahms aber gewiß nicht, was neben der langwierigen Ausarbeitung der Hinweis verrät, er habe »beim Schreiben [...] gar allerlei Delikatessen im Sinn« gehabt, auch wenn ihm »solche Feinheiten« wohl »gar nicht zugetraut« würden.[2] Für »menschenfreundlicher« hielt schon Hanslick op. 67, und mit Epitheta wie »hell« oder »durchsichtig« wurde die herrschende Auffassung durch Deiters vorgezeichnet.[3] Daß der abschließende Variationensatz – wie später im Klarinettenquintett op. 115 – auf das Themenzitat aus dem Kopfsatz hinausläuft, ist zu offenkundig, um motivischer Analyse zu bedürfen. Im Wechsel von Zwei- und Dreizeitigkeit mit Synkopen und Hemiolen wirkt die Rhythmik kaum intrikater als sonst, und daß die Binnensätze die Normen kaum sprengen, mag die merkliche Zurückhaltung der Analytiker erklären.

Die scherzhafte Rede von »Delikatessen« in »gehöriger Verdünnung« verbrämt freilich Rückbezüge, die dem Komponisten durchaus bewußt waren. Daß nämlich ein Finale im Zitat des Kopfsatzes mündet, hat weniger in der Klassik als in Mendelssohns frühen Quartetten op. 13 und op. 12 ein Gegenstück, doch handelt es sich dort um kein Variationenfinale, das ebenso in der Klassik eine Ausnahme blieb. Am ehesten kommen dann Mozarts d-Moll-Quartett KV 421 und Beethovens op. 74 in den Sinn, weit offener tritt aber die ›Chasse‹ hervor, der in Haydns frühen Serien eine prominente Position zufiel. Solche Kopfsätze im 6/8-Takt, die ihren heiteren Ton mit metrischer Subtilität verbinden, eröffnen das jeweils letzte Werk in den Serien op. 9, 17, 20 und 33 und stehen wechselnd in A- und D-Dur. Das konnte Brahms nicht entgehen, der sich 1885 im Autograph von Haydns op. 20 als Besitzer eintrug. Im Vergleich mit solchen Sätzen tritt die historische Reflexion hervor, die jenseits jeder Stilkopie den Kopfsatz von op. 67 bestimmt. Denn Haydns kadenzmetrischer Satz war vom Wechsel periodischer Gruppen mit unterschiedliche Impulsen geprägt, die im Verhältnis zur Kadenzordnung den Zeitverlauf stifteten. Sucht man mit solchen Kriterien den Kopfsatz in op. 67 zu begreifen, dann wird verständlich, worin die thematische Verknüpfung mit dem Finale gründet, die zugleich die Frage impliziert, wie die Themen so verschiedener Sätze zur Deckung kommen können. Haupt- wie Seitenthema sind im ersten Satz gleich kurzatmig und melodisch wie harmonisch wenig prägnant, denn beide bestehen im Kern aus nur zwei Takten, die engräumig eine Kadenzfolge umschreiben und

---

[1] *Brahms. Briefe an Simrock*, Bd. I (Briefe, Bd. IX), S. 221; zur Drucklegung vgl. ebenda., Bd. II (Briefe, Bd. X), S. 13–16; *J. Brahms und Fr. Simrock. Wege einer Freundschaft*, S. 83, 86 und 89.

[2] *Johannes Brahms im Briefwechsel mit Joseph Joachim*, Bd. II (Briefe Bd. VI), ²1912, S. 129f. (Brief vom 18. 10. 1876). Vgl. Fr. Krummacher, *Von »allerlei Delikatessen«. Überlegungen zum Streichquartett op. 67 von Brahms*, in: *Johannes Brahms. Quellen – Text – Rezeption – Interpretation. Internationaler Brahms-Kongreß Hamburg 1997*, hg. v. Fr. Krummacher und M. Struck, München 1999, S. 127–141.

[3] E. Hanslick, *Concerte, Componisten und Virtuosen*, S. 117; H. Deiters, *Streichquartette von Brahms*, Sp. 465.

J. Brahms, op. 67, erster Satz, T. 1–7 (*AGA*).

leicht variiert wiederkehren. Was die Themen trennt, ist vorab ihre Notierung im 6/8- und 2/4-Takt, womit der Wechsel der Taktarten thematisch begründet ist. Dazu kommen Differenzen der Kadenzierung mit Tonika und Subdominante im Haupt- sowie Tonika und Dominante im Seitensatz. Die plagale Kadenz des Hauptsatzes wird im zweistimmigen Beginn nur latent durch die Tonikaparallele erweitert, während erst eine vollstimmige Wiederholung die Grundstufe bestätigt. Sind die Zweitakter hier mit Pausen abgesetzt, so stößt im Seitensatz die doppelte Folge der Grundstufen nach zwei Takten auf einen Einschub, der mit drei 6/8-Takten auf den Hauptsatz zurückdeutet, bevor der geradtaktige Seitensatz wiederholt und fortgesponnen wird. Ein weiterer Unterschied liegt in den hüpfenden Dreiklangstönen des Hauptsatzes, denen im Seitensatz schrittweise Bewegung im Terzraum mit kokettem Ausschlag der Oberstimme begegnet. Um das Verhältnis der Themen zu bestimmen, muß man also auf elementare Sachverhalte zurückgehen, die einst für Haydn konstitutiv waren. Bereits im Kopfsatz aus op. 9 Nr. 6 lösen sich derart drei- und zweitaktige Gruppen ab, die voll- oder auftaktig ansetzen und zu synkopischer Verschiebung führen. und ähnlich greifen die Taktgruppen in op. 20 Nr. 6 ineinander, in denen die figurative Oberstimme weiter fortgesponnen wird. Vergleichend wird die historische Reflexion sichtbar, von der sich Brahms leiten ließ. Für das Hauptthema in op. 67 ist freilich kaum von Vorder- und Nachsatz zu reden, da eher ein Wechsel von fünf Taktgruppen vorliegt, in denen je ein Zweitakter durch die Mittelstimmen präsentiert und dann vollstimmig repetiert wird. Zugleich besteht zwischen diesen Kurzzeilen ein Zusammenhang, der als wachsende Füllung des metrischen Gerüsts zu beschreiben wäre. Ähnlich spielt die Überleitung auf frühere Konventionen an, indem Skalenfiguren der Oberstimme zum Themenkopf treten, um unvermutet nach Ges- und zurück nach F-Dur zu lenken. Nach einer Kette gebundener Achtel, die im Unisono die Umrisse des Themas auf der Mollvariante durchscheinen läßt, schließt im Wechsel zum 2/4-Takt der Seitensatz an, daß er aber nach nur zwei Takten vom 6/8-Metrum unterbrochen wird, kündigt künftige Komplikationen im Verhältnis der Themen an. Wie im Hauptsatz erweitert sich der tonale Radius in gebundenen Achteln, und die Fortspinnung mündet wiederum in filigraner Figuration, mit der die Oberstimme – fast wie in einem konzertanten Quartett – sechs Takte ausfüllt. Gewahrt wird freilich das zweizeilige Taktmaß des Seitensatzes, dazu tritt erst in den letzten Takten der Exposition das synkopisch verschobene Initium des Hauptsatzes im 6/8-Takt, womit beide Taktmaße erstmals zusammentreffen.

Die Durchführung wird von Klangfeldern flankiert, in denen die Bewegung neutralisiert wird, sofern sich die Stimmzüge in oktavierter Zweistimmigkeit zu gleitenden Skalen im 6/8-Takt zusammenschließen. In der Eröffnung umrahmen sie ein erstes Zitat des Hauptsatzes, dessen Kopf auf drei Achtel verkürzt wird (T. 124), mit Rückung nach Fis-Dur umspannt diese harmonische Distanz über fast 30 Takte die Phase, in der sich die Themen im Wechsel der Taktmaße erneut gegenübertreten. Den Abschluß bewirkt eine energische Folge von Kadenzen, die zunächst an das dominantische Modell des Seitensatzes anschließen, sobald aber der Satz zur anfänglichen Vorzeichnung zurückkommt, treten zu Relikten des Seitensatzes nicht nur Synkopen, sondern die der vierten Zeile des Hauptsatzes entstammenden Viertel. Wird dazu noch Triolierung eingeführt, dann kulminiert die Durchführung in simultaner Schichtung der divergierenden Taktarten und Bewegungsmaße beider Themen, die sich so unscheinbar gaben (T. 161–182). Nach Pausentakt endet die Durchführung zwar so, wie sie begann, in einem neutralen Feld, und an den Gang des Exposition hält sich bei allen Varianten auch die Reprise. Über sie hinweg verweist die Durchführung aber auf das Ziel des Satzes, dessen metrische Divergenzen die Coda austrägt. Ohne neutrale Zone verklammert sie ab T. 312 die konträren Gangarten der Themen, deren kombinatorische Möglichkeiten so planvoll wie konfliktreich erprobt werden: Triolische versus duolische Achtel, synkopische versus triolierte Viertel und schließlich Sechzehntel im 2/4- versus Achtel im 6/8-Takt verbinden sich mit den melodischen Linien beider Themen, bis erst die letzten Takte zum Modus des Hauptsatzes zurückfinden.

Von der Coda her wird sichtbar, daß der Satz in der Reduktion melodischer und harmonischer Qualitäten von der Konfrontierung metrischer Modelle ausgeht. Indem er elementare Bestandteile des kadenzmetrischen Satzes erprobt, blickt er weit in die Gattungsgeschichte zurück. Im Zyklus hat er sein Gewicht weniger als komplexer Sonatensatz denn im distanzierten Spiel, vom dem aus weitere historische Stationen in den Blick treten.

Kaum sonderlich kompliziert erscheint der langsame Satz, den Clara Schumann »für Brahms nicht bedeutend genug« fand, während sie sich an den »süßen Klängen der Viola« im dritten Satz und »dem reizenden Thema und seinen Verschlingungen« im Finale erfreute.[1] Der Vorbehalt wird verständlich, solange man nach scheinbar heiterem Kopfsatz ein expressives Adagio erwartet. Seltsam verhalten mutet dagegen dieses Andante an, in dem Brahms noch immer nicht ganz gegenwärtig zu sein

---

1 B. Litzmann, *Clara Schumann*, S. 335; ferner *Clara Schumann, Johannes Brahms. Briefe aus den Jahren 1853–1896*, hg. v. B. Litzmann, Bd. III: 1872–1896, Leipzig 1927, S. 76 (23. 5. 1876).

scheint. Desto deutlicher verweist es auf die innige Lyrik eines romantischen Liedsatzes, wenn vom dritten Takt an die Melodik der Oberstimme ›cantabile‹ weit ausgreift und dann sachte abfällt. Ihre wellenförmigen Linien werden bei synkopischer Begleitung harmonisch durch Zwischendominanten erweitert, und nachdem sie im mittleren Glied zur Mollvariante getrübt und über ihre Parallele zurückgeführt werden, erreicht der Rückgriff auf den melodischen Kern eine nachdrückliche Steigerung (T. 19–20). Sobald aber der erste Satzteil zu verklingen scheint, treten punktierte Akkorde ein, die mit anschließenden Zweiunddreißigsteln fast an eine französische Ouvertüre erinnern und wie ein vehementer Einspruch wirken. Kurz besinnt sich der Satz auf sein Cantabile, doch greift die punktierte Kette erneut ein, und vollends verblaßt damit der kantable Duktus, der sich in figurativen Gesten der Oberstimme verliert. Gänzlich aus dem Tritt geraten zwei 5/4-Takte, die an die metrischen Komplikationen des Kopfsatzes erinnern und nachwirken, bis die Oberstimme in fallenden Synkopen verklingt. Erst dann beginnt in D-Dur der Schlußteil, in dem Themenfragmente zwischen den Außenstimmen wechseln, bevor die ursprüngliche Struktur erreicht wird.

So wird das lyrische Melos durch klangliche und harmonische Valeurs bereichert, zugleich wird aber so auffällig auf motivische Arbeit verzichtet, daß es gegenüber dem Kopfsatz fast scheint, als folge dem Rekurs auf klassische Satzprinzipien der innige Ton eines romantischen Satzes, dem nun im Agitato ein höchst gegenwärtiger Satz gegenübersteht. Gebrochen gibt er sich allenfalls, indem er von metrischen Komplikationen Abstand nimmt, die einem Scherzo entsprächen. Die stete Synkopierung der Gegenstimmen erinnert an die intrikate Metrik, die zum Scherzo seit Haydn und Beethoven gehörte, befremdlich ist es aber, daß durchweg die Viola solistisch führt, während die anderen Stimmen con sordino selbst dort zurücktreten, wo ihnen thematische Segmente zufallen. Strukturelle und klangliche Disposition treten auseinander, und unübersehbar ist die Tendenz, thematische Gruppen in figurativen Ketten auslaufen zu lassen, die von akkordischen Formationen mit synkopischer Stauung abgefangen werden. Wie sich im Hauptteil die formalen Stationen des Tanzsatzes abzeichnen, so kontrastiert das Trio dazu rhythmisch wie in der Wendung nach a-Moll, ohne den Primat der Viola aufzugeben, und nach wiederholtem Hauptteil ist es der Coda in der Durvariante vorbehalten, die rhythmischen Spannungen mit empfindsamer Kadenzierung auszugleichen, deren fallende Linien fast an Mendelssohns Tonfall gemahnen.

Bereits im Juni 1856 führten Betrachtungen über die »Variationenform«, die »strenger, reiner gehalten werden« müsse, Brahms zu der Einsicht: »Die Alten behielten durchweg den Baß des Themas, ihr eigentliches Thema, streng bei«. Und 13 Jahre später zog er für sich die Folgerung: »bei einem Thema zu Variationen bedeutet mir eigentlich, fast,

[1] *Brahms im Briefwechsel mit Joachim*, Bd. I (Briefe, Bd. V), S. 146; *Brahms. Briefe an [...] A. Schubring* (Briefe, Bd. VIII), S. 217. Zum Finale im Verhältnis zum Kopfsatz vgl. auch R. Wilke, *Brahms, Reger, Schönberg. Streichquartette*, S. 84–89.

beinahe nur der Baß etwas. Aber dieser ist mir heilig, er ist der feste Grund, auf dem ich dann meine Geschichten baue«.[1] Allerdings ist die Formulierung – zumindest für op. 67 – nicht so wörtlich zu nehmen, als werde primär die Baßstimme variiert. Dem Finalthema folgen hier acht Variationen, und wo eine weitere zu beginnen scheint, erweitert sie sich rasch zu Coda. Was bis dahin beibehalten bleibt, ist neben der Gliederung in zwei Teile (a – b) nicht nur die Taktordnung, sondern die harmonische Disposition in den Kadenzen unter Einschluß einer zwischendominantischen Ausweichung zu Beginn des zweiten Teils. Während der a-Teil vier Takte umfaßt, folgt nach der zweitaktigen Ausweichung im b-Teil eine ebenso lange Rückwendung zu zwei auf der Tonika abschließenden Takten, womit sich insgesamt 6 Takte ergeben. Alle Taktgruppen setzen auftaktig an, der erste und letzte Zweitakter verharren auf der Tonika, nur kurz werden Dominante und Subdominante mit Auftakten berührt, zu denen die Oberstimme in Sechzehnteln intervallisch ausgreift. Nach fallender Sequenzfigur lenkt die Kadenz im a-Teil statt zur Dominante zu ihrer Parallele d-Moll, deren Terz jedoch ausbleibt. Von D-Dur aus zielt der Einschub zu Beginn des b-Teils nach g-Moll und hebt sich zudem durch fließende Achtel vom graziösen Themenkopf ab. Melodisch tritt hier der Aufschwung zur Durterz mit fallendem Anschluß hervor (T. 6–7 fis" e" b'), der mit auftaktigen Sechzehnteln wiederholt und sequenziert wird. Nach dieser schwebenden Vermittlung, die bis in den Schluß der Coda nachwirkt, kehren die letzten Takte als Variante der ersten zum Themenkopf zurück.

J. Brahms, op. 67, vierter Satz, T. 1–5 (*AGA*).

T. 206–215.

Man muß das Thema näher beschreiben, um die Kette der Variationen zu erfassen, die nur summarisch charakterisiert werden können. Mit dem Hauptthema des Kopfsatzes teilt das Variationenthema zunächst nur die relativ stabile Taktordnung, die aber im 2/4-Takt dem dortigen Seitenthema entspricht. Dazu tritt neben der sparsamen Stufenfolge eine harmonische Erweiterung, die eine Entsprechung in überleitenden

Phasen des ersten Satzes hat. Fast durchweg sind wegen der Anschlüsse die Wiederholungen des a-Teils ausgeschrieben, während im b-Teil Wiederholungszeichen genügen. Klar zu verfolgen ist der Gerüstsatz in den ersten vier Variationen, in denen die figurative Umspielung zunächst der Viola zufällt, die dann selbst das Thema übernimmt (Variation 1–2), wonach erste Violine und Violoncello hervortreten, bis die Paarung von Sechzehnteln und Triolen erstmals auf den Kopfsatz zurückweist (Variation 3–4). Die rhythmische Überlagerung klingt noch in Variation 5 nach, die mediantisch nach Des-Dur rückt, wobei der Beginn des b-Teils nach F-Dur lenkt. Dagegen prägen synkopierte Viertel die sechste Variation in b-Moll, in der nur die Unterstimmen mit auftaktigen Sechzehnteln an den Themenkopf erinnern. Im ›doppio movimento‹ der siebten Variation in B-Dur verdoppelt sich die Taktzahl, während ein Eingriff im b-Teil erstmals die Taktfolge tangiert (T. 117). Mit dem 6/8-Takt verbindet sich ein melodischer Rückgriff auf das Hauptthema des Kopfsatzes, sofern der Tonikaraum im Variationenthema triolisch von den Tönen des zitierten Themas umspielt wird. Durchzieht das thematische Material des Kopfsatzes damit schon die vorletzte Variation, so greift die letzte auf die charakteristische Legatovariante vom Ende seiner Exposition zurück. Sie beginnt in b-Moll, wo aber in Ges-Dur eine weitere Variation anzusetzen scheint, wird im 2/4-Takt der a-Teil des Themas auf sechs Takte verkürzt, während die Wiederholung über fünf Takte hin den Es-Dur-Septakkord umpendelt, bis entschiedene Quintschritten zur Tonika führen. Wie die kritischen Zonen im Kopfsatz erprobt die Coda die rhythmischen Verschränkungen in der Überlagerung der Themen, doch finden sie hier ihre melodische Konkretisierung im Variationenthema. Zu synkopisch verschobenen Vierteln der Außentreten triolische Mittelstimmen, und in motivischer Fragmentierung treffen duolische und triolische Achtel aufeinander. Erst die Schlußphase, in der sich nochmals der b-Teil abzeichnet, arbeitet die charakteristischen Auftakte aus, die in intervallischer Dehnung die Stimmen durchlaufen (T. 206–213). So verschränken sich melodische Konturen der Themen mit ihrer rhythmischen Prägung, um in der Integration das Ziel des Zyklus zu erreichen.

Das Finale blickt auf den Kopfsatz nicht nur zurück, indem es seine rhythmischen Komplikationen aufgreift, vielmehr erfüllen sich seine kargen Linien erst im Variationenthema. Der Rückgriff in die Gattungsgeschichte wird durch die Integration im Finale aktualisiert, das mehr als eine zitatweise Abrundung darstellt. In ihm sind die strukturellen Differenzen aufgehoben, die aus unterschiedlichen Schichten der Tradition resultierten. Gewiß ist op. 67 auf den ersten Blick nicht so eruptiv und komplex wie das c-Moll-Quartett aus op. 51, was aber ›Brahms, den Fortschrittlichen‹ kennzeichnete, wäre auch anders zu interpretieren. Schloß dort motivische Arbeit bei harmonischer Expansion direkt an die Tradition an, so scheint das letzte Quartett zwar konservativere Züge zu zeigen, indem es über kaum so komplexe Thematik und Harmonik verfügt. Ist aber historische Reflexion ein Gradmesser kompositorischer Souveränität, dann zeichnet sich op. 67 mit einem elementaren Rekurs aus, der in der Gattungsgeschichte ohne Parallele ist. Damit wirkt sich im Streichquartett jene rückblickende Tendenz aus, die für Brahms andernorts maßgeblich wurde. Zu kurz greift daher die Formel der ›entwickelnden Variation‹, denn seit Haydn bediente sich die Entwicklung eines Satzes variativer Verfahren, deren Komplexität die bloße Analyse der Intervalle verkennt. Eher wäre für Brahms von ›entwickelnder Reflexion‹ zu reden, um das Verhältnis zur Tradition zu kennzeichnen, von der seine Quartette ausgingen. So bedeutet ein scheinbar rückblickendes Werk nicht nur einen Schlußstein in der Trias der Quartette, sondern bildet ein letztes Werk, dem noch ein so gelassener Umgang mit der Tradition erlaubt war. Die abschließende Position dieser Quartette verstanden manche Zeitgenossen: Volkmann sah von weiteren Quartetten ab, seit er Brahms näher trat, und der alte Bruch gestand, er habe nur »gute Musik« zu schreiben versucht, ohne »widerstrebende Rhythmen« in so »dunkeln Farben« wie Brahms zu wagen.[1] Wen wundert es da, wenn sich Brahms mit dem dritten Quartett beschied, ohne ein weiteres Werk zu erwägen?

5. Am Ende des Jahrhunderts: Gruppen und Einzelgänger

Für Spezialisten der Gattung bestand kein Bedarf mehr, seit das Streichquartett aus der Hausmusik in den Konzertsaal übergewechselt war. Andererseits fehlten wenigstens einzelne Quartette nicht im Œuvre selbst namhafter Musiker, soweit sie nicht den ›Neudeutschen‹ nahestanden oder ausgemachte Opernmeister waren. Die Produktion hatte im deutschsprachigen Raum einen Umfang, von dem nur die umfassende, wiewohl keineswegs vollständige Übersicht Wilhelm Altmanns eine Vorstellung gibt.[2] Obwohl dieses Repertoire heute weithin vergessen ist, erreichte es satztechnisch ein fast durchweg solides und oft sogar erstaunliches Niveau. Das verdankte sich nicht zuletzt dem Unterricht an den Konservatorien und dem Rang ihrer Kompositionslehrer, deren Werke ein heutiger Akademiker daher nicht als ›akademisch‹ disqualifizieren sollte. Dennoch lassen sich nur wenige Komponisten hervorheben, die mit einer größeren Zahl von Beiträgen oder durch ihre Leistungen in anderen Gattungen hervorgetreten sind. Je später solche Werke entstanden sind, desto mehr ist dann auch mit den Wirkungen von Brahms zu rechnen, dessen Quartette sich nach 1875 zunehmend durchsetzten. So wenig sich ihre unauswechselbare Individualität übernehmen ließ, so

1 Chr. Fifield, *Max Bruch. Biographie eines Komponisten*, Zürich 1990, S. 324 (nach einem Gespräch mit Arthur Abell).
2 W. Altmann, *Handbuch für Streichquartettspieler. Ein Führer durch die Literatur des Streichquartetts*, Bd. II, Leipzig ²1928. Über keine andere Phase der Gattungsgeschichte informiert Altmanns Buch so materialreich wie über die Produktion des späteren 19. und beginnenden 20. Jahrhunderts, auch wenn die strikte Anordnung nach Geburtsdaten der Komponisten jeden historischen Zusammenhang verdeckt. Die Musikabteilung der Staatsbibliothek zu Berlin besitzt trotz ihrer Kriegsverluste in der Deutschen Musiksammlung (DMS) den weitaus größten Teil der von Altmann benutzten Quellen (nennenswerte Fehlbestände finden sich nur in den Signaturreihen mit vorangestelltem Zeichen »Mus.« oder »O« [= Oktav]). Für vielfache Hilfe ist Herrn Dr. Helmut Hell und seinen Mitarbeitern zu danken.

wirksam wurden dennoch einzelne Kennzeichen wie die motivisch variative Arbeit, die primär diatonische und doch so stufenreiche Harmonik und besonders die metrisch wie rhythmisch gleich intrikate Faktur.

Zwischen den Parteien: Rheinberger und Raff

Nicht zufällig wurde mit Joseph Gabriel Rheinberger (1839–1901) ein Privatschüler Lachners zum maßgeblichen Repräsentanten der ›Münchner Schule‹. Er kam aus Vaduz schon 1851 nach München und wurde 1859 Lehrer an der Musikschule, an der ihm 1867 die Professur für Orgel und Kontrapunkt übertragen wurde. Sein ungewöhnliches Ansehen, das niemals ganz verblaßt ist, gründete zwar in der Fülle seiner geistlichen Vokalwerke und in der Reihe der eindrucksvollen Orgelsonaten, Hans-Joseph Irmen hat jedoch auch sichtbar gemacht, welch maßgeblichen Anteil die Kammermusik am umfangreichen Lebenswerk Rheinbergers hat.[1] Gegenüber den zahlreichen Werken mit Klavier finden sich zwar nur zwei veröffentlichte Streichquartette (c-Moll op. 89, 1875 und F-Dur op. 147, 1886), die durch ein *Thema mit* (50) *Veränderungen* ergänzt werden (op. 93, 1875). Alle Werke erschienen in Partitur und Stimmen in Leipzig, bei Rheinbergers großem Schülerkreis, zu dem Engelbert Humperdinck, Ermanno Wolf-Ferrari, Ludwig Thuille und die Musikforscher Adolf Sandberger und Theodor Kroyer zählten, kommt jedoch diesen Werken – ungeachtet ihrer geringen Zahl – mehr Bedeutung zu als denen anderer Autoren. Den publizierten Quartetten waren rund zwölf Studienwerke der Jahre 1854–58 vorangegangen, die mitunter einsätzig blieben oder einzelne Fugen darstellten, vom Komponisten aber zurückgehalten und bislang unveröffentlicht blieben. Sie zeigen nicht selten prägnante Einfälle und satztechnisches Geschick, dazu eine kontrapunktische Versiertheit, die besonders in der Kirchenmusik Rheinbergers hervortrat und seinen späteren Ruf bestimmte. Doch galt ihm das Streichquartett nicht nur als Übungsstoff, vielmehr beweist die begrenzte Zahl der gültigen Werke, wie ernst gerade diese Aufgabe genommen wurde.

1 H.-J. Irmen, *Thematisches Verzeichnis der musikalischen Werke Joseph Gabriel Rheinbergers*, Regensburg 1974; H. Wanger, *Joseph Gabriel Rheinberger und die Kammermusik*, St. Gallen 1978. Eine erste Biographie schrieb Th. Kroyer, *Joseph Rheinberger*, Regensburg 1916 (Sammlung Kirchenmusik 24/25).

J. Rheinberger, op. 89, erster Satz, T. 1–19 (F. E. C. Leukkart).

Apart genug beginnt op. 89 im expressiv getönten c-Moll, als solle eine langsame Einleitung anheben, indem über ruhenden Liegetönen die Oberstimme sich weiträumig im Tonikaklang aufschwingt. Ihr Linienzug entsteht aus auftaktigen Achteln samt angebundenen Vierteln, die zu den Scheitelpunkten gedehnt werden und im Allabreve als kettenweise Punktierung wirken, während kaum merklich die Harmonik mediantisch von G- nach H-Dur und zurück gleitet. Erst wenn die Gegenstimmen komplementär diese Rhythmik aufnehmen, wird durch die dynamische Steigerung auch ohne Tempowechsel der Charakter des Allegro moderato gewonnen, und aus einer triolischen Kadenzwendung erwächst die Überleitung, die in augmentierter Version das rhythmische Modell übernimmt und es erst zu den Kadenzgruppen hin akkordisch bündelt. Nur im Seitensatz, der einen gedehnten Quintfall zur melodischen Kurve ergänzt, wird die pulsierende Bewegung von skalaren oder pendelnden Vierteltriolen abgelöst, die weithin Orgelpunkte markieren, bis nach Pausentakt die Schlußgruppe wieder die augmentierte Modellvariante zu fließender Fortspinnung erweitert. Der flächige Satz bei kontinuierlicher Rhythmik läßt ebenso wie die oft mediantische Harmonik mitsamt den zäsurierten Teilgrenzen eher als sonst an Schubert denken. Dafür muß nicht eine Vermittlung über Lachner bemüht werden, da Schuberts Quartette zu dieser Zeit schon hinlänglich bekannt geworden waren. Überraschend ist eher, daß weder motivische noch kontrapunktische Arbeit bemüht wird, die dann erst in der Durchführung begegnet. Denn nach knappem Zitat der Schlußgruppe wird nur einmal der Hauptsatz in e-Moll zitiert, sein prägnantes Quartincipit erweitert sich gleich sequenzierend zu einem Fugenthema, das freilich die thematische Rhythmik desto entschiedener aufgibt, wenn es zugleich von triolischen

Skalen begleitet wird. Sie beziehen sich zwar auf sekundäre Wendungen der Exposition, bilden hier aber eher Füllwerk als Kontrapunktierung, und die weiträumige Rückleitung verdeckt nicht ganz die Schwäche einer Durchführung, deren Länge zu ihrer thematischen Substanz quersteht. Die Reprise bleibt vom Seitensatz an in der Durvariante und zielt auf die Coda, deren abschließende Stretta ein wenig aufgesetzt wirkt. Das fünfteilige Adagio espressivo E-Dur verfügt über ein prägnantes Thema, das in tiefer Lage mehrfach engschrittig zwischen Tonika und Dominantparallele pendelt und den zweitaktigen Kern durch Sequenzierung und Kadenzierung ausdehnt, bevor es zu klangdichter Begleitung oktaviert wiederkehrt. In der Molldominante setzt der konträre B-Teil an, dessen Rhythmik geradezu kapriziöse Züge annimmt, während gleichzeitig die Gegenstimmen geschickt zum mediantisch transponierten A-Teil zurücklenken. Ähnlich variabel sind die analogen Teile angelegt, die zunehmend verkürzt werden, immer aber die Stimmen gleichermaßen obligat beteiligen. Das tradierte Schema wird im Scherzo derart gefaßt, daß eine auftaktige Form chromatisch einen Terzfall füllt und als prägnantes Scharnier fungiert. In der Fortspinnung wird sie durch triolische Auftakte in diatonischer Fassung vertreten, im durchführenden Mittelteil jedoch übernimmt sie in der Viola eine so beherrschende Rolle, daß sich ihre Chromatik fast ein wenig larmoyant ausnimmt. Kontrapunktik bleibt traditionsgemäß dem Trio als einem Minore vorbehalten, dessen skalar fallende Motivik zunächst in zweistimmigem Kanon eingeführt wird, der sich im b-Teil bei mehrfacher Sequenzierung zur Vierstimmigkeit steigert. So genau gegenüber den rhythmischen Impulsen ihre Liquidierung zu ruhenden Klangfeldern geplant ist, so langwierig gerät wieder die Rückleitung, die der motivischen Substanz kaum recht Stand hält. Das Finale verheißt eine Fuge und entpuppt sich doch als schulmäßiger Sonatensatz. Akzentuierte Synkopen mögen wohl auf das einstige ›alla zingarese‹ anspielen, während der Seitensatz engräumige Synkopen und die Schlußgruppe zudem punktierte Rhythmen einführt. So bunt dieser Fundus ist, so einseitig konzentriert sich die Durchführung auf den Hauptsatz, und die Überlänge kann auch die effektvolle Coda kaum ausgleichen, die den Kopfsatz noch zu überbieten sucht. Was anfangs also an Schubert gemahnen mochte, wird zunehmend den Ansprüchen einer Tradition geopfert, die motivische Ausarbeitung heischte, wie sie dieses Material kaum trägt.

Fast spielerisch dagegen und daher gelassener gibt sich das spätere F-Dur-Quartett op. 147, das mittlerweile im Neudruck vorliegt.[1] Das eröffnende Allegretto erinnert von fern an eine ›Chasse‹ im 6/8-Takt, wenn die Oberstimme zunächst nur den Terzraum umspielt und sich dann erst melodisch weitet. Nach oktavierter Wiederholung der synkopischen Kadenzwendung repetiert die Viola eine Variante dieses Initiums, das dann zweifach abgespalten den Stimmenverband durchzieht, bevor sich

1 Stuttgart 1988 (Reprint der Erstausgabe, Leipzig 1888, F. E. C. Leuckart).

der Satz wieder zum Tutti füllt. Die wechselnde Abspaltung und Verkettung so knapper Formeln, die vielleicht an Eigenarten Beethovens wie im Kopfsatz aus op. 95 denken läßt, bezeichnet auch weiterhin das Verfahren dieses Satzes, sofern davon Seitensatz und Schlußgruppe nicht ausgenommen bleiben. Zwischen den Polen der Fragmentierung und der Verkettung vermittelt auch die Durchführung, und noch die dynamische Kulmination der Coda kennt kurz vor Schluß eine Enklave äußerster motivischer Reduktion.

Von bedenklichen oder gar trivialen Zügen dieser Musik zu reden, mag bei einem seriösen Autor wie Rheinberger befremden. Denn es lag wahrhaftig nicht an ihm, wenn solche Synkopen wie im Seitensatz des Finales aus op. 80 oder die Sixte ajoutée im Seitenthema des Kopfsatzes aus op. 147 heute leicht obsolet wirken können. Kaum zufällig wurden aber solche Momente außerhalb ihres Kontextes in späterer Unterhaltungsmusik trivialisiert, denn so schwungvoll Rheinbergers Sätze oft anheben, so wenig finden sie doch eine strukturelle Verdichtung, wie sie für Brahms kennzeichnend wurde. So setzt das Adagio aus op. 147 mit einer Kette isolierter Akkorde an, die nur eine Kadenz umschreiben und melodische Qualität erst im Satzverlauf bewähren, dann aber zugleich vom variativen Prozeß überlagert werden. Denn ähnlich wie im klassischen Adagio kehrt das Modell derart nicht noch einmal wieder, und nachdem es von seinen Kadenzgliedern her zu Achtelbewegung ausgesponnen wird, geht es ohne spürbare Zäsur in die gestische Steigerung des B-Teils über (ab T. 32). Überraschend folgt als dritter Satz ein ›Tempo di menuetto‹ in d-Moll, das weniger melodisch als rhythmisch auf das Gegenstück in Mozarts KV 421 anspielt. Historische Reflexe waren also nicht Brahms allein vorbehalten, hier aber wird das tradierte Modell weit eher greifbar, auch wenn seine motivische Variante im B-Dur-Trio durch tremolohaft flirrende Klangbänder der Oberstimmen seltsam verfärbt wird. Subtil bestreitet dagegen das Kopfmotiv des Trios im vierstimmigen Sekundkanon die Rückleitung zum Menuett, nach dessen Wiederholung die Coda in der Durvariante Motive beider Teilsätze verwebt. Dem fugierten Finale geht – wie später bei Draeseke – eine unerwartet pathetische ›Introduktion‹ voran, die nach geballten Akkorden zwar melodische Gebilde präsentiert, ohne jedoch motivisch zum Finale hinzuleiten. Das seltsame Fugenthema endlich repetiert und erweitert einen Terzfall, jeweils zwei oder drei Viertel werden indes durch Pausen so getrennt, als solle das gewagte Finalthema aus Beethovens op. 59 Nr. 3 noch überboten werden. Für Kontinuität sorgt dabei ein Kontrapunkt in Achteln, und die Themenfortspinnung läuft in einer Spielfigur mit Triller aus, die im weiteren ausgiebig verselbständigt wird. Aus dem Kopfsatz wird also der Wechsel zwischen Fragmentierung und Addition der Segmente aufgenommen, dem Herkommen gemäß verbindet sich mit der Fuge das Gerüst eines Sonatensatzes, zu dessen Seitenthema einmal die Achtelketten aussetzen. Es versteht sich, daß beide Pole in der Durchführung zur Geltung kommen, die allerdings durch Sequenzierung und eine Scheinreprise überdehnt wird, zumal sich zwischen die eigentliche Reprise und den Strettaschluß noch ein wenig motiviertes Zitat der Introduktion einschiebt.

Hinter lockerem Spiel verbergen sich bei Rheinberger historische Allusionen, deren Umbildung dem Werk ein Interesse sichern können, selbst wenn man Längen hinnehmen muß. Ein kleines Kompendium der Satztechnik – und damit wohl mehr als nur ein Studienwerk – bilden dagegen die 50 Variationen op. 93, deren achttaktiges Thema zweifach eine modifizierte g-Moll-Kadenz umschreibt. Es wird zwar in Baßlage eingeführt, bietet aber – anders als bei Brahms – kein Ostinato, sondern ein harmonisches und melodisches Modell aus. Die heikle Aufgabe der variativen Bearbeitung einer so kurzen Kadenzfolge wird nicht nur durch Kunstgriffe wie strenge und freiere Kanons oder dichte Imitatorik gelöst (in Nr. 32–33 und 40), eingeschoben werden auch Komplexe in der Durvariante, für längere Phasen erweist sich jedoch die rhythmische Charakteristik als vorrangig, und Eingriffe in die Kadenzglieder verdecken mit Chromatik oder Trugschluß zunehmend die Nähte, bis sich ein abschließendes ›Capriccio‹ vom periodischen Schema löst. Gewiß darf man nicht so phantastische oder artifizielle Variationen wie die von Schumann oder Brahms erwarten, der Fundus jedoch, den Rheinbergers Quartette insgesamt enthalten, zeugt von intimer Kenntnis der Tradition und macht begreiflich, wie prägend seine Persönlichkeit für den Kreis seiner Schüler wurde. Zu ihnen rechnete auch Louise Adolpha Le Beau (1850–1927), die noch von Kalliwoda und Lachner unterrichtet worden war. Ihr einziges Streichquartett op. 34 g-Moll (1885) konnte sie zwar nicht publizieren, eine Besonderheit ist aber neben einem veritablen ›Programm‹ die zyklische Verbindung der Sätze durch Themenzitate.[1] Trivial mutet freilich das Sujet an: Stellt der Kopfsatz »eine Fliehende« dar, so ein ›Andante religioso‹ mit Variationen das »Gebet im Walde« nebst »Traum«, und nach einem »Zigeunertanz« samt kanonischem Trio bietet das Finale – natürlich – mit der »Befreiung« die ›Rückerinnerung‹ mittels thematischer Zitate. Sie verbinden schon den ersten mit dem zweiten und diesen mit dem dritten Satz und steigern sich im Finale zu einer umfassenden Montage. Weniger kompliziert als die formale Anlage ist indessen die Satztechnik, und Zitate müssen besonders im Finale die durchführende Arbeit ersetzen. Ein so hochgreifendes Experiment forderte offenbar seinen Preis.

Der recht früh verstorbene Ludwig Thuille (1861–1907), der 1893 Rheinbergers Nachfolger wurde, veröffentlichte kein Streichquartett[2], doch schrieb Engelbert Humperdinck (1854–1921), der zunächst noch bei Hiller und dann bei Rheinberger studiert hatte, ein Jahr vor seinem Tode das kennenswerte C-Dur-Quartett, das postum sogar erst 1937

---

[1] Vgl. die ausführliche Beschreibung von U. Br. Keil, *Louise Adolpha Le Beau und ihre Zeit. Untersuchungen zu ihrem Kammermusikstil zwischen Traditionalismus und ›Neudeutscher Schule‹*, Frankfurt a. M. u. a. 1996 (Europäische Hochschulschriften 36/150), S. 151–183, zum Programm S. 152ff., zu den Themenzitaten S. 161ff. Vergleichbare Themenzitate versuchte früher Franz Wüllner (1832–1902) im Finale des zweiten seiner beiden ungedruckten Quartette (fis-Moll und A-Dur, 1853–54), vgl. D. Kämper, *Franz Wüllner. Leben, Wirken und kompositorisches Schaffen*, Köln 1963 (Beiträge zur rheinischen Musikgeschichte 55), S. 78–83, sowie das Faksimile in *MGG*, Bd. 14, Kassel u. a. 1968, Sp. 897f.

[2] Zu ungedruckten Quartettsätzen aus den Jahren 1881–83 vgl. Fr. Munter, *Ludwig Thuille*, München 1923 (Zeitgenössische Komponisten 8), S. 115, sowie das Werkverzeichnis bei A. Ott (Hg.), *Richard Strauss und Ludwig Thuille. Briefe der Freundschaft 1877–1907*, München 1969.

erschien, und ein Spätwerk ist ebenso das e-Moll-Quartett op. 23 (1940) von Ermanno Wolf Ferrari (1876–1948). So verbindlich sich das eine Werk gibt, dessen kompakter Satz wenig Raum für obligate Stimmführung läßt, so deutlich wird im eleganten Tonsatz des anderen das Spiel mit den Konventionen der Gattung. Derart späte Musik konnte freilich so wenig wie die von Reinecke oder Reznicek noch in den Gang der Geschichte eingreifen, denn sie wurde längst von den Veränderungen eingeholt, die seit der Jahrhundertwende von Regers Quartetten ausgingen.

Die frühen Klavierstücke von Joachim Raff (1822–1882) verdankten ihr Erscheinen bei Breitkopf & Härtel noch einer Empfehlung Mendelssohns, dessen unerwarteter Tod jedoch dem Studienbeginn in Leipzig zuvorkam. So wandte sich Raff nach Weimar, wo er für fünf Jahre der Adlatus von Liszt wurde, und nachdem er sich aus dessen Kreis nicht ohne Konflikte löste, wurde er als Klavierlehrer in Wiesbaden auch kompositorisch höchst produktiv, bis ihm 1877 die Leitung des Frankfurter Konservatoriums zufiel. Seine einst viel beachtete Schrift *Die Wagnerfrage* galt zwar primär dem *Lohengrin*, die wachsende Distanz zu den ›Neudeutschen‹ zeigt sich aber schon an der Fülle einer Instrumentalwerke und besonders der Kammermusik, zu der – nach einem verschollenen Frühwerk in C-Dur (um 1849) – nicht weniger als acht Streichquartette gehören (d-Moll op. 77, 1855; A-Dur op. 90, 1857; e-Moll, a-Moll und G-Dur op. 136–138 sowie op. 192 Nr. 1–3, 1874).[1] Obwohl Raff eigentlich noch einer etwas älteren Generation zuzurechnen wäre, reichen seine Quartette in eine spätere Phase hinein, weshalb sie erst hier zu nennen sind. Historische Spuren haben sie zwar kaum hinterlassen, und am längsten hielt sich noch die Erinnerung an eine ›zyklische Tondichtung‹, die sich ungeachtet des Titels *Die schöne Müllerin* nicht auf Schuberts Liederzyklus bezieht, sondern als sechssätziges Genrestück – ähnlich wie Raffs meiste Symphonien – eher zur ›charakteristischen‹ Musik als zur ›Programmusik‹ im Sinne Liszts tendiert. Das Werkchen zählt zu den in op. 192 vereinten Suiten, deren erste »in älterer Form« ein präludierendes Larghetto samt fugiertem Allegro mit vier Tanzsätzen paart, wogegen die zweite ähnlich tanzhafte Sätze, jedoch »in Kanonform« enthält. Symptomatisch sind solche Versuche, sich von der Gattungsnorm zu lösen, der die vorangehenden Werke noch durchweg huldigen. Nach dem Urteil Altmanns wären die dicht nacheinander entstandenen Quartette op. 136–138 »entschieden schwächer« als die früheren[2], unter denen sich zumal das erste in d-Moll auszeichnet. Weder in der Form der Sätze noch in ihrer kompakten Faktur, in der die Stimmen nur partiell gleichrangig sind, als in der auffällig beweglichen Harmonik mögen noch Eindrücke der einstigen Nähe zu Liszt nachwirken. Das komplexe Hauptthema im ersten Satz entsteht zu unruhig wogender Begleitung aus den Leittönen zum Grundton und zur Quinte (gis–a–b sowie cis–d–es), die sich mit fast prosahafter Diktion in wechseln-

---

1 Während die fünf ersten Quartette zwischen 1860 und 1869 von Schuberth verlegt wurden, erschienen die drei Suiten op. 192 – gezählt als Nr. 6–8 – um 1874 bei C. F. Kahnt in Leipzig. Vgl. A. Schäfer, *Chronologisch-systematisches Verzeichnis der Werke Joachim Raff's*, Wiesbaden 1888, Reprint 1974; H. Raff, *Joachim Raff. Ein Lebensbild*, Regensburg 1923 (Deutsche Musikbücherei 42), Verzeichnis sämtlicher im Druck erschienenen Werke, S. 267–281, besonders S. 272; zu Raffs Symphonien vgl. M. Wiegandt, *Vergessene Romantik? Studien zu Joachim Raff, Carl Reinecke und zum Problem der Epigonalität in der Musik*, Sinzig 1997.
2 W. Altmann, *Handbuch für Streichquartettspieler*, Bd. I, Berlin 1928, S. 325.

J. Raff, Nr. 1 op. 77, erster Satz, T. 1–4 (J. Schuberth).

T. 19–23.

den Einwürfen der Außenstimmen ablösen. Aus ihnen heraus formiert sich der eigentliche Hauptsatz, und nach knapper Stauung unter chromatischer Rückung erreicht er den Seitensatz in F-Dur, dem gleich die ausgedehnte Schlußgruppe als stabilste Satzphase in C-Dur folgt. Die Durchführung setzt zwar mit dem Seitenthema, jedoch zum Begleitmuster des Hauptsatzes an, bei dessen Eintritt das harmonische Potential zu mediantischen Relationen und schließlich zu chromatischen Rückungen genutzt wird (F–Des und weiter cis–d–es–e sowie C). Wie die letzte Phase gerät die lange Rückleitung mit dominantischer Liegestimme etwas konventioneller, und die Reprise wendet sich zwar mit dem Seitensatz zur Durvariante, um allerdings in der ausführlichen Coda wieder die Molltonika zu gewinnen. Bei gleicher Chromatik paart das Scherzo rascheste Bewegung – partiell ›am Steg‹ zu spielen – mit einem Formplan, der ein marschartig straffes Trio einführt, im Satzzentrum indes die Thematik beider Teilsätze zu chromatisch gestaffelten Taktgruppen verbindet. In G-Dur erhält der dreiteilige langsame Satz schon eingangs aus der gängigen Erhöhung des Grundtons chromatische Exkurse (g–gis>As), die sich im konzentriert gearbeiteten Mittelteil verdichten, wogegen die thematische Kanonbildung in der Reprise eigentlich nur einen liegenden Akkordverband auffächert. Gleichermaßen konzentriert sich das Finale als Sonatenrondo auf die Verarbeitung des Refrains, seiner jagend punktierten Rhythmik begegnet erst in der Satzmitte ein Couplet, das die Coda wieder aufgreift, während Exposition und Reprise nur episodischen Ruhephasen Raum lassen. So wenig sich die Frage nach einem – auch nur latenten – Programm stellt, so sehr läßt doch betonte Konfrontation chromatischer Ketten und diatonischer Enklaven an Liszts Verfahren denken.

Etwas gemäßigter gibt sich bereits das zweite Quartett op. 90 in A-Dur. Im Kopfsatz folgt einem zweitaktigen Vorspann der Viola, die in Achteln den Modus der Begleitung vorwegnimmt, in der zweiten Violine das durch Terzsprung und Quartfall profilierte Thema, das fast eine Fuge erwarten ließe, träte nicht ein langer Orgelpunkt im Violoncello hinzu. So steigert sich der Satz über den Zutritt der Oberstimme zum Tutti, um dann der fließenden Bewegung energische Punktierung entgegenzusetzen. Thematisch gearbeitet ist nur die erste Phase der Überleitung, die bei Vorzeichenwechsel nach Es-Dur freilich bloß noch das Kopfmotiv zu triolischer Figuration bewahrt. Mit Quartsprung beginnt ebenso der Seitensatz, zu dessen Kantilene jedoch obligate Stimmführung weithin durch gleitende Harmonik ersetzt wird, um sich dann doch normgemäß zur Dominante zu wenden. Thematische Arbeit kennt selbst die Durchführung nur in ihrer ersten Phase, sie begnügt sich danach mit effektvoll gebrochenen Klängen, und die Coda beschränkt sich auf die Ausspinnung des Hauptthemas, ohne die obligatorische Steigerung thematisch zu legitimieren. Züge von Rondo und Sonate paart an zweiter Stelle ein Tanzsatz a-Moll, der die Nähe zum ›Elfenscherzo‹ durch gebundene Phrasierung kaschiert. Eine als Generalauftakt fungierende Sechzehntelkette verbindet sich in den Überleitungen mit motivischen Relikten, begleitend wirkt sie zum Seitensatz nach, einem zweiten Refrain folgt aber als Couplet eine an Hornquinten gemahnende Gruppe über Liegetönen. Fast simpel beginnt in F-Dur der langsame Satz, der harmonisch freilich weit ausgreift und erst in der Coda das Thema erneut in der Tonika zitiert. Seine rhythmische Entwicklung gewinnt er aus pathetisch gesteigerter Ausspinnung und sodann aus einem Seitenthema »mit tiefstem Gefühl«, dessen Vorhaltbildungen der schweifenden Harmonik entgegenkommen. Am Ort der Reprise jedoch erscheint das Thema bei tremolierender Begleitung in der Mollvariante bei gleichzeitiger ornamentaler Verbrämung. Über steigerndem Vorhang führt das Finale zum eigentlichen Hauptsatz, dessen Fortspinnung mit kurzen Vorschlägen leicht kapriziöse Züge erhält; nicht ohne Geschick wird der Seitensatz mit der punktierten Gestik der Einleitung verkettet, und so frei die

Kombination der Formelemente ist, so deutlich neigt der Satz zu fast theatralischer Gestik.

Zwiespältig bleibt gleichwohl das Urteil über diese Musik, doch ist es charakteristisch, daß sich selbst ein anfangs Liszt nahestehender Komponist später der Macht der Gattungstraditionen nicht entziehen konnte, wie das zumal die drei Quartette op. 136–138 zeigen. Strenger ist nun nicht allein die formale Regulierung, sondern mit einer zunehmend ›quadratischen‹ Periodik setzt sich auch eine deutliche Reduktion des harmonischen Radius durch, ohne daß deshalb die Bemühung um thematische Konzentration oder obligate Stimmführung zu leiden hätte, während zugleich verstärkt kontrapunktische Mittel zur Geltung kommen. Im ersten Satz aus op. 136 etwa erweitert sich eine auftaktige Triole zu ganzen Ketten, die wechselnd verkürzt und verlängert werden und nicht einmal zum Seitenthema aussetzen; über kantable Themen mit stabiler Begleitung verfügt das Pendant in op. 137, der streng periodische Hauptsatz in op. 138 kehrt gar zum vormaligen Usus gleichmäßig wiegender Begleitung zurück, und harmonische Exkurse sind vorab der Durchführung vorbehalten. Die raschen Binnensätze variieren erneut das dreiteilige Schema mit mittlerem Maggiore in op. 136, in Richtung zum Sonatensatz in op. 137 oder nach Rondoart in op. 138, wo das dreifach gestaffelte Couplet zuletzt im »Ritmo à 3 battute« á la Beethoven ausläuft. Von der Norm der langsamen Sätze unterscheidet sich nur das Andante con moto C-Dur in op. 136, das ein sehr schlichtes Thema mit elf Variationen vorsieht, den zwölftaktigen Grundriß aber nur im Fugato und Minore der letzten Abschnitte erweitert.

Fast erscheint es als folgerichtig, wenn am Schluß drei historisierende Suiten op. 192 stehen, die auf weit ältere Tanztypen und in Nr. 3 zudem auf kanonische Techniken zurückkommen. Dabei verfallen sie nicht einfach historischem Idiom, denn purer Nachahmung entgehen die Tänze in Nr. 1 durch chromatische Farben, wogegen sie sich in Nr. 3 nicht nur mit zweistimmigen Oktavkanons begnügen, sondern im Capriccio als drittem Satz vierstimmige Oktav- oder gar Quintkanons versuchen, bis sich am Satzende ein vierstimmiger Kanon im Abstand von Terz, Quarte und Septime ergibt.

J. Raff, Nr. 8 op. 192/3 »In Canonform«, dritter Satz, Capriccio, T. 113–118 (C. F. Kahnt).

Der Preis der Anstrengung ist allerdings bei schlichter Melodik eine streng diatonische Harmonik, die am klarsten den Abstand vom ersten Quartett indiziert. Desto entspannter wirkt dazwischen die sechssätzige Genresuite *Die schöne Müllerin*, so philiströs auch Satztitel wie eingangs »Der Jüngling« oder am Ende gar »Zum Polterabend« klingen. Was allein von fern an Schubert erinnern könnte, ist höchstens die helle Diatonik, die sich wie ein Gruß aus entlegener Zeit ausnimmt. Daß aber ein Musiker, dessen erstes Quartett so ambitioniert die Eindrücke von Liszts Kunst entfaltet, schließlich in einer dezidiert historischen Orientierung endete, gibt nicht nur eine Vorstellung von den Brechungen in Raffs Œuvre, sondern läßt die Vielfalt einer kaum erschlossenen Phase der Gattungsgeschichte ermessen.

Im Bann von Brahms: Herzogenberg und Fuchs

Zu den frühen Freunden von Brahms zählten Julius Otto Grimm und Albert Dietrich, die jedoch keine Quartette hinterließen, und ein Quartettsatz von Joseph Joachim (Allegro c-Moll) läßt im Wechsel akkordischer Massierung mit solistischen Kadenzfiguren kaum erkennen, daß sich der allseits geschätzte Quartettspieler auf das Metier in dieser Gattung verstand.[1] Felix Otto Dessoff (1835–1892) widmete dagegen dem ihm befreundeten Brahms das F-Dur-Quartett op. 7, das er 1878 trotz seines »grenzenlosen Mangels an Selbstvertrauen« geschrieben hatte. Erschien es ihm selbst als »wohl gar zu harmlos, um nicht zu sagen einfältig«, so fand Brahms es »wirklich anspruchslos« und dankte später für das gedruckte Widmungsexemplar des Quartetts, »das mich grade so freundlich anlächelt, wie das erste Mal«.[2] In der Tat hat das durchaus traditionelle Werk weder historisch noch qualitativ größeres Gewicht, denn es geht – am deutlichsten in den Seitenthemen der Ecksätze – noch vom vormaligen Liedsatz mit seiner Schichtung der Stimmen aus, und am weithin akkordischen Satzverband partizipieren die Stimmen recht ungleichmäßig. Brahms abgesehen sind am ehesten die synkopischen und mitunter hemiolischen Verschiebungen in überleitenden Phasen, doch wird motivische Arbeit durch harmonische Rückungen vertreten, während ein Larghetto mit Pizzicato-Thema und ein kleiner Tanzsatz dahinter zurückstehen müssen. Immerhin zeichnet sich dieser Beitrag so wie das vom Autor zurückgehaltene E-Dur-Quartett op. 11 durch rhythmischen Elan im klangvollen Quartettsatz aus.

Wenige Musiker kamen Brahms so nahe wie Heinrich von Herzogenberg (1843–1900), der in Wien seit 1862 bei Dessoff studierte, hier auch Brahms kennenlernte und nach Grazer Jahren seit 1872 in Leipzig lebte, bis er 1885 zum Nachfolger Kiels in Berlin berufen wurde. Zwischen 1876 und 1890 publizierte er fünf Streichquartette (op. 18 d-Moll, Leipzig 1876, Fritzsche; op. 42 Nr. 1–3 g – d – G, Leipzig 1884,

---

1 Zum Urteil von Brahms über Joachims Satz vgl. Joh. Joachim und A. Moser (Hg.), *Briefe von und an Joseph Joachim*, Bd. 2, Berlin 1912, S. 42 (an Clara Schumann, Dezember 1858).

2 *Johannes Brahms im Briefwechsel mit Otto Dessoff*, hg. v. C. Krebs, Berlin 1927, S. 167 (16. 3. 1878), S. 175 (5. 6. 1878), S. 176 (Juni 1878) und S. 207 (28. 10. 1878). Das Werk erschien 1878 bei Kistner & Siegel in Leipzig und später auch in vierhändiger Bearbeitung von Salomon Jadassohn. Ein zweites Quartett op. 11 in E-Dur, das handschriftlich erhalten blieb, wurde 2001 mit einer Einführung von J. Draheim durch das Abert-Quartett Stuttgart aufgenommen.

Rieter-Biedermann, mit Widmung an Brahms; op. 63 f-Moll, ebenda 1889). Eine Ausnahme bildet das G-Dur-Quartett aus op. 42, aus dem Robert Pascall einige Auszüge mitteilte, denn gerade dieses Werk maskiert sich – nicht ganz unähnlich dem B-Dur-Quartett von Brahms – mit Rekurs auf die Klassik, auch wenn die schrittweise Aktualisierung nicht gleich planvoll betrieben wird.¹ Zu sparsamster Begleitung präsentiert der knappe Kopfsatz in der Oberstimme den ersten Viertakter des kantablen Hauptthemas, das vom Violoncello fortgesponnen wird. Aus einer wellenförmig sequenzierenden Achteltriole im jeweils vierten Takt entsteht die etwas langatmige Überleitung, bis der Seitensatz mit rascherer Pendelbewegung ein Gegengewicht einbringt, doch beschränkt sich die Durchführung auf die überleitende Motivik mit eingefügten Themenzitaten, wogegen die Reprise geschickt variiert wird. Sein Variationsprinzip führt das Andantino F-Dur bereits in den ausgeschriebenen Wiederholungen des zweiteiligen Themas vor, und die sechs Variationen erweitern dieses Verfahren, ohne den streng periodischen Gerüstsatz zu verdecken. Das historische Modell tritt am klarsten im Menuett mit seinem Minore zutage, selbst wenn die Modulationsphasen den Zeitabstand verraten. Und bildet das Finale nach alter Art ein Rondo mit nur drei Refrains, so geraten die motivisch gearbeiteten Überleitungen doch ausführlicher als im vormaligen Quatuor concertant.

Gewichtiger ist das d-Moll-Quartett op. 42 Nr. 2, das sich bereits im Hauptthema des ersten Satzes um die variative Entwicklung eines kargen Motivkerns bemüht. Am Verhältnis zwischen thematischer Erfindung und aufwendiger Arbeit wird hier eines der Probleme sichtbar, das Herzogenberg gegenüber Brahms benannte.² Denn so sorgsam – und manchmal umständlich – die überleitenden und durchführenden Phasen geformt sind, so sehr belasten sie die motivische Substanz. Vor solchen Gefahren ist das kleingliedrige Andante B-Dur genausowenig gefeit wie das knappere Scherzo, und das D-Dur-Finale wird vom Übergewicht der raschen Figurationsphasen zwischen den Themenblöcken bedroht. Am gelungensten ist in op. 42 jedoch das g-Moll-Werk, das kaum umsonst an der Spitze der Reihe steht. Denn schon der Kopfsatz verdeckt nicht ohne Raffinement den Eintritt des Hauptthemas, dem eine energische Eröffnung mit kantabler Kontrastgruppe vorangestellt ist. Motivische Abspaltung, Umkehrung und Diminution bestimmen von vornherein die Überleitung, der Seitensatz führt in seiner Fortspinnung zur synkopischen Überlappung hemiolischer Glieder, und von ihm aus setzt die Durchführung den Prozeß über die motivische Annäherung an den Hauptsatz bis zu seiner Reprise fort. Glücklicher als in Nr. 3 verschleiert das Andantino Es-Dur die Teilgrenzen im Thema und vermehrt in den sechs Variationen, motivische Umkehrung zeigt ebenfalls das Allegro molto an dritter Stelle, und den hellen Ausklang in G-Dur verbindet das Finale mit höherer motivischer Kohärenz als in Nr. 2.

1 R. Pascall, *Brahms und die Kleinmeister*, in: *Brahms und seine Zeit. Symposion Hamburg 1983*, Laaber 1984 (Hamburger Jahrbuch der Musikwissenschaft 7), S. 199–209: 204f., sowie W. Altmann, *Handbuch für Streichquartettspieler*, Bd. II, S. 64f. Vgl. weiter B. Wiechert, *Heinrich von Herzogenberg (1843–1900). Studien zu Leben und Werk*, Göttingen 1997 (Abhandlungen zur Musikgeschichte 1), Werkverzeichnis S. 276, 282 und 286, und näher S. 177f. und S. 185 (zu op. 42 Nr. 3) sowie S. 185f. (zu op. 63).

2 *Johannes Brahms im Briefwechsel mit Heinrich und Elisabeth von Herzogenberg*, hg. v. M. Kalbeck, Bd. 1–2, Berlin 41921, hier Bd. 2, S. 105 (im Blick auf Schubert): »denn ich sehe nun, daß das Handwerk gar nicht so schwer ist, wenn einem bloß – 'was einfällt! [...] Und da stopfe ich mich und meine Jungens voll mit Kontrapunkt [...]!« (v. Herzogenberg an Brahms, 1885).

H. Herzogenberg, op. 42 Nr. 1, erster Satz, T. 1–17 (J. Rieter-Biedermann).

1 Ebenda, Bd. 2, S. 276 (26. 3. 1897).

Noch wenige Tage vor dem Tod von Brahms gestand Herzogenbergs letzter Brief, er frage sich seit 34 Jahren bei jeder Komposition: »was wird er dazu sagen?«.[1] Wie sehr sich Herzogenberg nach Brahms richtete, zeigt bereits das frühe d-Moll-Quartett op. 18. Sichtlich will das Hauptthema des ersten Satzes in steter Akzentuierung der zweiten Zählzeit und steter Synkopierung Brahms nacheifern, der Seitensatz wird durch Abspaltung seines Kadenzgelenks begleitet, und die komprimierte Durchführung spart nicht mit synkopischen Überlagerungen. An das Hauptthema des Kopfsatzes knüpft das Andante F-Dur an, von der punktierten Rhythmik des dritten Satzes (Presto A-Dur) werden auch seine Kontrastphasen getragen, und als Fugato exponiert das Rondofinale seinen Refrain, auf dessen Kopfmotiv sich die intensive Verarbeitung konzentriert. Wie genau Herzogenberg die Verfahren von Brahms studierte, beweist schließlich das nur dreisätzige f-Moll-Quartett op. 63, wenn die langsame Einleitung des Kopfsatzes drei motivische Zellen ausarbeitet, deren Varianten auch im Allegro moderato die Formulierung beider Themengruppen beherrschen und damit trotz höchst expressiver Kontraste die hochgradige Geschlossenheit des Satzes verbürgen. Ähnlich vertritt dieses variative Prinzip im Andante As-Dur die zuvor bevorzugte Variationenform, ohne noch freie Figuration wie einst zuzulassen, und das Finale kombiniert die variative Ausarbeitung motivischer Kerne mit Zeitmaß und Kontrastepisoden eines Tanzsatzes. Wenn ein Werk zu beweisen vermöchte, daß Herzogenberg mehr war als ein blasser Epigone des verehrten großen Freundes, so dürfte es dieses letzte Quartett sein, das jedenfalls eindrucksvoll die satztechnische Meisterschaft des Autors bekundet.

Um ein Einzelwerk handelt es sich hingegen bei dem weit früheren B-Dur-Quartett von Hermann Goetz (1840–1876), der seine Ausbildung am Sternschen Konservatorium in Berlin erhielt und dann in Winterthur und Zürich wirkte. Sein schmales Œuvre umfaßt zwar mancherlei Kammermusik, das eine Quartett aber, das wohl 1865 entstand, wurde zurückgehalten, obwohl es dem Autor so wichtig war, daß er nach einem Bericht von Josef Viktor Widmann selbst Brahms die Einsicht verwehrte.[1] Neuerdings liegt es in einer Stimmenausgabe mit dem Faksimile der autographen Partitur vor (was man sich auch für andere Editionen wünschen möchte). Von einer auftaktig übergebundenen Geste, zu der dann erst die Gegenstimmen eintreten, geht das Hauptthema im Kopfsatz aus, und die Varianten dieses Modells prägen in der knappen Exposition den Seitensatz wie die steigernden Überleitungen, während die Durchführung mit diesem Material auch die kapriziösen Figurationsketten der Schlußgruppe kombiniert. Ähnlich flexibel entwickelt sich der langsame Satz aus der wechselnden Postierung einer auftaktigen Gruppe, deren diminuierte Variante den Mittelteil und noch den reprisenhaften Rückgriff färben. Und gegenüber dem Tanzsatz, der nochmals auf den Ton eines Menuetts rekurriert, hält das Finale die Mitte zwischen Kettenrondo und Variationskette. Bezeichnend bleibt auch ein solches Werk, dem weitere Resonanz versagt blieb, denn gegenüber den abgetönten Charakterbildern der Binnensätze sind eher konventionelle Züge in den Steigerungen der Ecksätze nicht ganz zu leugnen.

Zum Freundeskreis um Brahms rechnete weiterhin Robert Fuchs (1847–1927), der als Theorielehrer am Wiener Konservatorium in seinem großen Schülerkreis neben Hugo Wolf auch Mahler, Zemlinsky, Schreker und zeitweise Sibelius unterrichtete und damit zum Mittler zwischen der Wiener Tradition und der kommenden Moderne wurde.[2] Von Hofbauer in Leipzig und Schlesinger-Lienau in Berlin wurden die zwei ersten Quartette verlegt (op. 58 E-Dur, 1897, und op. 62 a-Moll, 1899), die beiden anderen (op. 71 C-Dur, 1903, und op. 106 A-Dur, postum 1934) erschienen bei A. Robitschek in Wien, wo 1910 eine Partitur von op. 58 folgte (Universal-Edition).

1 J. V. Widmann, *Erinnerungen an Johannes Brahms*, Einleitung von S. Geiser, Zürich und Stuttgart 1980, S. 30. Das Werk, dem um 1861 ein F-Dur-Quartett voranging, edierte B. Billeter, Winterthur 1990.

2 R. Pascall, *Robert Fuchs: Eine kritische Würdigung*, in: S. Antonicek / O. Biba (Hg.), *Brahms-Kongreß Wien 1983. Kongreßbericht*, Tutzing 1988, S. 449–453; A. Grote, *Robert Fuchs. Studien zu Person und Werk des Wiener Komponisten und Theorielehrers*, München und Salzburg 1994 (Berliner musikwissenschaftliche Arbeiten 39), Werkverzeichnis S. 209–213.

R. Fuchs, Nr. 1 op. 58, erster Satz, Allegro passionato, T. 17–26 (Universal-Edition).

Ein erstaunlicher Wurf ist im ersten Quartett das eröffnende Allegro E-Dur, das den Brahmsschen Tonfall so wie kaum ein anderer zeitgenössischer Satz findet. Indem von der Quinte her die obere Sexte und Septime erniedrigt werden (h'–d"–c"–h'), erreicht der Hauptsatz über a-Moll sogleich C- und F-Dur, zudem nutzt er den 6/4-Takt zu hemiolischer Wirkung, und sie tritt offen im Seitensatz hervor, der von G-Dur aus mediantisch zur Dominante H-Dur zielt. Sofern die Quinte der Dominante zur Mollterz der neuen Tonika umgedeutet wird (H-Dur – es-Moll), erweitert die Durchführung das Spektrum nach Ces- und Ges-Dur, so sehr aber mit der Harmonik zugleich die Rhythmik fluktuiert, so dicht thematisch ist der Satz gefügt. Bei aller Nähe zu Brahms fehlen indessen die charakteristischen Binnenkontraste, die zugleich durch motivische Varianten vermittelt werden. Ein anmutiges Allegro A-Dur huldigt danach wie die weiteren Tanzsätze der zweiteiligen Norm mit entsprechendem Trio, das in d-Moll den 3/4-Takt hemiolisch umbildet. Das Andante grazioso G-Dur vertritt wie die übrigen langsamen Sätze die gängige A-B-A'-Form, thematisch weniger dicht ist wie so oft der erregtere Mittelteil, nach dem die Reprise diesmal von G-Dur her zur Tonika zurücklenkt. Und das Finale bildet hier wie stets im 2/4-Takt ein geschäftiges Rondo, das die Wiederkehr des Refrains variiert oder verdeckt und in diesem Fall ein zweiteiliges Maggiore als Mittelteil enthält, bevor der dritte Refrain in D-Dur ansetzt.

Wie die Folgesätze in op. 58 erreicht keines der weiteren Quartette das ungewöhnliche Niveau des ersten Kopfsatzes, wiewohl die Werke durchweg untadelig gearbeitet sind. Doch nicht noch einmal hat die Thematik eine Qualität, die ihrer Harmonik und Rhythmik thematische Funktion gibt und sie damit formal konstitutiv werden läßt. Offenbar ruhte Fuchs so sicher in der Tradition, daß er sie von innen heraus zu differenzieren suchte, ohne auf formale Modifikationen angewiesen zu sein. Im ersten Satz des a-Moll-Quartetts op. 62 gewinnt das Hauptthema seinen Elan aus Quartsprung und punktierter Rhythmik, die sich phasenweise ausbreitet, und das Gegenstück in op. 71 leidet schon im Hauptsatz unter mehrfacher Sequenzierung des nicht sehr belangvollen Themenkopfes. Die Binnensätze indes halten so wie die Finali an den bewährten Typen fest, und bei aller harmonischen Nuancierung lassen die gleichzeitigen Werke Mahlers oder Zemlinskys den Abstand ermessen, der Fuchs zunehmend von seinen Schülern trennte. So variiert mit gelassener Meisterschaft noch das postume letzte Quartett die Gattungstradition in einem Abgesang, der sich vielleicht auch als Ausdruck kritischer Reserve gegenüber den Fortschritten der Zeit verstehen läßt.

Bei Brahms lernte seit 1880 Richard von Perger (1854–1911), der nach Jahren in Rotterdam seit 1895 für die Gesellschaft der Musikfreunde in Wien wirkte. Obwohl »ganz von Brahms abhängig«, kommen seine drei Streichquartette Brahms bei aller Sorgfalt der Arbeit offenbar nicht so nahe wie die Werke von Herzogenbergs.[1] Das g-Moll-Quartett op. 8 (Wien 1886, Rebay und Robitschek) ist zwar Brahms gewidmet, ohne jedoch seine satztechnischen Verfahren aufzugreifen. Bemerkenswerter als die Binnensätze – ein Scherzo G-Dur mit Trio C-Dur und ein Andante d-Moll mit vier figuralen Variationen – sind die Ecksätze wegen ihrer sehr unterschiedlichen Disposition. Der erste Satz, ein Allegro moderato im 12/8-Takt, zeichnet sich durch dichten Klang aus und fügt zwischen Haupt- und Seitensatz ein Fugato ein, dessen skalares Thema auf die Konturen des Hauptsatzes zurückweist und damit in die Durchführung eingeht, um dafür in der Reprise auszufallen, die vom Seitensatz an in der Tonikavariante bleibt. Dagegen weist das Finale nach energischem Hauptsatz und rhythmisch beruhigtem Seitensatz noch eine akkordisch gedehnte Schlußgruppe auf, die aber in der Durchführung keine thematische Funktion übernimmt. Weit transparenter sind die beiden Quartette B-Dur op. 11 und A-Dur op. 15 angelegt (Leipzig 1887 und 1889, Rieter-Biedermann), doch gerade das dritte Werk, das Joseph Joachim zugeeignet wurde, zeigt mit Akzentverschiebungen im 3/4-Takt einige Spuren des Lehrers. Denn die zunehmende Triolierung der Viertelwerte führt zu Phasen im 9/8-Takt, und daß sich beide Schichten im Seitensatz überlagern, wird zumal in der Durchführung wirksam. Ein wenig konventioneller gerät das Presto F-Dur mit Trio in A-Dur, und sucht das Adagio a-Moll rhythmische und motivische Differenzierung zu verbinden, so bleibt das Finale satztechnisch desto einfacher.

Einer näheren Prüfung harren wie die Beiträge von Pergers ebenso noch die beiden Quartette von Bernhard Scholz (1835–1916, op. 46 G-Dur und op. 48 a-Moll, Leipzig 1876 und 1879), die in der Gattungsgeschichte so gut wie keine Spuren hinterlassen haben. Denn die von Altmann gerühmte »satztechnische Arbeit« kommt ohne nähere Einsicht in die variativen Verfahren und rhythmischen Raffinessen von Brahms aus, mit dem Scholz seit 1859 bekannt war und zwischen 1874 und 1882 korrespondierte.[2] Historisch noch weniger belangvoll wurde der weit jüngere Gustav Jenner (1865–1920), der immerhin der letzte (und im Grunde einzige) Schüler von Brahms war und 1905 aufschlußreiche Erinnerungen an seinen Lehrer publizierte. Nachdem er seine Lebensstellung als Universitätsmusikdirektor in Marburg gefunden hatte, schrieb er erst nach der Jahrhundertwende drei Quartette (Nr. 1 g-Moll

1 H. Jancik, Art. *Perger*, in: *MGG*, Bd. 10, Kassel u. a. 1962, Sp. 1048; vgl. auch W. Altmann, *Handbuch für Streichquartettspieler*, Bd. II, S. 100f.

2 W. Altmann, ebenda, S. 28f.; *Johannes Brahms im Briefwechsel mit Karl Reinthaler*, [...] *Bernhard und Luise Scholz*, hg. v. W. Altmann, Berlin ²1912 (Briefe, Bd. III), S. 191–234: 215, wonach op. 46 »die Anerkennung« von Brahms fand und vom Florentiner Quartett preisgekrönt wurde (Luise Scholz an Brahms, 26. 11. 1877).

1907, Nr. 2 G-Dur 1910 mit dem Zusatz »Leichtes Streichquartett« und Nr. 3 F-Dur 1911), doch blieben sie ungedruckt, bis unlängst wenigstens das dritte dieser Werke erschien.[1] Das Adagio D-Dur wurde von Jenner erst später aus dem g-Moll-Quartett Nr. 1 übernommen und erweist sich als traditioneller Variationensatz, der die herkömmliche Themenfigurierung zu wogenden Klangflächen nutzt. An ein Scherzo erinnert das Allegro appassionato d-Moll nur formal mit einem Maggiore, das mehrfach noch vor dem Satzschluß wiederkehrt. Wiewohl die Ecksätze bei recht einfacher Satztechnik ebenso locker gebaut sind, tragen immerhin die Überleitungen mit hemiolischer Rhythmik oder metrischer Verschränkung Spuren des Wiener Unterrichts. Bei konservativer Harmonik ohne intensive Verarbeitung muß sich das Werk schon zur Zeit seiner Entstehung seltsam verspätet ausgenommen haben.

Als Schüler Herzogenbergs legte dagegen Heinrich XXIV. Prinz von Reuss (1855–1910) fünf Quartette vor (op. 1 d-Moll, Wien 1874, Gutmann; op. 11 F-Dur, Leipzig 1893, Eulenburg; op. 16 As-Dur, Brüssel 1903, Schott; op. 23 Nr. 1–2 g-Moll und Es-Dur, Wien 1904, C. Schmidt & Co.). Die Werke beweisen solides handwerkliches Können, obwohl sie strukturell weit einfacher als die des Lehrers bleiben, der offenbar kaum Brahmssche Anregungen weitergab. Dem klassizistisch getönten Kopfsatz entspricht in op. 11 ein Scherzo f-Moll mit Maggiore als Trio, und wird das Larghetto C-Dur noch von ornamentaler Figuration überzogen, so wechselt im Rondofinale das mittlere Couplet vom 6/8-Takt zu duolischen Achteln, während erst die Coda beide Metren kurz kombiniert. Satztechnisch und harmonisch geht der erste Satz im dreisätzigen As-Dur-Werk etwas weiter, das Adagio E-Dur indes, das mit einem integrierten Presto zugleich den Tanzsatz umgreift, bleibt wieder nicht frei von figurativer Ornamentierung, und das abschließende Sonatenrondo, dessen Mitte eine H-Dur-Episode einnimmt, verarbeitet die rhythmische Formel des Refrains wohl gar zu ausgiebig. Trotz der Professionalisierung des Musiklebens waren weitere Aristokraten an der Produktion beteiligt, wie neben den von Altmann erwähnten Quartetten des hessischen Landgrafen Alexander Friedrich (op. 1 C-Dur, op. 6 c-Moll)[2] die drei Werke zeigen, die Bolko (Hans Heinrich XIV.) Graf von Hochberg (1843–1926) anfangs unter dem Pseudonym J. H. Franz vorlegte (op. 22 Es-Dur, Offenbach 1874, André; op. 27 Nr. 1–2 D-Dur und a-Moll, Berlin 1894, Bote & Bock). Die gediegenen und für ihre Zeit ziemlich retrospektiven Werke bekunden die solide Ausbildung durch Friedrich Kiel, und wie der Kopfsatz aus op. 22 noch Phasen mit freiem Figurenwerk kennt, so blicken die Mittelsätze und das schlichte Variationenfinale auf ältere Muster zurück. Daß aber die Quartette op. 22 ebenso wie die Beiträge des Prinzen Reuss in die Serie der Payne-Partituren (später Eulenburg) aufgenommen wurden, ist ein Beweis ihrer wenigstens zeitweisen Anerkennung.

---

[1] Hg. v. H. Heussner, Mainz u. a. 1997; zu den weiteren Angaben vgl. das Vorwort S. 2f., ferner G. Jenner, *Johannes Brahms als Mensch, Lehrer und Künstler*, Marburg 1905, ²1930.

[2] W. Altmann, *Handbuch für Streichquartettspieler*, Bd. II, S. 139f.; zu Prinz Reuss und Graf Hochberg ebenda, S. 105f. und S. 66.

Von anderem Kaliber ist dagegen das einzige Streichquartett von Karl Goldmark (1830–1915), der schon 1844 – aus Ungarn kommend – nach Wien ging und sich zunächst als Geiger durchschlug. Geradezu »schlagartig bekannt« machte ihn hier sein B-Dur-Quartett op. 8, das seinen Erinnerungen zufolge Joseph Hellmesberger zunächst ablehnte, »gegen Honorar« dann aber »mit so gutem Erfolg« aufführte, daß damit »mein Weg eröffnet war«.[1] Diesen Bericht macht das dennoch dem berühmten Geiger gewidmete Werk durchaus glaubhaft, denn entgegen Altmann geht ihm »Eigenart der Erfindung« nicht ab, wie auch Einleitung und Kopfsatz keineswegs unverbunden sind.[2]

1 K. Goldmark, *Erinnerungen aus meinem Leben*, Wien u. a. 1922, S. 71 und S. 73.
2 W. Altmann, *Handbuch für Streichquartettspieler*, Bd. II, S. 10.

C. Goldmark, op. 8, erster Satz, Andante – Allegro moderato, T. 12–23 (C. A. Spina).

Im Kopfsatz ist vielmehr das eröffnende Andante mit Haupt- wie Seitenthema im Allegro motivisch verkettet, indem ein auftaktiger Quintsprung, dessen Sequenzierung in b-Moll chromatisch gefärbt wird, sich zum Quartsprung wandelt, der als Terzsprung den Hauptsatz eröffnet und zu fließender Fortspinnung mit punktierter Rhythmik erweitert wird. Schon die Überleitung gewinnt daraus ein bemerkenswertes Fugato, und der Seitensatz greift den Quartsprung in Umkehrung auf, bis er auch in die akkordische Schlußgruppe einzieht. Ein intensives Fugato bildet ebenso die Mitte der Durchführung, und an ihrem Ende verbleiben nur die punktierten Ketten der Überleitung, in deren akkordische Stauung der Hauptsatz selbst erneut eingeblendet wird. Weniger überzeugt dagegen die Coda, in der weiträumige Akkordbrechungen nur sparsam thematisch gestützt sind. Das Andante sostenuto As-Dur bestimmt sich durch die Fortspinnung seiner kleingliedrigen Thematik, der modulierende Mittelteil jedoch verbindet mit motivischen Relikten primär akkordische Figuration, die analog auch in der Coda begegnet. Bezwingend gelingt indes das Scherzo C-Dur, und bezeichnenderweise wußte gerade ein Opernkomponist wie Goldmark – denkbar entfernt von Leipziger Traditionen – nochmals nicht nur den Ton, sondern auch die Verfahren Mendelssohns aufzugreifen. Die huschende Achtelbewegung des Hauptsatzes läuft nämlich untergründig auch zum kantablen Seitensatz fort, seine augmentierte Variante vertritt – nun in es-Moll – ein Trio, in der Durchführung durchdringen sich beide Ebenen bis zu ihrer Liquidation, und die wirbelnde Coda krönt mit chromatischer Sequenzierung das Vexierspiel. Das effektvolle Finale verbindet im energischen Hauptsatz die Akkordprogressionen der Oberstimmen mit einer Sechzehntelfigur der Unterstimmen, aus beiden Momenten speisen sich die Impulse des Satzes, doch auch die zentrale Fuge begnügt sich ausnahmsweise nicht mit einmaligem Themendurchlauf, sondern steigert sich zu zweifacher Engführung. Allerdings leidet der Satz wieder an einer brillanten Coda mit freier Oberstimme, gleichwohl zeigt das Werk, daß selbst ein zunächst mißtrauisch als ›Wagnerianer‹ betrachteter Opernkomponist – der immerhin eine prägende Begegnung mit Wagner hatte – nicht nur eine Reihe von Kammermusikwerken schrieb, sondern ausgerechnet seinem einzigen Streichquartett den Durchbruch verdankte.

Mit solchen Werken ist bereits jener Wiener Umkreis verlassen, in den auch ein Quartett von Mahlers Jugendfreund Hans Rott (1858–1884) gehört, das der früh verstorbene Musiker nicht mehr veröffentlichen konnte.[1] Ein später Widerschein der Wiener Tradition behauptete sich aber noch nach dem Ersten Weltkrieg (und neben dem Schönbergkreis) bei Komponisten wie Wilhelm Kienzl, Emil Nikolaus von Reznicek oder Franz Schmidt. Doch bestanden nicht nur in Berlin, sondern dazu in Süd- und Westdeutschland weitere Zentren der Quartettpflege, um die sich mitunter Gruppen mehrerer Autoren sammelten.

Ferne Weggefährten: Draeseke und Gernsheim

Felix Draeseke (1835–1913) zog es als Sechzehnjährigen nach Leipzig, das Zeugnis von Rietz und Richter läßt jedoch erkennen, wie anstößig sich 1855 seine »eigentümliche Kunstanschauung« ausnahm.[2] Enge Verbindungen mit Liszt ermöglichten ihm einen Aufenthalt bei Wagner, in selbstgewählter ›Verbannung‹ wurde Draeseke 1876 Theorielehrer in Dresden, wo er aber erst 1884 eine Stelle am Konservatorium erhielt. Aufsehen erregte 1906 seine Schrift *Die Konfusion in der Musik*, die primär gegen Strauss und auch Reger gerichtet war, zugleich aber die Distanzierung von Wagner und Liszt besiegelte.[3] Demgemäß schrieb er in den Dresdner Jahren drei Streichquartette von beachtlicher Qualität (op. 27 c-Moll, 1880; op. 35 e-Moll, 1886; op. 66 cis-Moll, 1895), die zudem eine zunehmende satztechnische Differenzierung erkennen lassen. Denn im c-Moll-Quartett sind die Stimmen kaum schon gleichrangig, so vielversprechend der Kopfsatz auch beginnt. Zwar wird die punktierte Rhythmik des Hauptthemas zunächst durch auftaktige Sechzehntel der Oberstimme überdeckt, die zudem die Tonikaparallele umschreiben und erst verspätet die Tonika selbst erkennen lassen, wenn aber Seitensatz und Schlußgruppe analoge Punktierung aufnehmen, so schrumpft die Begleitung hier zu homophoner Füllung oder zu bloßen Tonrepetitionen. Gerade die kurzatmige Schlußgruppe wird ebenso in

---

[1] L. Nowak, *Die Kompositionen und Skizzen von Hans Rott in der Musiksammlung der Österreichischen Nationalbibliothek*, in: *Beiträge zur Musikdokumentation. Franz Grasberger zum 60. Geburtstag*, hg. v. G. Brosche, Tutzing 1975, S. 273–340; H. Kreysing, *Werkverzeichnis*, in: *Hans Rott. Der Begründer der neuen Symphonie*, München 1999 (Musik-Konzepte 103/104), S. 157–171: 164f.; U. Harten (Hg.), *Hans Rott (1858–1884). Biographie, Briefe, Aufzeichnungen und Dokumente*, Wien 2000 (Veröffentlichungen der Kommission für Musikforschung 27), S. 30f.

[2] M. Gutiérrez-Denhoff, *Felix Draeseke. Chronik seines Lebens*, Bonn 1989 (Veröffentlichungen der Internationalen Draeseke-Gesellschaft 3), S. 26.

[3] S. Shigihara (Hg.), *›Die Konfusion in der Musik‹. Felix Draesekes Kampfschrift von 1906 und ihre Folgen*, Bonn 1990 (Veröffentlichungen der Internationalen Draeseke-Gesellschaft 4). Die Internationale Draeseke-Gesellschaft und Herr KMD Udo R. Follert machten dankenswerterweise Partituren der Quartette zugänglich.

der Durchführung verwendet, wogegen die Coda im Seitensatz mündet, der rhythmisch zugleich für den Hauptsatz einzutreten hat. Erstmals wird damit eine Strategie erprobt, die später im zyklischen Rahmen zur Geltung kommt. Das Largo in As-Dur gehorcht hingegen im 12/8-Takt der gängigen Dreiteiligkeit, wobei die kaum sehr originale Melodik im Mittelteil ausgesponnen und figurativ gefärbt wird. Formal entspricht auch das Menuett der Konvention, indem aber eine punktierte Wendung auf erster Zählzeit quasi auftaktig erscheint, prägt die latente Akzentverschiebung den gesamten Verlauf, und sie wirkt noch in einem ›Intermezzo‹ nach, das den Trioteil vertritt. Das Finale bildet ein Sonatenrondo, in dessen Refrain heftig aufschnellende Figuren im Unisono auf massive Akkordketten stoßen, als Couplet folgt indes ein choralhafter Satz in Halben; ein Fugato über dieses Thema besetzt die Satzmitte, und auch der Coda gelingt im Umschlag zur Durvariante keine weitere Konzentration. Desto komplexer und zugleich konziser erscheint daneben das fünfsätzige cis-Moll-Quartett, in dem die beiden Ecksätze mitsamt zwei Tanzsätzen ein knappes Adagio umrahmen.

F. Draeseke, Nr. 3 op. 66, erster Satz, Andante elegiaco, T. 7–19 (R. Forberg)

Dem eröffnenden Sonatensatz mit der Bezeichnung ›Andante elegiaco‹ steht als abschließendes Sonatenrondo ein ›Allegro risoluto‹ gegenüber, beide sind jedoch trotz unterschiedlichen Charakters motivisch und strukturell aufeinander bezogen. Wie ein verlängerter Auftakt senkt sich im Hauptthema des Kopfsatzes eine geschwungene Achtelkette mit Quintfall zum Kadenzvorhalt in Vierteln ab, doch sind Kopf- und Kadenzglied prägnant genug, um zu weiterer Ausspinnung und Abspaltung zu taugen. Fast als Augmentation bei freier Umkehrung läßt sich der Seitensatz in D-Dur auffassen, der ebenso Quintfall bei Halbschluß aufweist; die anfangs akkordische Begleitung der Themen erfährt aber während ihrer Fortspinnung eine motivische Verdichtung, an der alle Stimmen auch ohne streng thematische Arbeit partizipieren. Damit verbindet sich zudem eine rhythmische und zugleich harmonische Differenzierung, mit der dann auch die Durchführung die Themen zu verbinden weiß, wogegen sie sich in der Coda erneut ablösen. Im Finale wird der prägnant rhythmisierte Refrain im Unisono dreifach durch die tiefalterierte zweite Stufe als quasi phrygische Wendung charakterisiert, die harmonisch zugleich als None zu einem verminderten Septakkord fungiert. Das Couplet bildet in seiner Fortspinnung ähnliche Melodiebögen wie im Hauptthema des ersten Satzes aus, und dem zweiten Refrain folgt in der Satzmitte ein Fugato, dessen Thema das Kadenzglied des Refrains mit der Fortspinnung des Couplets derart zusammenfaßt, daß zugleich die Rückbeziehung zum Kopfsatz evident wird. So zielt der Satz nach der Reprise auf eine verlangsamte Episode, die in allen Stimmen halbtaktige Vorhalte aufweist, wie sie vordem die beiden Ecksätze durchzogen. Die Kehrseite dieser Vernetzung ist zudem eine dynamische Entfaltung, deren Stringenz man sich kaum entziehen kann. Nicht ganz so hohen Rang haben allerdings die Binnensätze, wobei sich ein Scherzo in cis-Moll und ein menuettartiges Intermezzo in D-Dur als Tanzsätze entsprechen, aber nach Tempo und Charakter zugleich unterscheiden. Obwohl das Adagio non tanto B-Dur im Zentrum des Werks kaum 70 Takte umfaßt, verkettet sich die rhythmisch variable Fortspinnung hier mit der harmonischen Nuancierung derart, daß auch die internen Teilgrenzen mehr als sonst überspielt werden.

Noch nicht ganz so souverän ist das e-Moll-Quartett op. 35, das im Neudruck zugänglich ist und zwischen den Nachbarwerken nicht nur zeitlich die Mitte hält. Die zyklische Verklammerung beschränkt sich auf ein Zitat des Hauptthemas aus dem Kopfsatz, das im Finale direkt vor der abschließenden Stretta eingeblendet wird. Freilich bleibt es bei einmaliger Zitierung, die kaum substantiell aus dem Material des Finalsatzes hervorgeht. Im Kopfsatz dagegen ergibt sich das Hauptthema – ähnlich wie in op. 66 – aus der Ausspinnung einer auftaktigen Geste, die zwischen den Außenstimmen wechselt, wobei die Mittelstimmen lange mit akkordischer Füllung auskommen müssen, deren Synkopierung immerhin eine dynamische Steigerung bewirkt. Diese rhythmische Flexibilität trägt auch über den Seitensatz hinweg, der sich auf eine chromatisch gefärbte Folge von Viertelnoten beschränkt. Immerhin verfließen die Themen derart, daß sich ihre Umrisse in der Durchführung annähern können, um einen dichteren Verlauf als in op. 27 zu gewährleisten. Das gilt kaum für das überlange Sonatenrondo als Finale, denn sein Refrain im 6/8-Takt wird von einem Couplet flankiert, dessen sequenzierende Ausfaltung rhythmische Varianten und nach der Reprise ein Themenzitat aus dem Kopfsatz zuläßt. Das energische Scherzo entschädigt für konventionelle Form durch einen gearbeiteten Mittelteil, der seine Verdichtung der wechselnden Taktposition einer motivischen Floskel verdankt, wogegen die Melodik im Trio nicht gerade feinsinnig anmutet. Auch das Adagio C-Dur deutet mit steten Vorhalten und flexibler Ausspinnung auf spätere Verfahren hin, die chromatischen Wendungen indes erweisen sich als oft doppelte Leittoneinstellungen zu diatonischen Grundstufen, womit der Satz ähnlich wie zuvor das Trio eine bedenkliche Grenze des Geschmacks berührt.

Es bleibt nicht ohne Ironie, daß sich ausgerechnet Draeseke zu wortmächtiger Polemik gegen die ›Konfusion‹ der Moderne herausgefordert fühlte, denn ihr hatte er selbst – vielleicht unwissentlich – mit dem Versuch Vorschub geleistet, noch einmal den Traditionen der Gattung weitere Wirkungen abzuringen. Doch setzte er sie einer einseitigen Belastung aus, wenn er mit einem Geschick, das die einstige Nähe zum Kreise Liszts verrät, über eine höchst changierende Harmonik verfügte, ohne aus dieser Chromatisierung auch strukturelle Folgerungen zu ziehen. Daß der Gang der Geschichte nicht folgenlos zu ignorieren ist, machen gerade so ambitionierte Werke wie die von Draeseke einsichtig. Ihre Kenntnis ist jedoch erforderlich, wenn man die Schritte der Moderne als Konsequenzen eines Weges begreifen will, der sich nicht bloßer Willkür, sondern einem unaufhaltsamen Verschleiß der Mittel verdankte. Daß der nicht so sehr zeitliche als vielmehr strukturelle Abstand zwischen Brahms und Reger weniger einen Umbruch als einen stetigen Prozeß umschloß, kann gerade in den vergessenen Werken dieser Zeit zum Vorschein kommen.

Der aus Worms stammende Friedrich Gernsheim (1839–1916) war zunächst in Frankfurt a. M. und seit 1852 bei Moscheles und Hauptmann in Leipzig ausgebildet worden, weilte dann aber nicht nur fünf Jahre in Paris, wo er Lalo und Saint-Saëns traf, sondern wurde 1865 von Hiller nach Köln gerufen, bevor er nach einer Tätigkeit in Rotterdam seit 1890 am Sternschen Konservatorium und seit 1897 an der Akademie in Berlin lehrte. Vielerorts wirkend, ist er doch keiner Gruppe allein zuzuordnen. Sein Schaffen reichte wie das Reineckes über die Jahrhundertwende hinaus und umschloß fünf Streichquartette (c-Moll op. 25, Berlin 1872, Simrock, Partitur 1894; a-Moll op. 31, Kassel und Leipzig 1875, Luckhardt; F-Dur op. 51, Leipzig 1886, Rieter-Biedermann; e-Moll op. 66, Berlin 1900, Bote & Bock; A-Dur op. 83, Berlin 1911, Simrock). Die Werke umgreifen einen Zeitraum voller Veränderungen, der vom Jahrzehnt der Brahmsschen Quartette bis zum Spätwerk Regers reicht. Nur die beiden letzten Quartette fielen jedoch in die Berliner Jahre Gernsheims, der sich schon deshalb nicht umstandslos den Berliner Akademikern zuschlagen läßt. Er hielt offensichtlich auf Unabhängigkeit, und es ist daher zu bedauern, daß die rasch verdrängten Werke bislang kaum erschlossen wurden, weshalb vorerst summarische Bemerkungen ausreichen müssen.[1]

Schon die beiden ersten Quartette, die keineswegs nur frühe Versuche darstellen, schlagen in den ebenso expressiven wie konzisen Ecksätzen einen sehr eigenen Ton an und finden zu ausgewogener Kan-

1 K. Holl, *Friedrich Gernsheim. Leben, Erscheinung und Werk*, Leipzig 1928; W. Altmann, *Friedrich Gernsheim*, in: Die Musik VIII (1909), S. 98–104; ders., *Handbuch für Streichquartettspieler*, Bd. 2, S. 37–40; A. Meier, *Die Kammermusik Friedrich Gernsheims*, in: *Symbolae historiae musicae. Hellmut Federhofer zum 60. Geburtstag*, hg. v. Fr. W. Riedel und H. Unverricht, Mainz 1971, S. 263–271; A. Ringer, ›*Die Parthei des vernünftigen Fortschritts‹. Max Bruch und Friedrich Gernsheim*, in: Die Musikforschung 25 (1972), S. 17–27.

tabilität und rhythmischem Elan in den Binnensätzen. So eröffnet das erste Werk den Kopfsatz mit einem knappen Initium, das den fallenden c-Moll-Klang durch Punktierung schärft, um ihn nach Achtelpause in triolischer Gegenbewegung zu erweitern. Varianten beider Motivzellen bestreiten eine sorgsam gearbeitete Überleitung, eine gedehnte Version der Punktierung bestimmt in synkopischer Überlagerung der Stimmpaare den Seitensatz, und die Durchführung vermag das Material beider Themengruppen gleichermaßen auszuwerten. Das Andante As-Dur wechselt bei ebenso flexibler Rhythmik zu einem B-Teil in E-Dur (›Molto tranquillo‹), das Scherzo sticht trotz konventioneller Form durch farbige Harmonik heraus und wartet mit einem motorischen Trio in C-Dur auf, den Schluß macht allerdings ein Rondo ›all' Ongarese‹, das den Blick auf das Finalrondo ›alla Zingarese‹ im Klavierquartett op. 25 von Brahms verrät. Deutlicher noch zeigt das Quartett a-Moll op. 31 die zunehmende Orientierung an Brahms, mit dem Gernsheim seit 1868 bekannt war und bis 1884 mehrfach Briefe austauschte.[1] Im Stufenreichtum der diatonischen Harmonik des Kopfsatzes tritt dieses Verhältnis ebenso hervor wie in der vielfach synkopischen und zudem hemiolischen Rhythmik. Das Adagio Des-Dur entfaltet eine choralartige Thematik von ihrer harmonischen und rhythmischen Nuancierung aus zum expressiven Ausbruch des Mittelteils, nach dem kraftvoll synkopischen Scherzo jedoch, dessen Trio auf das vormalige Maggiore zurückblickt, fällt das wirkungsvolle Finale ab, weil unter der stereotyp punktierten Rhythmik auch das Fugato der Durchführung zu leiden hat.

Reifer ist das F-Dur-Quartett op. 51, dem brillante Züge nicht ganz fremd sind. Das Metrum des 3/4-Takts differenziert der Kopfsatz durch Wechsel auf- und volltaktiger Phrasen und interne Synkopierung, während in den Überleitungen und der Durchführung Triolenketten die thematische Arbeit überlagern. Ein Allegro scherzando an zweiter Stelle modifiziert im 2/4-Takt den Tanzsatz durch schlenkernde Punktierung und führt gleichwohl zu einem expressiven Ausbruch, kehrt jedoch nach einem raschen Mittelteil nur äußerst gekürzt wieder. Eindringlich ist wieder das dreiteilige Andante molto cantabile A-Dur geformt, dessen B-Teil sich von a-Moll bis nach As-Dur absenkt, um dann von B-Dur aus zur Tonika A-Dur zurückzufinden. Das abschließende Tema con variazioni erweitert den gewohnten Rahmen in der dritten Variation zu Triolen versus Synkopen bei komplementären Akkordschlägen, und der letzten Variation, die zur Coda erweitert wird, geht ein Lento As-Dur voran, das sich zum machtvoll akkordischen f-Moll-Schluß steigert.

Ebenso selbständig ist das e-Moll-Quartett op. 66, dessen erster Satz in beiden Themengruppen das verführerische Gleichmaß des 6/8-Metrums zu umgehen sucht und in der weit modulierenden Durchführung thematisch dicht gefügt ist. Das Allegro scherzando E-Dur danach verfügt über ein As-Dur-Trio, und zehn Variationen über ein Thema in

[1] *Johannes Brahms im Briefwechsel mit Hermann Levi, Friedrich Gernsheim sowie den Familien Hecht und Fellinger*, hg. v. L. Schmidt, Berlin 1910, S. 205–212.

a-Moll bilden diesmal den langsamen Satz, der im abschließenden Maggiore kulminiert. Schwächer bleibt dagegen wieder das Finale, für die galoppartige Rhythmik des Hauptthemas entschädigt neben dem Seitensatz die in Terzschritten modulierende Durchführung (C – As – h– e). Danach jedoch stellt noch das späte A-Dur-Quartett op. 83 – genau wie das letzte Werk Reineckes – alles eher als eine anachronistische Pflichtübung dar. Pointierter als zuvor werden chromatische Rük-

F. Gernsheim, Nr. 5 op. 83, erster Satz, T. 1–9 (Simrock).

T. 49–52.

kungen genutzt, die bereits im Seitenthema des ersten Satzes, im Modulationsteil des raschen zweiten Satzes und besonders eindringlich im Andante sostenuto F-Dur wirksam werden. Ob dabei schon Wirkungen des jüngeren Reger mitspielen, bliebe noch zu prüfen. Seine kunstvolle Konzentration bezieht das Werk aus einer dichten Thematisierung, mit der sich eine so komplexe Rhythmik wie zuvor verbindet. Besonders der langsame Satz darf als einer der »Höhepunkte« in Gernsheims Œuvre gelten, in dem die Kammermusik »mit einem Viertel des Anteils« durchweg »eine zentrale Stellung« behauptet.[1] Will man aber die Situation verstehen, aus der heraus die Moderne entstehen konnte, dann müßten auch manche Werke Gernsheims ihren Platz finden, und so bleibt abzuwarten, wiewiet das wachsende Interesse an der Musik dieser Phase Gelegenheit gibt, das Urteil über eine fast verschollene Musik zu überprüfen.

1 W. Kahl, Art. *Gernsheim*, in: *MGG*, Bd. 4, Kassel und Basel 1955, Sp. 1821–1824: 1824. Ein treffend gewähltes Beispiel aus dem Kopfsatz des vierten Quartetts bietet R. Pascall, *Brahms und die Kleinmeister*, S. 203.

Noch bei Kiel und Grell studierte in Berlin Arnold Mendelssohn (1855–1933), der nach Stellungen in Bonn und Köln seit 1890 als Kirchenmusiker in Darmstadt wirkte. Die beiden Streichquartette indes, die er nach einem Frühwerk op. 6 publizierte (D-Dur op. 67 und B-Dur op. 83, Leipzig 1916 und 1926, Peters bzw. Breitkopf & Härtel), lassen wenig davon spüren, daß der Autor einst zum Vorboten einer Erneuerung der Kirchenmusik erklärt werden würde. Jedenfalls erweist sich op. 67 nicht nur im Kopfsatz und im gar zu langen Rondofinale als traditionsgesättigt, sondern wie der langsame Variationensatz d-Moll bleibt der hübsche Walzer mit Trio h-Moll formal und satztechnisch einer früheren Stufe verpflichtet. Zum weiteren Berliner Umkreis zählte der in Dresden ausgebildete August Klughardt (1847–1902), der 1882 Hofkapellmeister in Dessau und 1898 Mitglied der Berliner Akademie wurde. Einem F-Dur-Quartett op. 42 (Berlin 1883, Bote & Bock), dessen thematische Substanz nicht sonderlich ausgeprägt ist, folgte das von Altmann hervorgehobene Gegenstück in D-Dur op. 61 (Leipzig 1898, Eulenburg).[1] Dem gebrochenen Dreiklang im Hauptthema des ersten Satzes begegnet nach einem abgeleiteten Zwischensatz ein Seitenthema, das breit wiederholte Akkorde mit rasch steigenden Skalen konfrontiert und ebenso die Durchführung umrahmt, in deren Zentrum ein Fugato mit dem rhythmisch geschärften Hauptthema steht. Den weit einfacheren Binnensätzen entspricht indes ein Sonatenrondo mit motorisch trioliertem Refrain und rhythmisch flexibleren Couplets als Ruhezone. Erheblich später noch schrieb der gleichaltrige Philipp Scharwenka (1847–1917), der als Pianist und Lehrer an dem von seinem Bruder gegründeten Konservatorium in Berlin bekannt wurde, zwei Quartette op. 117 d-Moll (Leipzig 1910, Breitkopf & Härtel) und op. 120 D-Dur (Berlin 1912, Simrock).[2] Beide Werke könnten gut und gerne drei Jahrzehnte zuvor entstanden sein, doch sind so späte Beiträge eines gealterten Musikers nicht allein chronologisch zu beurteilen. In den drei schnellen Sätzen des d-Moll-Quartetts finden sich fugierte Zentralteile, die durch flinkes Figurenwerk überlagert werden und kein kontrapunktisches Handwerk herausstellen. Beide Ecksätze bieten zudem reguläre Seitensätze, und ist das Fugatothema der Durchführung im Kopfsatz weniger vom Haupt- als vom Zwischensatz abgeleitet, so greift der fugierte Mittelteil im raschen F-Dur-Intermezzo auf das erste Thema zurück, während das Fugenthema im Finale den Hauptsatz bildet, der im Mittelteil der Reprise zur Tonikavariante versetzt wird. Während hier das Andante tranquillo D-Dur »In memoriam« überschrieben ist, trägt der entsprechende fis-Moll-Satz in op. 120 den Zusatz ›mesto‹, beidemal wird die thematische Kantilene im akkordischen Satz ausgesponnen, dem in op. 120 ein knapp modulierender, aber themenfreier Binnenkontrast begegnet. Eigenartiger ist an zweiter Stelle ein ›Tempo di Minuetto‹ h-Moll, das sich als Sonatensatz mit zwei Themen erweist und die Durchführung

---

1 W. Altmann, *Handbuch für Streichquartettspieler*, Bd. II, S. 78f.

2 Ebenda, S. 80f. Für Zugang zu Partituren und Einspielungen gilt mein Dank Frau Prof. Evelinde Trenkner und der Scharwenka-Gesellschaft Lübeck.

durch Themenfragmente mit konträren Figuren ersetzt. Im Kopfsatz dieses Werks hat das überaus ruhige Hauptthema eine interne Achteltriole, die im Seitensatz zum Doppelschlag diminuiert wird, in beiden Varianten jedoch die Überleitungen wie auch die Durchführungen beherrscht. Als Finale erscheint ein ›Pastorale‹ mit dem Vermerk »die Kohlhasenbrücker Fuge«. Einem Vorspann, der vor der Reprise wiederkehrt, ist das Fugenthema entnommen, das jedoch zu Orgelpunkt oder Liegestimmen durchgeführt wird; zugleich bildet der Satz einen regulären Sonatensatz mit Seitenthema in Exposition und Reprise, während die Durchführung von der thematischen Ausarbeitung der Fuge vertreten wird. Obwohl der Tonsatz keineswegs klavieristisch ist, dominiert noch immer eine führende Melodiestimme bei nachgeordneter Begleitung, wie es gerade die fugierten Partien ausweisen. Doch gibt es zu denken, daß selbst zu dieser Zeit eine handwerklich so gekonnte Musik als später Widerschein der Tradition möglich war. So liegt auch von dem Hamburger Arnold Krug (1849–1904) ein relativ einfaches und zudem auffällig diatonisches F-Dur-Quartett vor (op. 96, Leipzig 1900, Forberg). Und der von Nietzsche geschätzte Peter Gast (1854–1918) schrieb 1874 ein erst neuerdings veröffentlichtes fis-Moll-Quartett[1], das formal wie satztechnisch noch immer der Nachfolge Mendelssohns verpflichtet blieb und dem Mentor damit gefallen mochte. Dagegen legten Hugo Kaun und Paul Juon vier bzw. drei und Conrad Ansorge sowie August Reuss immerhin jeweils zwei Beiträge vor.[2]

Hugo Kaun (1863–1932) aus Berlin ging 1886 in die USA, kehrte aber 1902 in seine Heimatstadt zurück und wurde zehn Jahre später als angesehener Komponist in die Akademie aufgenommen. Sein erstes Quartett (op. 40 F-Dur, Berlin 1898, Rühle) verfährt satztechnisch noch sehr zurückhaltend, ein nur dreisätziges zweites Werk (op. 41 d-Moll, Leipzig 1900, Breitkopf & Härtel) beginnt nicht nur mit einem fugierten Satz, der das langsame Tempo des Beginns allmählich steigert, sondern bemüht sich hier wie im weiteren um fließende Übergänge zwischen den Satzphasen. Ein eigenes Profil entwickeln die beiden übrigen Quartette (op. 74 c-Moll, Leipzig 1907, Leuckart, sowie op. 114 a-Moll, Breslau 1921, Hainauer). Sticht der Kopfsatz in op. 74 durch gehäufte Unisoni, akkordische Massierung und dynamische Kontraste hervor, so erweitern die Binnensätze ebenso wie der abschließende Variationensatz die konventionellen Formen durch harmonische Nuancen. Deutlicher sucht jedoch das letzte Werk den Anschluß an den Stand der Zeit, indem schon der langsame Kopfsatz die noch immer gänzlich tonale Harmonik chromatisch erweitert, während sich das Finale bald nach A-Dur wendet und damit die chromatischen Rückungen verdrängt, die ebenso in den Binnensätzen hervortreten. Deutlicher noch sind die Änderungen in den Beiträgen von Paul Juon (1872–1940), der in Moskau geboren und von Arensky und Tanejew unterrichtet wurde, bevor er 1894

---

1 Hg. v. B. Päuler mit Vorwort von U. Drüner, Winterthur 1994 (in Stimmen mit faksimilierter Partitur). Zum Verhältnis zu Nietzsche s. P. Gast (Hg.), *Nietzsches Briefe an Peter Gast*, Leipzig ³1924 (Gesammelte Briefe, Bd. IV).

2 Zu Kaun und Juon s. W. Altmann, *Handbuch für Streichquartettspieler*, Bd. II, S. 142ff. und S. 207ff., zu Ansorge und Reuss ebenda, S. 133ff. und S. 200ff.; s. weiter St. Hörner, *August Reuss. Ein vergessener Komponist*, in: Neues musikwissenschaftliches Jahrbuch 7, Augsburg 1998, S. 197–218. Von Georg Wilhelm Rauchenecker (1844–1906) nannte Altmann (ebenda, S. 69f.) zwei Quartette (c-Moll, Leipzig 1874, Breitkopf & Härtel, sowie D-Dur, ebenda 1878, Rieter-Biedermann), vgl. dazu auch A. Krings, *G. W. Rauchenecker*, in: *Beiträge zur Musikgeschichte der Stadt Wuppertal*, hg. v. K. G. Fellerer, Köln und Krefeld 1954 (Beiträge zur rheinischen Musikgeschichte 5), S. 101f.

nach Berlin ging und als Hochschullehrer Philipp Jarnach, Max Trapp und Stefan Wolpe unterwies.[1] Daß nach den eher traditionellen Frühwerken (op. 5 D-Dur und op. 29 a-Moll, Berlin 1898 und 1905, Lienau) das dritte Quartett für Altmann befremdlich wirkte, läßt sich immerhin am Tonsatz ermessen (op. 67, ebenda 1920). Trotz des Titels *Quartett (C dur)* stehen die Ecksätze in d-Moll, tendieren jedoch ohne Vorzeichnung eher nach Dorisch. Erkennbar sind gewiß die Grundrisse des Sonatensatzes mit Exposition unterschiedlicher Themenfelder, zentraler Durchführung und stark veränderter Reprise, nicht nur die außerordentliche Variabilität der motivischen Gestalten relativiert jedoch die Zäsuren der Teile und ihre Funktionen. Schon der erste Satz beginnt mit einer thematischen Diffusion, die eine Einleitung verheißt und doch das komplexe Hauptthema präsentiert. Von der Quinte aus bleibt mit fallender Terz (a–fis–f–a) die tonale Richtung in der Schwebe, wiewohl hier noch der Leitton nachgetragen wird, ebenso flexibel sind zugleich die rhythmischen Varianten des Materials, selbst wenn der Hauptsatz wenig später in klares F-Dur rückt. Wie der Seitensatz ruht er zudem auf Bordunquinten, je weiter aber die Verarbeitung fortschreitet, desto mehr ballen sich motivische Relikte über Orgelpunkten, ohne in der motorischen Akzeleration harte Reibungen zu scheuen, die partiell an die Grenzen dissonanter Mixturklänge führen. Schärfer noch wird der Kontrast der Verfahren im Finale, ähnlich entwickelt aber von c-Moll aus der langsame Satz den bewegten Anhang seines Themas zur klanglichen Massierung im Zentrum, und das folgende Allegretto beginnt zwar in G-Dur, verhärtet sich aber rasch zu Themenzitaten über ostinat flirrendem Akkompagnement. Daß Juon von der Moderne offenbar nicht unbeeindruckt blieb, trennt ihn von der Haltung vieler Generationsgenossen.

Noch nicht so signifikant sind solche Wandlungen in den beiden Quartetten des als Pianist geschätzten Conrad Ansorge (1862–1930), der nach seiner Ausbildung in Leipzig und Weimar lange Jahre in Berlin und zuletzt in Prag lehrte (op. 13 As-Dur, Berlin 1904, Dreilinden; op. 20 A-Dur, Leipzig 1911, Hofmeister). Immerhin bietet das erste Werk wie Kauns op. 41 einen fugierten Kopfsatz als Andante sostenuto, dem im Finale eine Fuge mit kunstgerecht integrierten Themenzitaten entspricht, und op. 20 zeigt ähnliche thematische Rekurse im Allegro an zweiter Stelle. Nach einem nicht ganz anspruchslosen Erstling (op. 25 d-Moll, Leipzig 1906, Eulenburg) legte dagegen August Reuss (1871–1935), der nach Studium bei Thuille 1927 als Theorielehrer nach Berlin ging, mit einem *Frühlingsquartett* (op. 31 E-Dur, ebenda 1914) ein eher gemäßigtes Stück vor. Mit der Lösung von den tradierten italienischen Tempoangaben zugunsten ausführlicher deutscher Umschreibungen verbinden sich besonders in den Kopfsätzen vielfach wechselnde Zeitmaße, die zusammen mit dem Wechsel der harmonischen Zentren und

---

[1] Th. Badrutt, *Paul Juon. Leben und Werk. Thematisches Verzeichnis seiner Kompositionen*, Chur 1998, S. 12, 32 und 79.

thematischen Bezüge zur auffälligen Zerklüftung beitragen. Nicht gleichermaßen sind davon die Binnensätze betroffen, und die Finali stellen sogar regelrechte Sonatenrondi dar, die tonal wie strukturell erheblich einfacher bleiben. Gewiß sind hier noch nicht die labyrinthischen Komplikationen Regers oder gar Schönbergs wirksam geworden, spürbar wird aber doch die verblassende Verbindlichkeit traditioneller Normen. Gerade darum wären all diese Werke für weitere Untersuchungen belangvoll, die in der Ablösung von der Tradition die Wege der Moderne zu ermessen suchen. Wer jedoch solche Musik als hoffnungslos akademische Pflichtübung veralteter Spätromantiker abtut, beraubt sich der Chance, die Schritte der Moderne nicht allein von Brahms herzuleiten, sondern vor der Folie ihrer Zeit zu begreifen.

Ob das einzige Quartett von Friedrich Klose (1862–1942), der in München 1907 Thuilles Nachfolger wurde, als Apologie oder Verabschiedung der Tradition gelten soll, kann vorerst unentschieden bleiben. Bei Peters 1911 publiziert, trägt das Es-Dur-Werk im Titel den Zusatz »Ein Tribut in vier Raten entrichtet an seine Gestrengen den deutschen Schulmeister«. Nicht ganz klar ist, ob man die recht ambitionierte Komposition, die historisch gewiß folgenlos blieb, als Extravaganz oder bloße Kuriosität zu nehmen hat. Denn die vier ausgedehnten Sätze stellen nicht nur an die Spieler erhebliche Ansprüche, sondern überraschen in der Satztechnik und besonders in der dichten Harmonik, und neben stetem Takt- und Tempowechsel prunkt die Musik zudem mit exzessiver Dynamik und emphatischen Ausdrucksanweisungen. So scheint es, als werde alles aufgeboten, was vom zeitgemäßen Künstler zu fordern sei, die Anstrengung wird indes vom ironischen Untertitel relativiert, in dessen Kontext auch ein dem Finale beigefügtes Schillerzitat gerät.

Ungleich avancierter ist der Tonsatz im einzigen Streichquartett op. 31, Mainz 1923, Schott), das Bernhard Sekles (1872–1934) nach einem Quartett-Divertimento und einer Passacaglia mit Fuge in vierfachem Kontrapunkt (op. 20–21, 1911) komponierte. Als Theorielehrer am Hochschen Konservatorium unterwies er in Frankfurt Paul Hindemith, und wie aufgeschlossen er sich zu den Tendenzen der Zeit verhielt, belegt das späte Quartett mit seinen fünf knappen Sätzen. Das einleitende Andante intimo verzichtet auf Vorzeichen und endet in g-Moll, gleich zu Beginn stehen aber Terzbänder der zweiten Violine (f'–a' und es'–g') zur leittönigen Linie im Violoncello quer (g–a–h–cis–d). Spiel- wie satztechnisch gleich kompliziert, wechseln in prosahafter Diktion rascheste Läufe mit langgedehnten Seufzern, ohne durchweg tonal koordiniert zu werden. Ein gleiches Bild bietet der zweite Satz (Quasi marcia funebre) bei tonaler Zentrierung um Es, das folgende Presto mit A-Dur-Vorzeichnung klärt als Scherzo die rhythmischen Verhältnisse, in das formale Gehäuse von Tanz und Trio ziehen im ›Menuetto in forma antica‹ F-Dur nur noch punktuell chromatische Segmente ein, und das rasche

Finale A-Dur kommt endlich zur tonalen und metrischen Klärung. Das Verhältnis zur Tradition wird also im Verlauf des Werks und seiner Sätze als Prozeß zwischen Distanz und Annäherung thematisiert. Bei hochromantischer Intention blieb dagegen Felix Woyrsch (1860–1944), der als Organist und Chorleiter in Hamburg seiner Oratorien halber zeitweise beachtet wurde. Das lokale Interesse an seiner geistlichen Musik hat seine fünf Streichquartette vorerst nicht erreicht, die erst nach der Jahrhundertwende liegen (op. 55 a-Moll, 1909, Leipzig 1910, Leuckart; op. 63–64 c-Moll und Es-Dur 1916–18, Berlin 1927–29, Simrock; op. 74 B-Dur und op. 78 c-Moll, 1926 und 1938–40). Das zweite Quartett in c-Moll zeigt bei unangefochtener Tonalität jedenfalls, wie sehr Woyrsch in einer Welt verwurzelt blieb, die bei Erscheinen dieses Werks schon längst versunken war. Denn beide Ecksätze sind noch immer traditionelle Sonatensätze mit energisch ausgreifenden Haupt- und lyrischen Seitenthemen, deren Fortspinnung im Kopfsatz sogar von begleitenden Triolen getragen wird, und einem dreiteiligen Larghetto folgt ein lebhafter Tanzsatz mit ›sehr gemächlichem‹ Binnenkontrast, ganz wie es die Tradition vor 1900 erwarten ließ.[1] Gerade der Kontrast der zeitgleichen Beiträge von Sekles und Woyrsch führt indes vor Augen, wie unterschiedliche Richtungen nebeneinander bestehen konnten.

Frühe Entwürfe und später Nachklang

Welch unangefochtenes Ansehen das Streichquartett noch immer genoß, geht aus der Tatsache hervor, daß eine Reihe von Komponisten, deren Geltung primär in ihren Opern begründet war, wenigstens einzelne Quartette geschrieben hat. Auffälligerweise handelt es sich dabei entweder um frühe Talentproben oder aber um späte Werke des distanzierten Rückblicks. Daß sich selbst Wagner 1864 mit Plänen eines Quartetts getragen habe, gehört zwar in das Gebiet der Legende und geht auf mißverstandene Notizen seiner Frau Cosima zurück, doch fesselten ihn die Quartette Beethovens, die er im Winter 1870–71 mit einem Tribschener Hausquartett studierte.[2]

Schon 1862 publizierte Johann Joseph Abert (1832–1915), der 1867 Hofkapellmeister in Stuttgart wurde und mit Opern und Sinfonien hervortrat, bei Hofmeister in Leipzig sein einziges Streichquartett op. 25 A-Dur. Obgleich nicht sonderlich dicht gearbeitet, verleugnet das frische Werk, das ein Adagio d-Moll samt Scherzo mit Trio durch etwas gewichtigere Ecksätze umrahmt, in seinem hellen Ton keineswegs die Herkunft von den Traditionen, denen der Autor lebenslang treu blieb.[3] Mehr als eine Generation jünger war Richard Strauß, der 1879 – mit gerade 17 Jahren – sein A-Dur-Quartett op. 2 begann (gedruckt München 1881, J. Aibl), dessen Uraufführung dem Autor 1881 beträchtli-

---

1 Die letzten Werke blieben offenbar ungedruckt, vgl. A. Dreibrodt, *Der Nachlaß Felix Woyrsch (1860–1944) an der Hochschule für Musik und darstellende Kunst Hamburg*, mschr. Diplomarbeit Fachhochschule Hamburg 1991, Bd. 1, S. 142 und S. 150, sowie H. Wirth, Art. Woyrsch, in: *New Grove Dictionary*, London 1980, Bd. 20, S. 536f.; ferner W. Altmann, *Handbuch für Streichquartettspieler*, Bd. II, S. 129f., sowie F. Pfohl, *Felix Woyrsch*, Leipzig 1934. Zu neueren Bemühungen um Woyrsch vgl. *Felix Woyrsch, Komponist und Städtischer Musikdirektor in Altona. Katalog der Ausstellung im Altonaer Museum in Hamburg*, Hamburg 1990.

2 Näher dazu E. Voss, *Richard Wagner und die Instrumentalmusik. Wagners symphonischer Ehrgeiz*, Wilhelmshaven 1977, S. 96, sowie M. Fehr, *Richard Wagners Schweizer Zeit*, Bd. 2, Aargau und Frankfurt a. M. 1953, S. 318–322.

3 H. Abert, *Johann Joseph Abert (1832–1915). Sein Leben und seine Werke*, Leipzig 1916, neu hg. v. A. A. Abert, Bad Neustadt a. d. Saale ²1983, S. 190f.; A. A. Abert, *Johann Joseph Abert. Ein Circumpolarer zwischen Tradition und Fortschritt*, in: *Festschrift Heinz Becker zum 60. Geburtstag*, hg. v. J. Schläder und R. Quandt, Laaber 1982, S. 214–236.

chen Erfolg eintrug. Das Hauptthema im ersten Satz paart aufschnellende Figuren mit getupften Akkorden, wovon die Schlußgruppe und die modulationsfreudige Durchführung mehr profitieren als vom konventionellen Seitensatz. Dem retrospektiven A-Dur-Scherzo mit a-Moll-Trio folgt ein gleich traditionelles Andante h-Moll, und im Sonatenrondo danach könnten genau wie im Kopfsatz die Themen und das rasche Laufwerk an Musik des frühen 19. Jahrhunderts gemahnen, sprächen nicht die gewandten Modulationen der Durchführung dagegen. Vielleicht ist das Werk also etwas mehr als eine »erheiternd konservative Fingerübung«[1], denn so wenig vom späteren Strauss zu spüren ist, so evident ist die Beherrschung einer Tradition, deren Substanz der reife Komponist neue Nuancen abzugewinnen wußte.

Dagegen veröffentlichte Max von Schillings (1868–1933) sein 1887 geschriebenes Quartett e-Moll (nicht c-Moll) nach eingehender Revision erst 1906 (bei Simrock).[2] Nach thematisch offener Einleitung entwickelt der erste Satz das Hauptthema in synkopenreich drängender Steigerung, die auch der Seitensatz kaum durchbricht, zumal er die Tonikavariante im Modulationsprozeß nur kurz streift, während die Durchführung zwar duolische Gruppen einführt, den steten Bewegungsfluß aber erst direkt vor der Reprise staut. Nach diffusem Beginn gewinnt der langsame C-Dur-Satz thematische Konturierung, die aber noch vor dem E-Dur-Binnenteil ähnlich wie im Kopfsatz entfaltet wird. Weit konventioneller fallen der Tanzsatz E-Dur mit Trio gis-Moll und ebenso das sonatenförmige Finale aus, mehr noch als bei Strauss ist das Werk aber als ernsthafter Beitrag zu einer vom Autor später umgangenen Gattung zu verstehen. Seltsam nimmt sich daneben das späte C-Dur-Quartett aus, das Engelbert Humperdinck (1854–1921) nach zwei frühen Studienwerken (1872 und 1876) erst 1920 – ein Jahr vor seinem Tode – geschrieben hat, da es sich wirklich als »leichtgewichtiger Nachläufer« erweist.[3] Mit nur drei Sätzen knüpft es offenkundig an eine gattungsgeschichtliche Frühstufe an, denn wie der Kopfsatz der vormals zweiteiligen Suitenform mit sich entsprechenden Themen und durchführungslosem B-Teil entspricht, so gleicht das äußerst kurze Finale dem einfachen Kettenrondo mit nur drei Refrains, wogegen der serenadenartige Mittelsatz sein Thema zuletzt zwar fugiert ausarbeitet, den gesanglichen Kontrastteil aber für den B-Teil in Des-Dur spart. Gegenüber der strikt diatonischen Thematik fallen desto mehr die zahlreichen ganztönigen Sequenzen ab, die weitab führen und desto plötzlicher zum Zentrum zurücklenken. Was immer der Autor an historischen Quellen kannte – in aller Schlichtheit wirkt das Werkchen doch wie ein Gruß an eine ferne Zeit.

Wie Humperdinck seinen Namen dem Märchenspiel *Hänsel und Gretel* (1893) dankte, so Eugen d'Albert (1864–1932) den seinen der Oper *Tiefland* (1910). Doch sind die beiden Streichquartette op. 7

1 L. Finscher, Art. *Streichquartett*, in: *MGG²*, Sachteil Bd. 8, Kassel u. a. 1998, Sp. 1924–1977: 1955, ferner R. Specht, *Richard Strauss und sein Werk*, Bd. I: *Der Künstler und sein Weg als Instrumentalkomponist*, Leipzig u. a. 1921, S. 106f.; vgl. ferner Fr. Trenner, *Richard Strauss. Werkverzeichnis*, Wien ²1999, Nr. 95, sowie W. Schuh, *Richard Strauss. Jugend und frühe Meisterjahre. Lebenschronik 1864–1898*, Zürich 1976, S. 61ff.

2 In c-Moll stünde das Werk zufolge M. Ottich, Art. *Schillings*, in: *MGG*, Bd. 11, Kassel u. a. 1963, Sp. 1722–1725: 1724, sowie J. Morgan, Art. *Schillings*, in: *New Grove Dictionary*, Bd. 16, S. 649f.: 650.

3 L. Finscher, *MGG²*, Sachteil Bd. 8, Sp. 1955. Das Werk wurde sogar erst 1937 veröffentlicht (Schott); zu den frühen Quartettsätzen der Jahre 1872–76 s. E. Humperdinck. *Der unbekannte Humperdinck. Seine Werke* (abgekürzt EHWV: Engelbert Humperdinck, Werkverzeichnis), Koblenz 1994, S. 165f.

a-Moll und op. 11 c-Moll (Berlin 1888 und 1893, Bote & Bock) keine bloßen Studienwerke, sondern durchaus ernsthafte Beiträge. Aufgewachsen in London, durfte er Brahms vorspielen, vollendete seine pianistische Ausbildung aber bei Liszt in Weimar, ehe er als Virtuose und Dirigent und später erst mit seinen Opern Karriere machte. Es verstand sich also nicht von selbst, daß er zwei Quartette schrieb und sie zudem Joachim und Brahms widmete.

E. d'Albert, Nr. 1 op. 7, erster Satz, T. 1–11 (Bote & Bock)

Gerade das frühere Werk nähert sich Brahms zumeist im Kopfsatz, den von Anfang an duolische versus triolische Bewegung und zudem oft stauende Hemiolen beherrschen. Dem breit ausgesungenen Hauptsatz tritt ein schlichterer Seitensatz entgegen, und nach akkordischem Epilog beginnt die Durchführung mit einem fast themenfreien Akkordfeld, leitet dann aber aus dem dritten und vierten Takt des Hauptthemas ein energisch synkopiertes Fugatothema ab, dessen Verarbeitung mit dem originären Themenkopf gekoppelt wird, wogegen sich die Coda ganz auf das Seitenthema konzentriert. Nicht so dicht ist der langsame Satz in F-Dur, und wenn der A-Teil in der Reprise an konventioneller Auszierung krankt, so sucht sich der As-Dur-Mittelteil expressiv zu steigern. Nach dem wieder ganz an Brahms ausgerichteten Scherzo modifiziert jedoch das Finale ein gängiges Schema, sofern ein Thema mit sechs figurativen Variationen zur Kombination der letzten Abschnitte (Variation 7–8) in einer Doppelvariation hinführt, während die vorangehende F-Dur-Variation eindringlicher gelingt.

Vom Kopfsatz des c-Moll-Quartetts op. 11 wollte sich Brahms nicht nur an Beethovens »letztes E=Dur« (sic) erinnern fühlen, sondern dazu noch an »die bewundernswert freie und zugleich meisterhafte Form« der »kleineren Sonaten von Clementi«.[1] Was es mit der halb ironischen

1 W. Raupp, *Eugen d'Albert. Ein Künstler- und Menschenschicksal*, Leipzig 1930, S. 74 (bei Beethovens »E=Dur« dürfte ein Lesefehler vorliegen, eher könnte op. 135 F-Dur gemeint sein). Zur Entstehung dieses und des vorangehenden Quartetts vgl. ebenda, S. 73f. und S. 53 (wo Joachims Stellungnahme zu op. 7 wiedergegeben ist).

Bemerkung auf sich hat, bleibe dahingestellt, denn eher als an Beethovens Spätwerk mag der erste Satz zunächst an das rhythmische Modell zu Beginn des ›Harfenquartetts‹ op. 74 gemahnen, doch handelt es sich beidemal nicht um einen langsamen Satz wie hier. Klassischem Herkommen entspricht indes die Verkettung kadenzierender Zweitakter mit diatonischer Motivik und vielfacher Sequenzierung, die noch in den steigernden Abschnitten nachwirkt. Der Tanzsatz koppelt rasche Triller- oder Skalenbewegung in Terzparallelen des einen Stimmpaars mit thematischen Einwürfen im anderen, die allenfalls mit Hemiolen auf Brahms weisen, wobei der stete Wechsel zwei- und dreizeitiger Glieder phasenweise zur Notierung im 5/4-Takt führt. Weder klassische Balance noch Brahmssche Dichte hat dagegen der seltsam zerfahrene langsame Satz, dessen kleingliedrige Motivik in emphatischer Steigerung zu rezitativischer Gestik tendiert. Als knapper Sonatensatz kann aber das um Konzentration bemühte Finale nicht die gespaltenen Eindrücke bündeln, die das ehrgeizige Werk im Vergleich zum ersten Quartett hinterläßt.

Mit d'Albert konkurrierte Ferruccio Busoni (1866–1924) als gefeierter Pianist, seine Quartette op. 19 und op. 26, die bei Kistner 1886 und 1889 erschienen, lassen freilich nichts von den rebellischen Utopien einer »neuen Ästhetik der Tonkunst« ahnen. Wenn aber op. 19 wechselnd als c-Moll- oder C-Dur-Quartett figuriert, so bleibt jenseits des konventionellen Kontrasts von Ecksätzen in c-Moll und C-Dur das Tongeschlecht als »doppeldeutiges Ganzes« am Ende aller Sätze in der Schwebe.[1] Eine durchlaufende Kette repetierter Achtel durchzieht im Kopfsatz von Anfang an das Hauptthema, das aus wechselnden Einsätzen der Außenstimmen entsteht, und sie setzt sich fort im melodisch geschlossenen Seitensatz bis in die Themenverarbeitung der Durchführung. Akkordisch gefaßt erstreckt sie sich jedoch ebenso auf die Schlußgruppe, die mit zusätzlichem Skalenwerk den Beginn der Durchführung bestreitet, womit der gesamte Satzverlauf ungewohnte rhythmische Kontinuität erhält. Von gleichmäßiger Bewegung wird ebenfalls das Andante a-Moll im 3/8-Takt getragen, und nach einem leicht historisierenden e-Moll-Menuett mit melodiösem Maggiore geht dem Finale eine federnde Einleitung ›alla Marcia‹ voran, die alles eher als einen Marsch im Sinne des Wortes darstellt. Dem ersten Satz entspricht der letzte im steten rhythmischen Antrieb, der sich in Punktierung und Akkordschlägen staut, und das kurze Fugato der Durchführung führt die kontrapunktische Arbeit fort, die zuvor der Mittelteil im Andante erprobte.

Die nämliche Paarung von rhythmischer Kontinuität und kontrapunktischer Verdichtung bestimmt das d-Moll-Quartett op. 26, dessen erster Satz den 3/2-Takt kaum so wie in der Brahms-Nachfolge zu hemiolischer Wirkung nutzt. Nach eröffnenden Akkordschlägen bestimmt wieder motorische Begleitung den Hauptsatz, episodisch nur

1 F. Busoni, *Entwurf einer neuen Ästhetik der Tonkunst*, Leipzig 1906, ²1916, mit Anmerkungen von Arnold Schönberg und einem Nachwort von H. H. Stuckenschmidt, Frankfurt a. M. 1974, S. 50f.; J. Kindermann, *Thematisch-chronologisches Verzeichnis der musikalischen Werke von Ferruccio B. Busoni*, Regensburg 1980 (Studien zur Musikgeschichte des 19. Jahrhunderts 19), S. 169f. und S. 183f.

unterbricht sie der Seitensatz, und in einem Fugato kulminiert die thematisch konzentrierte Durchführung. Mehr noch entspricht das Andante in Takt- und Tonart sowie periodischer Taktgruppierung dem früheren Pendant, selbst wenn diesmal der Mittelteil – aufgehellt nach Dur – in fließendem Melos den Zeitstrom suspendiert. Eigenartiger ist das Vivace in engräumiger Motivik und kontrapunktischer Arbeit mit chromatischem Einschlag, und das Finale beginnt – nach vorangestelltem Andantino – als veritable Fuge in D-Dur, deren wirbelnde Motorik an Beethovens Schußsatz aus op. 59 Nr. 3 denken läßt. Wieder nur als Episode fungiert der Seitensatz, doch wendet sich die letzte Durchführung nach d-Moll und läßt die Entscheidung zwischen Dur und Moll bis zur Coda offen. Das Fehlen kantabler Bögen selbst in den Seitenthemen trägt zur distanzierten Haltung beider Werke bei, die nichts mit den radikalen Schritten des späteren Busoni zu tun haben. Im Zusammenfall rhythmischer Kontinuität, klarer Diatonik und kontrapunktischer Dichte bekunden jedoch die frühen Quartette ihre Affinität zu einer ›neuen Klassizität‹, wie sie Busoni nach seiner Auseinandersetzung mit Bach seit 1920 propagierte.

Verblaßt sind heute die Erfolge, die 1894 Emil Nikolaus von Reznicek (1860–1945) mit *Donna Diana* und Wilhelm Kienzl (1857–1941) mit *Der Evangelimann* hatten, beide schrieben indes Quartette, die weit in das neue Jahrhundert hinüberragten. Nach einem ersten c-Moll-Werk (Leipzig 1883, Fritzsch) publizierte Reznicek erheblich später in Berlin drei weitere Quartette (cis-Moll, Simrock; d-Moll und B-Dur, 1923 und 1932, Birnbach).[1] Die Werke sind noch durchweg in der Tradition beheimatet, während aber das erste harmonisch ganz der Zeit seiner Entstehung entspricht, lassen die späteren doch graduelle Änderungen spüren. So kennen die Ecksätze des cis-Moll-Quartetts neben Taktwechseln im orchestral kompakten Satz harte Rückungen, die auch im nicht ganz so angespannten letzten Werk nicht fehlen und hier bis in das Variationenfinale wirken. Das Verfahren wird deutlicher im d-Moll-Quartett, dessen erster Satz hell getönt und sehr durchsichtig beginnt, schon in der Überleitung jedoch mit rücksichtslosen Sequenzen die tonalen Zentren scheinbar spielerisch verschiebt. Das anschließende Adagio endet zwar mit Quartsextakkord in B-Dur, läßt anfangs aber die tonale Zentrierung lange offen, die erst in den beiden raschen Sätzen danach klarer hervortritt. Während Reznicek in seinen Grenzen auf die gewandelte Zeit zu reagieren suchte, blieb Kienzl nach dem frühen op. 22 (b-Moll, Berlin 1881, Ries & Erler) bis zuletzt der Konvention verhaftet. In op. 99 (c-Moll, Berlin 1920, Bote & Bock) sah Altmann gar »bessere Unterhaltungsmusik«[2], denn obwohl Kienzl dem Werk ein eigenes Dankesgedicht an Wien und allen Sätzen zusätzlich Zitate von Goethe, »W. K.« und H. Glücksmann voranschickte, steht die kompositorische Substanz dazu einigermaßen quer. Aber noch 1941 hält das

---

1 M. Chop, *E. N. v. Reznicek, sein Leben und seine Werke. Eine biographische Studie*, Wien und Leipzig 1920; F. Reznicek, *Gegen den Strom*, Wien 1960 (mit Werkverzeichnis von L. Nowak); die Namensform »Rezniček« entspricht übrigens nicht den Angaben der genannten Werkausgaben. Noch nicht erreichbar war die angekündigte Monographie von Suzanne L. Moulton-Gerlig, *Emil Nikolaus von Reznicek: Life, Works, and a Thematic Catalog*.

2 W. Altmann, *Handbuch für Streichquartettspieler*, Bd. II, S. 115f.; vgl. auch das Werkverzeichnis bei H. Sittner, *Kienzl und Rosegger. Eine Künstlerfreundschaft*, Zürich 1953.

letzte Quartett op. 113 (E-Dur, Universal-Edition) unbeirrt an allen Konventionen der Satztechnik und natürlich der Tonalität fest. Selbst im Wien dieser Jahre dürfte Kienzl damit ziemlich isoliert gewesen sein, doch erinnert der Fall daran, wie lange sich im 20. Jahrhundert die letzten Ausläufer einer früheren Gattungstradition gehalten haben.

Unter all den weiteren Musikern, deren traditionsverbundenes Œuvre tief in das neue Jahrhundert hineinragte, hat kaum einer noch – zumindest in Deutschland – eine Werkreihe vorzuweisen wie der vielbeschäftigte Dirigent Felix von Weingartner (1863–1941). Allerdings sind die fünf Quartette, die er zumeist bei Breitkopf & Härtel veröffentlichte, einigermaßen glatt und routiniert (op. 24 d-Moll, 1899; op. 26 f-Moll, 1900; op. 34 F-Dur, 1903; op. 62 D-Dur, 1918; op. 81 Es-Dur, 1931).[1] Im Kopfsatz des ersten Werks wird das Hauptthema durch vorangestellte Motivglieder zwischen breiten Akkorden vorbereitet, sein Eintritt im Violoncello mit begleitenden Akkorden ist strukturell jedoch gleich einfach wie später der Seitensatz, der eine akkordisch gedehnte Enklave in Des-Dur bleibt, und entsprechende Abschnitte füllen bei mehrfachem Takt- und Tempowechsel die überleitenden und durchführenden Satzteile. Ähnlich verhält es sich mit den Mittelsätzen, immerhin beweist das Variationenfinale mit Schlußfuge (Allabreve), daß der Komponist einen schulgerechten Kontrapunkt beherrsche. In weiser Beschränkung verzichtet dieses Quartett wie die folgenden auf einen eigentlichen langsamen Satz, denn wenn hier ein kurzes Adagio F-Dur vom scherzosen Allegro A-Dur durchbrochen wird, so enthält op. 26 an dritter Stelle eine ›Fantasia‹ in As-Dur mit rascherem Binnenteil als Zentrum, und noch op. 34 kennt nur vor dem Finale eine langsame Einleitung. Obwohl Weingartner auf einige Variabilität der Formen und Charaktere bedacht war, bleibt der Quartettsatz in den raschen Binnensätzen fast immer gleich orchestral, und selbst das Rondofinale in op. 26 gibt den Stimmen nirgendwo gleiches Recht. Etwas anders steht es mit op. 62, wo wenigstens der erste Satz den Stimmverband weiter differenziert, doch kehrt die folgende Elegie wie auch das Scherzo zur gewohnten Faktur zurück, und das Finale verheißt anfangs eine Fuge, um dann als Sonatenrondo so blockhaften Satz wie die frühen Werke zu zeigen.

Unter den Musikern gleicher Richtung, die den Strömungen der Zeit zögernd zu folgen versuchten, seien abschließend nur wenige herausgegriffen, von denen nicht bloß Einzelwerke vorliegen. August Halm (1869–1929), besser bekannt durch seine bedeutsamen Schriften, begann mit einem ziemlich konventionellen Quartett B-Dur (Leipzig 1903), ließ aber in der Werkreihe *Kammermusik* zwischen 1923 und 1935 fünf Quartette folgen (in A-Dur, B-Dur, g-Moll, C-Dur und F-Dur), die bei wachsender Verkürzung nicht nur auf ihrer tonalen Basis beharren, sondern im begrenzten Schwierigkeitsgrad zunehmend auf den Bedarf von Liebhabern zugeschnitten sind.[2] Eine Ausnahme ist im

1 Op. 62 erschien bei der Universal-Edition Wien (von op. 81 konnte keine Partitur eingesehen werden). Vgl. ferner W. Altmann, *Handbuch für Streichquartettspieler*, Bd. II, S. 145–148.

2 *Kammermusik*, VI.–VII. Heft, Wolfenbüttel 1923–26, J. Zwissler und G. Kallmeyer; VIII.–X. Heft, Kassel 1931, 1932 und 1935, Bärenreiter; vgl. ferner Aug. Halm, *Von Form und Sinn der Musik. Gesammelte Aufsätze*, hg. v. S. Schmalzriedt, Wiesbaden 1978.

g-Moll-Quartett der erste Satz ›Quasi Fantasia‹ mit chromatischen Ostinati, gefolgt vom Intermezzo »im Charakter eines grotesken Tanzes«. Unübersehbar sind die Zeichen der Reduktion aber im C-Dur-Werk (*Serenade*), und obwohl dabei ›neobarocke‹ Töne ebenso ausbleiben wie eine Orientierung etwa an Hindemith, kommt die Entscheidung für ›Spielmusik‹ gerade dort zur Geltung, wo den Ausführenden motorische Spielfiguren oder effektvolle Arpeggien offeriert werden (wie etwa in den Ecksätzen des B-Dur-Werks). Paul Graener (1872–1944) gelangte nach einem frühen Werk »über ein schwedisches Volkslied« (op. 33, Wien 1910) und dem a-Moll-Quartett op. 54 (Berlin 1920, Bote & Bock) in op. 65 (gleichfalls a-Moll, Berlin 1924, Simrock) zu einer betont straffen Diktion, die auch noch sein letztes Quartett op. 80 prägt (Berlin 1928, Simrock). Die tonale Basis leugnete Ewald Sträßer (Straesser, 1867–1933) auch dann nicht, wenn nach ersten Werken (op. 12 Nr. 1–2 e-Moll – G-Dur, Berlin 1910, Simrock, und op. 15 B-Dur, Köln 1913, Tischer & Jagenberg) die späteren neben oft motorischer Rhythmik zugleich die Zusammenklänge freier und härter handhaben (so in op. 42 e-Moll und op. 52 g-Moll, Leipzig 1920 und 1925, Peters bzw. Steingräber). Wieder anders verhielt sich der Schweizer Hermann Suter (1870–1926), der nach relativ schlichtem Beginn (op. 1 D-Dur, Leipzig 1901, Eulenburg) im cis-Moll-Quartett op. 10 (Zürich 1910, Hug) eine beträchtlich kompliziertere Sprache fand, die sich im G-Dur-Quartett op. 20 (ebenda 1921) jedoch deutlich vereinfachte.[1]

Weitere Komponisten, die nicht nur einem Traditionsüberhang zuzuschlagen sind, werden wenigstens teilweise zu nennen sein, wenn von Alternativen in der Moderne zu reden ist. Zu ihnen rechnen neben Franz Schmidt (1874–1939: A-Dur 1925 und G-Dur 1929), Richard Wetz (1875–1935: op. 43 und op. 49) und Richard Trunk (1879–1968: a-Moll op. 80) ebenso Joseph Haas (1879–1960: op. 50, 1919), Walter Braunfels (1882–1954: op. 60 a-Moll »Verkündigung« und op. 61 F-Dur, 1944, op. 67 e-Moll, 1947) und Joseph Marx (1882–1964: Quartetto chromatico 1934–36, In modo antico, 1937–38, In modo classico, 1941, Wien 1944–48).[2] Sie nahmen freilich von Veränderungen der Zeit höchst wechselnd Notiz, und anzufügen wären weiterhin Othmar Schoeck (1886–1957: op. 23 D-Dur, 1913, und op. 39 C-Dur, 1923), Max Trapp (1887–1971: op. 22) und Philipp Jarnach (1892–1982: op. 16, 1932). Kein anderer Bezirk der verschlungenen Musikgeschichte im 20. Jahrhundert ist so wenig erschlossen wie die Vielzahl der Werke, die den Historiker methodisch zur Feststellung eines ›nicht mehr‹ oder ›noch nicht‹ zu nötigen scheinen. Unter umgekehrten Vorzeichen setzt sich die Verlegenheit fort, die Altmann einst vor der aufkommenden Moderne empfand.[3] Vermissen mag man hier dagegen zwei besonders bedeutende Werke, die fraglos der Tradition des 19. Jahrhunderts zugehören: das Streichquartett d-Moll von Hugo Wolf und das cis-Moll-

---

1 Vgl. G. Graener, *Paul Graener*, Leipzig 1922, sowie P. Grümmer, *Verzeichnis der Werke Paul Graeners*, Berlin 1937; J. Schwermer, *Ewald Sträßer. Leben und Werk*, Köln 1958; W. Merian, *Hermann Suter*, Bd. 1–2, Basel 1936–37.

2 Hier genüge ein zusammenfassender Verweis auf neuere Literatur: B. Marschner, *Das A-Dur-Quartett von Franz Schmidt – ein Werk im Zeichen der Tradition*, in: *Kammermusik zwischen den Weltkriegen. Symposion 1994*, hg. v. C. Ottner, Wien 1995, S. 9–24; Fr. Krummacher, *Analytische Notizen zum 2. Streichquartett G-Dur von Franz Schmidt*, ebenda, S. 25–46; Chr. Khittl, *Die Streichquartette von Joseph Marx. Variationen über das Thema ›Bewahren‹ oder Tradition als ästhetisches Programm*, ebenda, S. 166–180; A. Ott, *Richard Trunk. Leben und Werk*, München 1964; U. Jung, *Walter Braunfels (1882–1954)*, Regensburg 1980, S. 342ff. sowie das Werkverzeichnis S. 607.

3 W. Altmann, *Handbuch für Streichquartettspieler*; spürbar wird das an den Äußerungen zu Schönberg, Berg oder Zemlinsky, S. 240ff., 301ff. und 290f. Obwohl Altmanns Darstellung mit der Zeit um 1928 abbrach, nannte sie für das spätere 19. und beginnende 20. Jahrhundert allein aus Deutschland rund 50 (!) weitere Komponisten, die in diesem Abriß allerdings stillschweigend übergangen werden müssen.

Quartett Nr. 2 von Hans Pfitzner. Beide jedoch teilen mit anderen Werken ihrer Epoche ein so hochgradiges Maß an Individualität (um nicht von Singularität zu reden), daß sie sich nicht ohne Zwang in einen geschichtlichen Zusammenhang einfügen wollen und daher gemeinsam mit weiteren Werken zu behandeln sind, die sich gleichermaßen der Einordnung in nationale Traditionen widersetzen.

Nur auf ein Opus sei zum Schluß noch verwiesen, das wie kein anderes zwischen Moderne und Salon changiert: das a-Moll-Quartett des großen Geigers Fritz Kreisler (1875–1962) aus dem Jahre 1921 (erschienen bei Schott in Mainz). Wie die Satzfolge (Fantasia, Scherzo, Einleitung und Romanze sowie Finale), sind auch die einzelnen Sätze auf Reihung ihrer Abschnitte angelegt, ohne von Verarbeitung oder gar Durchführungen viel wissen zu wollen. Und wie sie zum Schluß unbekümmert die Anfangsteile ohne größere Veränderung wiederholen, so zitiert das Finale am Ende Ausschnitte aus den vorangegangenen Sätzen. Ganz anders jedoch die interne Satzstruktur, die sich nicht mit äußerst raffinierter Chromatik zufrieden gibt, sondern Ketten paralleler Mixturklänge mit Orgelpunkten oder rhythmischen Ostinati kombiniert (wie zumal in den Binnensätzen). Zudem werden in solche gleitenden Akkordfolgen verminderte oder übermäßige Intervalle eingebaut, in Reihen von Quartsextakkorden können die Quartintervalle zwischen den Außenstimmen liegen, und zumal der erste Satz nutzt wenig orthodoxe Ganztonfelder, in denen eingebaute Halbtöne für die harmonische Justierung sorgen. Denn so rasch die tonalen Zentren fluktuieren, so sicher wird am Ende der Abschnitte gerade noch eine Kadenzmarke erreicht. Wohl kein zweites Quartett dieser Jahre kokettiert so ungeniert mit den klanglichen Ressourcen Debussys und vor allem Ravels, gewürzt indes mit einem Schuß der Effekte, die man von den Zugaben Kreislers à la *Schön Rosmarin* kennt. In abgefeimtem Spiel wird das Stück zum leicht gebrochenen Abgesang auf die Lasten eines schwierigen Jahrhunderts und einer noch schwierigeren Moderne in einem.

Auf die deutsche Produktion dieser Epoche war nicht nur näher einzugehen, um eine Vorstellung von der schieren Menge der beteiligten Autoren zu vermitteln. Vielmehr zeigte sich an diesem Repertoire, wie ungenau die Vorstellung von Brahms als isoliertem Meister zwischen Schumann und Schönberg ist. So selten die Werke anderer Musiker einem Vergleich mit dem höchsten Maßstab standhalten, so irrig wäre doch das pauschale Vorurteil, es handle sich durchweg nur um die ephemere Produktion akademischer Kleinmeister. Von solchem Verdacht sind Musiker anderer Länder weniger betroffen als gerade die deutschen Komponisten dieser Ära. Falls dabei stillschweigend zugestanden wird, Autoren anderer Länder sei ohnehin einige Verspätung zuzubilligen, so könnte sich schon darin eine nationale Verengung andeuten. Andernfalls müßten sich erst recht pauschale Urteile als unzutreffend erweisen, denn bei näherer Prüfung wird deutlich, wie unbegründet eine generelle Geringschätzung all der fast verschollenen Werke ist. Hier wie in anderen Geschichtsphasen ist nicht oft mit der Chance zu rechnen, verschollene Meisterwerke erneut zu rehabilitieren, achtenswert genug bleibt jedoch das qualitative Niveau insgesamt. Die beträchtliche Individualität, die nicht wenige Autoren dennoch erreichten, erweist sich am klarsten bei jedem Versuch einer bündelnden Zusammenfassung. Wenn das individuelle Profil der Werke nur mit Kriterien ihrer Struktur zu erfassen ist, dann sieht man sich notwendig auf den Weg einer Differenzierung gewiesen. Daß sich aber interessierte Ensembles heute bemühen, in diesem Vorrat lohnende Werke ausfindig zu machen, sollte einen Musikhistoriker zur Aufmerksamkeit anhalten.

Der kompositorischen Produktion entsprach nach 1850 die rasch wachsende Zahl professioneller Ensembles, die sich auf internationalen und sogar interkontinentalen Reisen für neue, oft ihnen gewidmete Werke einsetzten.[1] Wieweit über den klassischen Kanon Novitäten noch in die Hausmusik Eingang fanden, ist vermittels von Briefen, Erinnerungen und einzelnen Mitteilungen nur schwer abzuschätzen. Von der öffentlichen Darbietung von Streichquartetten läßt sich jedoch ein Eindruck gewinnen, wenn man einige Quellen aus repräsentativen Orten heranzieht. Zwischen 1877 und 1907 veranstaltete die Berliner Singakademie pro Saison zwei Zyklen mit je vier Konzerten, in denen in der Regel drei Streichquartette aufgeführt wurden.[2] Manchmal erklangen größer besetzte Werke, kaum aber solche mit Klavier, und natürlich dominierten mit jeweils mehreren Aufführungen der Hauptwerke die Klassiker der Gattung von Haydn bis Mendelssohn und dann Brahms (weniger jedoch Schubert und Schumann). Daneben standen nicht nur vereinzelte Beiträge von Bargiel, Gernsheim, Herzogenberg, Kiel, Klughardt, Prinz Reuss oder Scholz, sondern manche Werke wurden einmal oder sogar mehrfach wiederholt (wiewohl ein lokaler Akzent hier wie andernorts nicht zu übersehen ist). Zwar ist die Singakademie nicht unbedingt ein Maßstab für das reiche Musikleben Berlins insgesamt, ein entsprechendes Bild bietet aber mit einigen Verschiebungen die Pflege der Kammermusik in Leipzig, wie Alfred Dörffel einsichtig machte.[3] Im Wiener Konzertleben, das man meist nur an Hanslicks Kritiken zu bemessen pflegt, hatte neuere Kammermusik – wie Otto Biba unlängst zeigte – neben der übermächtigen Tradition keinen leichten Stand, doch fehlte dann nicht die lokale Note mit Werken von Goldmark, Selmar Bagge, Ignaz Brüll und weiteren wenig bekannten Autoren.[4] Mehr als in London, Paris oder Moskau wurden Quartette deutscher Autoren in Skandinavien beachtet, und in Stockholm war es vor allem Mazers Quartettgesellschaft, an deren Repertoire sich die kontinuierliche Pflege der Gattung seit 1849 ablesen läßt. Unübersehbar fanden indes neuere Kompositionen aus Deutschland weniger Gehör als früher, wogegen

---

1 Die Zahl solcher Ensembles zeigt eindrucksvoll mit vielen Abbildungen die Übersicht von A. Ehrlich, *Das Streich-Quartett in Wort und Bild*, Leipzig 1898.

2 Eine noch unveröffentlichte Auswertung der Programme verdanke ich Frau Elisabeth Hilsdorf MA (Berlin).

3 A. Dörffel, *Geschichte der Gewandhausconcerte zu Leipzig vom 28. November 1781 bis 25. November 1881. Festschrift zur hundertjährigen Jubelfeier*, Leipzig 1884, Anhang, S. 192–229 (Die Extraconcerte).

4 O. Biba, *Die Kammermusik im Wien der Brahmszeit*, in: *Die Kammermusik von Johannes Brahms. Tradition und Innovation. Bericht über die Tagung Wien 1997*, hg. v. G. Gruber (Schriften zur musikalischen Hermeneutik 8), Laaber 2001, S. 47–62. Vgl. ferner E. Hanslick, *Geschichte des Concertwesens in Wien*, Wien 1969, S. 305ff. und S. 400–404. Während Brüll nur Klavierkammermusik schrieb, veröffentlichte Selmar Bagge (1823–1896), der zwischen 1842 und 1862 in Wien lebte, hier 1845 bei Haslinger zwei Quartette c-Moll und F-Dur op. 1.

vermehrt nun russische und französische Musiker berücksichtigt wurden.[1] Offenbar zeichnen sich hier bereits die ersten Symptome jenes Prozesses ab, der nach dem Ersten Weltkrieg und im Zeichen der Moderne einen großen Werkbestand in Vergessenheit gebracht hat.

Die dichte Musikpflege in Deutschland, von der ein breites Repertoire getragen wurde, war nicht zuletzt einer der Gründe, die Musiker vieler Länder bis über die Jahrhundertwende hinaus zum Studium, für weitere Kontakte oder zur Publikation der eigenen Werke anzogen. Über deutsche Kollegen mochten sie – wie unter Konkurrenten kaum anders zu erwarten – mitunter die Nase rümpfen, für gegenseitiges Mißtrauen oder voreilige Geringschätzung bestand aber kein Grund, solange man von gemeinsamen Grundlagen ausgehen konnte. Und die verbindenden Normen galten noch lange, nachdem sich die nationalen Traditionen der Gattung ausgebildet hatten.

[1] Ein. Hedin, *Mazerska kvartettsällskapet 1849–1949. Minnesskrift*, Stockholm 1949, S. 28, 42 und 51.

Teil V
Normen der Gattung jenseits der Grenzen – Nationale Impulse im Streichquartett

1. Ein ›nordischer Ton‹: Gattungstraditionen in skandinavischen Ländern

An den Klavierkonzerten Fréderic Chopins nahm Robert Schumann 1836 »eine starke originelle Nationalität und zwar die polnische« wahr, die der Komponist »in seinen neueren Werken« freilich »dem weltbürgerlichen Interesse zum Opfer« zu bringen hatte.[1] Daran knüpfte Schumann aber 1844 in einem Aufsatz über den dänischen Musiker Niels W. Gade an, dem die Ouvertüre *Nachklänge von Ossian* und kurz danach eine Symphonie c-Moll überraschende Erfolge in Leipzig eingebracht hatte. Die Beobachtung, hier begegne »zum erstenmal ein entschieden ausgeprägter nordischer Charakter«, veranlaßte zwar den Wunsch, »daß der Künstler in seiner Nationalität nicht etwa untergehe«. Doch verband sich damit der Eindruck, »als ob die Deutschland angrenzenden Nationen sich von der Herrschaft deutscher Musik emancipieren wollten«; das sei an Bennet in England und Verhulst in Holland zu beobachten, ebenso aber an Lindblad in Schweden und Ole Bull in Norwegen sowie an entsprechenden ›Bestrebungen‹ in Ungarn.[2] Daß sich ein nationaler Tonfall in wenig bekannten Werken aus Dänemark feststellen ließ, mag heute überraschend wirken, seit sich die Vorstellung einer nationalen Musik primär mit Werken aus Rußland, Böhmen oder Mähren verbindet. Sie schließt allenfalls spätere skandinavische Komponisten wie Grieg, Nielsen und Sibelius ein, kaum aber schon Musiker, die oft zu den Gefolgsleuten oder Epigonen einer ›Leipziger Schule‹ gezählt werden. Sofern solche Töne in den großen Formen der Instrumentalmusik offenbar andere Bedeutung als in Klavierwerken hatten, konnten Werke eines dänischen Autors erstmals eine Diskussion über das Nationale in der Musik auslösen.[3]

Müßig wäre eine grundsätzliche Debatte über die Priorität nationaler Traditionen, denn sie müßte dann noch weiter in die Geschichte der europäischen Musik zurückführen. Die französisch geprägte Kunst der Ars nova wurde auch in Italien wirksam, das italienische Madrigal galt in England wie Deutschland als verbindliches Modell, und wer im 18. Jahrhundert ›nach französischer Manier‹ oder ›im italienischen Gusto‹ schrieb, mußte sich nicht für oder gegen die Zugehörigkeit zu einer Nation entscheiden. So gewiß aber vor 1800 das Quatour concertant ein spezifisch Pariser Genre war, so deutlich wurde seit 1840 ein nationaler Tonfall an Musik aus Skandinavien und dann aus weiteren Ländern

---

[1] *Robert Schumann. Gesammelte Schriften über Musik und Musiker*, hg. v. M. Kreisig, Leipzig ⁵1914, Bd. I, S. 164–167: 166f.; zuerst in: Neue Zeitschrift für Musik 4 (1836), S. 137ff.

[2] Schumann. *Gesammelte Schriften*, Bd. II, S. 157ff.; zuerst in: Neue Zeitschrift für Musik 20 (1844), S. 1f.

[3] Grundlegend dazu S. Oechsle, *Symphonik nach Beethoven. Studien zu Schubert, Schumann, Mendelssohn und Gade*, Kassel 1992 (Kieler Schriften zur Musikwissenschaft 40), S. 55–59 und S. 135–138.

wahrgenommen. Offenbar hatte sich mit dem Gedanken des ›Volksgeistes‹, wie er zumal durch Herder vertreten wurde, inzwischen eine Wandlung vollzogen. Soll aber der Charakter des Nationalen in der Musik nicht allein als Faktor der Wahrnehmung gelten (was er zweifellos auch war)[1], so sind sachliche Gründe am ehesten in einer älteren Schicht der Volksmusik zu suchen. Maßgeblich war dabei – zumindest in einer ersten Phase – eine charakteristische Tonalität, die von den Modi (den sog. ›Kirchentonarten‹) geprägt war, und wenn sie an der Peripherie länger lebendig blieb als im mitteleuropäischen Zentrum, so konnte sie sich bei ihrer Überführung in die Kunstmusik vom Kontext der funktionalen Dur-Moll-Tonalität abheben.[2] Solche Züge waren offenbar eher in Orchester- und Vokalwerken als in der Kammermusik wirksam, und zumal im Streichquartett blieben die Normen wirksam, die vom Werkkanon der Wiener Klassik bestimmt waren. Auch muß vorangeschickt werden, daß die Quartette von Komponisten wie Gade und Berwald zu Lebzeiten nicht publiziert wurden und daher der öffentlichen Wirksamkeit entzogen blieben. Wenn jedoch skandinavische Instrumentalwerke vor 1800 als national geprägt auffielen, dann dürfte das auch daran liegen, daß man solche Musik gerade aus Nordeuropa nicht erwartete, wo die Musikkultur seit langem durch enge Verbindungen mit Deutschland, Frankreich und Italien bestimmt war.

Anschluß an den Kanon: Kuhlau, Arnold und Lindblad

Als Residenzstädte von Königreichen, die lange einerseits Norwegen und andererseits Finnland umfaßten, hatten Kopenhagen und Stockholm eigene Traditionen, und neben der höfischen Musik konnte sich schon vor 1800 eine bürgerliche Musikpflege anbahnen, die sich bald einem europäisch bestimmten Repertoire öffnete. Andere Voraussetzungen galten in Norwegen und Finnland, wo vergleichbare Residenzen fehlten und nur wenige größere Städte entstanden waren, während beide Länder erst nach 1900 ihre staatliche Souveränität erlangten. An den Anstrengungen jenseits der Zentren ist daher am klarsten zu erkennen, welche Anziehung von der als klassisch empfundenen Instrumentalmusik ausging. War Finnland lange auf eine bescheidene Pflege der Kirchenmusik und auf die Kultur des schwedisch dominierten Adels angewiesen, so war der Hauptort Åbo (Turku) nicht nur Bischofssitz, sondern hatte 1640 auch die einzige Landesuniversität erhalten. So konnte hier 1790 eine Musikgesellschaft entstehen, deren Notensammlung in ihren erhaltenen Beständen die Teilhabe an der Gesamtentwicklung bezeugt, und ebenso entstanden hier oder in Uleåborg (Ouluun) die bemerkenswerten Quartette Erik Tulindbergs.[3] In Norwegen, dessen Hauptstadt erst 1814 Christiania (später Oslo) wurde, war neben Trond-

---

1 C. Dahlhaus, *Die Idee des Nationalismus in der Musik*, in: ders., *Zwischen Romantik und Moderne. Vier Studien zur Musikgeschichte des späteren 19. Jahrhunderts*, München 1974, S. 74–92: 80f. und 83f., jedoch mit dem Zusatz: »Die These, daß die Kategorie des Nationalen in der Musik des 19. Jahrhunderts primär als Funktionsbegriff zu verstehen sei [...] besagt allerdings nicht, daß die Bedeutung der Volksmusik [...] verleugnet oder geschmälert werden soll« (ebenda, S. 84).

2 Vgl. dazu S. Oechsle, *Symphonik nach Beethoven*, S. 58f., 61f. und 65–77, weiterhin Fr. Krummacher, *Gattung und Werk. Zu Streichquartetten von Gade und Berwald*, in: ders., *Musik im Norden. Abhandlungen zur skandinavischen und norddeutschen Musikgeschichte*, hg. v. S. Oechsle u. a., Kassel u. a. 1996, S. 117–143: 126ff. Auch Dahlhaus räumte ein, daß bei der Bestimmung des als national Geltenden »ein stilistisches fundamentum in re nicht fehlen darf« (*Die Idee des Nationalismus*, S. 80).

3 O. Andersson, *Musikaliska Sällskapet i Åbo 1790–1808*, Helsingfors 1940, S. 349–407; M. Ringbom (Hg.), *Turun Sooitannollinen Seure 1790–1965* [Die Musikalische Gesellschaft Turku], Turku 1960; zu Tulindberg vgl. I. Oramo, *Kun Haydn muutti Ouloun* [Als Haydn nach Uleåborg kam], in: *Den gemensamma tonen*, hg. v. H. Apajalahti, Helsinki 1990, S. 177–190.

heim als Sitz des Erzbischofs Bergen ein Handelszentrum, wo 1765 von aktiven Bürgern die Musikgesellschaft Harmonie begründet wurde. Schon in ihrem ersten Notenverzeichnis ist Haydn 1792 mit Streichquartetten vertreten, unter 21 Posten Kammermusik werden 1813 neben Werken Haydns und Mozarts solche von Hoffmeister, Krommer und Pleyel aufgeführt, und die seit 1812 erhaltenen Programme lassen erkennen, wie man weiterhin Anschluß zu halten suchte.[1] Erst recht konnten in Kopenhagen, wo man stets enge Verbindungen mit den südlichen Nachbarländern unterhielt, schon 1772 Quartette Haydns aufgeführt werden, und wie Claus Schall seit 1780 Haydnsche Symphonien leitete, so übersandte Haydn selbst dem dänischen Gesandten in Wien seine Pariser Symphonien zur Weiterleitung an den Kopenhagener Hof.[2] Allerdings engagierten sich die aus Deutschland gekommenen Kapellmeister Johann Adolph Scheibe, Johann Abraham Peter Schulz, Friedrich Ludwig Æmilius Kunzen und Christoph Friedrich Weyse nicht gleichermaßen in der Kammermusik, doch zeigt der Quellenfund einer Musikaliensammlung aus Schloß Aalholm, wie eifrig hier eine musikkundige Adelsfamilie die Kammermusik Haydns und seiner Zeitgenossen sammelte und gewiß auch musizierte.[3] In Stockholm schließlich, wo ebenfalls Kapellmeister wie Johann Gottlieb Naumann und der Abbé Vogler keine Kammermusik hinterließen, trat zu den privaten Salons 1776 die Gesellschaft Utile dulci, und in diesem Umkreis schrieb neben dem Hofkapellmeister Joseph Martin Kraus auch Johan Wikmansson seine Streichquartette.[4] Während des 19. Jahrhunderts erfuhr das Musikleben in Stockholm wie in Kopenhagen und später in den neuen Hauptstädten Helsinki–Helsingfors und Christiania–Oslo eine zunehmende Professionalisierung, in deren Folge sich die Grundlagen der heute gültigen Strukturen ausbildeten. Eine Besonderheit blieb indes die Mazersche Quartettgesellschaft in Stockholm mit ihrem so gut wie komplett erhaltenen Repertoire.[5]

Als um die Jahrhundertmitte die Quartette von Gade und Franz Berwald entstanden, war zwar noch nicht mit professionellen Ensembles zu rechnen. Wenn später aber die ebenso individuellen Beiträge von Svendsen und Grieg, Nielsen, Stenhammar und Sibelius folgten, so setzten sie Traditionen der Kammermusik voraus, die sich inzwischen entwickeln konnten. Recht isoliert blieben dagegen frühere Werke, die in der Regel bis heute auch nicht veröffentlicht wurden und daher hier nur am Rande zu erwähnen sind. In Stockholm schrieb Anders Wesström (um 1720 – 1781), der Schüler Tartinis war, seit 1764 der Stockholmer Hofkapelle zugehörte und 1773 Organist in Gävle wurde, wohl schon nach 1760 sechs einfache Quartette mit führender Oberstimme, die auch von einer Flöte oder Oboe übernommen werden konnte.[6] Bereits nach den Werken von Kraus und Wikmansson liegen die Quartette des von der Insel Rügen stammenden Joachim Georg Eggert

---

1 A. Berg, *Olav Mosby. Musikselskabet Harmonien 1765–1945*, Bd. 1, Bergen 1945, S. 27, 103ff. und 112ff.; vgl. ferner B. Qvamme, *Musikkliv i Christiania fra Arilds tid til Arild Sandvold*, Oslo 2000, S. 72–76.
2 N. Schiørring, *Musikkens Historie i Danmark*, Bd. 2: *Fra 1750 til 1870*, Kopenhagen 1978, S. 57f. und weiter S. 85–102.
3 J. H. Koudal, *Nodefundet på Aalholm Slot. En kort præsentation*, in: Cæcilia. Årbog Aarhus 1992/93, S. 265–278.
4 M. Tegen (Hg.), *Svensk musikhistoria. En läsebok*, Stockholm 1972, ²1976, S. 83ff. und S. 88ff.; zu den Quartetten von Kraus und Wikmansson s. Teilband 1 dieser Darstellung, S. 138–146.
5 E. Hedin, *Mazerska kvartettsällskapet 1849–1949. Minnesskrift*, Stockholm 1949.
6 Neben dem E-Dur-Quartett von A. Wesström edierte S. Kjellström ein nicht sehr anspruchsvolles f-Moll-Quartett von Martin de Ron (1789–1817) in der Reihe *Äldre svensk musik*, Nr. 6–7, Stockholm 1941.

(1779–1813), der von 1808 bis 1812 Kapellmeister am Stockholmer Hof war (op. 1 Nr. 1–3, C – f – F; op. 2 Nr. 1–3, B – g – d; op. 3 Nr. 1–3, c – G – A sowie zwei fragmentarische Stücke). Er war an einer frühen Sammlung von Volksmusik beteiligt, und so suchte Bo Wallner im Adagio con malinconia aus dem g-Moll-Quartett op. 2 Nr. 2, das als einziges gedruckt wurde (Leipzig 1817), entsprechende Spuren nachzuweisen.[1] Während Christian August Berwald – jüngerer Bruder von Franz Berwald – nur zwei Rondi, eine Fantasie und ein Variationenwerk für Quartettbesetzung, jedoch kein eigentliches Streichquartett hinterließ, liegen von seinem Vetter Johan Fredrik Berwald (1787–1861) immerhin elf Beiträge vor (op. 2 Nr. 1–3, F – g – D, gewidmet Zar Alexander I., Berlin 1799, R. Werckmeister; op. 3 Nr. 1–3, Es – C – A, 1801–04; op. 5 G-Dur, 1802, sowie Einzelwerke in f-Moll, D-Dur, a-Moll und g-Moll, 1809–19). Daß der Autor in St. Petersburg, wo er ab 1812 als Geiger der Hofkapelle angehörte, noch bei Pierre Rode lernte, ist den Quartetten eher anzumerken als ein früheres Studium bei Naumann in Dresden oder eine Begegnung mit Haydn in Wien (1799). Ohne geradezu dem Quatuor brillant zu huldigen, zeigen die meist ungedruckten Quartette nämlich neben Themen, die durchaus Modellen der Wiener Klassik entsprechen, vielfach sehr konzertante und sogar virtuose Partien, was freilich expressivere Züge in den letzten Werken nicht ausschließt. Ähnlich hatte Anders Randell (1806–1864) bei Baillot in Paris studiert, bevor er 1844 Violinlehrer in Stockholm wurde. In Kopenhagen wirkte schließlich der Spohr-Schüler Johannes Frederik Frølich (1806–1860), von dessen drei Quartetten nur das erste gedruckt wurde (op. 1 d-Moll, 1823; op. 2 A-Dur, 1823; op. 17 A-Dur, 1827). Trotz der Übersicht Bo Wallners liegt – mit ihm zu sprechen – einstweilen »tiefes Schweigen« über all diesen Werken, denen es gemeinsam ist, daß die Autoren Violinisten waren und ihre Ausbildung angesehenen Lehrern verdankten.[2]

Gegenüber dieser primär schwedischen Tradition verbinden sich in Norwegen und Dänemark erste bemerkenswerte Einzelwerke mit Musikern, die aus Deutschland zugewandert waren. Als 1848 Carl Arnold (1794–1873) nach Christiania kam, lag allerdings sein g-Moll-Quartett op. 19 (AWV 26), das um 1824 bei Breitkopf & Härtel in Leipzig erschienen war, schon geraume Zeit zurück.[3] Entstanden war es in den Berliner Jahren des Autors, der bis 1824 als reisender Pianist und nach 1835 in Münster tätig war. Immerhin gibt es eine Vorstellung von den Impulsen und Fähigkeiten, die er in die neue Heimat mitbrachte und hier an Schüler wie Halfdan Kjerulf, Johan Severin Svendsen und Otto Winter-Hjelm weitergab. Harmonisch noch ganz im klassischen Fundus beheimatet, vermittelt das Werk zwischen auffällig konservativen und recht eigenständigen Zügen, sofern das gängige Schema in beiden Ecksätzen deutlich überformt wird. Zwar weisen die Expositionen beide-

---

1 B. Wallner, *Den svenska stråkkvartetten*, Del I: *Klassicism och romantik*, Stockholm 1979 (Kungl. musikaliska akademiens skriftserie 24), S. 25f. Zu Wesström und weiter zu J. Fr. Berwald ebenda, S. 9ff. und S. 31ff.

2 Ebenda, S. 26; an Artikeln der Stockholmer Presse zeigte Wallner, daß die Unterscheidung der brillanten Spezies vom eigentlichen Quartett hier um 1811 geläufig war (ebenda, S. 30f.).

3 Eine Edition, hg. v. H. Herresthal, erschien in Wilhelmshaven 1993; vgl. ferner H. Herresthal, *Carl Arnold. Ein europäischer Musiker des 19. Jahrhunderts. Eine Dokumentarbiographie mit thematischem Werkverzeichnis (AWV)*, Wilhelmshaven 1993 (Quellenkataloge zur Musikgeschichte 23), S. 236f.

[1] Hg. v. C. E. Hatting, Kopenhagen 1974 (Samfundet til udgivelse af dansk musik); Auftraggeber war der kunstfreudige Weinhändler Waage-Petersen. Vgl. weiter R. Brinkmann, *Wirkungen Beethovens in der Kammermusik*, in: *Beiträge zu Beethovens Kammermusik. Symposion Bonn 1984*, hg. v. S. Brandenburg und H. Loos, München 1987 (Veröffentlichungen des Beethovenhauses in Bonn, N. F., Vierte Reihe: Schriften zur Beethovenforschung 10), S. 79–110: 80f.; G. Busk, *Friedrich Kuhlau. Hans liv og værk*, Kopenhagen 1986; ders. (Hg.), *Friedrich Kuhlau, breve*, ebenda 1990.

mal im gewohnten Verhältnis der Tonarten zwei Themen auf, die in den Durchführungen regelgerecht verarbeitet werden. Die Reprise im Kopfsatz setzt indes mit dem Seitensatz in der Tonikavariante an und verdichtet dann erst den Hauptsatz zu einem knappen Fugato, als Kontrapunkt dient zudem eine Triolenfiguration, die zuvor als Anhang des Hauptthemas, in der Schlußgruppe und zwischen den Durchführungsphasen erschien, und die Krönung bildet zu Beginn der Coda ein freier vierstimmiger Kanon mit dem Kopf des Hauptsatzes. Etwas anders verfährt das Finale, denn Haupt- und Seitensatz teilen nicht nur die durchgehenden Sechzehntelketten, sondern dazu eine fallende Dreiklangsfigur, die durch Triller profiliert wird. Zum dreistimmigen Kanon intensiviert sich am Ende der Durchführung diesmal der Seitensatz, der dafür in der Reprise entfällt, daß aber der Satz trotz gleichmäßig motorischer Bewegung nicht monoton wird, dankt er dem quasi auftaktig wirkenden Impuls einer Thematik, die den Prozeß stets wieder vorantreibt. Im Unterschied zum konventionellen Menuett mit Trio wandelt der langsame Satz die fünfteilige Anlage (A–B–A'–B'–A") ab, sofern er ein zweiteiliges Thema mit erster Variation präsentiert (A), es dann aber in zwei modulierenden Einschüben verarbeitet (B und B'), zwischen denen weitere Variationen eingeschaltet werden (A' und A"). Bis Arnolds Schüler Svendsen und Winter-Hjelm, die beide zudem in Leipzig studierten, ihre Quartette schrieben, sollte es allerdings bis nach 1860 dauern.

F. Kuhlau, Quartett in a-Moll, op. 122, erster Satz, T. 1–4 (Dan Fog Musikforlag).

Nach der Ausbildung durch Johann Gottlieb Schwencke, den Hamburger Nachfolger C. Ph. E. Bachs, kam Friedrich Kuhlau (1786–1832) 1810 nach Kopenhagen und trat hier als Pianist und Dirigent für Beethoven ein, dem er 1825 in Wien begegnete. Kurz vor seinem Tod schrieb er 1831 sein einziges Streichquartett in a-Moll, das als erstes einer bestellten Reihe von sechs Werken entstand, bei Peters in Leipzig aber erst zehn Jahre später herauskam und als frühe Reaktion auf Beethovens Spätwerk gelten kann.[1]

Denn die Einleitung zum Kopfsatz spielt mit ihren charakteristischen Schritten (gis–a–c'–dis'–e'–f'–e') in Vierteln samt punktierter

Variante in der Fortspinnung offensichtlich auf die intervallischen Relationen im Pendant aus op. 131 an, doch werden die jähen Kontraste in Zeitmaß und Struktur zu einem kontinuierlichen Strom umgeformt, der durch kontrapunktische Fortführung mit Quintschrittsequenzen bewirkt wird. Das Hauptthema im Allegro, in das zweimal das gedehnte Incipit der Einleitung eingeblendet wird, besteht freilich im Grunde nur aus fallenden und steigenden Skalen über repetierten Begleitakkorden, es gleicht damit eher einem Thema aus der Zeit Viottis oder Kreutzers und findet sein Gegenstück im Seitensatz, der sich mit weitgeschwungener Melodik über einfachem Akkordwechsel fast wie eine populäre Opernmelodie ausnimmt. Und wenn die Überleitungen weitgehend mit figurativen Versatzstücken gefüllt werden, so besteht die Durchführung aus einer großräumigen Quintfallsequenz mit dem Kopf des Hauptsatzes. Wie hier erscheint auch in der Reprise des Schlußsatzes das Seitenthema in der Durvariante, in der das Finale dann endet, und wenn ihm erneut eine Introduktion in gedehnten Akkorden vorangeht, so bleibt sie für den Satzverlauf erst recht folgenlos. Während das zweiteilige Adagio seine beiden Themen in der Reprise ornamental variiert, ohne ein durchführendes Zentrum zu benötigen, folgt das Scherzo mit Wechsel und Überlagerung zweier Impulse weniger einem konkreten Modell als einem Prinzip früherer Sätze Beethovens (wie in op. 18 Nr. 1), wieder wird aber klassische Diskontinuität durch rhythmisches Gleichmaß ersetzt, auch wenn die melodische und harmonische Struktur – wie bei Romberg oder Ries – noch vom tradierten Vorrat zehrt.

Anders verhält es sich mit den Quartetten, die fast zu gleicher Zeit Adolf Fredrik Lindblad (1801–1878) in Stockholm schrieb. Von Uppsala aus reiste er 1825–27 nach Deutschland und weiter nach Paris, vor allem gewann er in Berlin, wo er noch bei Zelter studierte, die Freundschaft Mendelssohns, von der ein aufschlußreicher Briefwechsel zeugt.[1] In Stockholm leitete er von 1827 bis 1861 eine von ihm gegründete Musikschule, zu deren Absolventen neben Mitgliedern des Königshauses auch Ludvig Norman zählte. Eine Sammlung mit 12 von ihm bearbeiteten schwedischen Volksliedern (*Der Nordensaal*, Berlin 1826) fand – wie erwähnt – die Aufmerksamkeit Schumanns, in seinem Land galt er vor allem als Liederkomponist, neben einer Symphonie, die 1839 in Leipzig erklang, schrieb er aber wenigstens sieben Streichquartette. Daß sie bislang nicht näher untersucht wurden (und daher hier nur zu streifen sind), ist besonders bedauerlich, weil sie zu den ersten Zeugnissen für die Aufnahme der Frühromantik in skandinavischen Quartetten zählen dürften.[2] Da die Autographe außer ihrer Zählung keine genaueren Daten bieten, läßt sich über die Chronologie der um oder nach 1830 begonnenen Reihe vorerst wenig sagen, doch knüpft erst das unvollendete A-Dur-Quartett Nr. 7 im zweiten Satz an ein Volkslied an, das hier freilich nach herkömmlicher Art als Variationsthema dient; ob aber im

1 *Brev till Adolf Fredrik Lindblad från Mendelssohn* [...] *och andra*, hg. v. M. Grandinson, Stockholm 1913, S. 11–52. Man traf sich erneut 1836 in Frankfurt a. M. und nochmals 1842 in Berlin, vgl. ebenda, S. 47, dabei erschien »der alte Lindblad« Mendelssohn »viel harmonischer und behaglicher«, doch sei ihm »viel unselbständiges und kränkliches« anzumerken, vgl. K. Klingemann (Hg.), *Felix Mendelssohn-Bartholdys Briefwechsel mit Legationsrat Karl Klingemann in London*, Essen 1909, S. 203 (20. 7. 1836).

2 Vgl. dazu die Angaben bei B. Wallner, *Den svenska stråkkvartetten*, S. 43–51. Wallners Angabe von sieben Quartetten deckt sich mit der von K. Linder, Art. *Lindblad*, in: *New Grove Dictionary*, Bd. 10, S. 866f.; zehn Werke dagegen, von denen sechs 1911 gedruckt worden seien, nennt M. Tegen, in: ders. und L. Jonsson (Hg.), *Musiken i Sverige*, Bd. 3: *Den nationella identiteten 1810–1920*, Stockholm 1992 (Kungl. musikaliska akademiens skriftserie 74/III), S. 316: Lindblad »komponerade inte mindre än tio stråkkvartetter (sex i tryck först 1911)«. Kopien der Autographe der sieben bei Wallner genannten Werke verdanke ich der Kungliga musikaliska akademiens bibliotek (heute Statens musikbibliotek) Stockholm.

übrigen nicht Mendelssohn, sondern Beethoven mit seinen früheren Werken die Richtmarke abgab, kann immerhin bezweifelt werden.[1]

Während die Satzstruktur nur in nachgeordneten Partien an das klassische Prinzip der diskontinuierlichen Rhythmik anschließt, zeigen gerade die Hauptthemen der Kopfsätze ein anderes Bild. Nach dem recht blassen und schulmäßigen ersten Quartett beginnt bereits das B-Dur-Werk Nr. 2 mit einem Hauptsatz, dessen kontinuierliche Achtel mit leise chromatischer Färbung nur die Basis für die kantabel geschwungene Oberstimme bieten. Auch wo sich kurz rasche Skalen oder punktierte Rhythmen einschalten, kehrt der Satz rasch zur sanften Kantabilität des Beginns zurück. Jene Melodik, die Wallner als leicht sentimental oder indifferent erschien[2], bewirkt zusammen mit dem gleichmäßigen Strom der Begleitung eine Distanz zum klassischen Satz, die sich kaum nur aus den Liedern Lindblads, sondern wenigstens gleichermaßen aus Eindrücken durch Mendelssohn erklären lassen dürfte. Der Sachverhalt bestätigt sich am ersten Satz des h-Moll-Quartetts Nr. 4, das im Kopf des Hauptthemas mit je zwei fallenden Intervallen in gleichen Notenwerten Haydns ›Quintenquartett‹ op. 76 Nr. 2 beschwört. Gerade darum wird die gänzlich andere Satzstruktur desto klarer einsichtig, wenn das Thema figurativ fortgesponnen wird, aber anders als bei Haydn rhythmisch nicht verändert werden kann, sondern wie ein cantus firmus auch die Durchführung durchzieht. Wie hier sind es am ehesten die Seitensätze und Schlußgruppen, die noch den spielerischen Tonfall älterer Zeitgenossen aufgreifen können; da aber transponierte Zitate der Hauptthemen auch die geschickt modulierenden Durchführungen ausfüllen, verstärkt sich erneut der Eindruck gleichmäßig kantablen Strömens. Indessen bestätigen sich diese Beobachtungen hier nicht nur an den Binnensätzen, sondern ebenso am Finale, das wiederum als Sonatensatz angelegt ist. Deutlicher noch nimmt das letzte vollendete Quartett in Es-Dur (Nr. 6) den Tonfall von Mendelssohns op. 12 auf, ohne freilich die gleichen zyklischen Strategien oder gar die Auseinandersetzung mit dem späten Beethoven zu erproben. Über pochendem Orgelpunkt auf der Tonika entfaltet jedoch der Kopfsatz sein Hauptthema in dicht akkordischem Satz mit der nämlichen Wendung zur Subdominante, die letztlich auf Beethovens op. 74 zurückweist. Und einer ausschwingenden Fortspinnung folgt wieder ein wenig signifikanter Seitensatz, während die Durchführung von der Mollvariante aus einen beträchtlichen Radius der Modulationen ausmißt. Das Larghetto As-Dur sodann entfaltet sein Thema wieder über akkordischer Begleitung in komplementärer Bewegung und entwickelt den kurzen Mittelteil zu einer kleinen Durchführung über die punktierte Rhythmik des Gegenthemas. Der Tanzsatz folgt allerdings nicht nur formal, sondern auch in der strikt periodischen Taktgruppierung den gängigen Mustern, und das Finale – wieder ein Sonatensatz – fällt thematisch wie strukturell weiter ab.

---

[1] So B. Wallner, *Den svenska stråkkvartetten*, S. 43; zur Datierungsfrage und zum Volksliedthema in Nr. 7 ebenda, S. 44 und S. 47.
[2] Ebenda, S. 46 und S. 51.

Von der kontrapunktischen Verdichtung der reifen Werke Mendelssohns wissen Lindblads Beiträge allerdings so wenig wie von den vermittelnden Strategien, mit denen dort das Problem der Verarbeitung liedhafter Themen gelöst wird. Eher schloß Lindblad an Mendelssohns Frühwerk an, ohne von den in op. 13 und op. 12 ausgetragenen Problemen betroffen zu werden. Dennoch könnte eine Edition bei begründeter Auswahl Einsichten in eine Phase bieten, in der in Skandinavien statt der Nachfolge Beethovens schon eine spätere Phase der Gattungsgeschichte rezipiert wurde. Dabei spielte das Quatuor brillant eine geringe Rolle, und wo sich eigene Traditionen ausbildeten, hatten sie die Wiener Klassik zur Voraussetzung, ohne an sie unmittelbar anzuschließen. Übersprungen wurde wie in Deutschland das Spätwerk Beethovens, soweit man aber bei eingewanderten Musikern und später in Leipzig, Berlin und Paris lernte, machte sich zunehmend der Anspruch der Gattung geltend. Daß meist nur Einzelwerke oder höchstens Werkpaare entstanden, sollte sich erst zur Jahrhundertwende in Werkserien von Nielsen und Stenhammar ändern. Wo es bei einem Werk als obligatorischem Abschluß des Studiums blieb, schließt das beträchtliche Eigenart nicht aus, wie sich 1865 an Svendsens op. 1 zeigt. Allerdings war der Druck – und dann nur in Stimmen – keineswegs die Regel, weshalb solche Werke, die einem interessierten Leser nicht zugänglich sind, hier nur erwähnt werden können. Maßgeblich waren nicht immer bloß ökonomische Gründe, wenn etwa Gade noch nach 1850 – als ihm Breitkopf jedes neue Werk abnahm – zwei Quartette zurückhielt. Gerade solche Selbstkritik ist ein Indiz dafür, wie bewußt der Rang der Gattung erfaßt wurde, den die Hauptwerke deutlich reflektieren. Zwar gab es keine ausgedehnte Debatte über Gattungsnormen, doch kamen maßgebliche Kriterien in Zeitschriften und einzelnen Schriften zur Sprache. Wurde in Stockholm 1811 der Abstand zwischen dem Quartett und seinem brillanten Seitentrieb erörtert, so galten neben den »munteren« Quartetten Haydns und Pleyels die Werke Mozarts, Rodes, Rombergs und Beethovens als »ernster« und »romantisch«. Ein Artikel plädierte für die Bevorzugung Mozarts, Haydns und Rombergs sowie der »jüngeren« Autoren Spohr und Fesca, ohne daneben die »sinnreichen Arbeiten« Beethovens zu vergessen, und entsprechende Zeugnisse mehren sich nach der Jahrhundertmitte.[1] Mit gleichem Austausch ist in Kopenhagen zu rechnen, wiewohl nähere Nachweise für Dänemark und Norwegen noch ausstehen.

Eine Besonderheit war es in Schweden, daß mit Erik Gustaf Geijer und Carl Jonas Love Almqvist zwei maßgebliche Repräsentanten der literarischen Romantik auch kompositorisch hervortraten, und zumal Geijer (1783–1847) erweist sich in zwei Streichquartetten als handwerklich durchaus kompetent. Einem frühen Werk in F-Dur, das wenigstens in seinem Beginn die Kenntnis von Beethovens op. 59 Nr. 1 verrät, folgt

[Anmerkung 2 zu S. 225:] J. Chr. Fr. Haeffner, *Anmärkningar öfver gamla nordiska sången*, in: Svea. Tidskrift för vetenskap och konst, 1818, S. 78ff., abgedruckt im Vorwort der Ausgabe von E. G. Geijer und A. A. Afzelius, *Svenska folkvisor*, hg. v. R. Bergström und L. Höijer, Stockholm ³1880, Bd. 3, S. VII–XIX; vgl. auch Geijers Inledning in der Erstausgabe, Stockholm 1814, Bd. 1, S. LXVIIf.; vgl. ferner: V. H. Fr. Abrahamson, *Rasmus Nyerup und Knud Lyne Rahbek. Udvalgte Danske Viser fra Middelalderen*, Kopenhagen 1812–14, bes. Bd. 5, 1814; L. M. Lindeman, *Norske Nationalmelodier samlede*, Christiania 1840; ders., *Norske Fjeld-Melodier, harmonisk bearbeidede*, ebenda 1841; ders., *Ældre og nyere Norske Fjeldmelodier Samlede og bearbeidede for Pianoforte*, Teile 1–12, ebenda 1853–67, Reprint Oslo 1963; A. P. Berggreen, *Danske Folke-Sange og Melodier, samlede og udsatte for Pianoforte*, Kopenhagen 1860, Fortale, S. VII–XI.

1 Ebenda, S. 30f.; die Texte finden sich in originalem Wortlaut mit Übersetzung bei S. Rotter, *Studien zu den Streichquartetten von Wilhelm Stenhammar*, Kassel u. a. 2001 (Kieler Schriften zur Musikwissenschaft 47), S. 14ff.; ebenda, S. 17–36, spätere Belege dazu und zur Repertoirebildung.

te 1845 ein zweites Quartett in B-Dur, dessen erster Satz im Wechsel periodischer, nicht selten deutlich kontrastierender Gruppen immer noch den Modellen der Klassik verpflichtet ist.[1] Klarer noch wird das im Scherzo mit synkopischer Rhythmik und kurzem Fugato, und wenn das kurze Andante Es-Dur – mit einem Mittelteil in E-Dur – jedes liedhafte Idiom meidet, so beginnt das ähnlich knappe Finale in c-Moll, um dann das in B-Dur beginnende Werk ausnahmsweise in C-Dur zu beenden. Folgenreich wurde es jedoch, daß Geijer – der 1827 mit Lindblad nach Deutschland kam – mit dem Theologen und Volkskundler Arvid August Afzelius 1814–17 eine erste umfangreiche Edition alter Volkslieder in drei Bänden herausgab, deren Melodiebeilagen der aus Hessen stammende Johann Christian Friedrich Haeffner redigierte. Vorangegangen war 1812–14 eine entsprechende Sammlung *Viser* in Dänemark, während nach weiteren schwedischen und dänischen Ausgaben die norwegischen Publikationen von L. M. Lindeman seit 1840 folgten.[2] Mit ihrer eigenartigen, weithin noch von den mittelalterlichen Modi bestimmten Struktur, die einer Harmonisierung im Klaviersatz nicht geringe Schwierigkeiten entgegenstellte, weckten die skandinavischen Melodien bald die Aufmerksamkeit deutscher Rezipienten. Die dadurch genährten Erwartungen bereiteten ihrerseits – wie erwähnt – das Aufsehen vor, das dann Gades orchestrale Frühwerke auslösten.[3] Und obwohl solche Befunde in der Kammermusik weniger hervortreten als im Lied und im Lyrischen Klavierstück, sind sie doch nicht ganz belanglos in Streichquartetten skandinavischer Autoren, die sich den Normen der Gattung verpflichtet fühlten, ohne deshalb ihre Herkunft leugnen zu müssen.

Berwald – der Außenseiter

Wiewohl Franz Berwald (1796–1868) einer weitverzweigten Musikerfamilie angehörte und bis 1828 Geiger und Bratschist in der Stockholmer Hofkapelle war, scheint er sich seine kompositorischen Kenntnisse weithin als Autodidakt angeeignet zu haben. Mit der Eigenart seiner Werke fand er daheim wenig Verständnis, 1829 konnte er mit einem Stipendium nach Berlin reisen, mehrfache Begegnungen mit Mendelssohn trugen indes zu wechselseitiger Distanz bei, und da die Bemühungen um kompositorische Resonanz erfolglos blieben, versorgte er sich als Gründer eines orthopädischen Instituts.[4] In Wien konnte er zwar 1841 einige Werke aufführen, hierhin und nach Paris führten spätere Reisen, nachdem er aber 1842 nach Stockholm zurückkehrte, blieb er weiter so isoliert, daß er sich als Leiter einer Glashütte nach Nordschweden zurückzog. Erst nach dem Erfolg der Oper *Estrella di Soria* wurde er 1867 Mitglied der Kgl. Musikakademie und ein Jahr später – kurz vor seinem Tode – endlich Kompositionslehrer am Konservatorium. Isoliert wie auf

---

1 B. Wallner, *Den svenska stråkkvartetten*, S. 41; eine Edition des B-Dur-Werks erschien in Göteborg 1974.

2 Siehe Anmerkung S. 224.

3 Zur Beachtung der melodischen und harmonischen Eigenarten vgl. H. W. Schwab, *Das Lyrische Klavierstück und der nordische Ton*, in: *Gattung und Werk in der Musikgeschichte Norddeutschlands und Skandinaviens. Referate der Kieler Tagung 1980*, hg. v. Fr. Krummacher und H. W. Schwab, Kassel u. a. 1982, S. 136–153: 139ff.; Fr. Krummacher, *Gattung und Werk – Zu Streichquartetten von Gade und Berwald*, ebenda, S. 154–175: 161ff., im weiteren zitiert nach dem Wiederabdruck in: ders., *Musik im Norden. Abhandlungen über skandinavische und norddeutsche Musik*, hg. v. S. Oechsle u. a., Kassel u. a. 1996, S. 117–143, hier S. 127ff. Zu Gades Frühwerk vgl. S. Oechsle, *Symphonik nach Beethoven*, S. 65–86.

4 *Franz Berwald. Die Dokumente seines Lebens*, hg. v. E. Lomnäs, Kassel 1979 (Sämtliche Werke, Supplement) (abgekürzt: *Berwald. Dokumente*), S. 133–136; *Bref till A. Fr. Lindblad från Mendelssohn*, S. 35f. – Vereinzelt blieb lange die eingehende Besprechung, die Ludvig Norman 1859 den drei Klaviertrios widmete, ohne freilich die unveröffentlichten Streichquartette zu erwähnen, vgl. *Berwald. Dokumente*, S. 490–497.

seinem Lebensweg blieb er als Komponist in seiner Zeit. Gleichaltrig mit Schubert, von dem er nicht wissen konnte, beeindruckte ihn späterhin Mendelssohn nicht, und wenn er vom kadenzmetrischen Satz der Klassik ausging, so suchte er schon früh die periodische Gliederung und motivische Vermittlung zu unterlaufen.

Zu zwei Quartetten, die 1819 dem Verlag Peters angeboten wurden, gehört das am 27. 9. 1818 beendete g-Moll-Werk, das in der durchsichtigen Struktur durchaus eigene Züge trägt.[1] Formal zwar bleibt es im Rahmen des Herkömmlichen, offene Verstöße gegen die Normen beweisen aber weniger Skurrilität als klare Distanz zur Tradition, ohne ein eigenes Konzept zu verraten. Die Überleitungen etwa, die zur Überlänge der Ecksätze beitragen, sind unthematische Phasen, die im Finale deutlich virtuose Figuren bieten, und manche Eigenheiten der Harmonik wirken im Verhältnis zu figurierten Themenvarianten und sequenzierenden Passagen eher bemüht als konsequent. Der Kopfsatz stellt das Hauptthema in doppelter Fassung vor: einmal im Unisono mit neutralen Halben und punktiertem Anhang, der sich in Es-Dur festläuft und dann erst dominantisch öffnet, und weit später als periodische Gruppe in Baßlage (T. 35ff.). Doppelt erscheint auf der Dominante ebenso der kantabel periodische Seitensatz, erst mit scherzosem Anhang in akkordisch getupften Achteln und dann erneut zu rascher Begleitfiguration (T. 65 und T. 105). Zwischen den Themengruppen stehen aber jeweils Überleitungen, die wechselnd figurativ oder eher motivisch verfahren, bis die Schlußgruppe auf das rhythmische Modell des Hauptsatzes zurückkommt. Die Durchführung dagegen bezieht sich mit Schlußgruppe, Überleitung und Seitensatz auf sekundäres Material, erst die Reprise erweitert den Hauptsatz (T. 249–257), und gerade hier zeigt die Harmonik bezeichnende Rückungen (g–Fis–h sowie Cis–Es–as). In periodischen Viertaktern verläuft das Poco Adagio B-Dur bis hin zum Wechsel von ab- zu auftaktiger Gliederung (T. 20–21), und wenn sich der Mittelteil in b-Moll weiter auflöst, so verarbeitet er doch das Incipit des Themas. Ohne Teilwiederholungen erweitert das Scherzo die Form durch intensive Arbeit und stauende Gruppen, die stufenweise Sequenzen im Wechsel von Terz- und Quintrelationen aufweisen (T. 25–144 Fis–h/G–c/A–d/H–e/Cis–D–g). Das Rondofinale überformt das Schema zunächst mit einem Refrainzitat auf der Subdominante noch vor dem ersten Couplet, und wenn nach zweitem Refrain und nach Es-Dur transponiertem Couplet die Verarbeitung knapp ausfällt, so entschädigt dafür statt des dritten Refrains eine Fuge, die den chromatisch erweiterten Refrainkopf mit einem bis in die Coda wirkenden Gegenthema paart. Konsequenter als die fugierte Arbeit sind die harmonischen Konstruktionen mit Halbtonsequenzen schon in der ersten Überleitung (T. 29–50 Es–As, E–A, F–B, Fis–H–e) und einer Quintfallkette in der Durchführung, die damit die dominantische Öffnung beider Themen

[1] *Streichquartette*, hg. v. N. Castegren, L. Frydén und E. Lomnäs, Kassel u. a. 1968 (Sämtliche Werke Bd. XI), S. 3–50; zur Datierung ebenda, Vorwort, S. IX, sowie *Berwald. Dokumente*, S. 39 und S. 44 (an Peters, 5. 1. 1819). Zum g-Moll-Quartett vgl. die Bemerkungen von B. Wallner, *Den svenska stråkkvartetten*, S. 52ff., zur Biographie I. Andersson, *Franz Berwald*, Stockholm 1970, 21996.

in die Gegenrichtung umkehrt (T. 152–171 von b-Moll bis des-Moll). So angestrengt vieles wirkt, so selbständig behauptet sich das Werk gegenüber bekannteren Konkurrenten zu Beethovens Zeit.

Dennoch läßt dieses Frühwerk wenig vom Rang der erst im Herbst 1849 geschriebenen Quartette in Es-Dur und a-Moll ahnen, die Berwald – im Unterschied zu seiner Kammermusik mit Klavier – gleichwohl nicht veröffentlichen konnte.[1] Das Werk in Es-Dur fällt äußerlich durch seine Fünfsätzigkeit auf, die nur auf den ersten Blick an den späten Beethoven denken läßt. Daß es sich anders verhält, macht indes der ostentativ betonte Zusammenhang der Sätze klar. Denn der A-Teil aus dem Adagio und der Hauptsatz des eröffnenden Allegro kehren in umgekehrter Folge am Ende wieder, in der Mitte steht das Scherzo, und so ergibt sich eine scheinbar symmetrische Anlage (A B C B A), von der allein die Einleitung zum Kopfsatz ausgenommen ist. Im Unterschied zur Rahmenform in Mendelssohns op. 12 verzichtet Berwald jedoch auf jede thematische Vermittlung und läßt nach dem Scherzo die rückläufigen Zitate aus den ersten Sätzen unvermutet eintreten. Die wiederholten Partien scheinen primär der formalen Abrundung zu dienen, doch sind sie keine bloßen Zitate, sondern holen Abschnitte nach, die in beiden Sätzen zuvor fehlten. Allegro wie Adagio verzichten nämlich nach Exposition und durchführender Verarbeitung ihres Materials auf eine Reprise der Hauptthemen, und wenn nach dem Scherzo auf die Anfänge beider Sätze zurückgegriffen wird, scheint nun erst die Reprise nachgereicht zu werden. Zugleich wird damit das Problem einer konventionellen Reprise umgangen, das sonst nur durch Differenzierung statt bloßer Wiederholung zu lösen wäre. Desto auffälliger ist die äußere Mechanik des Verfahrens, weil nach höchst gespannter Einleitung der Hauptsatz im Allegro dreifach exponiert wird, um in der Durchführung kaum ansatzweise aufzutreten. Zu festigen bliebe seine thematische Funktion demnach wenigstens durch eine Reprise, wie sie vorerst jedoch ausfällt. Klarer kann der Verstoß gegen alle Gewohnheit kaum sein.

Statt einer langsamen Einleitung eröffnet ein Allegro con brio das Werk, das mit der Repetition seiner knappen Wendungen doch nicht eigentlich zum nachfolgenden Hauptthema hinführt. In der Exposition wird auch der auf 11+1 Takte erweiterte Hauptsatz weniger entwickelt als wiederholt und rasch von einem Zwischensatz abgelöst, dessen zweitaktige Phrasen durch triolierte Achtel der Viola verkettet werden. Dagegen erscheint der Seitensatz auf der Subdominante (T. 138), während die dominantische Position umgangen wird, wo aber eine thematische Durchführung zu erwarten wäre, stützt sich der Verlauf auf scheinbar neues Material (ab T. 162): einen durch Umspielung auch rhythmisch profilierten Quintfall in dichter Imitation, den transponierten Zwischensatz und seine Triolenketten, in die sich einmal ein Zitat des Kopfmotivs aus dem Hauptsatz einfügt (Viola T. 214–217), wonach

---

[1] Sämtliche Werke Bd. XI, S. 51–84 und S. 85–120, zu weiteren Daten ebenda, Vorwort, S. IXf., sowie *Berwald. Dokumente*, S. 400; das Werk in a-Moll wurde am 18. 10., das in Es-Dur am 6. 11. 1849 abgeschlossen; die Uraufführung des Es-Dur-Quartetts folgte erst 1870, die des a-Moll-Quartetts hatte sogar bis 1902 zu warten, und entsprechend verspätet erschienen 1885 und 1903 die ersten Editionen. Zu beiden Werken vgl. den genannten Beitrag von Fr. Krummacher sowie ders., *Nationalmusik als ästhetisches Problem. Über Berwalds Streichquartette*, in: ders., *Musik im Norden*, S. 85–98.

Relikte der nachgeordneten Themen den Ausklang bestreiten (T. 226–257). Eine eigentliche Reprise erfährt jedoch – nun in dominantischer Position – nur der Seitensatz, während ihm die vom Hauptsatz ausgehende Überleitung erst nachfolgt (T. 255–294 und T. 294–305 gemäß zuvor T. 139–161, 122–133 und 182–189). Unabhängig von ihrer ursprünglichen Funktion werden die Satzphasen disponibel, weil sie weniger durch Vermittlung als im wechselseitigen Kontrast aufeinander bezogen waren, und so kann anschließend auf die Motivik der scheinbaren ›Durchführung‹ rekurriert werden (T. 294–305 gemäß T. 182–189), bis die Coda thematische Relikte versammelt. Zusammengenommen wäre also von einer ›umgekehrten Reprise‹ zu reden, der indes gerade der Hauptsatz fehlt.

Mit nicht mehr als 50 Takten nimmt sich das Adagio quasi Andante (T. 338–387) wie ein Intermezzo aus, und so lyrisch verhalten sein Thema ansetzt, so rasch wird es vom genau ausgearbeiteten Gespinst der Fortspinnung überlagert, ohne seine thematische Funktion beweisen zu können. Das Scherzo in c-Moll dagegen, das mit fast 400 Takten das Zentrum einnimmt (T. 388–778), geht vom Wechsel zweier Themen aus (a mit abtaktig kreisenden Achteln ab T. 380, b in auftaktig akkordischen Vierteln ab T. 420). Beide kehren aber nicht nur variiert wieder, sondern das weiter umgebildete erste erfährt fast durchführende Verarbeitung (T. 512–571). Und wo eine abermals vertauschte Reprise anhebt, bewahrt sie die nachgeordnete Gruppe, um die zuvor primäre aufzulösen (b ab T. 572 in E-Dur, a ab T. 596). Gerade der Tanzsatz also, der traditionell die Reihung wiederholter Segmente erlaubt, wird von der Rotation seines ersten Gedankens überformt, wogegen der zweite trotz Sekundrückung am Satzende stabiler bleibt. Und umgekehrt treten danach die ersten 26 Takte aus dem Adagio so unverändert ein, wie ihnen ab T. 806 die durch knappe Coda ergänzten Phasen aus dem Kopfsatz folgen (gemäß T. 30–44 und T. 66–109).

Zentral bleibt in einem Komponieren, das sich gegen alle Konvention richtet, einerseits die Verkehrung von entwickelnden zu bestätigenden Phasen, andererseits aber die auf den Zyklus projizierte Verkettung konträrer Gestalten durch latente Analogien, die in den rhythmischen und intervallischen Zellen angelegt sind und damit auf Einsichten in

F. Berwald, Quartett a-Moll, erster Satz, T. 1–5 (*GA*, Bärenreiter-Verlag).

T. 21–33.

Beethovens späte Strategien hinweisen dürften. Von den relativ homogenen Themen im Es-Dur-Werk hebt sich im a-Moll-Quartett eine thematische Diffusion ab, die zumal im ersten Satz hervortritt. Regulärer gibt sich das Werk zwar mit vier Sätzen, die durch auskomponierte Übergänge verbunden werden. Doch läßt sich der Kopfsatz wieder nicht auf ein Sonatenschema reduzieren, wiewohl seine konträren Komplexe zunächst Haupt- und Seitensatz zu vertreten scheinen (T. 21 und T. 92), die aber erneut durch einen Zwischensatz von beträchtlicher Selbständigkeit ergänzt werden (T. 61). Schon die langsame Introduzione bezieht sich auf den Folgesatz weniger motivisch als durch die Konfrontation konträrer Wendungen: Gegenläufige, partiell chromatische Skalen mit ornamentaler Schlußwendung, drei Pizzicato-Akkorde und eine kantabel ansetzende, aber rasch absinkende Linie treffen direkt aufeinander. Zu fallenden und steigenden Linien, die sich im Hauptsatz in punktierten Wendungen auf die Stimmen verteilen und in stilisierten Trillern auslaufen, bilden isolierte Triller und Vorschläge einen fast bizarren Kontrast, doch lösen sich so kurze Stimmzüge ab, daß vorerst offen bleibt, was als thematisch zentral zu gelten hat. Denn die federnden Staccatoketten mit Quartansprung sind in der Überleitung motivisch ebenso prägnant wie der kantable Zwischensatz (T. 43 bzw. T. 61), wogegen allein der Seitensatz in gleichmäßiger Bewegung auf der Durparallele auch periodische Gliederung aufweist. Der quasi ›überkompletten‹ Exposition steht jedoch keine eigentliche Durchführung oder gar Reprise gegenüber, vielmehr werden die Funktionen beider Formteile auf den Verlauf im ganzen überführt. Nach modulierender Verarbeitung, die sich motivisch auf die Überleitung stützt, folgen gleich Zwischen- und Seitensatz, und auf die Überleitung rekurriert eine Coda, die zugleich zum Adagio hinleitet. Offen wie das Verhältnis der Themen und Phasen bleibt, was im Verlauf als thematisch ausgewiesen wird, denn nur mühsam sind motivische Verbindungen zu verfolgen, solange man sich auf rhythmische und intervallische Kennzeichen stützt. Mehr noch als in Beethovens Spätwerk werden die Beziehungen so mehrdeutig, daß sie kaum noch recht greifbar sind. Einerseits wird die Pflicht zu motivischer Arbeit erfüllt, die sich andererseits von thematischen Vorgaben ablöst, sofern wieder sekundäres Material in primäre Funktion einrückt oder umgekehrt. Ein ähnlich verqueres Verhältnis der Teile, Themen und Motive prägt indes auch die Folgesätze.

Das Adagio B-Dur rundet sich zwar im Themenzitat am Ende, der Verlauf entwickelt sich aber weniger aus den Themen selbst als aus Partikeln wie Punktierung, Quintfall und Legatolinien, die verdeckt in der Begleitung nachwirken. Das Scherzo im 6/8-Takt lenkt gleich von B- nach F-Dur, endet jedoch im A-Dur des Finalsatzes. Es hat etwas vom huschenden Ton der ›Elfenscherzi‹ (die Berwald gewiß kannte) und zeigt auch zwei Durchgänge seiner thematischen Phasen, ambivalent bleibt es aber, daß das eigentliche Thema als kantabler Kontrast zum raschen Beginn eintritt (T. 13), wovon sich erneut die gleichmäßigen Gruppen im Gegenthema absetzen (T. 44). Und der übrige Verlauf zehrt wieder weniger von den Themen selbst als von subsidiären Formeln, wie sie schon in der Eröffnung begegnen. Im Finale endlich tritt als zusätzliche Pointe der changierende Wechsel zwischen Dur- und Mollterz ein, der schon in der ersten Themenpräsentation angelegt ist, den weiteren Satzverlauf durchzieht und damit das tonale Fundament zur Disposition stellt. Maßgeblicher als die Themen selbst ist wieder umrahmende Figuration, die den Tonraum ausmißt, während der thematische Kern nur noch einmal begegnet, dann aber nach d-Moll transponiert wird (T. 134–141). Zwar findet er ausnahmsweise in der Satzmitte Verarbeitung (T. 102–117), die Coda indes reduziert ihn immer weiter bis hin zu neutralen Halben mit rascher Figurenkette am Ende.

Beide Quartette sind nicht auf Muster oder Normen zu reduzieren, das experimentelle Spiel jedoch, das sie mit den Zellen des Satzes betreiben, setzt zwar Beethovens Spätwerk voraus und zieht doch sehr andere Konsequenzen. Sie sind vielleicht weniger stringent und daher im Resultat noch weniger absehbar, ihre kühle Distanz zur Tradition wird gleichwohl erst faßlich, solange die Normen als Prämisse gelten, denen sich die Werke so vehement zu entziehen trachten. Der Tradition bleiben sie nicht allein im Widerspruch verpflichtet, sondern in einer widerspenstigen Freiheit, die Anstrengung nicht ausschließt, um damit den gesteigerten Anspruch der Gattung einzulösen. Dabei verschmähen Berwalds Quartette noch alle folkloristischen Requisiten, und ein ›nordisches‹ Moment kommt höchstens dort ins Spiel, wo sich einmal quasi ›modale‹ Klangfolgen abheben. Sie erscheinen etwa im Zwischenthema aus dem Kopfsatz des a-Moll-Werks als parallele Sextakkorde (A–G–F–E) über Orgelpunkt (T. 67f.), weiter im Seitenthema des langsamen Satzes oder im Scherzo des Es-Dur-Werks, während sich hier in der Einleitung zum Kopfsatz nur eine diatonische Akkordkette vom chromatisch gefärbten Kontext absetzt. Sind die zyklischen Dispositionen, die strukturellen Kontraste und die Rekurse auf abstrakte Konfigurationen durch ihr gespanntes Verhältnis zum klassischen Kanon definiert, so gilt das nur begrenzt für eine Harmonik, die zwar insgesamt den Möglichkeiten der Zeit verpflichtet bleibt, mitunter aber diatonische Folgen mit modalen Relikten kennt. Indem sie nur schwach funktionalharmonisch verbunden sind, können sie desto mehr auffallen, je isolierter sie auftreten. Falls sie auf Traditionen älterer Volksmusik zurückzuführen sind, mögen sie ein Grund dafür sein, daß Berwalds Musik wo nicht als ›schwedisch‹, so doch als ›nordisch‹ gefärbt empfunden werden konnte.

Ablösung von Leipzig: Gade und Norman

Folkloristische Allusionen wurden zunächst so dezent eingesetzt, daß dem heutigen Hörer kaum noch das auffällt, was Schumann und seine Zeitgenossen als entschieden national getönt wahrnahmen. Darin allein stimmt die Kammermusik von Berwald mit der von Gade überein, so groß der Abstand zwischen beiden sonst ist. Während sie mit Tönen der Volksmusik weit offener in Symphonien und Klavierwerken umgingen, reagierten sie im Streichquartett auf den Anspruch, den die intimste Gattung der Kammermusik stellte. Wie Berwald in Stockholm war Gade in der Kopenhagener Hofkapelle Violinist, bevor er im September 1843 über Berlin nach Leipzig ging. Nachdem 1839 die Ossian-Ouvertüre op. 1 in Kopenhagen unter Mitwirkung Spohrs und Friedrich Schneiders einen Preis gewonnen hatte, verschloß man sich hier der I. Symphonie op. 5, deren Leipziger Uraufführung am 2. 3. 1843 Gades weitere Karriere begründete. Am Gewandhaus trat er rasch Mendelssohn zur Seite und übernahm 1847 dessen Nachfolge, schon im nächsten Jahr jedoch ging er – veranlaßt durch den deutsch-dänischen Konflikt um Schleswig-Holstein – nach Kopenhagen zurück, wo er als Lehrer und Dirigent, in der Leitung des Musikvereins und des neugegründeten Konservatoriums und dazu als Organist der Holmens Kirke ähnlich wie einst Mendelssohn in Leipzig wirkte. Welches Ansehen er vor 1900 auch in Deutschland genoß, zeigt am klarsten ein warmherziger Aufsatz des Bachforschers Philipp Spitta.¹

Daß Gade noch ein Jahr vor seinem Tod eine Reihe von drei Quartetten plante, beweist ein Brief vom 12. 4. 1889, der dem Verlag Breitkopf & Härtel ein Quartett mit dem Zusatz offerierte, er wolle »aber gern noch dazu zwei neue (die im Skizzen da sind) fügen«.² Das als einziges publizierte D-Dur-Werk op. 63 war 1887 entstanden und erschien erst 1890, der ursprüngliche Kopfsatz jedoch, der mit Einleitung und folgendem Allegro in d-Moll stand, wurde erst 1888 durch das Allegro D-Dur ersetzt, das in die Edition einging. Den vormaligen Kopfsatz jedoch transponierte Gade für ein Quartett in e-Moll, das schon seit 1877 vorlag und nun als Nr. 2 der geplanten Trias eingehend revidiert wurde, wogegen aus dem zuvor fünfsätzigen Werk die erste Fassung eines Kopfsatzes zusammen mit einem Andantino E-Dur ausgeschieden wurde. Fehlen für ein drittes Quartett, das wohl in F-Dur stehen sollte, weitere Quellen, so wurde offenbar nicht der Druck eines f-Moll-Quartetts erwogen, das der Komponist schon 1851 geschrieben, aber 1863 mit dem Vermerk »Øvelsestykke!!!« [Übungsstück] verworfen hatte. Die Entscheidung ist nicht leicht verständlich, weil das Werk aus Gades reifen Jahren durchaus abgeschlossen wirkt und dazu eine Expressivität erreicht, die sich der Autor sonst versagte und die gerade darum seine spätere Reserve motivieren mag. Weder für das Quartett in e-Moll noch für das in f-Moll sind aber Aufführungen oder nur ausgeschriebene Stimmen belegt. Nimmt man dazu jedoch den Versuch eines Einzelsatzes in a-Moll aus dem Jahre 1836, ferner drei Sätze für ein 1839 begonnenes und im folgenden Jahr liegengelassenes F-Dur-Quartett und schließlich weitere Fragmente des Jahres 1846, dann läßt sich im ganzen von sieben begonnenen und unterschiedlich ausgeführten Quartetten sprechen, von denen allein das letzte zum Druck freigegeben wurde. Das dürfte selbst in der Geschichte einer Gattung, die überreich an Entwürfen und Fragmenten ist, ziemlich einzig dastehen und fällt desto mehr auf, wenn man sich der publizierten Kammermusik Gades erinnert, zu der neben einem Klaviertrio und drei Violinsonaten je ein Quintett, Sextett und Oktett für Streicher rechnen. Der Sachverhalt spiegelt also gerade im Streichquartett die skrupulöse Selbstkritik eines Autors, dessen edierte Kompositionen so mühelos gelungen erscheinen, daß sie ähnlich wie die Werke des Mentors und Freundes Mendelssohn bald als gar zu glatt abgetan wurden.

Konnte man sich vormals nur auf das veröffentlichte D-Dur-Quartett beziehen, so lassen sich nun die beiden Werke in f- und e-Moll nicht ignorieren, zu denen die frühen Studien hinführen. Der 1836 datierte Einzelsatz in a-Moll ist insofern nicht ohne Interesse, als ihn eine solistische Kadenz eröffnet, die an rezitativische Passagen wie in Spohrs be-

---

1 Ph. Spitta, *Niels W. Gade*, in: ders., *Zur Musik. Sechzehn Aufsätze*, Berlin 1892, S. 355–383. Zu verweisen ist ferner auf die aus eigenen Erinnerungen schöpfende Biographie von Ch. Kjerulf, *Niels W. Gade. Til Belysning af hans Liv og Kunst*, Kopenhagen 1917, sowie auf D. Gade (Hg.), *Niels W. Gade. Optegnelser og Breve*, Kopenhagen 1892, ²1902. Vgl. ferner N. M. Jensen, *Niels W. Gade og den nationale tone. Dansk nationalromantik i musikalsk belysning*, in: *Dansk identitetshistorie*, Bd. 2: *Folkets Danmark 1848–1940*, hg. v. O. Feldbæk, Kopenhagen 1992, S. 189–336; I. Sørensen, *Niels W. Gade: et dansk verdens navn* [ein dänischer Weltname], Kopenhagen 2002.

2 *Streichquartette*, hg. v. F. E. Hansen, Kopenhagen 1996 (Werke, Serie II: Kammermusik, Bd. 2), Vorwort, S. XIV. Weitere Angaben folgen dieser Edition, die erstmals alle Quartette und Einzelsätze bietet; zu weiterer Literatur vgl. Fr. Krummacher, *Gattung und Werk. Zu Streichquartetten von Gade und Berwald*, zitiert nach ders., *Musik im Norden*, S. 117–143 (der zuerst 1982 erschienene Aufsatz konnte sich – abgesehen von op. 63 – nur auf Gades Autographe stützen und ist nach der Gesamtausgabe zu ergänzen).

rühmter ›Gesangsszene‹ erinnert. Mit Doppelstrichen trennt das Allegro Abschnitte in a-Moll und A-Dur, die für Haupt- und Seitensatz einstehen, die Durchführung wird durch ein modulierendes Klangfeld vertreten, und die Reprise ersetzt ein erweiterter Rekurs auf den rezitativischen Beginn mit Dur-Abschluß. Der fast rhapsodische Verlauf unterscheidet sich von aller Konvention und verrät doch kaum nur frühes Ungeschick, wie weitere Ansätze zeigen. Vom klassischen Periodenbau mit diskontinuierlichen Gruppen setzt sich schon dieser erste Versuch ab, denn bereits im ersten Tuttiblock greifen die Stimmzüge derart ineinander, daß sie die Zäsuren überspielen und in ihrer Verkettung einen melodischen Strom bewirken, wie ihn Gade später so zwingend auszuformen wußte. Auf Goethes Gedicht *Willkommen und Abschied*, das Gade gekürzt und umgestellt mit Tempohinweisen im Tagebuch notierte, suchte dagegen 1839–40 das F-Dur-Quartett zu reagieren.[1] Nicht mehr abgeschlossen wurde ein dritter Satz, recht konventionell fällt aber die Musik im ganzen aus. Weitschweifig ist mit 531 6/8-Takten der erste Satz, der die Themen doppelt einführt und in der Durchführung mehrfach transponiert, ohne sie recht verarbeiten zu können. Bezeichnend ist aber nicht nur die Umstellung der Themen in der Reprise mit mehrfach transponiertem Seitensatz, dem dann erst der Hauptsatz folgt. Vielmehr wird die Differenz der wenig profilierten Themen, die sich nur durch auf- und volltaktigen Ansatz unterscheiden, in der Fortspinnung so verringert, daß der strömende Verlauf kaum scharfe Zäsuren zuläßt. Desto knapper gerät mit 85 Takten das Adagio B-Dur, dessen Thema aus rhythmisch analogen und harmonisch verketteten Zweitaktern besteht. Sie bilden sich im Grunde aus nur je einem, zudem mit Pause endenden Takt, woraus die Aufgabe resultiert, im Mittelteil aus kürzesten Gliedern einen fließenden Verlauf zu erreichen. Daß der als ›Serenata scherzando‹ mit zwei Trioteilen geplante dritte Satz in seiner Kreuzung differierender Charaktere nicht beendet wurde, lag wohl an der Konzentration auf die anschließende Ossian-Ouvertüre, die den ersten Erfolg einbrachte. Doch dürften die Schwierigkeiten mit der Gattung dazu beigetragen haben, ein so weit gediehenes Quartett liegen zu lassen. Und dazu mag der Vorsatz rechnen, sich vom poetischen Vorwurf eines Gedichtes leiten zu lassen, wiewohl sich die Rede von Programmmusik – lange vor Liszts Begriffsdefinition – von selbst verbieten sollte.

Die unablässige Arbeit, von der die Faksimiles in der Gesamtausgabe zeugen, ist den weiteren Quartetten so wenig anzumerken, daß die Musik mit ihrem mühelosen Fluß keinerlei Widerstände zu bieten scheint. Im Gegenteil kommt sie so melodiös gerundet daher, daß man der Kunst kaum gewahr wird, die sich hinter der anmutigen Fassade verbirgt. Denn exponierende, überleitende und verarbeitende Phasen unterscheiden sich in Gades reifer Kammermusik nur graduell, weil alle Stimmen gleichermaßen am melodischen Strom partizipieren, der nur

---

1 Zur damit verbundenen Fragestellung vgl. A. Harwell Celenza, *The Early Works of Niels W. Gade: In Search of the Poetic*, Aldershot 2001.

hintergründig auf thematische Gestalten oder motivische Arbeit zurückdeutet. Dazu trägt eine Harmonik bei, die einen sehr weiten Radius mit so gelassener Kunst durchmißt, daß die modulierenden Prozesse kaum auffallen. Weil sich damit Gades Musik mehr noch als die Mendelssohns vom klassischen Satzbau ablöst, wäre ihr die Kennmarke des Klassizismus nicht adäquat, und kennt sie auch nicht Schumanns Probleme, so behauptet sie im historischen Kontext ihren eigenen Klang. Daß mitunter – was strenge Kritiker kaum verzeihen mögen – eine zentrale Durchführung zu entfallen scheint, nimmt sich fast wie ein Rückfall hinter die Klassik aus. Wie anders es sich aber verhält, zeigt bereits der Kopfsatz des verworfenen ›Übungsstücks‹ in f-Moll vom Jahre 1851.

N. W. Gade, f-Moll-Quartett, o. O., erster Satz, T. 1–6 (*GA, Engstrøm & Søelring-Bärenreiter-Verlag*).

T. 16–20.

Das einleitende Andante con moto geht von einer fünfmal die Stimmen durchlaufenden Achtelkette aus, die sachte abfällt, den unteren Leitton berührt und wieder aufwärts führt, bis ihre synkopisch verzögerte Kadenz im vierten Takt mit Vorhalt ausläuft. Der letzte der quasi imitierenden Einsätze wird von der Oberstimme zur raschen Figurenkette verlängert, die kaum merklich in das Allegro molto gleitet. Werden die Grenzen der Taktgruppen in der Ausspinnung überbrückt, so eröffnet dieselbe Wendung in beschleunigter Version den Hauptsatz selbst. In fallender Linie, die vom gedehnten Spitzenton her einen Sext- oder Septrahmen einschließt, und mit synkopischer Stauung danach gleichen sich nicht nur Haupt- und Seitensatz, sondern noch ein eingefügter Zwischensatz (T. 17, 38 und 65). Wiewohl allen Phasen gleiche Kantabilität eignet, tendiert der Hauptsatz durch die eröffnende Kette zur Dynamisierung, und vom harmonisch offenen Zwischensatz in Des-Dur unterscheidet sich der stabilere Seitensatz mit seinem unauffällig imitierten Initium. Begleitet von Achtelketten, die ihr Modell in der Einleitung finden und unterschwellig schon im Zwischensatz anklangen, folgt seiner Liquidation wider Erwarten keine Durchführung, sondern der Hauptsatz in der Tonika. Doch findet er nun eine Erweiterung, die Züge der Verarbeitung und Rückführung verbindet, indem sie in fallenden Linien ausläuft, wie sie allen Themen gemeinsam sind. Deutlicher wird das, wenn sich weiter der Zwischen- und der Seitensatz in der Tonikavariante anschließen, in diese beruhigte Enklave brechen jedoch desto mächtiger die Tremoloflächen der Coda ein, in die sich der erweiterte Hauptsatz einfügt, bevor der zwischen treibenden und besänftigten Phasen fluktuierende Satz über Orgelpunkten verebbt.

Die Modifikation des Formschemas macht den freien Umgang mit einer Tradition sichtbar, die entgegen dem ersten Schein keineswegs zur Konvention erstarrt ist. Denn der Ausfall der Durchführung wird durch eine Reprise kompensiert, die durchführende Momente derart aufnimmt, daß sich geradezu von einer Vorwegnahme des »kontrahierten Sonatensatzes« sprechen läßt, den Arno Mitschka als Sonderlösung in den Finali des reifen Brahms erkannt hat. Maßgeblich war offenbar das Unbehagen am Sonatenschema, in dem die Mechanik der Reprise nur durch ihre Änderung oder Kürzung zu umgehen ist. Was lag dann näher, als nach Einführung und Vermittlung der Themen ihre Bestätigung und Verarbeitung so zu kombinieren, daß die Dreiteilung zum durchgängigen Prozeß umgeformt wurde? Die kunstvolle Differenzierung läßt sich schon an der Verkettung der Taktgruppen innerhalb der Themen erkennen. Im Hauptsatz hat die der Einleitung entnommene Wendung auftaktige Funktion, wenn sie dennoch die erste Takthälfte einnimmt, erhält die zweite durch gedehnten Hochton ihre Akzentuierung, und der dreitaktige Themenkern endet so offen, daß die auftaktige Fortspinnung keine Zäsur zuläßt. Der akzentuierte Ton in der zweiten Takthälfte kennzeichnet bei fallender Fortspinnung ebenso den Zwischensatz, seine Zweitakter laufen im Halbschluß aus und bedürfen der ergänzenden Fortführung. Drei auftaktig fungierende Viertel schalten sich vor der entsprechenden Linie im neuntaktigen Seitensatz ein, der periodisches Gleichmaß durch unauffällige Imitation umgeht, und wird er zunächst bis in seinen fünften Takt verlängert, so erscheinen das Kadenz- und das Anschlußglied im doppelten Kontrapunkt der Außenstimmen (T. 69–70), um die nahtlose Verbindung zu bewirken. Erstaunlich ist aber, wie unprätentiös trotzdem eine Musik bleibt, die weder virtuoser Figuren noch harmonischer Experimente bedarf, um mit ihren Vorgaben so phantasievoll wie differenziert umzugehen.

Das kleine Allegretto B-Dur vertritt in zweiteiliger Anlage den langsamen Satz, beide Hälften transformieren ein Cantabile zum Scherzando, wie es im thematischen Kern angelegt ist. Denn seine Gliederung in zwei Viertakter wird zunächst durch wechselnde Position des imitierten Kopfmotivs verdeckt, während sich danach der wiederholte Spitzenton der Oberstimme latent hemiolisch verschiebt. Auftaktig setzt ein zweitaktiger Einschub in Des-Dur an, dessen schreitende Linie mit Quintfall im vierten Takt abbricht und im nächsten Anlauf synkopisch staut, und ähnlich variabel wird im Violoncello der Rückgriff auf den Themenkern differenziert (T. 17–24), in dessen zweiter Gruppe sich die Außenstimmen komplementär überlagern. Aus dem in Pausen getrennten Kadenzglied erwächst indes ›scherzando‹ das Muster der folgenden Satzphase, und erst die kurze Coda stellt beide Themengestalten direkt gegeneinander. Der dritte Satz, ein Allegro di molto in F-Dur, trifft im 2/4-Takt den Scherzocharakter durch stete Verbindung von akzentuiert auftaktiger und unbetont volltaktiger Achteln, deren unmittelbare Reihung wieder hemiolische Wirkung hat, und so periodisch das Trio in Des-Dur beginnt, so unerwartet wird es durch einen heftigen Einschub in cis-Moll durchbrochen, in dessen tremolierter Oberstimme sich die Umrisse des Scherzothemas abzeichnen; zugleich bildet der Einschub aber das Zentrum in der fünfteiligen Anlage des Satzes. Ebenso eigenartig ist das Finale, dessen langsame Einleitung sich als Thema mit 12 Variationen erweist. Fast wäre von einem Ostinatosatz zu reden, da das viertaktige Thema nur eine Kadenz umschreibt, sich wechselnd auf die Stimmen verteilt, aber kaum selbst variiert wird. Von der achten Variation an erfährt es Teiltransposition, Stimmtausch und Erweiterung bis hin zum dreifachen Oktavkanon der letzten Variation, wonach die kleine Coda ähnlich wie die Einleitung im Kopfsatz in das Allegro gleitet. Wie dort entfällt hier wieder eine zentrale Durchführung, doch läßt die Abfolge der Themenfelder eher an ein Rondo denken, in dem die Überleitung zwischen drei Refrains und zwei Couplets fast gleiches Gewicht erhält wie dort der Zwischensatz. Ganz wie im Kopfsatz bewährt sich im Finale aber dieselbe Technik, die alle Teile nahtlos verkettet und gleichwohl ohne streng motivische Arbeit auskommt.

Dieses ›Übungsstück‹ eines Musikers, der die Selbstkritik bis zum Mißtrauen gegen sich selbst trieb, mag auf den ersten Blick wenig spektakulär wirken. Die gleichen Verfahren jedoch, die von der Umbildung tradierter Formen bis zur Überbrückung aller Satzgruppen reichen, blieben für die weiteren Quartette Gades maßgeblich. Nicht recht begreiflich ist es daher, daß Gade den Kopfsatz des e-Moll-Quartetts aus dem Jahre 1877 verwarf und zehn Jahre später durch den ursprünglichen Eröffnungssatz des späten D-Dur-Quartetts in transponierter Version ersetzen wollte. Fast kann man es bedauern, daß die Gesamtausgabe diese vom Autor erwogene, aber nicht ausgeführte Maßnahme befolgte.[1] Denn gerade der frühere Kopfsatz zeichnet sich durch die Prägnanz und Vielfalt seiner Themenbildung aus, ohne zu Lasten jener Vermittlungstechnik zu gehen, die anders als bei Mendelssohn weniger motivisch als melodisch gesteuert ist. Im Faksimile des Autographs lassen schon die Korrekturen des Beginns erkennen, wie einer Formulierung des Haupt-

---

[1] Die Edition kombiniert den späteren Kopfsatz, den der Herausgeber nach Gades Notiz von d- nach e-Moll transponierte, mit drei früheren Folgesätzen, verweist aber den ursprünglichen Kopfsatz und das Andantino E-Dur in den Anhang, woraus sich eine Mischung der Fassungen ergibt. Zudem wurde auf die Wiedergabe des unvollendeten dritten Satzes aus dem F-Dur-Quartett sowie der weiteren Varianten des e-Moll-Quartetts verzichtet; vgl. Vorwort, S. XIVf. und S. XXIff., sowie Critical Report, S. 155f.

satzes, die mühsam genug gefunden wurde, zwei eröffnende Takte vorangestellt wurden, die in augmentierter Gestalt jene synkopischen Verzögerungen vorgeben, wie sie hernach ständig in den auftaktigen Ansatz des Themenkerns eingreifen. Dabei bildet sich zugleich eine engräumige motivische Zelle aus, von der die Entwicklung ausgeht (T. 14f.), die punktierte Wendung jedoch, die sich hier wie in der ergänzenden Oberstimme einstellt, wird nach der Stauung durch komplementäre Triolenkette zum Modell der Überleitung im Wechsel der Außenstimmen. Der Abbruch auf der Durparallele gibt mit ungewohnt deutlicher Zäsur dem Seitensatz in C-Dur Raum, dessen sequenzierter Kern zwar eine periodische Anlage verspricht, die der Nachsatz aber bis in den neunten Takt fortspinnt. Wie im f-Moll-Kopfsatz folgt der knappen Schlußgruppe wieder der Hauptsatz in der Tonika, im »kontrahierten Sonatensatz« erfahren demnach Haupt- wie Seitensatz ihre entwickelnde Erweiterung, doch wird das Schema noch weiter umgedacht, wenn danach als reguläre Reprise der Hauptsatz ein drittes Mal ansetzt und vom Seitensatz in der Durvariante abgelöst wird, bevor die Coda ein knappes Resümee zieht. Damit wird zwar die vertraute Dreiteilung äußerlich beibehalten, aufgehoben ist jedoch die Differenz zwischen Exposition, Durchführung und Reprise, indem alle drei Formteile vom Hauptsatz in der Tonika ausgehen und den wechselnd transponierten Seitensatz folgen lassen, dabei aber eher Varianten der Themen als ihre Verarbeitung auf unterschiedlichem Niveau bieten.

Eher als die Ausgliederung dieses Satzes läßt sich die Eliminierung des kleinen Andantino E-Dur verschmerzen, denn der Satz nähert sich mehr als sonst jenen Mustern Mendelssohns, die zwischen einem Liedsatz im 6/8-Takt und einem gemächlichen Scherzando ausgleichen, wiewohl die Satzart Gades ohne die dem Liedsatz eigene Scheidung zwischen Melodie und Begleitung auskommt. Dagegen nähert sich der ursprüngliche Kopfsatz des D-Dur-Quartetts weit mehr als die frühere Version der Norm des Sonatensatzes mit Seitenthema in der Untermediante, knapper Durchführung und erweiterter Reprise samt Coda. Die straffe Formung hat freilich die Reduktion jener melodisch fortspinnenden Vermittlung zur Folge, die Gades frühere Quartettsätze auszeichnet. Das Allegretto e-Moll als zweiter Satz entschädigt nicht ganz für das Fehlen eines langsamen Satzes, zumal der Mittelteil in c-Moll das Scherzando um eine dramatische Note erweitert. Auch das Scherzo C-Dur folgt der Norm mit triolierten Vierteln und Trio in As-Dur, wonach die Rückleitung ebenso modifiziert wird wie die Coda mit ihrem Rekurs auf das Trio. Mit fünffachem, teilweise transponiertem Eintritt des Hauptthemas erweckt das Finale den Eindruck eines Rondos, zumal der doppelten Themenpräsentation gleich anfangs eine markante Kontrastgruppe begegnet (T. 37), die sich fast wie ein Couplet ausnimmt. Da ihre Fortführung aber die prägnante Tonrepetition des Refrainkopfs aufnimmt, ist sie zugleich dessen variierte Erweiterung, wogegen erst nach dem zweiten Refrain eine weiträumige weitere Kontrastphase eintritt. Im weiteren wird über dieses Material ähnlich frei verfügt wie im ursprünglichen Kopfsatz, wenn der transponierte Refrain von cis- nach h-Moll lenkt und zwischen die letzten Refrainzitate nochmals der erste Seitensatz tritt. So changiert der Satz zwischen Rondo und Sonate, ohne doch ein Sonatenrondo zu bilden, und den Fortfall der Durchführung gleicht wieder die Differenzierung verbindender Phasen aus, die bereits in der Überbrückung der Taktgruppen im Refrain angelegt ist.

Daß Gade allein das D-Dur-Quartett op. 63 publizierte, läßt sich zwar bedauern, doch werden immerhin Gründe für die Entscheidung erkennbar. Denn nur dieses Werk zeigt in beiden Ecksätzen reguläre Sonatenformen, während die Binnensätze auf ein Scherzando mit Trio und ein zweiteiliges Andante poco lento reduziert werden. Entsprechend der formalen Regulierung wird nicht nur die vorher dominierende Technik melodischer Fortspinnung gestutzt, sondern die Bemühung um durchführende Arbeit läßt auch die Frage nach der thematischen Substanz aufkommen. Denn der Kopfsatz erlaubt zwar eine klare Unterscheidung thematischer Ebenen, wiewohl der volltaktige Quartsprung des dreifach variierten Seitensatzes schon im Nachsatz des Hauptthemas auftritt, dessen Vordersatz auf Bordunklang basiert. Die Durchführung jedoch, die sich von C- bis B-Dur wendet, ist nun phasenweise motivisch gearbeitet, und nach recht genauer Reprise kehrt die Coda zur thematischen Substanz zurück. Analog verfährt das Finale mit doppelt gestaffeltem Hauptthema, dessen fallende Intervalle im Schluß des vorangehenden Andante vorgebildet sind und dann in der Durchführung zur Geltung kommen. Nicht ohne Charme sind die Binnensätze, die indes trotz mancher Subtilität hinter früheren Pendants zurückstehen. Genaue Wiederholungen oder gar bloße Figurationen fehlen auch hier, und subtile Varianten sind so wenig zu übersehen wie die Brücken zwischen den Taktgruppen, selbst wenn die periodische Gliederung mehr als zuvor durchscheint.

Der Eindruck, den Gade als Quartettautor hinterließ, mußte das einseitige Bild eines Komponisten festigen, der vom Wandel der Zeit überrollt wurde und bestenfalls früheren Idealen treu blieb. Wer aber die zurückgehaltenen Quartette kennt, kann sich davon überzeugen, daß für Gade das der Ossian-Ouvertüre beigegebene Motto Uhlands verbindlich blieb: »Formel hält uns nicht gebunden, unsre Kunst heißt Poesie.« Dieser Kunstbegriff bewährte sich in den reifen Werken, die Schumanns kritischem Rat gemäß alle ›nationalen‹ Töne verschmähen, sich aber desto selbständiger den tradierten Fundus aneignen, ohne deshalb epigonal zu werden. Daß der alte Gade im Blick auf Grieg meinte, aus dem Nationalen sei »nichts mehr herauszupressen«, schadete seinem Ansehen im eigenen Land, sachfremd wäre jedoch das hartnäckige Vorurteil, nach

›nationalen‹ Frühwerken habe er sich der ›Leipziger Schule‹ angepaßt.¹ Mendelssohn war er nicht als Schüler, sondern im Leitbild kompositorischer Vermittlung verbunden, das für das 19. Jahrhundert maßgeblicher wurde als die oft beschworene, aber ferngerückte Kunst Beethovens. Genau so wenig war Gade Absolvent des Konservatoriums, an dem er zeitweise lehrte, und so viel er Schumanns Musik danken mochte, so selbständig fand er seinen eigenen Weg. Zu einem Autor von europäischem Rang wurde er durch einen ›weiteren Horizont‹, um den sich selbst Grieg später bemühte, und zu wünschen bliebe nur, daß mit der Gesamtausgabe seine Musik in die Praxis zurückkehrt.²

Eine weitere Autorität im Kopenhagener Musikleben war Johann Peter Emilius Hartmann (1805–1900), der nach juristischer Ausbildung 1843 Domorganist wurde und in der Leitung des Konservatoriums wie des Musikvereins mit Gade zusammenwirkte (der ihm zudem in erster Ehe als Schwiegersohn verbunden war). Bekannt zumeist durch Vokalwerke, hinterließ Hartmann im schmalen Bestand seiner Kammermusik zwei Streichquartette, die indes unvollendet und bislang unveröffentlicht blieben. Während das erste Werk in G-Dur 1848 datiert ist, fehlt eine entsprechende Angabe für das spätere A-Dur-Quartett, nicht abgeschlossen wurde aber beidemal das Finale.³ Zu den aparteren Zügen der Werke zählt es noch, daß fast alle Sätze ihre Tonika eingangs durch Nebenstufen oder Zwischendominanten verschleiern. Die Kopfsätze folgen indes korrekt dem Schema mit wiederholter Exposition, Durchführung und getreuer Reprise, den kurzen Themen des G-Dur-Werks, die nur durch Sequenzierung erweitert werden, entspricht in den Überleitungen freie Figuration mit einzelnen Themenzitaten, und demgemäß begnügt sich die Durchführung mit harmonischen Rückungen, die so wie das Figurenwerk der Oberstimme die Kenntnis der Werke Spohrs voraussetzen. Noch das Gegenstück in A-Dur konfrontiert im Hauptsatz fallende Quintfiguren samt akkordischer Dehnung mit punktierten Achtelketten, die wieder auf Spohrs Melodik deuten; indem nun aber die Gegenstimmen auch am klangdichten Seitensatz weiter beteiligt sind, wird zugleich die Verarbeitung motivisch und harmonisch reicher. Die langsamen Sätze bilden kleine Romanzen mit etwas erweitertem Mittelteil, gegenüber dem konventionellen ersten Andante c-Moll ist jedoch das zweite in e-Moll – lange nach Gades ersten Orchesterwerken – das frühe Beispiel eines Quartettsatzes mit Spuren eines ›nationalen Tones‹. Denn seine im Quintraum steigende und sacht fallende Melodielinie verbindet sich mit einer Harmoniefolge, die funktional nur schwach verkettet ist und daher quasi ›modal‹ anmuten kann (e–C–G–D–A–H–e). Gegenüber dem traditionellen Menuett im früheren Werk hebt sich im zweiten ein ›Tempo di minuetto‹ A-Dur hervor weil es im klangdichten Satz die Taktakzente überspielt, die Modulationspartie mit kleinem Fugato paart und das Trio durch rasch modulieren-

---

1 »Der er ikke mere at bringe ud deraf«, äußerte Gade nach A. Hammerich, *J. P. E. Hartmann. Biografiske Essays*, Kopenhagen 1916, S. 93f., zitiert nach: N. M. Jensen, *Niels W. Gade*, S. 318. Die herkömmliche Auffassung vom frühen ›Nationalromantiker‹, der zum Epigonen Mendelssohns absank, vertrat noch N. Schiørring, Art. *Gade*, in: *MGG*, Bd. 4, Kassel und Basel 1955, Sp. 1223–1228.

2 F. Benestad (Hg.), *Edvard Grieg. Brev i utvalg 1862–1907*, Bd. 1, Oslo 1998, S. 83 (an Bjørnstjerne Bjørnsen, 16. 1. 1900, hier bezogen auf Griegs Violinsonate Nr. 3 c-Moll op. 45).

3 Zur Datierung des A-Dur-Werks um 1855 vgl. J. Winkel, *N. W. Gades und J. P. E. Hartmanns strygekvartetter*, mschr. Specialeafhandling Kopenhagen 1975, S. 80. – Det kongelige Bibliotek København ist für Kopien der Autographe von Hartmanns und Gades Quartetten zu danken.

de Verarbeitung ersetzt. Während vom G-Dur-Finale immerhin die langsame Einleitung mitsamt der Themenexposition vorliegt, finden sich am Schluß des A-Dur-Quartetts nur zehn Takte der Oberstimme, die sich freilich fast wie der Schlußsatz eines Quatour brillant ausnehmen. Daß beide Werke just im Finale abbrechen, weist bereits auf die Schwierigkeiten hin, auf die der Autor in dieser Gattung stieß. Zumindest seine Quartette machen es schwer verständlich, daß Hartmann in Dänemark lange als der Gade überlegene Begründer einer ›nationalen Romantik‹ galt. Von der späten Nachfolge klassischer Muster entfernen sich diese Werke kaum weiter als etwa die der Brüder Lachner in Deutschland, vergleichsweise läßt sich jedoch der mächtige Schub ermessen, mit dem erst Gade die Musik seines Heimatlandes an den europäischen Standard heranführte.

In Leipzig studierte ab 1857 Christian Frederik Emil Horneman (1840–1906), der sich danach in Kopenhagen als Musikalienhändler betätigte und an der Gründung der Gesellschaft Euterpe und eines Konservatoriums beteiligte. Am Schluß des Studiums entstand ein erstes Quartett g-Moll, in dem die umrahmenden Ecksätze unter der Dominanz des Figurenwerks leiden.[1] Ergibt es sich im ersten Satz aus der Verlängerung der engräumigen Motivzellen im Hauptsatz, so im letzten aus der einleitenden Solofigur über Orgelpunkt, beidemal sind die Wirkungen auf Überleitungen und Durchführungen unvermeidbar, und am ehesten läßt die Ausspinnung der Seitenthemen erkennen, was der Autor in Leipzig lernen konnte. Auch im langsamen Satz gelingt die thematische Umrahmung besser als der thematisch wenig gestützte Mittelteil, und das Scherzo trifft zwar in den Rahmenteilen den ›Elfenton‹ im 6/8-Takt, beschränkt aber den geradtaktigen Trioteil auf Akkordflächen mit Doppelschlagfiguren. Weniger akademisch ist ein zweites Quartett D-Dur vom Jahre 1861, und wenn der Kopfsatz das Hauptthema in den Sequenzfolgen der Durchführung belastet, so gewinnt doch der Seitensatz durch die ausgewogene Fortspinnung. Das kleine Menuett a-Moll, das metrisch ganz einfach bleibt, müßte man fast rückständig nennen, wenn nicht das Thema mit ›modaler‹ Akkordfolge (a–e–d–a) einen ›nationalen‹ Ton einbrächte. Und das Finalrondo, das eine Durchführung durch modulierende Abschnitte in der zweiten Hälfte ersetzt, gerät zum Perpetuum mobile, indem die Figuration der drei Refrains auch beide Couplets grundiert. Anspruchsvoller ist das Adagio D-Dur, dessen knappe Motive anfangs ausgesponnen werden und noch im motivischen Dialog der Außenstimmen während des mittleren Con moto B-Dur nachklingen, bis die melodischen Konturen im Schlußteil verblassen.

Eine Übersicht über die Quartettproduktion, wie sie Wallner für Schweden entwarf, fehlt noch für Dänemark wie Norwegen, und unerforscht ist die Kammermusik weiterer dänischer Autoren der Jahrhundertmitte wie Hans Matthisson-Hansen, Otto Malling, Asger Hamerik oder Au-

[1] Hg. v. P. Bache, Kopenhagen 1945 (Samfundet til udgivelse af dansk musik, 3. Serie, Nr. 81).

gust Winding, die freilich kaum Streichquartette hinterließen. Bedauern mag man zunächst, daß die Quartette von Peter Heise (1830–1879) weder durch Ausgaben noch durch Einspielungen erschlossen wurden. Er war in Leipzig 1852–53 Schüler Moritz Hauptmanns und schrieb etwa zwischen 1851 und 1857 sechs unveröffentlichte Werke (h – G – B – c – A – g), die allerdings nicht genauer datiert sind.[1] Wer die in Editionen zugänglichen Lieder kennt, wird einen Musiker schätzen, der sich auf bedachte Deklamation und flexiblen Klaviersatz verstand und zudem differenzierte Melodik mit harmonischer Nuancierung zu verbinden wußte. Offenbar müssen aber die Quartette noch als Studienwerke gelten, die kaum höhere Ansprüche stellen wollen. In Nr. 2 und 4 etwa – um nur zwei Beispiele herauszugreifen – bilden einfache Sonatensätze den Rahmen, und wie die langsamen Sätze liedhaft schlichte Thematik ein wenig ausarbeiten und am Ende auszieren, so gehorchen die kleinen Menuette allen Normen der Konvention. Die Harmonik freilich, die im G-Dur-Werk fast noch dem Stand des 18. Jahrhunderts entspricht, wird etwas flexibler im späteren c-Moll-Quartett eingesetzt. Hier geht dem ersten Satz eine langsame Einleitung voran, die ohne thematische Bedeutung bleibt, motivische Vermittlung verdrängt in Überleitungs- und Durchführungsteilen die vormalige Figuration, und das Finale wächst sich zum Perpetuum mobile aus, dessen ruhelose Sechzehntelketten nur in der Exposition episodisch unterbrochen werden.

Wie Gade in Kopenhagen wurde Ludvig Norman (1831–1885) in Stockholm zum Mittler zwischen deutschen und schwedischen Traditionen, nachdem er 1848–52 bei Hauptmann und Rietz in Leipzig Komposition studiert hatte. Nach der Rückkehr gewann er daheim als Hofkapellmeister und Theorielehrer am Konservatorium die maßgebliche Position und war zudem noch an der Gründung des Musikvereins beteiligt. Insgesamt schrieb er offenbar sechs Streichquartette, von denen zu Lebzeiten nur das 1855 entstandene E-Dur-Quartett op. 20 gedruckt wurde (Stockholm um 1877, J. Bagge). Da aber das unveröffentlichte d-Moll-Quartett op. 24 (1858) als Nr. 4 bezeichnet ist, dürfte außer einem erhaltenen Es-Dur-Werk (1848) ein weiteres Studienstück vorangegangen sein. Gewichtig sind indes die beiden reifen Quartette C-Dur op. 42 (1871–83) und a-Moll op. 65 (1884), von denen nur das letzte postum erschien (Stockholm 1890, J. Bagge). Wie um 1850 Berwalds und Gades Beiträge die übrige europäische Produktion überragen, so heben sich eine Generation später die letzten Quartette Normans vom Durchschnitt ab. Als einer der »Auserwählten« wurde Norman 1853 von Schumann unter die »hochaufstrebenden Künstler der jüngsten Zeit« gezählt, da er sich aber dem Wirken in der Heimat verpflichtet sah, verlor er offenbar den Kontakt zu deutschen Verlagen, und soweit seine späteren Werke gedruckt wurden, erschienen sie nur in Stockholm, ohne noch angemessene Verbreitung zu finden.[2] Da er anderseits nicht

---

[1] Eine erste Übersicht gab R. Hove, *Heises Kammermusik*, in: Dansk musiktidsskrift 16 (1941), S. 169ff. – Kopien der autographen Quartettpartituren verdanke ich Det kongelige Bibliotek, Musikavdelingen, und hier Niels Krabbe sowie Claus Røllum-Larsen.

[2] *Schumann. Gesammelte Schriften*, Bd. 2, S. 301 und dazu S. 470, Anmerkung 561; J. Bagge, *Förteckning öfver Ludvig Normans Tonverk*, Stockholm 1886; den hier mit Plattennummern mitgeteilten Angaben zufolge erschienen op. 1–10 bis 1860 in Leipzig (meist bei Kistner), op. 11–12 folgten hier und in Stockholm vor 1865, weitere Werke kamen jedoch fast durchweg nur in Stockholm heraus (ausgenommen op. 28, 32 und 35, 1875–76), und so konnte man in Deutschland nur Kammermusik mit Klavier kennen (je eine Duosonate op. 3, 28 und 32, sowie je ein Trio, Quartett und Quintett op. 4, 10 und 35).

auf ›nationale‹ Töne setzte, sondern die heimische Musikpflege an den europäischen Standard heranzuführen suchte, galt er rasch selbst in Schweden nur als akademischer Epigone, und so stehen neue Editionen und Untersuchungen aus. Als der Kritiker Wilhelm Peterson-Berger – selbst populärer Autor von Liedern und Klavierstücken – 1931 Quartette als »bessere Musik einer musikliebenden oder so tuenden Oberklasse« diskreditierte, erschien »der melodiearme Kontrapunktiker Norman« vollends als Personifikation überwundener Konventionen.[1] In der Tat belegt das erste erhaltene Quartett kaum mehr als handwerkliche Gewandtheit, ohne schon eine eigene Handschrift erkennen zu lassen. Anders steht es mit dem E-Dur-Werk op. 20, das als einziges gedruckt wurde und erst nach der Leipziger Studienzeit entstand. Im ersten Satz bleibt die Exposition im Umkreis der Grundtonarten, und die Überleitung verläßt sich noch partiell auf repetierte Achtel in den Mittelstimmen. Der thematische Dialog der Außenstimmen greift jedoch rasch auf die anderen Partner über, der motivischen Ausnutzung des Hauptsatzes steht ein rhythmisch stauender Seitensatz gegenüber, und die Durchführung erweitert mit der Verarbeitung zugleich das harmonische Terrain. Hier wie in den Mittelsätzen beweist aber die Verknüpfung der Taktgruppen und Satzphrasen die Fähigkeiten, die Norman in Leipzig erworben hatte. Weniger profiliert als das rhythmisch aparte Scherzo a-Moll ist freilich das Andante cantabile C-Dur, während das Finale einen knappen Sonatensatz in e-Moll darstellt. Das wenig spätere d-Moll-Quartett op. 24 bemüht sich zwar deutlich um einen expressiveren Tonfall in den Außensätzen, ohne indessen das satztechnische Niveau derart zu steigern, wie es die beiden letzten Werke sichtbar machen. Zumal das C-Dur-Quartett op. 42, das durchaus auf der Höhe der Zeit steht, kann als Gegenpol zu Griegs singulärem g-Moll-Quartett op. 27 gelten, auch wenn es nicht so ostentativ auf radikale Originalität setzt.[2]

Wie ernst Norman die Gattung nahm, ist den Daten im vielfach korrigierten Autograph zu entnehmen. Am 30. 3. und 11. 4. 1872 wurden die beiden ersten Sätze beendet, die am 3. und 8. 9. 1878 erneut revidiert wurden, noch in diese Revisionsphase fiel das am 14. 10. 1878 vollendete Scherzo, das Finale jedoch wurde erst am 17. 8. 1883 ergänzt. Mehr als elf Jahre arbeitete der Komponist also an einem Werk, das er dann doch nicht mehr veröffentlichte. Der Leipziger Schulung gemäß konnte er – im Unterschied zu Berwald oder Gade – auf formale Eingriffe verzichten[3], um sich dafür auf dichte Verarbeitung zu verlassen, und wenn die nahtlose Vermittlung aller Satzphrasen von fern her auf Mendelssohn deutet, so erinnert das thematische Material eher an Schumann, ohne doch gleich harte Zäsuren zu erlauben, während die Harmonik mitunter bereits Verfahren von Brahms vorauszusetzen scheint. Dabei ist das Werk aber keineswegs eklektisch, wie sich bereits am Kopfsatz zeigen läßt.

1 W. Peterson-Berger, *Ludvig Norman* (aus: *Dagens Nyheter*, 28. 8. 1931), in: ders., *Från utsiktstornet* [Vom Aussichtsturm]. *Essäer om musik och annat*, Östersund 1951, S. 85–90. Ungedruckt blieb die fleißige Arbeit von L.-E. Sanner, *Ludvig Norman. Studier kring en svensk 1800-talsmusiker*, fil. lic. avhandling Uppsala 1959; zu weiterer Literatur vgl. ders., Art. *Norman*, in: *MGG*, Bd. 9, Kassel u. a. 1961, Sp. 1572ff., sowie R. Layton, Art. *Norman*, in: *New Grove Dictionary*, Bd. 13, S. 284f.; ergänzend sei genannt: Fr. Hedberg, *Ludvig Norman. En Minnesteckning*, in: Svea 1886, S. 9–23.

2 Kungliga musikaliska akademiens bibliotek (Statens musikbibliotek) verdanke ich eine Kopie des Autographs. Im übrigen ist das Werk in einer Einspielung mit dem Lysell-Quartett zugänglich. Zu Normans Quartetten vgl. auch B. Wallner, *Den svenska stråkkvartetten*, S. 73–85.

3 Dabei rühmte Normans Rezension von Berwalds Klaviertrios 1859 »die Bestrebungen« von »Komponisten der neueren Zeit«, nach dem Vorgang von »Beethovens letzten Quartetten« sich »von der stereotypen Form freizumachen«, damit »ein Grundgedanke« zugleich »den inneren Zusammenhang« sichern könne, doch meinte die Rede von der unnötigen »Reprise« die »Wiederholung des ersten Teils der Ecksätze«, vgl. *Berwald. Dokumente*, S. 490. Der Text fehlt bei L. Norman, *Uppsatser och kritiker (1880–1885)*, Stockholm 1888.

Der in Wellen fallenden Linie im Hauptthema, dessen Vordersatz erste Violine und Viola im Unisono anstimmen, entspricht im Tutti der mehrfach gestufte Aufstieg, die einstimmige Klausel in T. 4 bleibt lange die einzige Kadenz, die je zwei Takte später durch tonikalen Sextakkord bzw. Trugschluß nach F-Dur abgelöst wird. Die zweitaktige Gliederung wird indes durch die auftaktigen Varianten überbrückt, die alle Taktgruppen verbinden und zugleich vorantreiben, indem sie von zwei auf sechs und mehr Achtel verlängert und zuletzt durch Punktierung zu einer weiteren motivischen Variante geschärft werden. Wo in T. 9 erneut eine steigende Kurve ansetzt, variieren Vorschläge die auftaktig sequenzierten Gesten, die zum ersten Höhepunkt führen. Unmittelbar zuvor bringt die Viola erstmals eine triolische Variante des Auftakts ein, die später kettenförmig erweitert wird, und lenkt der oktavierte Themenkopf diesmal zur Subdominantparallele, so eröffnet er zugleich die ebenso gearbeitete Überleitung, die hemiolische Stauungen bis hin zur Kulmination in abbrechenden Akkordschlägen kennt. Wie im Themenkern werden die Phasen durch variable auftaktige Wendungen verkettet, die steigernd durch repetierte Sechzehntel vertreten werden können, und wenn sich unauffällig in diese Entwicklung, die in der Kombination duolischer und triolischer Achtelketten mündet, Ketten synkopierter und weiter punktierter Viertel einfügen, so tragen sie ihrerseits zur Vorbereitung des Seitensatzes bei. Denn er hebt sich durch kreisende Melodik in punktierten Vierteln ab, die aus dem Hauptsatz abgeleitet sind, die Stabilität des grundierenden Orgelpunkts wird jedoch in triolische Achtel aufgelöst und zudem durch harmonisch wirksame Vorhalte der Oberstimmen relativiert. Als beruhigte Zone in neutralen Vierteln setzt die Schlußgruppe an, deren Akkordfolge sich wieder als Reduktion des anschließenden Hauptsatzes ausweist. Die konzise Durchführung richtet sich primär auf den Hauptsatz, dessen Glieder simultan verknüpft werden, sie streift nur die punktierte Rhythmik des Seitenthemas, das dagegen in der vielfach veränderten Reprise Erweiterung findet. Nimmt man zur thematisch vermittelten Konzentration des Satzes seine variable Rhythmik und eine Harmonik hinzu, der statt betonter Progressivität eine stufenreiche Palette eignet, so mag das eine Vorstellung vom ungewöhnlichen Reichtum eines Werks geben, das den Vergleich mit keinem Zeitgenossen außer Brahms zu scheuen hat, zumal die Folgesätze dem ersten kaum nachstehen. Als langsamer Satz fungiert eine Variationenreihe über ein F-Dur-Thema, dessen Entwicklung sich ähnlicher rhythmischer und harmonischer Farben bedient, und wie der verhangene Ton eines synkopisch gestaffelten Minore läßt der harmonisch fragile Schlußteil über Orgelpunkt an Brahms denken. Gleiches gilt für den verschleierten Walzer im Trio des Tanzsatzes, der seinerseits die Kontinuität punktierter Achtelketten durch übergelegte Melodiebögen ausgleicht, die nun wieder auf Mendelssohn zurückzuweisen

L. Norman, Quartett C-Dur, op. 42, erster Satz, T. 1–23 (Autograph, Statens musikbibliotek Stockholm).

scheinen. Das Finale endlich drängt die Erinnerung an Schumanns a-Moll-Pendant aus op. 41 Nr. 1 nicht nur mit anspringendem Quintraum des Hauptsatzes auf, der ebenso in der Durchführung als Fugatothema fungiert. Gegenüber dem periodischen Akkordsatz dort ist der Satz hier aber eher polyphon konzipiert, wie es wieder die motivische Kombination der Themenglieder ausweist, und selbst wo er nicht eigentlich linear angelegt ist, stehen die Stimmen doch ständig zur obligaten Beteiligung bereit. Indem das ganze Werk die tradierten Verfahren bündelt, entzieht es sich trotz seiner historischen Bezüge dem Verdacht der epigonalen Nachahmung.

Nachdenklicher und nicht ganz so spontan ist das letzte Quartett op. 65 in a-Moll, das im ersten Satz – ein halbes Jahrhundert nach Kuhlau – noch einmal auf Beethovens op. 132 anspielt.[1] Die Einleitung ist zwar wie der weitere Satz als Allegro agitato bezeichnet, der Beginn mit fallenden Sechzehnteln läßt jedoch in den Rahmentönen und in der Kadenzwendung das Modell durchscheinen. Den Widerpart bildet eine in Es-Dur periodisch ansetzende Gruppe, die fortspinnend erweitert wird, bis sie über ›Neapolitaner‹ im Rekurs auf den Anfang mündet, der nun mitsamt seiner Kadenz die Stimmen durchzieht und damit zum eigentlichen Hauptsatz führt. Er übernimmt – nun in der Tonika – die vormalige Kontrastgruppe, deren Fortspinnung in Achteln zugleich die Umrisse der Eingangsfigur zu erkennen gibt. So vielfacher Vermittlung entzieht sich vorerst die Enklave des schlichteren Seitensatzes, und kombiniert die Durchführung erneut die Themenglieder, so verbindet sie nachträglich die Fortspinnung des Seitenthemas mit den Varianten der Eingangsfigur, die zugleich zur Reprise zurückleiten und mit der

[1] Neben dem Partiturdruck liegt eine Aufnahme des Saulesco-Quartetts vor.

umfänglichen Coda den Bogen zurück zum Beginn schlagen. Das fünfteilige Adagio sostenuto e cantabile F-Dur spinnt sein weit geschwungenes Thema aus, statt aber die Teilgrenzen zu markieren, heben sich zwei nach c- bzw. f-Moll lenkende Binnenglieder allein durch synkopisch repetierende Begleitstimmen ab. Mit seltener Deutlichkeit verweist der Satz indes – vom Incipit an bis hin zum abschließenden Vorhalt über gehaltener Tonika – auf die Cavatina aus Beethovens op. 130. Vor aussichtsloser Konkurrenz schützt ihn dennoch der prinzipielle Abstand der eigenen Vorgaben vom kadenzmetrischen Satz der Klassik. Während dort knappe Phrasen vom Dialog der Stimmen überwölbt werden, sucht hier umgekehrt die Melodiestimme die Kadenzen und Taktgruppen fortspinnend zu verdecken, und dem knappen Zentrum der Cavatina (›Beklemmt‹) begegnen nun melodische Varianten in den Binnengliedern. Wer Beethovens Nachwirken verfolgen will, kann gleichwohl diesen Satz so wenig ignorieren wie die Quartette Kuhlaus und Berwalds. Den vormaligen Tanztyp stilisiert danach ein zierliches Tempo di Menuetto mit Trio-Maggiore in maßvollem Tempo, und nicht ganz auf gleicher Höhe wie die ersten Sätze steht das sonatenförmige Finale. In seinem mehrfach gebrochenen Rückblick begründet dieses Werk aber erneut den Wunsch nach einer Edition der letzten Quartette von Norman.

Trotz kontinuierlicher, freilich nicht öffentlicher Wirksamkeit der Mazerschen Quartettgesellschaft, zu der etwas später ähnliche Aktivitäten in Göteborg kamen, entstanden in dieser Zeit nicht wenige, aber zumeist vereinzelte Beiträge, so von Albert Rubenson (a-Moll, 1850, und F-Dur, 1855–56), Wilhelm Bauck (G-Dur, 1863), Jacob Adolf Hägg (cis-Moll, 1872, und G-Dur, 1873), Elfrida Andrée (A-Dur, 1861, und d-Moll, 1887), Hermann Berens (e-Moll, 1878), Oscar Hylén (D-Dur, 1870) und Oscar Byström (c-Moll, 1856/1895, und D-Dur, 1895–1906). Recht retrospektiv wie sechs Quartette von Fredrik W. Klint (1811–1894) sind dagegen fünf weitere von Jacob Edvard Gille (1814–1880), die ihre Modelle noch in der Wiener klassischen Tradition suchen.[1] Da all diese Werke meist nicht oder verspätet gedruckt wurden, sind nur einzelne Beispiele zu nennen. Die Beiträge von Rubenson (1826–1901) interessieren zunächst, weil der Autor als einer der ersten Skandinavier 1844–48 in Leipzig studierte, mit Norman in der Redaktion einer kritischen und kurzlebigen Musikzeitschrift verbunden war und 1872 Konservatoriumsdirektor wurde. Das klangvolle a-Moll-Werk beweist zwar professionelle Schulung, Eck- wie Binnensätze folgen Schumann mit konzisen Formen und knappen Themen, deren Ausarbeitung gleichwohl noch motivisch ungedeckte Figurationsgruppen zuläßt, ohne doch gleiche Intensität wie Normans Quartette zu erreichen. Während Elfrida Andrée (1841–1929) als eine der ersten komponierenden Frauen Aufmerksamkeit fand[2], lieferte der Berwald-Schüler Berens mit op. 78 ein handwerklich solides Werk, das Lindblad gewidmet und von Cranz in

---

1 Vgl. dazu B. Wallner, *Den svenska stråkkvartetten*, S. 89ff.; M. Tegen, *Piano- och kammarmusiken*, in: *Musik i Sverige*, Bd. 3, S. 316–320. Für Kopien handschriftlicher Partituren ist Martin Tegen zu danken.

2 E. Öhrström, *Elfrida Andrée. Ett levnadsöde* [Ein Lebensschicksal], Stockholm 1999, S. 231f. und S. 449 zum d-Moll-Quartett (1887) und einem Frühwerk (1861).

Bremen gedruckt wurde. Formal wie satztechnisch nimmt es allerdings nicht die Verfahren Berwalds auf, sondern – vor allem in der Themenbildung – der dominierenden Leipziger Tradition. Im Œuvre des vormaligen Marineoffiziers Oscar Byström (1821–1901) fällt mehr als das spätere D-Dur-Werk das vorangehende in c-Moll auf. Es lag mit nur drei Sätzen schon 1856 vor, als der Autor 1895 ein Intermezzo ergänzte, dem sich der Titel *Quartetto Svedese* verdankt. Sind die ersten Sätze ein wenig blaß, so erscheint der Nachtrag fast als Stilbruch, indem er drei Kantionalsätze über Choralvorlagen reiht, die der hymnologisch versierte Komponist zuvor ediert hatte. Unklar läßt das Intermezzo seine Position, denn falls es nicht als weihevoller Ausklang gemeint war, würde es den langsamen Binnensatz verdoppeln, ohne das fehlende Scherzo zu kompensieren.[1] Wie solche Werke spürbar machen, verloren die Musiker weitere Impulse und dazu Verlagskontakte, wenn sie primär der heimischen Ausbildung vertrauten.

Emanzipation durch Folklore: Svendsen, Grieg und Sinding

Die historischen Umstände machen es verständlich, daß sich in Norwegen weit später als in Dänemark und Schweden eine schmale Gattungstradition ausbilden konnte, die ein isoliertes Meisterwerk wie das von Grieg keineswegs erklärt. In Christiania–Oslo ließ die ›Soirée for Kammermusik‹ als feste Einrichtung bis 1865 auf sich warten, neben dem klassischen Repertoire bis hin zu Onslow und Cherubini wurden Werke Mendelssohns, Schumanns und vereinzelt auch Schuberts gespielt, erst 1867 stand aber ein Quartettsatz Svendsens auf dem Programm. Vorangegangen waren die Versuche von begabten Liebhabern wie Hans Hagerup Falbe (1772–1830) und Christian Blom (1782–1861), der 1855–58 immerhin vier Quartette schrieb. Friedrich August Reissiger (1809–1883) – ein Bruder des Dresdner Kapellmeisters – wirkte seit 1840 zehn Jahre lang als Kapellmeister in Christiania und wechselte dann als Organist nach Halden, wo ihm eine Gruppe von Musikern zur Verfügung stand, denen er 1862 ein mit Volksliedzitaten durchsetztes Streichquintett op. 59 lieferte. Sein undatiertes Streichquartett D-Dur weist dagegen in die Zeit vor 1850 zurück, denn ohne Beethoven oder gar schon die Leipziger Tradition vorauszusetzen, nähert es sich mit reichem Figurenwerk zumal im weitläufigen langsamen Satz eher der Satzart Spohrs. Der formal irreguläre Kopfsatz zeigt in der Mitte ein Andante G-Dur, und wenn ein eigentlicher Seitensatz ausfällt, so basiert der kantable Hauptsatz auf einer Formel im Pizzicato, die zum Kanon und später zum Fugato verdichtet wird. Martin Andreas Udbye (1820–1889) ging als erster Norweger 1851–52 nach Leipzig und ergänzte später seine Auslandsstudien, als Organist in Trondheim konnte er keine weitere

1 B. Wallner, *Den svenska stråkkvartetten*, S. 90f.; eine reich kommentierte Einspielung erschien 1987 in der Anthologie *Musica Sveciae*. Zwei Choralvorlagen entstammen *Then Swenska Psalmboken*, Stockholm ²1697, Reprint ebenda 1985, Nr. 210/211 und Nr. 412, die dritte basiert auf einer schwedischen Variante des »Laetabundus« im *Antiphonale Romanum* (Varia Pro diversis Temporibus, Tempore Natalis Domini).

Wirkung finden, und so erscheinen seine drei Quartette (op. 1, 6 und 7, vor 1860) zwar durchaus kundig und doch nicht eben persönlich. Und gleichfalls in Leipzig und später in Berlin studierte Otto Winter-Hjelm (1837–1931), dessen D-Dur-Quartett vom Jahre 1862 bei normgetreuer Formanlage eine massiv akkordische Faktur wie weitere norwegische Beiträge zeigt.[1]

Mit Johan Severin Svendsen (1840–1911) kam 1863 ein Norweger nach Leipzig, der dann mit Grieg und Sinding einer der Repräsentanten seines Landes werden sollte. Nach einem verschollenen d-Moll-Werk wurde 1865 sein a-Moll-Quartett op. 1 zu einem Erfolg, dem selbst die Leipziger Lehrer Respekt zollten. Daß Reinecke trotz regulärer Formung dazu riet, die Partitur kontrapunktisch anzureichern, deutet auf eine recht robuste Machart hin.[2] Blockhafter Satz und konventionelle Form sind aber – nicht anders als später bei Grieg – die Voraussetzungen für eine eigenwillige Disposition, sofern die Musik von der rhythmischen und harmonischen Substanz fast mehr abhängig wird als vom thematischen Material. Wenn die Thematik keine polyphone Verarbeitung erfährt, bleibt die klangliche Verfassung entscheidend, um Redundanz zu verhindern. Die harmonische Amplifikation wird von Svendsen zwar nicht entfernt so weit vorangetrieben wie von Grieg, und auch die thematische Substanz ist nicht nur schwächer, weil sie wenig folkloristische Tönung zeigt. Widersprüchlich bleibt eher die Relation zwischen der Themenstruktur und manchen harmonischen Operationen, die ihr zugemutet werden. Gewiß wurde zu dieser Zeit von Leipziger Studenten Schuberts Kammermusik rezipiert, die nicht zufällig nach 1865 zusammen mit Werken Svendsens in Christiania eingeführt wurde. Der flächige Satz jedoch, der bei Schubert noch von der Wiener Tradition her definiert war, wird hier und dann bei Grieg derart zum Gehäuse der klanglichen Strukturen, wie es später für Borodin oder Tschaikowsky im Unterschied zu Smetana oder Dvořák gelten sollte.

Ohne die Konventionen der Harmonik zu verlassen, erhält das Hauptthema im ersten Satz sein Gepräge durch punktierte Formeln, die auf erster und dritter Zählzeit des 3/4-Taktes eintreten und mehrfach verdoppelt werden. Demgemäß können sie in der Überleitung verlängert werden, um punktierte Akkordketten zu erzeugen, in die sich erst am Ende triolische Wendungen einfügen. Sie führen zum Seitensatz hin, dessen diatonische Melodik zu begleitenden Akkorden noch schlichter anmutet; mit aller Selbstverständlichkeit werden aber jenseits gängiger Strebungsklänge mediantische Akkordfolgen eingestreut (T. 64–71 C–As–Des/Cis–A), die vorerst nur als momentane Färbung fungieren, bis die Durchführung das Verfahren zur Mischung dominantischer und mediantischer Schritte erweitert (ab T. 130 C–As–Es–H/B–Es). Als routinierter Geiger weiß Svendsen dem klangdichten Satz alle Wirkungsmacht abzugewinnen, mögen auch ausgeterzte Klangbänder in Gegen-

---

[1] N. Grinde, *Norsk Musikkhistorie. Hovedlinjer i norsk musikkliv gjennom 1000 år*, Oslo u. a. 1971, ³1981, zu den genannten Musikern vgl. ebenda, S. 114ff., 127ff., 141ff. und 167ff.; zu Udbye, Winter-Hjelm und Reissiger vgl. A. O. Vollsnes u. a. (Hg.), *Norges musikkhistorie*, Bd. 2: *Den nasjonale tone 1814–70*, Oslo 1999, S. 339, 160 und 225. Kirsti und Nils Grinde sowie Harald Herresthal verdanke ich die Einsicht in die von ihnen gesammelten Quellen.

[2] F. Benestad / D. Schjelderup-Ebbe, *Johan Svendsen. The Man, the Maestro, the Music*, Columbia/Ohio 1995, S. 46–49. Ein Leipziger Rezensent meinte Svendsen sogar vor einem Übermaß Wagnerscher Harmonik warnen zu müssen, vgl. ebenda, S. 49.

bewegung nicht gerade feinsinnig anmuten. Weiter als im Scherzo mit spritzigen Akkordketten im Spiccato reicht die Ausarbeitung im Andantino C-Dur als zweitem Satz mit zwei wieder ganz homophonen Themen, die sich zudem fast nur im Verhältnis der Viertel und Achtelwerte unterscheiden. Bezeichnend sind jedoch gleitende Akkordverbindungen über chromatischer Baßlinie im Mittelteil, und ähnlich breitet der abschließende Sonatensatz seine farbige Harmonik ohne weitere Verarbeitung aus. Assoziationen an Folklore konnten die Themen der Binnensätze bei Hörern wecken, die mit norwegischer Volksmusik nicht vertraut waren, und wirklich lassen Andantino und Scherzo kurz an Lockruf (locklåt) und Halling denken. Obwohl derlei für Svendsens Harmonik noch konsequenzlos bleibt, ist in seinem ersten Opus eine Umschichtung der Strukturen vorgezeichnet, in der sich die radikaleren Maßnahmen von Grieg ankünden.

Edvard Griegs g-Moll-Quartett op. 27, das im August 1877 begonnen und während des folgenden Winters vollendet wurde, hat Ludwig Finscher nicht grundlos »eines der erstaunlichsten Quartette des Jahrhunderts« genannt.[1] Offenbar ging kein Studienwerk voraus, doch liegt aus der Leipziger Ausbildungszeit eine 1866 datierte Quartettfuge f-Moll vor, die fast traditionell zu nennen wäre, zielte sie nicht am Ende auf gegenläufige chromatische Ketten hin, deren Rücksichtslosigkeit einen Theorielehrer kaum erfreuen konnte. Elf Jahre später wollte sich Grieg in der Arbeit an op. 27 »durch die großen Formen kämpfen, koste es was es wolle«, zugleich glaubte er aber nicht, »wie Gade sagt, daß man des Nationalen überdrüssig wird.«[2] Nach der Kölner Uraufführung am 29. 10. 1878 löste das Werk in Leipzig den Verriß des einflußreichen Eduard Bernsdorf aus, der hinter der »Unbedeutendheit der Erfindung« mit ihrem »norwegisch zugeschnittnen und gefärbten Aufputz« den bloßen »Mangel jeglichen Gestaltungs- und Entwicklungsvermögens« witterte.[3] Doch wies Grieg »als selbständiger Künstler« die Bedenken Max Abrahams vom Hause Peters mit der Begründung zurück, »ein Streichquartett« sei »gleichsam Ehrensache«, auch wenn es nicht »den Anforderungen der Leipzigerschule« entspreche, und ließ das Werk bei Fritzsch erscheinen.[4] Später erst verwies er 1897 auf das für op. 27 genutzte Lied *Spillemænd* (op. 25 Nr. 1), und rückblickend gestand er 1900, wie »sehr sympathisch« ihm als »Eigenthümlichkeit« der »ältesten Volksweisen«, die »aus alten Kirchenliedern gebildet sind«, die »Behandlung des Leittons« zumal »abwärts nach der Quinte« gewesen sei. Liege in Volksweisen ein »Reichthum an ungeahnten harmonischen Möglichkeiten«, so habe er sich zugleich durch »die chromatischen Tonfolgen im harmonischen Gewebe stark angezogen« gefühlt.[5] Es ging also nicht nur um einen Ausgleich zwischen prinzipiell diatonischer Volksmusik und avanciert chromatischer Harmonik, sondern nicht weniger um eine neue Definition des Quartettsatzes gegenüber traditionellen Gattungsnormen.

1 Siehe Anmerkung S. 249.
2 *Edvard Grieg. Brev i udvalg 1862–1907*, redigert og kommentert av F. Benestad, Oslo 1998, Bd. 2: *Til udenlandske mottagere*, S. 144ff. (fortan zitiert: *Brev*; Übersetzung hier und weiter vom Verf.); entsprechende weitere Äußerungen ebenda, S. 147ff. und S. 259 sowie Bd. 1: *Til norske mottagere*, S. 259.
3 Signale für die musikalische Welt 36 (1878), S. 1040, abgedruckt bei F. Benestad / D. Schjelderup-Ebbe, *Grieg. Mensch und Künstler*, S. 176. Desto wichtiger war Grieg das Urteil Liszts über »dieses einzigartige, vortreffliche Werk«, vgl. *Brev* Bd. 1, S. 249.
4 *Edvard Grieg. Briefwechsel mit dem Musikverlag Peters 1863–1907*, hg. v. F. Benestad und H. Brock, Frankfurt a. M. 1997, S. 64.
5 *Brev*, Bd. 1, S. 444ff., sowie *Edvard Grieg. Artikler og taler*, hg. v. Ø. Gaukstad, Oslo 1957, S. 444ff.

[Anmerkung 1 zu S. 248:]
Art. *Streichquartett*, in: *MGG²*, Sachteil Bd. 8, Kassel u. a. 1998, Sp. 1924–1977: 1959. Zur Entstehungsgeschichte vgl. F. Benestad / D. Schjelderup-Ebbe, *Edvard Grieg, mennesket og kunstneren*, Oslo 1980, S. 190–199, deutsche Ausgabe: *Edvard Grieg. Mensch und Künstler*, aus dem Norwegischen von T. und H. Fleischer, Leipzig 1993, S. 171–179; dies., *Edvard Grieg, Chamber Music. Nationalism – Universality – Individuality*, Oslo 1993, S. 61–106; Kl. H. Oelmann, *Griegs drei Streichquartette. Bemerkungen zur Entstehungs- und Wirkungsgeschichte*, in: Studia musicologica norvegica 19 (1993), S. 203–212. Zu näheren Nachweisen und weiterer Literatur vgl. Fr. Krummacher, *Streichquartett als ›Ehrensache‹. Linie und Klang in Griegs Quartett op. 27*, in: Studia musicologica norvegica 25 (2000), S. 90–107. Zur harmonischen Struktur vgl. E. Kreft, *Griegs Harmonik*, Frankfurt a. M. 2000, S. 80–103. Mit den übrigen Quartettsätzen findet sich op. 27 in Bd. IX der Gesamtausgabe, hg. v. F. Benestad, Frankfurt a. M. 1978.

Bei umrahmenden Sonatensätzen mit wenig veränderten Reprisen samt langsamer Romanze und Scherzo mit Trio folgt das Werk den formalen Regularien in geradezu entwaffnender Klarheit. So sehr es sich darin von den individuellen Formen Berwalds oder Gades unterscheidet, so befremdlich nimmt es sich in einer Tradition aus, in der die Differenzierung der Form konstitutiv war. Von allem Herkommen trennt es sich aber, indem es für lange Phasen auf einer klanglichen Massierung insistiert, die als Akkordsatz nur schwach umschrieben wäre. In diesen Quartettsatz finden indes Töne der Volksmusik in einem Maß Eingang, wie es der Gattung gänzlich fremd war. Wichtiger als das Tanzmodell eines Halling im Trio des dritten Satzes ist ein das ganze Werk fundierendes ›Motto‹, das von der Forschung als ›Griegmotiv‹ apostrophiert wird und auch in dem vom Autor erwähnten Lied mitspielt. Es umschließt unter dem Grundton mit Sekund- und Terzfall einen Quartraum, in den die Untersekunde wechselnd mit oder ohne Leitton (g–fis–d oder g–f–d) eintreten kann (während dazwischen in norwegischen wie schwedischen Volksweisen oft eine ›schwebende‹ Intonation vermittelt). Beide Versionen sind weniger qua Dur und Moll, sondern eher als ›leittönig‹ und ›modal‹ zu unterscheiden, und nimmt man den sie trennenden chromatischen Schritt als Differenz hinzu, so so erweitert sich das harmonische Potential.

E. Grieg, op. 27, erster Satz, T. 1–7, T. 17–22, T. 61–68 (*GA*, Edition Peters).

Die breite Eröffnung des ersten Satzes präsentiert mehrfach das Motto in beiden Versionen, Aufstellung und Steigerung des Hauptsatzes im Allegro molto ed agitato kommen noch fast ohne Vorzeichen aus, über 32 Takte hin wird jedoch der Grundton in Baßlage beibehalten und der Kanon zwischen Viola und Primgeige vollends zur Klangfläche umgebildet. Die Sequenzierung ergibt einen gestaffelten Klangblock und führt auf den Wellenkämmen zu Undezim- und Tredezimklängen mit changierend eingebauten Skalengängen, womit die harmonische Richtung seltsam in der Schwebe bleibt. Fast scheint es, als wären gegenläufige Mechanismen verschraubt, um als Gipfel der Entwicklung eine seltsam heulende Klangkette zu evozieren, ohne den Tonikaraum zu verlassen. Der unvermittelte Seitensatz verheißt dagegen eine funktionalharmonische Integration des Mottos, erreicht aber erst im Rekurs auf das Motto das Ziel der neuen Tonika B-Dur, von dem aus die nächste Steigerungswelle ein liegendes Terzpaar durch chromatisch gegenläufige Linien flankiert, deren harmonische Konsequenzen jede Stabilisierung verweigern. Eine lineare Stimmführung also, die dem Quartett gemäß wäre, tritt in den Dienst der harmonischen Extension, die durch Sequenzen, Kanons und Akkordketten bewirkt wird. Und das Verfahren steigert sich in Durchführung wie Reprise, sofern thematisches Material vollends zur Funktion solcher harmonischen Konstruktionen wird, die extreme Dissonanzen zur Folge haben können.

Nicht anders steht es im Finale, dessen Einleitung wieder von einer Mottovariante im vierstimmigen Kanon ausgeht, während das Sonatenrondo eine gearbeitete Durchführung durch ein Maggiore ersetzt. Ein norwegischer Springtanz lugt aus dem als Saltarello maskierten Refrain hervor, dessen Steigerungen weitere Mottovarianten bergen, und im 2/4-Takt des konträren Couplets gewinnen abermals Bordunklänge thematischen Rang. Wieder festigen sich aber die Klangwellen zu analogen Resultaten wie im Kopfsatz, und die Coda pointiert das Verfahren erneut mit Rekurs auf das Motto. In der dreiteiligen Romanze umrahmt das Andantino B-Dur ein Allegro agitato in b-Moll, und mag die periodische Kantilene im Violoncello fast an Salonsphären erinnern, so meldet sich im Mittelteil das Motto und damit die chromatische Disposition desto entschiedener zurück. Beides bestimmt ebenso das Intermezzo, das den Tanzsatz mit ausgearbeitetem Trio modifiziert. Zwar bleibt in ihm das Motto aus, der Halling mutiert jedoch zum scheinbaren Fugato, dessen Einsätze in Tonika und Dominante auf alle sieben Stufen der Skala in der Quintschrittsequenz der Begleitung stoßen.

Ein Moment der Folklore wurde von Grieg artifiziell derart stilisiert, daß seine inhärente Chromatik eine konstruktive Konsequenz bedingt, die partikulare Kategorien der Volksmusik hinter sich läßt. Entgegen dem scheinbaren Bruch mit den Normen der Gattung entspricht ihnen dennoch eine strikte Stimmführung, durch die erst die harmonischen

Konstruktionen realisiert werden. So verwundert es weniger, daß von einem zweiten Werk in F-Dur, das 1891 begonnen wurde, bis 1895 nur Kopf- und Tanzsatz vorlagen, obwohl Grieg weiter an eine Ergänzung dachte.[1] Daß eine entspannte Alternative geplant war, zeigt der erste Satz mit figurativer Fortspinnung im 6/8-Takt, klar kadenzierendem Seitensatz und transponierten Themenzitaten in der Durchführung. Und im Allegro scherzando d-Moll mit seinen regelmäßigen Taktgruppen entspricht das D-Dur-Trio nun vollends einem Springtanz (›springar‹) über Bordunklängen. Offenbar war es Grieg klar geworden, wie schwer ein Gegenstück zu op. 27 zu erreichen war. Desto erstaunlicher ist daher das eine Hauptwerk, das Grieg vom Vertreter einer Nation zum Komponisten von internationalem Rang machte. Demgemäß wurde es weniger im eigenen Lande als in den Entwürfen französischer und russischer Musiker wirksam – bis hin zu den gänzlich anderen Quartetten von Bartók. Griegs Leistung ist zwar kaum aus einer norwegischen Tradition zu erklären, doch bleibt sie ein beeindruckendes Zeugnis hartnäckiger Bemühungen um den Anschluß an den Stand der Zeit. Mit Grieg war in Oslo Catharinus Elling (1858–1942) verbunden, der die Leipziger Ausbildung bei Herzogenberg in Berlin ergänzt hatte. Seine beiden Quartette in D-Dur und a-Moll (1897 und 1903) belegen den Ertrag dieser Schulung, doch präsentiert das erste Werk zumal im Kopfsatz noch ganz jene kompakte Faktur, die norwegischen Werken seit Svendsen zu eigen war. Sie verbindet sich freilich mit wirbelnder Figuration und auffällig diatonischer Harmonik, und will das Finale einen Halling als Fugenthema nutzen, so mag das auf Grieg zurückweisen. Dagegen bemüht sich das a-Moll-Quartett darum, motivische Arbeit mit einem modal gefärbten Idiom zu vereinen, doch blieben beide Werke ungedruckt. Zu nennen wären ferner zwei Quartette von Iver Holter (1850–1941), die immerhin publiziert wurden und den akkordischen Satz figurativ zu lockern suchen, ohne dabei ein eigenständiges Konzept zu finden (op. 1 Es-Dur, Offenbach um 1880, André; op. 18 G-Dur, Leipzig o. J., Reinecke).[2]

Dagegen wurde das Œuvre von Christian Sinding (1856–1941), dem vormals alle Ehren daheim wie im Ausland zuteil wurden, in norwegischer Sicht nachträglich überschattet. Denn der greise Komponist, der 1874–78 in Leipzig studiert hatte, konnte während der faschistischen Okkupation seines Landes nicht der Versuchung widerstehen, weiterhin Ehrungen von deutscher Seite zu akzeptieren. So liegt denn weder eine Neuausgabe noch eine Einspielung seines a-Moll-Quartetts op. 70 vor, das 1904 bei Peters in Leipzig erschien und nach Griegs Werk den anspruchsvollsten Beitrag aus Norwegen darstellt.[3]

Wie bei Grieg verbinden thematische Klammern die Sätze, wichtiger als eckige Quintsprünge, die in den Hauptthemen beider Ecksätze hervortreten, werden für den ersten Satz die kantabel fallenden Segmente im Quintrahmen, die von der langsamen Einleitung her in die Ent-

---

1 Zu dem als »heitere Schwester« von op. 27 geplanten Werk vgl. *Edvard Grieg. Brev til Frants Beyer 1872–1907*, hg. v. F. Benestad und B. Kortsen, Oslo 1993, S. 162, sowie *Brev*, Bd. 2, S. 370 und S. 381, sowie F. Benestad / D. Schjelderup-Ebbe, *Grieg. Chamber Music*, S. 158–176.

2 Vgl. A. Vollsnes u. a. (Hg.), *Norges musikkhistorie*, Bd. 3: *Romantikk og gullalder 1870–1910*, Oslo 1999, S. 109f. zu Svendsen, S. 163 zu Holter und S. 237 zu Elling; zu Sindings Kammermusik ebenda, S. 353f.

3 G. Rugstad, *Christian Sinding 1856–1941. En biografisk och stilistisk studie*, Oslo 1979, S. 126f. und S. 177f.

Ch. Sinding, op. 70, erster Satz, T. 1–8 (C. F. Peters).

wicklung des Hauptthemas und in den Vorspann des Seitensatzes im Allegro con fuoco eindringen. Zu den gemeinsamen Prämissen rechnet ebenso eine Harmonik, die abrupte Wechsel zwischen diatonischen Klangblöcken und extrem chromatischen Feldern nicht scheut. Dazu treten hier in der Durchführung wie dann ebenso in den Binnensätzen ausgedehnte Fugati, die erneut zwischen diatonischen Themenkernen und chromatischer Ausarbeitung vermitteln. Doch bleiben in der Exposition wie in der Durchführung weite Klangfelder mit kontinuierlicher Begleitung nicht aus, und es belastet den Satz noch weiter, wenn nach ausgedehnter Verarbeitung sogar die Reprise erweitert wird. Schlichter zwar beginnt das Andante in e-Moll, das aber schon nach acht Takten zum Fugatothema mit seinen Quintfällen umlenkt, um dieses Material dann doch primär harmonisch zu entwickeln. Weniger prätentiös gibt sich trotz beträchtlichen Umfangs das Allegro scherzando C-Dur, dessen Kopfmotiv wieder den Quintfall aufnimmt, wogegen seine gebundene Ausfüllung einem Fugatothema im Trio überlassen wird. Dem Kopfsatz gegenüber kehrt das A-Dur-Finale die Verhältnisse um, indem es mit der fallenden Variante im Legato beginnt und erst in die Überleitung die obligatorischen Quintsprünge einfügt, noch weiter treibt es aber die zyklische Disposition, wenn die langsame Einleitung des ersten Satzes zwischen Durchführung und Reprise zitiert wird. Offensichtlich suchte Sinding es Grieg mindestens gleich zu tun und zugleich die Harmonik zeitgemäß zu erweitern, wieweit aber das ambitionierte Vorhaben als geglückt gelten kann, hätte erst ein näherer Vergleich zu prüfen.

1 *Carl Nielsen. Breve*, hg. v. I. E. Møller und T. Meyer, Kopenhagen 1954 (fortan zitiert: *Nielsen. Breve*), S. 106 (an Julius Roentgen, 16. 12. 1909), zu Reger und Schönberg ebenda, S. 186 und S. 197, zur Nationalromantik S. 113 (27. 1. 1911 an Stenhammar). Zu weiteren Zeugnissen vgl. Fr. Krummacher, *Nationaler Ton und Gattungstradition. Über Streichquartette von Nielsen und Stenhammar*, in: ders., *Musik im Norden*, S. 160–187: 177–185.

2 *Nielsen. Breve*, S. 106, ferner P. Hamburger, *Orkester- og kammermusiken*, in: *Carl Nielsen i Hundred-året for hans fødsel*, hg. v. J. Balzer, Kopenhagen 1965, S. 19–45: 23.

3 *Nielsen. Breve*, S. 78 (9. 8. 1909). Zum Werkbestand vgl. D. Fog, *Carl Nielsen, Kompositioner*, Kopenhagen 1965, S. 6f., 11 und 14f., sowie B. Bjørnum / Kl. Møllerhøj, *Carl Nielsens Samling. Katalog over komponistens musikhåndskrifter i Det kongelige Bibliotek*, Kopenhagen 1992 (Danish humanist texts and studies 4), S. 42–47; die Frühwerke umfassen neben dem d-Moll-Quartett Kopfsatz und Finale eines Werks in F-Dur; zu ihm könnten drei Einzelsätze in B-Dur gehören (Andante tranquillo, Menuetto und Scherzo), während ein Andante sostenuto in fis-Moll einen anderen Kontext voraussetzen dürfte. Zu nennen ist schließlich eine Studie F-Dur nach Beethoven (op. 18 Nr. 1).

Vor der Moderne: Nielsen, Stenhammar und Sibelius

Während sich Griegs Quartett – auf das sich Sinding bezog – als höchst individuelle Lösung vom schmalen Werkbestand Norwegens abhebt, waren die Gattungstraditionen eine Voraussetzung der Werkreihen, mit denen Carl Nielsen (1865–1931) in Dänemark und Wilhelm Stenhammar (1871–1927) in Schweden nach 1900 den Weg zur Moderne fanden. Unterwiesen noch von Gade, war Nielsen bis 1905 Geiger in der Hofkapelle, bevor er Dirigent des Hoftheaters und Lehrer am Konservatorium wurde. Trotz seines Interesses für Reger und den frühen Schönberg schwebte Nielsen, der sich von »Stimmungen« und »Farbenpoesie« der Nationalromantik distanzierte, eine »ganz neue Kunst von geradezu archaischem Gepräge« vor.[1] Wisse man »die ersten fundamentalen Intervalle« zu respektieren, so bilde »der Terzsprung eine Gottesgabe, die Quarte eine Erlebnis und die Quinte das höchste Glück« in einer Kunst, die eine Wendung nicht zum Alten, sondern hin zum »Reinen und Klaren« anstrebte.[2] Zuvor war für Nielsen ein beträchtlicher Weg zurückzulegen, wie sich an seinen vier Streichquartetten verfolgen läßt, auch wenn die Gattung für ihn kaum so zentralen Rang wie für Stenhammar besaß. Nach zurückgehaltenen Frühwerken in d-Moll und F-Dur (1882–83 und 1887) folgten 1887–88 zunächst das erst 1900 gedruckte g-Moll-Quartett op. 13 sowie 1890 als erster Erfolg ein weiteres Werk in f-Moll op. 5. Zusammen mit op. 13 erschien 1900 das Es-Dur-Quartett op. 14 aus den Jahren 1897–98, und schließlich kam 1906 ein als ›Piacevolezza‹ entworfenes F-Dur-Quartett hinzu, das als op. 44 erst 1919 bei Peters in Leipzig und damit als einziges außerhalb Dänemarks veröffentlicht wurde. Doch erst in diesem Werk meinte Nielsen »dem keusch wiegenden Charakter« des Quartettsatzes nahezukommen.[3]

Nicht nur die Studienwerke, sondern noch die ersten publizierten Quartette sind vollauf der Tradition der Gattung verpflichtet, wie die zyklische Disposition mit den konventionellen Satztypen sichtbar macht. Gemeinsam ist ihnen ein fast orchestraler Klang voll intensiver Dynamik und impulsiver Rhythmik, und beide kennzeichnet bereits die Beherrschung aller traditionellen Verfahren. Obgleich Zitate der Volksmusik ausbleiben, mögen in der Mollsphäre der Ecksätze und im Lied- wie Tanzcharakter der Binnensätze die ›nordischen‹ Ingredienzien anklingen, wie etwa mit den Bordunquinten im Trio des Tanzsatzes aus op. 13 oder den schwach verbundenen Klangfolgen im Un poco Adagio aus op. 5. Beginnt der Hauptsatz in op. 13 mit einer Anspielung auf das ›Griegmotiv‹, so zielt das Finale hier auf die satzübergreifende Verbindung der Themen in einem ›Résumé‹, das die traditionelle zyklische Verklammerung zu steigern sucht. Unter Verzicht auf solche Ambitionen entsprechen sich in op. 5 nur die Konturen der Themen beider Ecksätze, doch erweitern sich die rhythmischen Impulse zu geschlossenen Satzphasen, während gleichzeitig der harmonische Vorrat ausgedehnt wird, wie sich gleich nach dem Hauptthema im ersten Satz im Umschlag von c-Moll nach E-Dur erkennen läßt. So ›radikale Übergänge‹ mögen die zurückhaltende Reaktion von Joachim und Brahms veranlaßt haben[1], und wenn im langsamen Satz die Stimmen mehrfach ihren Weg gehen, ohne kadenzierend zusammenzufinden, dann wird darin schon der Vorrang linearer Führung vor der tonalen Koordinierung spürbar.

Wenn Nielsens erste Quartette die bisherige Gattungstradition in Dänemark beschließen, so ist es desto erstaunlicher, daß sich der Komponist von diesem Stand danach entschieden zu lösen wußte. Denn 1898 erweitert das Grieg gewidmete Es-Dur-Quartett op. 14 die satztechnischen Verfahren, indem in den geläufigen Formen nicht nur die thematische Arbeit kontrapunktisch intensiviert wird, sondern zugleich die harmonischen Relationen erhebliche Dehnung erfahren. Zwar beginnt der Kopfsatz in klarem Es-Dur, in die Nebenstimmen fügen sich aber leiterfremde Töne ohne konventionelle Modulation so eigenständig ein, als seien sie durchaus gleichberechtigt, und so können tonale Zentren rasch wechseln, ohne modulierend vermittelt zu werden. Durch tonale Markierung heben sich desto mehr die Zäsuren zwischen den Satzphasen ab, und wenn die Durchführung mit dem Hauptsatz in der Tonika beginnt, erinnert sie weniger an ein Rondo als an das Zentrum der tonalen Fluktuation. Nochmals verschärft die Coda das Prinzip, wenn über gehaltener Bordunquinte Es-B die thematischen Segmente der Oberstimme mit geradezu bitonalem Effekt, wie ihn vor 1900 kaum ein anderes Quartett riskiert, bis nach E- und A-Dur herausrücken. Mag der langsame Satz konventioneller anmuten, so erfährt wieder die Themenfortspinnung tonale Erweiterung, indem die chromatischen Linien kaum leittönige Funktion haben. Folge selbständiger Stimmführung ist ähnlich im Trio des Scherzo ein sukzessiv erreichter a-Moll-Klang, in den zuletzt die zweite Geige mit unaufgelöster None eintritt, und reich an solchen Härten ist im Finale der kontrapunktische Satz der Durchführung. Indem sich aber die harmonischen Relationen erweitern, kontrastieren desto mehr die tonalen Themenfelder, die sich fast als Fremdkörper ausnehmen, solange noch kein leitendes System erkennbar wird.

Im F-Dur-Quartett op. 44 erreichte Nielsen bereits 1906 einen Stand, von dem aus er fortan seinen Weg in der Symphonie fortführte. Dem ›archaischen‹ Ideal einer hellen und klaren Musik entspricht die Transparenz eines Tonsatzes, der anders als zuvor ohne verdoppelte oder oktavierte Stimmen auskommt. Bewahrt bleiben zwar – nicht anders als bei Reger und Schönberg – die tradierten Formen, die planvolle Weitung der tonalen Basis führt mitunter aber an die Grenze zur freien Tonalität. In F-Dur intoniert die Oberstimme im Kopfsatz das Hauptthema, statt der Dominante C-Dur tritt schon im zweiten Takt die Mollvariante ein, einer angedeuteten Modulation nach d-Moll und

1 *Carl Nielsen. Dagbøger og brevvexling med Anne Marie Carl Nielsen*, hg. v. T. Shousboe, Kopenhagen 1983, S. 114f. (November 1894), sowie *Nielsen. Breve*, S. 20ff. (13. 11. 1894).

C. Nielsen, Nr. 4 op. 44, erster Satz, T. 1–11 (Edition Peters)

G-Dur folgt in T. 4 ein c-Moll-Klang mit tiefalterierter Quinte, und über B-Dur wechselt der Satz ab T. 6 nach as-Moll, bis die Außenstimmen ab T. 9 in Ges- bzw. Fis-Dur eintreten. Das fundierende Prinzip erweist sich also schon zu Beginn des Werks: Gleichberechtigt sind die Stufen der Skala verfügbar, sie sind zwar chromatisch variabel, werden indes kaum durch Leittöne verklammert und stehen daher in eigener Relation zur Basis F. Doch ist der Satz weder sonderlich chromatisch noch gar extrem dissonant, vielmehr ergibt der rasche Wechsel der tonalen Bezüge eine gleichsam progredierende Diatonik, die mit der Vielfalt wechselnder Klänge zwischen modalen und noch schwach funktionalen Folgen vermittelt, so daß in der Coda selbst veritable Dominantseptakkorde nicht die traditionelle Wirkung haben. An die Abkunft des Verfahrens erinnert das Adagio im Rekurs auf eine historisch frühere Schicht, denn die einleitende Kette ›modaler‹ Klänge erreicht thematische Funktion, indem sich von ihr aus die erweiterte Tonalität des Satzes entfaltet. Innerhalb der Abschnitte ist eine graduelle Dehnung der tonalen Relationen zu verfolgen, die sich ebenso im Allegretto moderato ed innocente vollzieht, obwohl es sonst ganz den Ton eines Scherzando behält. Und das Finale, dem massive C-Dur-Akkorde ›Molto Adagio‹ voranstehen, erreicht mit leichter Hand die zyklische Integration, indem es zunächst den Beginn des Tanzsatzes aufnimmt, um im Seitensatz auf die Konturen des Hauptthemas im Eingangssatz zurückzugreifen, bis der fugierte Beginn der Durchführung mit chromatisch sinkenden Ketten nochmals auf das Zentrum des langsamen Satzes anspielt.

Zu früher Zeit klingt in der entspannten Haltung dieses Werks eine Position an, mit der sich für die Musik nach 1920 der schillernde Terminus des Neoklassizismus verbindet. Daß diese Kunst traditionsbewußten Hörern – zumal in Deutschland – »hart, trocken, kühl und bloß interessant«[1] erscheinen konnte, wußte Nielsen sehr wohl, und so dauerte es lange, bis er mit seinen Werken weiteres Gehör fand. Ähnlich erging es aus anderen Gründen seinem Freunde Stenhammar, für den jedoch das Streichquartett vergleichbare Bedeutung wie für Nielsen die Symphonie hatte. Ausgebildet als Pianist, studierte er Komposition bei Emil Sjögren und nutzte einen Aufenthalt in Berlin zur pianistischen Vervollkommnung bei Heinrich Barth. Daheim setzte er sich für die Pflege der Kammermusik ein, die ihm als »Inkarnation des Höchsten in der Welt der Musik« galt.[2] Doch wurde er 1907 Orchesterleiter in Göteborg (wo er zeitweise zusammen mit Nielsen wirkte) und erreichte 1923 als Chef der Oper und Hofkapelle die leitende Stelle in Stockholm. Von sieben Streichquartetten hielt er ein 1897 entstandenes Werk in f-Moll zurück, die übrigen wurden zwar gedruckt, daß sie aber meist nur in Stockholm und Kopenhagen erschienen, war ihrer weiteren Verbreitung wenig förderlich (Nr. 1 C-Dur op. 2, 1894, Breslau, J. Hainauer; Nr. 2 c-Moll op. 14, 1896, Kopenhagen 1897–98, H. Hennings; Nr. 3 F-Dur op. 18, 1897–1900, ebenda 1904; Nr. 4 a-Moll op. 25, 1904–09, Kopenhagen 1911, W. Hansen; Nr. 5 C-Dur op. 29 ›Serenad‹, Stockholm 1913, A. Hirsch; Nr. 6 d-Moll op. 35, 1916, ebenda 1928). Wenn Finscher urteilte, in diesen Werken sei »der Anspruch der Gattung« noch einmal »eindrucksvoll erfüllt«, so trug dem erst Signe Rotters grundlegende Monographie Rechnung, auf die für nähere Einzelheiten zu verweisen ist.[3]

Das C-Dur-Quartett op. 2 bezieht sich im Thema des langsamen Satzes auf den ersten Zweitakter aus dem Adagio in Beethovens op. 59 Nr. 1, wie es schon die analoge Bezeichnung ›mesto‹ andeutet. Indem der Beginn des Kopfsatzes mit ausladender Dreiklangsfläche auf den zweiten Ansatz im Gegenstück aus op. 59 Nr. 3 weist, wird von vornherein der Anspruch geklärt, den das Werk im Anschluß an die Tradition sucht. Mit der Verarbeitung des Materials wird der Klangraum geweitet, während der internen Diatonik der Satzteile dazwischen harmonisch abrupte Schaltstellen begegnen. Erst das Ende der Exposition läßt eine intimere Kontrastgruppe zu, desto mehr richtet sich aber die Durchführung auf den Hauptsatz, dessen Gegenpol sie erst mit einer beruhigten Phase in cis-Moll findet. Sie erweist sich als gedehnte Variante des Hauptthemas, das rhythmisch modifiziert und nach Moll versetzt wird, während seine punktierte Rhythmik in den Unterstimmen nachwirkt. Nach dieser Thementransformation wird zwar die motivische Arbeit vorangetrieben, die genaue Reprise verrät indes noch eine Bindung an Formkonventionen, die sich auch im abschließenden Sonatenrondo mit periodischem Refrain, schlichterem Couplet und sequenzierender Schlußgruppe auswirkt. Freier verfährt bereits das c-Moll-Quartett op. 14, wenn der erste Satz die Durchführung durch eine erheblich variierte Version der Exposition ersetzt, nach der eine weitere

1 *Nielsen. Breve*, S. 90 (2. 12. 1907). Wie sich die erste Fassung von op. 44 zur revidierten Veröffentlichung verhält, bleibt bis zur Edition der Quartette in der Gesamtausgabe abzuwarten.

2 B. Wallner, *Den svenska stråkkvartetten*, S. 100; zu den übrigen Quartetten ebenda, S. 105–119; ders., *Wilhelm Stenhammar och kammarmusiken, I–III*, in: Svensk tidskrift för musikforskning 34 (1952), S. 28–59, und 35 (1953), S. 5–73; ders., *Wilhelm Stenhammar och hans tid*, Bd. 1–3, Stockholm 1991, zu den Quartetten Bd. 1, S. 469–502 und S. 642–669, sowie Bd. 2, S. 14–63 und S. 220–243; Fr. Krummacher, *Volks- und Kunstmusik um die Jahrhundertwende. Zu Streichquartetten von Wilhelm Stenhammar*, in: ders., *Musik im Norden*, S. 144–159.

3 L. Finscher, Art. Streichquartett, in: *MGG²*, Sachteil Bd. 8, Sp. 1960; S. Rotter, *Studien zu den Streichquartetten von Wilhelm Stenhammar*, Kassel u. a. 2001 (Kieler Schriften zur Musikwissenschaft 47).

Station des variativen Prozesses die Reprise vertritt. So wird der konventionelle Sonatensatz zu einem dreistufigen Verlauf umgeformt, bei analogem Grundriß werden die Teile im Variationsverfahren komplexer, und zwischen ihren Themen vermittelt der Rückgriff auf die eröffnenden Takte. Dasselbe prozessuale Denken führt im langsamen Satz vom hymnischen Thema zur Abspaltung isolierter Formeln, deren beschleunigte Relikte zugleich die Wiederkehr des Hauptthemas begleiten. Nachdem op. 2 ein stilles Intermezzo am Ort des Tanzsatzes aufwies, scheint sich das Scherzo in op. 14 erneut auf Beethoven zu berufen, die Technik der kombinatorischen Vermittlung setzt aber auch das Finale fort, obwohl es dem Sonatenschema genauer als der Kopfsatz folgt.[1]

Ein mehrjähriger Abstand trennt den ersten Satz des F-Dur-Quartetts op. 18 von den Folgesätzen, in denen eine Variationskette die Position des langsamen Satzes einnimmt, wogegen das Scherzo die dreiteilige Form derart modifiziert, daß den ein Trio einschließenden Außenteilen ein zusätzlicher Mittelteil in kontrastierender Funktion gegenübersteht. Eigenwillig wandelt bereits der erste Satz als ›Quasi Andante‹ das gängige Schema ab, denn unter Anspielung auf den Beginn von Beethovens op. 59 Nr. 1 setzt er mit getrennten motivischen Gruppen an, aus denen schrittweise eine prozessuale Entwicklung gewonnen wird, bis der Schluß die verhaltene Sphäre der Eröffnung restituiert. Die größte Komplexität erreicht jedoch das Finale, das sich nach mehrfach gestaffelter Eröffnung weniger als Fuge denn als Ricercar ausweist und damit thematisch wie strukturell den eröffnenden Satz aus Beethovens op. 131 beschwört. Die Verdichtung der kontrapunktischen Arbeit wird mit motivischer Aufspaltung gepaart, ihre Steigerung verwandelt die historische Aura zum Ton eines Tanzes im ›scherzando‹, und wenn sich mit der markanten Rhythmik des Fugenthemas fast unmerklich die diastematischen Umrisse der Eröffnung des Kopfsatzes verbinden, so kann der Abschluß eine subtile zyklische Verklammerung bewirken.[2]

Die Rekurse auf Beethoven, die nach Kuhlaus Einzelwerk die Strategien Berwalds bestimmten und von Norman aufgenommen wurden, setzen sich bei Stenhammar in anderer Weise fort. Sie dienen weder der Übernahme von Mustern noch der Demonstration des Könnens, sondern fungieren als Akt der Vergewisserung und Herausforderung zugleich. Verband sich damit vor 1900 eine Satztechnik, die zwar auf der Höhe der Zeit ist, ohne jedoch schon Wege in die Moderne zu öffnen, so ließ sich das Risiko erst nach den bisherigen Erfahrungen steigern. Daß nun historische Modelle der Volksmusik in den Blick rücken, hat nichts mit nostalgischer Verklärung oder nationalem Hochgefühl zu tun, sondern bringt in den Fundus ein Material ein, das nicht den Regeln funktionaler Harmonik gehorcht. Denn auf dieser Basis ließ sich ein kontrapunktischer Satz erproben, der den diatonischen Rahmen weniger durch Chromatisierung als im freieren Einsatz von Dissonanzen er-

---

[1] Zu op. 2 und op. 14 sowie zum ungezählten f-Moll-Quartett vgl. S. Rotter, *Studien zu den Streichquartetten von Wilhelm Stenhammar*, S. 56–135.

[2] Vgl. ebenda, S. 138–208 und weiter S. 209–278 zum vierten Quartett op. 25.

weitert. Und so begegnen in der Aria variata aus op. 25 und der Ballata aus op. 29 Modelle, denen die Herkunft aus der ältesten Schicht solcher Balladen gemeinsam ist.[1]

Deutlicher noch als bei Kuhlau oder Norman verweist der Kopfsatz aus op. 25 auf den Beginn von Beethovens op. 132, um seine leittönigen Spannungen sogleich mit quasi modalen Akkordfolgen zu konfrontieren. Sie bleiben auch dann fast wie ein cantus firmus erhalten, wenn von der Eröffnung eine Verarbeitung ausgeht, die vollends in der Durchführung zur Auflösung der Konturen tendiert. Nach den ebenso genau gearbeiteten Binnen-

[1] Basiert das Finale aus op. 25 auf der Ballade »Och riddaren han talte till unga Hillevi« [Der Ritter sprach zur jungen Hillevi], so der zweite Satz aus op. 29 auf dem Lied vom ›Ritter Komfusenfej‹.

W. Stenhammar, Nr. 4 op. 25, erster Satz, T. 1–7 (W. Hansen).

sätzen präsentiert das Variationenfinale zwei Zeilen der Vorlage zunächst einstimmig, im vierstimmigen Satz jedoch mischen sich dann leittönige mit gleichsam modalen Klangfolgen, während gleichzeitig die periodische Anlage erweitert wird. Beide Dimensionen werden in zehn Variationen ausgearbeitet, die sich weder mit Ornamentierung noch mit Figuration begnügen, sondern durch kontrapunktische und rhythmische Differenzierung vom Liedmodell distanzieren, das schließlich eine Auflösung in einer ungemein komplexen Coda findet. Dabei führt das Verfahren von primär rhythmisch definierter Polyphonie über freie Leittoneinstellungen zum dichten Fugato der Variation 6, deren Zentrum jedoch ein ›Quasi Adagio‹ mit kaum mehr funktional bestimmten Klangfolgen bildet. Wo zwischen sie einmal empfindsame Vorhalte mit Zwischendominanten treten, da wirken sie wie ein Rückblick auf ein verschüttetes Stadium der Geschichte, um danach zu desto radikalerer Auflösung zu nötigen.

Der Variationensatz aus op. 29, der als ›Allegretto scherzando‹ an zweiter Stelle den langsamen Satz vertritt, bewahrt weit klarer seine Vorlage, deren Grundriß erst am Ende vom mehrfachen Wechsel in Zeitmaß und Satzart überformt wird. Er findet seinen Rahmen in einem

1 S. Rotter, *Studien zu den Streichquartetten von Wilhelm Stenhammar*, S. 280–340, zum letzten Quartett op. 35 ebenda, S. 341–399.

Werk, das schon mit der Bezeichnung ›Serenad‹ auf eine weitere historische Schicht verweist. Ein scheinbar entspannterer Ton gibt dem auffällig diatonischen Satz mitunter eine fast neoklassizistische Note, welche Differenzierung jedoch hinter dem artifiziellen Spiel mit historischen Modellen steht, machte die Studien von Signe Rotter einsichtig.[1] Das letzte Quartett op. 35 erweitert dagegen 1916 nochmals die Verfahren in einem schroffen Scherzo, das bei ständigem Wechsel der Taktarten und der tonalen Zentren selbst Härten des Klangs nicht scheut, während das atemlose Finale in der Kombination von Rondo und Sonate die kontrapunktische Verschränkung mit ostinaten Formeln zu klanglichen Ballungen vorantreibt. Der langsame Satz in klarem F-Dur kann dazwischen fast als konventionelle Ruhezone anmuten, würde nicht seine Spannungsharmonik von einer vermittelnden Technik ergänzt, die noch bedrohliche Einbrüche zu integrieren vermag. Höchst konträre Gestalten verbindet zumal der Kopfsatz, der mit gemessen fallender Linie wie eine langsame Einleitung ansetzt, bevor sich die Stimmen nach zehn Takten zu einer modal geprägten Klangfolge versammeln. Wo direkt an sie der Seitensatz anschließt, da erzeugt die Oberstimme mit der begleitenden Schicht einen Klangvorrat, der mit ganztönigen Segmenten (von ges bis e) auf Debussy zurückdeutet (ab T. 23: as–b–d, ges–c–e samt Halbton f). Zwischen derart entfernten Polen vermittelt indessen die stufenweise gesteigerte Durchführung, in der sich die Konfrontation modaler Skalen und schwebender Tonalität in schroffen Kontrasten entlädt, die nun wirklich an die Grenzen tonaler Verbindlichkeiten führen.

W. Stenhammar, Nr. 6 op. 35, erster Satz, Tempo moderato, sempre un poco rubato, T. 18–32 (Musikaliska Konstföreningen).

In anderer Weise als Reger und Schönberg gingen also Stenhammar und Nielsen von eigenen Prämissen aus ihren Weg, auf dem sie die Gattung an den Stand der Moderne heranführten. Während aber Stenhammar nach dem Ersten Weltkrieg kaum noch Nachfolge fand, setzte sich Nielsen erst später als Symphoniker durch. Neben ihm schrieb in Dänemark Louis Glass (1864–1936) insgesamt vier Streichquartette, von denen das zweite in Es-Dur (op. 18, 1895) verschollen ist, wogegen neben einem Studienwerk (F-Dur, op. 10, 1891) auch das dritte Quartett in a-Moll (op. 23, 1896) unveröffentlicht blieb, so daß nur das letzte Werk in fis-Moll (op. 35, 1901–06) im Druck vorliegt.[1] Das Studium bei Gade ergänzte Glass in Brüssel, weitere Reisen führten ihn nach Deutschland und St. Petersburg, und die Kenntnis französischer wie russischer Musik wird in den beiden letzten Werken spürbar, die zudem kaum auf Nielsen reagieren. Eine zyklische Vernetzung, wie sie französische Werke seit Franck kennzeichnen, wird nur in op. 23 erkennbar, wenn das Finale vor der Coda das Hauptthema des ersten Satzes zitiert, an dessen Thematik auch das kurze Scherzo anknüpft. Einem auffallend massiven Quartettsatz jedoch, der über lange Phasen die führende Stimme vom gebündelten Akkompagnement abhebt, steht zum einen die seltsam normierte Periodik gegenüber, die immer wieder zu repetierten oder sequenzierten Taktgruppen tendiert. Zum anderen verbindet sich mit einer Rhythmik, die den Stimmverband weithin hemiolisch und synkopisch aufzubrechen sucht, die oft schillernde Harmonik, in der sich chromatische Strebungen, harte Rückungen und modale Einschläge mischen. Konventioneller sind zwar in beiden Werken die Binnensätze, schon in op. 23 bilden aber die Ecksätze aus drei kurzen Motiven ein variables Gewebe, das über die klaren Zäsuren der Formteile hinweggreift. Das Material verkürzt sich im Kopfsatz aus op. 35 zu zwei aphoristischen Splittern, die entweder isoliert und dann kombiniert oder aber zu geschlossenen Klangflächen ausgeweitet werden können. Das Verfahren jedoch, das die Durchführung vorantreibt, geht noch in die Reprise ein, setzt sich ebenso im Finale fort und überspielt damit die Satz- und Teilgrenzen.

Zwei Quartette in Es-Dur (1889) und a-Moll (1910) schrieb der Geiger Finni Henriques (1867–1945), der noch bei Joachim und Bargiel in Berlin studierte, und immerhin sechs Beiträge liegen von Rued Langgaard (1897–1952) vor, der als Organist in Kopenhagen und Ribe wirkte, offenbar aber nur sein viertes Quartett (1924) noch zu Lebzeiten (1931) veröffentlichen konnte. In seiner Musik kreuzen sich zwar Rekurse auf die Tradition mit rücksichtsloser Modernität zu einer höchst eigenartigen Mischung, doch weckten vorab seine 16 Symphonien einige Aufmerksamkeit. Wie all die Musiker, die noch von den Gattungstraditionen ausgingen, rasch von der Moderne eingeholt wurden, so fanden sie auch in den Darstellungen der Musikgeschichte ihrer Länder

[1] Cl. Røllum-Larsen, *Louis Glass og hans Kompositioner med særligt Henblik paa Symfonierne*, Magisterarbeit Kopenhagen 1980; ders., Art. *Louis Glass*, in: *MGG²*, Personenteil Bd. 7, Kassel u. a. 2002, Sp. 1051f.

noch keine verbindliche Charakterisierung. Das gilt gleichfalls für zwei Quartette von Gerhard Schjelderup (1859–1933) oder ein Werk von Sigurd Lie (1871–1904), und wie sie hinter Fartein Valen (1887–1952) mit seinen beiden Quartetten (op. 10, 1929, und op. 13, 1931) zurücktreten mußten, so begann in Schweden schon 1920 Hilding Rosenberg seine Quartettserie mit einem ersten Werk, das er noch 1955 gründlich umarbeitete. Anregungen des Impressionismus verarbeitete 1909 das g-Moll-Quartett von Ture Rangström (1884–1947), das die Bezeichnung ›Un notturno nella maniera de E. Th. A. Hoffmann‹ trägt, aber erst 1948 publiziert wurde.[1] Die Beachtung, die Rosenberg und dann Kurt Atterberg zuteil wurde, ging zu Lasten der Kammermusik von Autoren wie Richard Olsson (1874–1940), der nach zwei früheren Werken 1914 ein bedeutendes drittes Quartett in As-Dur schrieb, oder Algot Haquinius (1886–1966), von dem neben zwei Vorgängern vor allem ein a-Moll-Werk zu nennen ist, das 1916 begonnen, aber erst 1928 vollendet wurde und die Kreuzung höchst unterschiedlicher Ebenen exemplifiziert. Denn eine ausgesprochen modale Thematik, die im Variationenfinale noch einmal auf eine alte Volksweise zurückgreift, wird hier wie im Kopfsatz durch gleitende Chromatik und schillernde Klangketten aufgelöst. Der Autor hatte ab 1908 in Paris studiert, und wieviel das Werk Ravels Musik verdankt, zeigen manche satztechnische Details.[2] Die Geschichte der europäischen Musik zwischen Tradition und Moderne ist bisher kaum umfassend untersucht worden, je mehr indes nach 1920 die internationale Vernetzung der Moderne zunahm, desto leichter konnten sich traditionellere Werke selbst in der Heimat der Autoren als verspätet ausnehmen.

Kaum war bisher von finnischen Autoren zu reden, und wenn das Land erst nach Erlangung der Selbständigkeit seit 1918 ein eigenes Musikleben entfaltete, so mußte sich nun das eine reife Streichquartett von Jean Sibelius (1865–1957) als fast voraussetzungsloses Meisterwerk ausnehmen. In Finnland wäre daneben nur der etwas jüngere Erkki Melartin (1875–1937) zu nennen, dessen vier ungedruckte Quartette (e – g – Es – F) noch der Erschließung harren. Zugehörig der schwedischsprachigen Minorität, war Sibelius zunächst Geiger, doch studierte er in Helsinki Komposition bei Martin Wegelius (der 1874 ein Scherzo für Streichquartett schrieb) und ging dann 1890–92 nach Berlin und Wien, wo ihn Robert Fuchs unterwies. So war er mit dem Musikleben der Nachbarländer vertraut und mit Musikern wie Nielsen und Stenhammar bekannt. Daß dem Hauptwerk aber schon drei frühere Arbeiten vorangingen, machten erst neue Editionen einsichtig.[3] Selbständiger als ein erstes Studienwerk Es-Dur (1885) ist das zweite in a-Moll (1889), das einleitend – wie manche Werke seit Kuhlau – auf Beethovens op. 132 anspielt, während in das Finale ein fugierter Abschnitt eingebaut ist. Dagegen zielt 1890 das B-Dur-Quartett, das der Autor als op. 4 zählte,

---

1 B. Wallner, *Den svenska stråkkvartetten*, S. 133ff.; A. Helmer, *Ture Rangström. Liv och verk i samspel* [Leben und Werk im Zusammenhang], Stockholm 1998 (Kungl. musikaliska akademiens skriftserie 87), S. 74ff.

2 A. Edling, *Franskt i svensk musik 1880–1920*, Uppsala 1982 (Studia musicologica Upsaliensia N. S. 8), S. 212–217; die Partitur (Stockholm 1931) wird durch eine Einspielung ergänzt (*Musica Sveciae*, ebenda 1988). B. Wallner, *Den svenska stråkkvartetten*, S. 142ff., sprach vom fesselndsten schwedischen Streichquartett zwischen den Weltkriegen.

3 *Jean Sibelius. Early Chamber Music. String Quartet E flat major (1885), A minor (1889), B flat major Op. 4 (1890)*, Espoo 1991; J. Rosas, *Otryckta kammarmusikverk av Jean Sibelius*, Åbo 1961 (Acta Academiae Aboensis Humaniora XXIII/4); F. Dahlström, *The Works of Jean Sibelius*, Turku 1987, S. 40–43. (Abgesehen wird im weiteren von Variationen für Streichquartett in cis-Moll und einer Quartettfuge für den Lehrer Wegelius [beide 1888] sowie von zwei späteren langsamen Einzelsätzen [1890 und 1922].)

trotz modal gefärbter Harmonik auf rhythmische Individualisierung und motivische Verdichtung, während das Finale zu kompakter geballtem Klang tendiert. Die traditionelle Schulung belegen diese Werke ebenso wie die Fähigkeit des Komponisten, entgegen dem Verdikt Adornos sehr wohl der Forderung »des Beziehungsreichtums« Genüge zu tun.[1]

Fast zwanzig Jahre danach entstand 1909 das fünfsätzige a-Moll-Quartett op. 56, für dessen Ausgabe im Berliner Verlag Lienau sich der Komponist die Angabe ›Voces intimae‹ wünschte. Wenn Sibelius sich selbst fragte, warum er der Fertigstellung des Werks ausweiche, so umschrieb er den Respekt vor einer Gattungstradition, von der er sich zu distanzieren suchte.[2]

Hintergründig wirkt zwar das exzeptionelle Modell Griegs nach, wenn sich einleitend ein Andante graduell zum Allegro molto moderato beschleunigt, während die modalen Linien des Themas im kompakten Satz nur ausnahmsweise Leittöne zulassen. Doch läßt sich kaum ein motivischer Kern abgrenzen, maßgeblich ist vielmehr eine stetige Fortspinnung, die den Verband der Stimmen rhythmisch differenziert, und dem Verfahren einer schrittweisen, gleichsam vegetativen Entwicklung ordnet sich auch das konventionelle Sonatenschema unter. Denn wichtiger als die melodische Prägnanz des Materials ist eine fortspinnende Technik, die sich mit rhythmischer Intensivierung und ambivalenter Harmonik zum prozessualen Verlauf verbindet. Diese Prinzipien bringt die Durchführung zur Geltung, die durch variable Fortspinnung und rhythmische Akzeleration bei wachsender Chromatisierung in einer Diffusion kulminiert, deren tonale Zentrierung nicht mehr eindeutig zu definieren ist (T. 56–66). Indem die Reprise die langsame Einleitung integriert, überbietet sie nochmals die Spannungen der Exposition, denn die vormals diatonischen Skalensegmente werden derart gespreizt, daß sich chromatische und ganztönige Stimmzüge überlagern (T. 94–103).

Gegenpol zum Kopfsatz ist ein Finale in d-Moll, dessen treibende Figuration karge melodische Ansätze und damit die Umrisse einer Rondoanlage überspielt, ohne eine Zone der Beruhigung zu gewähren. Und als zweiter Satz vertritt ein huschendes Vivace A-Dur zusammen mit einem Allegretto d-Moll an vierter Stelle konträre Aspekte des Tanzsatzes, beide jedoch umrahmen das Adagio di molto, das damit zum Zentrum der Anlage avanciert. Zweimal heben sich in ihm wiederholte Akkorde in e- und cis-Moll vom Kontext ab (T. 21f. und T. 108ff.), und auf sie hätte der Autor der Überlieferung zufolge die Worte ›voces intimae‹ bezogen, von denen das Autograph allerdings so wenig weiß wie die Korrespondenz mit dem Verlag.[3] Die enigmatische Formel, die keine Mitteilung preisgibt, bietet weder für das Werk noch für das Adagio Anlaß zur Suche nach privaten Konnotationen. Gerade der langsame Satz schließt mit einer Themenformulierung, deren rhythmische und harmonische Subtilität selbst ein Kritiker wie Adorno nicht leugnen

1 Th. W. Adorno, *Glosse über Sibelius* (1938), in: ders., *Impromptus. Zweite Folge neu gedruckter musikalischer Aufsätze*, Frankfurt a. M. 1968, S. 88–92: 92.

2 Zu dieser Notiz im Tagebuch und weiteren Belegen vgl. E. Tawastjerna, *Sibelius*, translated by Robert Layton, Vol. II: *1904–14*, London 1986, S. 113f. und S. 117f., sowie Fr. Krummacher, *Intimität und Expansion. Das Streichquartett op. 56 von Sibelius im Verhältnis zur Gattungstradition*, in: ders., *Musik im Norden*, S. 206–226.

3 Vgl. dazu E. Tawastjerna, *Sibelius*, Bd. 1, S. 121, sowie Fr. Krummacher, *Intimität und Expansion*, S. 221ff.

könnte, an Traditionen der Gattung seit Beethoven an. Einer ersten Phase in F-Dur begegnet die zweite in der Mollvariante, die durch kanonische Technik abgehoben und zugleich motivisch vermittelt wird, und den hier eintretenden e-Moll-Akkorden antwortet der durchführende Mittelteil, dessen Kulmination erneut in die erwähnte Klangfolge umschlägt. Treten die befremdlich fahlen Akkorde danach mit thematischen Segmenten in tiefer Lage zusammen, so fügen sie sich damit in den Satz ein, bevor sein Material verklingt. Statt vom Zusammenstoß irrealer Sphären ist also eher von der Integration eines athematischen Einschubs zu sprechen, der zum Probefall kunstvoller Vermittlung wird. Gerade damit berief sich Sibelius noch einmal auf die Normen der Gattung, von denen er sich zunächst so ostentativ zu distanziere schien.

J. Sibelius, op. 56, erster Satz, T. 1–11 (Schlesinger).

Dritter Satz (Adagio di molto), T. 21–25.

Ein Werk wie dieses zählt zu den merkwürdig isolierten Quartetten, von denen in anderem Zusammenhang zu reden ist, wenn nicht die satztechnische und harmonische Balance noch immer auf eine skandinavische Linie seit Berwald zurückwiese. Zu ihr gehört indessen eine Dichte der Quartettpflege, die erst dann hervortritt, wenn man manche Musiker einbezieht, die außerhalb ihrer Heimat kaum beachtet wurden. Derartige Beiträge aus der Peripherie mögen einem Historiker gleichgültig sein, der an ein vom Fortschritt gesichertes Geschichtsbild glaubt. Doch sollten die Maßstäbe, die ein vermeintliches Zentrum anzulegen pflegt, kein zwingender Grund sein, um anderer Musik herablassend zu begegnen. Sie könnte vielmehr zu Neugier und Toleranz auffordern und zur Wahrnehmung führen, daß scheinbare Verspätung in der Kompositionsgeschichte nicht unbedingt Inferiorität bedeuten muß.

Werke aus skandinavischen Ländern exemplifizieren zuerst die Entstehung nationaler Traditionen, die von der Volksmusik nicht zu trennen sind, selbst wenn sie im Streichquartett nur verdeckt mitspielt. Der frühen Partizipation an europäischen Entwicklungen, an der noch eingewanderte Musiker teilhatten, folgten seit Gade und Berwald Impulse, die nach außen kaum wirksam wurden und doch zu den bedeutenden Meisterwerken von Grieg über Nielsen und Stenhammar bis zu Sibelius hinführten. Und die Reaktionen auf Beethoven – zumal sein Spätwerk – reichten von Kuhlau über Berwald bis hin zu Stenhammar und Sibelius, während Gades Leipziger Kontakte mittelbar bis zu Grieg und Nielsen wirksam blieben. So rundet sich das Bild einer vielfältigen und doch kontinuierlichen Tradition, die sich am Ende zur Moderne hin öffnete. Sie erschließt sich freilich erst dann, wenn die Musik dieser Länder in ihrem Zusammenhang gesehen wird.

2. Nationalität versus Tradition: Grundlagen des russischen Repertoires

Seit Sankt Petersburg 1712 die Hauptstadt Rußlands wurde, entfaltete sich in der Konkurrenz zur alten Metropole Moskau ein lebendiges Musikleben. Vorerst kam die kulturelle Entwicklung nicht ohne die Beiträge eingewanderter Künstler aus, die ihr ein internationales Gepräge gaben, doch fiel der Kammermusik kaum gleiche Bedeutung wie in Wien oder Paris zu, solange nicht mit der Trägerschaft durch ein etabliertes Bürgertum zu rechnen war.[1] In adligen Palais und Hauskonzerten erklang auch Musik in kleiner Besetzung, doch erst die Gründung der Russischen Musikgesellschaft durch Anton Rubinstein erlaubte nach 1859 regelmäßige öffentliche Konzerte, die bald dem kammermusikalischen Repertoire ein Forum boten.[2] So wird es verständlich, daß das Streichquartett erst recht spät für Komponisten attraktiv wurde, wobei der Anteil einheimischer Musiker anfangs gering blieb.

Zwar hatte der aus Nürnberg stammende Anton Ferdinand Titz (1742–1810), der seit 1771 in Petersburg tätig war, schon 1781 in Wien sechs Quartette op. 1 (C – A – G – c – d – Es) veröffentlicht. Zwei Folgen mit je drei Werken (G – F – A, C – B – Es) erschienen aber noch 1802 in St. Petersburg (weitere blieben ungedruckt), und umfassen sie

---

1 Die Namen russischer Komponisten werden in der tradierten Form genannt, mit der ihre Werke in Deutschland und in der älteren Literatur erschienen, bevor eine phonetische Umschreibung eingeführt wurde. Angeführt wird nur spezielle Literatur in westlichen Sprachen, für allgemeine Darstellungen und Werke in russischer Sprache ist auf die Angaben der Enzyklopädien zu verweisen.

2 D. Redepenning, *Geschichte der russischen und der sowjetischen Musik, Bd. 1: Das 19. Jahrhundert*, Laaber 1994, zur Frühgeschichte der Kammermusik S. 103f. und S. 111ff.; ferner L. Finscher, Art. *Streichquartett*, in: *MGG²*, Sachteil Bd. 8, Kassel u. a. 1998, Sp. 1960–1962, bes. Sp. 1960f.

zumeist nur zwei oder drei Sätze, so verwenden die Ecksätze im C-Dur-Werk doch schon Volkslieder als Themen.¹ Während drei offenbar verschollene Quartette von Sergej Tanejev 1797 bei Breitkopf & Härtel erschienen, erhielt sich von Ivan Vorobjev (1776–1838) die erste Violinstimme eines als »Nr. 2« bezeichneten Werks, in dem nach langsamer Einleitung die beiden raschen Folgesätze wiederum Volkslieder benutzen.² Drei Quartette, von denen das mittlere verloren ist, schrieb Alexander A. Aljabjev (1787–1851), sowohl das erste in Es-Dur (1815) wie das dritte in G-Dur (1825) umfassen vier Sätze, und obgleich sie dem Formenkanon klassischer Modelle und ihrem kadenzmetrischen Satz entsprechen, begegnet im dritten Satz des G-Dur-Werks wieder eine volkstümliche Weise.³ Daß der Autor den Gattungskanon kannte, beweist schon das erste Werk, dessen Kopfsatz eine rasch fallende Skala mit gebundener Kadenzgruppe zu einem Themenkomplex verbindet und damit weite Strecken bestreitet, ehe er von wenig profilierter Figuration verdrängt wird. Deutlicher klingen Haydns Modelle im Adagio B-Dur und im schlichteren Menuett an, das Finale dagegen leidet an Überlänge und zudem an rhythmischer Monotonie. Nachdem aber reisende Virtuosen das Quatuor brillant eingeführt hatten, wurden noch nach 1830 von Nikolaj Lwow, Ivan A. Volkov oder I. H. Kaiser Opern- und Volksmelodien für Quartett arrangiert, und für diese Besetzung richtete Fürst Galitzin, dem Beethoven drei der späten Quartette gewidmet hatte, sogar die Waldsteinsonate op. 53 ein. Im übrigen begnügte man sich mit dem geläufigen Repertoire von Haydn bis zu Onslow und Cherubini, solange die Voraussetzungen für die einheimische Produktion fehlten.⁴

Berliner Lehren: Glinka und Rubinstein

Als erster namhafter Komponist schrieb Michail I. Glinka (1804–1857) zwei Studienwerke in D- und F-Dur, die 1823 und 1830 entstanden, bevor der Komponist 1831 in Mailand Mendelssohn begegnete und seit 1835 bei Siegfried Wilhelm Dehn in Berlin studierte.⁵ Von seinen Quartetten führt kein gerader Weg zu den Werken, die nach der Jahrhundertmitte Rubinstein und dann Borodin sowie Tschaikowsky komponierten, bei der Bedeutung jedoch, die Glinka für die Entstehung der russischen Tradition zukam, ist es bemerkenswert, daß in seinem Frühwerk gerade Quartette begegnen. Denn das läßt den Schluß zu, daß die Gattung nun zum Prüfstein für junge Komponisten geworden war. Wie Glinka wandte sich der Pole Stanisław Moniuszko (1819–1872) nach Berlin, wo er durch Carl Friedrich Rungenhagen unterrichtet wurde und 1839–40 zwei Quartette in d-Moll und F-Dur schrieb. Doch dauerte es in Polen noch länger, bis nach Ignacy Feliks Dobrzyński, Vladyslaw Zeleński und Wojciech Gawroński erst Karol Szymanowski zwei Wer-

---

1 G. Seaman, *The First Russian Chamber Music*, in: The Music Review 26 (1965), S. 326–337: 328f.; die Werke erörterte jüngst mit zahlreichen Beispielen E. Stöckl, *Anton Titz (1742–1810), ein vergessener deutscher Violinist und Komponist am Hofe der russischen Zarin Katharina II.*, in: *Musikgeschichte in Mittel- und Osteuropa*, Chemnitz 2002, S. 42–82: 55ff. und 70–81; zu den *Trois Grands Quatuors* von Franz Adam Veichtner (1741–1822) und verschollenen Werken von Johann Konrad Schlick (1748–1818) vgl. ebenda, S. 52f.
2 G. Seaman, *The First Russian Chamber Music*, S. 326f. und S. 329.
3 Ebenda, S. 332ff. und bes. S. 334, ferner C. Greene, *The String Quartets of Alexander Alexandrovich Aliabev*, in: The Music Review 33 (1972), S. 323–329: 327ff., wonach die Vorlage in diesem Fall vom Komponisten selbst stammt. Vgl. Chr. Hagemeister, *Das Formschema der Sonate in der russischen Instrumentalmusik um 1800*, Regensburg 1983, S. 103ff., 109 und 114. In Partitur erschien das Es-Dur-Quartett, Moskau 1952.
4 G. Seaman, *The First Russian Chamber Music*, S. 326f.
5 X. Korabljowa, *Michail Ivanovich Glinka und Siegfried Wilhelm Dehn. Glinkas Studien in Berlin*, in: *Studien zur Berliner Musikgeschichte vom 18. Jahrhundert bis zur Gegenwart*, hg. v. T. Ebert-Obermeier, Berlin 1989, S. 127–132; D. Brown, *Mikhail Glinka. A Biographical and Critical Study*, London 1974.

ke höchsten Anspruchs schrieb. Bei S. W. Dehn studierte in Berlin noch 1844–46 Anton Rubinstein (1829–1894), der mit zehn Quartetten zwischen 1855 und 1880 eine erste Serie von Werken vorlegte. In Berlin also eigneten sich die Komponisten, die in Rußland und Polen eigene Traditionen begründeten, die handwerklichen Grundlagen an, daß aber den Studienwerken der älteren Musiker bei Rubinstein eine ganze Werkreihe folgte, läßt das wachsende Ansehen der Gattung erkennen.

Die frühen Quartette Glinkas[1] sind noch dem durch Haydn bestimmten Stadium verpflichtet, und wie sie nicht auf Beethoven oder Spohr reagieren, so entsprechen sie kaum schon dem durch Fesca oder Romberg repräsentierten Stand. Am klarsten zeigen das die knappen Tanzsätze, die noch reguläre Menuette darstellen und sich im Trio mit figurativen Girlanden bescheiden. Einem langsamen Thema im ersten Werk, dem vier figurative Variationen folgen, steht im zweiten ein dreiteiliges Andante gegenüber, das im modulierenden Mittelteil mit melodischer Ausspinnung ohne motivische Arbeit auskommt. Ein rasches Rondo, das nur im Ansatz entwickelnde Tendenzen spüren läßt, bildet in beiden Werken den Ausklang. Etwas individueller geraten die Kopfsätze, denn schon der frühere in D-Dur läßt im Hauptthema erkennen, daß der junge Komponist Haydns ›diskontinuierlichen‹ Satz erfaßt hatte. Daß die Exposition erstaunlich lange in der Tonika verharrt und dann bloß ein formelhaftes Seitenthema zeigt, hat nicht nur für die weithin getreue Reprise Folgen, sondern läßt auch in der knappen Durchführung kaum konzentrierte Arbeit zu. Straffer ist das Gegenstück in F-Dur, denn die thematischen Relationen sind genauer abgewogen, und die Durchführung bietet immerhin Ansätze motivischer Arbeit, wogegen die Überleitungen auf die fast unvermeidlichen Triolenfiguren angewiesen bleiben.

Dagegen bilden Moniuszkos Quartette die Resultate eines soliden Unterrichts, ohne ganz auf eigene Züge zu verzichten.[2] Das d-Moll-Quartett treibt gleich im ersten Satz die Konzentration auf ein punktiertes Kopfmotiv so weit, daß kaum eine Taktgruppe der Exposition ausgespart bleibt, während sich die Durchführung mit einer längeren Phase in der Durvariante fast entspannt gibt. Andererseits verwendet der analoge F-Dur-Satz ein recht konventionelles Hauptthema nur sparsam im ersten Teil der Durchführung, um es dann im zweiten zum Gegenstand eines Fugatos in der Mollvariante zu machen, wogegen das unprofilierte Seitenthema in der Reprise vollends ausfällt. Bescheidener sind die Mittelsätze, die ihre Position in beiden Werken tauschen. Einem schlichten Andante im ersten folgt ein freier gefügtes Pendant im zweiten Quartett, das im Schlußglied der dreiteiligen Anlage das eröffnende Motto mit der Mollvariante jener Melodie kombiniert, die zuvor in Dur die Satzmitte ausfüllte. Anders als bei Glinka bilden die Tanzsätze nun Scherzi und sind nicht nur umfänglicher, sondern auch genauer ausge-

1 *Polnoye sobraniye sochineniy* [Gesammelte Werke], hg. v. V. Y. Schebalin u. a., Moskau 1955–69, Bd. 3, Moskau 1957, S. 67–157.

2 Hg. von Kr. Mazur, in: *Dzilia* [Werke], Instrumentalmusik Bd. 2, Krakau (nach 1965).

arbeitet, und wenn sich das Trio im früheren Werk an einem kleinen Fugato versucht, so erhält im späteren das Scherzo A-Dur die Angabe ›baccanale monacale‹, der mit wechselnden Taktgruppen und Akzenten Rechnung getragen wird. Ähnlich zeigt das erste Finale in der Durvariante den Zusatz ›un ballo campestre‹, ohne gleich drastisch zu verfahren, und das zweite weicht von der Norm wieder dadurch ab, daß die thematische Eröffnung den Verlauf weit weniger bestimmt als die konventionellen Versatzstücke der überleitenden Figuration.

Als 1855 Anton Rubinstein (1829–1894) drei Streichquartette op. 17 veröffentlichte, die zuvor seit 1852 entstanden waren, lag seine Berliner Studienzeit schon rund zehn Jahre zurück. Inzwischen hatte er sich als Klaviervirtuose, als Dirigent und zunehmend als Komponist einen Namen gemacht, nach Gründung der Russischen Musikgesellschaft übernahm er 1862 für fünf Jahre die Leitung des Moskauer Konservatoriums, doch lebte er nach 1867 zumeist in Westeuropa. Während op. 17 und op. 47 (1857) mit je drei Quartetten bei Breitkopf & Härtel erschienen, folgten 1871 und 1880 die Werkpaare op. 90 und op. 106, die ebenso in Leipzig, nun aber bei Bartholf Senff herauskamen.[1] Trotz wechselnder Verlage erschienen die Quartette jedoch durchweg in Partituren, die auffällig großes Format aufweisen und damit selbst umfängliche Werke auf rund 12 Seiten zusammenfassen. Wie ernst Rubinstein die Gattung nahm, geht bereits daraus hervor, daß er noch 1892 das jeweils zweite Quartett aus op. 90 und op. 106 revidierte. Überdeutlich tritt das Vorbild Mendelssohns in op. 17 hervor, der lange Abstand also, der Glinkas Frühwerke von ihren Modellen trennte, hat sich bei Rubinstein drastisch verkürzt. Wer freilich Mendelssohn zu schätzen weiß, wird Rubinstein nicht von vornherein mißachten wollen. Gerade seine Werke galten lange als Muster akademischer Konvention, doch wird man vorsichtiger urteilen, wenn man ihre historische Bedeutung im russischen Kontext ermessen will. Zu Lebzeiten genoß Rubinstein beträchtliches Ansehen, er war Mitglied ausländischer Akademien, und oft genug standen seine Werke neben denen der Zeitgenossen auf den Programmen nicht nur in Deutschland, sondern in London, Kopenhagen oder Stockholm. Daß er andererseits durch seinen internationalen Ruf daheim in den Verdacht geriet, als ›Westler‹ der Antipode zum Mächtigen Häuflein zu sein, hat lange den Blick dafür getrübt, daß die russische Musik durch ihn an den internationalen Standard herangeführt wurde. Gerade die Streichquartette müßten den Vergleich mit Werken ihrer Zeit nicht scheuen, selbst wenn sie kaum noch Impulse von Schumann oder gar Brahms aufnahmen.

In op. 17 geben zwei hellbeschwingte Werke in G- und F-Dur den Rahmen für das ernsthafte mittlere in c-Moll ab, und die Themen und Satztypen treffen den Ton Mendelssohns so verblüffend, daß erst im Vergleich mit seinem op. 44 die qualitativen Differenzen bemerkbar

---

1 R. Ridenour, ›Anton Rubinstein and the Work of the Russian Musical Society, 1859–1867‹, in: ders., *Nationalism, Modernism, and Personal Rivalry in Nineteenth-Century Russian Music*, Ann Arbor 1981, S. 25–63; L. Sitsky, *Anton Rubinstein. An Annotated Catalogue of Piano Works and Biography*, Westport/Ct. 1998. Eine nähere Untersuchung der Streichquartette steht noch aus.

werden. Regelhafte Sonatensätze umgeben als Eröffnung und Finale die Binnensätze, deren Stellung noch wechseln kann, und während die Kopfsätze, die durchweg als Moderato bezeichnet sind, in Nr. 1 und Nr. 2 die Wiederholung der Exposition vorsehen, tendieren die raschen Finali zu etwas freierer Bauweise. Als Andante sind die langsamen Sätze charakterisiert, die wie üblich dreiteilig angelegt sind, und die raschen Tanzsätze modifizieren kaum den normierten Bau mit Scherzo, Trio und Scherzoreprise. Die konventionellen Formen sollten aber nicht darüber hinwegtäuschen, daß die wechselnd kapriziösen, kantablen oder elegischen Themen sorgfältig konstruiert sind, während Überleitung und Durchführung beträchtliche Gewandtheit in der modulatorischen und motivischen Arbeit beweisen. So verbindet der Kopfsatz aus Nr. 1 das akkordische Hauptthema mit triolischer Fortspinnung, die in der Überleitung genutzt wird, analog paart der Seitensatz eine rhythmisch markierte Akkordfolge mit Achtelketten, die ihn gleichmäßig durchziehen, und greift die Schlußgruppe auf den triolischen Annex des Hauptsatzes zurück, so kann damit die Durchführung ansetzen, wogegen der Themenkopf der Reprise vorbehalten bleibt. Ähnlich kontrastiert der Mittelteil im Andante, um dann aber auf den Hauptsatz zurückzukommen und damit die Rückkehr zum Thema vorzubereiten. Das Scherzo läßt Mendelssohns huschenden Elfenton durchscheinen, bindet ihn aber in die geläufige Form ein, wie noch spätere Tanzsätze keine formalen Komplikationen kennen. Und das Finale kommt Mendelssohn am nächsten im Seitensatz, zu dessen luftiger Akkordkette eine geschwungene Melodielinie tritt, wogegen die Schlußgruppe wieder den Hauptsatz aufnimmt und zugleich die Durchführung eröffnet, die beide Themen gleichermaßen zu nutzen versteht. Entsprechend ist das F-Dur-Quartett Nr. 3 angelegt, dessen Tanzsatz ein akkordisches Thema mit punktierter Rhythmik sukzessiv zerlegt und danach komprimiert, wovon sich das akkordische Trio abhebt, in das jedoch der Scherzorhythmus eingeblendet wird. Deutlicher wird im Andante die Melodik des B-Teils aus der Thematik im A-Teil abgeleitet, und im Finale stellt die Reprise die Phasen der Überleitung um. Den Kopfsatz charakterisiert dagegen die Addition knapper Motive, aus deren Verlängerung sich eine Figuration ergibt, die noch den Seitensatz begleitet. Rubinstein begnügte sich also nicht damit, die Themen als geschlossene Blöcke zu entwerfen, sondern er nahm an Mendelssohns Kunst die Probleme der internen Vermittlung wahr, selbst wenn er sie nicht ebenso variabel in thematisch legitimierter Figuration löste. Dem c-Moll-Quartett Nr. 2 hat der langsame Satz einige Popularität und den Namen ›Sphären-Quartett‹ eingebracht, wie so manches Favoritstück bleibt aber gerade dieses Andante, das durchweg con sordino zu spielen ist, besonders knapp und anspruchslos. Etwas gewichtiger ist diesmal der Kopfsatz, dessen Hauptthema mit fallenden Achteln im Quintrahmen samt benachbarten Halbtönen in Vierteln

A. Rubinstein, op. 17 Nr. 2, erster Satz, T. 1–9 und T. 17–25 (Breitkopf & Härtel).

imitatorisch eingeführt wird. Im Gefolge ergibt sich zwar kein kontrapunktischer Satz, die Konsequenzen liegen jedoch in der intensiven Nutzung des Kopfmotivs bis unmittelbar vor Eintritt des Seitenthemas und vermehrt in Durchführung und Coda. Der Tanzsatz in C-Dur bietet eine weitere Variante des Grundtyps, wie in den übrigen Scherzi werden metrische Kontraste durch klangliche Überraschungen innerhalb eines rhythmischen Musters ersetzt. Im Finale endlich können sich eintaktige motivische Impulse des Hauptsatzes kaum gegen die massive Begleitung im Tremolo durchsetzen, recht unvermittelt kontrastiert der melodisch unverbindliche Seitensatz, mit dem sich die Reprise ganz zur Dur-Variante wendet; der in sich dreigliedrige Themenbau erscheint indes hier wie in anderen Sätzen als auffälliger Restbestand vom alten Rondofinale, was für die weiteren Sonatensätze nicht folgenlos bleibt.

Der Abstand zwischen op. 17 und op. 47 ist zu kurz, als daß sich grundlegende Änderungen der Verfahren erwarten ließen. Zwar erweitern sich die Formen, und wie die Harmonik wird die Satzart insgesamt flexibler, erhalten bleibt aber der Vorrat der Typen, der vom Moderato des einleitenden Sonatensatzes bis zum leichtfüßigen Pendant im Finale reicht und dazwischen das liedhafte Andante mit dem elfenhaften Scherzo samt konträren Trio einschließt. Diesmal flankieren zwei Werke in e- und d-Moll das mittlere in B-Dur, und in ihm begegnet als langsamer Satz erstmals ein Moderato mit fünf Variationen, die sich freilich weithin auf figurative Umspielung beschränken. Abweichungen zeigt vor allem das letzte Werk, das sich den regulären Sonatensatz für das helle Dur-Finale aufspart, ihm aber ein ernsthafteres Adagio als sonst voranstellt. Ebenso weist der Kopfsatz eine langsame Einleitung auf, die verkürzt vor der Durchführung und der Coda wiederkehrt; dem modulierend gearbeiteten Zentrum wird jedoch der Hauptsatz in der Tonika vorgelagert, wogegen er zu Beginn der Reprise ausfällt. Was anfangs auf ein Sonatenrondo mit zweitem Refrain vor der Durchführung deutet, erweist sich als zweiteiliger Sonatensatz, der die Reprise durch eine integrierte Durchführung erweitert, wie es für die Finali des reifen Brahms zur Regel wurde. Blieb dieser Typus Mendelssohn fremd, so ließe sich wohl fragen, wie er bei Rubinstein zu motivieren wäre, zumal er in seinen späteren Quartetten fast zur Norm wurde.

Rund 15 und dann nochmals fast 10 Jahre liegen zwischen den frühen Quartetten und den Werkpaaren op. 90 und op. 106. Dem gewachsenen Anspruch der Gattung gemäß stehen die Werke nun vorwiegend in Molltonarten, und wenn in op. 90 zwei Quartette in g- und e-Moll gepaart werden, so steht in op. 106 einem Werk in As-Dur das zweite in der Parallele f-Moll gegenüber. Mit den wachsenden Anforderungen an die Spieltechnik werden Themenbildung und Harmonik komplexer, und zugleich werden die Formen nicht nur ausgedehnter, sondern zugleich variabler. Die Tanzsätze in op. 90 lassen noch den gewohnten Bau durchscheinen, die Zäsuren der Teile werden jedoch in Nr. 2 durch Übergänge kaschiert, und dem Variationensatz, der hier zunehmend die Charaktere zu transformieren sucht, entspricht in Nr. 1 ein umfangreiches Adagio, dessen Mittelteil gearbeitete Züge annimmt. Zugleich fällt es auf, daß nicht einmal mehr ein konventioneller Sonatensatz vorkommt. Wenn die Exposition nicht gleich in die Durchführung lenkt, steht vor ihr geradezu als Regel der Hauptsatz auf der Tonika, und so hängt es von seiner Stellung vor oder nach dem modulierenden Mittelteil ab, ob eher vom Sonatenrondo oder vom zweiteiligen Sonatensatz zu sprechen wäre, sofern der Hauptsatz im einen Fall vor Durchführung und Reprise steht, während er im anderen vor der Reprise ausfällt und dann erst die Coda eröffnet. Das erstmals in op. 47 Nr. 3 erprobte Modell bleibt also kein einmaliges Experiment, sondern läßt auf ein zunehmend reflektiertes Verhalten schließen. Zugleich zielt der Satzplan auf weitere Konzentration, indem die Arbeit wie im Sonatenrondo mit dem Hauptsatz ansetzt, dessen Restitution in der Reprise entbehrlich wird. Demgemäß tendiert der Kopfsatz im g-Moll-Quartett op. 90 Nr. 1 eher zum Rondo, wogegen das Finale den zweiteiligen Typus ausweist; ihm folgt ebenso der Eröffnungssatz in e-Moll-Quartett Nr. 2, dessen Zweiteilung im Finale durch Tempowechsel zwischen den Themen akzentuiert wird. Ähnlich steht es mit den Ecksätzen im As-Dur-Quartett op. 106 Nr. 1, und als letztes Werk hält op. 106 Nr. 2 an diesen Verfahren fest. Obwohl op. 90 neben Tschaikowskys op. 11 und noch vor Borodins erstem Quartett entstand, werden Töne der Volksmusik schon bei Rubinstein wirksam, wenngleich sie nur sehr sublimiert anklingen. In op. 90 Nr. 1 ist es das Adagio in D-Dur, das den 2/4-Takt durch wechselnde Plazierung gebundener Achtel metrisch ähnlich variabel handhabt wie das Pendant in Tschaikowskys op. 11. Und der ›largamente‹ absinkende Hauptsatz im Finale trifft auf einen hüpfenden Seitensatz, der sich als Tanz im stilisierten Volkston ausnimmt. Im Finale aus op. 90 Nr. 2 zeigt der Seitensatz ›modale‹ Färbung, wie sie ähnlich im Schlußsatz aus op. 106 Nr. 1 begegnet, wo ein ›modaler‹ Choralsatz in breiten Notenwerten eintritt, ohne aber im weiteren Verlauf wiederzukehren. Wieweit eher Allusionen als Zitate intendiert sind, könnte erst eine nähere Untersuchung klären.

Obgleich Rubinsteins Musik in Rußland reserviert aufgenommen wurde, ist die überraschende Blüte des Streichquartetts nach 1870 nicht ohne seine Leistung zu denken. So ablehnend man sich zu ihm verhalten mochte, so wenig konnte man sich der satztechnischen Souveränität verschließen, mit der er die Traditionen der Gattung aufnahm, selbst wenn er die durch Brahms markierte Grenze nicht überschritt. Ein Vorurteil wäre die Meinung, er sei nur Epigone Mendelssohns gewesen, seinem technischen Standard blieb er aber verpflichtet, seit er sich vom frühen Vorbild löste. Daher könnte es sich lohnen, die späteren Werke näher zu untersuchen, um den Aufschwung der Kammermusik zu begreifen, der sich danach in Rußland vollzog.

Unabhängig von Rubinstein blieb Nikolai J. Afanassieff (1821–1898), der als Violinist in Moskau und St. Petersburg wirkte und 1857 auf einer Tournee nach Westeuropa kam. Er schrieb nicht weniger als zwölf Quartette, die offenbar unveröffentlicht blieben, den Preis der Russischen Musikgesellschaft errang aber schon 1860 ein Werk mit der Bezeichnung ›Wolga‹, das durch die Publikation bei B. Senff (Leipzig 1866) weiter bekannt wurde.[1] Den folkloristischen Ton bezieht es primär aus ›modaler‹ Harmonik, die Leittöne selbst in Kadenzen und Modulationen zu umgehen sucht. Sie tritt schon in der Einleitung des ›aeolischen‹ ersten Satzes hervor, die auf der Quinte endet, ohne mit Leitton oder Terz als Dominante bestimmt zu werden. Gegenüber dem Satzverband im 2/4-Takt wechseln im Hauptthema einzelne Stimmen zum 6/8-Takt, der zudem durch Synkopierung verschleiert wird, bis sich in ihm das Zitat des berühmten Wolga-Liedes abzeichnet. Ganz im 6/8-Takt steht der Seitensatz, der in Es-Dur erstmals Dominantseptakkorde einführt, rasch aber umstandslos nach E-Dur rückt. In der verkürzten Reprise tritt er normgemäß in A-Dur ein, doch entfällt zuvor eine eigentliche Durchführung. Als Binnensätze fungieren ein Allegretto G-Dur mit Trio C-Dur sowie ein dreiteiliges Adagio in f-Moll, bei prinzipiell ähnlicher Faktur sind sie nicht ganz so ambitioniert, doch noch das recht schlichte Finale endet mit Quintklängen ohne Terzfüllung.

[1] Vgl. dazu M. Lobanova, Art. *Afanas'ev*, in: *MGG²*, Personenteil Bd. 1, Kassel u. a. 1999, Sp. 178 (das dort genannte Publikationsjahr ist nach der Verlagsnummer zu ändern).

Dem Sujet ›Wolga‹ mag neben dem Liedzitat ein akkordisch massiver und nur rhythmisch belebter Satz entsprechen, wie er für spätere Werke russischer Autoren kennzeichnend wurde. Doch bildet das Werk ein frühes Beispiel für die betonte Adaption der Folklore, mit deren Sammlung und Edition sich der Autor einen Namen machte.

Ebenfalls in St. Petersburg lebte seit 1861 der tschechische Komponist Eduard Fr. Napravnik (1839–1916), der seine Ausbildung in Prag erhalten hatte. Gleichwohl scheint er kaum die Traditionen der habsburgischen Lande mitgebracht zu haben, denn seine drei Quartette fügen sich zwanglos in das russische Repertoire seit 1870 ein (E-Dur op. 16, 1873; A-Dur op. 28, 1878; C-Dur op. 65, 1897). Gemeinsam ist ihnen – wie schon das frühe E-Dur-Werk zeigt – ein kompakter Satz, der strikt die Führungsstimme von akkordischer Begleitung unterscheidet. In manchen Satzphasen mögen Eindrücke der Musik Schuberts nachklingen, wenn etwa mediantische Rückungen mit triolischer Begleitung einer kantablen Linie zusammenfallen wie im Seitenthema des ersten Satzes aus op. 16. Ähnlich hebt sich im Finale von punktierten Ketten eine empfindsame Melodik ab, die wieder durch harmonische Zäsuren hervorgehoben wird. Bevor aber die Rezeptionsprozesse erhellt sind, die sich in der russischen Tradition vollzogen, wären weitere Urteile verfrüht.

Gründung der Tradition: Borodin

Daß Kammermusik in St. Petersburg noch ein halbes Jahrhundert nach Glinkas Studienwerken keinen leichten Stand hatte, geht aus Tschaikowskys Plädoyer hervor, das 1875 den Hörern solcher Musik »von Haydn, Mozart, Beethoven, Mendelssohn und Schumann« einen »tiefgehenden und neuartigen Genuß« versprach, von dem »sie bisher nicht die geringste Ahnung hatten«.[1] So wahrten gerade die zum ›Mächtigen Häuflein‹ zählenden Musiker gegenüber dem Streichquartett eine Zurückhaltung, die dem Diktum ihres Theoretikers César Cui entsprach, der diese Gattung die »langweiligste« schlechthin nannte. Desto überraschender ist es, daß Borodin 1875 – also im gleichen Jahr – brieflich davon berichtete, er habe zum »Entsetzen« anderer »ein Streichquartett skizziert«. Zwei Jahre später konnte er sogar schreiben: »Der Wind steht nun ganz unerwartet auf Kammermusik«, wiewohl Mussorgsky »beharrlich auf der Opernstrecke« bleibe.[2] Dennoch erfuhr das erste Streichquartett A-Dur erst 1880 seine Uraufführung, und obwohl Cui nicht gänzlich ablehnend reagierte, rügten andere Rezensenten wechselnd den symphonischen Gestus oder die trockene Kontrapunktik.[3] Zwar war Borodin eigentlich ein angesehener Chemiker, doch war er als Komponist zu dieser Zeit kein Anfänger mehr. Neben frühen Opern war die

1 W. Jakowlew, *Die Aufnahme der Musik Borodins in Rußland zu seinen Lebzeiten* (1948), in: *Alexander Borodin. Sein Leben, seine Musik, seine Schriften*, hg. v. E. Kuhn, Berlin 1992 (Musik konkret 2), S. 357–392: 366, wo sich auch das folgende Zitat findet.

2 Ebenda, S. 366, Anmerkung 623.

3 Ebenda, S. 368f., bes. S. 370ff. Offenbar trug Borodin damit zur erstaunlichen Wende von Cui bei, der später selbst drei Streichquartette schrieb; vgl. ebenda, S. 373.

I. Symphonie vorausgegangen, wie Fürst Igor war schon die II. Symphonie begonnen, ein frühes Streichquartett in f-Moll (1853–54) blieb ebenso wie ein Klaviertrio unvollendet, und durch seine Reisen, die ihn 1859 nach Deutschland führten, wurde Borodin mit den Traditionen der Kammermusik vertraut und entwarf 1860 in Heidelberg ein Werk »im Stile Mendelssohns«.[1] Daß zu dieser Zeit schon die meisten Quartette von Rubinstein vorlagen, die man als blaß und akademisch abtat, müßte weniger besagen als die Tatsache, daß auch Tschaikowsky zwischen 1871 und 1875 seine drei Streichquartette komponierte. Weil er aber als Widerpart zum ›Mächtigen Häuflein‹ galt, mußte es desto mehr befremden, daß sich mit Borodin ein Repräsentant dieses Kreises der Kammermusik zuwandte. Unbestritten ist es, daß diese Werke mehr Aufmerksamkeit im Ausland fanden, zu prüfen bleibt jedoch, wieweit Borodin damit – wie es Arnold Werner-Jensen ausdrückte – »in die Reihe berühmter klassischer Quartettkomponisten« einrückte.[2]

Wenn Borodin darauf hinwies, daß dem Werk ein Thema Beethovens zugrunde liege, dann ging er das Risiko ein, die Suche nach Reminiszenzen als Belegen der Epigonalität herauszufordern. Zwar handelt es sich genau genommen um nur zwei Takte, die von Beethoven übernommen wurden, sie entstammen aber dem Finale von op. 130 und damit einem der Sätze, in denen Sonate und Rondo derart zusammentreten, daß sich Konzentration und Dissoziation kreuzen.[3] Kaum zufällig wählte Borodin zwei Takte aus der Fortspinnung des klangdichten Komplexes in As-Dur (T. 113–114), der in op. 130 nach Beginn der Durchführung eintritt, bevor sich das Material in komplexer Arbeit verdichtet. Dieser Ausschnitt ist freilich weniger für Borodins ganzes Werk als für den Kopfsatz maßgeblich.

Die Binnensätze zeichnen sich als klanglich aparte Charakterstücke aus, die der Tradition keineswegs eine Absage erteilen. Das Scherzo gemahnt mit stetem Staccato (›leggiero‹) an Mendelssohns Typus, begnügt sich aber in gleichmäßiger Rhythmik mit einer Formanlage, in der das gängige Schema ohne Teilwiederholungen durchscheint. Dem entspricht das Trio, das seinen bestrickenden Klangreiz der stetigen Kombination von – meist künstlichen – Flageolettklängen aller Stimmen verdankt. Komplizierter ist die dreiteilige Anlage im langsamen Satz, dessen Mittelteil eigens als ›Fugato‹ überschrieben ist. Sein chromatisches Soggetto rekurriert nur verdeckt auf Stimmzüge im ersten Satzteil, denn das eröffnende Bicinium wird zwar dreistimmig wiederholt, aber von einer Triolenkette ›appassionato‹ abgelöst, deren Lamentocharakter dem Schlußteil des Satzes noch weiteren Nachdruck gibt.

Beiden Ecksätzen ist mit einer langsamen Einleitung die Aufgabe ihrer Integration in einen Sonatensatz gemeinsam, so unterschiedlich wie die Lösungen sind beidemal aber die Charaktere. Durchsichtiger und effektvoller gerät das a-Moll-Finale, das erst vom Seitensatz der Repri-

---

[1] S. Neef, *Die Russischen Fünf: Balakirew – Borodin – Cui – Mussorgski – Rimski-Korsakow. Monographien – Dokumente – Briefe – Programme – Werke*, Berlin 1992 (Musik konkret 3), Kurzbiographie S. 89–92 sowie Werkverzeichnis S. 93–98, hier S. 93f.

[2] A. Werner-Jensen (Hg.), *Reclams Kammermusikführer*, Stuttgart ¹²1997, S. 703.

[3] N. S. Josephson, *Westeuropäische Stilmerkmale in der Musik Borodins (1833–1887)*, in: *Jahrbuch des Staatlichen Instituts für Musikforschung Preußischer Kulturbesitz 1994*, Berlin 1994, S. 278–303: 291; wie überzeugend »weitere Beethoven-Zitate« ebenda, S. 292ff. sind, kann dahingestellt bleiben.

se an zur Durvariante lenkt. Die fallende Achtelfolge der Einleitung, die sich mit leichten Varianten durch die von Kadenzen begrenzten Phasen zieht, liegt als Unterstimme dem Hauptthema im Allegro zugrunde, das seine Verve aus treibender Rhythmik bezieht und das Muster für die Schlußgruppe abgibt. Rhythmisch changiert dagegen der noch knappere Seitensatz, sofern die jeweils betonte Zählzeit sich quasi auftaktig zum anschließenden Hochton verhält. Zentrum der ähnlich gedrängten Durchführung wird dennoch die Kombination beider Themen, die zugleich ihre Charakteristik derart ändern, daß sich fast von einer Übertragung der Lisztschen Technik der Thementransformation reden ließe. Denn im knappen Fugato (ab T. 139) wird die gleichmäßige Achtelkette des Hauptthemas durch eingeschobene Viertel so modifiziert, daß sie den Seitensatz komplementär kontrapunktiert, und wenn beide Themen in originaler Version verkettet werden, erscheint nun das eine fast als Diminution des anderen (T. 155).

Die gleichsam transformierende Kombinatorik wird vor allem für den sehr langen Kopfsatz bedeutsam, der mit 891 Takten rund 14 Minuten beansprucht. Zur Kritik forderte nicht nur die orchestrale Struktur voller Tremoli und Arpeggien heraus, von denen sich eine isolierte Melodiestimme abhebt, und so auffällig wie die langwierige Präsentation der Themen ist ein fast schulmäßiges Fugato in der Durchführung. Mit solcher Weiträumigkeit verbindet die Einleitung die ständige Folge von zwei Vierteln mit einer Halben, in der gleichmäßigen Reihung entfaltet sich schrittweise der Klangverband, zugleich künden Synkopendissonanzen und imitatorische Einsätze, die eine periodische Struktur modifizieren, leitende Prinzipien der Faktur an. Scheinbar klassizistisch klar beginnt in A-Dur danach die Exposition, deren Hauptsatz das Beethoven-Zitat zu periodischer Anlage mit Vorder- und Nachsatz samt wenig variierter Wiederholung ausdehnt. Statt einer gearbeiteten Überleitung folgt jedoch eine Kontrastgruppe, deren dissonant gespannte Akkorde nur durch eine auftaktige Wendung vermittelt werden, die ihrerseits aus der Ausspinnung des Hauptsatzes erwächst, wonach sich dann der Seitensatz durch eigentümlich drängende Expressivität auszeichnet. Gemeinsam ist den Satzgruppen nicht nur ihre deutliche Abtrennung, sondern dazu eine punktierte Rhythmik, die ihre wechselseitige Affinität ankündet. Spätestens wenn der Epilog der Exposition auf jene Akkordfolge zurückgreift, die mit ihrer auftaktigen Kette den Ort der Überleitung einnahm, erhält dieses Gebilde nachträglich thematischen Status, womit der Satz über drei Themenfelder verfügt. Daß die Themen in der Exposition primär melodisch formuliert sind, während die übrigen Stimmen der harmonischen Füllung dienen, widerspricht zunächst den Normen des Quartettsatzes. Eine derart offene Struktur erweist jedoch ihr Kalkül in der Durchführung, die zunächst in doppelten Großterzen von E- nach Gis- bzw. As- und weiter nach

C-Dur rückt, um nun fast unauffällig erstes und drittes sowie dann auch zweites Thema zu koppeln (T. 293–308). Das expressive Seitenthema wird anschließend in Stimmpaaren zu Tremoloflächen gesteigert, Herzstück aber ist das Fugato, das nicht auf dem Beginn, sondern dem Nachsatz des Hauptthemas basiert (T. 357 analog T. 87). Wie zuvor das dritte wird das zweite Thema zur Tremolofläche transformiert, womit primäres Material sekundär wird und umgekehrt. Schließlich wird sogar die langsame Einleitung – nun in augmentierten Werten – mit thematischen Relikten kombiniert und in das Satzzentrum integriert (T. 470–524 erweitert analog T. 1–16). Damit entzieht sich die Durchführung der Konvention motivischer Arbeit, sie verbindet aber ihre Kombinatorik mit der Transformation und dem Funktionstausch des Materials. Schwerer hat es danach die Reprise, die nur mit der orchestralen Steigerung des Hauptsatzes auf die Mutationen der Gegenthemen zurückdeutet, wonach die Coda in zielstrebiger Reduktion den ambitionierten Satz ausklingen läßt.

Obwohl das zweite Quartett in D-Dur zunächst weit knapper und klarer ist, bildet eine ähnliche Themenstruktur die Voraussetzung für weitere Konsequenzen. Alle Sätze folgen in ihrem Grundriß – was eine Ausnahme ist – einem sonatenhaften Prinzip, wobei ihre Struktur noch offener oder flächiger zu sein scheint. Der Kopfsatz präsentiert bei

A. Borodin, Nr. 2 D-Dur, vierter Satz, T. 1–34 (Dover Publications).

schlicht akkordischer Begleitung in mehrfachem Durchgang das Hauptthema, das erst spät modulierend fortgesponnen wird, der Seitensatz in fis-Moll hebt sich primär durch eine punktierte Wendung ab, und in der Durchführung begegnen zwar wechselweise beide Themen, ohne aber so dichte Kombinationen wie im ersten Quartett zu erreichen. Anderen Anspruch macht das Finale bereits durch eine langsame Einleitung geltend, die mit zweifachem Wechsel der Ober- und Unterstimmen im Unisono das Material exponiert, dessen Kombination im Vivace den Hauptsatz nach Art eines doppelten Fugato eröffnet.

Während die Einleitung im klanglich kargen Wechsel der Stimmpaare mit ihren motivischen Fragmenten an Spätwerke Beethovens wie etwa den Beginn der ›Großen Fuge‹ op. 133 gemahnt, beschwört der rasche Hauptsatz in der Auffächerung der Stimmen bei schwirrender Achtelbewegung den Tonfall der Finalfuge aus op. 59 Nr. 3. In dem Maß jedoch, wie die Figurenketten bei akkordischer Begleitung geglättet werden, gewinnen sie ihrerseits begleitende Funktion im Seitensatz, der mit chromatischen Nebenstufen ein wenig aufdringlich wirkt und in der Steigerung zur Schlußgruppe fast die Nähe des Salons streift (T. 180ff.). Wie sehr der Satz auf den Kontrast dieser Sphären ausgerichtet ist, zeigt die Durchführung, die von Zitaten der Einleitung umrahmt ist und zugleich durchweg Varianten des Seitensatzes verarbeitet. So zielt das Konzept auf die Coda, die in der Kombination beider Sphären mündet (ab T. 610).

Gewagter noch nimmt sich ein leicht parfümierter Ton in den Mittelsätzen aus, die wohl die Grenze des Trivialen berühren würden, wenn nicht beträchtliche Artifizialität für einige Balance sorgte. Das Scherzo nämlich erweist sich – eine Rarität nach Mendelssohn – als Adaption des Sonatenrondos, wiewohl das Material kein vergleichbares Puzzle motivischer Bruchstücke erlaubt. Denn Haupt- und Seitensatz sind in der Funktion von Refrain und Couplet gleich ausgedehnte Phasen, die durch ihre charakteristische Rhythmik fast bis zum Übermaß zusammengehalten werden. Maßgeblich für den Refrain ist im 3/4-Takt dennoch eine rhythmische Ambivalenz, die schon im zweiten Viertakter durchscheint, wenn die erste Zählzeit von den folgenden durch ihre Phrasierung abgehoben wird. Daraus ergibt sich nach modifizierter Wiederholung ein latent hemiolischer Effekt, der im weiteren zur Verlagerung der Akzente auf die Taktmitte führt (T. 17 und T. 21). Sobald auf dem Weg zur Dominante die Schwerpunkte wieder ins Lot geraten, tritt im Seitensatz die Folge von betonten Vierteln mit angebundenen Halben, die im Refrain der begleitenden Viola zugewiesen war, melodisch derart in den Vordergrund, daß die Nähe zum Walzer unverkennbar wird. Fast scheint es, als solle der traditionelle Tanzsatz nobilitiert werden, zumal der rhythmische Kontrast, der zunächst als verfrühtes Trio eintritt, breiten Raum beansprucht. Erst die Schlußgruppe der Exposition greift – nun auf der Dominante – kurz auf das Hauptthema zurück und erweist sich als transponierter Refrain, wonach gleich die modulierende Verarbeitung ansetzt (T. 90 und T. 100). In der Mitte der Durchführung jedoch begegnet – wie es ein Sonatenrondo erlaubt – ein weiterer rhythmischer Kontrast, der sich nun durch offen hemiolische Struktur auszeichnet (ab T. 128 und T. 164). In seinen fallenden Zügen aber erscheint er zugleich als rhythmische Augmentation des Refrainkopfs, umrahmt wird er zudem durch eine Kombination beider Themen, wie sie bereits im Beginn des Satzes angelegt war.

So hält die formale Differenzierung, der die thematische Kombinatorik entspricht, jenen Bereich unterhaltender Musik in Schach, der unverhüllt im anschließenden Notturno anklingt. Nicht von ungefähr hat dieser Satz, der durch die stete Repetition seines leicht larmoyanten Themas zum Favoritstück prädestiniert ist, eine Popularität gewonnen, wie sie einem Quartettsatz nur selten beschieden ist. Einfach ist zwar die dreiteilige Formanlage, nicht zu übersehen ist gleichwohl eine Nuancierung, die den Satz vor barer Trivialität schützt. Denn die breite Kantilene, die das Violoncello zu synkopischer Begleitung anstimmt, markiert im 3/4-Takt gleich anfangs die Taktmitte derart, daß akzentuierte Figuren auf der Takteins auftaktige Geltung erhalten, und der synkopischen Fortspinnung entspricht eine harmonische Nuancierung, die in erweiterter Kadenz die Dominante als Zielpunkt verzögert. Mit solchen Mitteln wird nicht nur die Themenwiederholung, sondern ebenso der doppelte Vortrag des Themenkomplexes durch die Oberstimme variiert. Konventioneller ist dagegen das Kontrastthema, dessen aufschnellende Skalenfiguren wie ein verlängerter Auftakt zu einer Sequenzgruppe mit Trillerketten hinführen. Seine Formelhaftigkeit erweist sich als Gegengewicht zum süßen Cantabile, wenn beide Ebenen im Mittelteil miteinander verknüpft werden. Der verlängerte Auftakt des zweiten bereitet dabei den Themenkopf des ersten Gedankens vor, und seine fallende Linie vertritt zugleich die fallende Trillerkette zuvor.

Nicht oft wird im Streichquartett die Grenze zum Salon so gestreift wie in solchen Sätzen von Borodin und von Tschaikowsky. Das damit verbundene Wagnis wird desto größer, je mehr eine plane Struktur auf die Substanz der Themen angewiesen ist. Doch verrät es keine Geschmacksunsicherheit, wenn Borodin derart verfuhr, vielmehr beweisen die Allusionen an Beethoven, daß sich der Komponist von der Tradition leiten ließ und seinem handwerklichen Geschick vertrauen konnte. Unbestreitbar ist die Souveränität, mit der er ein Konzept realisierte, das sich als transformierende Kombinatorik kennzeichnen läßt. Eine Voraussetzung dafür war aber nicht nur die vermittelnde Wirksamkeit Rubinsteins, sondern zugleich die Trias der Quartette Tschaikowskys, auf die Borodin offen oder verschwiegen reagiert haben dürfte.

Symphoniker im Quartett: Tschaikowsky

Als professioneller und geradezu weltmännischer Künstler mußte in Rußland Pjotr Iljitsch Tschaikowsky (1840–1893) wirken, wiewohl der selbstkritische Musiker im Grunde ein sensibler und innerlich getriebener Mensch war.[1] Ausgebildet als Jurist, eignete er sich am Konservatorium in St. Petersburg gewissenhaft die handwerklichen Grundlagen an, wie neuere Untersuchungen der Studienwerke zeigten, zu denen bereits erste Quartettsätze zählten.[2] Neben Opern und Ballettmusiken sind es vor allem symphonische und konzertante Werke, mit denen sein Name verbunden bleibt, wogegen drei Streichquartette aus den Jahren 1871–76 kaum gleiche Aufmerksamkeit fanden. Frappant ist indes die Sicherheit, die schon 1871 das D-Dur-Quartett op. 11 beweist.

Wie kaum ein anderes bekundet dieses Werk, daß man traditionelle Formen erfüllen und doch so inspirierte wie individuelle Musik schreiben konnte, die zugleich jede bloß formale Analyse obsolet macht. Weniger gilt das für den abschließenden Sonatensatz, der sich ganz auf eine Thematik verläßt, die zündend bis zur effektvollen Stretta am Ende bleibt, während sich die imitatorische Arbeit mit dem Kopfmotiv auf den Beginn von Durchführung und Coda beschränkt. Auch das knappe Scherzo setzt auf die rhythmischen Impulse, die wirksam über Orgelpunkten zur Geltung kommen, wie sie noch die Rahmenteile des Trios bestimmen. ›Moderato e semplice‹ beginnt dagegen der Kopfsatz über Quintbordun mit einer Klangfläche, in der die Grundstufen zunächst nur mediantisch und dann durch neapolitanische Wendung erweitert werden.

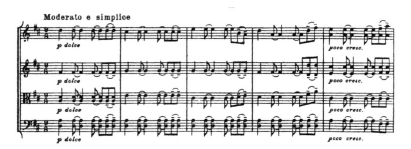

P. I. Tschaikowsky, Nr. 1, erster Satz, T. 1–5 (Dover Publications).

1 Aufschlußreich bleibt – trotz mancher Kritik – nach wie vor die Darstellung von M. Tschaikowsky, *Das Leben Peter Iljitsch Tschaikowsky's*, aus dem Russischen übersetzt von P. Juon, Bd. 1–2, Moskau und Leipzig 1903; s. ferner *Systematisches Verzeichnis der Werke von Pjotr Iljitsch Tschaikowsky*, hg. v. Tschaikowsky-Studio, Hamburg 1973, S. 72ff.

2 S. Dammann, *Gattung und Einzelwerk im symphonischen Frühwerk Čajkovskijs*, Stuttgart 1996, bes. ›Exkurs II: Ausgewählte Studienarbeiten‹, S. 134–154. Zur weiteren Forschungsliteratur vgl. ›Bibliographie Raisonnée‹, ebenda, S. 409–456.

Wie sich aber der überaus klangdichte Satz durch Nebennoten ständig intensiviert, so wird zugleich seine bewegte Fläche durch synkopische Überbindungen nuanciert. Die Überleitung verbindet ein fallendes Imitationsmotiv mit aufschießendem Figurenwerk, das zur gekürzten Wiederholung des Themenkerns hinzutritt. Ebenso konzentriert sich der Seitensatz auf die klangliche Entfaltung seiner ausschwingenden Melodik, die nun ihrerseits mit analogen Figuren verkettet wird, bis tremolierende und synkopische Akkordketten in der Schlußgruppe zusammentreffen. Zwar bietet die Durchführung kaum sonderlich konzentrierte Arbeit, wechselweise werden die Themen jedoch mit ihren figurativen Varianten in einer harmonischen Disposition verknüpft, die auf die chromatische Sequenzkette vor der Reprise hinzielt. Wie die Themen als homogene und analoge Klangfelder formuliert werden, die sich zugleich durch thematisch legitimierte Figuration entwickeln, das zeigt die Schulung an den Mustern Mendelssohns, die Tschaikowsky vertraut waren, ohne seine Eigenart einzuschränken.[1] Formal einfacher wirkt das dreiteilige Andante cantabile in B-Dur, dessen melodisch nicht sehr profilierter Mittelteil nach Des-Dur wechselt, während sich über modifizierte Ostinatofiguren repetierte Taktgruppen gleichmäßig ablösen. Kaum verhüllt klingt aber im A-Teil der Tonfall russischer Volksmusik an, der zunächst an harmonischen Kennzeichen greifbar wird. Denn innerhalb des Wegs von der Tonika zur Dominante erscheint immer wieder die Abfolge von d- und g-Moll, die eine quasi modale Färbung einbringt. Mehr als zwei Jahrzehnte nach Berwald oder Gade – deren Quartette Tschaikowsky nicht kennen konnte – genügen nicht bloß harmonische Implikationen, die sich ähnlich in skandinavischer Volksmusik finden. Hinzu kommt nun eine wiegende Rhythmik im 2/4-Takt, in deren Gleichmaß mehrfach ein 3/4-Takt eingeschoben wird. Je zweimal erscheint das thematische Liedmodell in den Außengliedern des A-Teils, wogegen der Volkston im Binnenglied hinter graziös ornamentierter Melodik zurücktritt. Planvoll wird jedoch die folkloristische Note im A'-Teil zurückgenommen, wenn das Thema zunächst in karger Zweistimmigkeit wiederkehrt, um dann seine modale Prägung durch chromatische Tönung zu verlieren, bis in der Coda melodische Relikte der Satzteile widerspruchslos zusammentreten. So wird ein ›Lied im Volkston‹ intoniert, und seine stufenweise Rücknahme ermöglicht den bündigen Verlauf, der zugleich das Liedmodell integriert.

Schon wenig später schwindet im F-Dur-Quartett op. 22 (1874) mit dem folkloristischen Idiom die Orientierung an Mendelssohn, wie in den Rezensionen Tschaikowskys tritt dafür überdeutlich das Leitbild Beethovens ein[2], sofern der spontane Zugriff des früheren Werks von konstruktiver Arbeit abgelöst wird, die bereits mit der Themenbildung ansetzt. Statt geschlossene Blöcke zu bilden, fügen sich die Themen aus Motiven zusammen, die auf ihre Verarbeitung angelegt sind, wie denn auch thematische Allusionen nicht ganz ausbleiben.

Die langsame Einleitung des Kopfsatzes verbindet im ersten Zweitakter gegenläufige chromatische Linien, die sich synkopisch verschieben und im Quartsprung der Oberstimme enden. Entsprechend eröffnet ein Quintsprung die Imitation der chromatischen Linie im nächsten Zweitakter, der in wiederum zweitaktiger Figuration der Oberstimme ausläuft, und nach transponierter Wiederholung wird die sechstaktige Gruppe durch figurative Kadenz nach g-Moll verlängert. Mit auf-

---

1 Vgl. dazu *Peter I. Tschaikowski. Erinnerungen und Musikkritiken*, hg. v. R. Petzoldt und L. Fahlbusch, Leipzig 1974, S. 146–149; *Peter I. Tschaikowsky. Musikalische Essays und Erinnerungen*, hg. v. E. Kuhn, Berlin 2000 (Musik konkret 10), passim.

2 *Tschaikowski. Erinnerungen und Musikkritiken*, S. 128–139 (allerdings beziehen sich die Belege weniger auf Quartette als auf Symphonien Beethovens). Zu op. 22 vgl. die genaue Untersuchung von S. Dammann, *Gattung und Einzelwerk im symphonischen Frühwerk Čajkovskijs*, S. 237–259.

taktigem Quartsprung setzt dominantisch im Allegro der Hauptsatz an, dessen zweitaktige Gruppen die chromatischen und synkopischen Bildungen der Einleitung umformulieren. Schon die Überleitung spaltet neben dem Kopfmotiv auch die Kadenzformel ab, eine vermittelnde Phase verbindet den Quartsprung des einen Themas mit den Synkopen des anderen, dessen eintaktiger Kern durch Repetition und Sequenzierung erweitert wird. Ohne die Exposition zu wiederholen, lenkt die figurierende Oberstimme gleich in die Durchführung ein, die aus dem Hauptsatz sein fallendes Kadenzglied abspaltet. Ihm entsprechen zudem in geglätteter Umkehrung die steten Achtel der Gegenstimmen, von der Dominante C-Dur führt aber eine fallende Quintkette zum Eintritt des Seitensatzes in b-Moll, und seine melodische Linie wird nun derart modifiziert, daß sie eine Quintenkette umfaßt, die unter enharmonischer Verwechslung in fis-Moll mündet, um dann nochmals gedrängt den Quintenzirkel zu durchlaufen. Wie die Muster der Verarbeitung beider Themen bleiben also die Modelle der harmonischen Progressionen konstant, und nach der gestrafften Reprise zeigt erst die Coda ›durchbrochene‹ Arbeit, während die latente Chromatik zurücktritt und den beruhigten Ausklang sichert. Seine rhythmische Charakteristik bezieht das Scherzo in Des-Dur aus dem Wechsel zweier 6/8-Takte mit einem 9/8-Takt, doch wird dieses Muster nur in den Rahmengliedern beibehalten, während sich im modulierenden Binnenglied die Taktgruppen überlagern. Mit mediantischer Rückung erreicht das Trio A-Dur, um einen modifizierten Orgelpunkt mit chromatischer Färbung und wechselnden Taktakzenten zu verbinden. Das Andante an dritter Stelle greift in f-Moll die Chromatik des Kopfsatzes auf, ein doppelter Vorspann von je sieben Takten mündet zudem im punktierten Quintfall des Kadenzglieds, und mit Quartfall beginnt dann das eigentliche Thema, dessen sequenzierende Erweiterung an das ›Lebewohl‹ aus Beethovens Sonate op. 31 Nr. 2 erinnern mag. Einfacher bleibt dagegen der bewegte Mittelteil in E-Dur, dessen rhythmische Entfaltung das Gleichmaß der Struktur kaum ganz verdecken kann. Im Unisono verlängert der viertaktige Vorhang vor dem Rondofinale einen Takt, der dann dem Refrain vorangestellt ist. Wie aber der Refrain an das Finalthema aus Beethovens op. 59 Nr. 1 denken läßt, so kann das Couplet an das Maggiore im Tanzsatz aus op. 59 Nr. 2 erinnern, womit ein Volkston erst durch den Filter von Beethovens Thème russe Einzug hält. Doch lösen sich die Themen umstandslos ab, die Durchführung gewinnt aus der eröffnenden Formel ein Fugato, ohne den Refrain selbst zu bemühen, der ebenso in der gestrafften Reprise ausbleibt, und so führt das letzte Couplet gleich in die Coda, in deren orchestralem Satz die Handschrift des genuinen Symphonikers unverkennbar ist.

Das dritte Quartett op. 30 macht seinen expressiven Charakter schon durch die rare Tonart es-Moll geltend und ist dem Andenken an den

1 M. Tschaikowsky, *Aus dem Leben Peter Iljitsch Tschaikowsky's*, Bd. 1, S. 288f. Ebenda, S. 290f., finden sich nähere Angaben zur Entstehung, Publikation und Uraufführung des F-Dur-Quartetts op. 22.

Geiger Ferdinand Laub gewidmet, dessen Ensemble die ersten Aufführungen der früheren Werke übernommen hatte. Zwar bekundet ein Brief Hans von Bülows vom Mai 1874, wie früh der Komponist mit dem D-Dur-Quartett op. 11 in Deutschland beachtet wurde[1], und nach der Uraufführung des ersten Klavierkonzerts (1875) setzte sich Bülow für dieses Werk in den USA ein. Gleichwohl schärfte der Querstand zwischen öffentlichen Erwartungen und den Tagespflichten am Konservatorium die selbstkritischen Zweifel Tschaikowskys, bevor op. 30 im Januar 1876 in Paris begonnen wurde. Nach einer privaten Probeaufführung fand das Werk jedoch in zwei öffentlichen Aufführungen nachdrückliche Resonanz. Seine Eigenart erhält es im Kontrast beider Ecksätze, sofern einem ausgedehnten Sonatensatz, der von langsamer Ein- und Ausleitung umrahmt wird, ein überaus energisches Rondofinale in Es-Dur gegenübersteht. Ähnlich hebt sich das gleich knappe wie prägnante Scherzo vom Andante funebre e doloroso ab, das der Widmung als Trauermarsch unverkennbar entspricht.

P. I. Tschaikowsky, Nr. 3 op. 30, erster Satz, T. 1–10 (Dover Publications).

T. 22–31.

Ungewöhnlich ist nicht nur der Umfang der Einleitung des Kopfsatzes, sondern ihre gleichsam ausleitende Wiederkehr am Satzende nach der eigentlichen Coda. Zudem ist sie dreiteilig angelegt, und von ihrer klar thematischen Disposition sind quasi vorläufig nur die beiden ersten Viertakter abgehoben, die sich in chromatischer Gegenbewegung der Außenstimmen entsprechen und dann in diatonischer Version das Allegro moderato eröffnen. Schon in den folgenden Taktgruppen der Einleitung dominiert zu akkordischer Begleitung die Oberstimme mit melodischen Ansätzen, als deren Variante im Allegro allenfalls der entsprechende Anschluß mit punktiertem Sextsprung gelten könnte. Wie selbständig sonst die Einleitung bleibt, zeigt erst recht ihre Entfaltung (ab

T. 21). Denn über der Begleitung im pizzicato, in der Tonika und Subdominante mit Sixte ajoutée wechseln, schraubt sich die Oberstimme in mehrfachem Ansatz empor, um schließlich in duolischen Achteln abwärts zu fallen. Und zur gekürzten Wiederholung des melodischen Verlaufs im Violoncello bildet die erste Violine eine Gegenstimme aus, auf die kurzfristig auch die Mittelstimmen reagieren, um nur einmal im ganzen Verlauf ihre gleichberechtigte Funktion anzudeuten, wonach sich die ursprüngliche Struktur wieder festigt. Es ist diese glockenhafte Begleitung, die auf den Trauermarsch im dritten Satz voranweist und im Finale vor der Coda nochmals zitiert wird (T. 314). Riskant ist das Verfahren nicht allein in der offenen Struktur mit dominanter Melodik, sondern mehr noch in der Selbständigkeit der Einleitung gegenüber dem Folgesatz. Denn im Allegro erweisen sich jene Taktgruppen, die auf den Beginn der Einleitung zurückgehen, als präthematisch, und der melodische Anschluß ist nur mühsam auf die Einleitung zu beziehen. Desto prägnanter ist die sequenziert fallende Triolenkette, mit der sich die Außenstimmen ablösen (ab T. 95), zumal sie wohl als gestraffte Fassung der duolisch fallenden Linien aus der Einleitung zu verstehen ist. Denn durch ihre Gruppierung erhält der 3/4-Takt jene hemiolische Akzentuierung, die ihn weithin bestimmt, sie zieht ebenso in die markant punktierten Gruppen ein, die als Diminution der eröffnenden Takte folgen (ab T. 119), so daß der Komplex des Hauptsatzes vorab durch die rhythmischen Impulse der Triolierung und Punktierung in hemiolischer Diktion geprägt wird. Erst der Seitensatz in B-Dur gönnt der Oberstimme eine melodische Substanz, in der nur triolische Scharniere an den Hauptsatz erinnern, und demgemäß wird diese Gruppe in Transpositionen weit eher ausgesponnen als der Hauptsatz selbst, bis die Exposition in Haltetönen zu Triolen im Cellopart ausläuft und erst nach choralhaft akkordischem Satz die hemiolische Struktur in der Kadenz preisgibt. In auffälliger Konzentration beschränkt sich die Durchführung auf Kombination der triolischen und punktierten Ketten aus dem Hauptsatz mit dem melodischen Ansatz des Seitensatzes, dessen fallende Dreiklangsbewegung dann auch von der hemiolischen Diktion erfaßt wird. So entzieht sie sich ungeachtet ihrer rhythmischen und dynamischen Steigerungswellen den Erfordernissen der thematischen Arbeit und modulatorischen Entwicklung, die damit in die Reprise hinein prolongiert werden. Denn in ihr erfährt nun die Überleitung zwischen Haupt- und Seitensatz eine Erweiterung, die harmonisch bis nach cis-Moll ausgreift und ein scheinbar ganz selbständiges Thema mit nachdrücklicher Wiederholung einführt (T. 389–420). Von einem akkordischen Kontext, der nur durch Triolenketten verbrämt wird, sticht eine neue Melodik ab, mit Hemiolenketten, weiträumiger Klangbrechung und punktiertem Scharnier ist sie indes ein synthetisches Konstrukt aus Elementen beider Themengruppen. Mit ihrer thematischen und harmonischen Erweiterung hat also die Reprise schon dem Umfang nach größeres Gewicht als die Exposition, die interne Verlagerung rechtfertigt aber nicht nur eine Coda, die wie die Durchführung auf dem Seitensatz basiert, ohne gleichermaßen zu expandieren. Da sie dominantisch ausläuft, legitimiert sich auch der Rückgriff auf die zentralen Abschnitte der langsamen Einleitung, die damit den ganzen Kopfsatz flankieren.

Man muß sich auf die Gattungsnormen recht gut verstehen, will man sie so geflissentlich umgehen wie Tschaikowsky, ohne doch wie Grieg in die Rolle des Opponenten zu geraten. Denn wie der erste bestehen auch die weiteren Sätze auf einer gleich planen Struktur, die auf dem Verhältnis zwischen einer dominanten Stimme und ihrem Kontext basiert, doch wird gerade der Widerspruch zu den Gattungsnormen in eigenständigen Lösungen produktiv. Denn dem ›doloroso‹ des langsamen Satzes begegnet das Finale nicht nur im Wechsel zwischen zügigem Refrain und punktiertem Couplet, es tendiert mit der straff akkordischen Faktur beider Ebenen auch keineswegs zum Sonatenrondo, und so folgt dem zweiten Refrain eine neuerliche Kontrastgruppe als mittleres Couplet. Im Rückgriff auf den Refrain jedoch wird abschließend das eigentliche Couplet erweitert, und nachdem dann unvermittelt – wie erwähnt – die langsame Einleitung des Kopfsatzes zitiert wird, rekurriert die Coda auf das neue Material der Satzmitte. So verschieben sich wie im Kopfsatz die Gewichte, und wiewohl der Refrain durch die Kontrastthemen verdrängt wird, bleiben die formalen Konturen fast ohne thematische Arbeit überaus konzis. Auch das Scherzo B-Dur mit seinem integrierten Trio geht im A-Teil vom Wechsel zweitaktiger Glieder in Sechzehntelketten und getupften Achteln aus, so synchron aber die Stimmen geschaltet sind, so irritierend sind ihre chromatischen Akzente (so gleich anfangs der Baßton ges zur Dominante F-Dur). Und der B-Teil verschränkt beide Gruppen modulierend, ohne ihre anfängliche Trennung zu restituieren, wonach das Trio nur ein knapper Einschub vor der Scherzoreprise bleibt. Richtet man sich nach der thematischen Disposition, so erscheint das Andante funebre als fünfgliedrig, doch werden die formal nachgeordneten Kontrastteile mit dem Rückgriff auf das primäre Thema, das die Satzmitte einnimmt, strukturell zusammengeschlossen. Die fünfteilige Anlage wird also von einer Dreiteilung überwölbt, die aus der gleichmäßigen Figuration resultiert, von der die Binnenglieder durchzogen sind. Der Satz ist durchweg con sordino zu spielen, und gemeinsam ist seinen Phasen die bedachtsame harmonische Progression. Die thematisch zentralen Abschnitte in es- und b-Moll zeichnen sich durch Haltetöne und Marschrhythmik in einem akkordischen Satz aus, aus dessen Starre nur sparsam auftaktige Gesten hervortreten. Die eingelagerten Kontrastphasen wenden sich dagegen nach Ges- und H-Dur, in ihnen haben die Außenstimmen wechselweise die Führung, während die unruhige Figuration auf die übrigen Stimmen verteilt und erst im letzten Formglied rhythmisch reduziert wird. Doch hebt sich vom lastenden Trauermarsch sein melodisch ausgreifender Gegenpol keineswegs beziehungslos ab. Zunächst nimmt gerade hier die Oberstimme (T. 41) tongetreu jene Triolenformation auf, die im Hauptthema des Kopfsatzes (T. 95) die hemiolischen Impulse auslöste. Sodann steht zwischen den Satzphasen die nachdrücklichste Eingebung des Werks, wenn zwischen schmucklos fahlen Akkordfolgen, die an den originalen Satz älterer russischer Kirchenmusik gemahnen, die eingeschobenen Tonrepetitionen der Viola erklingen und zwingend an ferne Glockentöne erinnern. Genau in ihnen begegnet jedoch jene beschleunigte Bewegung, die dann die mittleren Satzphasen prägt, und umgekehrt verlöschen die Tonrepetitionen am Satzende erst mit dem abschließenden Akkordfeld in höchster Lage.

Wie sich die Binnensätze voneinander abheben, so kontrastiert das Scherzo zum Kopfsatz und schärfer noch das Andante zum Finale, diesem abgestuften Verhältnis der Tonfälle korreliert aber zugleich das Geflecht der thematischen Beziehungen. Denn so offen die Relation zwischen Einleitung und Allegro im Kopfsatz blieb, so deutlich beziehen sich darauf das Andante und das Finale, wogegen das Scherzo nur mittelbar einbezogen wird. Gemeinsam ist den Sätzen eine scheinbar einfache Faktur, die das strömende Melos fast schutzlos der akkordischen Ergänzung überläßt. Gerade diese Ambivalenz forderte aber eine so stringente wie originelle Lösung heraus, wobei die Stimmführung differenzierter als in op. 11 oder op. 22 ist. Insgesamt konnten sich die drei Quartette Tschaikowskys im Gattungskanon nicht so etablieren wie seine Symphonien, sie stellen jedoch eine sehr eigenwillige Trias dar und bilden gewiß nicht bloß eine Vorstufe der populären späteren Werke.

Die ›Russischen Fünf‹ und ein Mäzen

Das läßt sich kaum ebenso für die Quartette von Rimski-Korsakow und César Cui behaupten, selbst wenn sie die Attraktivität beweisen, die der Gattung durch Tschaikowsky und Borodin sogar für das ›Mächtige Häuflein‹ zugewachsen war. Die strukturellen Prämissen unterscheiden sich allerdings kaum prinzipiell, denn bei Rimski wie Cui dominiert ebenfalls ein primär akkordischer Satz, der die Ausfüllung zur emphatischen Melodik der führenden Stimmen liefert. Den harmonischen Konstruktionen ist einiges Geschick nicht abzusprechen, unleugbare Eigenart zeigt nicht selten die melodische und rhythmische Erfindung, und deutlicher noch treten nationale Farben in quasi modalen Klangfolgen, tänzerischen Rhythmen und Anleihen bei der Folklore hervor. Im Umkreis der ›Fünf‹ nahm César Cui (1835–1918) eine nicht unwichtige Stellung ein, weniger wirksam als seine Schriften und Vokal-

1 Vgl. vor allem die recht persönlich pointierte Darstellung von C. Cui, *La Musique en Russe*, Paris 1880, Reprint Leipzig 1975. Ferner vgl. das Werkverzeichnis bei S. Neef, *Die Russischen Fünf*, S. 139–145.

2 Die Quartette erschienen zusammen mit den weiteren Quartettsätzen in der Gesamtausgabe, Bd. 27, Moskau 1955. Wenig Beachtung fanden die Werke selbst in neueren Publikationen, wie etwa bei E. Kuhn (Hg.), *Nikolai Rimsky-Korsakow. Zugänge zu Leben und Werk*, Berlin 2000 (Musik konkret 12).

3 N. A. Rimski-Korsakow, *Chronik meines musikalischen Lebens 1844–1906*, übersetzt von O. v. Riesemann, Stuttgart 1928, S. 155.

4 Ebenda, S. 112f. Vgl. dazu das Werkverzeichnis bei S. Neef, *Die russischen Fünf*, S. 236–245, wo S. 244f. auch die Einzelsätze in Alben und Gemeinschaftswerken genannt sind.

werke waren aber die drei Quartette, die er zwischen 1880 und 1913 komponierte (c-Moll op. 45, 1880; D-Dur op. 68, 1907; Es-Dur op. 91, 1913).[1] Auffällig einfach ist nicht nur das erste dieser Werke, mit aufgelichtetem Satz, sparsam dosierter Harmonik und dialogischem Wechsel der Partner überrascht ebenso das zweite Quartett. Noch das späte Es-Dur-Werk besticht durch Knappheit und durchsichtigen Klang, denn wie das einleitende Andante verbindet das folgende Allegro klar verteilte Stimmführung mit zurückhaltender Harmonik, die selbst bei mehrfachem Wechsel der Vorzeichnung kaum chromatischer Modulationen bedarf. Ähnlich eindeutig sind die Funktionen der Stimmen im Scherzo reguliert, und nach einem einfachen Andantino macht ein behendes Sonatenrondo den Beschluß. Selbst Cui zollte also mit fast retrospektiven Beiträgen dem einst beargwöhnten Streichquartett seinen Tribut, offenbar blieb aber auch Nikolai A. Rimski-Korsakow (1844–1908) in seinem Verhältnis zur Gattung gespalten. Einem ersten Werk aus dem Jahre 1874 (F-Dur op. 12) folgte ohne Opuszahl 1897 ein zweites in G-Dur, während ein Variationensatz samt Allegro (1898–99) ebenso eine Gemeinschaftsarbeit mit anderen Musikern war wie das als ›Jour de fûte‹ bezeichnete Werk und vor allem das berühmte ›Beljajew-Quartett‹, das Rimski 1887 zusammen mit Ljadow, Borodin und Glasunow schrieb.[2] Zwar erschienen die Quartette in Moskau, und wenigstens op. 12 wurde im Partiturdruck von Schott übernommen. In seinen Erinnerungen berichtete Rimski von einem Quartett »über russische Themen«, das schon 1878 entworfen, dann aber zur Sinfonietta op. 31 umgearbeitet wurde, weil es »viele Mängel« aufwies.[3] Ausgenommen blieb die abschließende Fuge D-Dur, die mit der Bezeichnung ›Im Kloster‹ vielleicht auf eine liturgische Vorlage deutet, mehr noch aber durch ein Thema mit gleichmäßig sequenzierten Achteln die sakrale Aura evozieren will. Um 1885 folgten Variationen über einen Choral, in denen die Weise »Ach wie flüchtig, ach wie nichtig« zwei- bis vierstimmig nach Art einer Choralpartita figuriert wird. Nachdem Rimski aber bei Kontrapunktstudien nach Cherubini und Bellermann »die Geduld« ausging, schrieb er das F-Dur-Quartett voll »beständiger Fugatos«, und obwohl »viel zu viel Kontrapunkt« zum »Überdruß« führen könne, verwies er nicht ohne Genugtuung auf das »Kunststück« des Finales mit einem »doppelten Kanon«.[4]

Bei näherem Zusehen dominiert der kontrapunktische Satz allerdings kaum unmäßig, vielmehr wird er fast in sein Gegenteil verkehrt, wenn die Stimmen zwar wie Dux und Comes eintreten, dann aber rhythmisch angeglichen und zu akkordischen Blöcken gebündelt werden, wie es fortan für sehr viele Beiträge russischer Autoren gilt. Im Kopfsatz wird das Hauptthema nach Präsentation im Unisono imitatorisch fortgeführt, und Imitationen gehen ebenso in die Fortspinnung wie in die Überleitung ein, doch wird der Satz ebenso rasch akkordisch ge-

N. A. Rimski-Korsakow, Nr. 1 op. 12, erster Satz, T. 1–6 (B. Schott's Söhne).

T. 13–19.

rafft, und nach dem Seitensatz bilden weitflächige Arpeggien ein klangliches Gegengewicht. Selbst ein Fugato in der Durchführung nimmt nur begrenzten Raum ein, und die Coda pointiert die Kontraste zu schulmäßiger Fugierung auf der einen und rauschenden Arpeggien auf der anderen Seite. Wichtiger ist jedoch eine Variantentechnik, die vom Hauptsatz mit seinen pentatonischen Zweitaktgruppen und einem imitativ erweiterten Kadenzanhang ausgeht. Bald zwar schwindet die folkloristische Note dieses Themas, aus seinen Bausteinen wird aber der weitere Prozeß abgeleitet, und noch das Seitenthema legitimiert sich durch mehrfache Kombination mit dem Hauptsatz. Wie im kurzen Andante geht ebenso im Scherzo die imitatorische Arbeit recht schnell in Akkordketten auf, und selbst der fugierte Ansatz im Finale wird von massiver Akkordik abgelöst, so geschickt die Stretta das Verfahren zum Kanon steigert. In punktierter Rhythmik, die fast ubiquitär bleibt, tritt neben der periodischen Ordnung eine streng diatonische Harmonik hervor, die durch vielfache Sequenzierung und blockhafte Zusammenfassung pointiert wird. Für das Lob Rubinsteins, aus ihm könne »doch mal was werden«, hatte Rimski gleichwohl »nur ein verächtliches Lächeln« übrig. Nicht ganz anders verfährt noch das späte G-Dur-Quartett, das zwar nicht mit kontrapunktischen Kunstgriffen prunkt, aber ähnlich wie das dritte Werk Cuis bemerkenswerte Transparenz mit erstaunlicher Straffung verbindet. Exemplarisch ist nicht allein der leichtfüßige Kopfsatz im 6/8-Takt, sondern ebenso ein Largo in e-Moll, das ein von der Folklore gefärbtes Thema in primär figuraler Technik variiert, und wie das Scherzo den alten Typus ›alla polacca‹ aufgreift, so findet erst recht das Finale fast klassizistische Töne.

Daß sich in Rußland eine erstaunlich dichte Gattungstradition ausbildete, ist nicht zuletzt der Förderung zu danken, die das Streichquartett durch den reichen Industriellen Mitrofan P. Beljajew (1836–1904) in St. Petersburg erfuhr.[1] Er veranstaltete seit 1885 Russische Symphoniekonzerte, die seit 1891 durch Russische Quartettkonzerte ergänzt wurden. Zu seinen Quartettabenden, die zunehmend öffentlichen Charakter annahmen, versammelte sich freitags in seinem Haus ein wachsender Kreis von Musikern, die nicht nur mit finanzieller Unterstützung, sondern vor allem mit der Veröffentlichung ihrer Werke rechnen durften. Denn 1885 hatte der Mäzen in St. Petersburg die Verlagsfirma ›Belaiff‹ mit Sitz in Leipzig gegründet, die selbst Streichquartette in Stimmen und Partituren herausbrachte. Sie ergänzten die Produktion des seit 1861 in Moskau und Leipzig tätigen Verlages Peter Jürgenson[2], und gemeinsam sorgten beide Unternehmen dafür, daß die Quartette russischer Komponisten von Leipzig aus rasch in Westeuropa bekannt wurden (weshalb weitere Angaben zu den Verlagen der Werke entbehrlich sind). Welch unschätzbarer Vorzug darin lag, wird gegenüber den skandinavischen Musikern deutlich, die in Leipzig studiert und erste Werke publiziert hatten, dann aber diese Kontakte verloren, ohne sie durch heimische Verleger ersetzen zu können.

Wenn vier Komponisten dieses Kreises 1886 ihrem Mäzen und Verleger Beljajew mit einem Quartett zum 50. Geburtstag huldigten, so scheint sich darin ihr Respekt vor der Gattung zu bekunden. Dem Gebot der Individualität eines Werks widersprach aber zugleich ein kollektives Opus, das wohl kaum ganz ernst gemeint war. Eine Fessel bedeutete schon das vom Namen gegebene Soggetto mit den Tönen b–la–f, sofern die Sätze – bis auf eine ›Serenata alla spagnola‹ – durchweg in B-Dur stehen. Die Einfügung dieser Chiffre bezeugt zwar einiges Geschick, ihre Allgegenwart hat aber fast eine ironische Note. Der Kopfsatz von Rimski exponiert das Motto in 27 Takten der langsamen Ein-

1 A. Gaub, Art. *Beljaev*, in: *MGG*², Personenteil Bd. 2, Kassel u. a. 1999, Sp. 977–980.
2 G. Waldmann, Art. *Jürgenson*, in: *MGG*, Bd. 7, Kassel u. a. 1958, Sp. 285f.

A. K. Ljadow, ›Beljajew-Quartett‹, zweiter Satz, T. 1–19 (Boosey & Hawkes).

leitung nicht weniger als 14mal, bei vielfacher Transposition wird es in Ljadows Scherzo fast zum Ostinato, in Borodins Serenata erscheint es spanisch gewandet in der Melodiestimme wie in der gezupften Begleitung, und ähnlich durchzieht es alle Segmente im locker gereihten Finale von Glasunow. Trotz des Anteils von vier bedeutenden Musikern wiegt das Werk nicht sonderlich schwer, doch ist es immerhin ein Indiz für den ambivalenten Status der Gattung. Im Umfeld von Beljajew entstanden nahezu 15 sehr verschieden besetzte Werke, zu denen sich die Komponisten dieses Kreises zusammentaten. Zum erwähnten ersten Quartett kam 1887 ein zweites hinzu, das Glasunow, Ljadow und Rimski mit der Bezeichnung ›Jour de fête‹ zum Namenstag des Gönners schrieben. Unter späteren Reihen sind *Variations sur un thème populaire russe* (1898) von nicht weniger als zehn Autoren zu nennen, zu denen u. a. Glasunow, Ljadow und Rimski, aber auch Nikolai Sokolow und sogar Alexander Skrjabin zählten, und an der zweiteiligen Sammlung ›Les vendredis‹ (1898–99) beteiligten sich weitere Musiker wie Alexander Kopylow und wiederum Glasunow und Sokolow. Oft sind diese Miniaturen durchaus gewinnend, doch bilden sie im Œuvre der Autoren meist Parerga, die nicht gar so ernst genommen werden wollen. Sie bestätigen zwar das Ansehen, das die Gattung mittlerweile gewonnen hatte, doch wäre es eine Übertreibung, in solchen Sätzen ein Indiz für die Auflösung des zyklischen Werks zu sehen. Denn von den hochkomplexen ›Stücken‹ für Quartett, die später im Kreis um Schönberg geschrieben wurden, unterschieden sich die russischen Satzreihen durch funktionalen Charakter und reduzierten Anspruch. Nimmt man aber als Gegenpol den akademischen Ton mancher Quartette derselben Musiker hinzu, so ergibt sich im ganzen wieder ein recht ambivalentes Verhältnis zur Gattungstradition.

Obwohl nicht alle Komponisten, die an den Gemeinschaftswerken mitwirkten, späterhin eigene Quartette schrieben, umfaßte die dichte Gattungstradition in Rußland keineswegs nur die genannten Werke bekannter Autoren. Von Nikolai Sokolow (1859–1922) liegen drei Quartette vor (F-Dur op. 7, 1890; A-Dur op. 14, 1892; d-Moll op. 20, 1894), Alexander Winkler (1865–1935) hinterließ drei Werke (C-Dur op. 7, 1892; d-Moll op. 9, 1901; B-Dur op. 14, 1909), und nach ersten Beiträgen für Beljajew (Andantino op. 7, 1888, sowie Prelude und Fugue op. 11, 1889, jeweils über b–la–f) lieferte Alexander Kopylow (1854–1911) vier weitere (G-Dur op. 15, 1890; F-Dur op. 23, 1894; A-Dur op. 32, und C-Dur op. 33, nach 1911). Deutlicher als bei Winkler tritt der nationale Ton in Sokolows Quartetten hervor, und obwohl Kopylows Werke oft einem ähnlich kompakten Satz frönen, fehlen ihnen eigene Züge nicht ganz. Geschickt ist die Verteilung der Stimmen im ersten Satz aus op. 15, nicht so ängstlich wie andere ist der Autor auf modale Klangrelationen bedacht, bei aller Einfachheit entbehren hier wie in op. 23 die Binnensätze nicht des eigenen Charakters, und die Finali im 2/4-Takt vermitteln zwischen Rondo und Sonatensatz, indem sie von den Varianten des Hauptthemas rhythmisch kontrastierende Episoden absetzen, ohne kontrapunktische Arbeit in den Durchführungen zu verschmähen. Das Bild ändert sich nicht grundsätzlich in den posthum publizierten letzten Quartetten, die von der Moderne noch nicht Notiz nehmen und satztechnisch eher noch gedrängter ausfallen. Im Seitenthema des Kopfsatzes aus op. 32 fällt immerhin eine chromatische Begleitformel auf, die weite Strecken des Satzes fast ostinat durchzieht, und wenn der erste Satz in op. 33 sein akkordisches Hauptthema im 3/4-Takt synkopisch differenziert, dann wird wohl endlich die Kunst von Brahms zur Kenntnis genommen. Hinterließ Anatolij K. Ljadow (1855–1914) nur einzelne Quartettsätze, so schrieb Anton S. Arenski (1861–1906), der Lehrer von Rachmaninow, Skrjabin und Gliére wurde, zwei sehr unterschiedliche Werke. Dem frühen G-Dur-Quartett op. 11 (1888) folgte in op. 35 (1894) ein gewichtiges Werk ›à la mémoire‹ Tschaikowskys, das allerdings mit dunklerer Tönung – zwei Violoncelli bei nur einer Violine samt Viola – die tradierte Quartettbesetzung verläßt. Wie sehr das Werk auf diesen Klang hin berechnet ist, zeigt sich an der Satzstruktur, die noch dichter wirkt als in anderen russischen Werken. Werden im ersten und dritten Satz beziehungsvolle Zitate aus der orthodoxen Totenmesse eingeführt, so verwendet der langsame Satz ein Lied von Tschaikowsky (Legende, op. 54, Nr. 5), und das Finale benutzt dasselbe Modell, das Beethoven einst in op. 59 Nr. 3 verarbeitete.[1] Doch schon das G-Dur-Quartett, das durch betont knappe Formung auffällt, greift Modelle der Folklore auf, um sie mit einem flächigen Satz zu verbinden, der entweder die führende Stimme von bloßer Begleitung trennt oder die Partner zu akkordischer Massierung zusammendrängt. Differenzierter wie das Andante ist ein kleines Menuett, exemplarisch ist jedoch das Finale ›sur un thème russe‹, denn es will den herkömmlichen Variationensatz durch engen Anschluß der Teile modifizieren und tendiert doch mit der Reihung knapper Glieder zu einer Montage wechselvoller Miniaturen.

1 Vgl. weiter die Angaben bei D. Redepenning, Art. *Arenskij*, in: *MGG²*, Personenteil Bd. 1, Kassel u. a. 1999, Sp. 890–895: 894.

Wege zur Moderne: Tanejew und Glasunow

Ungleich bedeutender ist die Werkreihe von Sergej I. Tanejew (1856–1915), der nach früheren Studienwerken sechs Streichquartette schrieb, die zwischen 1892 und 1912 erschienen und nicht nur durch kontrapunktische Kunst beeindrucken, sondern vor allem dichte Thematisierung mit reich schattierter Harmonik verbinden (b-Moll op. 4, 1890; C-Dur op. 5, 1894–95; d-Moll op. 7, 1886/1896; a-Moll op. 11, 1898–99, A-Dur op. 13, 1902–03, B-Dur op. 19, 1903–05). Dagegen sind drei Beiträge des wenig älteren Onkels Alexander S. Tanejew (1850–1918) merklich einfacher (G-Dur op. 25, C-Dur op. 28, A-Dur op. 30, sie erschienen zudem erst 1904–05 und fielen damit in eine Zeit, in der die Serie des Neffen fast schon zum Abschluß kam.[1] Im Unterschied zu anderen Werken sind die Quartette von Sergej Tanejew in einer Gesamtausgabe zugänglich, die sogar die zurückgehaltenen Frühwerke erschloß (Es-Dur 1880, C-Dur 1882, A-Dur 1883, sowie zwei Sätze der Jahre 1874–76), weil sie aber geringe Bedeutung für die Gattungsgeschichte hatten, müssen sich weitere Bemerkungen auf die veröffentlichten und daher wirksam gewordenen Werke begrenzen.[2] Tanejew hatte seit 1869 in Moskau bei Tschaikowsky und Rubinstein studiert, bevor er nach einem Aufenthalt in Paris – wo er Saint-Saëns, Fauré und d'Indy kennenlernte – 1878 Tschaikowskys Nachfolge am Moskauer Konservatorium antrat. Zunehmend widmete er sich pädagogischen Aufgaben, und daß er sich intensive kontrapunktische Exerzitien auferlegte, ist in den Quartetten zu spüren, die durch Rimskis Vermittlung von Beljajew verlegt wurden.

Das b-Moll-Quartett op. 4 (1890) erweitert sich durch ein Intermezzo auf fünf Sätze, zusammen mit dem Largo As-Dur umfängt dieses Andantino b-Moll das Presto f-Moll, das zwischen den gewichtigen Ecksätzen die Mitte bildet. Auf exemplarische Weise führt der erste Satz mit punktiert steigender Motivik, der eine triolisch fallende Wendung zur Seite tritt, vom Andante espressivo b-Moll in das Allegro B-Dur über, dessen Hauptsatz die Vorgaben der Einleitung umbildet. Bloß formale Kriterien geben indes keine Vorstellung von der außerordentlichen Differenzierung der Struktur, denn die Motivik durchdringt nicht nur alle Stimmen, sondern paart sich mit einer rhythmischen und harmonischen Komplexität, wie sie kein früheres Werk aus Rußland kennt. Während sich triolische und punktierte Wendungen überlagern, führt die Einleitung von der Dominante F-Dur aus zur Tonika und lenkt schon ab T. 4 über G-Dur nach fis-Moll (statt c-Moll) und weiter über a- nach e-Moll. Im Allegro sodann begegnet der motivischen Transformation des Hauptsatzes ein energisches Gegenthema in g-Moll und später G-Dur, zu dem die Gegenstimmen nach russischer Tradition einen festen Verband mit Begleitfiguren und Akkordschlägen ausbilden. Wirkungsvoll treten zwischen die thematischen Phasen dynamisch wie rhythmisch reduzierte Einschübe, wo aber die weitere Verarbeitung das starre Gegenthema rhythmisch aufbricht, wird sie im Unisono abgefangen, aus dem sich der Rekurs auf die Einleitung ablöst. So wird das traditionelle Satzgerüst – zumal in der Reprise – durch dichte Verarbeitung überformt, und ebenso komplex ist das Largo im 3/8-Takt, dessen motivische Variabilität die metrischen und harmonischen Relationen offen läßt und phasenweise zum 9/16-Takt führt. Dieser Dichte steht das Intermezzo nicht nach, dazwischen bildet das Presto ein motivisches Vexierspiel, das in seiner unausgesetzten Bewegung kein kontrastierendes Trio zuläßt.

1 Zu den Quartetten von A. Tanejew vgl. W. Altmann, *Handbuch für Streichquartettspieler*, Bd. 2, Berlin 1928, S. 88f.; zu den Werken Sergej Tanejews ebenda, S. 109–113. War Altmann noch von der Wirkungsmacht der Musik angezogen, so beklagte G. Abraham ihren »Mangel an Spontaneität«, vgl. Art. *Tanejew*, in: *MGG*, Bd. 13, Kassel u. a. 1966, Sp. 81–85: 84. Die Qualität der Quartette charakterisierte dagegen Chr. Flamm, in: *Harenberg Kammermusikführer*, Dortmund 1997, S. 810–814.

2 S. Tanejew. *Kvarteti*, Tom 1–2, Moskau 1950 (Bd. 4 der Edition, hg. v. G. Kirkor und B. Dobrokotow, ebenda 1952, enthält die Studienwerke). Derzeit sind keine Einspielungen der Quartette erhältlich, zur russischen Literatur vgl. D. Brown, Art. *S. Taneyev*, in: *New Grove Dictionary*, London und New York 2001, Bd. 25, S. 70f., sowie A. Wehrmeyer (Hg.), *Sergej Taneev (Tanejew) – Musikgelehrter und Komponist*, Berlin 1995 (Studia slavica musicologica 3).

Etwas einfacher ist das Finale, dessen kompakte Struktur nur wenig nuanciert wird.

An diesen Stand schließt das C-Dur-Quartett op. 5 an, das im klangdichten ersten Satz zu klarerer Scheidung der Themen gelangt, während diesmal das Finale dichter gerät, indem es in einer Fuge über ein kunstvoll abgeleitetes Thema mündet. Weist das Scherzo in c-Moll hier ein Trio in C-Dur auf, so steht das Adagio espressivo f-Moll auf gleicher Höhe wie sein Pendant in op. 4. Das nur zweisätzige d-Moll-Werk, das in erster Fassung 1886 begonnen und dann als op. 7 revidiert wurde, verbindet ein Allegro, das scheinbar einfachem Material einen vielstufigen Formprozeß abgewinnt, mit einem komplizierten Variationensatz, der zu dieser Zeit seinesgleichen sucht. Dem pastoralen Thema in D-Dur schließen sich acht Variationen an, und während die vier ersten Klangdichte und Tempo steigern, greifen von der fünften an, die nach B-Dur wechselt, motivische Verarbeitung und formale Erweiterung ineinander. Die höchste Dichte erreichen die langsamen letzten Variationen, bis sie zu einer Diffusion führen, aus der zum Abschluß ein Zitat der Coda des ersten Satzes hervorgeht.

Wenn die drei übrigen Werke zur viersätzigen Norm zurückkehren, so folgt doch nur das vorletzte den tradierten Satzformen, wogegen Nr. 4 und Nr. 6 vor allem auf die thematische Verklammerung des Zyklus bedacht sind. Das a-Moll-Quartett op. 11 wird durch eine langsame Introduzione aus nur acht Takten eröffnet, die weniger mit der einprägsamen Quintfolge des Beginns (a–e', f'–c") als mit seinem chromatisch fallenden Kadenzglied das Hauptthema des ersten Satzes vorgeben.

S. I. Tanejew, Nr. 4 op. 11, erster Satz, T. 1–18 (Moskau-Leningrad).

So geglättet es im Allegro eintritt, so rasch erreicht seine Verarbeitung die Verdichtung, die Tanejews Musik kennzeichnet. Ähnlich verfährt der Seitensatz, dessen Verarbeitung zum Hauptsatz zurücklenkt, die Durchführung intensiviert jedoch den mehrschichtigen Verlauf und findet nach weiträumiger Reduktion zur Reprise zurück, die mit dem Seitensatz kurz nach A-Dur wechselt. Im zweiten Satz, einem ›Divertissement‹ F-Dur, bildet das Taktmaß 6/16 keine Marotte, sondern die Folge einer rhythmischen Vielfalt, die im Mittelteil die Quintschichtung aus der Einleitung des Kopfsatzes umformt. Merklich reserviert beginnt das hymnische Adagio Des-Dur, das seine Teile schrittweise in souveräner Strategie entwickelt, bis am Ende wieder die Quintfolgen der Einleitung hervortreten. Nach modifiziertem Zitat dieser Introduzione bezieht aus ihrem Beginn das Finale seine Thematik, und mag seine Faktur etwas einfacher anmuten, so nimmt es doch variierend die chromatischen Linien aus dem ersten Satz auf, auf dessen Coda vor der zündenden Stretta zurückgegriffen wird. Der Schein der Vereinfachung, den die Themen zunächst erwecken mögen, verdankt sich also dem Kalkül, die zyklische Verklammerung desto eindringlicher hervortreten zu lassen. Entspannter erscheint daneben das A-Dur-Werk op. 13, denn es beginnt mit einem knappen Allegro spirituoso, das ausnahmsweise einen regulären Sonatensatz mit wiederholter Exposition und konziser Durchführung darstellt. Das Seitenthema steht normgemäß in der Dominante, dazu ist der ganze Satz von engräumig spielerischen Figuren durchsetzt, als wolle er an frühere Phasen der Tradition anschließen. Das Adagio in F-Dur formt aus den Intervallen des ersten Themas das Material für einen zweiten Ansatz und erhält dadurch seine motivische Dichte, das Allegro molto in d-Moll ist ganz wie ein zweiteiliges Scherzo gebaut, dessen Thema auch dem Maggiore als Trio zugrunde liegt, und ein Finalrondo à la Haydn bietet zwischen drei Refrains ein fugiertes Minore nebst einer kantablen Episode.

Im B-Dur-Quartett op. 19 beruhen die thematischen Beziehungen der Ecksätze auf der intervallischen und harmonischen Konstellation des Incipits:

Nationalität versus Tradition: Grundlagen des russischen Repertoires 293

S. I. Tanejew, Nr. 6 op. 19, erster Satz, T. 1–9 (Moskau-Leningrad).

T. 72–79 (Durchführung).

Nach steigender Terz stößt eine fallende Septime dissonant auf einen g-Moll-Klang, um sich dann leittönig zu erhöhen. Aus der gemessenen Rhythmik, mit der diese Zelle zum Hauptthema des ersten Satzes erweitert wird, führt im Nachsatz ein punktierter Auftakt heraus, der sich kettenweise verlängert, und die weitere Entwicklung fängt über Orgelpunkt der Seitensatz in Ges-Dur ab, der sich als rhythmische und diastematische Variante des Hauptsatzes erweist. So können sich beide Themen in der Verarbeitung durchdringen, ihre Motivik klingt noch in der beruhigten Schlußgruppe nach, und ähnlich wird die dichte Arbeit der Durchführung von Phasen unterbrochen, in denen eine Themenvariante mit punktiertem Auftakt und fallendem Dreiklang die Stimmen durchläuft. Aus der thematischen Version der Schlußgruppe bezieht das Adagio serioso g-Moll sein Thema, dessen Entfaltung zu äußerster Verfeinerung des Satzes führt, in der behenden Giga G-Dur kontrastiert dagegen das Incipit mit Terzsprung samt Leitton (g–h–fis) zu einer Thematik, aus deren kontrapunktischen Kombinationen nur eine gebundene Episode im Zentrum heraustritt. Und die erste Version dieses Incipits wird im Finale zur spielerisch wiederholten Drehfigur umgebildet, ihre Varianten vermögen eine vorangestellte Einleitung zu integrieren und führen schließlich zur Paarung diminuierter und augmentierter Versionen, aus denen am Ende jene Themenfassung hervorgeht, mit der das Werk begann. Noch eindrucksvoller als die thematischen Verbindungen ist jedoch die Vielfalt der Gestalten, die mit leichter Hand einem kargen Kern abgewonnen werden.

Nach vermehrter Satzzahl im ersten Werk und wieder vier Sätzen im zweiten zitiert das nur zweisätzige dritte im Variationenfinale den Kopfsatz, ihm steht die zyklische Verklammerung im vierten Quartett gegenüber, und mehr noch hebt sich vom durchsichtigen Bau des fünften Werks am Ende das letzte ab, dessen extreme Länge aus der Verschränkung des kontrapunktischen Satzes mit zyklischen Themenbeziehungen resultiert. Der qualitative und historische Rang der Werke gründet jedoch nicht primär in der Zahl der Sätze und ihrer zyklischen Verflechtung und nicht einmal in einer motivischen und kontrapunktischen Kunst, die auch andere Musiker beherrschen. All solche Kriterien begründen erst die Komplexität einer Struktur, in der modale Farben, wie sie viele Quartette aus Rußland präferieren, den Widerpart einer erstaunlich freien Chromatik abgeben, und diese gleitende Harmonik verbindet sich zudem mit einer ebenso vielschichtigen Rhythmik zur wechselvollen Farbskala des Quartettsatzes. Damit öffnete Tanejew der russischen Tradition jenen Weg zur Moderne, den parallel im Norden Nielsen oder Stenhammar, im Westen Franck oder Debussy und in Deutschland zumal Max Reger beschritten.

Zur russischen Tradition zählen ferner die nicht gleichermaßen beachteten Beiträge von Alexander Glasunow, Alexander Gretschaninow und Nikolai Tscherepnin, und später noch wären Nikolaus Mjaskowski, Reinhold Glière, Maximilian Steinberg sowie Wissarion Schebalin zu nennen. Selbst ein Symphoniker und Klaviervirtuose wie Sergej Rachmaninow (1873–1943) begann 1889 und um 1896 zwei Streichquartette, die beide jedoch unvollendet blieben. Ein traditionelles Scherzo D-Dur aus dem ersten Versuch läßt immerhin erkennen, wie sich der Autor um die Aneignung der Tradition bemühte. Und die zugehörige Romanze in g-Moll erhält in chromatischer Tönung, die sich mit kleinen Kanons verbindet, eine durchaus eigene Note. Die Musiker dieser Generation hatten bereits die Oktoberrevolution zu überstehen, und konnte Rachmaninow beizeiten das Land verlassen, so glückte dies Glasunow, Gretschaninow und Tscherepnin erst später, wogegen weitere Autoren in der Sowjetunion verblieben. Solange diese Werke nicht durch weitere Studien erschlossen sind, lassen sie sich nicht im einzelnen würdigen, zumal sie im internationalen Repertoire kaum einen festen Platz erlangten.[1]

Exemplarisch sei das Œuvre von Alexander Glasunow (1865–1936) hervorgehoben, der nicht nur mit seinen Lebensdaten den Wechsel der Jahrhunderte überbrückte. Der Sohn einer Verlegerfamilie genoß in Petersburg die frühe Förderung Rimskis, rasche Anerkennung trug ihm 1882 sein erstes Quartett op. 1 ein, bei wachsendem Ansehen in Westeuropa nutzte er seine wirtschaftliche Unabhängigkeit im vielfachen Einsatz für das Musikleben, dem er als Direktor des Konservatoriums diente, bis er rund zehn Jahre nach der Oktoberrevolution nach Paris umsiedelte. Neben fünf Noveletten und mehreren Einzelsätzen für Quartett umfaßt sein vielfältiges Œuvre vor allem sieben Streichquartette, die durch eine postume Sammelausgabe ausgezeichnet wurden.[2] Als Erstling eines Siebzehnjährigen erstaunt das D-Dur-Quartett op. 1 (1881–82) durch die Konzentration, mit der es die tradierten Satzformen bewältigt, denn der dichten thematischen Vernetzung des Kopfsatzes entspricht als Finale ein konzises Sonatenrondo, und bei aller Treue zur Tradition haben auch die Binnensätze ihr eigenes Gesicht. Desto ausgedehnter ist das F-Dur-Quartett op. 10 (1885–86), deutlich klingt Volksmusik schon im Kopfsatz an, der die Thematik in der Reprise augmentiert, und vermehrt gilt das für das Finale, das allerdings länger und lockerer ausfällt, während die dreigliedrigen Binnensätze durch variierte Teilwiederholung erweitert werden. Als ›slawisch‹ weist sich das G-Dur-Quartett op. 26 (1886–88) primär durch seine Harmonik aus, zugunsten einer fünfteiligen Anlage wird die Norm des Sonatensatzes im eröffnenden Moderato aufgegeben, pentatonisches Material bestimmt die Binnensätze, und das überlange Finale verstärkt die folkloristische Note durch seinen klangdichten Satz. Von diesen drei frühen Werken unterscheiden sich die beiden Quartette a-Moll op. 64 und d-Moll op. 70 (1894 bzw. 1898) nicht nur durch den zeitlichen Abstand, deutlich zurückgenommen werden zugleich die Anleihen bei der Volksmusik. In op. 64 kehrt das Thema der Einleitung fast unverändert als Hauptsatz in das folgende Allegro ein, ohne scharfe thematische Kontraste erreicht der Sonatensatz durch ausgedehnte Überleitungen seine Länge, auch das Finale ist ein weiträumiger Sonatensatz, der wieder auf Augmentation und Kombination der Themen setzt, und schließt das Andante ein Scherzando ein, so verzichtet das Scherzo im Kontrast von Laufwerk und Akkordketten auf ein gesondertes Trio. Der fugierten Einleitung in op. 70 folgt wieder ein Sonatensatz mit analoger Thematik, die erneut in der Durchführung Augmentation erfährt, retrospektive

---

[1] Den Anzeigen der Verlage Belaiff und Jürgenson sind nicht wenige Beiträge von Autoren zu entnehmen, die seither zurückzutreten hatten, und weitere Komponisten nannte noch W. Altmann, *Handbuch für Streichquartettspieler*, Bd. 2 (so z. B. Adolf Barjansky, Karl Davydow, Alexander Faminzin, Nikolai Laduchin, Johann Persiany, W. Pogojeff und Joseph Wihtol).

[2] Bd. I (No. 1–4) und Band II (No. 5–7), Moskau und Leningrad 1951; vgl. St. Campbell, D. Redepenning, Art. *Glazunov*, in: *MGG²*, Personenteil Bd. 7, Sp. 1057–1066.

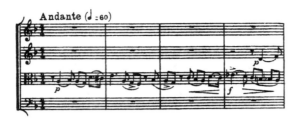

A. Glasunow, Nr. 5 op. 70, erster Satz, T. 1–4 (Moskau-Leningrad).

T. 12–15.

Züge zeigt aber nicht erst das D-Dur-Finale, sondern auch das Scherzo nimmt sich so wie das Adagio wie ein Rückgriff auf den Stand der Gattung nach der Jahrhundertmitte aus. Waren Glasunows Quartette bisher durch ihre Traditionsbindung gekennzeichnet, so wurden die zwei letzten Werke – verglichen etwa mit denen von d'Indy oder Saint-Saëns – im 20. Jahrhundert fast zu Anachronismen. Im B-Dur-Quartett op. 106 verbinden sich 1921 drei extrem knappe Sätze mit einem Variationenfinale, unberührt vom Zeitenwandel bleiben aber Themenbau und Harmonik noch im C-Dur-Quartett op. 107, das 1930 eine ungebrochen klassizistische Haltung durch kunstgerechte Arbeit hervorkehrt.

Nach einem ersten Quartett (G-Dur op. 2, 1893) schrieb Alexander T. Gretschaninow (1864–1956) drei weitere Werke, und hervorzuheben ist zumal das zweite (d-Moll op. 70, 1913), das die Dimensionen der Sätze erheblich erweitert. Dagegen werden im dritten Quartett (c-Moll op. 75, 1915–16) die überaus engen Beziehungen zur Tradition desto deutlicher, und das letzte (c-Moll op. 124, 1929) kehrt betont zur traditionell kompakten Stimmenschichtung zurück, die nur im langsamen zweiten Satz ein wenig differenzierter gehandhabt wird. Nur ein frühes Quartett scheint Nikolai N. Tscherepnin (1873–1945) hinterlassen zu haben (a-Moll 1898, gedruckt 1901), während von seinem Sohn Alexander N. Tscherepnin zwei Werke vorliegen (d-Moll op. 36, Mainz 1925, mit dem Zusatz ›Liebesopfer der heiligen Therese vom Kinde Jesu‹, sowie a-Moll op. 40, Paris 1927). Ungeachtet des Titels bildet op. 36 einen in Tempo und Thematik mehrfach gestuften Quartettsatz; ob in ihn liturgische Weisen eingingen, wäre erst zu prüfen, russischem Herkommen folgt indes die überaus kompakte Struktur. Ein entsprechendes Bild bieten die drei Sätze in op. 40, in denen nun aber die tonalen Verhältnisse durch frei eintretende Dissonanzen maßvoll erweitert werden. Ebenfalls vier Quartette schrieb in den Jahren zwischen 1902 und

1952 auch Reinhold Glière (1874–1956), doch nur das erste (A-Dur op. 2, 1902) fiel noch in die Endphase der älteren Tradition, der es auch in der Faktur des Satzes entspricht. Charakteristisch ist der Beginn des ersten Satzes, der in der Stimmenfolge kontrapunktische Entfaltung verheißt und doch rasch zum gewohnten Satzverband zurückkehrt, den selbst ein Variationensatz an dritter Stelle nicht grundsätzlich modifiziert. Die Voraussetzungen ändern sich wenig im zweiten Quartett op. 20 (1905), und einer moderat erweiterten Tonalität bleiben noch spätere Beiträge verpflichtet (op. 67, 1928, und op. 63, 1946). Das betrifft ähnlich die beiden Quartette von Maximilian O. Steinberg (1883–1946), denn die tonalen Konventionen, die für die vier Sätze des früheren Werks gelten (A-Dur op. 2, 1907, Moskau 1909), bleiben noch im späteren wirksam, das sich mit drei Sätzen begnügt (d-Moll op. 16, Moskau 1925). Das Schaffen weiterer Musiker fiel bereits ganz in das 20. Jahrhundert, doch blieb es nicht folgenlos, wenn ein Komponist den Bedingungen einer Diktatur in seiner Musik nicht so wie Schostakowitsch mit einem klagenden oder ironisch gebrochenen Gestus begegnen konnte. Beispiele dafür bilden nicht ohne tragische Note die langen Werkreihen von Mjaskowski und Schebalin. Während Nikolaus H. Mjaskowski (1881–1950) zwischen 1909 und 1949 nicht weniger als 13 Quartette publizierte, fielen die neun Beiträge von Wissarion Schebalin (1902–1963) bereits durchweg in die Zeit nach der Revolution. Die Werkreihe von Mjaskowski begann – um nur Stichproben zu nennen – mit drei Quartetten op. 33 (a – c – d), die teilweise weiter zurückreichten, aber erst 1930 erschienen. Zwar ist die Folge von vier Sätzen keine bindende Konvention, wie etwa das dreisätzige c-Moll-Werk zeigt, und bei nur zwei Sätzen enthält das dritte Quartett in d-Moll ein Variationenfinale, das ein – noch immer – modal gefärbtes Thema ungewöhnlich wechselvoll verändert. So ungeschmälert wie die traditionelle Satzanlage bleibt aber der tonale Rahmen in Geltung, selbst wo er mit Dissonanzen und Klangballungen leicht aufgebrochen wird. Diesen Eindruck bestätigen selbst spätere Beispiele wie die Quartette Nr. 6 g-Moll (op. 49, 1940) oder Nr. 8 fis-Moll (op. 59, 1942). Nach Moderato und Burlesca schließt op. 49 mit einer ›Malinconia‹ als drittem Satz, die aber höchstens im Gestus an Beethovens Modell aus op. 18 anknüpft. Die generellen Prämissen gelten ebenso noch in op. 59, selbst wenn nun die Tonalität etwas erweitert und die Schichtung der Stimmen aufgelockert wird. Desto mehr dominiert bei Schebalin der breitflächig akkordische Satz russischer Art, wie es exemplarisch das sechste Quartett h-Moll (op. 34, 1943) zeigt. So laufen kurze fugierte Episoden durchweg rasch in klanglicher Ballung aus, zu der die Stimmen homorhythmisch gerafft werden.

All diese Werke liegen kaum früher als die von Schostakowitsch, soweit sie aber älteren Konventionen verhaftet bleiben, ohne die tonale Basis so wie Schostakowitsch zu differenzieren, haben sie in einer vergleichenden Perspektive keinen leichten Stand. Selbst wenn sie sich weniger avanciert ausnehmen, könnten erst weitere Studien ein begründetes Urteil erlauben. In dem weiten Abstand jedoch, der Glasunows Musik von der seines einstigen Schülers Schostakowitsch trennt, bricht noch einmal jene Kluft auf, die sich erstmals zwanzig Jahre zuvor zwischen Schönbergs Schritten und den Exponenten der Tradition aufgetan hatte. Gleichwohl trugen solche Beiträge dazu bei, daß die Gattung in Rußland eine kontinuierliche Tradition ausbildete, und bei genauerer Kenntnis können sie es verständlich machen, daß weit später noch das Streichquartett im Œuvre von Prokofieff und zumal Schostakowitsch eine nochmalige Kulmination fand, die selbst im internationalen Maßstab bleibende Geltung bewahrt hat.

3. Nationale Profile: Komponisten in Ostmitteleuropa

Daß eigene Gattungstraditionen im böhmischen und mährischen Raum etwas später als in Rußland oder gar Skandinavien einzusetzen scheinen, beruht auf einer verschobenen Sicht, die eine Folge historischer Umschichtungen ist. Lange hatte die spätere Tschechoslowakei an der umfassenden Musiktradition des habsburgischen Reiches teil, Streichquartette wurden wie andere Kammermusik vom Adel und vom Prager Bürgertum seit langem gepflegt, und Musiker aus diesem Raum – wie Kozeluch, Vanhal oder Wranitzky – waren an der Wiener Tradition beteiligt. Als Robert Schumann von den Quartetten Heinrich Veits sprach, brauchte er nicht eigens zu erwähnen, daß der Autor ein Deutscher in Prag war.[1] Aus Brünn stammte der in Wien ausgebildete Violinvirtuose Heinrich Wilhelm Ernst (1814–1865), der seine Karriere nicht als Vertreter einer Nation machte (und noch 1862 im B-Dur-Quartett op. 26 ein Werk brillanter Manier vorlegte).[2] Eng wie zu Mozarts Zeit war selbst nach 1848 das kulturelle Verhältnis von Gruppen, die mit verschiedenen Sprachen in einem Reich lebten. Sofern nicht geringe Teile des östlichen Mitteleuropa bis 1918 politisch wie kulturell zur habsburgischen Monarchie gehörten, lassen sie sich also historisch zusammenfassen, ohne ihre eigene Prägung außer Acht zu lassen.

Aufgehobene Biographie: Smetana

Gleichwohl konnte Bedřich Smetanas e-Moll-Quartett aus dem Jahre 1876 seit seiner Uraufführung 1879, der ein Jahr später die Publikation folgte, als frühes Fanal nationaler Musik verstanden werden.[3] Maßgeblich war nicht so sehr der vom Komponisten stammende Zusatz ›Aus meinem Leben‹, selbst wenn er fortan die Rezeption lenkte. Der 1824

1 *Robert Schumann. Gesammelte Schriften über Musik und Musiker*, hg. v. M. Kreisig, Leipzig ⁵1914, Bd. I, S. 340 (wo Prag sogar unbefangen unter »einige deutsche Städte« gezählt wird).

2 Nach Chr. Huch, Art. *H. W. Ernst*, in: *MGG²*, Personenteil Bd. 6, Kassel u. a. 2001, Sp. 448ff., erschien op. 26 in Hamburg »1862/64«, die Verlagsnummer von Spinas Wiener Ausgabe deutet jedoch auf das Jahr 1862.

3 *Smetana in Briefen und Erinnerungen*, hg. v. Fr. Bartoš, deutsche Übersetzung von A. Schebek, Prag 1955, S. 228; Brian Large, *Smetana*, London 1970, S. 317ff.

geborene Smetana war von früh an mit tschechischer wie deutscher Sprache und Kultur vertraut, seine bürgerliche Herkunft ermöglichte ihm den Gymnasiumsbesuch in Prag und Pilsen, ohne ihm gleich den Weg zum Beruf des Musikers zu ebnen. Durch Joseph Proksch ausgebildet, mußte er sich in Prag als Musiklehrer durchschlagen, und dort erlebte er 1848 das Scheitern des nationalen Aufstandes, ehe er seit 1856 für fast fünf Jahre in Göteborg tätig wurde. In der expandierenden Hafenstadt wirkte er als Pianist und Dirigent, und es wäre nicht ohne Interesse, eine Symphonische Dichtung über ein ›nordisches‹ Sujet wie Hakon Jarl (1871) auf ihre ›nationale‹ Färbung hin zu prüfen. Selbst wenn ›modale‹ Klangfolgen gemeinsame Kennzeichen verschiedener Traditionen wurden, blieb ihre nationale Rezeption kein bloßes Phantom, sofern sie in strukturellen Sachverhalten gründete, die in wechselndem Kontext als national empfunden werden konnten. Nach der Rückkehr wirkte Smetana in Prag ab 1862 am Interimstheater, an dem er die Leitung der Oper übernahm, gerade in die Phase wachsender Anerkennung fiel aber 1874 die jähe Zäsur der Ertaubung.

Zwar hatte sich Smetana schon 1839–40 mit Studien im Streichquartett versucht, als er aber das erste gültige Quartett schrieb, lag schon ein Hauptteil seines Œuvres vor, und so ist es keine Marginalie, wenn er in Kenntnis der Gattungstradition erstmals ein Streichquartett mit einem autobiographischen Kommentar versah. Nach Beethovens ›Malinconia‹ deuteten manche Werke von Schubert oder Mendelssohn auf Liedvorlagen, doch selbst Genrestücke wie Raffs Quartettsuite ›Die schöne Müllerin‹ haben keine biographischen Bezüge, und wer Mendelssohns f-Moll-Quartett oder das Streichquartett von Hugo Wolf autobiographisch deuten will, kann sich schwerlich auf authentische Dokumente berufen. Smetana aber ergänzte den Untertitel durch briefliche Kommentare, die zwar erst nach der Vollendung des Werks geschrieben wurden, sich aber durch spätere Drucke weit verbreiteten.[1] Näherhin sprechen sie allerdings nur allgemein von erwachender Neigung zu Leben und Kunst für den Kopfsatz und von Erinnerungen an Tänze und erste Liebe für die Mittelsätze, zum Finale jedoch nennen sie nicht nur nationale Musik, sondern die Katastrophe der Taubheit, auf die schon ein warnendes Motiv im Kopfsatz deute. So stellt sich die Frage, wieweit darin der Sinn einer Komposition aufgeht, die neben dem öffentlichen Anspruch der Gattung einen so privaten Charakter behauptet. Denn das Verständnis stößt – mit Hermann Danuser zu reden[2] – »bis kurz vor Schluß des Werkes auf keine anderen Schwierigkeiten« als bei einer Analyse ohne jede biographische Information. Den Anfang macht ein regulärer Sonatensatz, in dem nur der Hauptsatz zu Beginn der Reprise ausfällt, der Tanzsatz ›a la Polka‹ weist ein Trio mit verkürzter Scherzoreprise auf, wonach sich beide Ebenen in der Coda kreuzen, der langsame Satz wird durch ein neues Thema im Mittelteil erweitert, und das

---

[1] *Smetana in Briefen und Erinnerungen*, S. 228–230, Brief vom 12. 4. 1878 an J. Srb-Debrnov. Unzugänglich war die Studie von K. Janeček, *Smetanův kvartet Z mého života. Tektonický rozbor*, in: Živá hudba 4 (1968), S. 9–63; ders., *Smetanova komorní hudba. Kompoziání výklad*, in: Hudební věda 11 (1974), S. 153ff. und S. 222f. Ins Deutsche übersetzte Auszüge finden sich bei H. Danuser, *Biographik und musikalische Hermeneutik. Zum Verhältnis zweier Disziplinen der Musikwissenschaft*, in: *Neue Musik und Tradition. Festschrift Rudolf Stephan zum 65. Geburtstag*, hg. v. J. Kukkertz u. a., Laaber 1990, S. 571–601: 589–594 sowie S. 600, Anmerkung 56.

[2] H. Danuser, *Biographik und musikalische Hermeneutik*, S. 589.

Finale bildet ein klares Rondo – bis es in der Coda unvermutet zum liegenden Akkord vom Halteton in extremer Lage unterbrochen wird, dem Themenzitate aus beiden Ecksätzen folgen. Die Physiognomie des Werks ist also weniger aus der Form als aus der Satzstruktur zu erschließen.

Das Grundmodell liefert der erste Satz, in dem die Begleitung für zweimal sechzehn Takte zunächst am Tonikaklang und später – nach bloßer Rückung – am mediantischen c-Moll-Sextakkord festhält. In diesen Klangraum hinein intoniert die Bratsche den auftaktig ansetzenden Hauptsatz, dessen fallendes Initial sequenziert und verkürzt wird, um in Triolen auszulaufen und sequenzierend wieder aufzusteigen.

B. Smetana, Nr. 1 ›Aus meinem Leben‹, erster Satz, T. 6–11 (Edition Peters).

Allein die Durchgangstöne der Melodiestimme modifizieren den starren Klang, und die Überleitung hat nur die Triolenketten zu aktivieren, die zusammen mit dem Kopfmotiv für dynamische Steigerung sorgen. Umgekehrt gibt ihre Reduktion den Weg für einen Seitensatz frei, der die Nähe zu Schubert zumal dort verrät, wo er sich von G-Dur nach h-Moll wendet (T. 75). Sobald seine Fortspinnung im neutralen Klangraum verebbt, muß nur der fallende Kopf des Hauptsatzes eingefügt werden, um unter mediantischer Rückung nach Es-Dur die Durchführung zu eröffnen. Bei solchem Material hat sich die Ausarbeitung auf ihr modulatorisches Potential zu verlassen, ohne die räumliche Strukturierung in Frage zu stellen. Desto bemerkenswerter ist die dynamische Entwicklung, die der harmonische Prozeß in der Kombination von Themenkopf und Triolierung bewirkt. Daß durchweg das Hauptthema beansprucht wird, während sich erst die Rückleitung auf den Seitensatz besinnt, macht es verständlich, daß die Reprise gleich mit dem Seitensatz in E-Dur einsetzt, wogegen die Coda den dynamischen Hauptsatz in steter Reduktion abfängt.

Der Tanzsatz zehrt von einer kleinen Formel, die mit zwei Sechzehnteln und betonter Achtel eigentlich nur eine leittönige Kadenz umgreift. Indem sie aber stetig wiederholt oder stufenweise versetzt werden kann, erlaubt sie statische Felder und rasche Progressionen. Den drei Gliedern des Tanzes stehen jeweils zwei Viertakter voran, die im Unisono den subdominantischen Nonen- und dann den dominantischen Undezimenakkord umkreisen und kadenzierend die motivische Kernformel gewinnen. Die Affinität zur Polka wahrt noch das Trio in Des-Dur, sofern sich die Unterstimmen durchweg mit der rhythmischen Formel aus dem Scherzo ablösen, wozu die Violinen mit akkordischen Haltetönen nachschlagen. Auf Schubert deuten wieder harmonische Rückungen, die schrittweise Melodisierung der Oberstimme vermittelt zur verkürzten Scherzoreprise, und die Annäherung beider Ebenen wird in der Coda planvoll erweitert (T. 210). Weiter ausgearbeitet ist das Largo sostenuto, das rezitativisch vom Cellosolo eingeleitet wird. Über sechs Takte hin scheint sich die fallende Linie nach es-Moll zu richten, ihre eigentliche Funktion erweist sie aber erst nach der vollstimmigen Präsentation des kantablen Hauptthemas in As-Dur. Denn die weiteren Themenvarianten werden von triolierten Sechzehnteln umspielt, die sich in der solistischen Eröffnung mit dem rhythmischen Kern des Themas verbanden. Sobald die kantable Melodik zu energischer Punktierung transformiert wird, erhält die Kette der Satzgruppen variativen Charakter, dem noch der modulierende Mittelteil entspricht (T. 34–45). Ihm liegt eine dreifache Folge von Quintschritten zugrunde, die durch Umdeutung verminderter Septakkorde verkettet werden. Unvermutet scheint danach eine neue melodische Linie anzusetzen, sie aber weist im gestrafften Schlußteil ihre strukturelle Affinität zum Thema selbst aus, wenn die beiden melodischen Gestalten unmittelbar aufeinander folgen. So schlagen die thematischen Varianten in eine neue Qualität um, die ihrerseits zur Kehrseite des Themas werden kann.

Ungeschminkt kehrt das Finale in E-Dur seine Rondoform hervor, denn der Refrain zeigt die konventionelle Dreiteilung. Sequenzierende Figuren des mittleren Glieds werden von den Außengliedern in rollenden Achteln umrahmt, die um die Grundstufen pendeln und erst am Ende eine Legatovariante ausbilden. Herausfordernd stimmt das Couplet ›scherzoso‹ seine Tanzweise an, und modulierende Phasen gehorchen nicht den Normen motivischer Arbeit, selbst wenn die harmonische Disposition in der Satzmitte weiter ausgreift. Das vierte Couplet exponiert die Tanzweise über Orgelpunkt, um jedoch jäh mit Terzrückung abzubrechen. So unvorbereitet die Zäsur ist, so unvermeidlich drängt sich die biographische Konnotation auf. Wie aber anders soll sie sich mitteilen als allein in Tönen? Harmonisch vermittelt über den Einbruch hinweg der mediantische Wechsel von E-Dur nach C-Dur mit Septime,

Vierter Satz, T. 216–239.

die danach changierend im übermäßigen Quintsextakkord fungiert (c-e-g-b/ais), und so kann nun das Initial aus dem Kopfsatz eintreten und über f-Moll samt ›neapolitanischer‹ Wendung nach e-Moll zurücklenken. Mit dem Scharnier wird also die Kette der abschließenden Themenzitate eröffnet, doch läßt sich fragen, ob das Problem durch den Hinweis zu entschärfen ist, der zyklische Prozeß finde »im Finale erst mit diesem Rekurs auf das Hauptsatzmaterial eine befriedigende Lösung«.[1] Daß nach einer Phase der Dissoziation gerade die Themen des Kopfsatzes mit dem Refrain aus dem Finale erscheinen, läßt sich als kompositorischer Rückblick auf die leitenden Prinzipien des Werks auffassen. Denn die Ecksätze gehen von einer Struktur aus, die scheinbar nur Klangräume präsentiert, um sie erst schrittweise thematisch zu konturieren. Diesem Verfahren gehorcht im Finale das Couplet, dessen Tanzmelodie zuletzt dem Klangraum über Orgelpunkt entgegentrat. Mit seinem plötzlichen Abbruch, der die semantische Deutung unwiderlegbar zu machen scheint, fällt die Autonomie der Kunst aber keineswegs der empirischen Realität anheim. Im Rekurs auf den Klangraum, der hier wie so oft zuvor eine mediantische Rückung erfährt, reflektiert die Musik zugleich ihre eigenen Prämissen. Auf seine Weise verhielt sich Smetana kaum minder radikal als der späte Beethoven, dessen letzte Quartette auf die Voraussetzungen des eigenen Komponierens zurückgehen. Nicht das empirische Subjekt, sondern die kompositorische Arbeit des Autors tritt hervor, wenn derart greifbar nochmals der Klangraum exponiert und mit den thematischen Segmenten besetzt wird, die zugleich den zyklischen Prozeß in Erinnerung bringen. Das Programm bleibt nur erster Wegweiser für ein Verständnis, das primär kompositorische Strategien zu entschlie-

---

1 H. Danuser, *Biographik und musikalische Hermeneutik*, S. 593.

ßen sucht. Und der Zusatz ›Aus meinem Leben‹ besagt nichts anderes, als daß das Leben des Komponisten im Werk aufgehoben ist.

Daß Smetanas zweites Quartett in d-Moll nicht so bekannt wurde wie das erste, hat gewiß nichts mit einer qualitativen Abschwächung zu tun. Vielmehr werden die kompositorischen und technischen Ansprüche weiter gesteigert, während knappe Hinweise des Komponisten nur vage das »Wirbeln der Musik« in »Fortsetzung« des früheren Werks nach der »Katastrophe« der Ertaubung umschreiben. Schon bei Abschluß des ersten Satzes sah Smetana im Juli 1882 voraus, die Musik sei »etwas allzu ungewohnt in der Form und schwer verständlich«, sie werde durch »eine gewisse Zerrissenheit« auch »den Spielern große Schwierigkeiten bereiten«.[1] Gleichwohl wurde das Werk mit unbeirrter Konsequenz am 12. März 1883 beendet, aber erst fast ein Jahr später uraufgeführt, bevor Smetana am 12. Mai 1884 starb. Mit einer Dauer von zwanzig Minuten fällt es ungewohnt knapp aus, doch fügen sich nicht nur die Ecksätze keinem gängigen Schema, sondern in den Binnensätzen kreuzen sich Kennzeichen tradierter Typen. Mehr noch kann die »Zerrissenheit« der Struktur befremden, die jedoch die Kehrseite einer ungewöhnlich genau differenzierten Stimmführung ist. Vom entschlossenen Unisono, mit dem alle Sätze beginnen, hebt sich desto wirksamer ihre Auffächerung in kurze Segmente ab, die nach Zeitmaß, Substanz und Faktur vielfach kontrastieren. Je weiter die strukturelle Kontinuität schwindet, die für das e-Moll-Quartett verbindlich blieb, desto mehr drängt sich – unabhängig von biographischen Assoziationen – der Gedanke an das Spätwerk Beethovens auf. Und die zerklüftete Struktur wird nur noch sinnfälliger, wo das lyrische oder tänzerische Idiom durchklingt, das vordem Smetanas Musik prägte. Der Kopfsatz zerfällt bei nur 140 Takten in wenigstens zehn unterschiedliche Sektionen, die schrittweise und eher verdeckt aufeinander bezogen werden, wiewohl ihnen der 3/4-Takt gemeinsam ist, der in raschen Partien triolisch als 9/8-Takt gegliedert wird. Geradtaktig heben sich nur zwei knappe Phasen ab, die besonders intrikat gearbeitet sind und im 4/4-Takt die Knotenpunkte der Durchführung und Coda andeuten (T. 71–79, 114–124). Die unisone Triolenkette zu Beginn avisiert die Tonika mit auftaktigem Leitton, der sogleich überbunden wird, und wiewohl die Triolen leittönig nach g- und c-Moll weisen, geben sie der Orientierung wenig Halt, so prägnant sie im Fortissimo ansetzen. Sobald sie mit vermindertem Quintfall umbrechen, füllt sich der anfängliche Leitton zögernd zum Septakkord über Cis. Und wo er die Oberstimme synkopisch entläßt, rückt der Satz erneut nach F-Dur, um kadenzierend dieses Ziel zu umkreisen. Der punktierte Terzbogen jedoch, der sich aus der Kadenz ablöst, wird zum Modell der Erweiterung nach C-Dur, mit der Sequenzierung eines prägnanten Zweitakters dehnt sich der Radius nach D- und H-Dur, seine Entfaltung fällt indes über eine karge Floskel in Baßlage zum anfänglichen Terz-

---

[1] Vgl. Smetanas Brief vom 14. 7. 1882 an J. Srb-Debrnov, siehe *Smetana in Briefen und Erinnerungen*, S. 310.

B. Smetana, Nr. 2, erster Satz, T. 1–16 (Edition Eulenburg).

bogen in F-Dur zurück. Nun erst zeigt sich, daß die zuerst so amorphe Triolenkette mit ihrem Widerpart im kantablen Melodiebogen das Material abgibt, das für die Funktionen von Haupt- und Seitensatz einzustehen hat. Denn beide Zellen tragen fortan wechselweise den Verlauf und teilen zudem einen Terzrahmen, der durch Leitton und Quart erweitert wird. Gegenüber dem konkreten Kontrast bleibt die intervallische Affinität freilich abstrakt, wenn der kadenzierende Terzbogen erneut auf die unisono Triolenkette stößt. Klarer wird die Relation, sobald sich die Triolen zum Terzraum verengen und eine erste thematische Verschränkung eröffnen, und hörbar wird sie zumal, wo aus dem triolischen Terzrahmen gleichsam augmentiert das punktierte Gegenthema erwächst, um sich in D-Dur zu periodischer Sequenzierung zu festigen (ab T. 32 und T. 39). Unter neuerlicher Verlangsamung bezeichnet es zugleich mit einem ausgedehnten Kadenzfeld in F-Dur den Abschluß einer exponierenden Phase, von der sich wie ein Fugato der Beginn der äußerst komprimierten Verarbeitung absetzt. Ihr liegt eine Transformation des triolischen Kerns zugrunde, der im Legato dynamisch zurückgenommen wird und die diminuierte Version der punktierten Formel einschließt. Dem ersten Einsatz der Viola folgt nur eine freie Beantwortung durch die Oberstimme, und mit der akkordischen Verdichtung staut sich die Modulation nach e-Moll in triolischer Synkopierung (T. 60–65). Während für fünf Takte die relative Dominante durch Orgelpunkt markiert bleibt, präsentieren die Oberstimme in punktierten Sextakkorden ein scheinbar neues Modell, in dem sich wiederum der erweiterte Terzrahmen abzeichnet, und mit dieser radikalen Transformation wird im geraden Takt das Zentrum der Durchführung bestritten (T. 71–79). Die Schichtung triolischer, punktierter und synkopischer Stimmzüge tendiert zu äußerster Diffusion, sie gliedert sich zugleich in zwei Viertakter, deren motivische Analogie durch die harmonische Differenzierung gekreuzt wird. Mit einem Zusatztakt wird rasch die Reprise erreicht, die nur eingangs auf die triolische Kette des Beginns zurückgreift und danach das punktierte Gegenthema zu kantabler Steigerung in F-Dur führt. Sobald diese äußerste Expansion mit mediantischer Rückung abbricht, tritt wieder jene geradtaktige Formation ein, die den Kern der Verarbeitung bildete und nun den Ort der Coda einnimmt (T. 114–124). Indem sie allmählich verebbt, überläßt sie dem kantablen Gegenthema den langsam ausklingenden Abschluß.

Am Ende wird damit der bewegende Prozeß einsichtig, der von der Konfrontation amorpher Zellen über ihre schrittweise Konkretisierung und Transformierung zur abschließenden Auflösung führt. Höchst konträre Gestalten werden derart exponiert, verarbeitet und restituiert, daß sich der Verlauf jeder formalen Schematisierung entzieht. Dennoch macht erst der Rückgriff auf fundamentale Kategorien die eigentümliche Bündelung faßlich, aus der jenseits aller Zerklüftung eine sehr konzise Form resultiert. Ähnlich zeigen die drei anderen Sätze die Spuren jener Formtypen, die gleichermaßen umgebildet werden.

Als Vertretung eines Tanzes läßt sich der zweite Satz in e-Moll auffassen, sofern man das integrierte Andante cantabile als Ausgleich für ein Trio gelten läßt. Prägnant gibt der Anfang im Unisono mit Quart- und Quintsprung den tonikalen Rahmen vor, konträr dazu verhält sich bei akkordischer Begleitung die folgende Figurenkette, aus der in fallender Sequenz die rhythmische Formel von zwei Sechzehnteln samt Achtel entsteht. Getrennt werden also intervallische und rhythmische Zellen definiert, die den Satz nach zwölftaktiger Eröffnung konstituieren. Denn sein Thema setzt mit den nämlichen Rahmenintervallen an, und die charakteristische Rhythmik im 2/4-Takt deutet auf die Polka im ersten Quartett zurück. Immer wieder staut sich der Verlauf aber zu unvermuteten Eingriffen, die durch Wechsel von Zeitmaß und Spielweise hervortreten. Fast wie ein E-Dur-Trio schließt sich das Andante im

3/8-Takt an, dessen anfängliche Kantabilität rhythmisch immer weiter differenziert wird. Wo es mit oktavierten Doppelgriffen kulminiert, wird es vom Accelerando erfaßt, um in geballten Akkordschlägen abzubrechen. Und der Rückkehr zum geraden Takt entspricht die knappe Scherzoreprise, die wieder zum verkürzten Andante führt, wonach die Coda beide Themen fragmentiert. Mit chromatischer Tremolokette, die der Eröffnung des Kopfsatzes ähnelt, beginnt der dritte Satz ›agitato e con fuoco‹. Als Zentrum erweist sich nach zwölf Takten gleichwohl ein langsamer Satz mit der Angabe ›Molto moderato, quasi marcia‹. Im fugierten Beginn hat der anfangs diatonische Satz etwas von der entrückten Aura, die den langsamen Sätzen des späten Beethoven zu eigen ist. Die harmonische und rhythmische Expansion jedoch, die sich in nur 12 Takten vollzieht, schlägt zum chromatischen Tremolo des Beginns um. Darüber schichten sich in mächtigen Blöcken die punktierten Sprünge, die auf das thematische Material im Fugato zurückgehen. Seine Thematik vermag die chromatischen Stimmzüge zu verdrängen, die nochmals eingreifen, wo der Satz fast schon verklingt. Und so wiederholt sich der Prozeß in gedrängter Weise, bis sich am Schluß das Fugato in ursprünglicher Einsatzfolge durchsetzt, bevor der Satz endgültig verlischt. Befremdlicher noch ist das überaus kurze Finale, das seinen thematischen Kern im Unisono vorführt und an einen Rondorefrain im 6/8-Takt erinnern kann. Wirklich folgt seiner Entwicklung wie ein Couplet ein Moderato im 2/4-Takt, das diatonische Melodik ganz wie frühere Gegenthemen ausbreitet. Mit der Rückkehr zum ersten Thema springt aber der Satz rasch zur Durvariante und damit schon zur Coda, und dieser Schluß wird noch abrupter durch eine fakultative Kürzung, die mit 19 Takten rund 15 Prozent des Umfangs ausmacht. Nicht so sehr im Mangel einer Durchführung als vielmehr im nur einmaligen Themenkontrast ist der Satz ein Unicum, doch läßt er auf die Absicht zu äußerster Straffung schließen.

 Zerfurcht genug bleibt das »spröde Alterswerk«, das aber keineswegs »formal ungebändigter« als das e-Moll-Quartett ist.[1] Das gilt nur solange, wie man sich von der Vorstellung leiten läßt, für Smetana seien wenn nicht biographische, so doch folkloristische Züge charakteristisch. Wo solche Töne wenigstens gebrochen noch anklingen, werden sie hier wie in jedem Meisterwerk nationaler Musik derart sublimiert, wie es dem Niveau der Gattung gemäß ist. Solche Musik konnte noch das Interesse Schönbergs wecken, statt sie aber einer teleologischen Entwicklung unterzuordnen, lassen sich hinter ihrer expressiven Gestik die Signaturen der Traditionen erfassen, die eine planvolle Disposition zu transformieren wußte. Damit relativiert sich zugleich der Abstand zu Brahms in dem Maß, in dem beide Komponisten von der Reflexion der Gattungstradition seit Beethovens Spätwerk geleitet waren.

1 A. Werner-Jensen (Hg.), *Reclams Kammermusikführer*, Stuttgart [12]1997, S. 662.

Kette der Meisterwerke: Dvořák

Die 14 Streichquartette, die Antonín Dvořák zwischen 1862 und 1895 schrieb, bilden in dieser Zeit die umfangreichste Werkserie eines Komponisten von Rang. Sie umgreifen fast genau das letzte Drittel des Jahrhunderts und säumen den Weg des Komponisten, zu dessen frühesten und letzten zyklischen Werken Quartette gehörten. Die Auseinandersetzung mit dieser Gattung vollzog sich – mit Ausnahme der Jahre zwischen 1882 und 1893 – bemerkenswert gleichmäßig, doch läßt eine Übersicht, die neben zwei Einzelsätzen noch weitere Arrangements für Quartett berücksichtigt, die Scheidelinie zwischen den vom Komponisten nicht veröffentlichten und den zu seinen Lebzeiten erschienenen Werken erkennen. Denn die Quartette Nr. 1–6 wurden von Dvořák zurückgehalten und erschienen mit Ausnahme des f-Moll-Quartetts Nr. 5, das Günter Raphael 1929 in einer Bearbeitung vorlegte, erst seit 1948 in der Gesamtausgabe der Werke Dvořáks. Dagegen wurde das a-Moll-Quartett Nr. 7 bereits ein Jahr nach seiner Entstehung 1875 veröffentlicht, und als einziges aus dieser Gruppe wurde das E-Dur-Quartett Nr. 8 erst zwölf Jahre nach seiner Entstehung der Publikation für wert befunden, während alle folgenden Werke rasch ihre Uraufführung und Drucklegung erfuhren.[1]

[1] Die weiteren Angaben folgen J. Burghauser, *Antonín Dvořák. Thematisches Verzeichnis mit Bibliographie und Übersicht des Lebens und des Werkes*, Prag und Kassel 1960, passim.

Nr.	Tonart	opus	Zeit	EA	WV
1	A	op. 2	März 1862, rev. 1887	1948 (1988)	B 8
2	B	–	1868–69?	1962 (1982)	B 17
3	D	–	1869–70?	1964 (1982)	B 18
4	e	–	Dez. 1870	1968 (1985)	B 19
5	f	–	Sept. 1873	1929 (1980)	B 37
6	a	op. 12	Sept. 1873	1982	B 40
7	a	op. 16	14.(?) – 24. 9. 1874	1875	B 45
8	E	op. 80	20. 1. – 4. 2. 1876	1888	B 57
9	d	op. 34	7. – 18. 12. 1877	1880	B 75
10	Es	op. 51	25. 12. 1878 – 28. 3. 1879	1879	B 92
– 2 Walzer op. 54 (B 109:14)			Februar 1880 (?)	–	B 105
– Quartettsatz F			7. – 9. 10. 1881	1951 (1985)	B 120
11	C	op. 61	25. 10. – 10. 11. 1891	1882	B 121
– Zypressen (nach 18 Liedern op. 2, 1865)			21. 4. – 21. 5. 1887	(1921) 1957	B 152
12	F	op. 96	8. – 23. 6. 1893	1894	B 179
13	G	op. 106	11. 11. – 9. 12. 1895	1896	B 192
14	As	op. 105	26. 3. – 30. 12. 1895	1896	B 193

Die Untersuchungen von Hartmut Schick erfaßten diese Werke gleichermaßen, ohne in ihrer Reihung prinzipiell zu unterscheiden.[1] So bedeutsam aber für den Komponisten die frühen Werke zur Zeit ihrer Entstehung sein mochten, so deutlich betrachtete er sie später als Versuche oder Studienwerke, denen er keine definitive Geltung zubilligte. Und die Partituren von Nr. 2–4 zählten zu den Kompositionen, die Dvořák später vernichtete, bis sie nach den glücklich erhaltenen Stimmen ediert werden konnten. All diese frühen Werke enthalten sicher überaus klangvolle Musik mit Themen von hinreißendem Elan oder schwärmerischer Kantabilität, sie beweisen schon bald die sichere Beherrschung der tradierten Formen und verraten zudem einen untrüglichen Instinkt für instrumentale Möglichkeiten, die dem als Bratscher tätigen Komponisten vertraut waren. Der außerordentliche Umfang jedoch, den zumal die Kopfsätze erreichen, verdankt sich nicht nur der ausgreifenden Exposition, die das thematische Material erfährt, sondern mehr noch den sorgfältig ausgearbeiteten Überleitungen, wogegen die Durch-führungen kaum schon zur hochgradigen Konzentration späterer Werke gelangen. Während in Nr. 1 die zyklische Gestaltung neben dem ›Leitbild Beethoven‹ den Modellen Mendelssohns verpflichtet ist, werden solche Bezüge schon in Nr. 2 und 3 durch so andersartige Tendenzen überlagert, daß Schick von einem »Bruch mit der Tradition« reden konnte.[2] Und gegenüber der Auseinandersetzung mit Wagner, die in Nr. 4 und noch Nr. 5 hervortritt, scheinen die a-Moll-Quartette Nr. 6–7 sich zunehmend auf die genuinen Traditionen der Gattung zu besinnen, von denen die folgende Reihe der Meisterwerke ausging. Unter Hinweis auf die Studien Schicks lassen sich aus dieser Serie die Quartette Nr. 4 und 6 herausgreifen, die eine Orientierung in ganz unterschiedlicher Richtung demonstrieren, wobei nicht zufällig das a-Moll-Quartett op. 16 durch die Publikation ausgezeichnet wurde.

Da ein Autograph fehlte, konnte das e-Moll-Quartett Nr. 4 (B 19) nur nach einem Stimmensatz ediert werden, der neben der Angabe »opus 9« Daten aus dem Dezember 1870 nennt. Wohl erstmals in der Geschichte der Gattung stellt das Werk einen einsätzigen Zyklus dar, der statt gesonderter Einzelsätze einen durchgängigen Komplex ausbildet.[3] Zwei rasche Rahmenteile werden von einem ›Andante religioso‹ unterbrochen, das nochmals vor der abschließenden Coda zitiert wird. Daß damit kaum ein semantischer Bezug gemeint ist, zeigt die Tatsache, daß Dvořák 1875 diesen langsamen Satz für das G-Dur-Quintett op. 77 umarbeitete, um ihn dann jedoch erneut als Notturno op. 40 zu revidieren. Wie aber der rasche Schlußteil trotz struktureller Beziehungen keine eigentliche Reprise des ersten Komplexes ist, so folgen beide auch nicht mehr einem herkömmlichen Formschema. Zudem fällt es nicht nur schwer, thematisch exponierende Abschnitte von Phasen der Verarbeitung zu trennen. Bei einem beträchtlichen Umfang, der immerhin

---

1 H. Schick, *Studien zu Dvořáks Streichquartetten*, Laaber 1990 (Neue Heidelberger Studien zur Musikwissenschaft 17). Seit dieser ausgezeichneten Untersuchung dürfen ältere Arbeiten als überholt gelten; genannt seien nur: H. Kull, *Dvořáks Kammermusik*, Bern 1948 (Berner Veröffentlichungen zur Musikforschung 15); O. Šourek, *Antonín Dvořák. Sein Leben und sein Werk*, deutsche Fassung v. P. Eisner, Prag 1953; ders., *Antonín Dvořák. Werkanalysen II: Kammermusik*, deutsch v. P. Eisner, Prag 1955; ders. (Hg.), *Antonín Dvořák in Briefen und Erinnerungen*, deutsch v. B. Eben, Prag 1954. Weithin unberücksichtigt blieben die Quartette dagegen in einer neueren Publikation: D. R. Beveridge (Hg.), *Rethinking Dvořák. Views from five Countries*, Oxford 1996.

2 Zu den Quartetten Nr. 2 B-Dur und Nr. 3 D-Dur vgl. H. Schick, *Studien zu Dvořáks Streichquartetten*, S. 39–78, zum ersten Quartett in A-Dur ebenda, S. 13–38, bes. S. 18ff. und S. 27ff.

3 Näher dazu H. Schick, *Studien zu Dvořáks Streichquartetten*, S. 79–115, zu den Bezügen auf Wagners *Tristan* bes. S. 84ff. und S. 109ff.

rund 35 Minuten beansprucht, wird die Entwicklung dazu durch eine überaus avancierte Harmonik erweitert, die nur phasenweise eine tonale Stabilisierung zuläßt. Die punktiert gezackte Geste des Kopfmotivs, die in eine quasi kadenzierende Figur ausläuft, wird zwar gleich durch eine kantable Wendung ergänzt (T. 1f. und T. 4ff.), und diesen motivisch knappen Gestalten stehen Phasen gegenüber, die ein flimmerndes Gewebe akkordischer Tonrepetitionen oder trillerhafter Akkordbrechungen ausprägen, wovon sich dann motivische Fragmente abheben können. Aufgehoben wird jedoch die Differenz zwischen der Exposition geschlossener Themen und dem Prozeß ihrer sukzessiven Entwicklung, indem die Arbeit von vornherein in das Material eingreift. Heftige Akzente in Rhythmik, Dynamik und Harmonik durchdringen den gesamten Verlauf, und seine fast amorphe Diktion wird durch einen kompakten Satz gesteigert, der desto wirksamer grelle Dissonanzen, unaufgelöste Vorhalte, chromatische Segmente und abrupte Zäsuren hervortreten läßt. Auch ohne direkte Zitate zu bemühen, zieht die Harmonik aus Wagners Chromatik so entschiedene Konsequenzen wie in kaum einem anderen Quartett der Zeit, denn ihre stete Fluktuation läßt nur kurzfristig eine verbindliche Lokalisierung zu, während sie sich oft genug der satztechnischen Kontrolle zu entziehen scheint. Desto seltsamer kontrastiert dazu der langsame Einschub in H-Dur, dessen kantables Melos bei zunächst höchst kontinuierlicher Begleitung vom romantischen Liedsatz herkommt. Durchweg basiert er über 64 Takte hin auf dominantischem Orgelpunkt, doch wird die melodische Substanz zunehmend von einer Ornamentierung aufgezehrt, die zu wachsender Differenzierung der rhythmischen Struktur führt. Daß man dennoch zögert, das Werk als Vorschein der Moderne zu beanspruchen, liegt nicht nur daran, daß es vom Autor zurückgehalten und offenbar sogar verworfen wurde.[1] Ihm mußte vielmehr jede weitere Resonanz versagt bleiben, so daß es ein getilgter und fast folgenloser Versuch blieb.

Nur vier Jahre später entstand das a-Moll-Quartett Nr. 7 (B 45), das 1875 als op. 16 erschien. Trotz des geringen Abstands nimmt es sich in seiner formalen Konzentration und harmonischen Bändigung wie Musik aus einer anderen Welt aus. Daß es noch immer den extremen Umfang der frühen Werke hat, resultiert aus der Bemühung, die Reprisen der Ecksätze weithin neu auszuarbeiten, die sogar länger als die Expositionen geraten. Geschickt verbindet der Kopfsatz im 3/4-Takt ein schwingendes Melos mit markanten Figuren, die ebenso wie die abgesetzten Kadenzakkorde motivisch eigenständig eingesetzt werden. Zur Ausweitung des Hauptsatzes gehört ein Kanon der Außenstimmen (T. 17), doch bleibt der tonikale Bezirk über fast 60 Takte bis zum Seitensatz bewahrt, dessen Achtelbewegung dann weit gleichmäßiger beibehalten wird. Die Durchführung spaltet nicht nur die motivischen Kerne ab und begnügt sich auch nicht allein mit kanonischer Doppelung des Themen-

---

[1] H. Schick, *Studien zu Dvořáks Streichquartetten*, S. 111f.; die Analyse trägt auf S. 79 die Überschrift ›An der Schwelle zur Neuen Musik‹.

kopfes in A- und Es-Dur, sondern erweitert die Harmonik mit der motivischen Arbeit, und die Reprise setzt den Prozeß in einer Überleitung fort, die durch modulierende Exkurse erheblich gedehnt wird. Im Andante F-Dur umrahmen Eckteile, die bei aller Kantabilität die begleitenden Stimmen an der Substanz beteiligen, einen ausgedehnten Mittelteil, dessen rhythmisch konturiertes Material mit akzentuierten Akkordrepetitionen freilich übermäßig beansprucht wird. Das Allegro scherzando artikuliert dagegen im 3/8-Takt die unbetonten Zählzeiten mit Trillern derart, daß sich die Schwerpunkte ständig verlagern, während erst das Trio das dreizeilige Taktmaß hervorkehrt. Das Finale changiert zwischen Rondo und Sonate, sofern einerseits dem in F-Dur eintretenden Hauptsatz, der erst nach mehr als 30 Takten die Tonika erreicht, ein Seitensatz in der Durparallele fast wie ein Couplet entspricht. Andererseits aber zeigt sich bald, daß beiden Themen wie auch den eingeschalteten Steigerungen mit triolierten Stimmzügen die nämliche steigenden Skala zugrunde liegt. Daher vermag sich vor der Durchführung ein zweiter Refrain abzuzeichnen, doch können die punktierten Rhythmen im Hauptsatz so wenig wie die harmonischen Exkurse der Gefahr der übermäßigen Beanspruchung des Materials gänzlich wehren. So hoch der Versuch greift, so deutlich bleibt op. 16 ein Abschluß der frühen Serie, die mehr als bloße Studienwerke, aber doch keine vollgültigen Leistungen umfaßt und damit die Scheidelinie zu den Meisterwerken markiert.

Das achte Quartett in E-Dur wurde erst 1888 als op. 80 veröffentlicht, entstand aber schon Anfang 1876 und damit nur knapp zwei Jahre vor dem d-Moll-Quartett Nr. 9, das im Dezember 1877 komponiert und 1880 als op. 34 gedruckt wurde. Beide Werke scheinen auf ähnliche Weise wie spätere Quartette – mit Ausnahme des ›amerikanischen‹ – ein Paar zu bilden, sofern sie bei geringem Zeitabstand höchst unterschiedliche Konzepte ähnlich erproben, wie es Brahms in op. 51 vorgegeben hatte. Der erste Satz im E-Dur-Quartett läßt erkennen, daß dieses Werk noch klarer als das vorangegangene a-Moll-Quartett einen entschiedenen Schritt vollzog, der zugleich die Serie der gültigen Werke eröffnete. Wo zuvor sich nur phasenweise individuelle Stimmen aus der blockhaften Gruppierung ablösten, ist die Textur hier von Anfang an auf obligate Stimmführung angelegt, wie sie fortan für Dvořáks Quartettkunst verbindlich wurde. Sie ist kaum schon aus der Begegnung mit Brahms zu motivieren, die sich erst später anbahnte (und der das nächste Werk seine Widmung dankte). Eher deutet sie auf die erneute Auseinandersetzung mit der Gattungstradition und zumal mit dem klassischen Fundus. Denn gegenüber der strukturellen Kontinuität, die frühere Werke (außer Nr. 4) oft kennzeichnete, tritt nun eine Auffächerung der Stimmen hervor, die weniger auf den romantischen Liedsatz als auf das klassische Prinzip der Diskontinuität zurückweist.

Der Hauptsatz basiert mit seinem Kopfmotiv, dessen Einführung zunächst ein Fugato verheißt, auf einem fallenden Quartraum, doch werden die Stimmen in Gegenbewegung zugleich zum Akkordschlag in T. 10 gespreizt, mit dem die lineare Kantabilität des Hauptsatzes abbricht. Ein solches Tetrachord gibt auch im Seitensatz den Rahmen des zweitaktigen Modells ab, bei akkordischem Satz und regulärer Gruppierung unterscheidet es sich aber trotz intervallischer Analogie durch Halbe im Wechsel mit punktierten Achteln von der latenten Polyphonie im rhythmisch differenzierten Hauptsatz. Daß der Seitensatz als vorgreifendes Zitat schon unauffällig in der vom Hauptsatz ausgehenden Überleitung erscheinen kann (T. 27–31 in Des-Dur), erklärt sich demnach nicht nur aus einem gemeinsamen Intervallrahmen. Zum dritten Einsatz des Hauptthemas im Violoncello formt vielmehr die erste Violine eine Gegenstimme, die mit punktierten Vierteln und ornamentaler Ergänzung in die Unterstimme übergeht (T. 5–8), und genau diese Wendung ist es, die in der Überleitung ausgearbeitet und diminuiert wird, womit sie den Vorgriff auf den Seitensatz rhythmisch vorbereitet. So weist bereits die Struktur des Hauptsatzes auf die Gleichrangigkeit der Stimmen hin, die in der durchsichtig gearbeiteten Überleitung zur Geltung kommt und erst im gebündelten Abschluß aufgegeben wird. Desto mehr hebt sich der Seitensatz durch paarige Stimmgruppen ab und kann umstandslos zum Tutti gesteigert werden, aus dem nun umgekehrt die einzelnen Stimmen hervortreten (ab T. 50 und T. 64). Erst wenn er am Ende der Exposition vom engräumigen Kopf des Hauptthemas abgelöst wird, erweist sich die beiderseitige Affinität, die durch rhythmische Differenzen verschleiert wurde. Um den Vorgang nicht erneut zu akzentuieren, wurde die Wiederholung der Exposition bei der Revision gestrichen, und so schreitet die Durchführung – vereinfacht gesagt – von der Tonika aus abwärts bis nach B- und Des-Dur, um unter enharmonischer Verwechslung zur Reprise hin die Tonika zu gewinnen. Von vornherein kombiniert sie mit dem Kopf des Hauptthemas rhythmische Relikte aus der Ausarbeitung des Seitensatzes, was sich freilich spätestens dann als erforderlich erweist, wenn der Hauptsatz durch Diminution zu einer unscheinbaren Wechselnotenfigur verschliffen wird, die durch parallele Stimmführung klanglich gesteigert wird. Erfährt der Seitensatz in der Reprise erweiterte Verarbeitung, so muß zwar nicht von einer ›zweiten Durchführung‹ geredet werden, deutlich bleibt aber die unterschiedliche Gewichtung, die alle Satzphasen an der Arbeit beteiligt und erst in der Coda zurücktritt.[1]

Dagegen scheint sich das d-Moll-Quartett op. 34 zur massiven Anlage früherer Werke zurückzuwenden, doch wird in die scheinbar konventionelle Struktur jene Differenzierung eingebracht, die im E-Dur-Werk erreicht war. Nicht nur der Hauptsatz wird über 60 Takte hin zu gleichmäßiger Achtelbegleitung ausgesponnen, auch der Seitensatz zeigt

---

[1] H. Schick, *Studien zu Dvořáks Streichquartetten*, S. 196; ebenda, S. 192ff. und S. 202ff., zur »Schubert-Adaption« und zum »Brahms-Einfluß« in diesem Werk.

ähnliche Faktur, die nur phasenweise durch Triolierung modifiziert wird. Wie seine wiegende Melodik auf den dritten Takt im Hauptsatz zurückgeht, so greift darauf das Ende der Exposition zurück. Desto sorgfältiger werden aber die motivischen Varianten in der harmonischen Abstufung des Satzes ausgearbeitet. Eine neutrale Folge von Halben und Vierteln, mit der die Außenstimmen im Hauptsatz den 3/4-Takt abmessen, wird nur im dritten Takt durch punktierte Viertel mit drei Achteln profiliert, und diese Wendung, die später der Seitensatz aufnimmt, wird in der Wiederholung des ersten Viertakters mit Sechzehnteln ornamentiert. Die Potenzierung analoger Figuren löst in der Erweiterung des Hauptsatzes ab T. 21 eine eingeschaltete Kontrastgruppe aus, die in zwölf Takten punktierte Achtel mit heftigen Akzenten akkordisch verdichtet, bevor der Hauptsatz wieder aufgenommen wird. Auf andere Weise wird der Seitensatz durch ausgreifende Sequenzketten erweitert, die von A- bis As-Dur und weiter nach Des- bzw. Cis-Dur führen (T. 76–105). Wo er von markanter Punktierung erfaßt wird, schlägt er zur Akkordkette im Fortissimo um, die in harter Abfolge von H-, B- und A-Dur den harmonischen Radius komprimiert. Dem kantablen Hauptsatz gewinnt die Durchführung in dichter Engführung lineare Qualitäten ab, wonach beide Themen kurz gekoppelt werden (T. 164–172), und die Reprise wird durch Ausfall der Kontrastgruppe im Hauptsatz gestrafft, die erst vor der Coda wiederkehrt und damit Beginn und Schluß des Satzes flankiert.

Nicht ganz so profiliert erscheinen in beiden Werken die weiteren Sätze. Das E-Dur-Finale zeigt eine seltsame Ambiguität der thematischen Funktionen, sofern sich erst nach ausgedehnter Eröffnung in T. 32 ein fester Kern einstellt, der mit rhythmischer Prägnanz in akkordischer Massierung fast als Rondorefrain anmutet, zumal er später in gleicher Struktur wiederkehrt. Doch ist die ihm vorgelagerte Phase mehr als bloße Einleitung, wiewohl sie von cis-Moll aus erst die Tonika erreicht. Erweitert wird das Spektrum durch einen schlichteren Seitensatz, und so ergibt sich dann doch ein Sonatensatz mit Verschränkung und Umstellung der Themen in Durchführung und Reprise. Ähnlich kündet das dreigliedrige Finalthema im d-Moll-Quartett ein Rondo an, dessen akkordischer Kern behendes Figurenwerk einfaßt. Ob allerdings die gestoßenen Achtel, mit denen die Unterstimmen das mittlere Themenglied eröffnen, als Reverenz an den Widmungsträger Brahms zu verstehen sind, mag dahingestellt bleiben, denn was in dessen op. 67 motivisch zentral ist, bildet hier nur eine nachgeordnete Formel.[1] Mit dem imitatorisch eingeführten Seitenthema zeichnet sich wieder ein Sonatensatz ab, dessen Durchführung zumal dem zweiten Thema weitere Differenzierung abverlangt. Den zweiten Satz in Nr. 8 bildet ein verhaltenes Andante con moto a-Moll, dessen Themen in mehrfachem Wechsel weniger verarbeitet als ornamentiert werden. Das Allegro scherzando besticht trotz wenig individueller Thematik durch intrikate Rhythmik,

---

1 Dazu H. Schick, *Studien zu Dvořáks Streichquartetten*, S. 209 mit Notenbeispiel 150.

die mit scheinbar mechanischer Sequenzierung im 3/4-Takt hemiolische Wirkungen und unregelmäßige Taktgruppen erzielt. Erst recht setzt sich das Trio aus Fünf- und Viertaktern zusammen, und in seinem dritten Takt treten die Stimmen im Wechsel von zwei Vierteln ein, um dann zum Taktmaß zurückzukehren. Weniger kompliziert ist in Nr. 9 der zweite Satz Alla polka, der mit seinem Incipit und dessen Glättung die fallenden Linien vorgibt, die das Trio bestimmen. Höchstes Raffinement in Klang und Harmonik zeichnet dagegen das Adagio aus, das durchweg con sordino erklingt und bei aller Innigkeit mit steten Doppelgriffen große Dichte erlangt. Formal konventionell werden die Themen im zweiten Teil ornamentiert, desto vielfältiger sind aber die klanglichen und harmonischen Farben.

Klarer noch unterscheiden sich die Quartette op. 51 und 61 (Nr. 10–11) aus dem Winter 1878–79 und dem Herbst 1881. Beiden Werken ist eine motivische Dichte gemeinsam, die selbst bei klanglicher Steigerung vom kammermusikalischen Gespinst der Stimmen getragen wird. Gegenüber dem Es-Dur-Werk, das so offen wie kein anderes folkloristische Requisiten bemüht, besinnt sich das Gegenstück in C-Dur auf einen heroischen Impetus, wie er Beethovens op. 59 Nr. 3 eignet. Die Differenzen werden in den Kopfsätzen signifikant und färben noch die weiteren Sätze. Das Es-Dur-Werk eröffnet eine Klangfläche, die rhythmisch genau organisiert ist (und flüchtig an den Es-Dur-Zauber in Wagners *Rheingold* denken läßt).[1]

1 Ebenda, S. 216.

A. Dvořák, Nr. 10 op. 51, erster Satz, T. 1–9 (Dover Publications).

Von begleitenden Stimmzügen, die jeden metrischen Akzent meiden, heben sich in zweitaktigem Abstand die Einsätze von Bratsche und Primgeige ab, die sich in der Erstfassung noch notengetreu glichen. Der Tonikaklang wird zur dritten Zählzeit des 4/4-Takts nach g-Moll gefärbt und weicht erst später zur Dominante aus. Am Ende des ersten Viertakters mündet der ausgeterzte Themeneinsatz in eine Wechselnote, die vereinfacht als Polkawendung benannt sei, wiewohl sie keinen tänzerischen Impuls mitbringt. Nach Wiederholung der Gruppe verschiebt sich das Klangfeld nach c-Moll und artikuliert in den Mittelstimmen jene Polkawendung, die für den weiteren Verlauf maßgeblich wird. Denn aus ihrer Reihung resultiert eine Überleitung, aus deren springenden Figuren zugleich die Diminution des Themenkopfes hervorscheint (T. 21–30). Die Liquidation des Materials vermittelt zum Seitensatz, der mit nur eintaktigen Wendungen seltsam kurzatmig wirkt, durch Einklangkanon in Stimmpaaren jedoch noch weiter beansprucht wird. Indem dann aber der Seitensatz diminuiert wird, stellt sich wie im Hauptsatz die engräumige Umspielung mit der Polkawendung ein, und so blicken beide Themen auf ein analoges Resultat hinaus, was noch im weiträumigen Modulationsgang der Durchführung wirksam bleibt. Ihr Zentrum ist eine choralartig gedehnte Phase (T. 91–103), die in A-Dur vom augmentierten Hauptsatz ausgefüllt und bei Stimmtausch in a-Moll wiederholt wird, wozu in den Außenstimmen der Seitensatz erklingt. Die Pointe liegt darin, daß die höchst unterschiedlichen Themen einerseits in ihrer Diminution angeglichen und andererseits zum simultanen Kontrast verkettet werden. Daß sich die Durchführung sonst auf den Hauptsatz konzentriert, motiviert den Eintritt der Reprise mit dem Seitensatz, wogegen die Coda das anfängliche Klangfeld verebben läßt. Mit liegendem Klang beginnt auch der C-Dur-Satz, doch prägt die erste Violine von der Quinte aus mit Terzfall und Obersekunde eine durch Triole und Punktierung einprägsame Wendung aus. Wo sie ihr Ziel erreicht, wird die Durterz erniedrigt, während Tonikaquinte und Sexte einen Klang ergeben, der dominantische Auflösung erwarten läßt, dafür aber vom analogen Klang über F abgelöst wird und damit von der Mollsubdominante zur Tonika zurückführt. Flüchtig mag man Schuberts C-Dur-Quintett assoziieren, von dem sich aber Dvořáks Struktur denkbar weit entfernt.[1] Was dort als momentaner Eingriff durchaus thematischen Rang hat, bleibt hier die eröffnende Folie der konkreten Themenprofilierung. Denn die motivische Wendung der Oberstimme wird energisch ausgearbeitet, während die Klangfläche durch pochende Triolen in Baßlage profiliert wird, die dann zu skalaren Ketten wachsen und den ganzen Satzverband öffnen. Die dynamische Steigerung zielt auf T. 24 als Schaltstelle, die den Tonikaklang in gegenläufige Stimmpaare ausfaltet, ähnlich aber auch die Reprise und – dynamisch reduziert – die Coda einleitet (T. 178 und T. 277). Beidemal entfällt die ganze Eröffnung, die

[1] Ebenda, S. 241ff., zum vorangehenden Quartettsatz F-Dur (B 120) S. 236–241.

doch nicht nur einleitenden Status hat, denn indem sie die Motivik klarer als im späteren Tutti ausprägt, werden die Funktionen des Hauptsatzes auf zwei Stationen verteilt. Und die diminuierte Version der punktierten Formel gibt den Stoff der ausgedehnten Überleitung ab, deren zweite Phase auf dem gedehnten Kopfmotiv basiert (ab T. 47). Der Seitensatz in Es-Dur wird mit seinem sechstaktigen Kern variiert wiederholt und ausgesponnen, und deutlich geht auf die Diminution seiner synkopischen Rhythmik die Schlußgruppe ›tranquillo‹ zurück. Doch bleibt er folgenlos für die Durchführung, die zwar mit der vorgelagerten Klangfläche beginnt, desto konzentrierter aber motivische Wendungen aus dem Hauptsatz verarbeitet. Und die Reprise wird durch siebzehn Takte erweitert, bevor endlich der Seitensatz eintritt. Wie er aber zuvor von Es- nach G-Dur führte, so lenkt er nun von C- nach E-Dur, und so macht eine scheinbar nachgeordnete Satzgruppe die Coda erforderlich, die das vielfältige Material bündelt.

Als modifizierte Rondi gleichen sich die Schlußsätze beider Quartette, so unterschiedlich auch ihr Material ist. Das Es-Dur-Finale ist offenkundig durch einen Volkstanz inspiriert, der einem Furiant ähnelt und nur vom Kenner als ›skocná‹ zu identifizieren ist. Rasch stößt er auf eine ähnlich hüpfende Formulierung, die wie ein Couplet mit trillerhafter Wendung ansetzt und zur Mollparallele kadenziert. Ihre Funktion scheint sich zu bestätigen, wenn ein zweiter Refrain zur Tonika lenkt, doch kehrt diese Kontrastgruppe erst am Satzende als Ausklang auf der Mollparallele wieder, den die Schlußakkorde energisch korrigieren. Die Satzmitte wird vom zweiten, eher kantablen Couplet bestritten, das nach der Verarbeitung des Refrains den Platz des Seitensatzes einnimmt. Diesem Spiel mit Themen und Funktionen entspricht im C-Dur-Finale die dominantische Wendung, die das Thema schon im ersten Teil nimmt, während figurative Akkordbrechungen das mittlere Themenglied wie auch die Verarbeitungsphasen füllen. Den Seitensatz färbt demgemäß die Dominante mit ihrer Mediante ein, und sein scheinbar kantabler Gestus wird rasch spielerisch umgebogen. Die Stelle des Mittelsatzes vertritt ein Fugato, das die Umrisse des Refrains in neutralen Achteln mit figurativen Varianten kombiniert, womit der Satz zwischen Rondo und Sonate vermittelt.

Von den Binnensätzen in op. 51 führt die Dumka g-Moll an zweiter Stelle am klarsten ein Volkslied vor, das freilich ukrainischer Herkunft war. Nicht nur wird das mehrfach wiederholte Thema, das nach Quartausschlag auf der Tonika abbricht, von Celloakkorden im Pizzicato sekundiert. Nach synkopisch verzögertem Gegenthema auf der Dominante schlägt die Rückkehr zum Kernsatz unversehens in ein Vivace G-Dur um, das aber eine prägnante Neufassung der Melodie darstellt. Nach ihrer Verlangsamung erscheinen beide Themen verkürzt, das letzte Wort behält aber die Variante im Presto, nun jedoch in Moll. Den langsamen dritten Satz vertritt die Romanze B-Dur, deren Anfang weniger durch die Ähnlichkeit mit der Dumka als durch breite Ausfaltung der Tonika auffällt. Damit erinnert die Struktur an den Kopfsatz, zumal sie rhythmisch ebenso differenziert wird. Für die wechselnde Anordnung der Binnensätze ist traditionsgemäß die Rücksicht auf Tempo und Charakter der Kopfsätze maßgeblich. Denn wie dem versonnenen ersten Satz in op. 51 die Dumka und dann die Romanze folgen, so ergänzen den grandiosen Kopfsatz in op. 61 das Adagio und dann erst der Tanzsatz. So konventionell ein langsamer Satz mit zwei Themen, modulierendem Mittelteil und ornamentierter Reprise ist, so individuell ist gleichwohl die rhythmische Differenzierung, die schon das Hauptthema mit Triolen und Synkopen aufweist. Zudem fällt der Seitensatz, der einen ähnlich kantablen Gedanken sequenzierend erweitert, nach dem knappen modulierenden Mittelteil und der ornamentierten Neufassung des Hauptsatzes nahezu ganz aus. Nur in den Schlußtakten erscheint er wieder, ohne einen so abgerundeten Verlauf wie in op. 51 zu erlauben. Das Scherzo a-Moll überrascht dagegen durch geistvolles Spiel mit den Taktakzenten, und wo sich ein Trio in der Durparallele ankündigt, dringt rasch erneut die Tanzrhythmik ein, während erst das Trio kontrastierende Funktion im 2/4-Takt übernimmt.

In nur zwei Wochen entstand 1893 das F-Dur-Quartett op. 96 in New York, wo Dvořák zwischen 1892 und 1895 als Direktor des Konservatoriums wirkte. Den ersten Aufführungen in Boston und New York folgte 1894 der Druck bei Simrock, der den weltweiten Erfolg eines Werks eröffnete, das enger als die anderen Quartette mit Dvořáks Namen verknüpft ist. Nachdenklich stimmt es, daß gerade ein Werk so bekannt wurde, dessen relativ einfache Faktur eher frühere Verfahren aufnahm. Seine Beliebtheit dürfte es nicht so sehr dem robusten Klang oder der formalen Konzentration danken, sondern vor allem den unverkennbar folkloristischen Reminiszenzen, die es äußerst effektvoll ausspielt. Kennzeichnend für die Klänge »aus der neuen Welt« sind – wie Ulrich Kurth geltend machte – »hemitonische Pentatonik, modales Moll mit kleiner Septime und prägnante rhythmische Patterns, etwa der Cake-Walk«.[1] Modale und tänzerische Momente kannte Dvořáks Musik freilich lange zuvor, und so fällt es nicht immer leicht, zwischen Anklängen an ›amerikanische‹ und ›böhmische‹ Modelle zu unterscheiden. Obwohl das Quartett keine so »plakative, beredte Art des Zitates« wie zuvor die e-Moll-Symphonie kennt, behauptet es doch eine Sonderstellung.

Im ersten Satz formiert ein Akkordband in Terztrillern die flächige Begleitung, und vom Orgelpunkt löst sich das Violoncello erst später in Pizzicati ab. Der Bau des Hauptsatzes in der Viola ab T. 3 erlaubt die Reihung des synkopischen Kopfmotivs und die Abspaltung der weiteren Bausteine, die jeweils durch Pausen getrennt sind. Charakteristisch ist die Brechung des Tonikaklangs mit zusätzlicher Sexte zu Synkopen

---

[1] U. Kurth, *Aus der Neuen Welt. Untersuchungen zur Rezeption afroamerikanischer Musik in europäischer Kunstmusik des 19. und frühen 20. Jahrhunderts*, Göppingen 1982 (Göppinger akademische Beiträge 116), S. 143; vgl. dazu H. Schick, *Studien zu Dvořáks Streichquartetten*, S. 267f.

in der ersten und Punktierung in der zweiten Takthälfte, angehängt sind halbtaktige Glieder, in denen die punktierte Formel abgespalten und der Dreiklang beschleunigt wird. In diminuierter Version kann das Kopfmotiv begleitend zur Ausweitung des Hauptsatzes eingesetzt werden, die zur Überleitung in a-Moll führt. Das Material wird zu Sekundfolgen neutralisiert, aus ihrer Verlangsamung auf Viertel ergibt sich ab T. 44 der Seitensatz in A-Dur, dessen Kadenzglied wieder die Sexte zur Subdominante hinzufügt. Die stete Verbindung von Grundstufen mit ihrer Sexte prägt also weithin den Akkordvorrat, und zusammen mit der pointierten Synkopik macht sie weit eher ein exotisches Timbre aus, als das allein modale Wendungen bewirken könnten, die schon früher bei Dvořák, aber ebenso in skandinavischer und russischer Musik vorkamen. Ohne Umschweife schließt sich mit Rekurs auf den Hauptsatz der Epilog an, der zur wiederholten Exposition wie dann zur Durchführung hinführt. Bei solcher Thematik ist die Verarbeitung auf den harmonischen Prozeß angewiesen, der sich über verminderte Septakkorde nach fis-Moll und in Quintfällen zurück nach f-Moll wendet. Das Ziel ist ein Fugato, dessen rhythmisch begradigte Themenvariante den modalen Anstrich mit vier Einsätzen auf gleicher Stufe betont. Nach wenigen Takten drängt es schon zur Reprise, die trotz weiterer Modulation den Bau der Exposition nachzeichnet, wonach die Coda ganz auf klangliche Steigerung gerichtet ist.

Eine ebenso stabile Struktur hält das Lento in d-Moll ein, indem es Melos und Begleitung konsequent trennt. Wohl ist es auf rhythmische Differenzierung bedacht und erlaubt keine Trennung gesonderter Teile, zumal es kein eigentliches Gegenthema besitzt. Wie einerseits das 6/8-Metrum durch Synkopierung gemildert ist, so werden die Kadenzeinschnitte abgeschwächt, da andererseits aber geschlossene Taktgruppen wiederholt werden, stellt sich eine eigentümliche Mischung zwischen melodischem Fluß und periodischer Statik ein. Der überaus knappe Tanzsatz in F-Dur verfügt über zwei Trioepisoden, die sich beidemal in f-Moll abheben. Wie die zweite eine Variante der ersten ist, wird der Tanzsatz selbst durch Stimmtausch variiert. Die Tonika mit Sexte, die im Lento zurücktrat, bestimmt wieder Motivik und Klang ganzer Taktgruppen, und sie drängt sich vermehrt auf, weil der Kernsatz nicht einmal moduliert. Das erste Minore basiert dagegen auf einer wiederholten Melodiezeile mit ihrer Fortspinnung, deren Verteilung auf die Hauptstimmen im zweiten Durchlauf durch Triolierung modifiziert wird. Klarer denn je ist das Finale ein Rondo, in dessen Refrain der Oberstimme die kompakt akkordische Begleitung gegenübersteht. Ebenso ist das erste Couplet angelegt, dessen Fortspinnung schwelgerische Doppelgriffe nicht scheut, und bietet das mittlere Couplet modale Wendungen in choralhafter Dehnung, so kombiniert das letzte die Melodik des ersten mit der Satzart des zweiten.

Gleichermaßen verbindlich bleibt in allen Sätzen die robuste Struktur, die dieses Werk desto entschiedener von der kammermusikalischen Verfeinerung der anderen reifen Quartette Dvořáks unterscheidet. Dvořáks letzte Quartette Nr. 13 und 14 sind durch ihre Entstehung im Jahre 1895 verflochten, denn das As-Dur-Werk op. 105 (B 193) wurde nach Ausweis einer Skizze zum Kopfsatz am 26. 3. 1895 noch in New York begonnen, aber erst am 30. Dezember beendet, nachdem zuvor seit November die Arbeit am G-Dur-Werk op. 106 (B 192) eingeschoben wurde. Beide Quartette stellen nicht nur die letzten Beiträge Dvořáks zur Kammermusik, sondern zur ›absoluten‹ Musik überhaupt dar und bilden in ihren Unterschieden und Beziehungen mehr noch als sonst ein Werkpaar. Dem symphonisch angelegten G-Dur-Quartett, dessen Material gleichwohl auf den diskursiven Satz der Klassik zurückgreift, steht mit dem As-Dur-Quartett ein geradezu romantisch kantables, dabei aber überaus knappes Pendant gegenüber. Während die Finali wieder Rondo und Sonate mischen, wird die Folge der Teile in den langsamen Sätzen durch variative Verfahren umgeprägt, und die Tanzsätze lassen jeden folkloristischen Ton zugunsten einer Ausweitung zurück, die in op. 106 zur Ausnahme von zwei Trioepisoden führt. Bei völlig verschiedener Thematik ist den Kopfsätzen die Idee gemeinsam, die Exposition durch Material zu erweitern, das zwischen den Themen vermittelt und durch die Durchführung aufgezehrt wird, woraus die gestraffte Reprise bis hin zur Coda die Folgen zieht. Die synkopischen und pentatonischen Wendungen, die im G-Dur-Quartett mitunter noch an die ›amerikanische‹ Zeit anklingen, sind schon hier weiter sublimiert, um im As-Dur-Quartett gänzlich zu schwinden. Zugleich wird aber – im Unterschied zu op. 96 – die frühere Differenzierung desto konsequenter fortgesetzt.

Zu Beginn des G-Dur-Quartetts drängen sich in nur vier Takten drei verschiedene und gleich prägnante Motivzellen. Ein auftaktiger Sextsprung der Oberstimme, den die Begleitung mit trochäischen Repetitionen ergänzt, wiederholt sich, sein dritter Ansatz wird trillerhaft erweitert, und eine triolisch fallende Girlande klingt noch in Baßlage nach, wozu die übrigen Stimmen mit synkopierten Akkorden kadenzieren. Thematischen Rang erhält die Gruppe durch anschließende Wiederholung auf der Mollparallele, während dann Sextsprung und Triolenfiguren verschwistert werden. Sobald der komplexe Hauptsatz halbschlüssig in H-Dur ausläuft, setzt ab T. 26 pianissimo im Unisono der Unterstimmen eine neue Gestalt an, deren vermittelnde Funktion sich verstehen läßt, ohne von ›entwickelnder Variation‹ zu sprechen.[1] Denn einem neuen Kopfmotiv, das mit gebundenen Sekundschritten dem Seitensatz vorgreift, folgen zwei ergänzende Glieder, in denen die Motivzellen des Hauptsatzes durchscheinen. Die dicht gearbeitete Überleitung staut sich am Ende in ›neapolitanischen‹ Akkorden, bis T. 81 der Seitensatz in der Mediante B-Dur eintritt. Seine triolische Diktion bereitet sich

---

1 Den Begriff bezog H. Schick, *Studien zu Dvořáks Streichquartetten*, S. 284ff., im Vergleich mit op. 105 allerdings primär auf den ersten Satz aus dem As-Dur-Quartett op. 106; zum Kopfsatz des G-Dur-Quartetts op. 106 ebenda, S. 297–305.

schon am Ende der Überleitung vor, wie im vermittelnden ›Zwischensatz‹ umschreiben die melodischen Glieder einen Sequenzgang, der von den Tonrepetitionen aus dem Hauptsatz begleitet wird. Die Beziehungen sind so eng, daß die weitere Verarbeitung auf Motiven basiert, die dem einen wie dem anderen Themenkomplex zugehören. Ein gleiches Konstrukt ist der Epilog ab T. 141, der mit der tonalen Position des Seitensatzes die Motivzellen des Hauptsatzes verbindet. Unter mehrfacher Rückung bildet die Durchführung mit aufgebrochenen Orgelpunkten eine changierende Grundierung aus, über der sich die duettierenden Oberstimmen mit motivischen Fragmenten aus Zwischen- und Hauptsatz ablösen. In die Verkettung von Sekundschritten, Punktierung und Triolen wird der Zwischensatz integriert, nur in einer Episode wird der Seitensatz einbezogen und mit der Rhythmik des Zwischensatzes gepaart (ab T. 221). Die Reprise setzt mit der gestrafften Version des Hauptsatzes ein, der Zwischensatz büßt durch intervallische und metrische Umbildung sein Profil ein, und mit dem Seitensatz beginnt eine unaufhaltsame Steigerung, die keiner weiteren Vermittlung mehr bedarf.

 Keine bloße Täuschung ist der Eindruck einer geradezu klassischen Thematik, denn er gründet primär in einer rhythmischen Prägnanz, die knappste Motive im Hauptsatz verschweißt, nur die harmonischen Grundstufen benötigt und dennoch den Satzverlauf zu tragen vermag. Bei ganz anderem Material zieht der Kopfsatz im As-Dur-Quartett aus einem ähnlichen Konzept durchaus unterschiedliche Konsequenzen. Die langsame Einleitung, die erstmals seit dem frühen op. 2 vorangeht, entfaltet in as-Moll eine doppelschlagartige Wendung mit Terzausgriff. Die aufsteigende Staffelung der Einsätze bricht in T. 4 in Ces-Dur ab, und wird in der Fortspinnung die kleine Sexte (fes) berührt, so eröffnet sich die Möglichkeit der enharmonischen Verwechslung nach H- und E-Dur, die dann im Allegro appassionato in As-Dur genutzt wird. Doch nicht nur dieses harmonische Signum verbindet Einleitung und Hauptsatz, sondern ebenso die Melodielinie mit Doppelschlag, Terz- und Quintsprung, die durch kadenzierende Akkorde abgegrenzt wird, während der zweite Viertakter nach Ces-Dur ausweicht. Nach acht Takten setzt jedoch eine neue auftaktige Melodik an, die mit periodischer Glie-

A. Dvořák, Nr. 14 op. 105, erster Satz, T. 1–3 (N. Simrock).

T. 12–21.

derung zu begleitenden Achteln dem herkömmlichen Liedsatz entspricht. Doch schon in ihrer variierten Wiederholung, die auch die Doppelschlagfigur aufnimmt, erweist sie sich als Kehrseite des Hauptsatzes und eröffnet die konzise, nach H-Dur ausgreifende Überleitung. Der Seitensatz kontrastiert durch triolische Achtel bei betont einfacher Harmonik über Orgelpunkt, und so steht er ausnahmsweise auf der Dominante, wogegen mediantische Schritte dem Hauptsatz vorbehalten sind. Charakteristisch ist also die unterschiedliche Harmonik der Themen, und wenn gleich nach dem Seitensatz die Durchführung mit dem Hauptsatz beginnt, scheint sich die Exposition zu wiederholen (wie es im Autograph noch vorgesehen war). Daß die Verarbeitung harmonisch weit ausholt, wird durch dichte Motivkombination kompensiert, sofern Triolen des Seitensatzes mit den abgespaltenen Motiven des Hauptsatzes verklammert werden (T. 88–101). In hochgradiger Konzentration genügen für Exposition und Durchführung jeweils rund 60 Takte, und die Reprise verkürzt sich weiter, indem sie sogleich mit dem Ergänzungsthema beginnt. Das Resümee zieht die Coda, die in zweitaktigen Gruppen Haupt- und Ergänzungsthema verbindet und ihre harmonische Signatur zurücknimmt, die nur unmittelbar vor den Schlußakkorden in der Folge von Fes- und Ces-Dur letztmals zum Vorschein kommt.

Spielerisch und doch genau disponiert ist in op. 105 das Finale, dessen Themenblock wie in einem Rondo zu wiederholen ist. In f-Moll beginnend, erreicht er erst in T. 12 die Tonika As-Dur, doch umschließt die Kette motivischer Spielfiguren ähnliche harmonische Wendungen wie im Kopfsatz. Wie ein Couplet folgt als Fugato ein Zwischensatz, der doch analoge Figuren aufnimmt und sich dann erst in rhythmischer Beruhigung abhebt. Rasch aber kann die Sphäre des Hauptsatzes erreicht werden, der gleichwohl nicht zitiert wird, bevor ein mittleres Couplet die Rondoanlage bestätigt, die dennoch durch die harmonisch weitgespannte Durchführung relativiert wird. Wie im Kopfsatz setzt die Reprise transponiert an und gewinnt erst mit dem überleitenden Fugato die Tonika, und wie dort stabilisiert die Coda ohne mediantische Einschläge die Tonika. Vergleichbar ist die Finallösung in op. 106, wiewohl hier einmal dem Schlußsatz eine sechstaktige Einleitung voransteht. Das rondohafte Thema kennt zwar noch die synkopischen Impulse des ›amerikanischen‹ Quartetts, und doppeldeutig ist wieder die Ankündigung eines Couplets in der Mollparallele, doch folgt in der Mediante Es-Dur ein weiterer Einschub, der sogleich zu wiederholen ist. So ergeben sich gleichsam zwei Couplets ohne eingeschaltetes Refrainzitat, und tritt dann ein weiteres Zitat der langsamen Einleitung ein (T. 230), so mehrt sich die Verwirrung, wenn sogar noch das Seitenthema des Kopfsatzes eingeführt wird. Das Vexierspiel ordnet sich keinem Typus unter, vielmehr wird das Zitat aus dem Kopfsatz mit dem dritten Thema des Finales kombiniert und dem letzten Refrain vorgeschaltet (ab T. 353 und T. 440), während der Refrain selbst in der Reprise ausgespart bleibt. Die zitatreiche Episode nimmt sich dennoch zwingend aus, denn sie beginnt nach dem zweiten Refrain und der langsamen Einleitung, diese wiederum augmentiert den Refrain, der seinerseits die gestraffte Version einer fallenden Quartlinie bildet, und selbst die fallende Linie im Zitat des Seitenthemas aus dem Kopfsatz stellt nichts anderes dar als eine Variante des beiden Ecksätzen gemeinsamen Materials. Die Integration reicht so weit, daß in das Klangfeld über Bordun ebenso zwanglos das Hauptthema des Kopfsatzes einbezogen wird, der mit punktiertem Sextsprung und triolischer Girlande denselben Rahmen ausfüllt wie der zuvor zitierte Seitensatz. Weiter ist der Beziehungszauber kaum zu steigern, und was den Satz über volle 547 Takte hin bindet, ist mehr als sein rhythmischer Elan jene leichte Kombinatorik, die den Reiz des doppelbödigen Spiels ausmacht.

Konträr und doch analog verhält sich in beiden Werken das Paar der mittleren Sätze, die in op. 106 mit der Folge langsam – schnell und in op. 105 mit umgekehrter Anordnung erscheinen. Im G-Dur-Quartett stehen sie in Es-Dur und h-Moll, und die Folge fallender Terzen, die damit der Zyklus umschreibt, kommt ebenso in den Binnensätzen zur Geltung. Das variative Verhältnis der Satzteile im Adagio ma non troppo erlaubt es dennoch nicht, von einer Variationskette zu reden. Die achttaktige Eröffnung verschleiert die Tonika, die desto nachdrücklicher mit Quintbordun bei Eintritt des Themas betont wird. Ein beschleunigter erster Kontrastteil greift in der Mollvariante auf das Incipit des Themas zurück, erweitert es aber bei mehrfacher Sequenzierung seiner chromatischen Wendung und erhält eine nachgerade dramatische Note.

Als ornamentale Themenvariante gibt sich der dritte Teil zu erkennen, wonach der vierte die Eröffnungstakte einbezieht, sie aber mit dem vorherigen Kontrastteil verbindet. Desto eindringlicher entlädt sich die Modulationskette im Themenzitat zu mächtiger Stauung in C-Dur, auch wenn danach die Wiederkehr des Themas durch die Tonikaparallele verdeckt ist. Als Scherzo fungiert der rasche h-Moll-Satz, dessen erste Episode in As-Dur das dreizeilige Taktmaß durch duolische Gruppierung modifiziert, wogegen die zweite in D-Dur mit zwei wiederholten Teilen samt Rückleitung selbständiger ist. Auch das Scherzo wird nicht bloß wiederholt, sondern in seinem Binnenglied, das über Bordun die Violinen kanonisch koppelt, zugleich transponiert.

In op. 105 begnügt sich der weit knappere Tanzsatz in f-Moll zunächst mit zwei kurzen wiederholten Teilen, er wird dann aber durch eine Verarbeitungsphase erweitert, und gleichen Bau zeigt das Trio Des-Dur, dessen Ausarbeitung auf die Scherzoreprise zuläuft. Besonders eindringlich ist das Lento molto cantabile F-Dur, das in nur 92 Takten höchste Konzentration erreicht. Dabei ist es denkbar einfach gegliedert, denn mit anlogen Rahmenteilen und einem Binnenglied samt Coda modifiziert es den konventionellen Typus kaum (A–B–A'–Coda). Zudem basieren die Rahmenteile auf je einer acht- und zwölftaktigen Gruppe, die in A wiederholt und in A' nochmals variiert werden. Dagegen greift der B-Teil mit chromatischen Stimmzügen über Orgelpunkt harmonisch aus, ohne gleiche melodische Kontur zu zeigen. Zauberisch sind aber die Varianten, die Dvořák einem melodischen Kern abgewinnt, der sich im Grunde nur in zweimal zwei Takten von der Tonika zur Dominante und zurück zur Tonika wendet. Noch der zweite Viertakter richtet sich zur Doppeldominante, um trugschlüssig zu kadenzieren; wenn dann aber die Taktgruppe in der zweiten Violine wiederholt wird, breitet die erste darüber eine neue Linie aus, deren bestrickender Klang selbst ihre nochmalige Repetition vergessen läßt. Das zwölftaktige Glied basiert auf gleichen melodischen Ansätzen und übernimmt in seinem zweiten Viertakter im Violoncello den eröffnenden Themenkern, um ihn nun unter Beschleunigung subdominantisch zu erweitern. Ebenso bezwingend gerät die abschließende Umspielung beider Taktgruppen in A', wonach die Coda nur kurz an den Binnenteil erinnert, dessen dramatische Note nun ihre expressive Macht verliert.

In ihrer konzisen Anlage verhalten sich die Binnensätze in op. 105 zur Expansion der Ecksätze ähnlich konträr, wie sie sich von denen in op. 106 unterscheiden, die das knappe Material beider Ecksätze durch ihre formale und harmonische Erweiterung ausgleichen. Zusammengenommen stellen die reifen Quartette von Dvořák die umfangreichste Serie von Meisterwerken dar, die einem Komponisten noch im späten 19. Jahrhundert gelungen ist. Und doch wird man kaum sagen können, daß sie im Repertoire den Platz gefunden haben, der ihrem Rang angemessen wäre. Daß sie keineswegs nur nationale Geltung beanspruchen, geht aus ihrer strukturellen Differenzierung hervor, die sich dem engen Zusammenhang mit der gesamten Tradition der Gattung verdankt. Und wo einmal wie in op. 96 folkloristische Züge zu dominieren scheinen, werden sie zugleich durch das experimentelle Extrem dieses Werks kompensiert. Wie planvoll aber die satztechnischen Verfahren differenziert werden, macht besonders der Vergleich der paarweise aufeinander bezogenen Quartette sichtbar. Denn der außerordentliche Reichtum dieser Musik ist nicht nur in ihrer thematischen Erfindung oder rhythmischen Kraft begründet, sondern ebenso in der harmonischen Vielfalt und klanglichen Nuancierung, allem voran aber in den überaus wechselvollen Prozeduren der Verarbeitung.

Dvořáks Œuvre macht es begreiflich, daß sich daneben die Werke weiterer Musiker nicht leicht durchsetzen konnten. Etwas älter war Karel Navratil (1836–1914), der zwei Quartette vorlegte (d-Moll op. 18, Leipzig 1888, und d-Moll op. 21, ebenda 1899). Gegenüber dem fast gleichaltrigen Landsmann Eduard Nápravník, der schon früh nach Rußland wechselte, werden zwar die Unterschiede der Traditionen sichtbar, doch bleiben Navratils Beiträge trotz differenzierterer Stimmführung einigermaßen konventionell. Das spätere Werk scheint fugiert zu beginnen, ein mehrfach solistisch exponiertes Kopfmotiv geht aber rasch im Unisono mit unverbindlicher Fortspinnung auf, und wenn man seine Triolenfigur nicht in unprofilierten Begleitformeln identifizieren will, so bleibt es fast folgenlos für die Durchführung. Wie das Tempo di minuetto zeigt der langsame Binnensatz die vertraute Dreiteilung, und besonders traditionell ist das Finale, das in seiner Rhythmik und mit einer fugierten Episode noch immer den seit Haydn geläufigen Mustern folgt. Ebenso hinterließ Zdeněk Fibich (1850–1900), der seine Ausbildung in Leipzig und Paris erhielt, nur zwei Quartette, die zudem recht früh entstanden sind (A-Dur o. O., 1874, und G-Dur op. 8, 1878). Bei recht einfacher Faktur bemüht das frühere Werk, das erst 1951 publiziert wurde, die Folklore nicht nur mit liedhaftem Thema im Andante semplice und stilisierter Polka im Scherzo, sondern dem als Ländler getönten Hauptthema des ersten Satzes begegnet noch im Finale ein rustikaler Seitensatz, der hier effektvoll ein quirliges Hauptthema abfängt. Anspruchsvoller ist das G-Dur-Werk, das im Kopfsatz zwischen kantablem Beginn und figurativer Fortspinnung beider Themen vermittelt, wogegen die Töne der Volksmusik im robusten Schlußsatz deutlicher hervortreten. Wirksam entwickelt das Adagio D-Dur ein inniges Thema, das die Reprise freilich nur konventionell ornamentiert, und profilierter als das Scherzo in e-Moll fällt diesmal das kleine Trio in A-Dur aus. Etwas später folgte noch ein gesonderter Variationensatz in B-Dur (1883), der zwar das Spektrum kaum erweitert, die Taktgruppierung des Themas aber so weitgehend bewahrt, daß sehr kurze rasche Teile in ein seltsames Verhältnis zu ausgedehnten langsamen Phasen geraten.

Emanzipierte Schüler: Foerster, Novák und Suk

Erinnert Fibichs Musik nur im folkloristischen Idiom an Dvořák, dessen maßgebliche Quartette erst nach 1875 erschienen, so standen ihm jüngere Autoren als Schüler und Kollegen desto näher. Zu nennen sind zunächst fünf Beiträge von Josef Bohuslav Foerster (1859–1951), wenig später folgten vier Werke von Vítězslav Novák (1870–1949), die kaum in gleichem Maß wie die beiden Quartette von Josef Suk (1874–1935) zwischen Tradition und Moderne vermitteln.[1] Foersters Werke erschienen in weitem Abstand zwischen 1888 und 1951 (E-Dur op. 15, 1888; D-Dur op. 39, 1893; C-Dur op. 61, 1907–13; F-Dur op. 182, 1944; F-Dur [›Vestecky‹] 1951); wie in dieser Reihe wird bei Novák die zunehmende Distanz zur Herkunft von Dvořák spürbar (c-Moll op. 7, vor 1900; G-Dur op. 22, 1899; D-Dur op. 35, 1905; op. 66, 1938), den entschiedensten Schritt vollzog aber Suk nach dem frühen B-Dur-Quartett op. 11 (1896) schon 1911 in seinem zweiten Quartett op. 31.

Nach seiner Ausbildung in Prag wirkte Foerster lange neben Mahler in Hamburg und Wien, bevor er 1919 eine Professur am Prager Konservatorium übernahm. Das frühe E-Dur-Quartett op. 15 zeigt zwar die Herkunft aus der heimischen Tradition in den breiten Themen und im überaus klangdichten Satz, intensive Verarbeitung verbindet aber schon die Durchführung des Kopfsatzes mit sehr stufenreicher Harmonik, nach einem etwas konventionelleren Scherzo gewinnt das Adagio As-Dur aus seiner ausschwingenden Kantilene eine schlüssige Entwicklung, und wiewohl das Finale nicht ohne Bordunquinten im Hauptthema auskommt, vermag es das Material in einer konzisen Durchführung zu entfalten. Kaum prinzipiell verändert sich der Befund im zweiten Werk, obwohl es in revidierter Fassung erst 1922 erschien; desto spürbarer wird aber der wachsende Abstand zur Tradition im C-Dur-Quartett op. 61, das Foerster nach früherem Beginn 1913 abschloß und mit Widmung an seine Frau ein Jahr später veröffentlichte. Dieses dritte Quartett erweist sich nämlich als Variationenfolge in einem Satz, der von einem dreifach abgestuften Themenkomplex getragen wird. Zentral bleibt ein diatonischer erster Abschnitt, dessen strömende Viertel in dichter Akkordfolge sogleich Wiederholung finden. Von ihr wird ein kurzer Nachsatz ausgenommen, der mit punktierter Rhythmik zum zweiten Themenglied vermittelt, und löst sich dieser Abschnitt rhythmisch wie harmonisch vom anfänglichen Quintbordun, so führt er zum knappen Epilog, der mit chromatischer Färbung und prägnant rhythmisierten Kurzmotiven zum Satzverlauf beiträgt. Anfangs folgen sich zwar transponierte Varianten des ersten Glieds mit figurierender Begleitung, doch lösen die weiteren Themenglieder einen Prozeß aus, der im ›Tempo di Polaca‹ vom drei- zum zweizeitigen Taktmaß wechselt. Und je mehr die knappe Motivik des Epilogs hervortritt, desto weiter spaltet sich der Satz

[1] Für diese Werke stehen nähere Untersuchungen in westeuropäischen Sprachen offenbar aus, für biographische Informationen und tschechische Einzelstudien sei auf die Angaben der einschlägigen Enzyklopädien verwiesen.

in fast rezitativische Gesten auf, die vor dem besänftigten Abschluß in einem knappen Fugato versammelt werden. Diesem Werk vom Vorabend des Ersten Weltkriegs tritt am Ende des zweiten Foersters vorletztes Quartett F-Dur op. 182 gegenüber, das 1944 – während der deutschen Okkupation – begonnen, aber erst 1949 und damit nur zwei Jahre vor dem Tod des Autors gedruckt wurde. Wie das letzte zeigt bereits das vierte Quartett in seinen drei Sätzen die Spuren eines deutlich spröderen Altersstils, der bei knapper Formung und kargerem Klang zu satztechnischer Reduktion tendiert. Zwei gedrängte und doch regulär gebaute Sonatensätze flankieren das harmonisch changierende Adagio cantabile im 6/4-Takt, dessen Mittelteil zum Allegretto melancolico im 2/4-Takt umschlägt. Ähnlich wie in seiner Melodik klingen am ehesten noch in den Seitenthemen beider Ecksätze verhaltene Töne der Volksmusik nach, wenn aber schon die Durchführung des ersten Satzes das thematische Material eng verkettet, so kombiniert das Finale die triolische und duolische Rhythmik beider Themen. Seine Coda mündet in einer solistischen Geste der Viola, die im Kopfsatz ›improvisando a piacere‹ das Hauptthema vorbereitete und mit dessen Zitat den Zyklus rundet. So diatonisch aber beidemal die Themen eingeführt werden, so unverkennbar belegt der rasche Stufenwechsel in den Durchführungen, daß Foerster keineswegs die Änderungen ignorierte, die sich während seines Lebens vollzogen hatten.

Vítězslav Novák hatte bei Dvořák studiert und wurde 1909 Professor am Prager Konservatorium; schon seine beiden ersten Quartette konnte er 1900 und 1902 bei Simrock in Berlin publizieren, während die folgenden 1905 und 1938 von Breitkopf & Härtel übernommen wurden.[1] Nach dem frühen Studienwerk op. 7 kommt das G-Dur-Quartett op. 22 mit nur drei Sätzen aus, die bei beträchtlichem Umfang aber einigermaßen redundant anmuten. Mit weiträumig gedehntem Haupt- und akkordisch gedrängtem Seitenthema verfügt der Kopfsatz anfangs über recht verschiedenes Material, da aber beide Themen sehr bald zusammentreten, werden sie fortan durch ständige Kopplung derart beansprucht, daß die Bemühungen um harmonische und rhythmische Varianten wenig fruchten. Nimmt hier das erste Thema durch erhöhte Quarte in der G-Dur-Skala quasi ›lydische‹ Färbung an, so erhält das Scherzo C-Dur durch Erniedrigung des Leittons eine ›mixolydische‹ Note. Die imitierende Verkettung kurzer Motivkerne sorgt zwar für variablere Rhythmik, der jedoch im Mittelteil wie in der Coda erneut die Kombination mit dem Hauptthema des ersten Satzes begegnet. Langsame und rasche Phasen, die in der Einleitung des Finalsatzes wechseln, gewinnen im Allegro zunächst thematische Qualität; werden sie aber von gleichen Zitaten wie zuvor überdeckt, so fehlt der zyklischen Einheit das Korrelat thematischer Vielfalt. Zurückhaltender verfährt das D-Dur-Quartett op. 35, das in nur zwei Sätzen – einer Fuga mitsamt

---

1 Vgl. S. M. Schnierer / L. Peřinová, *Vítězslav Novák. The Thematic and Biobibliographical Catalogue*, Prag 1999, zu op. 22 (Nr. 62) S. 134–137, zu op. 35 (Nr. 83) S. 197ff., zu op. 66 (Nr. 138) S. 371ff.

einer Fantasia – wieder analoges Material verwendet, von vornherein aber auf größere Vielfalt der Planung bedacht ist. Die Variabilität der siebten Stufe, der sich erneut ein modales Gepräge verdankt, wird nun zu rascher Modulation genutzt, die sich mit häufigem Taktwechsel verbindet, und so kann das fugierte ›Largo misterioso‹ neben dem Themenkopf die Glieder der Fortspinnung in einem motivischen Mosaik kombinieren. Die raschen Außenteile der Fantasia, die sich von der Fuge in ihrer vitalen Rhythmik abhebt, umrahmen ein zentrales ›Quasi Scherzo‹, gar zu deutlich bleibt jedoch in allen Satzphasen der intervallische Rahmen des Fugenthemas präsent, bis die Fantasia am Ende sogar die letzten 42 Takte – und damit fast die Hälfte – der eröffnenden Fuga aufnimmt. Ein lange erwogenes drittes Quartett schloß Novák als op. 66 erst 1938 ab, und wiewohl es wiederum zwei Sätze umfaßt, ist die gewachsene Souveränität unverkennbar, die dem flexiblen Umgang mit dem Material zugute kommt. Aus motivischen Zellen, die punktiert oder synkopisch einen Terzraum chromatisch erweitern, bildet sich im Allegro risoluto eine erste Schicht, zu der eine zweite mit Quart-Quintgerüst durch markantere Rhythmik kontrastiert.

V. Novák, op. 66, erster Satz, T. 1–18 (Editio Supraphon).

Je mehr sich beide Ebenen im freien Rondo kreuzen, desto größer wird die Vielfalt der Gestalten, aus deren Diminution sich das Material einer Doppelfuge ergibt; doch dient die fugierte Technik nur als Impuls eines motivischen Vexierspiels, dessen Bestandteile schließlich kaum noch zu scheiden sind. Ein ›Lento doloroso‹ führt im zweiten Satz auf ein kantabel geweitetes Thema hin, dem drei ausgedehnte Variationen höchst unterschiedliche Charaktere abgewinnen. Denn vom ›Appassionato‹ des ersten Abschnitts hebt sich ein ›Andante lugubre‹ ab, das den Themenkopf als Baßthema einer Passacaglia ausnutzt, bis nach dieser ›Variation in der Variation‹ das abschließende ›Molto tranquillo‹ das Thema in Des-Dur stabilisiert. Beide Sätze scheinen zwar in a-Moll zu beginnen, rasch dehnt sich aber ihr Rahmen durch freie Alteration, und enden sie in G- und Des-Dur, so lockern sich tonale Verbindlichkeiten, die selbst für Schüler Dvořáks nicht unkündbar blieben.

Bei Dvořák lernte ebenfalls noch Josef Suk, der nach ersten Versuchen der Studienzeit 1896 sein B-Dur-Quartett op. 11 bei Simrock vorlegte.[1] Durchaus in der Tradition verwurzelt, staffelt der Kopfsatz aus knappen punktierten Impulsen sein Hauptthema, entsprechende Wendungen begegnen im gedehnten Seitensatz und erlauben eine etwas weitschweifige Durchführung. Ein kleines Intermezzo F-Dur trägt die Bezeichnung ›Tempo di Marcia‹, kurze Imitationen des Kopfmotivs belasten jedoch die Substanz, zumal ein Trio ausfällt. Dagegen verdichtet der langsame Satz in g-Moll die seufzerhaften Gesten der Rahmenteile im mittleren Maggiore zu einer Kantilene, die nochmals die innige Kantabilität früherer Phasen beschwört. Konventioneller ist der Schlußsatz, der die Themen zunächst wie ein Rondo trennt, um sie dann variativ anzunähern. Dieses Finale wurde 1915 durch eine zweite Fassung ersetzt, die aber die thematische Substanz so anders entwickelt, daß die erste Version kaum entbehrlich wird. Zu deutlich trägt nämlich das zweite Finale die Spuren des 1911 geschriebenen und von Simrock verlegten Quartetts op. 31, in dessen Schatten ebenso weitere Einzelsätze geraten.[2]

Obwohl Suks zweites Streichquartett einen der frappantesten Beiträge zur Moderne darstellt, hat es kaum die Aufmerksamkeit gefunden, die es zweifellos verdient. So gewiß es Reger voraussetzen dürfte, so sehr läßt sich fragen, was man in Prag schon vom Wiener Kreis um Schönberg wußte. Maßgeblich ist nicht so sehr die Anlage in einem zusammenhängenden, aber vielfach zerklüfteten Satzkomplex, der zunächst an Schönbergs op. 7 denken läßt. Denn zwischen den mehrschichtigen Außenteilen, die Kopf- und Schlußsatz vertreten, kreuzen sich im Zentrum vielfach die Charaktere eines langsamen und eines tänzerischen Satzes. Verwirrend wie die Vielfalt der Gestalten, die sich mit einer Fülle motivischer Quer- und Rückverbindungen mischen, ist bei überaus komplizierter Rhythmik eine radikale Erweiterung der Tonalität, die selbst den Vergleich mit der Wiener Moderne nicht scheuen muß.

---

1 M. Svobodová, *Josef Suk. Tematicky katalog*, Jinočany 1995. Zu weiterer tschechischer Literatur vgl. J. Tyrell, Art. *J. Suk*, in: *New Grove Dictionary*², Bd. 24, S. 687f.

2 So wurde ein Tempo di minuetto aus einer Klaviersonatine vom Jahre 1897 drei Jahre danach in die Klaviersuite op. 21 übernommen und später für Quartett arrangiert, und 1914 schrieb Suk eine ›Meditation‹ für Streichquartett über den ›Sankt-Wenzel-Choral‹ (op. 35 a).

J. Suk, op. 31, erster Satz, T. 1–11 (N. Simrock).

Der erste Teilsatz geht in den Außenstimmen noch von diatonischem Quint-Quart-Rahmen aus, der aber sehr bald chromatisch gefüllt und verschoben wird, während sich zugleich in wachsender Verdichtung die motivischen Varianten ablösen. Maßgeblich wird zumal ein fallendes Quintmotiv, dessen punktierte Fassung intervallisch verengt oder erweitert und zudem rhythmisch verändert werden kann. Ein Gegenthema paart umgekehrt in steigender Richtung (ab Ziffer 5) stetige Akzeleration mit auf- und abgleitenden Klangketten, beide Ebenen durchdringen sich zur immer kompakteren Verarbeitung (Z.10), in der die Teilmomente kaum unterscheidbar verkettet werden. Nur eingeschränkt wäre von einer Reprise zu reden (Z. 21), die mit eingreifenden Varianten einhergeht und in einer abermals steigernden Coda ausläuft. Deutlicher als ein Tanzsatz (Z. 2) hebt sich mit breiten Notenwerten das ›Adagio mesto‹ ab (vor Z. 42), das hier wie in weiteren Rekursen in H-Dur notiert ist, und obwohl es eher diatonisch ansetzt, wird das tonale Zentrum in der Entwicklung vielfach verschleiert. Schon zuvor scheinen Teilmomente eines Tanzsatzes zu beginnen, seine grotesk gespaltenen Konturen werden aber erst im Kontrast zum Adagio greifbar, während seine Facetten nicht folgenlos für den letzten Teilsatz bleiben. Denn nachdem ein letzter Rückgriff auf das Adagio im Zitat der eröffnenden Takte mündet (nach Z. 59), entsteht aus ihrer Motivik das Finale, das sich bis hin zum bizarr verzerrten Walzer steigert. In seinen fallenden Begleitfiguren, die so wie das Thema selbst Varianten des ersten Komplexes bilden, zeichnen sich die analogen Splitter des vormaligen Tanzsatzes ab. So sehr sich die Charaktere der Teilsätze und ihrer Phasen unterscheiden, so überaus dicht ist doch das Netz der motivischen Varianten; daß es aber trotzdem alles eher als leicht zu erfassen ist, gründet in der faszinierenden Freiheit, mit der das Werk über alle Prämissen seiner tonalen und rhythmischen Struktur verfügt.

Kaum zufällig zählte zu den Schülern von Suk, der 1922 Professor am Prager Konservatorium wurde, neben anderen auch Bohuslav Martinů, dessen Quartette bereits ganz der Musik des 20. Jahrhunderts zugehören. Neben den genannten Komponisten, die als Lehrer wirksam wurden, ließen sich mit Karel Bendl, Ottokar Nováček oder Josef Miroslav Weber weitere Autoren erwähnen, die aber schon zu Lebzeiten geringere Beachtung fanden.[1] Daß andererseits ein- oder zweisätzige Quartette mehrfach im Umfeld von Dvořák begegnen, legt zwar den Gedanken an seinen verworfenen Quartettsatz vom Jahre 1870 nahe, wieweit indes dieser frühe Versuch zugänglich war, muß vorerst offen bleiben. So unterschiedlich sich aber die Werke von Foerster, Novák und Suk darstellen, so deutlich führen sie die heimische Tradition an die Moderne heran, an die freilich niemand so früh wie Suk anschloß.

Spätwerk als Neue Musik: Janáček

Gegenüber der beeindruckenden Kontinuität, durch die sich die tschechische Produktion auszeichnet, erscheinen die beiden Quartette von Leoš Janáček (1854–1928) desto eigenartiger, selbst wenn sie die Alterswerke eines Komponisten darstellen, der erst recht spät sein unverwechselbares Idiom fand. Aus Mähren stammend, begann Janáček 1874 die Ausbildung an der Prager Orgelschule und gewann zudem Kontakt mit Dvořák, doch mußte er das weitere Studium in Leipzig und Wien wegen mangelnder Mittel aufgeben. In den folgenden Jahren entstanden nicht wenige Werke, die an spätromantische Traditionen anschlossen, und bedeutsam wurde seit 1888 die Sammlung mährischer Volkslieder, die in späteren Editionen vorgelegt wurden. Doch erst die 1894 begonnene Oper *Jenufa* wurde nach der Uraufführung 1904 eines der Hauptwerke, die Janáček zu internationalem Ansehen verhalfen, und weitere Opern entstanden noch nach dem Ersten Weltkrieg. In diese Phase

---

[1] J. M. Weber (1854–1906) schrieb u. a. ein Quartett h-Moll (1892), K. Bendl (1838–1897) hinterließ ein F-Dur-Werk op. 119 (1895), von O. Nováček (1866–1900) liegen drei Quartette vor (e-Moll, 1891; Es-Dur op. 10, 1898; c-Moll op. 13, 1904), und zwei Quartette in d- bzw. c-Moll komponierte Emanuel Chvála (1851–1924).

gehören die beiden Quartette, daß jedoch die Werke eines Siebzigjährigen zu den Gründungsurkunden der Moderne rechnen, beweist eine erstaunliche kompositorische Entwicklung.[1]

Als Janáček auf Anregung des Böhmischen Quartetts im Herbst 1923 in Brünn sein erstes Quartett ›aus Anlaß von Tolstois Kreutzersonate‹ schrieb, griff er vielleicht auf Entwürfe eines verschollenen Klavierquartetts zurück, das 1908–09 durch diese Erzählung ausgelöst worden war. So wenig sich das ermitteln läßt, so vieldeutig sind die Hinweise auf das Verhältnis zur literarischen Vorlage. Zweifellos zeugen die Briefe von der Erschütterung durch die Dichtung, die Bemerkungen sind aber kaum hinreichend detailliert, um eine so konkrete Beziehung zu belegen, wie sie Milan Škampa 1985 im Kommentar seiner revidierten Neuausgabe beweisen wollte.[2] Der Prager Uraufführung 1924 folgten nach der Publikation der Partitur weitere Aufführungen, und es schloß sich die Zusammenarbeit mit dem Mährischen Streichquartett an, die zu beträchtlichen Änderungen der Dynamik und Agogik führte. Daß sie erst in der Neuausgabe zum Vorschein kamen, stellt den Interpreten heute vor die Wahl zwischen der vom Autor gebilligten Erstausgabe und ihrer späteren Revision, die mit der ganz unterschiedlichen Dynamik am Schluß des Finales besonders signifikant wird.

Kaum ein anderer Aspekt der Kompositionstechnik Janáčeks wurde derart diskutiert wie jene ›Sprechmelodien‹, die sich der Komponist – veranlaßt durch die heimatliche Volksmusik – immer wieder notierte, um sie dann bei unterschiedlicher Stilisierung in Opern und Vokalwerken zu nutzen. Nahe genug läge es daher, alle weiteren Werke mit solchen Kriterien zu verbinden, womit die Affinität zu einer Textvorlage zunähme. Als aber beide Quartette entstanden, lag die Beschäftigung mit der Volksmusik länger zurück, während die Sprechmelodie eine subtile Stilisierung erfahren hatte.[3] Dennoch behalten solche Vorgaben auf doppelte Weise für die Instrumentalwerke wenigstens mittelbare Bedeutung. Zum einen wird der Anspruch des literarischen Sujets in der vorangetriebenen Expressivität des Quartettsatzes wirksam, der sich zum anderen durch extrem knappe Diktion aller motivischen Gestalten auszeichnet. Ihre lapidare und nicht selten formelhafte Kürze tritt dabei in ein seltsam gespanntes Verhältnis zur intendierten Unmittelbarkeit des Ausdrucks, wogegen die tradierten Formgerüste nur mehr Folien bilden, vor denen sich die Eigenart der Struktur noch schärfer abzeichnet. In thematischer Funktion führt der Kopfsatz des ersten Quartetts zwei Gebilde ein, die durch ihr Tempo und dazu durch höchst unterschiedliche Faktur kontrastieren. Zur Terz und Quinte eines gedehnten e-Moll-Klangs wird der Grundton im zweitaktigen Adagio nur in umrahmenden Sechzehnteln berührt. Dazu tritt in der Oberstimme – verschärft von der Viola – eine Sekunde, und so ergibt sich ein Klang ohne Grundton, quasi aber mit Sekundvorhalt (g-h-fis). Auch im anschließenden

1 J. Vogel, *Leoš Janáček. Leben und Werk*, Kassel 1958, zu den beiden Quartetten S. 386–390 und S. 470–476; vgl. ferner B. Štědroň (Hg.), *Leoš Janáček in Briefen und Erinnerungen*, Prag 1955; R. Gerlach, *Les quatuors à cordes de Leoš Janáček (Leur rapports avec la tradition européenne et la musique nouvelle de leur époque)*, in: R. Pečman (Hg.), *Colloquium Leoš Janáčeks et Musica Europaea Brno 1968*, Brno [Brünn] 1970, S. 181–197; D. Holland, *Kompositionsbegriff und Motivtechnik in Janáčeks Streichquartetten*, in: Musik-Konzepte 7, München 1979, S. 67–74.

2 *Leoš Janáček: I. Streichquartett (aus Anlaß der Kreutzersonate von L. N. Tolstoi)*, rev. v. M. Škampa, Prag 1982, S. VII–X (die Erstausgabe erschien 1925 in Prag); dazu auch M. Wehnert, *Zur syntaktisch-semantischen Korrelation in den Streichquartetten Leoš Janáčeks*, in: Deutsches Jahrbuch der Musikwissenschaft 18 (1973–77), Leipzig 1978, S. 185–194.

3 P. Gülke, *Versuch zur Ästhetik der Musik Leoš Janáčeks*, in: Musik-Konzepte 7, München 1979, S. 4–40, bes. S. 14f. und S. 22ff. Zu weiterer und namentlich tschechischer Literatur vgl. J. Tyrell, Art. *L. Janáček*, in: *New Grove Dictionary*², Bd. 12, S. 769–792, bes. S. 791f.

L. Janáček, Nr. 1, erster Satz,
T. 1–6 (Editio Suphraphon).

T. 14–21.

Con moto bleibt ein so ambivalenter Klang unter Lagenwechsel in den Oberstimmen liegen, dazu füllt das Violoncello in rhythmisch prägnanten und vielfach wiederholten Formeln den Quintraum über e mit wechselnd erhöhter und erniedrigter Quarte aus. Obgleich beide Gestalten derart kontrastieren, sind sie durch die Klangschichtung von e- und h-Moll verkettet. Beide gemeinsam folgen sich erneut von fis-, h- und gis-Moll aus, womit bei enharmonischer Verwechslung nach as-Moll die Tonart erreicht ist, die sich vom Finale aus als Rahmentonart des Zyklus verstehen läßt. Doch erweitert sich die akkordische Formation im dritten Anlauf durch Sequenzierung und emphatische Wiederholung, um dann erst für elf Takte einem ähnlich doppeldeutigen Gebilde Raum zu geben, das in seinem kantablen Legato einen Seitensatz vertritt. Den Orgelpunkt füllt die Bratsche in repetierten Achteltriolen auf, in denen wieder der Quartrahmen hervortritt, wogegen die komplementären Melodiebögen der Violine den Klangraum mit dissonanten Durchgängen erweitern. Dieses Muster wird in den folgenden Takten unter Stimmtausch und teilweiser Transposition beibehalten, daß in ihm aber die akkordische Eröffnung nachwirkt, zeigen die rhythmisch entsprechenden Auftakte der Violinen an. Sie bleiben ebenso wie der Orgelpunkt für das folgende Vivo konstitutiv, das wiederum die Kontraste der Satzfelder verschärft (T. 57–71). Den Rahmen bilden je vier Takte über Orgelpunkt (H), der dazwischen als Liegeton auch seine Lage ändert. In triolierten Sechzehnteln umgreifen die Gegenstimmen die durch die Oberstimme dissonant erweiterten Klangräume über h und fis, die Dissonanzen werden in einer Oberstimme gedehnt und weisen damit deutlich auf das anfängliche Motto zurück, das hier eine weitere Steigerung erfährt. Ihr tritt die Reduktion des kantablen Widerparts entgegen, sobald der Satz zum

Meno mosso umschlägt, in dem über Orgelpunkt gebundene Achtel der Oberstimme auf den Seitensatz deuten. Wenn danach wieder das Adagio in e-Moll einsetzt, wird der Rekurs auf das Sonatenschema sichtbar, denn wie in einer Reprise folgen sich die Themen mit einigen Straffungen, wobei die aufwärtsführende Staffelung in den wiederholten Gruppen durch fallende Sequenz ersetzt wird. Demgemäß wechselt die tonale Position der weiteren Gruppen, bis abschließend das Vivo in e-Moll erscheint. Mit seiner Diffusion vertritt es also Durchführung und Coda, während sich in Exposition und Reprise der gespaltene Haupt- vom kantablen Seitensatz scheiden läßt.

So verführerisch die Orientierung an einem geläufigen Formschema ist, so wenig deckt sich damit die klangliche Realität, denn dem Prozeß eines Sonatensatzes widerstreben die steten Repetitionen ebenso wie die harten Zäsuren zwischen den Phasen. Dissonante Klänge erfahren gedehnte Akzentuierung, statische Klangfelder werden durch motorische Formeln dynamisiert, analoge Akkorde verbinden zwar konträre Gruppen, scharfe Schnitte und kreisende Repetitionen führen aber eine unerbittliche Mechanik herbei, die zur vermittelnden Entwicklung eines Sonatensatzes quersteht. Genau diese Prinzipien gelten ebenso für die Folgesätze, die ähnliche Relikte tradierter Formen aufweisen.

Kern des zweiten Satzes, der den Tanzsatz vertritt, ist ein Viertakter in as-Moll, der in der Viola die Tonika mit Terz und Leitton akzentuiert, aber dominantisch ansetzt und schließt. Das prägnante Modell, das sogleich in der ersten Violine in des-Moll wiederkehrt, mag rhythmisch noch von fern an eine Polka gemahnen, doch wird es von gleitenden, mit Pausen durchsetzten Skalen der Gegenstimmen flankiert, die den seltsam fahlen Klang verschatten. Immer wieder schaltet sich dieses Modell als zentraler Baustein ein, selbst wenn dazwischen die tonale Orientierung entgleiten will. Denn in sachter Beschleunigung tritt ein ähnlich schillerndes Kontrastfeld ein, in dem über getrillertem Orgelpunkt je eine Stimme fallende Intervalle in nahezu mechanischer Folge reiht, die tremolierend sul ponticello verfremdet werden. Wie ein Trio hebt sich zu Liegetönen mit füllenden Triolenfiguren eine kantable Folge von Vierteln ab, die als trostloses Ostinato wiederholt wird, zugleich aber mit Quart- und Terzrahmen auf die tanzhafte Gruppe zuvor zurückdeutet. Durch ihren Intervallrahmen sind also die konstitutiven Satzgruppen verkettet, ihr Zentrum bildet jedoch die akkordische Zusammenführung der Stimmen in gebundenen Vierteln, der in Baßlage die ostinate Formel zugrunde liegt (ab T. 98). Wie in einer verkürzten Reprise wird endlich diese akkordische Raffung mit dem eröffnenden Modell konfrontiert, und ähnlich modifiziert kehren dann auch die weiteren Gruppen wieder, bevor der Satz mit gerafften Themenzitaten endet.

Weiter noch reichen Fragmentierung wie Mechanisierung im dritten Satz, der freilich nur partiell als ein langsamer Satz gelten kann. In ges-Moll zeichnet sich wieder der umrahmende Dreiklang ab, dessen Quintrahmen durch eine Kadenzformel erweitert wird. Entscheidend ist jedoch die Führung der thematischen Stimmen im Einklangskanon, dessen Abstand zunächst eine Viertel beträgt, zur repetierten Kadenzformel des Anhangs jedoch auf eine Achtel verkürzt wird. Aus dem engen Abstand resultieren also Klangbänder voller Reibungen, deren Mechanik die Linearität eines Kanons widerruft. Aus der Versetzung und Verdichtung dieser Bausteine ergibt sich der Verlauf der Rahmenteile, die damit zu kalkulierter Monotonie tendieren. Im rascheren Mittelteil umschreiben die chromatisch fallenden Mittelstimmen skalare Ausschnitte, die durch Einklangskanon im Achtelabstand so verklammert werden, daß sie nun über 25 Takte hin gleitende Klangbänder erzeugen. Eingestreut sind Einwürfe der Außenstimmen, in denen die Kadenzformel des Beginns anklingt. Vom Prinzip des Kanons löst sich schrittweise der Schlußteil, der die thematischen Floskeln sammelt und mit harmonischer Sequenzierung einmal auch ironisch gebrochen einen Walzerton aus ferner Zeit zu zitieren scheint (T. 85–88).

Desto entschiedener weist sich der letzte Satz als emphatischer Schluß aus, indem er zu Beginn und Ende von jenem Akkordfeld mit Obersekunde ausgeht, mit dem der Kopfsatz begann. Dabei wird auch die Oberstimme analog gedehnt, so daß das Zitat unverkennbar ist. Auch schließt sich solistisch in den Oberstimmen eine Wendung an, welche die vormalige Cellofigur des Kopfsatzes aufnimmt. Wieder rekrutiert sich der Hauptsatz aus Repetition und Transposition beider Gebilde, und noch das Kontrastfeld, das mit Liegetönen und Klangbändern die Struktur der Binnensätze übernimmt, basiert auf einer Variante des Materials, die zugleich die Kadenzformeln des zweiten Satzes umgreift. Unterbrochen wird der Verlauf wieder von akkordischer Raffung, sein Herzstück ist aber das Più mosso, das die huschenden Skalen aus dem Zentrum des zweiten Satzes mit den kadenzierenden Interjektionen des dritten Satzes konfrontiert (vgl. T. 102 mit dem Beginn des zweiten und T. 35 des dritten Satzes). Zudem enthüllen sich die Einwürfe als Rückgriffe auf jenen thematischen Kern, von dem beide Ecksätze zehren. So ist es folgerichtig, daß nach transponierter Repetition der Sektionen das Werk in einem Klangfeld ausläuft, das in as-Moll nun das thematische Motto als Ostinato auszeichnet. Charakteristisch ist dabei der stete Wechsel zwischen as-Moll und Des-Dur, der quasi modale Relationen der tonalen Prämissen bündelt.

So expressiv die motivischen Gestalten in ihrem Kontext sind, so deutlich werden sie durch intervallische und auch rhythmische Konturen aufeinander bezogen, wie es das Finale ausweist. Zugleich erfahren sie aber innerhalb der Satzphasen wie in ihren Wiederholungen eine so beständige Repetition, daß sie als motorisch kreisende Formeln wirksam werden. Auf kaum 17 Minuten komprimiert das Werk seine vier Sätze, es greift auf tradierte Formen zurück, reduziert sie aber durch planvolle Fragmentierung des Materials, dessen expressive Gestik sich deshalb auch eigenartig distanziert ausnimmt. Vielleicht ist die gebrochene Relation zwischen Expressivität und Mechanik der eigentlich moderne Zug in diesem Werk, dem allerdings das zweite Quartett ›Intime Briefe‹ aus dem Todesjahr 1928 nicht nachsteht.

Daß gleiche strukturelle Vorgaben im zweiten Quartett doch andere Folgerungen erlauben, hat weniger mit später Liebe zu tun, die der Komponist für Kamila Stösslová hegte. Denn die ursprüngliche Angabe ›Liebesbriefe‹ wurde in der publizierten Fassung zurückgenommen, und Janáčeks Briefe sprechen zwar von der »Vision« späten Glücks und doch ebenso von der »Angst« einer Erfüllung.[1] Wie anders aber sollte ein solches Verhältnis, das allem eher als einem ›Programm‹ gleicht, in Töne gefaßt werden als durch höchst expressive Modelle und ihre stetige Kreuzung? Doch verbindet sich damit zugleich ein Rückblick des Komponisten auf den Weg seines Œuvres. Das läßt sich zunächst an Phasen erkennen, die klarer als im ersten Quartett die unverstellte Sphäre einer vergangenen Tonkunst anklingen lassen und sich desto nachdrücklicher abheben, je mehr die dissonante Hektik im Kontext vorangetrieben wird. Die fragile Balance der Teile erlaubt daher keine blanke Identifikation mit Stereotypen wie ›männlich‹ und ›weiblich‹ oder gar ›Liebe‹ und ›Bedrohung‹.

Wie im früheren Werk setzt sich der Beginn des Kopfsatzes aus zwei konträren Bausteinen zusammen, die im Forte mit Doppelgriffen und im fahlen Klang der Bratsche allein aufeinander prallen. Die sog. ›Zigeunerleiter‹ spielt insofern hinein, als im Quintrahmen der zweiten Gestalt der obere Ton durch die benachbarten Halbtöne umgeben wird (c–g mit fis und as). Diese Konstellation sticht von den eröffnenden Doppelgriffen ab, die einen g-Moll-Sextakkord mit seiner Dominante verbinden und nach Terzausschlag dann den fallenden Quartraum diatonisch durchmessen. Beide Gebilde beanspruchen im Kern nur wenige Takte und werden dann transponiert wiederholt, verlieren ihre Stabilität aber auch in weiteren Varianten kaum. Doch schon im dritten Ansatz, der mit Des-Dur das tonale Zentrum des Werks erreicht, tritt in der Oberstimme eine Figuration hinzu, deren Gleichmaß fast einer Etüde ähnelte, wenn nicht die Dreiklangsbrechungen von sperrigen Dissonanzen durchsetzt wären. Das gilt ebenfalls für weitere Transpositionen, und so gewinnt der Hauptsatz in der Ausspinnung größere Konstanz als im früheren Werk, womit er ein weit gefächertes Bezugssystem vorbereitet. Denn mit dem letzten Zitat der solistischen Kontrastgestalt setzt zugleich eine weiträumige Phase an, die den Platz eines Seitensatzes einnimmt. In den begleitenden Achteln wirkt nicht nur die vorangehende Figuration nach, sondern die Linie der Oberstimme erweist sich als Variante des fallenden Quartraums aus dem ersten Gedanken. Zwar

1 Leoš Janáček: II. Streichquartett Intime Blätter [sic] (1928), hg. v. Fr. Kudláček und J. Ruis, Prag 1983; J. Hermand, ›Listy důvěrné‹ (Intime Briefe). Janáčeks 2. Streichquartett, in: ders., Beredte Töne. Musik im historischen Prozeß, Frankfurt a. M. 1991 (Europäische Hochschulschriften, Reihe XXXVI, Bd. 51), S. 137–155; P. Gülke, Versuch zur Ästhetik der Musik Leoš Janáčeks, S. 9ff.; N. S. Josephson, Cyclical Structures in the Late Music of Leoš Janáček, in: Musical Quarterly 79 (1995), S. 402–420.

L. Janáček, Nr. 2 ›Intime Briefe‹, erster Satz, T. 1–13 (Hudební Matice).

lösen sich die Konturen in der Fortspinnung auf, die Beziehungen werden aber desto klarer, je weiter sich die Phase ihrer Kulmination nähert, die mit den thematischen Doppelgriffen ab T. 100 erreicht ist. Damit wird der klangliche Charakter des ersten Themas auf die Linie des Gegenthemas überführt, so daß statt von jähem Umschlag eher von sukzessiver Transformation zu sprechen ist. Eine weitere Stufe der Integration erschließt das Satzzentrum, wenn eine Variante der Kontrastgestalt aus dem ersten Themenblock in der Bratsche allein zum Fortissimo gesteigert wird. Im Meno mosso nämlich, das ab T. 120 den Ort der Durchführung einnimmt, trägt die kontinuierliche Begleitfigur die tonal geglätteten Zitate des Seitenthemas und der kontrastierenden Gestalten aus dem Hauptsatz selbst. Daß für die maßgeblichen Takte eine genaue Wiederholung angezeigt ist (T. 133–139), indiziert ihre entscheidende Funktion im Ausgleich des Materials. Sie eröffnen aber nicht bloß eine Reprise, sondern zugleich eine letzte Phase der transformativen Prozesse. Denn sobald die Figuration ausbleibt, besänftigt sich die ursprünglich solistische Kontrastgruppe des Hauptsatzes im Adagio zur expressiven Geste im Des-Dur-Klang. Der tonale Ambitus erweitert sich freilich in dem Maß, wie dieses Gebilde in Doppelgriffen gesteigert wird. Zugleich löst sich eine Baßlinie ab, die untergründig schon früher vorbereitet war (T. 165) und stufenweise melodische Prägnanz gewinnt, bis sie in die Oberstimmen übernommen und zum Kanon potenziert wird (T. 182ff.). Mit ihrem rhythmischen Gleichmaß könnte sie wohl den kantablen Seitensatz einer Reprise vertreten, wenn sie nicht auf anderer Substanz als ihr früheres Pendant basierte. Wieder liegt ein tonal stabiler Rahmen zugrunde, der wechselnd erweitert und gefestigt werden kann, seine Auflösung in Achtel führt jedoch zum Muster der dissonant erweiterten Dreiklangsfiguren zurück, die alle Steigerungen des Satzes bestimmten. Vierfach noch setzt vor der Coda in der Bratsche das kantable Gegenthema an (Adagio T. 250), überlagert aber wird es jedesmal vom dissonant erweiterten Des-Dur-Akkord mit künstlichem Flageolett, bevor die Schlußphase zur anfänglichen Konfiguration zurückkommt. Noch einmal versammeln die letzten Takte die Pole, indem über der Tonika Des die erste Violine die sperrige Quarte es–b pointiert. Einerseits werden konträre Gebilde im ersten Themenblock zusammengefügt, aus denen ebenso verschiedene Ableitungen gewonnen werden, andererseits werden aber im transformativen Prozeß die ursprünglichen Kontraste so verändert, daß sich auch unterschiedliche Gebilde aneinander angleichen können. Was thematisch zu sein scheint, fungiert nicht als Thema der Verarbeitung, sondern als Substanz einer Transformation, die Kontraste aus sich heraustreiben und sie umgekehrt reduzieren kann. Und die überlegene Regie der Prozesse, deren Weiträumigkeit das frühere Werk noch übertrifft, begründet eine hochgradige Geschlossenheit, die auch ohne biographische Assoziationen den Verlauf zusammenhält. Mit wenigen Hinweisen läßt sich nur andeuten, wie gleiche Prinzipien auch die Folgesätze lenken, die ähnlich zwischen tradierten Formen und expressiven Kontrasten vermitteln. Das Adagio an zweiter Stelle basiert in seinen zentralen Partien auf einem äußerst knappen Gedanken, der wieder eine diatonische Formel durch Quartausschlag erweitert, und seine Varianten werden wie im Kopfsatz durch die Begleitung zu geschlossenen Phasen gebündelt. Den merkwürdigen Ausklang dieser Variantenkette im ersten Teil bildet ein zweitaktiges Adagio, in dem der fundierende Des-Klang durch gleitende Skalen ›flautato‹ verfremdet wird (T. 123f.). Genau hier aber geschieht der Umschlag zum Presto, dessen thematischer Kern die übermäßige Quinte umgreift und von sequenzierten Terzketten über dem Klangband der Unterstimmen kontrapunktiert wird. Seine Varianten werden erneut durch ein zweitaktiges Grave abgebrochen (T. 171f.), bevor der Schluß die Eröffnung des Kopfsatzes beschwört, die ihrerseits mit den enigmatischen Akkordfolgen ›flautato‹ ausklingt.

Als Variationenkette stellt sich der dritte Satz dar, dessen thematischen Kern ein erweiterter Achttakter samt Wiederholung bildet, wogegen der b-Teil durch einen konträren Annex erweitert wird. Für das Thema im 9/8-Takt, das an eine langsame Gigue erinnern mag, ist die Erweiterung eines zweistimmigen Gerüstsatzes prägend. Den Bau des Themas behalten die Abschnitte genauer bei als sonst in Janáčeks Spätwerk, zudem wird jede Phase durch die rhythmische und klangliche Disposition gebündelt, die schon die vorangehenden Sätze kennzeichnete.

Sichtbar wird an der ersten Variation, daß das Thema auf den fallenden Quartrahmen zurückgreift, der im Kopfsatz einen thematischen Nenner darstellte. Die Integration durch thematische Transformation greift also über den Einzelsatz hinaus in das Verhältnis der Sätze ein, selbst wenn thematische Zitate nicht so deutlich werden wie im ersten Quartett. Eine Variante dieser Intervallfolge bestimmt auch im Finale das Thema, das sich mit drei kurzen, jeweils wiederholten Taktgruppen wie ein Rondorefrain ausnimmt. Eine Affinität zum Rondo könnte wohl dem Konzept von Janáček entsprechen, das weithin auf Konfrontation und Repetition der Bauelemente basiert. Doch kehrt der Refrain, der mit repetierten Achteln im 2/4-Takt auch rhythmisch markant ist, derart erst nach der Satzmitte wieder, so daß er eher den Ausgang für den transformativen Prozeß bildet. Wie ein Couplet kontrastiert ein Andante in cis-Moll (T. 41), das fallende Terzen und Sekunden über Liegetönen staffelt. Durch weiträumige Dehnung und dann wieder gestauchte Beschleunigung ergeben sich höchst konträre Satzphasen, und wo sie zu Tuttiakkorden verschliffen werden, begegnen sich dann die Zitate der beiden thematischen Kerne (ab T. 154 und T. 173). Vermittels extremer Kontrastierung kulminiert im Finale schließlich die satzumgreifende Integration. Statt motivischer Arbeit mit dem thematischen Material verweisen freilich die expressiven Gesten aufeinander, sofern aus trillerartigen Klangfeldern ›sul ponticello‹ eine ›Cadenza ad libitum‹ mit thematischen Verweisen hervortritt. Dieser maximalen Dissoziation stehen die gleichmäßigen Figurationsphasen gegenüber, die nochmals das Finalthema zitieren, um sich zum Schluß jener Gestalt zu nähern, von der das Werk ausgegangen war.

Die satztechnische Kunst, die dieses Werk entfaltet, ist durch keine noch so beredte Umschreibung eines biographischen Programms zu erfassen. Doch auch die traditionellen Formkategorien, die von der Reihung repetierter oder kontrastiver Phasen unterlaufen werden, erfahren zugleich eine zunehmende Relativierung. Denn jene Verfahren, die im ersten Quartett am ehesten einer Metamorphose des Materials zu vergleichen sind, werden im Spätwerk zu einer Transformation erweitert, die Kontrastierung und Integration in einem zu bewirken vermag. Als der greise Janáček dieses Quartett schrieb, lagen bereits die ersten Werke von Schönberg und Berg vor, die mittels der Zwölftontechnik die Gattungstradition fortzuschreiben suchten. Ganz unabhängig davon hat aber Janáčeks Musik eine Qualität des Neuen, die zugleich auf ihre weit zurückreichenden Voraussetzungen verweist. In ihrer Aktualität stellt sie damit den Abschluß einer eigenen Traditionsstufe dar, an die unter ganz anderen Vorzeichen Schostakowitsch anschließen sollte.

Aus Ungarn und Polen: Dohnányi und Szymanowski

Länger als in Prag blieben deutsche Lehrer in Budapest wirksam, denn Volkmanns Nachfolge an der Musikakademie übernahm 1883 Hans Koeßler (1853–1926), der einst von Wüllner und Rheinberger ausgebildet worden war und in Ungarn – unterbrochen nur vom Krieg – bis 1925 tätig blieb. Neben einem Streichquartett, das zum Quintett umgeformt wurde, schrieb er 1902 ein g-Moll-Quartett, dessen vier Sätze zwar durchweg den tradierten Normen folgen, aber doch einen umsichtigen und gewandten Musiker ausweisen. Zu seinem Schülerkreis zählten nicht nur Bartók und Kodály, sondern zuvor noch Ernő (Ernst von) Dohnányi (1877–1960), der bei einem Schüler von Liszt und später bei d'Albert Klavier studiert und schon eine pianistische Karriere begonnen hatte, als er 1905 von Joachim an die Berliner Hochschule gerufen wurde. Im Ersten Weltkrieg ging er nach Budapest zurück, wo er als Lehrer, Dirigent und Organisator wirkte, bis er die Schrecken des Zweiten Weltkriegs erlebte und noch 1949 nach Kalifornien emigrierte. In die frühen Jahre fallen nach ersten Studienwerken die Streichquartette A-Dur op. 7 (1999) und Des-Dur op. 15, die bei Doblinger bzw. Simrock 1903 und 1907 herauskamen.[1]

So klangvoll beide Werke sind, so deutlich unterscheiden sie sich in ihrem Rang. Freilich könnte schon op. 7 die Vorstellung entkräften, Dohnányi sei primär ein Epigone von Brahms gewesen (dessen Zustimmung das Klavierquintett op. 1 gefunden hatte).[2] Der erste Satz trennt vom ruhig ausgreifenden Hauptthema den bewegteren Seitensatz und eine durch Taktwechsel abgesetzte Schlußgruppe, die sich nach der ausführlichen Durchführung in der Reprise zu einem eigenen Feld vor der Coda erweitert. Dagegen wird das Hauptthema im Kopfsatz aus op. 15 durch eine langsame Einleitung vorbereitet, die vor Durchführung und Reprise wiederkehrt, doch wird sie von rasch fallenden Akkordketten durchbrochen, die ihrerseits den Hauptsatz in der Durchführung begleiten und zudem die Rhythmik des Mittelsatzes vorwegnehmen. Weitaus geschickter entfaltet der Hauptsatz aber eine gebrochene Dreiklangsformation, die ihre Spannkraft aus eingefügten Leittönen und Vorhalten bezieht, wogegen der knappe Seitensatz als beruhigter Annex fungiert. Den Tanzsatz vertritt in op. 7 eine Kreuzung zwischen Rondo und Variation, indem ein akkordischer Kernsatz in cis-Moll viermal verändert wird, wogegen ein Alternativo in Des-Dur fast unangetastet bleibt und erst am Schluß in isolierte Takte zerfällt. Ambitionierter ist hier das fünfteilige Molto adagio f-Moll, das schon auf das Gegenstück aus op. 15 deutet, wonach das Rondofinale mit je drei Refrains und Couplets noch immer ohne Durchführung auskommt. Das Zentrum in op. 15 bildet hingegen ein ›Presto acciacato‹, das ungeachtet der f-Moll-Vorzeichnung auf eine phrygische Skala zu beziehen ist und demgemäß in C-Dur

1 Vgl. I. Podhradszky, *The Works of Ernő Dohnányi. A Catalogue of Compositions*, in: Studia Musicologica 6 (1964), S. 357–373; Th. Schipperges, Art. *E. v. Dohnányi*, in: *MGG²*, Personenteil Bd. 5, Kassel u. a. 2001, Sp. 1190–1196.

2 M. Eckhardt, *Briefe aus dem Nachlasse Ernő von Dohnányis*, in: Studia Musicologica 9 (1967), S. 407–420. Ferner vgl. H. Schneider, *Zur musikhistorischen Stellung der frühen Kammermusikwerke Ernst von Dohnányis*, in: *Zwischen Volks- und Kunstmusik. Aspekte der ungarischen Musik*, hg. v. St. Fricke u. a., Saarbrücken 1999, S. 110–126.

schließt. Über rasendem Ostinatorhythmus, der von der Baßlage aus schließlich die Oberstimmen erfaßt, lagern sich nach ersten Liegetönen markant artikulierte Kurzmotive, als Trio kontrastiert eine F-Dur-Episode, die leise bewegte Klangfelder mit modaler Tönung ausbreitet. Das Finale cis-Moll beginnt zwar als langsamer Satz im 6/8-Takt, sein beschleunigter Mittelteil zitiert indessen die ostinate Formel des zweiten Satzes und verklammert sie dann mit dem Hauptthema des Kopfsatzes, so daß nach kurzem Rekurs auf den langsamen Beginn die Themenzitate der Coda nicht als angestrengte Montage erscheinen.

E. Dohnányi, Nr. 3 op. 33, erster Satz, T. 1–11 (Editio musica).

Statt zyklischer Verkettung suchte Dohnányi fast zwanzig Jahre später im wieder dreisätzigen a-Moll-Quartett op. 33 das satztechnische Profil der Sätze zu schärfen. Davon profitiert zumeist der erste Satz, der das Initial der fallenden Quinte chromatisch weitet und durch gezackte Gegenbewegung ergänzt. Gehen von ihr die weiten Bögen einer Entwicklung aus, die überaus rasch zu modulieren weiß, so wird davon selbst der Seitensatz erfaßt, der nur kurz in der Ausgangstonart E-Dur verharrt, und die Durchführung kargt noch in kanonischen Phasen nicht mit sperriger Chromatik und dissonanten Klangketten. Nachdrücklich resümiert am Schluß eine Stretta im Unisono die chromatische Dehnung eines Quint-Oktavrahmens, der daher zwischen a- und b- oder cis-Moll changieren kann. Maßvoller verfährt das gedrängte Finalrondo, wiewohl es weder Quintschichtungen noch chromatisch gleitende Akkordketten verschmäht. Im zentralen ›Andante religioso‹ bleibt zwar das A-Dur-Thema durch schlichten und doch stufenreichen Choralsatz vor Trivialisierung geschützt, nachdem es aber in der ersten Variation klangvoll erweitert und in der zweiten zum Scherzo umgebildet wird, verfallen die beiden letzten Variationen den Stereotypen akkordischer und rhythmischer Massierung.

Schmaler blieb der Ertrag in weiteren Ländern wie Rumänien, Polen und dem nachmaligen Jugoslawien, und für die wenigen Quartette, die hier entstanden, fehlen vorerst nähere Studien sowie Editionen. Constantin Dimitrescu (1847–1928) wurde als Cellist in Bukarest ausgebildet, wo er nach zusätzlichen Studien in Wien und Paris seit 1873 als Professor und später zudem als Dirigent wirkte. Zwischen 1883 und 1923 schrieb er nicht weniger als sieben Quartette, die aber auswärts kaum bekannt wurden (G-Dur op. 21, d-Moll op. 26, B-Dur op. 33, g-Moll op. 38, F-Dur op. 42, alle zwischen 1883 und 1890, ferner 1898 e-Moll op. 44 sowie 1923 a-Moll o. O.).[1] Ebenso verhält es sich mit fünf Beiträgen des aus Kroatien stammenden Antun Dobronić, der nach dem Studium bei Novák in Prag später an der Musikakademie Zagreb lehrte (Nr. 1–3, 1917–25, sowie Nr. 4–5, 1947). Etwas anders stand es in Polen, seit der aus Schlesien kommende Joseph Elsner (1766–1854) in Warschau an dem von ihm gegründeten Konservatorium unterrichtete. Bei Traëg in Wien und André in Offenbach hatte er schon 1798 und 1806 jeweils drei Streichquartette als op. 1 und op. 8 vorgelegt. Doch noch 1828–30 schrieb Ignacy Feliks Dobrzyński (1807–1867) drei Quartette (e-Moll op. 7, d-Moll op. 8 und E-Dur op. 13), die an frühere Wiener Traditionen anschlossen, wie das besonders einfach e-Moll-Werk zeigt.[2] Von den zwei Studienwerken, die Stanisław Moniuszko (1819–1872) um 1839 schrieb, war bereits anläßlich seiner und Glinkas Studien in Berlin die Rede. Nach zwei Frühwerken op. 1–2 orientierte sich Władysław Żeleński (1837–1921), der in Prag, Wien und Paris studierte, in den Quartetten F-Dur op. 28 und A-Dur op. 42, die 1883 und 1891 bei Kistner bzw. Hainauer herauskamen, offensichtlich an älteren Modellen. Beidemal stehen leichtfüßigen Kopfsätzen im 6/8-Takt locker gebaute Finali gegenüber, die gleichwohl keine Rondi bilden, und einem einfachen Variationensatz samt Scherzo in op. 28 entsprechen in op. 42 ein Intermezzo ›scherzando‹ sowie ein Adagio, zwischen dessen liedhaften Rahmengliedern der pathetisch getönte Mittelteil befremdet. Ungedruckt blieben dagegen drei Quartette von Wojciech Gawroński (1868–1910), der nach seiner Ausbildung in Warschau und Wien Professor in Łódź wurde.

Von einer dichten Tradition war also nicht zu sprechen, als Karol Szymanowski (1882–1937) sich 1917 der Gattung mit dem dreisätzigen C-Dur-Quartett op. 37 zuwandte, das nach der Uraufführung 1924 ein Jahr später von der Wiener Universal-Edition herausgebracht wurde. Ihm schloß sich 1927 mit op. 56 ein zweites Werk in wiederum drei Sätzen an, das erstmals 1929 aufgeführt und 1931 in Wien publiziert wurde. Daß beide Quartette nicht voraussetzungslos entstanden, wird

[Anmerkung 1 zu S. 341:]
Vgl. die englische Biographie von T. Chylińska, *Szymanowski*, Krakau 1981; dies., *Karol Szymanowski. His Life and Works*, Los Angeles 1993; M. Bristiger / R. Scruton / P. Weber-Bockholdt (Hg.), *Karol Szymanowski in seiner Zeit*, München 1984, mit einer Bibliographie S. 203–208.

[Anmerkung 2 zu S. 341:]
Karol Szymanowski: Gedanken zur ›zeitgenössischen Musik‹ (1926), in: *Begegnung mit Karol Szymanowski*, hg. v. I. Reinhold, Leipzig 1982, S. 245–254: 254; ebenda, S. 9–93, in deutscher Fassung die Darstellung von St. Golachowski, *Karol Szymanowski* (zuerst 1948).

Notenbeispiel rechte Seite: K. Szymanowski, Nr. 1 op. 37, erster Satz, T. 1–17 (*GA, Universal-Edition*).

1 Vgl. V. Tomesu, Art. *C. Dimitrescu*, in: *MGG²*, Personenteil Bd. 5, Kassel u. a. 2001, Sp. 1048.
2 Neuausgabe, hg. v. A. Rezler und A. Nowak-Romanowicz, Warschau 1957 (Biblioteka Matych Partytur Nr. 21). Vgl. Gr. Ziezula, Art. *Dobrzyński*, in: *MGG²*, Personenteil Bd. 5, Kassel u. a. 2001, Sp. 1163ff.

1 Siehe Anmerkung S. 340.
2 Ebenda.
3 *Karol Szymanowski. Gesamtausgabe*, Serie B, Bd. 6, hg. v. Z. Helman, Kraków und Wien 1984, Einleitung, S. VIf.; Z. Helman, *Szymanowski und der Neoklassizismus*, in: *Karol Szymanowski in seiner Zeit*, S. 137–147; M. Bristiger, *Die Wende in Karol Szymanowskis Schaffen*, ebenda, S. 113–126.
4 Eine als Finale geplante Fuge wurde nicht ausgeführt, vgl. St. Golachowski, *Karol Szymanowski*, in: *Begegnung mit Karol Szymanowski*, S. 49f.; zur Satztechnik vgl. J. Samson, *The Music of Karol Szymanowski*, London 1980; ders., *The Use of Analytical Models in the Analysis of Szymanowski's Harmonic Language*, in: *Karol Szymanowski in seiner Zeit*, S. 149–157.

freilich erst im Kontext eines Œuvres sichtbar, das in Liedern und Klavierwerken sowie Kantaten und Sinfonien von spätromantischen Traditionen aus zur Moderne vorstieß.[1] Von früh an auf Eigenständigkeit bedacht, hatte sich der vielseitig interessierte Komponist, der zwischen 1910 und 1914 in Wien lebte, die Musik Regers wie Debussys und Ravels, später dazu die Werke von Strawinsky und Bartók erschlossen. Später bekundete er noch Respekt vor Schönberg, der den »entscheidenden Schritt« im »Übergang zur eigentlichen Atonalität« vollzogen habe.[2] Ein rhapsodischer Zug jedoch, der beide Quartette durchzieht, verdeckt leicht die gedrängte Formung, in der sich ihre opulente Farbpalette entfaltet. Nicht grundlos verwies die Herausgeberin der Gesamtausgabe darauf, daß impressionistisch erscheinende Farben mit formalen Gerüsten zusammentreffen, die aber keineswegs neoklassizistisch inspiriert sind.[3] In op. 37 wird das Andantino semplice (›In modo d'una canzone‹) von einem Sonatensatz mit langsamer Einleitung und einem fugierten ›Scherzando alla burlesca‹ eingeschlossen, dem wenige Takte ›Vivace‹ vorangehen.[4] Über steigenden Dreiklängen (C – D – E) fällt die erste Violine im Beginn des Kopfsatzes mit Halb- und Ganzton ab (g – fis – e), in Gegenbewegung verbinden sich steigende Sekunde und Terz zum Quartrahmen (e – fis – a bzw. c – cis – e), und aus fallendem Halbton samt steigender Quarte bildet sich im Allegro moderato das energisch synkopierte Hauptthema (es – d – g). Daß sich der Satz – trotz der Angabe C-Dur – auf keine tonale Zentrierung einläßt, wird durch engräumig begleitende Figuration bewirkt, die zunächst zu Bordunquinten

in Baßlage kontrastiert und endlich alle Stimmen ergreift. Als zweite thematische Ebene (ab T. 38) zeichnen sich chromatisch fallende und steigende Sechzehnteltriolen ab, die ›tranquillo‹ die Mittelstimmen füllen, bis sie erweitert in die Außenstimmen einziehen. Von einem durchführenden Zentrum wäre zu sprechen, wo erneut das erste Thema hervortritt (T. 63ff.), wogegen die Reprise durch überreiche Varianten verdeckt wird (T. 103). Jede thematische Fixierung wird jedoch durch üppig schimmernde Klangbänder verwehrt, zu denen sich die Stimmen in weiträumigen Arpeggien oder raschen Figurenketten sammeln, während das diatonische Hauptthema in den dicht chromatischen Tonsatz integriert wird. Im Andantino scheint zwar der thematische A-Teil in E-Dur noch einmal zu Brahms zurückzublicken, wieder aber wird er von der Chromatisierung eingeholt, die im zentralen Adagio dolcissimo die thematischen Konturen verschwimmen läßt. Unverkennbar heben sich dennoch von Anfang an die Gerüstintervalle aus dem Hauptthema des ersten Satzes ab, die mitten in der Entwicklung desto deutlicher hervortreten (T. 47 b – c – es) und in Varianten noch den Ausklang bestreiten. Im Finale markieren die raschen Akkordschläge des Beginns die Grenzen der Abschnitte, ihre repetierten Achtel bilden das Modell für den Themenkopf im Fugato, von dem sich sequenzierte Viertel als Fortspinnung absetzen, und die rhythmischen Formeln wirken noch im beruhigten Mittelteil, der an das Trio im vormaligen Scherzo gemahnt. So überraschend diatonisch der Satz aber anmutet, so wenig erlaubt er eine tonale Festlegung, bevor die Schlußakkorde nach C-Dur lenken.

Das Verfahren progrediert im zweiten Quartett, in dem ein Vivace scherzando in die Mitte rückt, während der langsame Satz das wiederum fugierte Finale bildet. Demgemäß ist der erste Satz auf verhaltene Kantabilität gestimmt, sobald das breit ausgesungene Hauptthema im Unisono der Außenstimmen eintritt. Deutlicher als in op. 37 tritt seine Wiederkehr hervor (T. 68), die sacht beschleunigte Fortführung läßt indes offen, ob in T. 20 (bzw. T. 87) ein Seitensatz beginnt, denn sie steigert sich anfangs zu synkopisch geballten Akkorden, um am Ende desto wirksamer zu verebben. Und im Zentrum stehen dann Ketten von Quartparallelen (T. 39), in deren Skalengängen die Umrisse des Themas durchscheinen, bis die fortspinnenden Wendungen zur Reprise führen. Mehr noch als zuvor verdichten sich aber die Mittelstimmen zu luxurierenden Klangfeldern, die schon anfangs simultan tremolierende Klänge in as-Moll und G-Dur schichten und sie dann noch chromatisch verschieben. Vor ihrer Folie gewinnt diesmal die Fortspinnung klarere Kontur, wie aber die Stimmführung keine ganztönigen Segmente ausbildet, so lassen sich in der Begleitung kaum bitonale Zentren scheiden. Je mehr sich also die Themenbildung der groben Alternative von Chromatik und Diatonik entzieht, desto weiter verschwimmt sie im atmosphärischen Sfumato des Satzverbands. Im raschen Mittelsatz löst sich von heftig repetierten Akkordbändern eine tänzerisch geschwungene Melodielinie ab, deren Ausweitung immer wieder auf heftige Ballungen stößt. Und der akkordisch gesammelte Mittelteil (T. 88–133) bietet vollends ein Muster von Klangschichtungen, die durch thematische Relikte verkettet werden, während imitatorisch gestaffelte Akkorde zur Reprise vermitteln. Sollte ein Kenner in der vitalen Rhythmik Spuren der Folklore wahrnehmen, so sind sie doch restlos in das Gefüge des Satzes eingeschmolzen. Im Themenkopf des Finalsatzes mag man Verweise auf die Wendungen sehen, in denen der melodische Aufschwung des Hauptthemas im Kopfsatz abfiel, so wenig wie der G-Dur-Schlußklang dort bedeutet aber hier die Finalis a eine tonale Zentrierung. Ihr korrespondiert ein Quint-Oktav-Rahmen im Fugatothema, das sogar in Quintpaaren beantwortet wird (a – e und g – d), je rascher indes mit seiner Diminution der Satz akzeleriert, desto mehr führt er wieder in vielfach gebrochene Klangfelder hinein. Und wie sich aus ihnen die Varianten des Kopfmotivs ablösen, so erneuert sich der Prozeß im zweiten fugierten Ansatz (ab T. 52), der mit einer Wendung der Fortspinnung (aus T. 3) noch rascher in analogen Formationen endet.

Ungeachtet einer Klangfülle, die an frühere Traditionen erinnern kann, gehören Szymanowskis Quartette zweifellos der Moderne an. Wie sich aber in ihrer changierenden Tonalität schwerlich eine durchgängige Strategie entschlüsseln läßt, so sind sie keiner einzelnen Richtung zuzuordnen. Fünf Jahre nach dem Erscheinen von op. 56 verstarb der Komponist, und daß wenig später seine polnische Heimat besetzt wurde, mußte vorerst die Durchsetzung seiner Werke verzögern. Welches Gewicht seine Quartette im Kontext der Zeit haben, wäre noch genauer zu bestimmen. Was aber früher Nielsen und Stenhammar im Norden, Tanejew in Rußland und Janáček im tschechisch-mährischen Raum bewirkten, vollzog Szymanowski in der Musik Polens, der er den Weg zur Neuen Musik eröffnete.

4. Ars gallica oder Forme cyclique: Das Repertoire in Frankreich

Daß das Streichquartett in Rußland weit später als in Skandinavien Fuß faßte, machen zwar die historischen Voraussetzungen verständlich. Erstaunlich wirkt es dagegen, daß sich eine genuin französische Gattungstradition erst relativ spät ausbildete. Denn an der Entstehung des Quartetts hatten vor 1800 französische Komponisten und zumal die großen Pariser Verlage maßgeblichen Anteil, eifrig gepflegt wurde das Quartettspiel in Adels- und Bürgerkreisen, und eine besondere Spezies wurde mit Davaux, Cambini und Kreutzer das Quatuor concertant, das sich seit

[Anmerkung 2 zu S. 344:] J.-M. Fauquet, *Les sociétés de musique de chambre à Paris de la Restauration à 1870*, Paris 1986, wo S. 190–240 noch zahlreiche weitere Vereinigungen genannt werden. Zum Repertoire vgl. bes. Annexe V ›Tableaux des programmes‹, S. 348–403. – Abseits des zentralen Repertoires schrieben manche Opernkomponisten Quartette, so schon 1799 Daniel François Auber, 1814 Louis Ferdinand Hérold (drei Werke) sowie noch 1833 Ambroise Thomas (op. 1 e-Moll); vgl. L. Finscher, Art. *Streichquartett*, in: *MGG²*, Sachteil Bd. 8, Kassel u. a. 1998, Sp. 1924–1977: 1957.

Rode zum Quatuor brillant verwandelte. Von Paris aus setzte sich die Kammermusik von Onslow durch, und hierher gehörten die Quartette von Cherubini, die in Frankreich recht isoliert blieben, während sie in Deutschland früh geschätzt wurden.[1]

Die gründlichen Untersuchungen von Joël-Marie Fauquet haben gezeigt, wie retrospektiv weithin das Repertoire der Vereinigungen blieb, die sich der Kammermusik verschrieben.[2] Im Gefolge der Société des Quatuors de Baillot (1814–40), die sich besonders der Werke Haydns, Mozarts, Boccherinis und zumal Beethovens annahm, bildeten sich die Société Alard & Chevillard und die Société Franchomme (1837–48 bzw. 1847–70), neben denen die Gesellschaft der Brüder Dancla bestand (1838–70). Während die Quartettgesellschaften der Gebrüder Bohrer, Tilmant, Dancla und Mendes vorab Beethoven auf ihre Fahnen schrieben, setzte sich die Société Maurin et Chevillard (1852–70) für Beethovens Spätwerk ein. Ein Pariser Publikum konnte also fast den Eindruck gewinnen, als habe die Gattung im Œuvre der klassischen Trias ihren Zenit überschritten, während sie für französische Komponisten weniger attraktiv war als Oper, Klavier- und andere Kammermusik. Daß sich Schubert, Mendelssohn und Schumann mit dem klassischen Kanon auseinandergesetzt hatten, wurde zögernd erst zur Kenntnis genommen, seit sich die Société des Quatuors Armingaud et Jacquard (1856–68) und die Société Lamoureux (1860–70) dem romantischen Repertoire öffneten, wogegen die Société des Quatuors français (1862–65), an der Saint-Saëns beteiligt war, bereits zur Vorgeschichte der Société nationale gehörte.[3]

Echo des Quatuor concertant: Dancla und andere

Neben und noch nach Onslow bestand zwar weiterhin eine schmale Tradition, zu der Musiker wie A. P. Fr. Boëly, N.-H. Reber, J. B. Ch. Dancla und etwas später noch Th. Gouvy beitrugen. Mehr noch als früher blieb die Produktion, die sich auswärts wenig verbreitete, recht sporadisch, und da sie noch immer primär von Spielern getragen wurde, die sich selbst ihr Repertoire schrieben, sprach Fauquet nicht grundlos von den »quatuors de quartettistes«.[4] Vom Quatuor concertant kam Pierre-Auguste-Louis Blondeau (1784–1865) her, der noch Schüler Gossecs war und drei Klaviersonaten Beethovens als konzertante Quartette bearbeitete.[5] Alexandre Pierre François Boëly (1785–1858) wirkte an der Kammermusik im Kreis um Baillot mit, setzte sich als Pianist und Organist für Bach ein und wurde ein geschätzter Lehrer, an den sich Saint-Saëns dankbar erinnerte.[6] Seine *Quatre Quatuors* op. 27–30, die 1824–1827 komponiert, aber erst postum um 1860 von Richault veröffentlicht wurden, umfassen durchweg vier Sätze, muten aber seltsam verspätet und randständig an. So beginnt das a-Moll-Werk Nr. 1 mit einem Al-

---

1 Verzeichnisse der umfangreichen französischen Produktion des 19. und 20. Jahrhunderts, aus der nur bezeichnende Beispiele ausgewählt werden können, bietet das Sammelwerk *Le quatuor à cordes en France de 1750 à nos jours*, hg. v. der Association française pour le Patrimoine Musical, Paris 1995, S. 235–257 und S. 259–313.
2 Siehe Anmerkung S. 343.
3 S. Gut / D. Pistone, *La musique de chambre en France de 1870 à 1918*, Paris 1978; D. Pistone, *La musique en France de la Révolution à 1900*, Paris 1979.
4 J.-M. Fauquet, *Le quatuor à cordes en France avant 1870: de la partition à la pratique*, in: *Le quatuor à cordes en France de 1750 à nos jours*, S. 97–117: 105ff.; Fauquet nennt S. 106ff. und S. 110ff. überdies Werke von Scipion Rousselot (um 1830 bzw. 1834), Georges Bousquet (op. 8, nach 1840), Adolphe Blanc (zwischen 1856 und 1873) sowie vier Quartette von Felicien David und acht Beiträge von Léon Kreutzer.
5 Br. Schilling-Wang, Art. *Blondeau*, in: *MGG²*, Personenteil Bd. 3, Kassel u. a. 2000, Sp. 116f., führt je sechs Quartette op. 11–12 an, six quatuors op. 12 (1821) erwähnt dagegen J.-M. Fauquet, *Le quatuor à cordes en France avant 1870*, S. 105f.
6 Br. François-Sappey, Art. *Boëly*, in: *MGG²*, Personenteil Bd. 3, Kassel u. a. 2000, Sp. 210ff.

legro im 6/8-Takt, dessen Hauptthema sich rasch in neutral figurativer – wiewohl nicht virtuoser – Fortspinnung verliert. Bemerkenswerter als die Durchführung, die mit der Reprise nach alter Sitte wiederholt wird, ist die Coda mit harmonischen Exkursen nach f-Moll. So unprofiliert wie das Andante danach gerät das kleine Scherzo, und das abschließende Rondo A-Dur bleibt noch dem alten Grundriß mit fünf Refrains und locker eingefügten Couplets treu. Ähnlich ist das dritte Quartett in G-Dur angelegt, wogegen das zweite in Es-Dur gar noch ein schlichtes Minuetto in canone enthält. Doch selbst das letzte Werk in E-Dur, in dem das Scherzo vor dem Adagio in H-Dur steht, folgt demselben Muster mit schlichtem Sonatensatz als Finale. Napoléon-Henri Reber (1807–1880) war noch Schüler Reichas am Pariser Conservatoire, an dem er 1851 Professor für Komposition wurde. Sein 1862 erschienener *Traité d'Harmonie* wirkte mit mehreren Auflagen nach, die frühen Quartette op. 4–5, die vor 1840 bei Richault herauskamen, gehen jedoch kaum über die Ansprüche Boëlys hinaus. Aufschlußreicher als das zweite Werk in Des-Dur, das bei nur zwei Sätzen ein präludierendes Andante poco Adagio vor einem konventionellen Allegretto vorsieht, ist das fünfsätzige B-Dur-Quartett op. 5, in dem zwei langsame Sätze mit dreiteiliger Form und etüdenhafter Figuration ein als Scherzo fungierendes Allegro umrahmen.[1] Verteilen aber Kopfsatz und Finale die einfach periodisierten Themen in ›durchbrochener‹ Manier auf die Stimmen, so laufen dann überleitende und durchführende Phasen desto rascher in freier Figurierung mit akkordischer Raffung aus.

Gewichtiger ist – wenigstens quantitativ – die Werkreihe von Jean-Baptist-Charles Dancla (1817–1907), die im langen Zeitraum zwischen 1839 und 1900 insgesamt 14 Streichquartette umfaßt.[2] Im Unterschied zu den Werken älterer Autoren erschienen Danclas Quartette in Partituren, die wohl nur von Pariser Verlegern vertrieben wurden. Sie umfassen in der Regel vier Sätze, zwischen sehr langen Kopf- und lockeren Schlußsätzen wird aber immer noch das Menuett bevorzugt, das wechselnd vor oder nach dem langsamen Satz steht. Signifikanter als die ersten Werke, denen man konservative Züge nachsehen wird, sind die späteren, die einen zeitgemäßen Standard erwarten ließen. Der eröffnende Satz des G-Dur-Werks Nr. 8 (op. 87, 1860) profiliert den zweitaktigen Kopf des Hauptthemas durch doppelt punktierte Viertel, die bald in kadenzierende Achtelfiguren übergehen; schon in der weiträumigen Fortspinnung wie in der langen Überleitung erinnern daran aber nur noch einfach punktierte Floskeln, die ebenso in den kleinen Seitensatz einkehren. Mehrfache Abspaltung des Kopfmotivs verheißt zwar eine Durchführung, die aber rasch in freier Figuration mündet, und lenkt nach Hauptsatz in der Dominante erst der Seitensatz zur Tonika, so scheint noch immer der alte Suitensatz mit frei modulierender Mitte ohne förmliche Reprise durch. Seltsam proportioniert ist das kleine

---

[1] Op. 5 sind übrigens deutsche Gedichtzeilen G. A. Bürgers vorangestellt, vgl. J.-M. Fauquet, *Le quatuor à cordes en France avant 1870*, S. 112.

[2] J.-M. Fauquet, Art. *Dancla*, in: *MGG²*, Personenteil Bd. 5, Kassel u. a. 2001, Sp. 364ff.; ders., *Le quatuor à cordes en France avant 1870*, S. 106f. – Recht spät liegen übrigens auch die drei Quartette von Henri Vieuxtemps (1820–1881), die zwar nicht bloß ›brillant‹ zu nennen sind, aber natürlich die Fertigkeiten des Virtuosen keineswegs verleugnen (op. 44 e-Moll, 1871, sowie op. 51–52, C-Dur und B-Dur, 1880).

Lento B-Dur mit rudimentärer Reprise, das Menuett g-Moll will den Tanz ›fieramente‹ mit punktierter Rhythmik überspielen, und das konventionelle Finalrondo mischt drei Refrains mit figurativen Zwischensätzen. Zehn Jahre danach dominiert in den Ecksätzen des C-Dur-Quartetts Nr. 11 (op. 125, 1870) noch mehr die bunte Gruppierung des vormaligen Quatuor concertant, wiewohl ausgesprochen brillante Passagen fehlen. Die Themen ordnen sich der wechselvollen Kette der Satzglieder unter, die des gearbeiteten Zentrums so wenig bedürfen wie der eigentlichen Reprise. Das Menuett mit schlichtem Trio umgeht nicht ohne Anmut jeden weiteren Anspruch, und im einfachen Andante cantabile eröffnet nach figurativem Mittelteil das Thema auf der Subdominante eine verknappte Reprise.

Gleiche Befunde begegnen – wieder mehr als ein Jahrzehnt später – im Es-Dur-Quartett Nr. 12 (op. 142, 1883), das immerhin mehrfach enharmonische Modulationen nutzt. Die Ecksätze spielen thematisch auf Mendelssohns Es-Dur-Werk aus op. 44 an, wie schon in op. 125 geht eine langsame Einleitung dem Finale voran, das diesmal eine genau-

Ch. Dancla, Nr. 12 op. 142, erster Satz, T. 1–16 (Richault).

ere Reprise als sonst bietet. Erst das gleichzeitige h-Moll-Quartett Nr. 13 (op. 160), das 1882 sogar den Preis Société des Compositeurs de Musique de Paris erhielt, ist aber darum bemüht, modulierende Phasen mit thematischen Bezügen zu verbinden. Aus der langsamen Einleitung des Kopfsatzes bildet sich das Hauptthema im Moderato, das nach mehrfachem Ansatz figurativ ausläuft und durch akkordischen Seitensatz ergänzt wird; eher thematisch ist indessen die Durchführung, nach der die Reprise den Seitensatz übergeht. Das Andante sostenuto H-Dur versetzt in der Mitte sein Thema nach C-Dur, und kehrt es erst am Ende wieder, so wandelt es sich nun zu akkordischer Formation. Das Minuet umfaßt diesmal zwei Trioteile, von denen der zweite zu geradem Takt wechselt, und vor dem eigenen Seitensatz greift das Finale das Seitenthema des Kopfsatzes auf (das dort in der Reprise fehlte). Zudem überrascht der Satz vor dem Schluß mit einem ›Souvenir du Minuet‹ bzw. ›de l'Andante‹, doch treten diese Zitate so unvermittelt ein, daß sie erneut der lockeren Reihung entsprechen, die einst das Quatuor concertant auszeichnete. Und so kann bei Dancla mitunter noch ein ›charakterisierender‹ Satz wie ›Le Rouet‹ begegnen (in Nr. 5 op. 48, 1855). Danclas Beiträge wären kaum weiterer Erwähnung wert, gingen sie nicht noch – kurz vor den Meisterwerken von Franck, d'Indy und Debussy – von Konventionen aus, durch die sich die Gattung in Frankreich lange vom europäischen Standard absonderte. Als Vermittler hätte Louis-Théodore Gouvy (1819–1898) gelten können, der nach seiner Pariser Ausbildung 1842 zu Rungenhagen nach Berlin ging, dann wechselnd in Paris und Leipzig lebte und 1895 Mitglied der Berliner Akademie wurde.[1] Nach zwei frühen Quartetten op. 16 in B-Dur und C-Dur (1857) erschienen als op. 56 zwei weitere in D-Dur und a-Moll um 1876 bei Richault in Paris, während das c-Moll-Quartett op. 68 1882 bei Breitkopf & Härtel publiziert wurde. Obwohl Gouvy maßgeblichen Zeitgenossen in beiden Ländern verbunden war, zeigen die Quartette in eng normierten Formen die Kennmarken französischer Herkunft. In den ersten Sätzen aus op. 56 finden sich zwischen recht schlichten Haupt- und konventionell liedhaften Seitenthemen wenig gearbeitete Überleitungen mit triolischer oder punktierter Figuration, den knappen Durchführungen entsprechen reguläre Reprisen, und die Finali bilden beidemal richtige Rondi mit vier Refrains, die wieder mit punktierten und triolischen Rhythmen aufwarten. Einem F-Dur-Scherzo in Nr. 1, das durch dichtere Arbeit auffällt, steht in Nr. 2 ein Tempo di Minuetto G-Dur gegenüber, das nach ›brillanter‹ Manier von punktierten Figuren durchzogen wird. Mutet im ersten Werk das Larghetto g-Moll wie ein Gondellied an, so ist im zweiten ein Andante con moto A-Dur als ›Romance‹ tituliert, beide Sätze entpuppen sich aber als verkappte Variationen, sobald analoge Figurationsmuster die Themen garnieren. Der Befund ändert sich selbst in op. 68 nicht mehr, denn zwischen Kopfsatz und Rondofinale folgt

---

[1] Vgl. J.-M. Fauquet, *Le quatuor à cordes en France avant 1870*, S. 115f. (wo auf weitere ungedruckte Quartette verwiesen wird), sowie R. Sietz, *Ludwig Theodor Gouvy*, in: *Rheinische Musiker. 3. Folge*, hg. v. K. G. Fellerer, Köln 1964, S. 33f. Überdies nennt Fouquet S. 116 zwei Quartette op. 3 (1867) von Marie-Alexis Castillon (1838–1873), von denen das anspruchsvollere zweite ungedruckt blieb.

einem kleinen Scherzando g-Moll wieder ein figurativ variiertes Andante Es-Dur.

Wie verspätet das französische Repertoire lange blieb, zeigt schlagend ein Verzeichnis des 1894 etablierten Verlages Costallat, der 1903 die Firma Richault übernahm, jedoch schon seit 1898 deren Bestände nutzte.[1] Die Liste muß um 1900 zusammengestellt oder ergänzt worden sein, denn sie enthält bereits Danclas letztes Quartett (op. 193, 1900). Neben dem Gattungskanon von Haydn bis Schumann begegnen außer den Werken der erwähnten Pariser Musiker die Beiträge von wenig bekannten Autoren, daneben finden sich aber noch immer Quartette von Fesca, Hummel, Krommer, Mayseder oder A. Romberg. Fehlen dagegen nicht nur Schubert und Brahms, sondern ebenso Gou-nod, Franck, Chausson oder d'Indy, so mögen zwar Gründe des Urheberrechts mitspielen, doch ließ sich offenbar in Frankreich noch weit ältere Musik absetzen, die andernorts als längst überholt galt.

Nicht zufällig endete Fauquets Darstellung mit dem Jahre 1870, denn die Gründung der Société nationale de musique bedeutete eine Zäsur für die Kammermusik in Frankreich. Kaum kann es erstaunen, daß nach dem deutsch-französischen Krieg nationale Töne ins Spiel kamen, wenn es darum zu tun war, zu einer Gattung, die durch deutsche Werke besetzt zu sein schien, eine genuin französische Alternative zu formulieren. Daß man sich dabei – anders als in Skandinavien, Rußland oder Böhmen – kaum auf frühe Traditionen der Volksmusik berufen konnte, bedingte von vornherein eine andere Akzentuierung. Während sich aber Komponisten wie Gounod oder Saint-Saëns, die schon vor 1870 Kammermusik geschrieben hatten, erst spät dem Quartett zuwandten, fand diese Gattung nun das Interesse jüngerer Musiker. Daraus ergab sich eine seltsame Verschiebung der Generationen, die sich kaum umgehen läßt, wenn man sich weniger an der Chronologie als am Profil der Werke orientiert.

Wie ein Vorbote wirkt das einzige Quartett von Edouard-Victoire-Antoine Lalo (1823–1892), der nicht nur Autor der exotisch getönten *Symphonie Espagnole* war, sondern neben Opern und Ballettmusiken drei Klaviertrios und zwei Duosonaten schrieb. In seine Frühzeit, in der er Mitglied des Armingaud-Quartetts war, fiel wie die meiste Kammermusik sein Es-Dur-Quartett, das 1859 als op. 19 bei Breitkopf & Härtel in Leipzig herauskam. Als es aber 1886 in revidierter Fassung als op. 45 erneut bei J. Hamelle in Paris erschien, da bereitete sich in Frankreich bereits die erstaunliche Restitution der Gattung vor. Beide Fassungen liegen nur in Stimmen vor, entsprechen sich aber substantiell bis auf einen Zusatz im ersten und stärkere Kürzungen im letzten Satz, wiewohl die Stimmführung im einzelnen mehrfach verändert und geglättet wurde.[2] Muß das Quartett demnach als Werk der Jahrhundertmitte gelten, so hebt es sich desto mehr von der Pariser Produktion dieser Zeit ab.

---

[1] Das Verzeichnis findet sich im Druck der vier Quartette von Boëly (um 1860), vgl. ferner A. Devriès-Lesure, Art. *Costallat*, in: *MGG²*, Personenteil Bd. 4, Kassel u. a. 2000, Sp. 1705.

[2] So entfiel im Kopfsatz ein Takt in der Kadenzgruppe der Exposition, wogegen das Finale mit rund 50 Takten um über zehn Prozent gekürzt wurde.

Weniger in der Themenbildung als in der genauen Ausarbeitung des Kopfsatzes macht sich das Richtmaß Mendelssohns geltend, denn mit gleichsam umgekehrter Punktierung offeriert der Hauptsatz in motivischer Funktion eine Rhythmik, die derart der Leipziger Tradition ziemlich fremd wäre.[1] Ihr könnte eher der Seitensatz entsprechen, dessen kantable Linien synkopisch verzögert werden, entschieden wird jedoch die Figuration Pariser Machart reduziert. Wo in überleitenden Phasen Skalen oder Klangbrechungen vorkommen, ergeben sie sich aus motivischer Arbeit, die nicht nur die Durchführung, sondern eine Coda von beträchtlichem Umfang bestimmt. Wie das Andante non troppo c-Moll seine Motivik noch im Mittelteil zu entwickeln sucht, ohne sich dem Liedsatz Mendelssohns anzugleichen, so ist das Scherzo in g-Moll (in der Spätfassung nur Vivace genannt) weithin motivisch geprägt. Geringere Ansprüche stellt das Finale, das wieder einen Sonatensatz mit knapper und dennoch gearbeiteter Durchführung darstellt. Ohne einen geradezu bedeutenden Beitrag zu bilden, begnügt sich Lalos Werk nicht mit dem gängigen Standard, wiewohl die spätere Version zu ihrer Zeit kaum noch als aktuell gelten mochte.

Später Anschluß: Gounod und Saint-Saëns

Zur Kammermusik im Zeichen der ›ars gallica‹ trugen weitere Komponisten bei, die nach 1870 bereits als Repräsentanten einer früheren Generation gelten konnten. In diese Zeit fielen drei Quartette von Benjamin Godard (1849–1895), die so wie zuvor Lalos Werk die ältere französische Konvention hinter sich lassen, ohne als sehr eigenständig gelten zu können (op. 33 c-Moll, 1876; op. 37 G-Dur, 1877; op. 136 A-Dur, 1892). Nicht ohne Eleganz flicht Godards erstes Quartett fugierte Episoden in den Kopfsatz ein, dessen effektvolle Coda harmonisch durch ihre Farben besticht. Und die Variationen über ein kleines Andantino in C-Dur werden von einem knappen Andante quasi Adagio e-Moll gefolgt, bevor ein zwar gefälliges, aber kaum sehr kunstvolles Finale den Beschluß macht. Wenigstens das zweite Quartett Godards wurde in die Partiturbibliothek von Breitkopf & Härtel aufgenommen, doch verändert sich hier wie im dritten Werk das Bild nicht mehr grundsätzlich. Anders verhält es sich mit dem weit älteren Charles Gounod (1818–1893), der noch bei Reicha und Le Sueur lernte und als Rompreisträger in Italien Fanny Mendelssohn-Hensel begegnete, die er 1843 in Berlin besuchte.[2] Durch ihren Bruder lernte er die deutsche Tradition kennen, nach zwei Symphonien suchte er mit Opern den Erfolg, den ihm *Margarete* eintrug, doch kam er für die Geschichte des Quartetts kaum in Betracht, solange man nur ein als Nr. 3 bezeichnetes Werk in a-Moll kannte, das 1895 aus dem Nachlaß ediert wurde. Inzwischen wurden

---

1 Daß »der Einfluß Mendelssohns«, dessen Werke das Armingaud-Quartett spielte, in Lalos Beitrag »hörbar« sei, konstatierte L. Finscher, Art. *Streichquartett*, in: *MGG²*, Sachteil Bd. 8, Sp. 1957; vgl. auch J.-M. Fauquet, *Le quatuor à cordes en France avant 1870*, S. 108f.

2 Augenscheinliche »Beziehungen zu Mendelssohn« beobachtete Claude Debussy, *Einsame Gespräche mit Monsieur Croche*, in: ›Monsieur Croche, Antidilettant‹ und andere Aufsätze, hg. v. E. Klemm, Leipzig 1975, S. 98–101: 100.

aber weitere Beiträge bekannt, so daß nun mit fünf Quartetten zu rechnen ist. Allerdings erschien nur das Petit quatuor C-Dur in einem Stimmendruck, während ein g-Moll-Werk sowie ein ebenfalls als Nr. 3 gezähltes F-Dur-Quartett in Handschriften der Pariser Bibliothèque nationale vorliegen. Obwohl die Werke nicht genau datiert sind, lassen die Umstände auf eine recht späte Entstehungszeit schließen.[1]

Das ›kleine‹ C-Dur-Werk umfaßt zwar vier Sätze, reduziert aber ihr Format und den Anteil thematischer Arbeit. Die langsame Einleitung des ersten Satzes läßt mit chromatischen Folgen aufhorchen, deren Glieder eine kleine Terz umgreifen, doch handelt es sich nur um eine halbtönige Rückung, die von c-Moll aus dreifach sequenziert wird. Von ihrer Kadenzwendung geht der C-Dur-Hauptsatz im Allegro moderato aus, konventioneller ist der Seitensatz, der mediantisch nach E-Dur rückt; nur die harmonische Brücke reagiert auf die chromatische Einleitung, ohne die mechanische Sequenzierung thematisch zu stützen. Wie der erste ersetzt der letzte Satz, der trotz leichtfüßiger Themen dem Sonatenschema folgt, die Durchführung durch transponierte Themenzitate, und daß er im Rekurs auf die quintversetzte Einleitung des Kopfsatzes ausläuft, erinnert höchstens äußerlich an Mendelssohns frühe Quartette. Locker gefügt ist das Scherzo mit doppeltem Trio, wogegen sich der langsame Satz mit farbiger Harmonik eher einprägt. In dem nicht sehr anspruchsvollen Werk fällt indes die Mischung der Stillagen auf, die besonders in den Rahmensätzen zum Vorschein kommt. Denn dem betont ›klassischen‹ Hauptthema folgt im Kopfsatz als Seitenthema der Prototyp des Liedsatzes, beiden stehen aber chromatische Wendungen entgegen, die mit fast mechanischer Konstruktion einhergehen, und daß sie den Ausklang des lockeren Finales bilden, trägt zum schillernden Charakter bei, der in anderer Weise auch weiteren Werken eignet.

Der erste Satz im F-Dur-Quartett verknüpft Einleitung und Hauptthema ostentativ durch eine punktierte Formel, die fallend den Quintraum durchmißt, und da sie ähnlich den Seitensatz bestimmt, ergibt sich fast ein monothematischer Ablauf. Doch ist die Struktur nicht nur ungewöhnlich einfach, sondern läßt den Stimmen wenig Selbständigkeit, und die Überleitungen bedienen sich auffälliger Sequenzen, in denen sich ebenso das chromatisch getönte Fugato der Durchführung verliert. Der motivischen Einheit entspricht die rhythmische Monotonie bei recht mechanischer Technik, und das Finale ist ein Sonatensatz, dessen rhythmisches Gleichmaß nur durch Passagen gemildert wird. Ausnahmsweise begegnen zwei sehr verschiedene Scherzi, von denen das erste in a-Moll auf zunehmende Chromatik setzt, wogegen das zweite eine engräumige Floskel sequenzierend ausspinnt. Beide umrahmen das dreiteilige Andante, dem eine eigentlich thematische Substanz abgeht. Denn eine erste motivische Gestalt kehrt derart nicht wieder, weil der Verlauf durchweg mit Fortspinnungen bestritten wird. Wieder verbin-

[1] Als Œuvre posthume erschien das ›3ème Quatuor (en La Mineur)‹, Paris 1895, bei Choudens. Mit der Bezeichnung ›3me Quatuor‹ liegt das F-Dur-Quartett in einer handschriftlichen Partitur der Bibliothèque nationale vor, wo sich ebenfalls handschriftliche Stimmen des ›Deuxième Quatuor‹ A-Dur befinden (*Res. Vma ms. 1203–04*). Nach dem Autograph, das 1980 die Library of Congress Washington erwarb, edierte Fr. Kleinknecht das Petit quatuor C-Dur, München 1990 (Unbekannte Werke der Klassik und Romantik, Nr. 158). Vgl. St. Huebner, Art. *Gounod*, in: *New Grove Dictionary²*, Bd. 10, S. 215–236: 234, sowie M. Jahrmärker, Art. *Gounod*, in: *MGG²*, Personenteil Bd. 7, Kassel u. a. 2002, Sp. 1419–1436: 1429.

den sich also heterogene Züge, als blicke der Komponist auf ein Spektrum der Gattungsgeschichte zurück. Recht leicht wiegt auch das zuerst gedruckte a-Moll-Quartett mit vier recht kurzen Sätzen, immerhin überrascht der Kopfsatz nach knapper Eröffnung durch zweistimmigen Kanon, mit dem die Stimmpaare das Material präsentieren. Bietet die Überleitung ein kleines Fugato, so bleibt der Seitensatz episodisch, und da der kurzen Durchführung eine rudimentäre Reprise folgt, hat der anfängliche Aufwand an Kontrapunkt kaum Konsequenzen.

Nicht sehr belangvoll sind weitere Sätze, und so wären derart verspätete und wirkungslose Beiträge zu übergehen, wäre nicht ihr zwiespältiges Bild durch ihre historische Problematik begründet. Denn die qualitativen Differenzen, die in Gounods Quartetten hervorstechen, paaren sich mit Rückblicken auf unterschiedliche Stationen der Tradition. Damit drängt sich der Eindruck einer retrospektiven Note auf, sofern sie aber als klassizistische Haltung zu verstehen ist, verbindet sie den Autor mit dem weit reflektierteren Saint-Saëns und vielleicht sogar mit späteren Musikern wie Milhaud oder Françaix.

Anders als Gounod und Lalo, deren Ansehen vorab in Orchesterwerken oder Opern gründete, hatte Camille Saint-Saëns (1835–1921) schon früh Kammermusik in verschiedensten Besetzungen geschrieben. Unter seinen zahlreichen Opern erreichte *Samson et Dalila* seit der Weimarer Uraufführung (1877) weiteste Wirkung, doch wurde seine Instrumentalmusik als Inbegriff französischen Geistes verstanden, und so ist ihm Romain Rolland zufolge »der seltene Ruhm zuteil geworden, bereits zu Lebzeiten als Klassiker zu gelten«.[1] Rückblickend hob Saint-Saëns 1880 als Ziel bei der Gründung der Société nationale de musique seine Absicht hervor, die Aufmerksamkeit »auf Kammermusik zu richten«, deren Vernachlässigung »zugunsten der Orchestermusik« er bedauerte. Doch hinderte ihn sein Beitrag »zur Entwicklung der Französischen Schule« nicht daran, die engstirnige Verkennung deutscher und anderer Musik zu brandmarken.[2] Maßgeblich beteiligte er sich an der Edition von Glucks Opern, er übernahm die Leitung der Gesamtausgabe von Rameaus Werken, gleich vertraut war ihm die »unerschöpfliche Fundgrube« der Mozart-Gesamtausgabe, und wie er in Haydn den »Vater der modernen Instrumentalmusik« sah, so erkannte er in Liszts Symphonischen Dichtungen »eine wesentliche Seite der Kunstgeschichte«.[3] Scheinbar sonst Unvereinbares war für einen so kenntnisreichen Musiker, der ein ebenso kritischer wie toleranter Geist blieb, offenbar gleich wichtig und interessant. Desto erstaunlicher ist es, daß erst 1899 sein erstes Streichquartett e-Moll op. 112 entstand, dem 1918 – drei Jahre vor seinem Tod – das zweite in G-Dur op. 153 folgte. Wenn für dieses Zögern weniger Geringschätzung als offenkundige Scheu vor der Gattung den Ausschlag gab, dann müssen die Quartette als späte Werke eines reflektierten Autors verstanden werden. Sie bilden demnach kei-

---

1 R. Rolland, *Camille Saint-Saëns* (1901), in: *Charles-Camille Saint-Saëns. Musikalische Reminiszenzen*, hg. v. R. Zimmermann, Leipzig 1977, S. 33–42: 33 und 35, wonach der Komponist in Deutschland als »Repräsentant des klassischen französischen Geistes begriffen« wurde.

2 C. Saint-Saëns, *Die Société nationale de Musique* (1880), in: *Saint-Saëns. Musikalische Reminiszenzen*, S. 228–232: 229.

3 C. Saint-Saëns, *Theater im Konzertsaal* (1880), in: *Saint-Saëns. Musikalische Reminiszenzen*, S. 213–222, bes. S. 217. Vgl. ferner S. T. Ratner, *A Thematic Catalogue of the Complete Works of Camille Saint-Saëns*, I. *The Instrumental Works*, Oxford 2000.

ne klassizistischen Parerga, sondern gewinnen desto weiteres Gewicht, je mehr sie zum historischen Kontext querstehen.

Die Eröffnung des e-Moll-Quartetts formiert den subdominantischen a-Moll-Klang mit zugefügter Sexte, doch nicht nur mit seiner weitgespreizten Lage, sondern zudem durch Dehnung über zweimal sechs Takte hält er seine Funktion gänzlich offen. Danach erst löst sich aus seinen Tönen eine melodische Linie der Oberstimme ab, die in gleichmäßig pulsierendem 6/8-Takt an eine konventionell liedhafte Thematik denken läßt, zumal sich die Unterstimmen mit sparsamer Ausfüllung bescheiden. Mit synkopisch gebundenen Achteln und dann

C. Saint-Saëns, Nr. 1 op. 112, erster Satz, Allegro, T. 7–19 (Durand & Fils).

mit raschem Tremolo erreicht die Begleitung höhere Kontinuität (Ziffer = Z. 1 bis 4 Takte vor Z. 2). Zu dieser Markierung heben sich in der Oberstimme die halbtaktige Umspielung der Tonikaquinte und ein unvermittelter Wechsel der Sextakkorde e- und d-Moll ab (Motive a und b). Ihre Bedeutung geben diese Chiffren, in denen sich leittönige und quasi modale Implikationen zusammenziehen, erst weit später zu erkennen, denn wie zu Beginn läuft der erste Satzblock nach 75 Takten in gestreckten Akkorden aus, die sich nachträglich als phrygische Kadenz ausweisen. Der jähe Kontrast, mit dem das Più allegro anschließt (Z. 3), betont in a-Moll erneut die subdominantische Richtung, rasches Laufwerk der Oberstimme entspinnt sich aus synkopischen Vorhaltbildungen, die erst recht in den Gegenstimmen die engräumigen Zellen der Eröffnung aufgreifen (a). Was also den Hauptsatz vertritt, ist gleich entwickelnd disponiert, desto mehr sticht ein straffer Akkordverband zu punktierter Rhythmik ab (Z. 4), der von der Tonika aus unter Umformung zum Tremolo dominantisch moduliert. Nach knappem Rekurs auf das entwickelnde Material tritt auf der Durparallele ein kantables Thema ein (5 Takte nach Z. 5), das als begleitend ausgefüllter Seitensatz durch die Stimmen wandert. Und die Exposition verebbt im gedehnten Akkordfeld, das sich als Zäsur vor der Durchführung ausweist. Denn die Verarbeitung greift auf die das Allegro eröffnende Motivik zurück, akzentuiert vermehrt die engräumigen Bildungen und mündet in straff punktierter Dreiklangsbrechung (Z. 9). Damit scheint ein Fugato in h-Moll anzusetzen, die Gegenstimme jedoch blickt als freie Transformation mit intervallischer Umkehrung auf das kantable Gegenthema zurück und durchläuft die Stimmen, ohne eine Trennung zwischen Thema und Kontrapunkt zu erlauben. Beide Gestalten treten sich in einstimmiger Kontraktion der punktierten Kette und der kantablen Linie gegenüber (Z. 10), um das Herzstück der Durchführung zu eröffnen. Mit der engräumigen Zelle der Einleitung (a) verbinden sich nicht nur Laufwerk, Vorhalte und Punktierung aus dem Hauptsatz, sondern als Ausspinnung des kantablen Gegenthemas fügt sich zudem die quasi modale Folge (b) der Einleitung ein, womit nun alle Phasen der Exposition verkettet sind (5 Takte nach Z. 11). Und einem transponierten Zitat des Seitensatzes folgt die Liquidation der Motivik, bevor die äußerst gestraffte Reprise die Themen umstellt und zugleich in ihrem Rang bestätigt. Ihre Funktion nämlich mußte – wie sich jetzt zeigt – in der Exposition offenbleiben, um sich in der kombinatorischen Durchführung zu konkretisieren, während der Reprise die nachträgliche Klärung verbleibt.

Nicht nur in seiner Harmonik widerlegt ein solcher Satz die gängige Vorstellung von Saint-Saëns als Vertreter eines eklektischen Klassizismus. Über konventionelle Requisiten wird so souverän verfügt, daß sich eine eigenwillige Umdeutung des herkömmlichen Ablaufs ergibt. Nicht gar so gewichtig, aber apart genug sind auch die Folgesätze. Als Scherzo weist sich der sehr rasche zweite Satz mit einem Maggiore als Trio aus, dem mit den Rahmenteilen im 2/4-Takt die häufige Triolierung gemeinsam ist. Das fugierte Thema im Trio sticht mit Quintfall vom engräumigen Material im Scherzo ab, das mehrfach in synkopischer Verschiebung den Terzraum durchmißt und sich erst allmählich weitet. Die Affinität der Teile erweist sich dort, wo sich das Trio nach Moll wendet, wogegen seine Variante in der Coda so klar wie dezent auf Beethovens Thème russe im dritten Satz aus op. 59 Nr. 2 deutet (und wie dort in E-Dur steht). Das Molto adagio in A-Dur zeigt nach zwei eröffnenden Takten einen geradezu klassischen Themenbau, dessen Vordersatz ornamentiert wiederholt wird, während der modulierend erweiterte Nachsatz zu einem Gegenthema führt, zu dessen Ornamentierung sich die Unterstimmen im Unisono zusammenziehen. Die wachsende Auffächerung der Struktur hebt erst eine Reprise auf (Z. 36), die das Thema zum akkordischen Geflecht in Sechzehnteln umformt. So konventionell sich Melos und Form geben, so kühl reserviert bleibt die Harmonik, indem sie die herkömmliche Auflösung der vielfachen Vorhalte umgeht. Trotz des knappen Formats von gut 180 Takten ist das Finale ein ausgewachsenes Sonatenrondo, dessen Refrain von Anfang an auf die engräumige Motivik aus dem Kopfsatz (a) anspielt, womit sich wie dort punktierte Rhythmen und laufende Figuren verbinden. Noch nach dem Couplet trägt dieses Material die Verarbeitung, und so zielt der Verlauf vor der Coda auf das Zitat der ›modalen‹ Wendung aus dem Kopfsatz (b bei Z. 48). So kalkuliert die Beziehung ist, so übereilt wäre der Verdacht einer Anleihe bei den zyklischen Plänen von César Franck, zu dem Saint-Saëns skeptische Distanz hielt. Solche Bezüge waren um 1900 zu geläufig, um die Annahme von Einflüssen zu begründen, desto auffälliger sind jedoch jene chromatischen und modalen Implikationen, in denen sich die historische Reflexion wie im Brennspiegel sammelt. Der geschichtliche Ort dieser Musik kann verständlicher werden, wenn man sich der Pariser Quartette Cherubinis erinnert, die sich im Repertoire behauptet hatten. So reiht etwa der Kopfsatz seines d-Moll-Quartetts in der Exposition verschiedenste Themen, deren strukturelle Funktion weniger in der Durchführung als erst in der gestrafften Reprise hervortritt.

Ähnlich klärt Saint-Saëns im ersten Satz aus op. 112 erst schrittweise die Funktion der Themen, mit ihrer Kombination verbindet sich aber ihre partielle Transformation, die Liszts Verfahren voraussetzt, ohne in Widerspruch zum kammermusikalischen Satz zu geraten. Damit erweist sich der Autor als reflektierter Klassizist, dessen zweites Quartett seine Position zu später Zeit noch eindeutiger absteckt.

Denkbar klar erscheinen die formalen und harmonischen Verhältnisse im Kopfsatz des dreisätzigen G-Dur-Quartetts op. 153, denn der Hauptsatz verläßt auch in seiner Erweiterung die Tonika nicht, und nach fast 40 Takten führt erst die Überleitung zur Dominantparallele und dann rasch zum Seitensatz in der Doppeldominante. Die fallende Dreiklangsbrechung im Hauptsatz erhält nur durch pikante Rhythmik eine eigene Note, sie wirkt noch im Violoncello zur skalaren Ausspinnung des Nachsatzes mit, die ihrerseits sequenzierend erweitert wird. Nicht sonderlich profiliert sind im Seitensatz die Skalenzüge über Orgelpunkt, erst wiederholte Kadenzwendungen mit seufzerhaften Vorhalten deuten latente Chromatik an (vor Z. 5). Aber noch die Durchführung beginnt in der Tonika, als kehre die Exposition wieder, der sequenzierte Nachsatz des Hauptthemas führt nun zur Subdominante, doch werden dann aus dem Seitensatz die repetierten Vorhalte herausgegriffen, mit deren chromatischen Implikationen ein Radius zwischen B- und Fis-Dur ausgeschritten wird (vor Z. 9). Scheinbar unberührt rückt die Reprise um einen Halbton nach G-Dur zurück und erweitert den Hauptsatz durch Solofiguren der Oberstimme (Z. 11), ebenso plötzlich wendet sich aber der Seitensatz nach Fis-Dur, um nun sein chromatisches Potential auszuspielen (Z. 13–15). Wenn noch ein kleines Fugato eintritt, das auf einer unscheinbaren Doppelschlagfigur aus dem Hauptsatz basiert, so erweitert sich die Reprise nicht nur um zehn Takte. Die Gewichte verschieben sich vielmehr intern, weil der tonal stabile Hauptsatz gestrafft wird, während der Seitensatz denselben Radius wie in der Durchführung durchmißt. Und die Coda resümiert diese Vorgaben, indem sie gegen das Kopfmotiv des einen Themas die Vorhalte des anderen stellt, um in ihren gemeinsamen Skalenzügen auszulaufen (Z. 16–20).

Nicht anders als in op. 112 verlagert sich also der Prozeß hin zur Reprise, die sich hier erst recht vom unbeschwerten Ton des Satzbeginns distanziert. Eigenartiger noch verläuft das zentrale Molto adagio, das in der Oberstimme so tastend einsetzt, als wolle sich ein Thema vorbereiten. Dieselbe Wendung wird aber frei kanonisch einen Takt später von der zweiten Violine einen Halbton höher aufgenommen, und da die Tonika ausgespart wird, bleibt die Harmonik in der Schwebe. Gemäß der Vorzeichnung wird in T. 5 c-Moll erreicht, ständig wird aber die Moll- von der Dur-Terz abgelöst, während zugleich die kleine Obersekunde des Grundtons an die Stelle des Leittons rückt. Chromatische Stimmzüge treten also Klangfolgen gegenüber, die kaum leittönig verbunden werden, und diffuser noch ist die ornamentale Zerfaserung, in die der thematische Viertakter zerfällt (Z. 21). Desto klarer hebt sich als zweites Thema im 9/8-Takt ein Andantino in Des-Dur ab, und wenn sich sein akkordischer Satz in komplementäre Figuren auflöst, werden sie durch Quintschrittsequenzen fest verbunden. In die Rückleitung jedoch ziehen erneut die chromatischen Bildungen ein, die zum modifizierten ersten Thema in fis-Moll führen. Zwar folgt erneut das Andantino, nun in D-Dur, fortan aber lösen sich beide Ebenen in vier- und zweitaktigem Wechsel derart ab, daß ihre harmonischen und thematischen Konturen verschwimmen, bis sie sich in rhapsodischer Solokadenz verlieren. Noch nach der kurzen Reprise verschleiert sich die Harmonik des Schlusses, und so dürfte kein anderer Satz von Saint-Saëns der Musik der jüngeren Antipoden näherkommen als dieser. Obwohl der Schlußsatz ›Interlude et Final‹ überschrieben ist, erweitert er das Werk nicht zur Viersätzigkeit, denn das durchsichtige Andantino F-Dur, das den 3/4-Takt in gleichmäßiger Viertelbewegung ausprägt, bildet eine Einleitung zum Allegretto con moto G-Dur, das ein reguläres Rondo im 2/4-Takt darstellt. Der Refrain knüpft in seiner Bewegung wie in den eröffnenden Quintsprüngen an die Einleitung an, erst sein Mittelteil und dann die späteren Varianten führen figurative Gegenstimmen ein; sie vermitteln zum Couplet, und wieder obliegt es der Durchführung, das harmonische Terrain zu öffnen. Umstandslos setzt die Reprise gleich mit dem Couplet ein, erst vor der Coda werden beide Themen kurz kombiniert und harmonisch weiter differenziert (Z. 58).

Mit seiner formalen Reduktion scheint das Werk dem Anspruch der Gattung auszuweichen, in diesem Rahmen jedoch durchlaufen die Sätze eine graduell wechselnde Differenzierung, die zumal an der harmonischen Entwicklung abzulesen ist. Gewiß ist dieses Quartett ein später Überhang des 19. Jahrhunderts in einer Zeit, in der schon Hauptwerke von Schönberg, Bartók oder Hindemith vorlagen. Höchst ambivalent reagiert es indes auf diese Lage mit einer klassizistischen Attitüde, die zunächst demonstrieren will, was der Tradition noch immer abzugewinnen sei, während sich zugleich doch zeigt, wie fragil das Material für einen so traditionsbewußten Musiker geworden ist.

Singuläre Lösungen: Fauré und Franck

Im Unterschied zu Gounod und Lalo hatte Gabriel Fauré (1845–1924) bereits eine Reihe bedeutender Kammermusikwerke geschrieben, bevor 1923–24 – kurz vor seinem Tod – sein einziges Streichquartett e-Moll op. 121 entstand, das damit wiederum ein eindrucksvolles Spätwerk darstellt. Näher als Franck stand ihm Saint-Saëns, wiewohl er aber außer Schauspielmusiken drei Opern hinterließ, umfaßt sein Œuvre neben zahlreichen Liedern bedeutende Sakralwerke wie das Requiem und eine Messe. Nach dem Unterricht bei Saint-Saëns an der École Niedermeyer, an der er selbst später lehrte, war Fauré zunächst wie Franck Organist, die Stelle an St. Sulpice vertauschte er 1877 mit dem Amt an der Madeleine, bis er 1896 an das Conservatoire berufen wurde, dessen Leitung er von 1905 bis 1920 innehatte. Von Anfang an war er an der Société nationale beteiligt, seit 1875 schrieb er nächst einer Violinsonate zwei Klavierquartette und ein Klavierquintett, aber noch die späteren Werke, zu denen neben dem zweiten Klavierquintett und zwei Cellosonaten eine weitere Violinsonate und ein Trio gehören, werden durchweg vom Klavierpart geprägt, ohne den allein das späte Streichquartett auskommt. Obwohl nur dreisätzig, ist es alles eher als ein ›petit quatour‹, doch zeigt sich seine Bedeutung erst im zeitgenössischen Kontext und im Abstand von nicht minder kunstvollen Frühwerken. Dabei vollzieht sich eine vielschichtige Vermittlung, die nicht einfach als Paarung romantischer und modaler Harmonik zu bestimmen ist.[1] Als Allegro moderato im 2/2-Takt ließe der Kopfsatz an den Beginn von Beethovens op. 131 denken, verriete sich nicht das Gerüst eines Sonatensatzes. Ähnlich wie in mensuraler Musik verfließen die Taktgruppen desto mehr, je weiter der harmonische Prozeß fortschreitet. Kenntlich wird das bereits am Hauptthema, dessen viertaktige Glieder kaum als Vorder- und Nachsatz zu klassifizieren sind.[2] Beide werden nicht nur – transponiert um eine Terz aufwärts – gemeinsam wiederholt, so daß von einer Großperiode mit 16 Takten zu reden wäre, vielmehr verwehrt ihr strukturelles Verhältnis eine eindeutige Auftrennung. Der erste Viertakter verheißt mit kontrapunktischen Synkopationen eher ein Fugato, und mit über-

1 M. Favre, *Gabriel Faurés Kammermusik*, Zürich 1947; J.-M. Nectoux, *Fauré*, Paris 1972, S. 164ff.; Cl. Breitfeld, *Form und Struktur in der Kammermusik von Gabriel Fauré*, Bd. 1–2, Kassel u. a. 1992, bes. die Übersicht Bd. 2, S. 33ff. Vgl. ferner P. Jost, Art. *Gabriel Fauré*, in: *MGG²*, Personenteil Bd. 6, Kassel u. a. 2001, Sp. 790–825; ders. (Hg.), *Gabriel Fauré. Werk und Rezeption*, Kassel u. a. 1996; E. Philipps, *Gabriel Fauré. A Guide to Research*, New York 2000.

2 Cl. Breitfeld, *Form und Struktur in der Kammermusik von Gabriel Fauré*, Bd. 1, zum Modell aus dem Jugendwerk op. 13 S. 47f., zum Kopfsatz S. 155–161, zu den Folgesätzen S. 188ff. und S. 220.

G. Fauré, Quartett e-Moll, op. 121, erster Satz, T. 1–16 (Edition Peters).

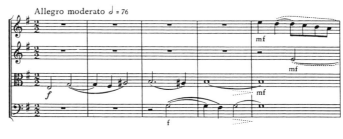

mäßiger Quarte (e – ais) erweitert der Themenkopf der Viola den Rahmen leittönig zur Quinte. Statt durch einen zweiten Einsatz wird er jedoch vom Baß als freier Füllstimme ergänzt, überdeckt wird er zudem ab T. 5 vom ebenso thematischen Einsatz der Oberstimme, deren fließende Achtel durch Hochton die erste Zählzeit artikulieren und mit rezitativischem Quartfall enden (der in T. 16 durch Leitton zur Dominante ersetzt wird). Der kadenzmetrische Satz klassischer Herkunft trifft also auf einen kontrapunktischen Ansatz, der zugleich in den Unterstimmen fortläuft, womit sich beide Schichten von vornherein überlagern. Sobald das intervallisch und rhythmisch geglättete Incipit ab T. 17 in zweitaktigem Abstand Beantwortung findet, verliert sich jedoch die Fortspinnung zu nachschlagenden Vierteln als akkordischer Begleitung, beide Prinzipien durchdringen sich also auf andere Weise erneut, bis die Achtelfolgen des ›Nachsatzes‹ mit ihrer Kadenzwendung das kontrapunktische Gefüge ablösen. Recht eindeutig setzt mit T. 35 in der Durparallele ein Seitensatz ein, dessen viertaktiger Kern als steigende und fallende Linie fast wie eine augmentierte Umbildung des vormaligen

›Nachsatzes‹ anmutet. Seine Sequenzierung führt jedoch in eine weitere Satzgruppe (T. 43), deren Oberstimme als freie Variante auf das Incipit des Beginns zurückweist, und ihre steigende Sequenz erweitert nun den tonalen und zugleich dynamischen Radius, bis die Exposition im transponierten Zitat des ganzen ›Nachsatzes‹ ausläuft. Die Durchführung (T. 60–110) setzt wirklich als Fugato an, erstmals erscheint das Thema wieder mit übermäßigem Quartrahmen, danach zwar wird es intervallisch frei modifiziert, die ihm inhärenten Leittöne werden aber enharmonisch umgedeutet. Aus ihrer Umwandlung (ais – dis zu b – es) resultieren Exkurse in tonal ferne Regionen (wie T. 64–67 faktisch g-Moll und Es-Dur im Rahmen von h-Moll), die Verarbeitung des historisch definierten ›Vordersatzes‹ führt also zur tonalen Extension, deren Ansätze jedoch vom kadenzmetrischen ›Nachsatz‹ zur Ordnung gerufen werden. Sobald die Sukzession der Schichten zur simultanen Kombination fortschreitet (ab T. 80), wird der Seitensatz in die Chromatisierung einbezogen, die sich im Fortissimo mit chromatisch gleitender Liquidation entlädt. Die Reduktion übergreift die Grenze zur Reprise (T. 103–110), die ihrerseits die Exposition nicht nur nachzeichnet. Zwar erscheint der Seitensatz regulär in der Dur-Variante, unverkennbar sind aber die Spuren der harmonischen Prozesse, und die Coda endet in E-Dur, drängt aber nur allmählich die Chromatisierung zurück. Erst die Schlußtakte lassen ausnahmsweise Dominantseptakkorde durchscheinen – und dies zum diatonisch geglätteten Incipit, dessen übermäßiger Quartschritt zuvor die harmonische Diffusion auslöste (T. 192).

Formal ist der zweite Satz – ein Andante in a-Moll – zweiteilig angelegt mit einer Reprise ab T. 68, in der sogar die ersten neun Takte notengetreu wiederkehren. Nur äußerlich läßt sich jedoch der erste Teil in vier Phasen gliedern, denen zudem vier verschiedene Themen zu entsprechen scheinen. Denn dem ersten Block mit komplementärer Beteiligung aller Stimmen folgen drei weitere, in denen die Begleitung auf repetierte, dann nachschlagende und endlich gebundene Achtel reduziert wird (T. 16, 24, 48). Einer solchen Gliederung widerspricht jedoch die Thematik, die keine derart klare Auftrennung kennt. Der erste Takt prägt mit punktiertem Terzfall und leiterfremdem Halbton über der Tonika (c–b–a) eine phrygische Formel aus, die wenig später das Violoncello imitiert, und dieses Motiv durchzieht mehrfach die Stimmen, die sonst neutrale Skalenzüge ausbilden. Bei wechselnder Begleitung weitet sich im zweiten Formglied die Melodik der führenden Viola; sobald sie von der ersten Violine übernommen wird, zieht in den dritten Ansatz wieder die anfängliche Kernformel ein (T. 26 und T. 30), deren Ausspinnung zugleich auf die zuvor erweiterten Linien zurückgreift. Wirklich neu wie ein Seitensatz tritt erst die vierte Phase mit dem Schein eines fugierten Satzes ein, in thematischer Funktion werden die zuvor begleitenden Achtel zu gebundenen Ketten umgeformt, die aber im gleichen Duktus wie in den vorangehenden Phasen fortgesponnen werden. Die latente Affinität dieser Phasen macht sich die Reprise zunutze, indem sie mit den strukturellen und melodischen Kriterien der Teile ein wahres Vexierspiel entfaltet. Kaum unterscheidbar verfließen nämlich nach den ersten neun Takten gebundene Achtel aus dem fugierten Glied mit nachschlagender Begleitung aus dem dritten, und die führenden Stimmen greifen immer wieder auf die prägnante Terzformel des Beginns und ihre sukzessive Erweiterung zurück. Ziel des Prozesses ist also wie im ersten Satz die Verschmelzung der Strukturen und Teilgrenzen, um in diesem Strom ohne Zäsuren desto feiner die rhythmischen Nuancen und harmonischen Valeurs zu differenzieren. Ähnlich ist das Finale als ein Rondo angelegt, dessen Refrainthema als Fugato eingeführt wird und in augmentierter Variante einen Zwischensatz bestreitet, von dem sich das Couplet durch markante Achtelbegleitung abhebt (ab T. 42). Schon die folgende Satzgruppe verbindet indes melodische Züge beider Themen, und der Verlauf kombiniert bis hin zur Reprise thematische Elemente aus beiden Schichten, wonach sich die Coda mit dem Refrain zur Durvariante wendet. Insgesamt zeichnen sich drei Teile mit ausgewogenen Proportionen ab, wie in den anderen Sätzen wird die Gliederung aber von immer dichterer Kommunikation der anfangs getrennten Themenglieder unterlaufen.

Auf jeweils eigene Weise sind alle Sätze also durch ein kombinatorisches Verfahren gekennzeichnet, das erst in ihrem Verlauf zur Geltung kommt. Wie die beiden Quartette von Saint-Saëns entfaltet das Werk von Fauré einen eigenartigen Prozeß, der sich gegen die konventionelle Formgliederung durchsetzt. Indem Fauré aber in den beiden ersten Sätzen weitere historische Dimensionen reflektiert, wird seine Satztechnik durch freie Kontrapunktik und harmonische Erweiterung dazu befähigt, sich den aktuellen Tendenzen der Entstehungszeit so zu nähern, daß in der Kulmination die tonale Basis phasenweise zu verblassen beginnt. Mehr noch als das zweite Quartett von Saint-Saëns schlägt das Werk des 80jährigen Fauré eine Brücke zwischen weit entfernten Phasen der Kompositionsgeschichte.

Zum Mittelpunkt eines Kreises, zu dem sich d'Indy und Chausson rechnen lassen, wurde César Franck (1822–1890), der 1872 eine Professur für Orgel am Conservatoire übernahm.[1] Obwohl er dem Alter nach Gounod oder Lalo näher stand als Saint-Saëns und Fauré, repräsentierte besonders seine Musik jene Erneuerung, die mit dem Schlagwort der ›ars gallica‹ gemeint war. Dabei kam der in Liège geborene Franck nicht aus dem französischen Zentrum, in Paris war er 1835–36 noch Schüler von Anton Reicha, bevor er unter dem Direktorat von Cherubini zum Conservatoire wechselte, und seit 1846 wirkte er als Organist (zuletzt ab 1858 an der Sainte-Clotilde). Im Unterschied zu vielen französischen Zeitgenossen stand demgemäß nicht die Oper im

---

[1] Vgl. dazu die Monographie mit Werkverzeichnis von J.-M. Fauquet, *César Franck*, Paris 1999; ders., Art. *César Franck*, in: *MGG²*, Personenteil Bd. 6, Kassel u. a. 2001, Sp. 1584–1611; K. Eich, *Die Kammermusik von César Franck*, Kassel u. a. 2002 (Kieler Schriften zur Musikwissenschaft 48).

Zentrum des Œuvres, wiewohl noch im letzten Lebensjahrzehnt zwei Werke wie *Hulda* und *Ghiselle* entstanden. Wirksamer wurde seine geistliche Musik, in der neben zahlreichen Motetten und Orgelwerken das Oratorium *Les Béatitudes* herausragt. Den anderen Hauptbereich bilden Instrumentalwerke, zu denen neben Symphonischen Dichtungen und einer Symphonie die späte Kammermusik gehört. In Hamburg und Leipzig waren als op. 1–2 vier frühe Klaviertrios erschienen, von ihnen unterscheiden sich aber scharf die Spätwerke, unter denen nach einem Klavierquintett und einer Violinsonate das Streichquartett D-Dur aus den Jahren 1889–90 das letzte bildet. Seit 1871 war Franck an der Société nationale beteiligt, deren Präsident er 1886 wurde, sein einziges Quartett wurde jedoch wie manche Gegenstücke ein ausgesprochenes Alterswerk.

Die Eigenart der Komposition liegt weniger in dem oft beschworenen ›zyklischen Prinzip‹, das zwar nicht immer so ostentativ hervortritt wie hier, aber doch nicht Francks Eigentum war. Die Bedeutung des Werks erschließt sich auch nicht so sehr in den Mittelsätzen, selbst wenn ihre Hauptthemen in die Reihe der Themenzitate im Finale eingehen.[1] Wie so oft eignet dem Scherzo in fis-Moll, dessen Trio sich nach D-Dur wendet, die relative Stabilität der rhythmisch prägnanten Bausteine. Die engräumige Begleitfigur, die anfangs in den Unterstimmen aufsteigt, kontrastiert zu raschen Dreiklangsbrechungen der ersten Violine, die im fünften Takt abbricht, nach einem Pausentakt wiederholt sich das Spiel, abgespalten wird dann ein einzelner Takt, der überraschend nach d-Moll und dann B-Dur rückt, und eine ebenso abbrechende Kadenzwendung wird durch gedehnte Akkorde mit Rückungen und dynamischen Kontrasten beantwortet. Damit ist die Substanz vorgegeben, die das Scherzo selbst dann bestimmt, wenn die Oberstimme (ab D) darüber einen kantablen Melodiebogen setzt, der rasch von der motorischen Energie erfaßt wird. Durch ruhige Gangart, die primär gebundene Achtel kennt, hebt sich davon das Trio ab, mit dessen Zitat der Satz nach der leicht veränderten Scherzoreprise in der Durvariante endet. In H-Dur schließt sich das Larghetto an, dessen kantables Melos nicht nur überraschend regelhaft periodisiert ist, sondern durch Vorhalte und Terzrückungen harmonisch differenziert und ausgesponnen wird. Indem dieser A-Teil zweifach wiederkehrt (ab T. 69 und T. 151), indiziert er eine fünfteilige Anlage samt Coda, und so setzt dann auch zunächst ein B-Teil ein (ab T. 34), der sich vom dichten Gewebe zuvor durch Dominanz der Oberstimme mit gebundenen Achteltriolen abhebt. Signifikant sind zumal quasi ›modale‹ Wendungen, die ihn im Wechsel von h- und fis-Moll eröffnen und transponiert beschließen. Desto plötzlicher kontrastiert nach der Wiederholung des ersten Satzglieds der vierte Teil (ab T. 103), der bei wechselnder Vorzeichnung in C-Dur durch begleitende Akkordbrechungen dynamisiert wird, wogegen die führende Oberstimme kaum motivische Bezüge erkennen läßt. Daß sie vom fallenden Terzzug des

1 K. Eich, *Die Kammermusik von César Franck*, S. 119ff. und S. 124ff.

1 Ebenda, zum ersten Satz S. 108–119, zum Finale S. 129–138, zur zyklischen Strategie S. 139–146.

2 C. Dahlhaus, *Die Musik des 19. Jahrhunderts*, Wiesbaden und Laaber 1980 (Neues Handbuch der Musikwissenschaft 6), S. 243f.; W. Rathert, *Form und Zeit im Streichquartett César Francks*, in: *Neue Musik und Tradition. Festschrift Rudolf Stephan zum 65. Geburtstag*, hg. v. J. Kuckertz u. a., Laaber 1990, S. 311–332; B. Wegener, *César Francks Harmonik, dargestellt am Streichquartett D-Dur*, in: Revue belge de musicologie 45 (1991), S. 124–144.

Satzbeginns ausgeht, wird so wenig greifbar wie der Verweis auf die engräumige Wendung (T. 115), die auf Beginn und Ende des Trioteils im Scherzo anspielt. Die drängende Diktion gibt diesem Teil seine unmittelbare Expressivität, deren schrittweise Reduktion die gestraffte Wiederkehr des Kernsatzes erlaubt. Mit ihm beginnt die Coda, die nachträglich die Zusammenhänge klärt, indem sie die drei Phasen des Satzes auf engem Raum derart resümiert, daß ein verbindender Terzzug deutlich wird, während die triolische Begleitung zum vormaligen B-Teil vermittelt.

Beide Ecksätze zeigen ihre Komplexität nicht erst im Zusammenhang, durch den sie sich wechselweise definieren, sondern bereits in einer formalen Disposition, die sich mit einer partiell avancierten Harmonik paart.[1] Das ausgedehnte ›poco lento‹, mit dem der Kopfsatz beginnt, ist mit 80 Takten weit länger als eine herkömmliche Einleitung und wird zudem durch breite Kadenzierung abgeregelt. Wie ein ›Lied‹ hob es sich für d'Indy vom folgenden Allegro in d-Moll ab, und Carl Dahlhaus zufolge, dessen Sicht Wolfgang Rathert weiter pointierte, läge »strenggenommen ein Doppelsatz« vor.[2] Denn das Lento zeige selbst Sonatenform mit Haupt- und Seitensatz in Tonika und Dominante samt ihrer Wiederkehr in der Grundtonart, während ein »Fugato über das Hauptthema« als Durchführung im Allegro erscheine, wonach der Rekurs auf das Lento am Ende keine Reminiszenz, sondern »eine reguläre Reprise« bilde. Ein so verwickelter Plan läßt sich nur entwirren, wenn die Substanz der Themen auf ihre Funktion bezogen wird, die in letzter Instanz erst das Finale klärt.

Mit emphatischem Nachdruck – und alles eher als nur einleitend – erhebt sich über akkordischem Unterbau die Oberstimme in fallender Dreiklangsbrechung, die zudem durch Dezimensprung mit ausgleichen-

C. Franck, Quartett D-Dur, erster Satz, T. 1–14 (E. Eulenburg).

Vierter Satz, T. 55–58 (Poco lento), T. 59–63 (Allegro molto).

der Schrittbewegung überhöht wird, während schreitende Viertel nur durch Überbindung und kadenzierende Achtel im dritten Takt modifiziert werden. Dabei verschiebt sich der tonikale Grundklang durch Leitton zur Quinte (gis), deren Terz erniedrigt wird (b), womit sich der Rahmen einer ›neapolitanischen‹ Kadenz abzeichnet (b–a–gis), und die folgenden thematischen Ansätze führen die harmonische Extension nach B- und Es-Dur fort. Erst nach der Rücknahme dieser Stauung fällt die Führung dem Violoncello zu, wozu sich die Gegenstimmen freier entfalten. Ein zweites, eher engräumig gebundenes Thema setzt auf der Dominante ein (T. 31), die aber durch leittonlose, quasi ›mixolydische‹ Wendung der Oberstimme geschwächt und bald durch die Mollvariante ersetzt wird, und die Sequenzierung dieses Gedankens tendiert zu jener schweifenden Harmonik, die dem ganzen Werk zu eigen ist. Statt einer Durchführung kehrt aber gleich das erste Thema wieder, das sich mit gleichmäßig figurierter Begleitung nun einem ›Liedsatz‹ nähert, wogegen der zweite Gedanke transponiert und sequenzierend erweitert wird. Dem Schein einer Sonatenform widerstrebt also nicht nur die untergeordnete Rolle des Seitenthemas, sondern mehr noch der Ausfall einer Durchführung, und einen eher defizitären Sonatensatz stellt ebenfalls das anschließende Allegro dar. Seine beiden Themen erscheinen nicht nur gleichermaßen in der Tonika d-Moll (ab T. 81 und T. 105), sie teilen neben der engräumigen Bewegung im Quintrahmen auch die auffällige Punktierung, die sich jeweils auf der Takteins einstellt. Statt von Kontrasten wäre fast von motivischen Analogien zu reden, die noch in der unterschiedlichen Ausspinnung beggenen und erst in der akkordischen Raffung der Schlußgruppe aufgehoben werden. Daß das Fugato in f-Moll von einer Variante des das Lento eröffnenden Themas ausgeht, ist so unverkennbar wie die weitere Reduktion auf den fallenden Dreiklang, die schon nach einmaliger Durchführung ansetzt. Und nach wenigen Steigerungstakten schließt die Durchführung beider Themen aus dem Allegro an, die nun enger zusammenrücken und damit ihre Affinität vorweisen (T. 227–232). In der Reprise wird das erste Thema gestrafft und das zweite nach fis-Moll transponiert, die Schlußgruppe nimmt jedoch eine vermittelnde Phase auf und läßt den fallenden Dreiklang durchscheinen (T. 327), um zur Wiederkehr des Lento zurückzuführen (ab T. 340). Seine beiden Themen gehen in das Resümee ein, das so wie vor dem Allegro in eine Kadenz mündet, die zugleich die punktierten Gesten beider Allegrothemen umgreift.

Erst das Ende des Satzes gibt also zu erkennen, daß Lento wie Allegro nicht reguläre Sonatensätze sind; statt von einem Doppelsatz ließe sich daher eher von einer doppeldeutigen Erweiterung der Form sprechen, sofern das Lento einerseits eine Eröffnung und zugleich einen ersten Themenkomplex ausmacht, während beide Allegrothemen andererseits gemeinsam einen zweiten Komplex darstellen. Demgemäß verkettet die Durchführung beide Teilsätze, deren Reihenfolge die Reprise so umstellt, daß sich der Kreis mit dem Lento schließt. Daß diese Sicht nicht nur spekulativ ist, entscheidet sich erst im Finale, in dem das Lentothema zum Hauptsatz aufrückt, wogegen aus dem Allegro der Seitensatz in analoger Position übernommen wird. Aus den Themenpaaren beider Teilsätze werden der erste und der letzte Gedanke herausgegriffen und zum Haupt- und Seitensatz im Finale umgebildet, womit sich nun erst erweist, welches Material für den Kopfsatz als repräsentativ zu gelten hat.

Der scheinbar monströse Umfang, den das Finale mit 881 Takten erreicht, relativiert sich durch den 2/2-Takt, der als zügiges Allegro molto aufzufassen ist. Daß die Eröffnung die Themen aus dem Larghetto, dem Scherzo und dem Lento zitiert, die zudem durch eine refrainartig wiederkehrende Formel in raschem Tempo getrennt werden, legt fast automatisch den Gedanken an das Finale aus Beethovens IX. Symphonie nahe. Während sich dort aber die Erweiterung zum Vokalsatz ankündigte, erscheint hier eine Kette von überdeutlichen Zitaten, die dem Verdacht einer bloßen Montage nur entgeht, wenn sie als Problem verstanden wird, das einer internen Legitimation bedarf. Die Erinnerung an Beethoven wird also mit einer immanenten Lösung verschränkt, wie sie Mendelssohn im Finale aus op. 13 gefunden hatte, um damit dem gesteigerten Anspruch des Streichquartetts Rechnung zu tragen.

Die eröffnende Kette thematischer Zitate exponiert mit der Aufgabe ihrer Integration bereits die zentrale Themenstellung eines Formplans, der sich im Rahmen eines erweiterten Sonatensatzes vollzieht, und da ihre trennende Formel in raschem Tempo, die einen Terzsprung mit chromatischem Fall ausgleicht, in den Verlauf eingearbeitet wird, ist sie kaum als Refrain, sondern eher als ein Scharnier zu bezeichnen. Die planvolle Arbeit beginnt schon am Schluß der Einleitung mit dem Zitat des Lentothemas aus dem Kopfsatz, das anschließend in der Viola als Hauptthema im Finale erscheint (T. 53 und T. 59). Seine mehrfache Erweiterung umschließt den Rückgriff auf das engräumige Scharnier der Einleitung (T. 83) und bereitet zugleich mit Quintschritten in Baßlage (T. 100) den Seitensatz vor, der seinerseits ab T. 113 das Modell aus dem

Kopfsatz transformiert (dort T. 105). Seine Ansätze implizieren in zweitaktigem Abstand einen Terzzirkel, der vorerst nicht ganz ausgeschritten wird, indem aber das Seitenthema in beiden Ecksätzen auf der Tonika eintritt, wird zwischen thematischer und tonaler Position unterschieden, womit sich die Einführung eines weiteren Themas auf der Molldominante legitimiert. Scharf kontrastierend kündigt nämlich das einleitende Scharnier mit aufschießenden Dreiklängen im Tremolo eine Anspielung auf das Scherzothema an (T. 165), doch werden beide Gestalten gleich zu einer Begleitung verschliffen, über der ab T. 177 ›marcatissimo‹ ein drittes Thema in a-Moll beginnt und seine punktierte Rhythmik in drei Perioden mit je 16 Takten staffelt. Die letzte Phase der Exposition verbindet ab T. 225 den zum Terzzirkel erweiterten Seitensatz mit dem konträren dritten Thema, während die Restitution des Hauptthemas der Durchführung überlassen bleibt.

Die integrative Anstrengung, die statt konventionell thematischer Arbeit die Durchführung bestimmt, setzt zuerst mit der Umbildung des augmentierten Scharniers zu einer Legatovariante ein, die im Pianissimo von den Quintschritten des Seitensatzes abgelöst wird (T. 298 und T. 232). Wider Erwarten wird aber mit der ursprünglichen Gestalt des Scharniers das dritte Thema einbezogen (T. 338 und T. 360), das erneut erst zum Legato geglättet werden muß, um nun dem Hauptthema Raum zu geben (T. 400). Mit ihm verbinden sich sodann Scharnier und Seitensatz in gedehnter Version, bis die Konturen der Themen verschwimmen (T. 408 und T. 452). Umgekehrt ist es die Grundform des Scharniers, die ab T. 470 die Climax des Hauptthemas vorbereitet, dessen gedehnte Gestalt sich im Fortissimo mit dem chromatischen Scharnier verbindet (T. 480). Und der partiell transponierten und gekürzten Reprise (T. 506–704) folgt endlich die Coda, die Finale und Zyklus zugleich resümiert. Ausgehend vom gedehnten Scharnier im Pianissimo wird sie zweimal von Scherzozitaten unterbrochen, die erneut zu begleitender Figuration geglättet werden, und nachdem die Varianten des Hauptthemas zugleich das Lentothema des Kopfsatzes einfassen, wird in breiter Kantilene das Thema des langsamen Satzes ausgesponnen (T. 785–836), bis sich abschließend mit fallendem Dreiklang und chromatischem Terzfall die Chiffren der Strukturen gegenübertreten.

Das ›zyklische Prinzip‹ begrenzt sich im Streichquartett von Franck nicht auf die Montage thematischer Zitate, sondern richtet sich auf ihre integrierende Transformation, in der sich die Schichten des Materials überlagern. Fraglich ist es daher, ob in beiden Ecksätzen »das Verhältnis von Form und Zeit« derart verschieden ist, wie es Rathert postulierte, indem er »das Beethovensche Kontrastmodell« des prozessualen Kopfsatzes einer »zugleich kaleidoskopischen wie rückläufigen Anlage« im Finale entgegensetzte.[1] Beide Sätze sind gleichermaßen zerklüftet und mehrschichtig, und wenn erst das Finale die Ambivalenz des Kopfsat-

---

1 W. Rathert, *Form und Zeit im Streichquartett César Francks*, S. 328: »in der tendenziellen Loslösung der Zeit von der Form wiederum werden die Umrisse eines statischen, fast antitemporalen Zeitbegriffs sichtbar«.

zes zugunsten seiner primären Themen auflöst, so ist es selbst auf die zunehmende Integration des thematischen Spektrums ausgerichtet. Widersprüchlich mag der Versuch von Franck scheinen, jenen linearen Prozeß, der einem Sonatensatz gemäß ist, mit der Vorstellung eines Kreises zu versöhnen, die der zyklischen Konzeption zugrunde liegt. Radikal werden damit aber die konstitutiven Kategorien einer Entwicklung definiert, die zugleich im Rückgriff auf frühere Gestalten gründet. Daß darin Erinnerung und Gegenwart zusammentreffen, kennzeichnet jede Musik, die einen Prozeß voranzutreiben sucht. Aus dieser Einsicht zog Franck weitere Konsequenzen, indem er Sätze und Themen planvoll zusammendachte wie kaum ein anderer Komponist. Zu überbieten war das Vorhaben nur im einsätzigen Zyklus, mit dem Schönberg in op. 7 die Lisztsche ›double function form‹ für das Streichquartett adaptierte.

d'Indy oder: les Franckistes

Die Bedeutung von Francks Werk wird gewiß nicht durch einen »précurseur« geschmälert, wie ihn Jean Gallois in Sylvio Lazzari (1857–1944) sah.[1] Lazzari stammte aus Bozen und lebte seit 1882 in Paris, sein a-Moll-Quartett op. 17 entstand bereits 1887–88, wurde jedoch erst 1911 gedruckt. Nach einem vitalen Kopfsatz fällt das Andante eher als das Scherzo durch recht ausgefeilte Harmonik auf; wiewohl aber gerade dieser Satz vor dem Ende des Finales (Allegro giocoso) zitiert wird, kann von keiner so umgreifenden Disposition wie bei Franck die Rede sein. Zum Umfeld Francks rechnen in der französischen Forschung noch weitere Musiker, für die sich die Bezeichnung ›les Franckistes‹ eingebürgert hat. Zumeist traten sie mit nur einem Quartett hervor, das dann entweder recht früh liegt oder aber erst in das weitere 20. Jahrhundert fällt. Neben dem d-Moll-Quartett op. 12, das Louis Vierne (1870–1937) bereits 1898 schrieb und Charles Widor zueignete, ist das gleichzeitig entstandene und Paul Dukas gewidmete D-Dur-Quartett von Gustave Samazeuilh (1877–1967) zu nennen. Wie das B-Dur-Werk von Maurice Emmanuel (1862–1938) entstand zu gleicher Zeit das einzige Quartett von Alberic Magnard (1865–1914), das nach eröffnendem Animé e-Moll mit Intermezzo G-Dur, Chant funèbre c-Moll und Danser E-Dur drei charakteristisch unterschiedene Sätze reiht, ohne sie jedoch thematisch zu verklammern. Verblaßt schon hier die Beziehung zu Franck, so tritt sie vollends in den Quartetten zurück, die Guy Ropartz (1864–1955) und Jean Roger-Ducasse (1873–1954) weit später veröffentlichten. Nach zwei Frühwerken aus der Zeit vor 1911 erschienen vier weitere Quartette von Ropartz zwischen 1924 und 1948, und bis auf ein Fauré gewidmetes d-Moll-Werk aus den Jahren 1900–09 legte Roger-Ducasse seine Quartette in d-Moll und D-Dur sogar erst 1953–54 vor.

---

1 J. Gallois, *Les quatuors à cordes de l'école de Franck*, in: *Le quatuor à cordes en France de 1750 à nos jours*, S. 119–128: 121f.

Aus Francks Umkreis ragt namentlich Vincent d'Indy (1851–1931) heraus, der seit 1896 an der Schola Cantorum lehrte und 1912 die Orchesterklasse am Conservatoire übernahm.¹ Aus begütertem Adel kommend, wurde er 1873 Francks Schüler und wirkte als Organist, auf Reisen begegnete er Liszt wie Brahms und wurde durch mehrfache Besuche in Bayreuth zum Bewunderer Wagners. Seit 1890 war er Präsident der Société nationale, in der seine Streichquartette zuerst aufgeführt wurden, Konzertreisen führten ihn durch Europa und in die USA, so unbestritten aber seine Stellung war, so abweisend verhielt er sich gegen Schönberg, Strawinsky und die Gruppe ›Les Six‹. Wirksamer als seine Kompositionen wurde der umfängliche *Cours de composition*, der unter Mithilfe von Auguste Sérieyx seit 1903 veröffentlicht wurde, denn die analytischen Kommentare basierten zwar auf Werken von Beethoven, beriefen sich aber auf Franck und kritisierten nicht selten ältere und zeitgenössische Werke.² Daß für d'Indy das Streichquartett als »la forme la plus difficile« galt und »une forte maturité d'esprit et de talent« forderte, beweist nur das Ausmaß, in dem sich mittlerweile die Gattungshierarchie in Frankreich etabliert hatte. Desto auffälliger ist das Urteil über Beethovens Quartette bis hin zu op. 96: »Les dix ou onze premiers ne sont en réalité que des essais«, wogegen erst das Spätwerk »tout une nouvelle musique« darstellt.³ Dabei bezog sich d'Indy auf die »forme cyclique«, mit der erst Franck die eigentlichen Konsequenzen aus Beethoven gezogen habe.⁴ Maßgeblich waren Begriffe wie »motif conducteur« oder »cellule génératrice«, die das an Wagner gebundene ›Leitmotiv‹ zu umschreiben suchen. So verbindet die drei Quartette von d'Indy – ein viertes wurde 1931 nicht mehr abgeschlossen – zunächst das Verfahren, die Thematik der Sätze aus einem intervallischen Substrat abzuleiten, wiewohl Differenzen zwischen den Werken nicht zu übersehen sind. Folgen die Quartette op. 35 D-Dur (1890) und op. 45 E-Dur (1897) dem herkömmlichen Formenkanon, so deutet das späte Werk in Des-Dur op. 96 (1928–29) schon in den Satzbezeichnungen auf ältere Traditionen zurück. Dem Partiturdruck aller Werke wird ein Epigraph vorangestellt, das die intervallische Substanz der Themen umschreibt und in op. 96 von einer ausführlichen ›notice explicative‹ ergänzt wird.

Obwohl sich d'Indy auf Franck berief, unterscheiden sich die Verfahren in der Realität so grundsätzlich, daß nur das Ziel der thematischen Satzverknüpfung im Zyklus als gemeinsamer Nenner bleibt. Während Franck zunächst höchst unterschiedliche Themen entwirft, um sie erst im Finale mit mehrfachen Rekursen zu verketten, intendiert d'Indy von vornherein die Ableitung der Themen aller Sätze aus einem Substrat. Am flexibelsten verfährt das Eugène Ysaye gewidmete erste Quartett, dessen diatonisches Motto fallende Quarte und Quinte (d"–a'–h–e') mit skalarer Gegenbewegung kombiniert. Schon die Einleitung des Kopfsatzes, die in D-Dur dreifach zwischen langsamem und schnellem Tem-

1 Vgl. dazu L. Vallas, *Vincent d'Indy*, Bd. 2: *La maturité, la viellesse (1886–1931)*, Paris 1950; A. Thomson, *Vincent d'Indy and his world*, Oxford 1996.

2 V. d'Indy, *Cours de composition musicale*, Bd. II, Paris 1909; ders., *Quatuor à cordes* (1909), zitiert nach H. Schneider, *Das Streichquartett op. 45 von Vincent d'Indy als Exemplum der zyklischen Sonate*, in: *Studien zur Musikgeschichte. Eine Festschrift für Ludwig Finscher*, hg. v. A. Laubenthal, Kassel u. a. 1995, S. 655–667: 656f.

3 V. d'Indy, *César Franck*, Paris 1906, S. 163ff.; St. Keym, *Der Rahmen als Zentrum. Zur Bedeutung von langsamer Einleitung und Coda in Vincent d'Indys Instrumentalmusik*, in: *Pluralismus wider Willen? – Stilistische Tendenzen in der Musik Vincent d'Indys*, hg. v. M. Schwarz und St. Keym, Hildesheim 2002 (Musikwissenschaftliche Publikationen 19), S. 114–159.

4 V. d'Indy, *Cours de composition musicale*, Bd. II, S. 375–387, bes. S. 386 zur »transformation thématique« bei Franck. Die Definition lautet: »La Sonate cyclique est celle dont la construction est subordonnée à certains thèmes spéciaux reparaissant sous diverses formes dans chacune des pièces constitutives de l'œuvre, où ils exercent une fonction en quelque sorte régulatrice ou unificatrice« (ebenda, S. 375).

V. d'Indy, Nr. 1 op. 35, erster Satz, T. 1–13 (J. Hamelle).

T. 49–52.

po wechselt, verändert im eröffnenden Unisono die Intervalle zunächst zur verminderten Quinte und in freier Sequenz zur verminderten Quarte. Die rasche Kontrastgruppe, die auf dominantischer Liegestimme der Bratsche basiert, läßt nur im melodischen Verlauf der Außenstimmen die fallende Quarte durchscheinen. Erst der letzte Abschnitt, der sich vom ›Assez lent‹ zum ›Plus vite‹ beschleunigt, verbindet beide Schichten mit fallenden Rahmenintervallen und engschrittiger Melodik und erreicht damit den Sonatensatz in d-Moll. Intervallisch und rhythmisch wird das Motto im Kopfmotiv des Hauptsatzes umgebildet, dessen erstem Ton der Leitton vorangeht, während dem Quartfall die Untersekunde folgt (cis"–d"–a'–g'), und analog wird der Quintfall durch Sekundschritte ausgefüllt (c"–b'–g'–f'). Greift die Fortspinnung die engräumige Melodik aus den raschen Teilen der Einleitung auf, so vereinfacht sich die Begleitung zu repetierten Achteln, die in der Überleitung zu Achteltriolen beschleunigt werden (Buchstabe C). Die Modifikationen jedoch, denen das diatonische Motto ausgesetzt ist, implizieren zugleich ein chromatisches Potential, das den gesamten Satzverlauf erfaßt. Denn die Taktgruppen markieren zwar bei wechselnder Stabilität durchaus tonale Zentren, sie können sich aber auf engstem Raum chromatisch verschieben, indem Leittöne potenziert oder verselbständigt wirksam werden. Entschieden neu setzt im Fortissimo von der Tonika aus die Überleitung an, in deren Ausspinnung sich nur indirekt die Konturen des Mottos abzeichnen; dagegen weist sich der Seitensatz (7 Takte nach D) wieder durch fallende Intervalle aus, die allerdings zur Sexte und Sekunde verändert sind. Nach dieser Exposition mutet die Durchführung jedoch relativ konventionell an, sofern sie eher den harmonischen als den thematischen Radius erweitert. Denn einem kurzen Rückgriff auf die Eröffnung folgt normgemäß die Verarbeitung des Haupt- und dann des Seitensatzes, der schließlich im Kanon der Außenstimmen erscheint (ab F, G und H). Und im beruhigten Zeitmaß treten in der Begleitung wieder die intervallischen Umrisse des Hauptsatzes hervor, dessen augmentierte Fassung sich in den führenden Stimmen abhebt und in der steigernden Rückleitung intervallisch verändert.

Indem die gestraffte Reprise durch eine effektvolle Coda ergänzt wird, zeigt sich nun der Preis eines Verfahrens, das auf maximale Einheitlichkeit des Materials zielt. Einerseits muß das Motto erheblich modifiziert werden, wenn aus ihm unterschiedliche Themen abgeleitet werden sollen, andererseits lassen sich diese Themen in der Bearbeitung nur begrenzt verändern, falls sie den Rückhalt im Motto behalten sollen. Einen etwas anderen Weg schlägt daher der langsame Satz in B-Dur ein, dessen Hauptthema nach vier eröffnenden Takten zwar mit Quart- und Quintfall ansetzt, um dieses Motto jedoch frei auszuspinnen, von dem sich ein belebteres Gegenthema noch weiter ablöst. So können in der Satzmitte beide Themen simultan verschränkt werden (ab D), wonach sich die veränderte Reprise auf das Hauptthema konzentriert, um das Gegenthema nur in der Coda anzudeuten. Weiter reicht im dritten Satz die Modifikation des herkömmlichen Scherzotyps mit Trio, dessen Relationen sich fast in ihr Gegenteil verkehren. Den Kern bildet ein ›Assez modéré‹, dessen Thema dorisch getönt ist und sich so wiederholt, als habe man einen Variationensatz zu erwarten. Wie ein rasches Trio wirkt daneben das ›Assez vite‹ mit tänzerischem Impuls, von dem sich ein kantables Gegenthema abhebt, und dem Rückgriff auf das Moderato des Kernsatzes folgt ein rasches Fugato, dessen Thematik sich als Variante des eigentlichen Hauptthemas ausweist. Die Pointe des Satzes liegt darin, Derivate des Themas mit Zitaten des tänzerischen Kontrastteils und seines kantablen Gegenthemas zu kombinieren (ab K), womit eine so geistvolle wie konzentrierte Umbildung des Schemas erreicht wird. Desto klarer exponiert das Finale schon in der Einleitung, die wie im Kopfsatz mehrfach das Tempo wechselt, die maßgeblichen Intervalle, auch wenn zwischen sie weitere Töne eingeschaltet werden. Sie bestimmen ebenso den Hauptsatz, der als Refrain ein schmissiges Rondo eröffnet, und das Couplet verdeckt nur durch vorangestellte Dreiklangsbrechung den Quart- und Quintfall des Mottos (ab D). Dem Rondoschema entspricht die Satzmitte, in der sich die Themen abwechseln, erst in der Reprise wird der Refrain zu rascher Figuration verändert und mit dem Couplet verbunden (ab O), und die krönende Kombination der Themen mit dem gedehnten Motto bleibt der ausgedehnten Coda vorbehalten, die aus den Einleitungen der beiden Ecksätze auch den abgestuften Tempowechsel aufnimmt. Je weiter aber die chromatisch schweifende Harmonik durch diatonische Klärung der Struktur verdrängt wird, desto mehr gewinnt das intervallische Substrat geradezu überdeutliche Gestalt. So verzweigt die Zusammenhänge zunächst erscheinen, so einseitig wird eine abstrakte Substanz belastet, die kaum geeignet ist, für den ausgreifenden Zyklus ein hinreichend flexibles Material abzugeben.

Konsequenter, aber nicht ohne dogmatische Züge, handhabt d'Indy sein Verfahren im zweiten Quartett E-Dur op. 45 aus dem Jahr 1897. Diesmal ist das viertönige Epigraph, das nur aus Sekund- und Terzschritt samt Sekundfall besteht, mit mehrfacher Schlüsselung so altmeisterlich notiert, wie es einst für Rätselkanons gebräuchlich war. Im Unterschied zu op. 35 wird auf weitreichende Eingriffe in die intervallische Struktur verzichtet, und so treten die Rahmenintervalle in allen maßgeblichen Themen mit geradezu handgreiflicher Deutlichkeit hervor, wie es die Übersicht von Herbert Schneider klarstellt.[1] Dem eröffnenden Sonatensatz geht wieder eine mehrfach gestufte Einleitung voran, der Tanzsatz – hier an zweiter Stelle – enthält zwei triohafte Episoden, die dreiteilige Anlage des langsamen Satzes wird weiter als zuvor modifiziert, und das Finale tendiert nun eher zum Sonatenrondo. Die leitenden Prinzipien der Harmonik lassen sich erneut in der Einleitung erkennen, die das Motto im Unisono präsentiert (gis–a–cis–h), während seine gedehnte Wiederholung vom Violoncello aufgegriffen und chromatisch modifiziert wird (fis–g–b–a), woraus sich schon in T. 6 ein B-Dur-Sekundakkord mit Fermate ergibt. Analog endet in T. 13 der zweite Ansatz in As-Dur – denkbar weit von der Rahmentonart E-Dur entfernt. Mit der diatonischen Version des Mottos beginnt in T. 19 – also noch in der Einleitung – ein reguläres Fugato, das in chromatischer Motivabspaltung ausläuft und den Weg für das ›Animé‹ ab T. 49 freigibt. Prägnant hebt sich von begleitenden Tonrepetitionen der oktavierte Hauptsatz mit diatonisch erweitertem Motto ab, erst in der Fortspinnung wird das chromatische Potential wirksam; die Überleitung jedoch, die wiederum

1 H. Schneider, *Das Streichquartett op. 45 von Vincent d'Indy als Exemplum der zyklischen Sonate*, S. 666f.

auf triolischer Begleitung basiert, greift so wie der Seitensatz nur mittelbar auf den intervallischen Rahmen des Epigraphs zurück. Weiteren Spielraum gewinnt der Satz, indem die nachgeordneten Themen nicht ebenso wie der Hauptsatz auf das Substrat rekurrieren, dessen diminuierte Fassung in Umkehrung mit gleichmäßigen Achteln die Durchführung begleitet. Wenn dazu der Hauptsatz augmentiert eintritt, mit dem Seitensatz gekoppelt und kanonisch verdoppelt wird, ist der Satz durchweg thematisch legitimiert und zugleich limitiert. Denn bei aller Konzentration kann die knappe Durchführung, die nur im Zentrum harmonisch ausgreift, dem Material wenig neue Gestalten abgewinnen, und die Reprise erweitert zwar die Überleitung um eine Kombination mit dem Hauptsatz, führt aber wie vor der Durchführung in die Coda, die den Satz mit der augmentierten Fassung des Hauptthemas zu seiner figurativen Diminution ausklingen läßt.

Daß d'Indy in diesem Satz »wie in keinem anderen das thematische Material durch ein gemeinsames Ausgangsmotiv vereinheitlicht hat«, trifft also im gleichen Maß zu wie die Feststellung, »durch das allzu häufige Erklingen des zyklischen Themas« entstehe »eine gewisse Eintönigkeit«.[1] Das scheinbar widersprüchliche Urteil ist der Reflex des ambivalenten Vorhabens, größte Einheit mit höchster Variabilität zu kombinieren. Mit gleicher Deutlichkeit tritt der motivische Bezug im Tanzsatz hervor, der aus zwei jeweils wiederholten Fünftaktern besteht und zwischen 5/4-, 3/4- und sogar 1/4-Takt wechselt. Obwohl sich zwei motivische Gestalten abheben, gleichen sie sich doch intervallisch wie rhythmisch, und auf eine solche Rückbindung verzichtet nur das Trio, das seine gedehnt fallende Linie auf wechselnden Stufen und mit verschiedenen, auch kanonischen Stimmkombinationen präsentiert. Das ›Très lent‹ als dritter Satz läßt sich als Modifikation einer dreiteiligen Anlage auffassen, falls man nicht wie Herbert Schneider kleine Motivvarianten als Formglieder trennt.[2] Dem ersten Abschnitt in e-Moll tritt bei Wechsel nach Es-Dur ab T. 50 ein zweiter Teil mit scheinbar neuem Material entgegen, doch wendet er sich nach e-Moll zum Anfangsthema zurück, dessen Variante durch die Stimmen wandert, ohne ein Fugato auszubilden (T. 84–114). In bezeichnender Weise wird die Reprise durch thematische Kombinationen überlagert, die das Material des Mittelteils integrieren (T. 115), wonach die Coda von der Durvariante zur Molltonika zurückführt. Reichere Varianten als im Kopfsatz werden aus dem Motto gewonnen, das zudem mit weiteren motivischen Gestalten verklammert wird und somit als ›cellule génératrice‹ fungiert. Dagegen erscheint es im abschließenden Sonatenrondo eher als ein ›conducteur‹, der selbst bei kurzfristiger Abwesenheit das gesamte Geschehen kontrolliert. Ein Grund dafür ist in der langsamen Einleitung vorgegeben, die eine gedehnte Mottoversion mit der Abspaltung von je zwei Tönen in den Unterstimmen verbindet. Zu laufenden Achteln verschliffen, beglei-

---

[1] H. Schneider, *Das Streichquartett op. 45 von Vincent d'Indy als Exemplum der zyklischen Sonate*, S. 661.
[2] Ebenda, S. 663.

tet diese Variante den gesamten Refrain und die entsprechenden Partien. Davon unterscheidet sich scharf das Couplet, das sich mit Wechsel vom 4/4- zum 2/2-Takt von E-Dur nach e-Moll wendet. Die Durchführung jedoch konzentriert sich nur anfangs auf Refrainmaterial (ab T. 230), um es bald mit dem Couplet zu kombinieren (ab T. 276), und das Motto bestimmt das knappe Fugato, das aufgrund der diastematischen Affinität auf den Kopfsatz anspielt (T. 306–324). Zwar setzt die Coda auf kombinatorische Integration, je weiter jedoch das ›motiv conducteur‹ dominiert, desto eher droht der Satz redundant zu werden.

In d'Indys Lesart wird also das ›zyklische Prinzip‹ in dem Maß problematisch, wie die Redundanz der intervallischen Struktur die Variabilität der motivischen Gestalten überwuchert. Nicht anders verhält es sich noch im dritten Quartett Des-Dur op. 96 aus den Jahren 1928–29, dessen rückblickende Haltung sich in Bezeichnung und Form der Sätze andeutet. Ein Entrée en sonate sowie ein Finale en rondeau umrahmen ein Intermède und ein Thème varié, doch ist die Ableitung des Materials diesmal so kompliziert, daß d'Indy einen ausführlichen Kommentar für erforderlich hielt. Der Kopfsatz folgt zwar den Umrissen des Sonatensatzes, und das Rondofinale entspricht formal den früheren Werken, so verschlungen aber einerseits die Relation der motivischen Varianten erscheint, so deutlich werden andererseits die entwickelnden Tendenzen zurückgenommen, die vordem den Satzprozeß steuerten. Auch im Tanzsatz, der das ›sentiment d'un chant populaire‹ zu streifen sucht, scheint noch das Schema von Scherzo und Trio durch, indes wird mit der Rhythmik zugleich die Harmonik begradigt. Und der Variationensatz thematisiert das technische Prinzip, das von Anfang an der Variantenbildung d'Indys zugrunde lag, da jedoch der Widerspruch zwischen Einheit und Entwicklung nicht so wie in einem Sonatensatz auszutragen ist, gewinnen Varianten weiteres Profil als sonst, ohne den thematischen Rückhalt zu verlieren. Der Rückblick kann zugleich als Kritik an zeitgenössischen Tendenzen gelten, eindrucksvoll bleibt gleichwohl die Konsequenz, mit der d'Indy seiner Version des ›zyklischen Prinzips‹ treu blieb, obwohl ihm die heiklen Konsequenzen kaum entgehen konnten. Daß dabei der prinzipienfeste Lehrer mitsprach, ist nicht von der Hand zu weisen, gespalten bleibt aber ein Urteil, das die hochgradige motivische Einheit würdigt, ohne die prekären Konsequenzen zu übersehen. Als einseitig erweist sich die Berufung auf Beethoven wie Franck, denn während in Beethovens späten Quartetten ein ›motif conducteur‹ nur einen Aspekt unter anderen darstellte, suchte Franck sehr verschiedene Themen erst schrittweise zu verbinden. Weil d'Indy dagegen dem Prinzip der motivischen Ableitung huldigte, fesseln seine Quartette den Musiker wohl weniger als den analysierenden Historiker.

Durch d'Indy wurde das einzige Streichquartett ergänzt, das Ernest Chausson (1855–1899) vor seinem plötzlichen Tod begonnen hatte. Im recht schmalen Œuvre des Komponisten sind zwar die maßgeblichen Gattungen vertreten, unter den wenigen Beiträgen zur Kammermusik zeichnet sich aber das c-Moll-Quartett op. 35 durch sein qualitatives Niveau aus, wiewohl es keinen Platz im Gattungskanon erhielt. Es wurde ein Jahr nach Chaussons Tod aufgeführt und 1907 publiziert, doch blieb es ein Torso, da ein Finale fehlt und der fragmentarische dritte Satz von d'Indy beendet wurde. Einem Brief zufolge orientierte sich Chausson an Beethoven, von dem er mehrere Quartettsätze bearbeitete.[1] Der umfängliche Kopfsatz folgt dem Sonatenschema mit langsamer Einleitung, und neben der klaren Gliederung fällt zunächst nur auf, daß die Exposition in der Durvariante den Seitensatz einführt, der erst in der Reprise zur Durparallele wechselt. Wie das Verhältnis der Themen zur langsamen Einleitung ist aber ihre unterschiedliche harmonische Disposition subtil kalkuliert.

Das eröffnende Grave basiert auf steigendem Dreiklang mit eingeschalteter Sexte im Violoncello, gleichmäßige Viertelbewegung wird durch fallende Linie mit Punktierung beantwortet und mit nachschlagendem Terzfall in akkordischer Füllung der Oberstimmen kombiniert, und beide Gestalten gewinnen gleichermaßen thematische Funktion. Zunächst wird die melodische Linie des Celloparts herausgelöst, mit triolischer Begleitung chromatisch erweitert und durch taktweise Imitation potenziert. So wird aus ihr unter Beschleunigung auf Achtel der Hauptsatz im Modéré abgeleitet, zu dem sogleich der eröffnende Terzfall der Oberstimme hinzutritt. Bemerkenswert ist die Selbständigkeit der Stimmführung, die ihre Voraussetzungen in flexibler Rhythmik und chromatisch erweiterter Harmonik findet. Aus knappem Resümee des Themenkopfs erwächst die Überleitung, deren motivische Substanz mit Sekund- und Terzfall einen Quartraum umgreift. Die diatonische Klärung mit ›modalen‹ Zügen (wie in T. 52f.) schwindet wieder in dem Maß, wie sich die Kombination mit dem Hauptthema durchsetzt, doch löst der Seitensatz in C-Dur mit diatonischer Festigung die Vorgaben der Überleitung ein. Eigenen Charakter behauptet er mit triolischer und synkopischer Begleitung, schon die letzten Takte der Exposition laufen aber in den fallenden Akkorden der Einleitung aus, deren Beginn in es-Moll als Scharnier vor der Durchführung zitiert wird. Mit trugschlüssiger Wendung setzt die Durchführung in h-Moll an, um den Hauptsatz zu laufenden Achteln zu neutralisieren, die mit den fallenden Gesten der Einleitung gepaart werden. Je weiter sie zurücktreten, desto mehr gewinnt das Hauptthema wieder sein rhythmisches Profil und zugleich seine chromatische Expansivität und kulminiert in geschickt kaschierten Sequenzen (Z. 8–9). Seine Restitution mündet in Augmentation, die im akkordischen Satzverband durch rhythmische Angleichung den Seitensatz vorbereitet (Z. 10). Er wird seinerseits mit Motiven der Einleitung gepaart (Z. 13), und aus mächtiger Klangsteigerung erwächst die

1 R. Sc. Grover, *Ernest Chausson. The Man and His Music*, London 1917, Reprint 1980, Werkverzeichnis S. 220ff. und weiter S. 203f. und S. 207. Vgl. ferner Ch. Oulmont, *Musique de l'amour. Ernest Chausson et la ›Bande à Franck‹*, Paris 1935; J.-P. Baricelli / L. Weinstein, *Ernest Chausson: The Composer's Life and Works*, o. O. 1955; H. Schneider, Art. *Ernest Chausson*, in: *MGG*², Personenteil Bd. 4, Kassel u. a. 2000, Sp. 791–799.

Reprise, die der Exposition bis hin in den Seitensatz folgt. Desto abrupter nimmt sich der Wechsel zu weiträumigen Sechzehntelfiguren aus (Z. 18), die nur partiell als Diminution thematischer Segmente zu identifizieren sind. Zugleich bereitet sich damit die abschließende Integration der langsamen Einleitung vor, wenn dem akkordischen Terzfall steigende Dreiklänge folgen, die dabei den Hauptsatz augmentieren (Z. 19 und 21). Und die Coda bestätigt das thematische Geflecht und die harmonische Differenzierung, wenn vor dem Ausklang nochmals die ›modal‹ gefärbte Überleitung anklingt.

Prägend sind mit den thematischen Relationen zugleich die harmonischen Implikationen, und ähnlich konzentriert bewältigt der langsame Satz in nur 132 Takten das dreiteilige Formmodell. Zwischen Rahmenteilen in As-Dur hebt sich ein Zentrum in E-Dur ab (Z. 27), das in die interne Entwicklung eingebunden wird. Denn im A-Teil, dessen Melodik so konzise wie variabel ausgesponnen wird, schiebt sich ein zunächst scheinbar folgenloser zweiter Gedanke in as-Moll ein (Z. 25), der sich bei gesteigerter rhythmischer Komplikation im Mittelteil in E-Dur durchsetzt. Die Formteile werden also substantiell verklammert, ohne auf thematische Arbeit angewiesen zu sein.

Offenbar war der dritte Satz als fünfteiliges Scherzo in f-Moll mit zwei Episoden in E- und C-Dur geplant. Das Autograph der Pariser Bibliothèque nationale bietet freilich nur die ersten 43 Takte, doch muß d'Indy für die Komplettierung weiteres Material vorgelegen haben.[1] Seine Aufgabe bestand darin, den f-Moll-Satz so zu vervollständigen, daß sich der Bogen zum Kopfsatz in c-Moll schloß. Daher entschied er sich zum Abschluß mit der zweiten Episode in C-Dur, womit die Abrundung des Satzes der tonalen Kohärenz des Zyklus geopfert wurde. Zudem wird der Finaleffekt durch den Schlußteil betont, der vom 3/8- zum 5/8-Takt wechselt und C-Dur fast auftrumpfend ausspielt. Daß dem Werk thematische Rückbezüge fast ganz fehlen, muß nichts für die Planung Chaussons besagen, doch sind die vorliegenden Sätze thematisch weit weniger verbunden als in anderen Quartetten französischer Autoren. So wenig aber das fragmentarische Werk ein abschließendes Urteil erlaubt, so deutlich füllt es normierte Formen nicht nur routiniert aus. Die genaue Balance der thematischen, harmonischen und rhythmischen Entwicklung mag sich der Auseinandersetzung mit Beethoven verdanken, die Konsequenz jedoch, mit der sich die Schichten der Komposition in den ersten Sätzen verbinden, beweist eine Konstruktivität, die für die französische Tradition nicht weniger charakteristisch ist als ihre betonte Expressivität.

---

1 Vgl. dazu R. Sc. Grover, *Ernest Chausson. The Man and His Music*, S. 201ff., sowie Ch. Oulmont, *Musique de l'amour*, S. 177. Die verhaltene Kritik von Debussy richtete sich nicht primär auf Chausson als einen »der feinsinnigsten Künstler«, auf ihm habe jedoch der »flämische Einfluß César Francks schwer gelastet«, so daß er der natürlichen »Eleganz und Klarheit« eine »Gefühlsstrenge« als Erbe »der Franckschen Ästhetik« entgegengesetzt habe; vgl. Cl. Debussy, *Einsame Gespräche mit Monsieur Croche*, S. 118.

Prämissen der Moderne: Debussy und Ravel

Vor dem Horizont der französischen Gattungstradition erweist das g-Moll-Quartett op. 10 von Claude Debussy (1862–1918) auf doppelte Weise seine Singularität. Einzigartig blieb das 1893 entstandene Werk in einem Œuvre, das mit einem frühen Klaviertrio und zwei Einzelsätzen nur wenige kammermusikalische Versuche enthält, während das Projekt eines weiteren Quartetts im folgenden Jahr unausgeführt blieb und erst seit 1915 drei späte Sonaten in wechselnder Besetzung folgten.[1] Neben dem *Prélude à l'après-midi d'un faun*, in dem sich 1894 erstmals der impressionistische Orchestersatz entfaltet, kann das etwas frühere Quartett als Einzelwerk erscheinen, das nicht ebenso das Profil des Komponisten zur Geltung bringt. Anders als die Zeitgenossen schrieb Debussy sein Quartett nicht erst in späten Jahren, daß es aber keine bloße Vorstufe vertritt, zeigt sich im Kontext der Gattung. Der französischen Tradition entspricht eher der klangdichte Satz als die zyklische Disposition, denn die Folgesätze – bis auf das Andantino – nehmen das Motto des Kopfsatzes auf, ohne eine umgreifende Verkettung zu intendieren. Die kompositorische Arbeit konzentriert sich jedoch auf eine neue harmonische Strukturierung, die scheinbar traditionelle Verläufe von innen heraus umprägt. Daher drängt sich der Eindruck auf, daß Verfahren weiterer Werke, die als Inbegriff des Impressionismus gelten, zuerst im strengen Quartettsatz erprobt wurden.

Das Quartett scheint mit einem Sonatensatz zu beginnen, dem eröffnenden Thema indes, das weiterhin als Motto fungiert, tritt eine seltsam abgegrenzte Phase entgegen (T. 13–25), die vom neuerlichen Rekurs auf den Hauptsatz abgelöst wird. Als Seitensatz erscheint eine Taktgruppe (T. 39–50), die kantable Thematik mit triolischer Begleitung aufweist, ohne aber im weiteren Verlauf wiederzukehren. Statt dessen schiebt sich vor ein markantes Zitat des Hauptsatzes, das ab T. 75 das durchführende Zentrum signalisiert, eine ambivalente Sektion, in der das Motto mit einem weiteren Gedanken wechselt (T. 61–74). Dieses Motiv bestreitet zusammen mit dem Hauptsatz nicht nur die Durchführung, sondern auch noch Reprise und Coda (ab T. 138 bzw. T. 182), ohne den Kontrastgruppen der Exposition Raum zu lassen. Mit einiger Mühe wäre also ein Sonatensatz zu konstatieren, dessen kantable Gegenthemen durch ein verspätetes Komplementärmotiv verdrängt würden, weit eher sind aber harmonische Prozesse maßgeblich, die in der Stimmführung des Quartettsatzes realisiert werden. Vom Grundton aus umgreift der Hauptsatz einen Quartraum abwärts, dessen zweiter Ton synkopisch gedehnt wird, wogegen der schließende Halbton ausfällt (g–f–d, ohne es). Da das diatonische Motto durch eine triolische Wendung ergänzt wird, die den leiterfremden Halbton über der Tonika umspielt (as), ist es weder als phrygisches noch als pentatonisches Segment zu

1 Zur Entstehungsgeschichte vgl. D. Herlin, *Les Esquisses du Quatuor*, in: Cahiers Debussy 14 (1990), S. 23–54. Vgl. weiter *Claude Debussy. Lettres 1884–1918*, hg. v. Fr. Lesure, Paris 1980; *Claude Debussy. Monsieur Croche. Sämtliche Schriften und Interviews*, hg. v. Fr. Lesure, Stuttgart 1974; Th. Hirsbrunner, *Debussy und seine Zeit*, Laaber 1981; Cl. Zenck-Maurer, *Versuch über die wahre Art, Debussy zu analysieren*, München 1974 (Berliner musikwissenschaftliche Arbeiten 8).

Cl. Debussy, Quatuor, erster Satz, T. 1–4 (Durand & Cie).

klassifizieren. Zwischen die Grundakkorde der Tonika und ihrer Parallele rückt zudem ein f-Moll-Klang mit zugefügter Sexte, der durch Synkopierung akzentuiert wird, und nachdrücklich wiederholt sich die Konstruktion im zweiten Takt, der erst mit regulärer Kadenz abschließt. Indem der Themenkern melodische Stabilität mit harmonischer Labilität kreuzt, präsentiert er ein leitendes Verfahren, zugleich unterscheidet er sich damit vom melodisch analogen Motto, das in anderer Funktion Griegs g-Moll-Quartett eröffnet. Noch im nächsten Zweitakter umkreisen über Orgelpunkt die Violinen in Achteltriolen den Tonikaklang, der vom chromatischen Stimmzug der Bratsche gefärbt wird, und ebenso ambivalent werden weitere Varianten des Mottos mit Sequenzierung seiner triolischen Wendung gefaßt. Sobald sich die Kontrastgruppe ab T. 13 zu periodischen Taktgruppen im Wechsel der kantablen Außenstimmen stabilisiert, werden die Gegenstimmen zu triolierten Ketten in Sextakkorden gebündelt, die in gleitenden Sechzehnteln eine harmonische Zentrierung verweigern. Folgerichtig laufen sie in chromatischen Skalensegmenten aus, an deren Ende die gegenläufigen Stimmpaare in chromatischen Bändern zusammentreffen. Schillernd wie die tonalen Relationen ist also das Verhältnis zwischen Themensubstanz und Satzstruktur, und so greift der Rekurs auf den Hauptsatz in die intervallische Kontur des Mottos ein, um damit den harmonischen Radius zu erweitern. Desto klarer hebt sich davon die Kontrastphase ab, die mit der Kantabilität der Melodiestimmen ab T. 39 einen Seitensatz suggeriert. Erste Violine und Viola werden parallel geführt, halten aber über neun Takte hin den Abstand einer None ein, und die Dissonanzen werden durch triolische Gegenstimmen gemildert, die ihrerseits in Sextparallelen verlaufen. Daß sich konsonante und dissonante Stimmpaare verschränken, begründet eine ebenso stabile wie labile Struktur, aus der sich schließlich im engräumigen Wechsel von Vierteln und Achteln ein motivisches Segment ablöst (T. 51). Aus seiner mehrfachen Sequenzierung erwächst die klangliche Steigerung, die – scheinbar konventionell – mit vermindertem Septakkord das Ziel der Exposition markiert.

Sofern erst der Satzverlauf entscheidet, was als Gegenstand einer thematischen Abhandlung zu gelten hat, klärt sich nun rückblickend die

Funktion dieser Exposition. Dem Motto des Hauptsatzes treten kontrastierende Gruppen gegenüber, die weniger thematische als strukturelle Alternativen darstellen. Unter dieser Voraussetzung wird jene eingeschobene Sektion verständlich, die sich als Schluß der Exposition oder als Eröffnung der Durchführung auffassen läßt. Bei Rücknahme von Tempo und Dynamik wechseln nämlich Mottozitate mit einer scheinbar neuen Gestalt, sie verbindet jedoch das rhythmische Modell, das sich aus dem Seitensatz ablöste, mit dem Korrelat der Sequenzierung. Sie bildet damit ein Substrat der Kontraste, sie schließt zudem mit dem Quartfall, den das Motto umschreibt, und gepaart werden beide mit steigenden Triolen, die anfangs das Motto im Hauptsatz ergänzten. Mit markanten Doppelgriffen eröffnet das Motto die Durchführung in d-Moll, doch wird die tonale Zentrierung durch übermäßige Klänge und rasche Rückungen relativiert. Durchweg sichern Achteltriolen in begleitender Funktion den Phasen die rhythmische Stabilität, die zuvor die konträren Sektionen der Exposition auszeichnete. Von diesem konstanten Band heben sich Zitate der thematischen Gestalten ab, die zuvor als thematisches Konzentrat formuliert wurden (das Motto ab T. 79 und rückleitend ab T. 118, dazwischen das Substrat ab T. 88). In der konstanten Relation zwischen thematischen Segmenten und begleitenden Klangbändern kreuzen sich chromatische und diatonische Stimmzüge, die gemeinsam den eigentümlichen Klangcharakter konstituieren. Besonders eindringlich zeigt das die Rückleitung, die im Violoncello den quasi dominantischen Orgelpunkt in Triolenketten mit dem Tritonus erweitert, darüber lösen sich im Pianissimo Relikte des Mottos mit dem Quartfall ab, der das Substrat des Seitensatzes ergänzte. Die thematischen Ebenen durchdringen sich also gegenseitig, und dieses Prinzip beherrscht auch die Reprise, deren Beginn im Fortissimo das Themenzitat auf der Tonika anzeigt. Sie bleibt bis hin zur Coda von der triolischen Bewegung der Durchführung geprägt, während die vormaligen Kontrastthemen durch ihr Substrat ersetzt werden, das sich zu Beginn der Durchführung ausbildete. Und die Coda fächert im Unisono eine Intervallfolge auf, die den Quartrahmen beider Themen zur gleichsam pentatonischen Kette erweitert.

Nur vordergründig entspricht der Satz dem geläufigen Schema, soweit er die Unterscheidung von exponierenden, durchführenden und resümierenden Abschnitten zuläßt. Daß aber dem Motto nur scheinbar konträre Themen gegenüberstehen, die von der Durchführung an durch ihr Substrat vertreten werden, gründet im Primat einer harmonischen Labilität, die ständig die diatonische Stabilität der thematischen Linien kreuzt. Offenbar war es für Debussy erforderlich, sich seiner neuen Verfahren zunächst im Medium des Streichquartetts zu vergewissern, doch wurde damit zugleich die Gattung reformuliert. Nicht zufällig kulminiert die Entwicklung – wie Hellmut Seraphin sah[1] – in der Reprise,

1 H. Seraphin, *Debussys Kammermusikwerke der mittleren Schaffenszeit. Analytische und historische Untersuchung im Rahmen des Gesamtschaffens unter besonderer Berücksichtigung des Ganztongeschlechts*, Diss. Erlangen 1962, S. 99–107, hier bes. S. 100.

die auf ihrem Höhepunkt den thematischen Kern zum ganztönigen Vorrat erweitert (T. 157–160: c–d–e–fis–gis–ais). So singulär dies Signum vorerst bleibt, so deutlich komprimiert es die Prozeduren, die den Satz charakterisieren.

Cl. Debussy, Quatuor, erster Satz, T. 156–161 (Durand & Cie).

Im Unterschied zum Finale zielen beide Mittelsätze auf ganztönige Konstellationen ab, wiewohl der formale Ablauf den Normen weit eher gehorcht. Als ›assez vif‹ im 6/8-Takt vertritt der zweite Satz ein Scherzo in G-Dur, in dem das mittlere Glied auf halben Umfang gekürzt und das letzte eingreifend verändert wird, während zwei Trioteile in Es-Dur beginnen und sich strukturell entsprechen. Das Scherzo ist vom Motto des Kopfsatzes getragen, dessen erste Version modifiziert und erweitert wird. Nach doppelter Präsentation durchläuft dieser Zweitakter als Ostinato zwölfmal ›arco‹ die Viola, der tonale Rahmen wird durch die Begleitung ›pizzicato‹ nur graduell erweitert, wogegen duolische Achtel im Violoncello für rhythmische Differenzierung sorgen. Fast wie ein konventioneller Liedsatz mutet dagegen das Trio an, denn vom begleitenden Band der Mittelstimmen sticht in der ersten Violine erneut das Motto ab, mit dessen kantabler Dehnung sich tonale Stabilisierung verbindet. Wird aber das Motto auf c-Moll bezogen, so beginnt es nun von der Quinte aus, während chromatische Begleitung zur Auflösung der festen Umrisse führt. Mit dem Rückgriff auf das Scherzo wird nicht nur sein Umfang gekürzt, in der Satzmitte tritt vielmehr der Ostinato zurück, und nachdem das zweite Trio zweimal das Motto befremdlich verzerrt, wird es in seiner gedehnten Version nach fis-Moll transponiert. Die wachsende Diffusion kulminiert im letzten Scherzoteil, denn in ihm ist das Motto nur noch in isolierten Tönen präsent, um endlich in der ganztönigen

Konstruktion zu kulminieren (T. 157–159). Zwei übermäßige Dreiklänge (f-a-cis / g-h-dis) werden ineinander verschoben, in rhythmischer Paarung folgen der ersten Violine alle Unterstimmen mit dreifachen Sextparallelen, sie alle umkreisen mit gleichem Tonvorrat ein Modell, das zwölfmal durchlaufen wird und im Cis-Dur-Klang mündet.[1] Die internen Spannungen des Satzes werden also in der ganztönigen Konstellation aufgehoben, die keine tonale Zentrierung kennt, mit Sextparallelen aber zugleich an die trügerische Stabilität im Trio anknüpft. So bleibt der Coda am Schluß nur die Auflösung beider Schichten in karge Partikel.

Schlicht dreiteilig ist das Andantino in Des-Dur, das auf das Motto verzichtet und desto entschiedener die Ganztonreihe zur Geltung bringt.[2] Einen Ausschnitt aus ihr umgreifen anfangs getrennte Einsätze der Unterstimmen, stabil hebt sich davon der thematische Tuttisatz ab, vor seiner Schlußkadenz tritt zur Tonika jedoch die kleine Sept, und das Violoncello ergänzt den Rahmen zur unvollständigen Ganztonkette (T. 24 des–f–ces mit g–a–h). Mehrfach setzt der bewegtere Mittelteil in cis-Moll an, bevor sich ein thematischer Kern abzeichnet. Aus der Sequenzierung des Modells resultiert ein ganztöniger Ausschnitt, der durch Liegetöne im Sekundabstand vervollständigt wird (T. 62–65 g–a–h–cis–dis mit g und f, transponiert analog T. 70–73). Und nach Reduktion dieser Klangfolgen führt der Schlußteil mit motivischer Fragmentierung zur tonalen Stabilisierung des Satzes.

Freier noch als der Kopfsatz operiert das Finale mit dem Sonatenschema, das nur noch einen formalen Rahmen abgibt. Der zweistufigen Einleitung folgt eine Exposition mit zwei vorerst selbständigen Themen, statt ihrer Verarbeitung dominiert aber in der Satzmitte das augmentierte Motto, und der reprisenhafte Rückgriff auf thematische Umrisse wird vom Motto überblendet, das sich in der Coda durchsetzt. In der Aushöhlung der Form läge also der Tribut an die ›zyklische Idee‹, falls das Motto einen Zusammenhang zu sichern hätte, der dem Satz sonst abginge. Doch kündigt sich das Motto schon in der langsamen Einleitung an, und zwar nicht nur im direkten Zitat der Oberstimme (T. 3), sondern auch mit dem eröffnenden Quartraum im Violoncello T. 1 und T. 9. Impliziert ist es ebenso in zwei triolischen Akkordblöcken (T. 5f. und T. 11f.), die sich zu reinen Dur-Akkorden auflösen, aber das Modell für ein kleines Fugato bilden (T. 15–30), dessen Auflösung rasch in Klangketten mündet und das Motto durchscheinen läßt. Der Hauptsatz umkreist in engräumigen Achteln die g-Moll-Terz mit Leitton, die punktierte Wendung jedoch, die ihm vorangestellt ist, kehrt ebenso im Seitenthema wieder, das in diatonischem Pendel ausläuft. Wo nach der konventionellen Exposition in der Satzmitte erstmals das Motto erscheint (T. 125), da tritt es nicht nur augmentiert wie im Trio des zweiten Satzes auf, sondern setzt wie dort in cis-Moll auf der Terz ein. In gleicher Konstellation umgreift es Mollterz und Leitton und repräsen-

---

1 H. Seraphin, *Debussys Kammermusikwerke der mittleren Schaffenszeit*, S. 101 ff.
2 Ebenda, S. 103f.

tiert damit das anfängliche Hauptthema des Schlußsatzes, aus diatonischer Fortspinnung ergeben sich die Konturen des Seitenthemas, und die Reprise kombiniert die Relikte beider Finalthemen mit dem übergreifenden Motto, das sich als Kern im Finale und im Zyklus ausweist.

Das Prinzip der thematischen Ableitung entspricht nur partiell dem Verfahren von d'Indy, denn nicht anders als bei Franck werden selbständige Themen exponiert, die von Varianten des Mottos abgelöst oder vertreten werden. Der zyklische Prozeß erreicht im Finale sein Ziel, sofern sich zugleich die tonalen Spannungen lösen, die im Motto angelegt waren. Im Œuvre Debussys und zugleich in der Gattungsgeschichte kann das Quartett eine Schlüsselstellung beanspruchen, indem es formale und strukturelle Normen, von denen es ausgeht, ganz neu zu definieren vermag. Französischem Usus gemäß wird die zyklische Disposition vom Motto gesteuert, das aber den langsamen Satz ausspart; ihn verbinden mit den Knotenpunkten der ersten Sätze die Ganztonreihen, die umgekehrt im Finale ausbleiben. In dieser doppelten Strategie fungieren thematische Beziehungen nur als Kehrseite der tonalen und klanglichen Relationen, mit denen sich das Quartett von den Konventionen der Gattung emanzipiert und auf leitende Prinzipien in weiteren Werken Debussys hinführt.

Rund ein Jahrzehnt später schrieb Maurice Ravel (1875–1937) sein einziges Streichquartett in F-Dur, dessen erste Sätze im Dezember 1902 abgeschlossen wurden, während die übrigen im April des folgenden Jahres vorlagen. Wie bei Debussy handelt es sich also um kein Spätwerk, doch entstand das Quartett in einer kritischen Phase Ravels. Zwischen 1901 und 1905 mußte er Mißerfolge bei der Bewerbung um den Rompreis hinnehmen, und in der Distanz zum Impressionismus suchte er zugleich nach eigenen konstruktiven Verfahren. So sah er in seiner Autobiographie 1928, das Quartett intendiere eine »construction musicale«, die zwar noch unvollkommen sei, »mais qui apparît beaucoup plus nette que dans mes précédantes compositions«.[1] Kaum war damit die formale Disposition gemeint, die das Sonatenschema der Ecksätze und die dreiteilige Anlage der Binnensätze nur modifiziert, ohne doch die Grundrisse zu verleugnen. Dennoch stieß das Werk auf ein geteiltes Echo, und seine scheinbar »süßliche Tonsprache« konnte gegenüber der »Verschärfung« anderer Kompositionen noch 1963 Anstoß erregen.[2] Solche Widersprüche werden indes begreiflich, wenn man die Themenkomplexe im ersten Satz mit der dazwischen eingelagerten Überleitung vergleicht. Der erste Viertakter des Hauptsatzes exponiert unmißverständlich F-Dur als Tonika, und wo der melodische Fluß der Oberstimme nach d-Moll weist, fügt er sich in den skalaren Aufstieg der Begleitung mit ihren Dezimenparallelen ein. Zwar wendet sich der Nachsatz von Es-Dur nach g-Moll, und zur weiteren Fortspinnung wechseln in den Unterstimmen Quintklänge über g und b, denen die kleine oder große Septime zugesetzt ist.

---

[1] H. H. Stuckenschmidt, *Maurice Ravel. Variationen über Person und Werk*, Frankfurt a. M. 1966, S. 81; vgl. weiterhin Th. Hirsbrunner, *Maurice Ravel. Sein Leben, sein Werk*, Laaber 1989, S. 218f.

[2] So J. van Ackere, Art. *Ravel*, in: *MGG*, Bd. 11, Kassel u. a. 1963, Sp. 58–63: 60.

M. Ravel, Quatuor, erster Satz, T. 1–11 (Durand & Cie).

Beide Violinen umkreisen aber mit Beharrlichkeit in Vierteln ein diatonisches Modell, dessen fallende Bewegung nach d-Moll deutet. Dem entsprechen noch die letzten Takte vor der Überleitung, die einen Nonenklang (ohne Septime) über G umschreiben, in den jedoch die zweite Violine leittönig die Stufen h–cis einrückt. Der ambivalenten Konstruktion entspricht mit T. 24 der Quintfall des Basses (G–C), wozu die Oberstimme einen diatonischen d-Moll-Vorrat bewahrt, doch schlagen die Mittelstimmen plötzlich zu schwirrenden Sechzehnteln um, deren scheinbar chromatische Diffusion die tonale Zentrierung verschleiert.

Thomas Kabisch hat vorgeschlagen, die strukturellen Verfahren, die sich in solchen Konstellationen verraten, nach den Prinzipien ›oktatonischer Musik‹ zu verstehen, wie sie zuvor für Werke Strawinskys erläutert wurden.[1] Demnach läge der Oktatonik, die eher eine Modifikation als eine Alternative der Tonalität darstellt, ein Gerüst von verminderten Septakkorden zugrunde, in denen der Terzabstand der Grundstufen durch den über ihnen liegenden Halbton ausgefüllt würde (e–f, g–as, b–h, cis–d usw.). Während eine Ganztonreihe in der chromatischen Skala zweifach gegeben ist, zeichnen sich die drei möglichen verminderten Septakkorde gerade dadurch aus, daß jeder Ton leittönig aufgefaßt werden kann. Die konventionelle Wirkung des Klanges, dessen Bestandteile nach der Summe der enthaltenen Halbtöne (als 0369) gezählt werden, ist nur dann zu umgehen, wenn er gegenüber dem Kontext einen stabilen Gerüstklang abgeben und ›fremde‹ Töne integrieren kann. Die drei Positionen des Klanges ergeben drei ›oktatonic collections‹, auf ihren Hauptstufen können Akkorde aus Terzschichtungen gebildet

[1] Th. Kabisch, *Oktatonik, Tonalität und Form in der Musik Maurice Ravels*, in: Musiktheorie 5 (1990), S. 117–136, bes. S. 121ff.; M. De Voto, *Harmony in the Chamber Music*, in: *The Cambridge Companion to Ravel*, hg. v. D. Mawer, Cambridge 2000, S. 97–117: 98–102.

werden, die zunächst durchaus tonalen Klängen entsprechen (037, 047, 04710 etc.).

So läßt sich die Überleitung im ersten Satz aus Ravels Quartett als simultane Montage der Dominante von F-Dur mit dem d-Moll-Klang auffassen, dazu liefern akzentuierte Töne der Mittelstimmen Ausschnitte eines verminderten Septakkords (collection I e–g–b–cis), die sich leittönig auf d-Moll beziehen oder in ihrer Auflösung einem C-Klang anpassen. Weiter greift das Verfahren in den anschließenden Taktpaaren (ab T. 31), die aus entsprechenden Klängen mit ›Wechselakkorden‹ bestehen, dazu aber Vorhalt- und Zusatztöne aufnehmen. Wenn jedoch neben dem Wechsel zwischen verschiedenen ›collections‹ noch vorgehaltene oder zusätzliche Töne zugestanden werden, dann wird es wohl fraglich, ob ein so weit gefaßtes System als bindende Erklärung taugt. Denn unabhängig davon bleibt die ›labile Stabilität‹, mit der sich diese Taktgruppen von ihrem Kontext abheben, um eine eindeutige Zentrierung zu umgehen. Sobald wieder der Themenkopf eintritt (ab T. 33), stabilisiert sich der Satz um einen verselbständigten Leitton, um verminderte Septakkorde kreist die Kulmination (T. 39), worauf der Themenkopf nochmals mit leiterfremden Tönen verknüpft wird (T. 46). Ähnlich ambivalent ist der Seitensatz (ab T. 55) um a- und d-Moll gelagert, ohne ›oktatonische‹ Klänge zu bemühen, die Durchführung konzentriert sich auf den herkömmlichen Wechsel zwischen Seiten- und Hauptsatz (ab T. 69 und T. 80), mit dem sich ein entsprechender Kontrast der tonalen Struktur verbindet, und den Höhepunkt markiert eine engere Verzahnung der Themen, deren Implikationen sich immer dichter überlagern (T. 114–121).

Die Konvention thematischer Arbeit mit korrelierenden Modulationen wird also in Ravels Verfahren durch einen Wechsel der tonalen Disposition ersetzt, der gleichwohl nicht mit dem Unterschied zwischen diatonischer und chromatischer Tonalität identisch ist. Eher gleicht er einem Wechsel von Spannungszuständen, sofern dissonante Klänge – wie verminderte Septakkorde – nicht der Auflösung bedürfen, sondern mit Nebentönen erweitert werden. Das Prinzip bewährt sich in der Rückleitung, die planvoll die Spannungen abbaut, wonach die Reprise desto klarer in F-Dur ansetzt. Erstaunlich genau zeichnet sie die Exposition nach, und dem diatonischen Seitensatz in a-Moll liegt nun eine nach F weisende Quintenkette im Baß zugrunde. Daß die Coda auf fallender Ganztonreihe in Baßlage basiert (T. 198–213 cis–H–A–G–F–Es und F), mutet dann fast wie ein Gruß an Debussy an. Dagegen zeichnet sich das Finale durch Satzphasen im 5/8- bzw. 5/4-Takt aus, die von russischen Mustern seit Tschaikowsky angeregt sein mögen, und Kabisch machte Einflüsse Glasunows geltend, die freilich weiterer Begründung bedürfen.[1] Seine dramaturgische Wirkung bezieht das irreguläre Taktmaß aus der Verbindung mit engräumig chromatischen Achtelgruppen,

---

1 Th. Kabisch, *Oktatonik, Tonalität und Form in der Musik Maurice Ravels*, S. 121.

M. Ravel, Quatuor, vierter Satz, T. 275–278 (Durand & Cie).

die in tremolierender Zerlegung die Einleitung bestimmen und kaum noch eine ›oktatonische‹ Deutung benötigen. Ihr erster Ansatz im Unisono stößt zwar auf diffuse Akkorde, die dann jedoch in begleitender Funktion tonale Zentren markieren; kurz nur blitzt aus den Klangfeldern ein melodischer Ansatz auf, der sich als Vorgriff auf den Seitensatz ausweist (T. 28), sobald aber die Impulse zur Umspielung der dominantischen Achse verebben, treten in der Oberstimme thematische Konturen hervor, die erwartungsgemäß auf das Hauptthema des ersten Satzes verweisen. Gedrängt fällt danach die eigentliche Exposition aus (T. 54–89), die sich durch 3/4-Takt abhebt. Der Hauptsatz in d-Moll behält seine diatonische Qualität noch dann, wenn die Mittelstimmen zu chromatischen Terzbändern gekoppelt werden, und der Seitensatz deutet mit Quartsprung und triolischer Drehfigur auf den Kopfsatz zurück. Ebenso komprimiert ist die Durchführung (T. 90–153); die erste Phase nimmt das chromatische Tremolo der Einleitung im 5/4-Takt auf und akzentuiert dazu den Kopf des Seitenthemas, wonach sich die Relikte mit dem Hauptthema im 5/4-Takt verbinden. Die Reprise formt anfangs die Einleitung um und transponiert dann die Themen regulär, während die Coda dia- und oktatonische Blöcke in mächtigen Feldern konfrontiert.

Was nach Taktmaß und Tonalität irregulär erscheint, dient im Finale der effektvollen Regie eines Konzepts, das diffuse Klangfelder und thematische Gruppen zunächst trennt, um die Prinzipien in Durchführung und Coda zu bündeln. Eine ebenso klare Disposition zeigt der zweite Satz in a-Moll, der mit raschen Rahmenteilen und langsamem Zentrum die Abkunft vom Tanzsatz mit Trio verrät. Mehrgliedrig ist allerdings schon der erste Hauptteil im 6/8-Takt, sofern er nach zwölf Takten durch ein Maggiore im 3/4-Takt unterbrochen wird, das nach modifiziertem Rekurs auf die erste Phase transponiert wiederkehrt. Wie einerseits der Quintrahmen die Hauptthemen der Ecksätze verbindet, so entspricht andererseits beiden Seitensätzen die triolische Drehfigur im Gegenthema des Tanzsatzes. Latente Chromatik ist dem langsamen

Mittelteil vorbehalten, der zunächst ein eigenes Thema präsentiert, seine triolische Begleitung bereitet jedoch den Eintritt des vormaligen Gegenthemas vor, und unter allmählicher Temposteigerung setzt sich das anfängliche Hauptthema durch, das zur gekürzten Reprise im raschen Schlußteil führt. Nicht ganz so durchsichtig ist der langsame dritte Satz, der in a-Moll beginnt, aber in Ges-Dur schließt und mit häufigem Takt- und Tempowechsel fast rhapsodisch anmutet. In den Rahmenteilen zeichnen sich indes stabile Phasen in Ges-Dur ab, die im 3/4-Takt über kantable Eigenthemen verfügen. Mehrfach werden sie von geradtaktigen Gruppen unterbrochen, die deutlich das den Ecksätzen gemeinsame Hauptthema zitieren (T. 19f. und T. 45f.), und solche Zitate bestreiten den Beginn der Reprise und den Schluß des Satzes (ab T. 81 und T. 117). Die geradtaktigen Phasen spielen zunehmend auf das Material der Außensätze an (so in T. 35 und T. 38), an den Nahtstellen werden sie von diffuseren Bildungen flankiert, die mit motivischen Fragmenten an die konträren Prinzipien im ganzen Zyklus erinnern. Zugleich laufen die Liegetöne in triolischen Drehfiguren aus, die auf die rahmenden Seitenthemen hinführen, und sie ziehen in den geradtaktigen Mittelteil in a-Moll ein, der durch Arpeggien in je einer Begleitstimme ausgezeichnet ist. Obwohl dieses Zentrum aus den thematischen Verbindungen sonst ausgespart wird, ist der langsame Satz mehr als in Debussys Quartett der zyklischen Konstruktion des ganzen Werks verpflichtet.

Es wäre einseitig, vom Klangkonzept Debussys eine eher lineare Disposition Ravels abzugrenzen. Denn neben der zyklischen Strategie, von der das thematische Netzwerk geleitet ist, gilt auch für Ravel ein Kontrast der Klangcharaktere, der im Verhältnis von diatonischen, chromatischen oder ›oktatonischen‹ Phasen hervortritt. Wie maßgeblich er ist, beweisen die Ecksätze mit den Differenzen thematischer und verarbeitender Teile, und entsprechende Relationen sind in den Binnensätzen nicht zu übersehen. Selbst wenn die Oktatonik nicht streng gehandhabt wird, verlieren chromatische Leittöne tendenziell ihre Verbindlichkeit, und so hat die tonale Organisation für die Satzstruktur Konsequenzen, die über die Konvention thematischer Verknüpfung hinausreichen. Wie das Quartett von Debussy mag das von Ravel nicht unbedingt repräsentativ für sein Œuvre sein, doch behauptet es in ihm wie in der Gattungsgeschichte seinen eigenen Platz.

Erst später folgten die Quartette anderer Autoren derselben Generation wie Charles Koechlin (1867–1951, Nr. 2–3 op. 57 und op. 72, 1915–21), Albert Roussel (1869–1937, op. 45, 1928–29), Florent Schmitt (1870–1958, op. 112, 1947) oder Arthur Honegger (1892–1955, Nr. 1–3, 1934–36). Sie alle gehören in den weiteren Kontext der Neuen Musik, an der französische Musiker maßgeblich beteiligt waren. Hatte mit Franck die Gattung in Frankreich europäischen Standard erreicht, so vollzogen wenig später Debussy und Ravel die Schritte zur Moderne, hinter die sich nicht folgenlos zurückgehen ließ. So deutlich das französische Streichquartett von einem als deutsch empfundenen Repertoire ausging, so eigenwillig nimmt sich die genuine Tradition aus, die durch eine Reihe bedeutender Werke repräsentiert wird. Dabei überlagern sich relativ frühe Werke jüngerer Autoren mit späten Beiträgen von älteren Komponisten, erstaunlich bleibt gleichwohl der Zusammenhang, der sich in der Individualität der Werke manifestiert. Zugleich gerieten Alterswerke wie die von Saint-Saëns oder d'Indy nach dem Ersten Weltkrieg in die Nähe der Neuen Musik, die in Frankreich durch ›Les Six‹ und im Quartett durch die Werkserie von Milhaud vertreten wurde. Gemeinsame Kennzeichen der französischen Tradition sind aber nicht nur in formalen Konsequenzen zu suchen, die aus dem ›zyklischen Prinzip‹ mit all seinen Varianten hervorgingen. Die Konzentration auf ein motivisches Substrat, das den Zyklus zu verklammern suchte, hatte vielmehr zur Folge, daß der thematischen Arbeit mit solchem Material enge Grenzen gesetzt waren. Desto wichtiger mußte es werden, gemeinsam mit der rhythmischen Differenzierung vor allem das harmonische Potential auszuarbeiten. Und so konnten französische Komponisten in einer Gattung, die einst als deutsche Domäne erschien, höchst eigenartige Beiträge zur europäischen Musik des Fin de siècle liefern.

5. Individuelle Positionen: Einzelwerke in ihrem Umfeld

Die Skizze konträrer Entwicklungen, die sich im Streichquartett zwischen Beethoven und der Moderne vollzogen, bliebe erst recht unvollständig, wenn nicht weitere Aspekte nachgetragen würden. Denn keineswegs alle Werke, die der kaum überschaubare Bestand umschließt, gehen in Traditionen ein, die sich als spezifisch national kennzeichnen lassen. Zum einen entstanden nicht wenige Quartette in weiteren Ländern, die kein dezidiert nationales Repertoire kannten, zum anderen traten ihnen einzelne Beiträge gegenüber, die sich nicht ohne Zwang in nationale Traditionen einfügen. Wie sich also Einzelwerke vom Kontext lösen können, so repräsentieren Quartette mancherorts nur Bestände von begrenzter Reichweite. Daß aber selbst widersprüchliche Befunde komplementär zusammengehören, zählt zu den Signaturen der komplexen Situation am Vorabend der Moderne. Und der methodischen Klärung kann es dienen, wenn erneut die Grenzen eines Verfahrens hervortreten, das allein auf historische ›Einordnung‹ bedacht wäre.

Schon in Haydns op. 42 begegnete ein Einzelwerk, auf das wenig später Mozarts ›Hoffmeister-Quartett‹ als ebenso gesondertes Werk reagierte. Nachdem aber Beethoven seit op. 74 lauter einzelne Quartette vorgelegt hatte, wurden Einzelwerke derart zur Norm, daß nun umgekehrt die Bündelung als Ausnahme erschien. Sofern also fortan die Publikationsform ihre auszeichnende Bedeutung einbüßt, lassen sich nur solche Werke hervorheben, die nicht in Traditionen oder Werkreihen aufgehen. Eine eigene Position bezeichnen zwar nächst Schuberts letzten Quartetten die frühen und späten Beiträge Mendelssohns, doch erschließt sich ihre Individualität erst in Kenntnis des weiteren Œuvres. Wie Dvořáks frühes e-Moll-Quartett aus einer langen Werkreihe hervortritt, so gehört das einzelne op. 67 von Brahms in den weiteren Bereich seiner Kammermusik, und selbst so herausragende Werke wie die Quartette von Grieg, Debussy oder Ravel sind nicht außerhalb spezifischer Gattungstraditionen verständlich. Anders verhält es sich jedoch mit weiteren Leistungen, die sich nicht ohne Gewalt in das Repertoire von Ländern oder Gruppen einfügen lassen. Und selbst in der dichten und partiell fast konventionellen Produktion des deutschen Sprachgebiets fehlen nicht höchst individuelle Lösungen, die bislang nicht zur Sprache kamen.

Hugo Wolf in Wien

Mehr noch als Schubert oder Schumann gilt Hugo Wolf (1860–1903) als Spezialist des Liedes, der im Zusammenhang des Streichquartetts nur am Rande zu erwähnen wäre, läge von ihm neben einem 1886 komponierten Intermezzo Es-Dur nur die Serenade G-Dur aus dem Jahre 1887 vor, die der Autor in späteren Briefen als ›italienisch‹ charakterisierte. Sie wurde 1892 für kleines Orchester bearbeitet, mehrere Fragmente bezeugen ergänzende Bemühungen noch 1893–97, doch selbst der eine vollendete Satz brachte es zu beträchtlicher Popularität.[1] Schon zuvor schrieb Wolf aber 1878 den ersten Satz eines Streichquartetts in d-Moll, der 1880 durch den langsamen Satz in F-Dur und ein Scherzo in d-Moll ergänzt wurde, bis erst 1884 das Finale folgte.[2] Die lange Entstehungszeit verrät die ernsthafte Arbeit an diesem Werk, das sich durch seine Struktur weit mehr auszeichnet als durch das Faust-Zitat, das ihm als Motto beigegeben wurde (»Entbehren sollst du, sollst entbehren!«, Faust I, Vers 1549).[3] Das Quartett wurde begonnen, nachdem Wolf 1877 das Wiener Konservatorium verlassen hatte, an dem er zwei Jahre zuvor das Studium bei Robert Fuchs aufgenommen hatte. Wie wenig das Werk mit einer verspäteten Studienübung zu tun hat, zeigt am klarsten der erste Satz, obwohl gerade er der früheste von allen ist. Nicht ganz so apart nimmt sich das Scherzo aus, insgesamt aber ist das Quartett nicht nur im Œuvre Wolfs ein Sonderfall. Vielmehr verschiebt sich das Verhältnis zwischen Form und Material derart, daß das Werk weder in den Wiener Umkreis von Fuchs noch in andere Richtungen einzureihen ist, sondern historisch durchaus isoliert bleibt.

---

1 Ein zweiter Satz in g-Moll (Langsam, klagend) wurde mit 28 Takten am 5. 1. 1893 skizziert und am 2. 7. orchestriert, Skizzen mit 45 Takten zum dritten Satz (Presto D-Dur) datieren vom 8. 3. 1894, und als Finale gedieh eine Tarantella am 2. 12. 1897 nicht über 40 Takte hinaus; vgl. dazu F. Walker, *The History of Wolf's Italian Serenade*, in: The Music Review 8 (1947), S. 161–174.

2 Das Quartett wurde wie die Serenade erst 1903 – im Todesjahr des Autors – von Lauterbach & Kuhn publiziert, beide Werke finden sich mit dem hier erstmals gedruckten Intermezzo in *Hugo Wolf. Sämtliche Werke*, Bd. 15/1–3, hg. v. H. Jancik, Wien 1960, wo die Mittelsätze des Quartetts vertauscht sind. Vgl. neuerdings M. Jestremski, *Hugo Wolf – Skizzen und Fragmente. Untersuchungen zur Arbeitsweise*, Hildesheim 2002 (Studien und Materialien zur Musikwissenschaft 25).

3 Es ist daher unerheblich, was Wolf von Hermann Hirschbach wußte, der eine Generation zuvor Zitate aus ›Faust‹ für weit anspruchslosere Quartette ausgebeutet hatte.

Mit über 400 und fast 500 Takten im ¢- bzw. 6/8-Takt erreichen die Ecksätze recht ungewöhnlichen Umfang, unterschiedlich ändern sich aber zugleich die Relationen der Themen und der Teile im Sonatenschema. Das eröffnende Grave im ersten Satz umfaßt 41 Takte, und das Erscheinen seiner gekürzten und veränderten Variante signalisiert vor der Reprise die klarste Zäsur im ganzen Verlauf. Denn statt von Haupt- und Seitensatz ist eher von Motivbündeln zu reden, die nicht nur anfangs nahe zusammenrücken, sondern sich rasch verändern und vertreten können, und bleibt nach dicht gefügter Exposition die Durchführung erstaunlich knapp, so wird die Reprise desto gründlicher verändert und erweitert.

H. Wolf, Quartett d-Moll, erster Satz, T. 1–4 (*GA*, Musikwissenschaftlicher Verlag Wien).

T. 42–46.

Die langsame Eröffnung schichtet über Orgelpunkt punktierte Akkorde der Mittelstimmen und rezitativisch fallende Gesten der ersten Violine, deren fragmentierte Seufzer dann das dichte Stimmengewebe durchziehen. Damit verbinden sich erst in der Beschleunigung zum Allegro (›Leidenschaftlich bewegt‹) abwärts rollende Sechzehntel, die ein wenig an den Beginn von Beethovens op. 95 erinnern können, hier aber (ab T. 42) mit Akkordschlägen und punktierter Rhythmik die Konfiguration eines Hauptthemas kennzeichnen. Schon wenig später treten in As-Dur die Umrisse eines kantableren Gegenthemas hervor (T. 55), die gleichwohl mit der rollenden Figur des ersten Komplexes gepaart sind. Nach einer langen Phase der Reduktion, die derart nicht wiederkehrt, kündigt erstmals eine F-Dur-Kadenz den Ort eines Seitensatzes an (T. 98). Statt dessen intensiviert sich jedoch die Verarbeitung, in die sich ständig wechselnde Reflexe der Kontrastmotivik einschalten, erneut zu einem von punktierten Kreuzrhythmen geprägten Satzfeld. Das Ende der Exposition deutet abermals eine breite Kadenz nach F-Dur mit einem Takt ›Adagio‹ an (T. 192), wie zuvor mischen sich indes weiterhin Elemente beider Motivgruppen, und greift nach kaum 40 Takten erneut das Grave in gestraffter Variante ein, so kreuzen sich nun mit den Varianten des Materials wiederum die Verhältnisse der Satzglieder. Ist also nur begrenzt von einer Reprise im herkömmlichen Sinn zu sprechen, so läßt die außerordentlich konzentrierte Coda mit intervallischer Spreizung punktierter Rhythmik kaum zufällig Beethovens ›Große Fuge‹ assoziieren.

Zwischen Rondo und Sonate wechseln ähnlich im Finale die Proportionen, obwohl das thematische Material nicht gleichermaßen überrascht. Nach eröffnenden Takten präsentiert sich der Hauptsatz fast wie ein Rondorefrain (T. 9), ihm begegnet ein relativ traditioneller Seitensatz in B-Dur (T. 78), in der Reprise jedoch (ab T. 203) verzögert sich sein Eintritt in A-Dur (T. 325) durch Einschub einer modulierenden Verarbeitungsphase. Seltsamer nimmt sich am Ende der Exposition eine rhythmisch kontrastierende Schlußgruppe aus (T. 102), die das 6/8-Metrum im einen Stimmpaar mit 2/4-Takt im anderen paart. Aus ihr ergibt sich in der Satzmitte ein Fugato, das wie ein zweites Couplet die Durchführung vertritt und zugleich motivische Elemente des Hauptthemas einschließt. Wiewohl in der Reprise die vormalige Schlußgruppe ausfällt, eröffnet eine Variante des Fugatothemas die Coda mit dem letzten Zitat des Hauptthemas. Dem Finale steht das Scherzo (›Resolut‹) substantiell nicht nach, wenngleich es das überkommene Formgerüst zu bewahren scheint. Doch ist der Satz kaum weniger dicht gearbeitet, und nach dem Trio, das eine abgegrenzte Enklave in B-Dur bleibt, wird die konventionelle Reprise durch konzentrierte Umformung des Materials ersetzt.

So anspruchsvoll wie der erste ist der langsame Satz, der drei ganz verschiedene Ebenen verschränkt. An den vergötterten Wagner (den Wolf aufgesucht hatte) schließt eine erste Phase an, die mit feierlichen Akkorden à la *Lohengrin* zugleich an das Gnadenmotiv aus *Tannhäuser* erinnert und dennoch ganz selbständig bleibt. Dem thematisch zentralen F-Dur-Komplex im 3/4-Takt (T. 53–73), von dem die interne Entwicklung ausgeht, tritt eine gänzlich konträre Phase entgegen (T. 73–85), in der sich vom marschartig punktierten und durch Tremolo ergänzten Fundament wieder abgerissene Gesten abheben, die der Einleitung des Kopfsatzes entsprechen. In der Mitte des Satzes lösen sich seine drei Gruppen ab, bis sie sich immer näher überlagern und in einer Phase münden, deren punktierte Rhythmik das Scherzo vorauszusetzen scheint. In ihr dürfte ein Argument für die Umstellung der Binnensätze in der Gesamtausgabe gegenüber dem Erstdruck liegen. Dagegen verschiebt sich die Abfolge der Gruppen in der Reprise, die eingreifende Veränderungen wie in den anderen Sätzen erfährt.

Gleichen Rang erreicht wenig später ein Intermezzo, das zunächst als Rondo mit drei Refrains in der Tonika Es-Dur erscheinen kann. Seiner harmonischen Stabilität entspricht sein rhythmisches Gleichmaß in zweitaktigen Gruppen. Steht aber der zweite Refrain (T. 235–284) nach einem durchführenden Zentrum (T. 127–234), so eröffnet der dritte bereits die Coda (ab T. 431). Zwar zeichnet sich eine schelmische kleine Schlußgruppe in D-Dur ab (T. 111–127), die aber in Es-Dur erst am Schluß der Coda wiederkehrt (T. 485–505). Damit erhalten die beiden ersten Refrains den Status des Hauptsatzes in Exposition und Reprise, ihnen folgen zudem thematisch gearbeitete Überleitungen, die aber nicht auf klar abgegrenzte Seitenthemen hinführen. Denn sie erzeugen bei zunehmender Chromatik sehr andere Charaktere, die in skalaren Segmenten auslaufen, daß sie aber als thematisch abgeleitet gelten sollen, erweisen die eingeschobenen Relikte des Themenkerns. Dagegen wahrt die Durchführung ihre zentrale Position durch modulierende Auflösung des Materials in kleinste Partikel, aus denen am Ende in zwingender Stabilisierung die Reprise hervorgeht. Und eine die Coda beschließende Es-Dur-Skala entspricht der periodischen Rhythmik des Themas, um zugleich auf seinen skalaren Widerpart in der Durchführung zurückzudeuten.

So widersprüchlich es wäre, das Intermezzo als »expressive music written to an unknown programme« zu bezeichnen, so unergiebig wäre für die G-Dur-Serenade die Suche nach einem Sujet, das Eric Sams aus Wolfs gleichzeitiger Beschäftigung mit Eichendorfs *Taugenichts* herleiten wollte.[1] Leichter fällt in diesem Satz die Orientierung am harmonisch gerundeten Refrain, der durch Einschübe gestaffelt wird (T. 1–103) und dreimal in der Tonika wiederkehrt (ab T. 161, 204 und 542). Erneut verschieben sich die Relationen zwischen den Couplets, denn sie bilden nur anfangs knappe Episoden in Fis-Dur (T. 104–130 mit Rückleitung bis T. 160) und später in Es-Dur (T. 180–203). Dagegen geht das letzte wiederum von Fis-Dur aus, wirkt aber in seinem Umfang wie eine nachträgliche Durchführung (T. 204–542, die das Material bis hin zu rezitativischen Einschüben umbildet (T. 303–335). Sie verkehren den leichten Ton einer Serenade zu ironischer Brechung und sind gleichwohl nicht auf ein Programm zurückzuführen, zumal sie durchweg thematisch gearbeitet sind.

Zentral bleibt indessen das Quartett, an dem die beiden Einzelsätze zu messen sind. Denn dieses Hauptwerk verbindet mit fernen Reflexen Beethovens wie Wagners eine Umschichtung der formalen und thematischen Verhältnisse, die wie die sehr wechselvolle und fast schroffe Harmonik die Kenntnis der transformierenden Verfahren Liszts voraussetzen dürfte. Zugleich ist damit eine Intensität der motivischen Arbeit verknüpft, die das gesamte Werk bestimmt und alle Satzteile derart erfaßt, daß sie die formalen Funktionen zu überspielen vermag. Sie ver-

---

1 E. Sams, Art. *Hugo Wolf*, in: *New Grove Dictionary*, Bd. 20, S. 475–502: 484, wo beide Sätze als Rondoformen bezeichnet werden; ders., *Literary Sources of Hugo Wolf's String Quartets*, in: Musical Newsletter 4 (1974), S. 3–10.

weist auf die Satztechnik des Antipoden Brahms, obwohl gerade ihm die herben Ausfälle des Kritikers Wolf galten. Die Kreuzung so verschiedener Momente sichert seinem Werk eine Selbständigkeit, die sich der Einordnung in Traditionen widersetzt.

Pfitzners späte Isolierung

Unter anderen Prämissen tritt Hans Pfitzner (1869–1949), der insgesamt vier Quartette schrieb, aus dem Kontext seiner Zeit heraus. In ihn ließe er sich leichter einfügen, gäbe es nach einem Studienwerk d-Moll (1886) nur das D-Dur-Quartett op. 13, das als frühe Talentprobe gelten könnte, und das späte op. 50 in c-Moll, das dann zum letzten Nachklang verblichener Tradition würde. Dazwischen ragt aber das bedeutende cis-Moll-Quartett op. 36 hervor, das der Komponist zwischen Juni und September 1925 komponierte und 1932 zur Symphonie für großes Orchester umarbeitete.[1] Der ausgesprochen seltene Vorgang, auf den nicht näher einzugehen ist, setzt ein latent symphonisches Potential der Quartettfassung voraus, die gleichwohl kammermusikalische Intimität wahrt, ihr außerordentlicher Rang wird jedoch gerade gegenüber den früheren Quartetten sichtbar.

Das d-Moll-Werk des Siebzehnjährigen kultiviert die Gattungstradition auf ihrer Höhe, wenn die Ecksätze ihre Seitenthemen als kontrastierende Varianten der Hauptsätze anlegen, auf die dann die Schlußgruppen zurückgreifen. Beidemal legt die Durchführung die wechselseitige Affinität des Materials frei, das die Coda nach geschickt variierter Reprise bündelt. Als Scherzo fungiert ›Sehr schnell‹ ein fis-Moll-Satz, der unverkennbar den verschleierten Ton Brahmsscher Walzer anstimmt, und kontrastiert das eingeschobene Trio in Fis- und nochmals in A-Dur mit Trillerketten und skalaren Girlanden, so werden sie mit der Thematik des Kernsatzes am Schluß seiner veränderten Reprise verwoben. Besonders konzentriert ist das Andante molto sostenuto B-Dur, das ein kleingliedriges Thema in den Rahmenteilen ausspinnt und im Zentrum derart verarbeitet, daß ein thematischer Kontrast hinfällig wird. Eine ordnende Funktion gewinnen hier wie in den anderen Sätzen Sequenzen, die sich dennoch nicht als mechanisch aufdrängen, weil sie sich mit Varianten der Stimmführung verbinden. Mehr als 25 Jahre später geht das D-Dur-Quartett op. 13, das 1913 bei Max Brockhaus in Leipzig erschien, bei gleichen Vorgaben harmonisch etwas weiter, wiewohl es noch immer durchaus traditionell ist. Der prinzipiell diatonische Tonsatz scheut in der Stimmführung nicht immer schärfere Dissonanzen, wie sie etwa im Kopfsatz während der Erweiterung und Verarbeitung des Hauptthemas begegnen. Vom Gleichmaß seiner Viertel (›In mäßig gehender Bewegung‹) hebt sich die punktierte Rhythmik im medianti-

---

1 Zur Entstehungsgeschichte vgl. J. P. Vogel, *Hans Pfitzner. Streichquartett cis-Moll op. 36*, München 1991 (Meisterwerke der Musik, Heft 54), S. 5–9. Daß der Komponist noch immer als schwieriger deutscher Sonderfall gilt, zeigt der außerordentlich karge Artikel von P. Franklin in: *New Grove Dictionary*², Bd. 19, S. 540–543 (wo nicht einmal Vogels Monographie genannt wird).

schen Seitensatz ab, beide Modelle kombiniert die Durchführung, und nach veränderter Reprise verrinnt die Coda in der Auflösung des Materials. Als ›Rondo. Im heiteren Reigentempo‹ ist das Finale bezeichnet, das sich als reguläres Sonatenrondo mit knapper, aber lebhaft modulierender Durchführung erweist. Während das D-Dur-Scherzo (›Kräftig, mit Humor‹), dem ein Trio in B-Dur eingefügt ist, in einem kauzigen Bratschensolo ausläuft, besticht der dritte Satz (›Sehr langsam‹) durch ein engschrittig chromatisches Thema, das übermäßige Dreiklänge zum Widerpart ganztöniger Segmente umbildet.

Dennoch führt von op. 13 kein gerader Weg zum cis-Moll-Quartett op. 36, das Pfitzner im Sommer und Herbst 1925 schrieb. Noch im gleichen Jahr konnte es – übrigens zu ansehnlichem Honorar – bei Fürstner veröffentlicht und am 6. Dezember von Hindemiths Amar-Quartett in Berlin erstmals aufgeführt werden.[1] Zwar wahren die vier Sätze den tradierten Grundriß, der aber vom motivischen Geflecht und zudem durch changierende Harmonik und entsprechend komplexe Rhythmik überformt wird.

1 Vgl. dazu die Dokumente bei J. P. Vogel, *Hans Pfitzner. Streichquartett cis-Moll op. 36*, S. 47–69.

H. Pfitzner, Quartett cis-Moll, op. 36, erster Satz, T. 1–6 (A. Fürstner).

T. 13–16.

Der erste Satz (›Ziemlich ruhig‹) basiert einerseits auf dem Sonatenschema mit Haupt- und Seitensatz (ab T. 5 und T. 31), zentraler Durchführung (T. 85–125) samt variierter Reprise nebst Coda (T. 126 / 184 / 200). Andererseits weist er außer dem eröffnenden Motto (T. 1–4) eine zusätzliche Gestalt auf (T. 13–20), die nur in der Coda wiederkehrt (T. 184–193) und ihre Funktion erst im zyklischen Rahmen erkennen läßt. Die rhythmische Verfassung resultiert aus fast durchgängiger Bewegung in Achteltriolen, die vom Liedsatz seit Schubert und Mendelssohn herkommen, von ihnen setzen sich vorzugsweise duolisch formulierte Melodiebögen und Themensegmente ab, die zugleich die intrikate Rhythmik von Brahms beschwören. Damit verbindet sich überaus fluktuierende Harmonik, bis der Seitensatz zur Tonikaparallele lenkt und in der Reprise normgerecht in der Tonikavariante erscheint. Die funktionalen Relationen werden nicht nur durch raschen Wechsel der Bezugspunkte, sondern mehr noch durch vielfache chromatische Nebennoten überlagert, die intendierte Zentren durch Halbtöne umrahmen oder auch vertreten.[1] Ein Beispiel ist der tonikale Beginn mit Quartsextakkord, der zur durch Vorhalt verschleierten Dominante im nächsten Takt zielt, dazwischen aber vermitteln chromatische Gänge, die durch gegenläufige Führung der Stimmpaare legitimiert werden. Die knappen Phrasen im einleitenden Motto verdichten sich im Hauptsatz zu durchgehenden Bögen, auf deren Scheitelpunkten die fallenden Halbtöne aus dem Motto wiederkehren. Dagegen sammelt sich das ›zyklische Thema‹ auf der Tonika in akkordischen Tonrepetitionen mitsamt ihrer Sequenz, in der Überleitung jedoch und erst recht nach dem breit sequenzierten Seitensatz verbindet sich die fluktuierende Fortspinnung mit motivisch variierender Arbeit, die erst im E-Dur-Schluß der Exposition nachläßt. Vom Motto aus komprimiert die Durchführung die thematischen Derivate in chromatischen Progressionen (T. 112–125), die sich einer harmonischen Fixierung entziehen, während den Zusammenhalt die freie Sequenzierung des Mottos verbürgt, die mehr noch als im Frühwerk ihre ordnende Funktion bewährt. Und die Varianten der Reprise gründen in den entwickelnden Feldern, die den Seitensatz umgeben, bis die Coda das ›zyklische Thema‹ in Erinnerung ruft.

Mit gleicher Selbständigkeit wird im zweiten Satz (›Sehr schnell‹) die tradierte Scherzoform zur Variationskette umgedacht, in der die zentrale Durchführung vom rhythmisch profilierten Thema mit zwei Variationen zu Beginn sowie von drei weiteren Variationen am Ende umrahmt wird. So klar wie diese Sektionen heben sich mit weiträumiger Melodik zwei Einschübe in Triofunktion ab, sie basieren indessen auf ostinaten Rhythmen, die ihrerseits aus der Entwicklung im Scherzo abgeleitet sind. Die Durchführung verschleift mit den formalen Zäsuren zugleich die motivischen Konturen, und selbst retardierende Phasen in repetierten Akkorden, die zunächst fast als neues Thema wirken, erweisen sich

---

[1] Für Pfitzner begründeten sich »Aharmonien« vorab »aus der kontrapunktisch-linearen, musikalisch-gesetzmäßigen Führung der Stimmen«; vgl. H. Pfitzner, *Die neue Ästhetik der musikalischen Impotenz* (1920), Drittes Vorwort, in: ders., *Gesammelte Schriften*, Bd. II, Augsburg 1926, S. 274f.; vgl. dazu J. P. Vogel, *Hans Pfitzner. Streichquartett cis-Moll op. 36*, S. 84f.

als Ableitungen aus der Kadenz des Variationenthemas. Obwohl der dritte Satz (›Langsam, ausdrucksvoll‹) nur 57 Takte umfaßt, hat er im Zyklus maßgebliche Bedeutung. Scheinbar diffus reihen sich im 6/8-Takt Gruppen aus Sechzehnteln, die halbtaktig ein Quint-Quart-Gerüst mit eingelagerten Tritoni umschreiben (gis'–d"–a"–gis'–dis'–a'). Von ihren vielfachen Transpositionen heben sich melodische Ansätze ab, thematische Qualität erhalten aber erst akkordische Tonrepetitionen in Achteln, die wiederum auf das ›zyklische Thema‹ zurückblicken (T. 11–14). Im Wechsel dieser Gestalten löst sich aus amorphen Begleitfiguren eine sequenzierte Gestalt ab (T. 19–21), thematisch wird sie aber durch akkordische Repetitionen, die ihrerseits zur äußersten Steigerung in C-Dur gerafft werden, bevor sich der Satz in diffuse Varianten der eröffnenden Gerüstintervalle auflöst und damit zum Finale öffnet.

Das dreitaktige Hauptthema des Schlußsatzes (›Ziemlich schnell‹) verbindet in der Oberstimme eine kleine Eröffnungsfigur mit diatonischem Nachsatz und wahrt doch über neutral akkordischer Begleitung fast vorläufigen Status, selbst wenn es gleich mit triolischer Auffüllung in Baßlage wiederholt wird. Statt eines Seitensatzes verlängern sich begleitende Triolen zu einer geschlossenen Phase (T. 35–47), zu ihr kontrastieren wie eine Schlußgruppe Akkordfolgen in melodischen Sprüngen, die durch Pausen getrennt und zugleich von Spielfiguren des Hauptthemas durchzogen werden (T. 48–71). Nächst der Verarbeitung dieses Materials findet die Durchführung ein erstes Ziel in der Integration des ›zyklischen Themas‹, dessen Funktion im Kopfsatz offen blieb. Indem es sich aus Relikten des Finalthemas ablöst, beweist es in der Durchführung seine thematische Funktion (T. 119–143). Und wenn eine weitere Phase die ›Sprungvariante‹ des Finalthemas verarbeitet, so verbinden sich damit die Gerüstintervalle, die im langsamen Satz begegneten und nun im Finale in breiter Augmentation (mit Trillern) die Stimmen durchlaufen (T. 196–224). Wo aber mit dem Finalthema in cis-Moll eine Reprise ansetzen will (T. 232–235), wird sie erneut durch diese Gerüstintervalle überlagert, die sich wie ein ›wandernder cantus firmus‹ ausnehmen (T. 235–262).[1] Die Funktionen der Durchführung und der Reprise werden also vom Prozeß der zyklischen Disposition unterlaufen, der erst der Coda den ungeschmälerten Rückgriff auf die eigene Thematik des Finales erlaubt, bevor es sich zum Schluß auf das Motto des Kopfsatzes besinnt.

Pfitzners Quartett kann nur solange als antiquiert oder peripher anmuten, wie man es an Beiträgen von Hindemith, Bartók oder gar Schönberg mißt. Innerhalb eines Œuvres jedoch, das weit früher als das dieser Zeitgenossen begann, konnte sich Pfitzner in diesem eindrucksvollen Werk unter eigenen Prämissen auf der Höhe der Zeit fühlen, ohne sich vom Zeitgeist abhängig zu machen. In ein anderes Licht rückt damit das c-Moll-Quartett op. 50, das der mehr als Siebzigjährige 1942 mit-

---

1 Von vier Phasen der Durchführung, denen jedoch keine Reprise folge, sprach dagegen J. P. Vogel, *Hans Pfitzner. Streichquartett cis-Moll op. 36*, S. 31–39.

ten im Weltkrieg schrieb und bei Fürstners Mitarbeiter Johannes Oertel in Berlin-Grunewald publizierte. Ein gedrängtes Andante exponiert eine schwingende Linie als erstes Thema, seine punktierten Viertel prägen den hellen Seitensatz in G-Dur, die Verarbeitung richtet sich jedoch auf eine weitere Gestalt (›Leidenschaftlich‹), die in der tonikalen Lage des ersten Themas die Umrisse des zweiten aufnimmt und zum Schluß in C-Dur wiederkehrt. Ähnlich knapp ist das auffällig diatonische Andante F-Dur, das ein Scherzo vertritt und subtil über mediantische Relationen (f-Moll – des-Moll – gis-Moll) zum H-Dur-Trio vermittelt. Der dritte Satz (›Langsam‹) wird von einem schwingenden f-Moll-Thema eingerahmt, nach ›leicht beschwingter‹ Überleitung korreliert dazu ein Seitensatz in G-Dur, der sich zu akkordischer Begleitung auf längst verklungene Töne besinnt und noch weiter im Mittelteil und in der Reprise aussingen darf. Solche Traditionen nimmt der abschließende Sonatensatz in C-Dur auf, dessen Seitensatz unmißverständlich das Pendant des Kopfsatzes übernimmt, um es nach knapper Durchführung in der Reprise auszuspinnen, bis das Hauptthema die Coda zur effektvollen Stretta führt.

Das Modewort Nostalgie wäre die falsche Kennmarke für eine Haltung, die im späten Rückblick auf die Gattungsgeschichte Halt und wohl Zuflucht in hoffnungsloser Zeit sucht. Vor bloßer Epigonalität bleibt noch dieses Spätwerk durch noble Diskretion gefeit, desto nachdrücklicher hebt sich von ihm aber die bohrende Intensität und souveräne Reflexion ab, mit der Pfitzners op. 36 zur geschichtlichen Ausnahme wird. Verspätete Einzelwerke, die freilich kaum gleiches Gewicht haben, schrieben wohl andere Autoren wie Ermanno Wolf-Ferrari, und kaum zeitgemäß mögen die beiden Quartette von Franz Schmidt wirken, der immerhin einem früheren A-Dur-Werk 1929 ein höchst subtiles Gegenstück in G-Dur folgen ließ. Wäre dann aber eher von Alternativen in der Moderne zu reden, so bleibt Pfitzners Hauptwerk nach Rang und Position singulär, sofern es zu einer Quartettreihe gehört, die zugleich die Epochenschwellen übergreift.

Verdi und das italienische Quartett

Während die Beiträge Wolfs und Pfitzners – wiewohl in sehr ungleichen Situationen – aus dem zeitgenössischen deutschen Repertoire heraustraten, entstanden mit den Quartetten von Verdi, Elgar und Delius bedeutende Einzelwerke in Ländern, in denen sich keine genuin nationale Gattungstradition ausbildete. Ein Unicum ist in mehrfacher Weise das e-Moll-Werk von Giuseppe Verdi (1813–1901), das lange nicht gebührend beachtet wurde.[1] Immerhin könnte es nachdenklich machen, daß dieses Streichquartett als einziger Beitrag aus Italien einen festen Platz im internationalen Repertoire erlangt hat. Entstanden im März 1873,

---

[1] Vgl. dazu die Bibliographie von R. Parker, Art. *Verdi*, in: *New Grove Dictionary*[2], Bd. 26, S. 434–470, ferner N. Graf, *Quartett in Mi minore*, in: *Verdi Handbuch*, hg. v. A. Gerhard und U. Schweikert, Kassel und Stuttgart 2001, S. 520ff. nebst Bibliographie S. 711. Die dort genannten Beiträge gleichen nicht das Fehlen näherer Studien aus, die auch nicht durch die Suche nach Anklängen an Opernthemen Verdis zu ersetzen sind. Zu weiteren Perspektiven vgl. aber jüngst die eingehende Analyse von M. H. Schmid, ›*Il orrendo* sol bemolle‹. *Zum Streichquartett von Giuseppe Verdi*, in: Archiv für Musikwissenschaft 59 (2002), S. 222–243.

fiel es – nach *Don Carlos* und *Aida* – in eine unfreiwillige ›Opernpause‹, die sich in Neapel durch eine indisponierte Primadonna ergab. Nach einer privaten Erstaufführung am 1. Mai 1873 machte Verdi nicht viel Aufhebens von einem so persönlichen Werk und entschloß sich erst 1876 zu seiner Publikation. In weiterem Sinne wäre jedoch von einer Opernpause in seinem Schaffen zu sprechen, sofern sich dem Quartett mit dem Requiem und den Quattro pezzi sacri die bedeutendsten Beiträge zur geistlichen Musik anschlossen. Weit später erst folgten mit *Otello* und *Falstaff* die letzten Hauptwerke, so daß dem einzigen zyklischen Instrumentalwerk eine Schlüsselstellung vor dem Spätwerk zufällt.

Obwohl seit 1861 eine Società del Quartetto in Florenz die einheimische Produktion anregen wollte, konnte Verdi kaum von einer italienischen Gattungstradition ausgehen. Zwischen 1851 und 1856 schrieb zwar der Florentiner Ferdinando Giorgetti (1796–1867) drei Werke, in denen sich die klassischen Satzmuster mit Eindrücken der brillanten Kunst Pierre Rodes verbinden, ein um 1864 entstandenes Quartett von Giovanni Sgambati erschien 1884 in einer Umarbeitung, und 1864 begann Antonio Bazzini die Reihe seiner fünf Beiträge, die er aber erst 1877 fortsetzte. Zurückhaltend äußerte sich Verdi über Quartettgesellschaften und kokettierte mit seiner »ignoranze musicale«.[1] In welchem Maße er über den Gattungskanon informiert war, zeigt jedoch seine umfängliche Musikaliensammlung, die nicht nur Werke von Haydn, Mozart und Beethoven umfaßte, sondern mit Kammermusik von Mendelssohn und Schumann einen Hauptbestand vor Brahms einschloß. Verdis scheinbar widersprüchliche Äußerungen über historische Muster und eine »arte tedesca« ließen sich eher erklären, wenn zwischen Respekt vor Traditionen und Reserve gegenüber Wagner unterschieden würde.[2] Jedenfalls standen neben Modellen der Klassik für Kopfsatz und Scherzo seines Quartetts offensichtlich die Pendants aus Mendelssohns e-Moll-Werk op. 44 Nr. 2 Pate.

Maßgeblich ist für den ersten Satz der Plan, zwischen Hauptthema und Kontrastmotivik derart zu vermitteln, daß sich die Gewichte im Satzverlauf grundlegend verschieben. So kontrahiert der Hauptsatz seine kantable Substanz zu motivischer Prägung, indem die zweite Violine ein Kopfmotiv in auftaktigen Achteln über synkopischer Begleitung zur Zweitaktgruppe im Sextraum verengt, die sogleich wiederholt wird, bevor sich ein dritter Ansatz auf vier Takte erweitert. Sobald die achttaktige Gruppe von der ersten Violine zu repetierten Achteln aufgenommen wird, treten in Baßlage unscheinbare Einwürfe hinzu, die mit jeweils drei Sechzehnteln eine unruhige Note ins Spiel bringen, bis die Ausspinnung des Themas in akkordischer Achtelbewegung gestaut wird. Von jenen verdeckten Einwürfen geht jedoch der fugierte Ansatz der Überleitung aus (T. 26–44), die in der Paarung der ostinaten Baßfigur mit schwingenden punktierten Linien aus der Themenfortspinnung

---

[1] So etwa in Briefen an Tito Ricordi (3. 10. 1863) und Filippo Filippi (4. 3. 1869), vgl. Fr. Abbiati, *Giuseppe Verdi*, Mailand 1959, Bd. 4, S. 78 und S. 126, sowie *Giuseppe Verdi. Briefe*, hg. v. W. Otto, Berlin 1953, S. 180 und S. 219.

[2] L. Magnani, *L›Ignoranze musicale‹ di Verdi e la Biblioteca di Sant' Agata*, in: Atti del IIIo congresso internazionale di studi verdiani 1972, Parma 1974, S. 250–257; vgl. dazu Kl.-G. Werner, *Spiele der Kunst. Kompositorische Verfahren in der Oper Falstaff von Giuseppe Verdi*, Frankfurt a. M. u. a. 1986 (Europäische Hochschulschriften, Reihe XXXVI, Bd. 25), S. 125ff. – Respekt vor Symphonie und Streichquartett der »Tedeschi« bekundet 1878 ein Brief an Ricordi, vgl. Fr. Abbiati, *Giuseppe Verdi*, S. 78f.

G. Verdi, Quartett e-Moll, erster Satz, T. 1–5 (Edition Peters).

mündet (vgl. T. 5f.). Wo aber kurz auf den Themenkopf selbst zurückgegriffen wird, verlängert sich das Kontrastmotiv zu figurativen Ketten, um den Themenkern weiter zu verdrängen (T. 44–56). Gänzlich konträr – und klanglich à la Mendelssohn – setzt der Seitensatz in G-Dur ein (T. 57–72), und bricht er ebenso unvermittelt ab, so dominieren bis zum Schluß der Exposition die unruhigen Figurenketten, in die sich zudem harmonische Härten mischen (wie die Rückung Es-Dur – Fis-Dur T. 75f. oder das chromatische Unisono T. 95f.). Weitere Kombinationen von Hauptsatz und Kontrastmotiv bestreiten die Durchführung, die nur episodisch den Themenkern allein verarbeitet (T. 112–119), und geistvoll ist zumal die Rückleitung, die eine Reprise des Hauptsatzes bloß bei Erreichen der Tonika kurz andeutet (T. 147), während gleich der Seitensatz in der Tonikavariante anschließt. Indem aber die Coda ganz auf Derivate des Kontrastmotivs setzt, ratifiziert sie nochmals dessen thematischen Rang.

Den Ton eines Walzers modifiziert das Andantino C-Dur mit quasi punktierten Achteln auf betonter Zeit, die auf die akzentuierte zweite Viertel des 3/4-Takts hinzielen. Ähnlich schwebend bleibt die Harmonik, sofern über tonikalem Baßton die Quinte der Dominante zum verminderten Septakkord der Doppeldominante lenkt, dem dann erst die Tonika selbst nachfolgt. Den Gegenpol zum weit ausgesponnenen Themenkomplex bilden ruhig fallende Skalen in akkordischem Satz, die von a-Moll über E- bis Fis-Dur führen (T. 35–55). Wenn aber der Themenkern in Ges-Dur wiederkehrt (T. 56–82), so paart sich mit ihm wiederum verdeckte Kontrastmotivik, die zum vehementen Ausbruch in fis-Moll gebündelt wird (T. 83–88). Ihre Konsequenzen verdrängen wie im Kopfsatz das anmutige Thema, das erst in der Reprise restituiert wird (T. 135–169), wonach die Coda letztmals die konträren Ebenen konfrontiert (T. 169–198). Einfacher ist das sehr kurze Scherzo mit fallender, nur durch Triller profilierter Melodik, während sich pochend repetierte Viertel der Begleitung zu geschlossenen Segmenten erweitern, über denen erneut das Kopfmotiv eintreten kann. Und das Trio in A-Dur widerlegt den Verdacht der Banalität mit dem entwaffnenden Charme seiner Cellokantilene, die zu begleitendem Pizzicato den Ton einer Serenade annimmt.

Das Glanzstück des Zyklus ist jedoch das fugierte Finale, das nicht nur auf Modelle der Wiener Klassik zurückblickt, sondern ebenso – wie öfter gesehen wurde – auf das Falstaff-Finale »Tutto nel mondo è burla« vorausweist.[1] Beidemal bedeutet freilich der Begriff Fuge eine Verlegenheit angesichts von Sätzen, denen fugierte Verfahren nur als Vehikel dienen, um die wachsende Auflösung der Fuge zu betreiben. Demnach findet der Quartettsatz seine Muster weniger im fugierten Finale aus Beethovens op. 59 Nr. 3 – das zugleich einen Sonatensatz darstellt – als in den polythematischen Schlußfugen aus Haydns op. 20, die Verdi gekannt haben dürfte.

[1] Die wohl eindringlichste Analyse findet sich bei Kl.-G. Werner, *Spiele der Kunst. Kompositorische Verfahren in der Oper Falstaff*, S. 417–443.

G. Verdi, Quartett e-Moll, vierter Satz (Scherzo Fuga), T. 1–12 (Edition Peters).

Denn seine Strategie führt in der Beschränkung auf nur ein Thema zur systematischen Zerlegung des Materials in kleinste Partikel, die sich zum verwirrenden Netzwerk voll geistreicher Beziehungen mischen. Intrikat ist bereits das Thema in pulsierenden Achteln entworfen, die sich in sechs Takten zu keiner periodischen Einheit runden und dafür interne Wiederholungen mit beziehungsreichen Varianten paaren. Einer Schulfuge entspricht nur die Themenexposition, der trotz der Ausdehnung des Satzes keine vollständige Durchführung mehr folgt. Denn mehrfache Ansätze dazu – wie etwa ab T. 47 oder T. 63 – beziehen nicht mehr alle Stimmen ein und stutzen das Thema auf halben Umfang oder weniger. Die motivische Abspaltung dagegen, die gleich nach der Exposition ansetzt, führt von Verkürzung und Ablösung der Taktgruppen über intervallische und rhythmische Varianten bis hin zur Umkehrung des Themenkopfes (ab T. 107) und seiner Kontraktion zu Tonrepetitionen, die nur das rhythmische Grundmuster bewahren (wie schon ab T. 59). Wo sie sich zu Haltetönen in der Oberstimme zusammenziehen (T. 82–99), da treten die Widerhaken des fugierten Prinzips zutage, das sich vollends ab T. 128 zum Wechselspiel zwischen motivischen Relikten und akkordischer Auffüllung wandelt. Demgemäß füllt sich im Umschlag nach E-Dur der Themenkopf durch kadenzierende Ergänzung zu periodischen Zweitaktern auf, um der Fuge in der wirbelnden Coda jeden Rest von scheinbarer Strenge auszutreiben.

Wem sonst als Verdi gelang nach der Wiener Klassik noch einmal eine scheinbar unbeschwerte und zugleich so geistsprühende Fuge? Die rhetorische Frage deutet bereits den außerordentlichen Rang an, den dieses Quartett nicht allein für italienische Verhältnisse oder im Œuvre Verdis, sondern im Kanon der Quartettliteratur beanspruchen darf. Sind schon die Zweifel kaum begreiflich, die das Werk noch immer bei manchen Forschern auslöst, so sollten die Kenner Verdis den Aufgaben nachgehen, die sich mit der Position des Quartetts in Verdis Lebenswerk stellen. Denn es fragt sich, ob nicht das einzige Instrumentalwerk für Verdi gleichsam das Nadelöhr war, durch das seine Kunst zu gehen hatte, ehe sie in sonst kaum faßlicher Erweiterung die ganze Subtilität des Spätwerks entfaltete.

Der singuläre Beitrag von Verdi hat dennoch keine italienische Tradition ausgelöst, denn die wenigen Werke der Folgezeit erreichen keineswegs gleiche Verfeinerung, sondern bevorzugen einen auffällig starren und massiven Satzbau. Das Des-Dur-Quartett op. 17 von Giovanni Sgambati (1841–1914), das auf einem früheren cis-Moll-Werk op. 12 fußt, überrascht noch 1884 durch ein einleitendes Adagio mit theatralischer Melodik, zu der die Unterstimmen in stereotypen Begleitfiguren zusammengefaßt werden.[1] Das Bild ändert sich kaum im Wechsel zum Vivace, und ähnlich monoton fällt – trotz des raren 9/4-Takts – ein Prestissimo E-Dur in Scherzofunktion aus. Das Andante sostenuto erweist sich als Variationensatz in gis-Moll, sein Thema bildet indes eine schlicht sequenzierende Akkordfolge, die mit ähnlichen Figurationen wie im Kopfsatz bedacht wird, und vollends das Finale trägt in der Dominanz der Oberstimme noch immer die Spuren des einstigen Quatuor brillant. Etwas differenzierter sind die Werke des Geigers Antonio Bazzini (1818–1897), der zwischen 1842 und 1845 in Leipzig gastiert hatte und seit 1882 das Mailänder Konservatorium leitete.[2] Nach einem frühen C-Dur-Quartett vom Jahre 1864 (Mailand 1866) brachte er seit 1877 vier weitere Beiträge bei Ricordi und Schott heraus (Nr. 2 d-Moll op. 75, 1877; Nr. 3 e-Moll op. 76, 1878; Nr. 4 G-Dur op. 79, 1888; Nr. 5 c-Moll op. 80, 1892; dazu Nr. 6 F-Dur op. 82, 1892, unveröffentlicht). Das Allegro appassionato des 1872 entstandenen d-Moll-Quartetts Nr. 2 verbindet im Hauptthema einen leittongeschärften Aufschwung mit triolischem Anhang, der subdominantisch abbricht; in der partiell imitatorischen Überleitung akzeleriert das Kopfmotiv, das nach weit schlichterem Seitensatz in der Durchführung bis zur Funktion einer Begleitformel verarbeitet wird, so daß die Reprise ohne komplette Restitution des Hauptsatzes auskommt. Einfacher ist ein kleines Andante con moto B-Dur, als Intermezzo erscheint eine Gavotte in F-Dur, die freilich eher einem knappen Scherzando als dem älteren Suitensatz

---

1 D. Carboni, *Riscoprire Sgambati*, in: *Ottocento e oltre. Scritti in onore di Raoul Meloncelli*, hg. v. F. Izzo und J. Streicher, Rom 1993, S. 411–422.

2 Vgl. dazu G. Salvetti (Hg.), *Musica strumentale dell' Ottocento italiano*, Lucca 1977, bes. S. 245–255 und S. 285–308, sowie A. Rostagno, Art. *Bazzini*, in: *MGG²*, Personenteil Bd. 2, Kassel u. a. 1999, Sp. 558f.

ähnelt, und als Finale fungiert ein Rondo mit einem Refrain voll triolischer Versatzstücke und zwei besonders simplen Couplets. Lockerer ist der Kopfsatz (Allegro giusto) des G-Dur-Quartetts Nr. 4, der die Überleitungen mit unverbindlicher Figuration bestreitet, nach einleitendem Lento ›quasi Recitativo‹ schließt ein ähnlich einfaches Andante con moto C-Dur an, als Tempo di Gavotta G-Dur erweitert diesmal der dritte Satz den zweiteiligen Tanzsatz um ein Trio, und das zwischen Dur und Moll wechselnde Rondofinale wird mit motivischen Vermittlungsphasen und kleiner Durchführung zum Sonatenrondo ausgebaut. Indem sie sich also an weit früheren Mustern orientierten, vermochten Bazzinis Quartette wenig zu einer aktuellen italienischen Tradition beizutragen.

Eine kleine Kostbarkeit ist daneben das *Crisantemi* betitelte Andante mesto cis-Moll, das Giacomo Puccini 1890 zum Gedenken an Amadeo di Savoja Duca d'Aosta vorlegte. Obzwar keine Trouvaille wie Verdis Werk, wartet das Sätzchen mit all den Delikatessen auf, über die ein Opernmeister solchen Ranges gebot. Melodische Noblesse und akkurate Stimmführung, dazu eine nuancierte Harmonik bei schwebender Rhythmik vereinen sich zu einem Gebilde von duftigem Klang, das nur das Fehlen eines ganzen Quartetts von Puccini bedauern läßt.[1]

Dagegen fallen die vier Quartette, die Antonio Scontrino (1850–1922) nach einem Präludium mit Fuge F-Dur (1895) bei Eulenburg in Leipzig publizieren konnte, schon in das neue Jahrhundert (g-Moll, 1901; C-Dur, 1903; a-Moll, 1905; F-Dur, 1918). Anfangs Kontrabassist, studierte Scontrino seit 1871 in München, wirkte nach 1874 in London und wurde schließlich Theorielehrer an den Konservatorien in Palermo und Florenz.[2] Daß er die Gattungstraditionen kannte, wird im Umfang und in der Ambition der Werke spürbar, ohne zu differenzierter Satztechnik beizutragen. Nach dem nicht sonderlich profilierten Erstling verblüfft das C-Dur-Quartett durch seine Ausdehnung und einen massierten Klang, der mit fast stereotypen Bewegungsmustern zusammentritt. Der Kopfsatz entfaltet ein energisch synkopiertes Hauptthema, das zur Mollsubdominante ausgreift, mit begleitenden Sechzehnteln, die im Legato, in raschen Skalen oder tremolierenden Repetitionen konstant den Satz durchziehen und ständig zwei oder drei Stimmen bündeln. Nach knapper Reduktion spart der Seitensatz analoge Muster nicht aus, die auf den Hauptsatz gerichtete Durchführung läuft im Fugato mit dem Seitenthema aus, und die Reprise geht noch von der Dominante aus, um sich erst im Seitensatz zur Tonika zu wenden. Ehrgeiziger noch ist der Schlußsatz, der bei ähnlich ostinater Rhythmik wie Beethovens C-Dur-Finale aus op. 59 gleich als Fugato ansetzt. Zweifachen Oktavsprüngen in Halben hängt das Thema fliegende Achteltriolen an, episodisch bleibt der Seitensatz, wie die Durchführung wird noch die Coda vom Hauptsatz beherrscht, bis der Schluß Varianten beider Themen zusammenführt.

1 Aus den Jahren 1880–83 liegen neben einem Fragment und einem Scherzo drei Fugen vor, denen 1892 noch drei Menuette folgten.

2 L. Summer, *Un esponente della rinascita strumentale italiana di fine Ottocento: Antonio Scontrino*, in: *Ottocento e oltre*, S. 437–450.

A. Scontrino, Nr. 2 (C-Dur), vierter Satz, T. 1–4 (E. Eulenburg).

T. 13–15.

Die satztechnischen Prinzipien ändern sich nicht grundsätzlich im ›Presto possibile‹ e-Moll, und selbst das Andante sostenuto assai F-Dur tendiert zu entsprechender Ballung der Stimmen. Erweitert hat sich freilich die harmonische Palette, die eckige Fortschreitungen und klangliche Härten kennt, ohne jedoch die tonale Basis anzutasten. Eher gemäßigt gibt sich das folgende a-Moll-Werk, in dessen Kopfsatz nur das Hauptthema analog gebaut ist, wogegen der Seitensatz durch rhythmisch verschobene Akkordfolgen über Orgelpunkt einigen Reiz gewinnt. Wie diesem Thema gehen dem Satzbeginn und der Durchführung langsamere Abschnitte voraus, die ›neapolitanische‹ Stufen zur Geltung bringen, sobald sich aber Durchführung und Reprise dem Hauptsatz zuwenden, droht ähnliche Monotonie wie zuvor. Nicht ganz anders operiert das Finale, während als Binnensätze ein ›Tempo di minuetto‹ C-Dur und eine Romanze As-Dur fungieren. Daß aber das F-Dur-Quartett noch 1918 mit einer ›Popolaresca‹ schließen kann, deutet bereits an, wie sehr Scontrino vom Gang der Zeit überholt worden war.

Daneben wären weitere Autoren mit einzelnen Werken zu nennen, die einer prinzipiell ähnlichen Satztechnik huldigen, ohne sich doch zu einer kontinuierlichen Produktion zusammenzuschließen.[1] Zu ihnen zählen Carlo Perinelli (1877–1942) mit einem C-Dur-Quartett op. 10 (1905) oder später noch Ildebrando Pizzetti (1880–1968), dessen Werke in A-Dur und d-Moll erst 1920 und 1924 erschienen. Solche Beiträge kreuzten sich jedoch schon mit der Produktion von Musikern wie Ottorini Respighi, Alfredo Casella, Goffredo Petrassi oder Francesco Malipiero, die in Italien für andere Tendenzen einstanden und bereits zu den Alternativen in der Moderne zu rechnen sind. Und so sollte es bis in die Jahre nach dem Zweiten Weltkrieg dauern, daß italienische Werke wie die von Giacinto Scelsi, Bruno Maderna, Luciano Berio und Luigi Nono zur Spitze der internationalen Avantgarde gehörten.

---

1 So erwähnte Altmann Quartette von Giuseppe Buonamici (G-Dur, 1902), Renato Brogi (h-Moll, 1904), Roffredo Caetani Fürst v. Bassano (op. 1, 1888, und op. 12, 1907), Giuseppe Ferrata (op. 28, 1913), Leone Sinigaglia (op. 21, 1901) oder Teone Zanella (op. 62, 1919); vgl. W. Altmann, *Handbuch für Streichquartettspieler*, Bd. 2, Berlin ²1928, passim.

Daß sich die Länder der iberischen Halbinsel besonders abstinent zum Streichquartett verhielten, kann zunächst erstaunen, wenn man an die langen Werkreihen zurückdenkt, mit denen sich gebürtige Italiener wie Luigi Boccherini und Gaetano Brunetti von Spanien aus an der Produktion des 18. Jahrhunderts beteiligt hatten. Wie sie aber auf den Pariser Musikalienmarkt abgewiesen waren, so schrieb Juan Crisóstomo Arriaga nach 1821 seine drei bemerkenswerten Quartette in Paris. Seit die vormalige Adelskultur hier wie in anderen Ländern abgebrochen war, richtete sich eine betont national inspirierte Musik im 19. Jahrhundert auf andere Gattungen wie die Oper oder die Zarzuela, neben denen Kammermusik einen noch schwereren Stand als Symphonik hatte. Obwohl in Madrid seit 1872 eine Sociedad de Cuartetos bestand, kam es zu keiner eigenen Produktion von überregionaler Bedeutung. Während also Quartette spanischer Autoren kaum über die Landesgrenzen drangen, schrieben international bekannte Komponisten wie Isaac Albéniz oder Joaquín Rodrigo keine Kammermusik, und liegt von Enrique Albéniz nur ein Klavierquintett vor, so blieben zwei Quintettsätze von Manuel de Falla unveröffentlicht. Zu nennen ist nur ein Quartett von Joaquín Turina (1882–1949), das 1911 als op. 4 gedruckt wurde.¹ Allerdings gleicht es mit fünf locker geformten Sätzen eher einer Quartettsuite, die weitere Ansprüche zu umgehen sucht. Je ein langsamer und schneller Satz umgeben in Refrainformen mit kleinen Episoden einen baskischen Tanz, dessen unregelmäßiges Taktmaß elegant geglättet wird. Der Beiname ›de la guitarra‹, den das Werk trägt, verweist weniger auf den Klang dieses Instruments als auf seine offenen Saiten, deren Quart-Terz-Gerüst zitiert und zur quasi phrygischen Skala ergänzt wird. Die Melodiebildung wird von akkordischer Begleitung in Klängen getragen, denen zugefügte Sexten und Dissonanzen eine leicht impressionistische Tönung geben, wie sie noch 1935 in Turinas Serenata für Quartett op. 87 begegnet.

Verhulst in Holland

Selbst in Belgien und den Niederlanden kam es trotz der Nachbarschaft mit französischen und deutschen Traditionen zu keiner umfänglichen Quartettproduktion. Daß sich belgische Musiker wie César Franck oder Joseph Jongen² nach Paris orientierten, ist aufgrund der kulturellen Verbindungen verständlich, doch mußte es Holländer nicht unbedingt nach Leipzig oder Paris ziehen. Obwohl der Geiger Johannes Bernardus van Bree (1801–1857), der zum Direktor der Gesellschaft Felix Meritis aufstieg, als Komponist offenbar Autodidakt war, schrieb er zwischen 1834 und 1848 drei Quartette, von denen das letzte ungedruckt blieb.³ Bei Simrock in Bonn erschien um 1834 ein nur zweisätziges a-Moll-Werk, das freilich nicht erst im Finale, sondern bereits im vorangehenden Sona-

---

[1] Selbst der kundige Altmann konnte ebenda, S. 295ff., nur das A-Dur-Quartett op. 16 (1922) von Joan Manén als weiteres Werk eines spanischen Autors nennen, vgl. *Diccionario de la Música Española e Hispanoamericana*, Bd. 7, Madrid 2000, S. 93 (freundlicher Hinweis von Th. Hochradner). – C. Gómez Amat, Art. *Turina*, in: *New Grove Dictionary²*, Bd. 25, S. 903ff.

[2] Joseph Jongen (1873–1953) veröffentlichte nach zwei Quartetten (op. 1 c-Moll, 1894, und op. 50 A-Dur, 1916) vorwiegend kleinere Stücke für Streichquartett (op. 61, 97 und 101); vgl. W. Altmann, *Handbuch für Streichquartettspieler*, Bd. 2, Berlin ²1928, S. 218f., sowie A. Van der Linden, Art. *Jongen*, in: *MGG*, Bd. 7, Kassel u. a. 1958, Sp. 169–173.

[3] J. ten Bokum, Art. *Bree*, in: *MGG²*, Personenteil Bd. 3, Kassel u. a. 2000, Sp. 803f. Zuvor schon veröffentlichte Johann Wilhelm Wilms (1772–1847) zwei Quartette op. 25 in g-Moll und A-Dur (Leipzig um 1812, Kühnel); vgl. E. A. Klusen, *Johann Wilhelm Wilms und das Amsterdamer Musikleben 1772–1847*, Buren 1975, S. 49ff.

tensatz auf flinke Figuren des Primarius hin angelegt ist und sich fast als Etüde ausnimmt. Dem entspricht ein späteres Quartett Es-Dur (Amsterdam um 1840, Theune et Comp.) nur noch im Finale, wogegen der Kopfsatz etwas dichter gearbeitet ist. Rhythmisch ziemlich gleichförmig bleibt allerdings das Scherzo in c-Moll, während das As-Dur-Adagio zunächst wie ein Sonatensatz gebaut ist, im Mittelteil aber wieder zu leerer Figuration umschlägt.

Durchaus professionell ist dagegen die Musik von Johannes Josephus Hermannus Verhulst (1816–1891), der 1836 die Bekanntschaft von Mendelssohn machte und wenig später nach Leipzig kam. Dort gehörte er zum Kreis um Schumann, der Verhulsts Quartette op. 6 1838 erwähnte und später nochmals wohlwollend und doch nicht unkritisch rezensierte.[1] Die beiden Werke in d-Moll und As-Dur erschienen mit Dedikation an Mendelssohn 1840 bei Hofmeister in Leipzig und sind somit frühe Zeugnisse für die Ausstrahlung der ›Leipziger Schule‹ noch vor der Gründung des Konservatoriums. Im ersten Satz des As-Dur-Werks – das Schumann zufolge als erstes entstand – verrät das Hauptthema mit kontrastierenden Taktgruppen noch manche Spuren des kadenzharmonischen Satzes der Klassik. Denn dem zweifach prägnant abgesetzten Kopfmotiv folgen nach Pause unterschiedliche Fortspinnungen, die zuerst nur fallende Achtel anfügen, später jedoch mit Rückung nach E-Dur chromatische Fortschreitungen und dann steigende Sechzehntel einbringen, ohne sich aber zu ›quadratischer‹ Periodik zusammenzuschließen. Setzt sich davon der Seitensatz als ebenmäßige Addition von analogen Viertaktern ab, so entspricht dem Schumanns Beobachtung, Verhulst schließe sich klassischen Mustern an und erinnere doch mitunter an Mendelssohn (dessen gleichzeitige Quartette op. 44 der Holländer kaum schon näher kennen konnte). Die Durchführung ist durchaus thematisch, sie nutzt das Potential des Hauptsatzes in chromatischen Episoden, obwohl sie nicht sonderlich weit moduliert, und läuft dann mit dem vom ›Allegro risoluto‹ zum ›Adagio‹ verwandelten Kopfmotiv in die Reprise hinein. Dagegen bildet das Finale ein spielerisch glattes Sonatenrondo mit redundantem Refrain und konventionellen Refrains samt kleiner Durchführung, das Adagio sostenuto in Des-Dur entspricht dem Herkommen mit modulierendem Mittelteil und ornamentierter Themenreprise, und im Poco sempre scherzando f-Moll ist nach As-Dur-Trio und überlanger Rückleitung die Wiederholung des Tanzsatzes variiert ausgeschrieben. Weniger angestrengt, aber auch etwas routinierter erscheint das d-Moll-Werk Nr. 1, in dem das Hauptthema des Kopfsatzes geschickt ausgesponnen und durch Akzentverschiebungen erweitert wird, ›scherzando‹ ist dagegen der Seitensatz charakterisiert, wonach die Schlußgruppe die Melodik des Hauptsatzes aufnimmt und seine verschobenen Akzente begradigt. Während sich die Überleitungen gängiger Figuren bedienen, führt die bündige Durchfüh-

1 *Robert Schumann. Gesammelte Schriften über Musik und Musiker*, hg. v. M. Kreisig, Leipzig ⁵1914, Bd. II, S. 75f.

[Anmerkung 1 zu S. 402:] Während Stimmen zu op. 6 in der Musikabteilung der Staatsbibliothek zu Berlin vorliegen, ist Herrn Dr. Michael Arntz (Köln) für freundliche Hinweise und Herrn Hauptkonservator Dr. Frits Zwart für die Kopie des Autographs von op. 21 zu danken, das sich im Musikarchiv des Gemeentemuseum Den Haag befindet.

rung zur Reprise zurück, die durch den variierten Themenkopf eingefädelt wird. Wie in Nr. 2 stellt der Schlußsatz als ›Presto con fuoco‹ ein Sonatenrondo dar, in dem die Couplets nicht sehr prägnant abgehoben sind; nach kurzer Durchführung erfährt der Refrain rhythmische Begradigung, und vom letzten Couplet an wird der Dur-Schluß angesteuert. Das Adagio A-Dur gleicht seinem Pendant formal und in zunehmender Ornamentierung, anspruchsvoller ist dagegen das Scherzo a-Moll, das nach kurzem A-Teil durch die thematisch gearbeitete Erweiterung des B-Teils auffällt. Fügt sich das Trio in A-Dur zweimal ein, so wird das Scherzo danach jeweils durch Straffung variiert.

J. J. H. Verhulst, Nr. 3 op. 21, erster Satz, T. 1–8 (Autograph, Gemeentemuseum Den Haag, Archiv).

T. 25–32.

Als Pianist, Lehrer und Dirigent kam Verhulst daheim zu hohem Ansehen, doch legte er erst 1845 ein drittes Quartett in Es-Dur vor, das kaum ganz die Erwartungen einlöst, die frühere Werke wecken konnten.[1] Nach pathetisch getönter Einleitung bedienen sich die Themen des Kopfsatzes analoger Dreiklangsfolgen, die nur durch Richtung und Phrasierung unterschieden sind, die Gegenstimmen fügen sich zu blockweiser Begleitung in Achteln zusammen, den Überleitungen genügen weithin triolische, thematisch wenig gestützte Figuren, und wenig zu tun

1 Siehe Anmerkung S. 401 unten.

bleibt bei solcher Thematik der Durchführung. Das Finale – diesmal ein Sonatensatz – versucht sich im Seitenthema an kurzen Fugati, wieder wird die Arbeit durch übermäßiges Figurenwerk überlagert, und wenig prägnant wie das Adagio molto cantabile As-Dur im 9/8-Takt ist das Scherzo, das Mendelssohns ›Elfenton‹ täuschend nachahmt, ohne das geläufige Formgehäuse zu verlassen.

Daß Verhulst mit keinem gewichtigeren Quartett hervortrat, mag für die Förderung der Gattung in Holland nicht glücklich gewesen sein. Samuel de Lange (1840–1911), der vor allem als Orgellehrer in Stuttgart wirkte, schrieb Altmann zufolge zwischen 1873 und 1901 vier Quartette (op. 15 e-Moll und op. 18 C-Dur, 1873–74; op. 67 G-Dur, 1894; op. 81 D-Dur), die aber höchstens regionale Resonanz gefunden haben dürften.[1] Aus Leipzig stammte Julius Röntgen (1855–1932), der bei Hauptmann, Reinecke und Richter studierte, aber in Amsterdam seit 1877 als Dirigent und Lehrer eine breite Wirksamkeit entfaltete und mit Brahms wie Reger bekannt, mit Grieg aber nahe befreundet war. Er hinterließ insgesamt 19 Streichquartette, die offenbar aber nicht gedruckt wurden und bislang keine Aufmerksamkeit fanden, obgleich sie zumindest als Dokumente vielfacher Verbindungen interessieren sollten.[2]

England, Elgar und Delius

Wiewohl das englische Musikleben über besonders traditionsreiche Institutionen verfügte, verlautet wenig von englischen Quartetten des 19. Jahrhunderts. Und da sehr wenige Werke weiter bekannt wurden, wäre vom Streichquartett in England nicht viel Aufhebens zu machen – blieben am Ende nicht die eigenartigen Einzelwerke, die Frederick Delius und Edward Elgar zwischen 1916 und 1918 schrieben. Entgegen dem ersten Anschein standen diese beiden Quartette jedoch keineswegs isoliert da, vielmehr ging ihnen eine nicht geringe Zahl von Werken anderer Autoren voraus, die freilich von der Forschung bisher wenig in den Blick genommen wurden, weshalb sich hier nur einige Beispiele nennen lassen.[3] Den Anfang machte mit John Lodge Ellerton (1801–1873) ein halber Amateur, der zwar in Rom Kontrapunkt studierte und mehrfach in Deutschland wie Frankreich weilte, offenbar aber keine maßgebliche Stellung in England erlangte. Er komponierte nicht weniger als rund 50 Streichquartette, die zu einem nicht geringen Teil von Schott in Mainz publiziert wurden. Mit einer solchen Serie, wie sie sonst nur vor 1820 glückte, holte er für England nach, was dem Lande früher versagt blieb, als der Londoner Musikalienmarkt europäische Geltung hatte. Die Werke entstanden zwischen 1845 und 1874 und umfassen damit die Zeit von den Hauptwerken Mendelssohns und Schumanns bis zum Werkpaar op. 51 von Brahms. Während 28 Quartette aus den

---

1 W. Altmann, *Handbuch für Streichquartettspieler*, Bd. 2, S. 44f.; vgl. A. Annegern, Art. *Lange*, in: *MGG*, Bd. 8, Kassel u. a. 1960, Sp. 185ff. Altmann verwies zudem S. 71f. und S. 181ff. auf das G-Dur-Quartett op. 17 (1905) von Leander Schlegel (1844–1913), das noch durchaus traditionell bleibt, sowie auf das c-Moll-Quartett op. 19 (1911) von Jan Willem Brandts Buys (1868–1953), der später neben einer *Suite im alten Stil* op. 23 (1908) mehrere Quartettserenaden vorlegte (op. 25 und op. 28, 1910 bzw. 1917), vgl. Cl. von Gleich, Art. *Brandts Buys*, in: *MGG²*, Personenteil Bd. 3, Kassel u. a. 2000, Sp. 745f.

2 Die Manuskripte befinden sich im Röntgen-Archiv der Musikabteilung des Gemeente Museums Den Haag; vgl. J. H. van der Meer, Art. *Röntgen*, in: *MGG*, Bd. 11, Kassel u. a. 1963, Sp. 613ff.; vgl. ferner F. Benestad / H. de Vries Stavland, *Edvard Grieg und Julius Röntgen. Briefwechsel 1883–1907*, Amsterdam 1997 (Documenta et Archivalia ad historiam musicae neerlandicae 7).

3 Vgl. dazu N. Temperley (Hg.), *The History of Music in Britain: The Romantic Age 1800–1914*, London 1981.

Jahren von 1845 bis 1866 handschriftlich erhalten sind, erschienen weitere meist zu dritt gebündelt (op. 61 A – Es – G, Mainz 1850; op. 122 B – D – G und op. 124 D – c – A, ebenda 1853; op. 102 Nr. 2 F-Dur und op. 121 f-Moll, London 1853; op. 70 e – g – a und op. 71 c – Es – C, Mainz 1874).[1] Exemplarisch sei wenigstens je ein frühes und späteres Werk herangezogen.

Das als Nr. 4 bezeichnete f-Moll-Quartett op. 60 entstand der Zählung zufolge vor 1850, wurde aber offenbar erst 1863 in Mainz gedruckt. Erstaunlich ist neben dem knappen Format der Sätze der weitgehende Verzicht auf figurative Formeln zugunsten einer Verarbeitung, deren Intensität freilich Grenzen gesetzt sind. Der Kopfsatz zeigt vor Exposition und Reprise eine langsame Einleitung, die schon die Umrisse des Hauptsatzes im Allegro con fuoco andeutet. Und da in diesem Thema wie in dem des F-Dur-Finales bereits die Fortspinnung laufende Achtel bietet, können davon die Überleitungen zehren, ohne auf zusätzliche Füllsel angewiesen zu sein. In fließender Viertelbewegung heben sich beidemal die Seitenthemen ab, die Durchführungen gruppieren die Themen nicht ohne Geschick um, und die Reprisen erweitern sich um kleine Codateile. Wie freilich ein kleines Andante con moto leicht antiquiert anmutet, so erfüllt das Scherzo das Formgehäuse ohne viel Aufwand. So folgt dieses Werk mit Anstand, aber ohne sonderliche Prätention den Regeln, wiewohl es kaum noch klassische Diskontinuität kennt, und weiß es noch nichts vom romantischen Liedsatz, so bleibt die Harmonik weit hinter Onslow oder gar Spohr zurück. Nicht viel anders nehmen sich aber noch 1874 die als Nr. 47–49 gezählten Werke aus, die trotz der Bezeichnung op. 71 zu den späten Beiträgen gehören dürften. Nur dem Kopfsatz des C-Dur-Werks Nr. 3 fehlt eine langsame Einleitung, so gleichmäßig wie der Verzicht auf füllendes Figurenwerk bleibt aber in den Ecksätzen die Schlichtheit der Themen; demgemäß bescheiden sich die Durchführungen mit transponierten Themenzitaten, ohne viel motivische Arbeit zu versuchen, und gleiche Zurückhaltung wie zuvor bewahren auch die Binnensätze. Immerhin ist es nicht ohne Interesse, daß derart retrospektive Werke, die zugleich am Beginn einer englischen Produktion standen, noch so spät in Mainz erscheinen und offenbar auf Absatz rechnen konnten.

Als Vermittler zum Leipziger Kreis erscheint William Sterndale Bennett (1816–1875), der zwischen 1836 und 1844 mehrfach in Deutschland war. Ein sehr einfaches Streichquartett in G-Dur gehört noch in das Jahr 1831 und damit in die Studienzeit des Komponisten, wogegen ein späteres Werk als verschollen gilt.[2] Zwischen 1856 und 1860 studierte in Leipzig Arthur Sullivan (1842–1900), dessen d-Moll-Quartett von 1859 ebenfalls verloren ist. Es wäre also ein Mißverständnis, diese Musiker – die keine Schüler Mendelssohns waren – für konservative Züge in englischen Streichquartetten verantwortlich zu machen. Daß Sullivan

---

[1] N. Temperley, *Instrumental Music in England 1800–1850*, Diss. Cambridge 1959, S. 274ff.; ders., Art. J. L. Ellerton, in: *New Grove Dictionary²*, Bd. 28, S. 147; die dort mitgeteilten Angaben lassen sich nach den Beständen der Staatsbibliothek zu Berlin ergänzen (während *MGG²* keinen entsprechenden Artikel enthält und selbst Altmann Ellertons Beiträge nicht erwähnte). Für die Abfolge und Datierung dürfte neben den Verlagsnummern die wohl vom Autor stammende Werkzählung aufschlußreicher als die Opusangaben sein.

[2] Das Werk fehlt in der Edition von *Bennetts Piano and Chamber Music*, hg. v. G. Bush, London 1979 (Musica Britannica 37). Vgl. weiter N. Temperley, *Mendelssohn's Influence on English Music*, in: Music & Letters 43 (1962), S. 224–233, sowie R. Williamson, *William Sterndale Bennett. A Descriptive Thematic Catalogue*, Oxford 1996, S. 324ff. (WO 17).

1 N. Temperley, Art. *Macfarren*, in: *New Grove Dictionary²*, Bd. 15, S. 471ff.; J. Dibble, Art. *Parry*, ebenda, Bd. 19, S. 156f.; ders., *Structure and Tonality in Parry's Chamber Music*, in: British Music Society Journal 3 (1981), S. 13–23; ders., *The Music of Hubert Parry. A Critical and Analytical Study*, Diss. Univ. of Southampton 1986.

2 Fr. Hudson, *A Catalogue of the Works of Ch. Villiers Stanford (1852–1924)*, in: Musical Review 25 (1964), S. 44–57, sowie 37 (1976), S. 106–129; J. Dibble, Art. *Stanford*, in: *New Grove Dictionary²*, Bd. 24, S. 282f. (unveröffentlicht sind die Quartette g-Moll op. 99, 1907, a-Moll op. 122, 1910, c-Moll und e-Moll op. 166–167, 1919).

zum erfolgreichen Autor komischer Opern wurde, beweist nur die Entscheidungsfreiheit, die das Leipziger Konservatorium seinen Absolventen ließ. Andererseits erhielten Sir George Alexander Macfarren (1813–1887) und Sir Hubert Charles Parry (1848–1918) ihre Ausbildung in England, wo beide angesehene Positionen bekleideten. Die offenkundig respektablen Beiträge, die sie zum Streichquartett lieferten, sind freilich außerhalb Englands kaum bekannt geworden. Macfarren wurde 1875 Bennetts Nachfolger in Cambridge und schrieb fünf Quartette (g-Moll, 1834; A-Dur, 1842; F-Dur, vor 1846; g-Moll, 1849; G-Dur, 1878), von denen das dritte in Leipzig gedruckt wurde, wogegen drei Werke von Parry, der seit 1900 als Professor in Oxford wirkte, wohl unveröffentlicht blieben (g-Moll, 1867; c-Moll, 1868; G-Dur, 1878–80).[1]

Größere Verbreitung fanden einige Streichquartette von Sir Charles Stanford (1852–1924), der seit 1874 bei Reinecke in Leipzig und Kiel in Berlin studiert hatte und 1887 Professor in Cambridge wurde. Er hinterließ wenigstens acht Werke, ungedruckt blieben Nr. 4 und Nr. 6–8, bei Augener bzw. Stainer & Bell erschienen in London Nr. 3 und Nr. 5 (op. 64 d-Moll, 1897; op. 104 B-Dur, 1908), außerhalb England wurden aber vor allem die beiden ersten Quartette bekannt, die seit 1891 bei Eulenburg vorlagen.[2] Beide wissen sich ganz der Tradition verpflichtet, vereinen jedoch noble Erfindung mit einer Satztechnik, die dem Stand kontinentaler Zeitgenossen keineswegs nachsteht.

Das G-Dur-Quartett op. 44 umgeht im ersten Satz nicht immer konventionelles Figurenwerk, fließender Achtelbewegung des Hauptsatzes tritt aber in hoher Cellolage ein kantables Seitenthema mit punktierter Begleitung entgegen. Dieses rhythmische Modell trennt sodann als eigenes Feld in der Durchführung die gesonderte Bearbeitung beider

Ch. Stanford, Nr. 3 op. 44, erster Satz, T. 1–5 (E. Eulenburg).

T. 61–65.

Themen und steigert sich harmonisch wirksam, wogegen sonst schweifend modulierende Akkordfolgen in breiten Werten zwischen die Satzphasen eingelagert sind. Das Finale führt dagegen den Hauptsatz im 6/8-Takt mit einem Fugato ein, von dem sich ein schlicht akkordischer Seitensatz abhebt; gerade er jedoch erscheint in der Durchführung als Fugato, mit dem sich das Kopfmotiv des Hauptthemas verschwistert, während nur der Reprise emsig figurierende Begleitung vorbehalten ist. Als Scherzo fungiert ein Poco Allegro in g-Moll mit zwei Trioepisoden in G- und B-Dur, und wechselt die letzte vom 3/4- zum 6/8-Takt, so wird das Scherzo in beiden Reprisen erheblich umgeformt. Ähnlich variiert das Largo con molto espressione, das in Es-Dur den dritten Satz bildet, ein schön geschwungenes Thema zwischen den Kontrastphasen, die sich aus knappen Seufzern eines Gegenthemas in c-Moll ergeben. Kaum ganz gleiches Niveau hat das a-Moll-Quartett op. 44, das im Kopfsatz das Hauptthema in zweistimmiger Imitation präsentiert, doch alterniert damit ein schlichterer Seitensatz, der in F-Dur eintritt und in der Reprise nach D-Dur wechselt. Einfacher ist nicht nur das Prestissimo A-Dur, das diesmal nur ein Trio aufweist, sondern ebenso das Andante espressivo, dessen Thema in F-Dur das Hauptthema des ersten Satzes umbildet. Wie hier in der Reprise herrscht im abschließenden Sonatenrondo quirlige Figuration, die von den Refrains auf die Couplets übergreift und erst aussetzt, wenn aus dem Ansatz des mittleren Couplets die Durchführung hervorgeht. Finden aber Stanfords geistliche Vokalwerke wieder einigen Anklang, dann sollte man an seiner Kammermusik nicht achtlos vorbeigehen.

Ein Schüler Stanfords war Charles Wood (1866–1926), der seit 1897 am Royal College of Music in London lehrte, daneben aber in Cambridge wirksam blieb, wo er zwei Jahre vor seinem Tod die Professur Stanfords übernahm. Er hinterließ sechs Quartette (d-Moll, 1883; Es-Dur, 1893; a-Moll, 1911; Es-Dur, 1912; F-Dur, 1915–16; D-Dur, o. J.), die eine von Edward J. Dent eingeleitete Edition 1929 mit einigen Einzelsätzen zusammenfaßte.[1] Daß die Themen des dritten Quartetts in a-Moll nach Dent durchweg auf irischer Folklore basieren, wird in ihrer diatonischen Charakteristik spürbar, die im Satzverlauf nur zurückhaltende Erweiterung findet. Der punktiert fallendens Skala im Kopfmotiv des ersten Satzes ist zwar ein sachte fließender Nachsatz angehängt, entsprechende Rhythmik bestimmt aber nicht nur die Überleitung, sondern noch der Seitensatz bietet zu synkopierter Begleitung eine augmentierte Variante des ersten Themas, womit bei hochgradiger Vereinheitlichung einige Monotonie kaum ausbleiben kann. Ein einfaches Presto in A-Dur sucht seine beiden Trioteile in der Coda thematisch zu bündeln, das Andante F-Dur umschreibt mit seinem Mittelteil, der von Des-Dur nach A-Dur führt, insgesamt einen Zirkel aus großen Terzen, und im Finale wechselt ein Thema im Volkston mit ähnlich einfachen Episoden.

---

[1] *Charles Wood. String Quartets*, Introduction by E. J. Dent, Oxford 1929; vgl. I. Copley, *The Music of Charles Wood. A Critical Study*, London 1978; J. Dibble, Art. *Wood*, in: *New Grove Dictionary²*, Bd. 27, S. 544f.

Die Distanz zu neuen Impulsen, die zu dieser Zeit allenthalben hervortreten, verringert sich nur wenig bei dem Schotten Sir John B. McEwen, der in Glasgow und London lehrte und nach fünf frühen Quartetten zwischen 1893 und 1947 wenigstens 17 Werke für Streichquartett schrieb.[1] Zur Hälfte tragen sie allerdings charakterisierende Titel wie *Nugae*, *Biscay* oder *Threnody* (Nr. 5–7, 1912–16), während Bezeichnungen wie *The Jocund Dance*, *Trivial Tunes* und *National Dances* (Nr. 10–12, 1920–23) bereits auf Tanztypen hindeuten. Zieht man etwa das a-Moll-Quartett Nr. 2 zu Rate, das um 1898 geschrieben und von Novello 1903 publiziert wurde, so bietet sich in traditionellen Formen ein wenig differenziertes Satzbild dar, in dem bei betont diatonischer Harmonik eine agile, mitunter motorische Rhythmik dominiert. Als exemplarisch kann im ersten Satz das fast marschmäßige Hauptthema gelten, das nach knappem Seitensatz im akkordischen Choral der Schlußgruppe ein Korrelat findet. Ähnliche Muster füllen das Finale, und die Mittelsätze – ein Andante e-Moll und ein Vivace F-Dur – können die Verfahren nur graduell modifizieren. Etwas anders steht es zwei Jahre später im c-Moll-Quartett (Nr. 4), das 1906 bei Ricordi in London herauskam, denn das zerklüftete Hauptthema wird im Kopfsatz von Tremolo grundiert und in chromatischer Modulation ausgesponnen, und entsprechend erweitert sich nach gerafftem Seitensatz die Durchführung, bis die Reprise eine deutliche Straffung herbeiführt. Wie das Vivace in C-Dur setzt allerdings das mit langsamer Einleitung versehene Finale auf frühere Verfahren, während nur das Andante in f-Moll dem Standard des ersten Satzes gleichkommt. Wieweit freilich McEwen, der noch 1947 sein viertes Trio zu *Fantasies* für Streichquartette umarbeitete, in späteren Werken auf die Wandlungen der Zeit reagierte, wäre wohl einer genaueren Prüfung wert. Ähnlich bevorzugte der etwas jüngere Joseph Holbrooke (1878–1958) nach einem frühen Streichquartett in g-Moll (1896) freier geformte Quartettsätze, die eher erheiternde Beischriften tragen (*Belgium-Russia* op. 58, 1918, oder *The Pickwick Club* op. 68, 1916), ehe er 1918 nochmals drei Quartette lieferte. Und so gehorcht schon 1906 *A Fantasy* in D-Dur einem hergebrachten Schema, wenn die drei Sätze als ›Departure‹, ›Absence‹ und ›Return‹ bezeichnet sind und zudem auf denkbar konventionelle Muster zurückgreifen.

Trotz nicht geringer Produktion läßt sich bis zum Ersten Weltkrieg von einem spezifisch englischen Streichquartett wohl nur mit der Einschränkung sprechen, daß ein nationales Idiom durch ausgeprägtes Traditionsbewußtsein vertreten wird, ohne folkloristische Anleihen oder sogar skurrile Untertöne auszuschließen. Eher als Ableger deutscher Schulung erscheint dagegen ein schmaler Bestand meist unveröffentlichter Quartette, die mit amerikanischen Autoren zu verbinden sind. Nach zwei Werken, die George Frederick Bristow (1825–1898) 1849 offenbar als Autodidakt schrieb (op. 1 F-Dur und op. 2 g-Moll) folgte 1859

---

[1] Die Angaben folgen H. C. Collins, Art. *McEwen*, in: *New Grove Dictionary*, Bd. 11, S. 423f.; etwas differierende Daten nannte dagegen J. M. Allan, Art. *McEwen*, in: *MGG*, Bd. 8, Kassel u. a. 1960, Sp. 1383ff.

ein erst 1940 gedrucktes Werk in D-Dur op. 5 von John Knowles Paine (1839–1906), der zuvor in Berlin studiert hatte, und Horatio W. Parker (1863–1919) lieferte nach dem Studium bei Rheinberger 1885 einen Beitrag op. 11 in F-Dur. In Stuttgart wurde Edgar Stillman Kelley (1857–1944) ausgebildet, der nach einem Studienwerk in c-Moll (op. 1, 1880) 1907 ein C-Dur-Quartett op. 25 vorlegte. Satztechnisch durchaus traditionell, stellen die Sätze zugleich einen Zyklus von Variationen dar: Einleitung, Thema und Variation 1–5 bilden den ersten Satz, in einer Doppelvariation schließen sich Toccatina und Fuge als zweiter Satz an, die achte Variation bestreitet ein kurzes Intermezzo, und in dem »in Sonatenform gehaltenen Finale« sollen einem Vermerk zufolge die Variationen 9–11 »als Haupt-, Seiten- und Schlußsätze aufgefasst werden«. Apart bleibt immerhin der Gedanke, die tradierte Satzfolge mit variativen Prinzipien zu verknüpfen, die seit langem strukturelle Strategien und nicht nur einzelne Sätze bestimmt hatten. Aber erst George Whitefield Chadwick (1845–1931), der sich 1878 am Konservatorium in Leipzig einschrieb und danach zu Rheinberger nach München ging, komponierte eine größere Zahl von Werken (Nr. 1–2 g-Moll und C-Dur, 1878; Nr. 3 D-Dur, 1886; Nr. 4 e-Moll, 1896; Nr. 5 d-Moll, 1898).[1] Mit dem Zusatz ›No. 4‹ erschien 1902 bei Schirmer in New York das e-Moll-Quartett, das bei einfachster Struktur bloße Figuration meidet, aber ›amerikanische‹ Töne höchstens in betonten Synkopen und mitunter pentatonischen Wendungen versucht, die sich in allen Sätzen finden. So erinnert das eröffnende Andante moderato im Seitensatz ein wenig an Dvořáks ›amerikanische‹ Violinsonate G-Dur, ähnlich beginnt das Andantino semplice in A-Dur, das Scherzo in C-Dur verbindet analoge Melodik mit hüpfender Rhythmisierung, und das buntscheckig unterhaltsame Finale wartet mit häufigem Wechsel der Tempi, Taktmaße und Tonarten auf. Kaum zu ahnen sind also vorerst die Schritte, mit denen nicht viel später Charles Ives und Henrik Cowell die amerikanische Musik an die Moderne heranführten.

Vom traditionsbewußten Bestand des Streichquartetts in England heben sich desto schärfer die fast gleichzeitigen Einzelwerke von Elgar und Delius mit sehr verschiedenen Konturen ab (wogegen Gustav Holst ein *Phantasy String Quartet* aus dem Jahre 1916 zurückzog).

Zwischen März und Dezember 1918 vollendete Edward Elgar (1857–1934) zwischen März und Dezember 1918 das e-Moll-Quartett op. 83, das mit der gleichzeitigen Violinsonate op. 82 und dem Klavierquartett op. 84 zum schmalen Bestand seiner reifen Kammermusik gehört. Mehrfach hatte sich der Komponist zuvor um die Gattung bemüht, wie frühe Skizzen zu Quartetten in d-Moll und G-Dur aus den Jahren 1878–80 zeigen, denen 1907 weitere Entwürfe folgten.[2] Auf den ersten Eindruck hin mag das dreisätzige Werk in der rhythmischen Angleichung und schweifenden Harmonik weiter Phasen manche Vorur-

1 V. F. Yellin, Art. *Chadwick*, in: *New Grove Dictionary*, Bd. 4, S. 105f.; zu Paine vgl. K. C. Roberts, ebenda, Bd. 14, S. 94ff., und zu Kelley R. Aldrich, ebenda, Bd. 19, S. 852; M. Betz, *Amerikanische Studierende am Leipziger Konservatorium. Mendelssohn-Rezeption am Beispiel George W. Chadwicks*, in: *Musikkonzepte – Konzepte der Musikwissenschaft. Bericht über den internationalen Kongreß der Gesellschaft für Musikforschung, Halle (Saale) 1998*, hg. v. K. Eberl und W. Ruf, Bd. 2, Kassel u. a. 2000, S. 531–536.

2 *Elgar Complete Edition*, hg. v. R. Anderson, Series V, Vol. 38: *Chamber Music*, London 1988, S. 1–60 (die Edition folgt Novellos Erstdruck, London 1919). Zur Entstehung von op. 83 sowie zu früheren Skizzen und Fragmenten vgl. ebenda, S. V–VIII, ferner Appendix ›String Quartet Fragments I–XII‹, S. 133–156.

teile bestätigen, die man der vorgeblichen Farblosigkeit englischer Musik entgegengebracht hat. Zu den Desiderata der keineswegs kargen Literatur zählt der empfindliche Mangel an Studien, die weniger den Autor als »die Musik« selbst »in den Blick nehmen«.[1] Doch erschließt sich gerade das Quartett erst dem, der sich geduldig in die Partitur versenkt.

Repräsentativ ist das eröffnende Allegro moderato, in dem sich beide Themen intervallisch ähneln, während das Akzentgefälle des 12/8-Takts trotz häufiger Überbindungen und Synkopen den gesamten Satzverlauf bestimmt. Näherhin wird der Hauptsatz nach übergebundenem Grundakkord durch mehrfache Folgen von je zwei Sechzehnteln geprägt, in denen sich mit engräumigen Wechsel zur Untersekunde quasi modale Akkordfolgen paaren (e–h, D–e–D). Mit gleichen Sekundfolgen beginnt ab T. 23 – noch in der Tonika – der Seitensatz, dessen Kopfmotiv jedoch den Leitton mit rhythmischer Dehnung auf Achtel verbindet, und wenn seine Fortspinnung weiträumige Sequenzen ausbildet (T. 245f.), die ein Muster aus dem Hauptsatz aufnehmen (T. 3f.), so verweisen die Analogien auf das Kalkül des Satzplans. Denn von ihnen geht der Eindruck einer Fluktuation aus, die klare Zäsuren nur vor Durchführung und Reprise zuläßt (T. 44 bzw. T. 94). Wie der Hauptsatz mit motivisch freier Abspaltung eines kadenzierenden Terzfalls fortgeführt wird, so dringen seine charakteristischen Sechzehntelfolgen unauffällig in die Fortspinnung ein, bis ihre kettenweise Verdichtung zusammen mit

[1] G. Heldt, Art. *Elgar*, in: *MGG*², Personenteil Bd. 6, Kassel u. a. 2001, Sp. 228–244: 241 sowie die Bibliographie Sp. 242–244.

E. Elgar, Quartett e-Moll, op. 83, erster Satz, T. 1–6 (Novello & Company).

intervallischer Spreizung eine erste Steigerung bewirkt (T. 3–14). Auf gleiche Weise kann umgekehrt die Reduktion zum Seitensatz anschließen, dessen Sequenzierung solange für Stabilisierung sorgt (T. 23–34), wie nicht erneut die engräumigen Sechzehntel des Anfangsmotivs eindringen (ab T. 35). Die Durchführung treibt zwar solche Verfahren fort, doch bedeutet sie vorab eine harmonische Akzeleration, die rasch von Cis-Dur und fis-Moll über e-Moll bis c- und b-Moll umschalten kann (T. 48–52). Führen die Sequenzen des Seitensatzes nun zu haltlos gleitenden Ketten (T. 56–62), so wird der Prozeß in dem Maße beschleunigt, wie sich die Partikel beider Themen wechselseitig durchdringen, bis die Kulmination mit tremolierenden Gegenstimmen vom es-Moll-Bereich nach Des-Dur führt, wonach verschleierte Quintschritte zur gestrafften und vielfach variierten Reprise lenken. Ähnlich gleicht der zweiteilige Mittelsatz (Piacevole) im 3/8-Metrum seine beiden Themen an, sofern nur eröffnende Sechzehntel und punktierte Achtel den ersten Gedanken von fallend gebundenen Achteln im zweiten unterscheiden, von dem sich eine Schlußgruppe mit Akkordfolgen im Pizzicato absetzt. Bescheidener wie die Harmonik bleibt diesmal die Form, da der zweite Teil nur eine Transposition des ersten darstellt. Desto kontrastreicher ist jedoch das Finale, in dem der Grundriß des Sonatensatzes mehrfach verdeckt wird. Zum einen geht dem Hauptsatz ein erregter Vorspann voran (T. 1–5), dessen gezackte Intervallsprünge immer wieder in den Verlauf eingreifen. Zum anderen sind es die steigenden und fallenden Kurven des Hauptsatzes (T. 6–12), die in ihrer Ausarbeitung erneut auf die Gesten des Vorspanns zielen, so daß sich die thematischen Relationen scheinbar verkehren. Eine eigene Gruppe ist schließlich dem beruhigten Seitensatz vorgelagert (T. 52–58), bevor sich seine Melodik in Sequenzen entfalten kann. Zur Verwirrung kann es weiter führen, wenn die Durchführung die thematischen Verhältnisse noch weiter umkehrt, indem nun der Seiten- vor den Hauptsatz rückt (ab T. 154 bzw. T. 180). Eindrucksvoll bündelt jedoch die Durchführung die scharf kontrastierenden Themen, denn mischen sich schon anfangs erregte Sechzehntelketten mit Motiven des Seitensatzes, so werden sie von Gesten des ersten Vorspanns überlagert, bis sich am Schluß die Motive aus allen Themengruppen durchdringen (so bes. T. 133–141). Daß sich der Prozeß mit einer ebenso eigenartigen Harmonik wie im Kopfsatz vollzieht, ist mehr noch als die thematische Dichte der Grund für den eigenen Ton, der Elgars Werk von dem der englischen Musiker seiner Generation unterscheidet.

Zwei Jahre vor Elgar begann 1916 Frederick Delius (1862–1934) sein Streichquartett, in dem zunächst nur zwei rasche Rahmensätze einen langsamen Binnensatz mit der Bezeichnung ›Late Swallows‹ umrahmten, während als Scherzo ein zweiter Satz erst 1917 eingefügt wurde.[1] Allerdings wird man zögern, Delius als englischen Musiker zu bezeichnen, denn der Sohn eines aus Deutschland eingewanderten Tex-

1 *Frederick Delius. Complete Works*, Vol. 32: *String Quartet*, hg. v. E. Fenby, London 1984 (die Erstausgabe erschien in London 1922 bei Stainer & Bell). Das Vorwort von Robert Threlfall unterrichtet über die Entstehung des Werks und wechselnde Versionen von ›Late Swallows‹.

[1] L. Carley, *Delius: a Life in Letters*, Vol. 1–2, London 1983–88; ders. (Hg.), *Grieg and Delius. A Chronicle of their Friendship in Letters*, London 1993; ders., *Frederick Delius. Music, Art, and Literature*, Aldeshot 1998. Herrn Dr. L. Carley ist für freundliche Hinweise zu danken, zu weiterer Literatur vgl. zuletzt G. Heldt und St. Lloyd, Art. *Delius*, in: *MGG²*, Personenteil Bd. 5, Kassel u. a. 2001, Sp. 743–754.

tilhändlers wuchs zwar in England auf, wo er auch ersten Musikunterricht erhielt. Doch war er zunächst im väterlichen Geschäft tätig, suchte sein Auskommen in den USA und studierte erst seit 1886 am Konservatorium in Leipzig. Unter den norwegischen Musikern begegnete er dort Edvard Grieg, dem er seither freundschaftlich verbunden blieb, indessen lebte er dann in Frankreich, nachdem er sich 1897 in Grez-sur-Loing niedergelassen hatte.[1] So wenig wie er selbst will sich seine Musik in Richtungen oder Traditionen fügen, die ihm gleichwohl vertraut waren. In seinem Quartett, dem nur Studien der Konservatoriumsjahre vorausgingen, zeigen die Formen wohl weniger Eigenart als bei Elgar. W.F. Delius, Quartett, erster Satz, T. 1–6 (Stainer & Bell).T. 105–108.ie der erste Satz ein Sonatenschema zu erkennen gibt, so folgt der zweite als Scherzo der herkömmlich dreiteiligen Anlage, und dem ähnlich gebauten langsamen Satz entspricht im Finale eine etwas gelockerte Rondoform. Daß die Sätze mit wechselnden Dur- oder Mollakkorden beginnen und enden, würde so wenig besagen wie das Fehlen einer verbindenden Rahmentonart, wenn damit nicht eine Voraussetzung für die eigenartige Harmonik genannt wäre, die eine nachgerade thematische Funktion übernehmen kann.

Daß der zweite Satz (›Quick and lightly‹) nachkomponiert wurde, lassen die tonalen Verhältnisse erkennen, die hier klarer als sonst hervortreten. Im 3/8-Takt wechseln Blöcke in g- und a-Moll mit modulierenden Phasen, deren dissonante Klangfolgen durch motorische Bewegung verkettet werden. Und die Kombination mit dieser Rhythmik schützt das Trio vor einer Banalität, zu der die Melodik im Wechsel von C- und G-Dur mit verminderten Septakkorden tendieren könnte. Charakteristischer ist der langsame Satz (›Slow and wistfully‹) mit einem zweitaktigen Modell, das zunächst in D-Dur eingeführt und durch gleich langen Anhang ergänzt wird; da es aber die diatonische Prägnanz seiner fallenden Linie bewahrt, bindet es die schillernden Klangfolgen seiner vielfachen Transpositionen zusammen. Umgekehrt bezieht der schweifende Mittelteil (›with waving movement‹) seine Kontinuität aus Klangachsen, die sich in steten Achtelfiguren mit ostinaten Terzfällen über vielfachen Liegetönen abzeichnen. Noch weiter treiben die Ecksätze eine

F. Delius, Quartett, erster Satz, T. 1–6 (Stainer & Bell).

T. 105–108.

Satztechnik voran, die mit schweifenden Klangfolgen die mitunter fast mechanischen Formverläufe überspielt.[1]

Im ersten Satz (›With animation‹) folgt dem akkordischen Hauptthema mit seiner Fortspinnung (T. 1–45) ein zweiter Komplex (›rather quieter‹, T. 48–68), der sich bei ähnlicher Bewegung in Vierteln und Achteln nur durch engschrittige Melodik abhebt. Erst in seine Erweiterung ziehen triolische Figuren ein (T. 59–106), die von einer Episode im Walzerton abgefangen werden, bevor sie sich in der Durchführung zu tremolierenden Ketten wandeln, über denen sich transponierte Themenvarianten ablösen (T. 107–137). Setzt nach knapper Rückleitung die Reprise an, so wiederholt sich der Hauptsatz tongetreu (T. 145–188 = T. 1–44), dem quintversetzten Seitensatz (T. 191–209 analog T. 46–61) schließt sich jedoch nach kurzem Zwischenglied in abermaliger Transposition die vormalige Durchführung an (T. 217–245 analog T. 107–135), der eine kleine Coda angehängt ist (T. 247–261). Besteht also der zweite Teil aus nur teilweise transponierter und gestraffter Wiederholung des ersten, so relativiert sich damit die Funktion der Themen im Verhältnis zu ihrer Durchführung. In ihr jedoch treten exemplarisch die Klangketten hervor, mit denen ein Satzbau aus gleichartigen Versatzstücken verdeckt wird. Taktweise bleiben Klangsäulen erhalten, die motivisch weniger einem Kopfmotiv als einer Formel im Gefolge des Seitensatzes entstammen (vgl. T. 107ff. mit T. 48 oder T. 68f.). Das unscheinbare Segment aus punktierter Viertel mit drei Achteln füllt in der Oberstimme der beiden ersten Takte (T. 107–108) chromatisch zwei kleine Terzräume (d'''–h'' bzw. b''–g''), dazu liefern indessen die Unterstimmen tremolierende Triolen, die einmal zwei Dreiklänge im Terzabstand und dann zwei Tritoni mit Nebennoten schichten. Greift das Modell kulminierend auf den Stimmverband über, so intensivieren sich diese Klangmixturen, um vor der Reprise und nochmals vor der Coda dynamisch abzufallen.

Auf flimmernde Klangbänder statt einen thematischen Prozeß richtet sich ähnlich das Rondofinale, dessen mehrfach gestufte Eröffnung die Umrisse des Materials andeutet. Die eingängige Refrainmelodik wird bei ihrer ersten Wiederkehr transponiert und erst in der Reprise genauer wiederholt (T. 27, 94 und 132), davon unterscheidet sich nur wenig ein

[1] Unter Berufung auf Eric Fenby – den Adlatus des kranken Delius – charakterisierte Anthony Payne die Klangstrukturen als harmonische Prosa; ders., Art. *Delius*, in: *New Grove Dictionary*, Bd. 17, S. 341. Zur Verständigung sei vermerkt, daß die Ziffern der Edition dekadische Abstände zählen (Z. 1 = T. 11 etc.).

erstes Couplet (T. 54 und T. 183), in dessen Gefolge sich jedoch verdichtete Klangfelder ausbilden, die wie im Kopfsatz nicht nur das Zentrum, sondern verkürzt noch den Ausklang bestreiten. Wie dort lassen sie schließlich leitende Prinzipien der Technik erkennen, wenn die Unterstimmen Tritoni mit Sekunden zu chromatisch steigenden Ketten verschränken, während die Oberstimme einen Sekundfall in Quartabständen aufwärts sequenziert (T. 112f. und T. 220f.). Gründet diese Musik also auf changierenden Klangmustern statt auf thematischer Arbeit, so benötigt sie weniger ein prägnantes Material oder polyphones Geflecht. Weithin genügt ihr ein akkordischer Satz in gemessener oder gar gleichförmiger Bewegung, um den Eindruck stetigen Fließens zu erzeugen, der Reiz und Risiko zugleich bedeutet, und wo sie sich kaum aus motivischer Substanz speist, da bedürfen Zäsuren dynamischer Regie oder äußerer Eingriffe. Wohl begegnen fast impressionistisch wirkende Farben, die näher an Ravel als an Debussy heranführen, mehr noch aber wechseln die Konstellationen, ohne ebenso rational organisiert zu werden. Nicht ganz anders als Grieg jedoch – wiewohl mit sehr anderen Mitteln – besteht Delius darauf, den Quartettsatz gegen die Normen der Tradition mit Klangstrukturen zu bestreiten, deren Realisierung gleichwohl auf die Führung der Stimmen angewiesen ist.

Es fügt sich, daß diese Skizze europäischer Wege im Streichquartett mit Delius endet, in dessen Werk sich unterschiedliche Traditionen kreuzen. Daß sich in den Ländern Europas charakteristische Idiome ausbilden konnten, setzte zunächst voraus, daß funktionale Harmonik und akzentuierendes Taktmaß Bedingungen einer Auseinandersetzung mit der Folklore waren. Trotz aller Unterschiede konnten sich Momente der Volksmusik entsprechen, und dennoch war es möglich, verschiedene nationale Töne zu formulieren, die sachlich begründet und nicht nur ein Phänomen der Rezeption waren. Weil sich damit die Entfaltung der Gattung in einzelnen Ländern verband, waren die Prozesse in diesen Bereichen näher zu umreißen. Wenn nicht überall die Grundlagen in gleichem Maß gegeben waren, so wurden sie nach 1900 zunehmend von einer Moderne überlagert, der »Symphonien aus Volksliedern« geradezu suspekt wurden.[1] So behielten nationale Züge nur dort noch Raum, wo Komponisten wie Bartók, Kodaly oder Schostakowitsch solche Traditionen zu transformieren vermochten. Je weiter sich aber die Verfahren der Atonalität durchsetzten, desto mehr wurden nationale Töne von einer Avantgarde abgelöst, die sich zu einem internationalen Diskurs erweiterte. Die sprunghaft zunehmende Produktion jedoch, die durch Ausbildungsstätten, Festivals, Wettbewerbe und Medien befördert wurde, wird sich fortan nicht mehr gleichermaßen verfolgen lassen. Und so wird die Darstellung zur Konzentration auf maßgebliche Repräsentanten genötigt sein, ohne die zahllosen Beiträge erfassen zu können, die nicht jenseits der Grenzen Beachtung fanden.

---

1 A. Schönberg, *Symphonien aus Volksliedern*, in: *Arnold Schönberg. Stil und Gedanke. Aufsätze zur Musik*, hg. v. I. Vojtěch, Frankfurt a. M. 1976 (Gesammelte Schriften 1), S. 134–139.

Johann Sebastian Bach
Orgelbüchlein

Johann Sebastian Bach
Orgelbüchlein BWV 599-644
Faksimile nach dem Autograph der Staatsbibliothek zu Berlin
Preußischer Kulturbesitz (Signatur *Mus. ms. autogr. Bach P 283*)
Herausgegeben und eingeleitet (dt. / engl.) von Sven Hiemke,
XXIX / 188 Seiten im Mehrfarbdruck. Gebunden.
ISBN 3–89007–570–3 (LV 01437)
Subskriptionspreis bis 31. Dezember 2004 148,–

Laaber-Verlag GmbH ♦ Regensburger Straße 19 ♦ 93164 Laaber

Tel.: 09498/2307 ♦ Fax: 09498/2543 ♦ E-Mail: info@laaber-verlag.de ♦ **www.laaber-verlag.de**